本丛书为云南大学
"双一流"建设民族学一流学科建设项目成果

编委会

主　任：林文勋

副主任：何　明　关　凯　赵春盛　李志农　李晓斌

委　员（按姓氏笔划为序）：

马居里　马翀炜　马雪峰　马腾岳　王文光

王越平　牛　阁　龙晓燕　朱　敏　朱凌飞

庄孔韶　李永祥　李伟华　李丽双　何　俊

张　亮　张　赟　张海超　张锦鹏　陈庆德

陈学礼　周建新　郑　宇　赵海娟　高志英

谢夏珩

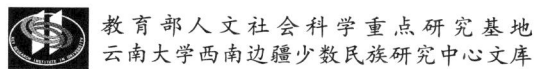

教育部人文社会科学重点研究基地
云南大学西南边疆少数民族研究中心文库

新民族志实验丛书·第二辑
主编 何明

峡谷回声

福贡县鹿马登乡赤恒底村傈僳族村民日志

（2010—2018年）

高志英　沙丽娜　杨晓龙 **编著**
虎赛雄　此有生　虎赛武 **记录**
杨晓龙　马青云　王丹琳　叶思迪 **整理**

学苑出版社

图书在版编目（CIP）数据

　　峡谷回声：福贡县鹿马登乡赤恒底村傈僳族村民日志 / 高志英，沙丽娜，杨晓龙编著；虎赛雄，此有生，虎赛武记录 . —北京：学苑出版社，2020.10
　　ISBN 978-7-5077-6014-9

　　Ⅰ.①峡… Ⅱ.①高… ②沙… ③杨… ④虎… ⑤此… ⑥虎… Ⅲ.①乡村—概况—福贡县 Ⅳ.① K927.45

　　中国版本图书馆 CIP 数据核字 (2020) 第 181157 号

责任编辑：战葆红
出版发行：学苑出版社
社　　　址：北京市丰台区南方庄 2 号院 1 号楼
邮政编码：100079
网　　　址：www.book001.com
电子信箱：xueyuanpress@163.com
联系电话：010-67601101（营销部）　010-67603091（总编室）
印　刷　厂：保定市彩虹艺雅印刷有限公司
开本尺寸：710×1000　1/16
字　　　数：800 千字
印　　　张：54.75
版　　　次：2020 年 10 月第 1 版
印　　　次：2020 年 10 月第 1 次印刷
定　　　价：168.00 元

总序

"他者的倾诉":还话语权予文化持有者
——"村民日志"的民族志实验意义解读

何 明

5年前,我们在云南大学"211工程""十五"民族学重点学科建设方案中提出了设置"云南少数民族村寨跟踪调查与小康社会建设示范基地"项目。这是一项综合性的项目,既涉及民族学／文化人类学的理论研究,也涉及运用应用人类学"互动作业"方法及其他学科的方法以促进少数民族农村的社会主义小康社会建设和新农村建设等应用性研究,以及引进智力、项目、资金等发展实践运作问题;此外,还涉及人才培养、教学改革、民族学／文化人类学基础设施建设等内容。其中,在民族学／文化人类学理论研究中的一项具有探索性意义的工作便是:10个调查基地在当地各聘请若干名"村民日志"记录员,对本村每天发生的事情进行观察与记录,从中国少数民族农村的社会文化实际出发,把国际文化人类学界近20年来争论不休、模式各异的民族志书写问题在中国少数民族农村进行实验,让研究对象即文化持有者成为民族志的作者,运用"主位"(emic)方法,从"本文化"内部视角对自己民族和村寨的社会文化进行叙述与评论,以求在当代国际文化人类学的学术平台上进行中国民族志和文化人类学的"本土化"创新，促进具有时代特征和中国特色的文化人类学建设。

一、民族志：文化人类学知识生产的结晶和学术创新的核心

民族志（ethnography）和田野工作（fieldwork），是现代文化人类学具有区别性意义的重要特征。在文化人类学领域，这两项工作一般被视为古典人类学与现代人类学的分野。前者被称为"摇椅上的人类学"或"书斋里的人类学"——学者们不从事系统的田野工作，其学术成果也不是通过民族志的方式表达，学术研究和理论建构的资料来源大都是旅行家、传教士、殖民者、船员等曾目睹过异文化的人士所撰写的文字资料和历史档案文献，人类学家们不进行系统的田野调查，不撰写系统的民族志。从19世纪末起，文化人类学开始从古典向现代转型，其标志便是英国动物学家兼人类学家哈登（Alfred Cort Haddon）在1898—1899年两次率领剑桥大学的考察队赴托雷斯海峡进行田野调查并完成了6卷本的调查报告。其后在功能主义人类学的代表性人物马林诺夫斯基（B. K. Malinowski）和拉德克利夫－布朗（Alfred Reginald Radcliffe-Brown）的倡导与实践下，田野工作和民族志成为现代人类学所必不可少的两项核心性工作，并成为现代人类学的基本学术范式。其主要创新之处在于，"它将先前主要由业余学者或其他人员在非西方社会中进行的资料搜集活动以及由从事学术理论研究的专业人类学者在摇椅上进行的理论建构和分析活动结合成一个整体化的学术与职业实践"①。在现代学科体系中，田野调查和民族志通常被视为文化人类学区别于其他学科的学术方法特质，尽管社会学、考古学等学科也进行田野调查，但终究没有像文化人类学那样把田野调查和民族志当作不可或缺

---

① ［美］乔治·E.马尔库斯、米开尔·M.J.费彻尔：《作为文化批评的人类学》，王铭铭、蓝达居译，北京：生活·读书·新知三联书店1998年版，第39页。

的学术实践，也未能像文化人类学那样建构如此系统的田野调查范式和完成如此之多的民族志经典文本。

田野工作与民族志之间具有非常紧密的信赖关系和错综复杂的内在联系。从工作程序的表层上看，田野工作在前、民族志在后，民族志是对田野工作的调查过程和内容的记述，由此便形成了田野工作和民族志之间是因果关系，没有田野工作也就没有民族志的普遍认识。但事情远不是如此简单。若从认识论层面探究民族志作者的学术行动逻辑，那么就会发现，人类学家的意识绝不是一块由调查对象的文化任意书写的"白板"，民族志与其所书写的文化之间更不是简单的反映与被反映之类的线性关系。事实上，人类学家在进入田野之前早已形成了特定的学术范式或称"理论预设"。已故著名人类学家费孝通先生在总结自己对花蓝瑶和江村的两次调查时深刻地指出："在实地调查时没有理论作导线，所得的材料是零星的，没有意义的。我虽然在这一堆材料中，片断地缀成一书，但全书并没有一贯的理论，不能把所有的事实全部组成在一个主题之下，这是件无可讳言的缺点。"① 事实上，人类学家选择何处作调查点、调查什么、怎么调查、如何解释等，均受其学术目标和理论范式的限定与影响。他或她是带着业已形成的术语、概念、范式进入田野，并按这些因素所框定的思维和视角进行体验、观察研究对象，或有意识地或无意识地对研究对象进行有选择性地关注与调查。也就是说，人类学家开始田野工作之前已经有了一个民族志写作的基本性的框架，这一框架或多或少、或强或弱地影响与左右着田野工作及其重点和方法。田野工作与民族志的关系是相互渗透、互为因果的。

民族志是文化人类学学术实践的核心产品。作为学者，人类学家的社会角色是知识生产者，其基本职责是对鲜为人知的异文化体系和人们所熟知的本文化体系进行描述、阐释与反思并将其公诸于学界和社会，

---

① 费孝通、张之毅：《云南三村》，天津：天津人民出版社1990年版，第12页。

也就是说，民族志是文化人类学知识生产的产品和结晶。田野工作因具有明显的私人性而无法直接诉诸公众，也无法让社会所共享，因而，从这一意义上看，田野工作是手段，民族志才是目的。纯思性的分析作品或称为"写文化之后"的工作，尽管也是文化人类学的重要组成部分，但其所分析的对象大都离不开民族志，或进一步分析民族志所叙述的文化，或以民族志为对象评论田野工作的方法，或探讨民族志撰写问题，从而使民族志成为文化人类学的理论研究的基础文本和主要对象。

民族志的创新是文化人类学学术创新的基础和关键。学术创新的一般进程大体是：发端于理论和方法的反思，运用于学术的研究过程，体现于学术研究的成果。文化人类学的理论方法反思的结果最终要通过田野工作的试验并体现于民族志的撰写，即"文化书写"的学术实践之中，而且不断创新的理论和方法只有转化为民族志撰写的实践，文化人类学才完成了学术范式的转换与创新，也才在实质意义上实现了学科的进步与发展。

费孝通先生的《江村经济》和林耀华先生的《金翼》是中国人类学在20世纪40年代学术创新最具标志性的成果，并有力地促进了中国人类学的进步与发展。这两部民族志受到当时国际人类学界最权威的人类学家的高度重视与全力推荐，被国内外许多高校列为人类学专业的必读书，至今仍然被人类学界公认为民族志的经典著作。之所以如此，主要在于它们具有前沿性和创新性等特征，是在国际人类学界较早进行"本文化"研究时的代表性成果。当时在国际人类学界盛行以"异文化"为研究对象的条件下，费先生和林先生大胆地把"本文化"作为研究对象，并分别将自己的家乡作为田野调查点，而且在一定程度上探索并实践了近30年之后由美国人类学家哈里斯（Marvin Harris）概括出的"主位"的研究方法。可以说，这两本民族志为国际人类学界关于研究对象由"异文化"向"本文化"回归，关于民族志书写的"主位"（emic）和"客位"（etic）区分的理论方法创新做出了有益的探索和重要的贡献。

《江村经济》和《金翼》两部经典民族志的成功案例，充分说明：民族志是文化人类学学术研究最核心的成果，民族志的创新在文化人类学学科创新中具有决定性的意义。

二、"更彻底地让研究对象发出自己的声音"：以当代国际人类学界"文化书写"问题为平台的实验

不同的时代有不同的学术创新平台。我们与西方人类学家同处于21世纪，共同享有人类智慧所创造的物质和精神产品，共同分享着当代思潮和知识体系等学术资源所搭建的学术交流、对话与创新平台。作为中国当代人类学工作者，我们只有关注与融入当代学术思潮，掌握与运用当前国际学术界的话语模式解读与回答中国社会文化问题，才能够登上当代学术舞台进行中国学术的"展演"，才能建构具有时代特征、中国特色的学术体系，也才能为当代社会文化背景下的知识生产贡献中国文化的智慧。

20世纪后半叶以来，当代思潮对被现代科学和学术奉为"圭臬"的"真实""客观""实证"等原则提出质疑与挑战，"主体""意义""语言"等问题受到各学科的普遍关注并成为讨论的焦点，出现了人文和社会科学各个学科的语言学转向态势。胡塞尔（Edmend Husserl）现象学哲学将人们的注意力从独立于人的意志之外的"客体"世界引向"意义"世界，结构主义理论认为这一"意义"世界与语言体系具有同构性而不是独立于语言体系之外，福柯（Michel Foucault）和德里达（Jacques Derrida）的解构主义则提出语言体系本身是不稳定的，语言在表意状物时具有"局限性"并形成意义的"延宕"，由此便引发了"叙述危机"或"表征危机"等的认识论危机和人文社会科学学科的"语言学的转向"。[①]

[①] 盛宁：《人文困惑与反思——西方后现代主义思潮批判》，北京：生活·读书·新知三联书店1997年版，第39—57页。

其将语言学理论模式作为认知范式,对已有理论和认识重新进行审视,颠覆总体性和同一性,强调多元化、相对主义和差异性,"它是怀疑论的、开放的、相对主义的和多元论的,赞美分裂而不是协调,破碎而不是整体,异质而不是单一。它把自我看作是多面的、流动的、临时的和没有任何实质性整一的"①。

在当代哲学思想、社会思潮和学术背景的影响下,文化人类学开始对20世纪初以来形成的学科范式和知识体系进行反思,具有浓厚的科学主义、实证主义倾向的功能主义等学术思想和以田野工作、民族志撰写为核心的学术范式被放到了"学术反思天平"上重新估量,形成了一股强劲的反思与解构的学术思潮。反思人类学对以功能主义为理论基础的传统民族志提出批评和挑战,认为其具有明显的局限性和不可靠性。其中最核心的问题是"在实证主义社会科学的霸权支配下,民族志的核心实践曾被掩饰和伪装"②,文化书写者遮蔽了所书写的文化和文化持有者的声音。传统民族志并非如其书写者所标榜的那样,是"异文化"的"客观""真实"的叙述,而是西方人类学家从自己的意识形态和学术目的出发重新建构出来的文化,是"被某些支配性的框架所控制和表述"③的文本。自20世纪初以来,西方人类学的田野工作大都在西方的殖民地进行,人类学家的西方文化与非西方文化在殖民主义的时代背景下碰撞,殖民主义等西方意识形态不可避免地影响甚至控制着田野调查和民族志的撰写,有人直接指责马林诺夫斯基的人生和学术与西方向非西方的文化渗透有着非常密切的关联性。④同时,民族志往往为人类学家的学术目的服务,如从功能主义理论出发的田野调查和形成的民族志,"习

---

① [英]伊格尔顿:《后现代主义的幻象》,华明译,北京:商务印书馆2000年版,第2页。
② [美]乔治·E.马尔库斯、米开尔·M.J.费彻尔:《作为文化批评的人类学》,王铭铭、蓝达居译,北京:生活·读书·新知三联书店1998年版,第49页。
③ [美]爱德华·W.萨义德:《东方学》,王宇根译,北京:生活·读书·新知三联书店1999年版,第50页。
④ [美] Asad, Talal. *Anthropology and the Colonial Encounter*. London: Ithaca Press, 1973.

俗只是拜物教化了的功利"[1]。与此相对应的是，这些民族志为了突出所谓的"客观性"和"真实性"，大都采取了似乎是"价值无涉"的第三人称的书写方式，但从更深层次上看，则是剥夺了文化持有者的话语权以及自我、情感、世界观等的表达，实际上是人类学家借其研究对象的"自白"而阐述其思想观点的"任意裁剪"。除此之外，民族志在书写上也存在着日益僵化和程式化的问题，"它们的描述形成固定的连续性程序（生态学、经济、亲属制度、政治组织和宗教信仰），对调查者角色不再重视，死板地将制度的概念切割为泛文化比较的类型学窠臼"[2]。

为了克服传统民族志的缺陷，摆脱人类学的困境，当代国际人类学进入了"一个人文学科的实验时代"。西方人类学家们进行了多种形式的探索与各种实验，冠以各种名称、形式各异的民族志纷纷涌现出来，诸如"心理动力学民族志"（psychodynamic ethnographies）、新现实主义民族志（realistic ethnographies）、现代主义民族志（modernist ethnographies）等等，有的倡导采用"主位"（emic）的方法，有的运用人类学家与研究对象之间对话"并置"（juxtaposition）的方式，有的干脆邀请研究对象参与民族志的写作。尽管名目繁多、意见不一，但"这一实验趋势的任务就在于：跨越现存民族志文体的局限，描绘出更全面、更丰富的异文化经验图景"[3]，"更注重对他们赋予研究对象以意义的过程的反思，并更彻底地让研究对象能发出自己的声音"[4]。

我们如何进行属于中国文化的新民族志实验？我们的民族志如何"跨越现存民族志文体的局限"？怎样才能"更彻底地让研究对象能发出

---

[1] M·萨林斯：《文化与实践理性》，赵丙祥译，上海：上海人民出版社2002年版，第4页。
[2] [美]乔治·E.马尔库斯、米开尔·M.J.费彻尔：《作为文化批评的人类学》，王铭铭、蓝达居译，北京：生活·读书·新知三联书店1998年版，第50页。
[3] [美]乔治·E.马尔库斯、米开尔·M.J.费彻尔：《作为文化批评的人类学》，王铭铭、蓝达居译，北京：生活·读书·新知三联书店1998年版，第69页。
[4] [美]约翰·R.霍克、玛丽·乔·尼兹：《文化：社会学的视野》，周晓虹、徐彬译，北京：商务印书馆2002年版，第402—403页。

自己的声音"？经过反复思考与学术实践，我们选择了"村民日志"这一书写路径，目的是探讨一种让文化持有者的主体性从主流文化的"话语霸权"束缚下突围出来而从其文化内部的"主位"视角自主地叙述自己的社会文化与表达"自我"的模式，以求"描绘出更全面、更丰富的异文化经验图景"。

首先，文化持有者真正成为文化书写的主人，他们所做的日志是严格意义上的"主位"观察与描述的结果。自马林诺夫斯基提出"钻进土著人的心里"的田野准则之后，人类学家们在"钻进"的问题上进行了不懈的努力。至20世纪60年代，康克林（H. C. Conklin）、弗芮特（Charles O. Frake）等人在其"新民族志"（new ethnography）中极力倡导"主位"观察与描述的方法。其后，格尔兹（Clifford Geetz）及其弟子克利福德（James Clifford）等人发起的实验民族志（experimental ethnography）则提出了把原本被排除在外的合作研究者、田野居民等与民族志相关的人物也纳入民族志作者并让其语言直接进入文本的书写方法，即所谓"多音位"（polyphonic）模式。目前，上述学术实践的真实度、有效性、干扰性等问题仍然未能得到令人信服的解决，其深层根源则是研究者的主体性与研究对象的主体性之间的矛盾无论如何都难以弥合。两千多年前中国思想家庄子提出的"濠上之辨"难题始终无法破解，才出"浅描"的泥潭又入"过度阐释"的沼泽，才让文化持有者发出了自己的"声音"，而学者所属的社会无法理解的"嘘声"即起，按照马林诺夫斯基的金科玉律"钻进土著人的心里"后便发现，原来"钻进土著人的心里"的是带着坚固的西方社会文化结构"前置"的人类学家。而"村民日志"的作者是生长于斯的"土著"，是村寨社会文化的参与者和行动者，以他们的眼睛和头脑观察本村每天的日常生活，以他们的思维和语言表达对本村发生的大大小小事件的评价与感受，这才是严格意义上的"主位"方法，才能真正"从内部提供有关异文化的解说"，因而对记录者来说，"村民日志"是对"本文化"的记录与反思。

其次,"村民日志"的记录者连续性地归属于他／她所叙述的社会,因而他／她的视域与其叙述对象所包括的视域是高度重叠与融合的。在"本文化"研究中,人类学家尽管属于"本文化",但因其境遇使他／她与"本文化"之间产生了或深或浅的"历史时间间距",从而降低了研究者视域与研究对象所包含的视阈之间的重叠度或融合度。费孝通先生对自己在家乡的田野调查体验的反思充分地证明了这一点,他说:"我是这个县里长大的人,说着当地口音,我的姐姐又多年在村子里教老家育蚕制丝,我和当地居民的关系应当说是不该有什么隔阂的了。但是实际上却并不是这样简单。当时中国社会里存在着利益矛盾的阶级,而那一段时期也正是阶段矛盾激烈的时期。我自己是这个社会结构里的一个成员,在我自己的观点上以及在和当地居民的社会关系上,也就产生事实上的局限性。这种局限性表现在我对于所要观察的事实和我所接触的人物的优先选择上。尽管事先曾注意要避免主观的偏执,事后检查这种局限性还是存在的。"①"村民日志"的记录者不仅在文化认同上归属于本村的社会文化,而且境遇使他／她在实践和时间上连续性地归属于本村的社会文化,不存在"历史时间间距"所形成的视阈间隔,其视阈与所叙述的社会文化包含视阈是天然契合的与高度重叠的,因而"视阈融合"度不仅要高于"外来者",而且高于属于本文化的学者。

再次,"村民日志"的叙述场域是自然而常态的,记录者的心态与通常田野工作的"报道人"大相径庭。"报道人"是人类学田野调查时不可或缺的角色,他们的"报道"场域与其日常生活具有明显的差异,属于非常态性的——面对陌生的"外来者",围绕着研究者的询问话题进行"搜肠刮肚"的作答甚至"编造故事"。为了解决这一问题,实验民族志的一种做法是将人类学家与报道人之间的谈话过程呈现出来。然而,所呈现的仍然是非常态场域下的谈话——人类学家因拥有民族志的最终书

---

① 费孝通:《迈向人民的人类学》,《费孝通选集》,北京:海峡文艺出版社1996年版,第312—313页。

写权而不可回避地产生一定程度的"话语霸权",从而对文化持有者的话语表达产生干扰或渗入。"村民日志"则规避了这一问题,记录者的叙说话题是自主性的,叙说场域是常态的——在自己家中并无"他者",做到了"想说就说""想说什么就说什么""想怎么说就怎么说"。

由此,文化持有者的关注视角、价值观念、情感模式等主体性在"村民日志"中得到了逼真而完整的表达。如果从汉语表达和学术话语的角度看,10个村寨的日志则给人以非常明显的"参差不齐"之感。但这种"参差不齐"却含有一般语用所没有的含义,不仅呈现出10个村寨文化的差异性,而且"彰显"出许多实验民族志所追求而难以企及的不同民族、不同村寨文化的"认知图式"的差异。日志所记述的内容大多是饮食、生产等琐碎而重复的生计活动,似乎是"无关宏旨""不得要领"的唠叨,但这却是记录者基于他/她的立场对村中所发生的事件按照他/她所认定的重要性进行过筛选排序而记录下来的,是记录者及其所属文化对社会活动的选择,这恰恰体现出其关注视角、价值取向的特殊性。日志的语言表达既无文学作品的生动形象,也无学术论著的严谨高深,大多"平淡无奇""枯燥乏味",且各本日志在描述的详略、反思的深浅甚至语言的顺滞等方面均有较大差异,但却体现出各民族、各村寨文化的感知能力、表达能力、反思能力的差异,即其"镜像"识别的独特性和差异性。因而,尽管"村民日志"有悖于一般正式出版的文本,甚至与已有的民族志文本也大相径庭,但其内含的"张力"和所表达的意义的"深刻性",远非一般民族志所能企及,也正是许多实验民族志所追求的目标。

当然,来自"异文化"的学者的影响并不是说排除无遗,但我们所做的仅仅是:第一,选择"他"或"她"记录,提出了举例式的记录内容引导;第二,根据"于研究对象无害"的社会研究伦理原则,对于日志中可能会危及所描述的对象和记录人的正常生活的少量内容做了删节。

三、用汉语叙述：基于中国少数民族与汉族的文化关系的本土化实验

近年来，中国文化人类学的"本土化"的呼声渐强，且有对汉人社会研究的一些探索，但对于少数民族社会的研究，大都止于"需要本土化"之类的"舆论动员"，少有"如何本土化"方面的"指点迷津"，更缺乏"以身试法"的"躬身实践"。尽管这是一个相当复杂的问题，在此不做专门的探讨，但可以从中国文化人类学 20 世纪 30～40 年代的学科发展史中获得如下初步的启示，这就是：中国文化人类学"本土化"学术实践的核心是民族志的"本土化"，而民族志实现"本土化"的基本前提是，选择适合中国社会文化实际的途径，将国际文化人类学前沿性理论方法用于中国社会文化的田野调查与民族志书写的实验，以参与到当前国际文化人类学前沿性问题的探讨，并在当前国际学术前沿的平台上进行理论和方法的创新。

前文述及的费孝通先生的《江村经济》和林耀华先生的《金翼》两本经典民族志，不仅是学术创新的典型案例，同时也是中国文化人类学"本土化"的成功典范。两位人类学家以当时被国际人类学界所公认的理论和方法为学科平台，以具有悠久历史文化传统的中国社会文化为研究对象，并从中国社会文化的实际出发，分别选择了在西方工业文化影响之下的农村生活变迁和家族制度这两个最具中国社会文化特色并在中国社会文化中占据重要地位的问题进行调查研究，从本土文化的眼光和中国文化的表达方式进行民族志书写。诚如马林诺夫斯基所说："我敢预言费孝通博士的《中国农民的生活》（即《江村经济》）一书将被认为是人类学实地调查研究和理论工作发展中的一个里程碑。此书有一些杰出的优点，每一点都标志着一个新的发展。此书让我们注意的并不是一个小小的微不足道的部落，而是世界上一个最伟大的国家。作者并不是

一个外来人，在异国的土地上猎奇而写作的；此书的内容包含着一个公民对自己的人民进行观察的结果。这是一个土生土长的人在本乡人民中间进行工作的成果。如果说人贵有自知之明的话，那么，一个民族研究自己民族的人类学当然是最艰巨的，同样，这也是一个实地调查工作者的最珍贵的成就。"[①]弗思对《金翼》也做出了类似的评论，他说："作者（指林耀华——引者注）似乎是身临其境，不论是在药铺、在闺中、还是在土匪山老巢，他都能真实地告诉我们每个人物的言行举止，甚至能探寻他们的心灵深处，解释他们当时的动机和昔日的感情。……他写的是他的故乡，他从童年开始直至成年相识的人们。倘若他并不是一直与他们朝夕相处，至少他也是经常处于相同的环境。"[②]因而，尽管这两部民族志都先以英文版在国外出版，但无论是研究的对象和主题还是文化书写的视角和表达方式都是"本土化"的。

自《江村经济》和《金翼》问世以来，国际人类学发生了巨大的变化，当年被视为最先进、最科学的理论方法受到了反复的证实与证伪、肯定与否定的挑战，并从中发展、变异、衍生、创造出流派众多且取向相异的当代文化人类学理论和方法。中国人类学自20世纪80年代恢复发展以后，一批年轻人类学家尤其是曾留学欧美的人类学家进行了当代国际人类学的大量译介工作，这对于中国人类学的理论方法创新是非常必要的和不可或缺的。但这还是远远不够的，理论译介仅仅只是手段，目的是进行"本土化"创新，是将其作为背景、视野或工具对中国社会文化的事实和经验进行调查研究，撰写出具有时代特征、中国特色的民族志，解释与回答现代化进程中和全球化背景下的中国社会文化的理论和现实问题。因此，沿着费、林二位先生开辟的道路，站在当下国际人类学的

---

① [英]马林诺夫斯基：《江村经济·序》，费孝通：《江村经济》，北京：商务印书馆2001年版，第13页。

② [英]弗思：《金翼·英文版导言》，林耀华：《金翼》，北京：生活·读书·新知三联书店1989年版，第1—5页。

平台上，进行现时代的中国文化人类学理论方法创新，撰写出"本土化"的当代中国新民族志，这是时代赋予我们的职责和任务，也是当代学术背景下中国人类学学术创新的关键环节之一。

在当前国际人类学界关于民族志书写问题的研讨中，研究者与研究对象的关系是一个关键性的问题。因而，研究中国少数民族社会的民族志，要解决的一个首要问题是中国的人类学工作者即以汉文化为主导文化的研究者与研究对象即少数民族之间的关系有什么特征？以汉文化为前置文化结构的学者视角下的少数民族文化和西方人类学家视角下的非洲文化、印第安文化等，都可以称为"异文化"，但其"异"的程度和本质却是截然不同的。前者之"异"，是同一种文化之内的不同文化类型的差异或同一种文化类型之中不同文化分支的差异，即中华民族"一体格局"文化中的"多元"的差异；后者之"异"，是基本上没有实质性关联的两种文化之间的差异。费孝通先生提出的"中华民族的多元一体格局"命题，是理解与把握中华民族中各民族文化之间关系的关键词。一方面，中华民族的起源是多元的，各文化区、各民族以及各民族内部各支系之间的文化也是多元的，正是这种多样性、多元化的文化构成了色彩斑斓、博大精深的中华民族文化。另一方面，从新石器时期起，中华大地上的各文化区、各族群文化之间传播、接触、交流与融合的文化互动便开始了。从春秋战国时期起，各族之间的交流与融合进入频繁而密切的阶段。在汉族形成以后的两千年漫长历史中，其他族群融入汉族的所谓"汉化"和汉族融入少数民族的所谓"夷化"的"民族流动"从未停止过。在这种民族流动过程中，逐渐形成了一个凝聚多元文化的核心——汉族及其文化通过"一个点线结合，东密西疏的网络"[①]传播与融入各少数民族及其文化之中，从而构建起由区域性到全国性、由弱到强的多元一体格局。由此可见，在中国，以汉文化为基础的学者和作为研

---

① 费孝通：《中华民族的多元一体格局》，《费孝通选集》，北京：海峡文艺出版社1996年版，第350页。

究对象的少数民族之间的关系，是"一体"之内的"多元"的差异，两种文化之间存在着悠久、密切、深刻的内在联系，而且研究对象即少数民族文化中吸纳了汉文化的诸多因素，从而使中国人类学者与其研究对象之间保持着远非西方学者所能具备的亲密关系和沟通条件。

作为中国文化重要组成部分和中华民族交流沟通的最重要的工具，以汉文化为基础的汉语及其书写符号系统汉字早已为多数少数民族所接纳，除了大多数回族把汉语作为母语之外，许多少数民族还把汉字作为重要的甚至是唯一的书面记录与表达符号。随着近代以来民族—国家的形成、文化教育和现代传媒的推广，汉语在少数民族中程度不同地得到普及，绝大部分少数民族农村都有人能够使用汉语交流、运用汉字进行书面叙述表达。中国少数民族语言文化的这一特征，为村民们运用汉语记录成为可能，也使运用"村民日志"的模式描述中国少数民族社会文化的民族志实验具有了中国特色；同时，为了使之能够为更为广泛的群体所阅读，运用汉语记录也是一种别无他途的选择。

不可也不必隐讳的是，10本日志之间存在着文化书写和言语表达的明显差异。从表层上看，这一差异所呈现的是不同民族、不同村民运用汉语进行言说与表达的能力的差异，从而显示出不同民族、不同村民受汉文化影响程度的差异；从深层上看，在少数民族村民运用汉语记录的过程中，作为叙述的符号和传播中介，汉语及其特有的无意识结构和术语等被法国精神分析学家拉康（Jacques Lacan）称为交流对话的"第三参与者"因素，无疑参与到日志的文化叙述的建构之中了。但无论前者还是后者，其本身就具有学术研究的价值。美国语言学家、人类学家萨丕尔认为："言语这一人类活动，从一个社会集体到另一个社会集体，它的差别是无限度可说的，因为它纯然是一个集体的历史遗产，是长期相沿的社会习惯的产物。言语之有差别正如一切有创造性的事业都有差别，也许不是那么有意识的，但是正像不同民族之间，宗教、信仰、习俗、艺术都有差别一样。走路是一种机体的、本能性的功能（当然它不是一种本能);言语是一种非本能性的、获得的、'文化的'功能。"①因此,"村民日志"除了其所叙述的内容可以作为研究对象之外,文本本身亦可置于当代实验民族志研讨的学术背景下作为一种"社会事实"进行解读。

四、对话:多维交复话语张力的实验

"对话"是现代主义民族志的重要文本策略,"学者们认识到,在民族志里所要表述的经验,必须是发生于民族志作者与报道人之间的对话"②。为此,我们在"充分给予被研究者表达自己意见的空间"的同时,还采用了"充分对话"的文本策略。

《新民族志实验丛书》和《少数民族村落社会文化研究丛书》两套丛书的安排,是根据"充分对话"原则设计的。其中,既有同一文本内的"局内人"(insiders)与"局外人"(outsiders)之间的对话,又有不同文本的"局内人"与"局外人"的对话,而且在有的"村民日志"中还有"局内人"中不同性别、角色之间的对话。首先是"村民日志"同一文本中的"局内人"与"局外人"之间的对话,日志的主体部分是村民即"局内人"表达自己意见的空间,而"前言"及"村寨概况"则是研究者即"局外人"对研究对象基本概貌的解读。其次是两套丛书之间构成的对话,《新民族志实验丛书》的作者主要为村寨文化"局内人",而《少数民族村落社会文化研究丛书》的作者则是作为"局外人"的研究者,两者在同一时空内对同一对象做出的不同解读本身就是一种对话,这一对话事实上还具有留给读者进行分析的"张力"。最后是不同社会角色的"局内人"的对话,即在本课题设计时要求各个调查点选择2—3名性别、身份不同的记录者进行"村民日志"的记录工作,使同一本"村

---

① [美]爱德华·萨丕尔:《语言论》,陆卓元译,北京:商务印书馆2005年版,第4页。
② [美]乔治·E.马尔库斯、米开尔·M.J.费彻尔:《作为文化批评的人类学》,王铭铭、蓝达居译,北京:生活·读书·新知三联书店1998年版,第101页。

民日志"中出现同一村寨中不同社会角色之间的对话，但因有的记录者因患病、外出等各种复杂的原因未能坚持记录，从而使这一设计意图未能在全部"村民日志"中得到落实，出现有的日志由两位或两位以上记录者完成，有的日志则完全由一位记录者完成的情况。

正如美国人类学家马尔库斯和费彻尔所言："在这样一个时代，我们承担着一种风险，即，我们既可能拥有巨大的潜能，也可能因走进死胡同而无能为力。"[①]我们"新民族志实验"的命运究竟是前者还是后者，只有让时间告知。

2020年5月6日午夜
草于白沙河畔寓所

[①] ［美］乔治·E.马尔库斯、米开尔·M.J.费彻尔：《作为文化批评的人类学》，王铭铭、蓝达居译，北京：生活·读书·新知三联书店1998年版，第11页。

目　录

绪　言 /1

村民虎赛武日志 /1
 2010 年 …………………………………………………… 1

村民此有生日志 /55
 2012 年 …………………………………………………… 55
 2013 年 …………………………………………………… 95

村民虎赛雄日志 /107
 2012 年 …………………………………………………… 107
 2013 年 …………………………………………………… 187
 2014 年 …………………………………………………… 323

绪　言

高志英

一、赤恒底傈僳族研究基地基本情况

云南省怒江傈僳族自治州福贡县鹿马登乡赤恒底村傈僳族调查点成立于 2005 年，2011 年挂牌成立"赤恒底傈僳族民间文化课堂"。该研究基地位于福贡县鹿马登乡赤恒底村委会。

赤恒底村位于云南省怒江傈僳族自治州福贡县鹿马登乡，高黎贡山东面、怒江西岸。自设立赤恒底傈僳族调查点以来，在赤恒底村租用一块土地，建有一栋土木结构二层楼房作为傈僳族调查研究实习点。目前，该基地配备有一台摄像机、一台台式电脑，拥有两名记录员，一人负责记录村民日志，一人负责记录影像资料。自 2010 年至今，先后有 3 位村民记录村民日志，他们分别是此有生、虎赛雄、虎赛武（又名社伍），3 人都具有初中文化。

此有生是基督徒，他是村里的宰猪户之一，曾在县城开饭店，也曾和妻子一同到外省打工，是村民致富代表人物之一。2012 年以后，因此有生工作较忙，又需赡养老人，故不得不辞去村民日志记录员的工作。

之后，村民日志工作转交虎赛雄负责。

虎赛雄从一名虔诚的平信徒成为教会同工、村民小组副组长，曾到广东等地打工，多次到福贡、六库、昆明参加神学培训。从他多年如一日地坚持写日志中，也可以看出其毅力与耐心。

虎赛雄的弟弟虎赛武主要负责记录影像资料。他曾担任代课老师，长期担任村民小组长，曾到西藏、新疆等地打工，后在精准扶贫进程中加入赤恒底村种养合作社，目前在村里担任护边员、护林员，并计划开农家乐，目前供两个孩子上大学。

虽然他们3人的文化程度不高，但他们愿意付出时间与精力，配合基地建设工作，虎赛雄与虎赛武坚持至今。他们在上有老、下有小的繁忙农活、家务与集体事务之外坚持写日志、摄像拍照，精神可嘉！他们从青年变为中年，其生产生活也发生了巨大的变化，写作水平与拍照技术日渐提高，实属不易！

如今，不仅村民日志记录员，而且整个村落都被纳入云南大学的视野，被纳入中国乃至世界民族学、人类学、社会学、宗教学研究的视野，成为"实验民族志"系列中的重要参与者。

二、村民日志主要内容

此次呈现的村民日志就是由此有生、虎赛雄、虎赛武3人共同完成的，共计50万字左右。其中2012年、2013年两位村民日志记录员此有生、虎赛雄都从不同角度进行了记录，我们给予保留。

村民日志，有作者自己与家庭私生活的记录，但更多的是对整个村落内外的整体描述。其内容包括村民日常生产生活、人生礼仪、宗教信仰、教育等方面及其现代变迁。

生产活动是该村民日志占分量最多的内容，毕竟民以食为天。作者以异文化（汉字）书写方式，真实、全面地记录了村民一年四季的生产活动。既有传统农作物及其种植方式的记录，也有外来新品种的种植记录。对于经济作物、家畜家禽以及采挖野菜药材的描述，也透视出傈僳族村民在国家力量作用和外界经济影响下，正在发生着前所未有的变化。

其次是婚丧嫁娶仪式的记录，呈现出当下傈僳族社会并存着民族传统文化、基督教文化与汉文化三种文化。这应该是当下边疆傈僳族文化多样性的生动呈现。又因赤恒底村是个基督教信众人数比较多的村落，基督教渗入村民婚丧仪式中就得到了更为突出的呈现。

最后是傈僳族村民对学校教育的态度。1949年中华人民共和国成立以前，傈僳族村民因为害怕孩子读书后远离家人，因而对学校教育避之不及。而当下即便村落小学被撤并，孩子需要过江到江东鹿马登完小读书，父母每周接送很辛苦，教育投资增加，而且也减少了找猪食、做家务的帮手，但是家家户户仍然积极送孩子读书。对读书孩子的各种资助，也显示出国家对边疆少数民族教育发展的重视。

该村基督教文化及其基督教本土化比较明显。村民日志中对基督教礼拜活动、节庆活动，以及基督教婚礼、葬礼等方面的描述比较多。

对"新农村工程"建设、脱贫攻坚、精准扶贫工作等方面也有记录，加上该村成立的"农民红歌合唱团"（主要唱四声部），以及各类合作社组织，从多方面呈现出边地农村的新生活、新气象。当地政府和相关部门利用当地传统民族文化，如手工织布、农民合唱团等资源，将其作为旅游文化资本，结合当地特有的自然景观、人文景观，将该村打造成"乡村文化旅游示范村"，并通过媒体的宣传和介绍，提升了该村的知名度，宣传了傈僳族文化，民族文化也得到传承与发展。

该基地在民族文化进课堂实践中比较成功，中老年人和小学生、中学生都积极参加到民族文化课堂中，效果明显，这有助于当地傈僳族优秀传统文化的传承与保护，增强民族文化自信。虽然该基地村民日志记录员只有中学文化水平，不熟悉电脑操作，但他们在农忙中每天坚持写日志，并以纸质形式递交。负责人收到纸质稿之后，再请专人录成电子档。其过程比较烦琐，但这本身就是当前农村教育现状的真实写照，通过简短的句子为我们呈现村落的全貌。

村民记录的日志，谈不上华丽的辞藻或动人的叙述，保持了最大程度的口语化特征，甚至有很多词不达意和不规范、不准确的地方。不过正是这些口语化的句子，保持了村民对村寨生活记录与想象的"原色"，因此，除明显的错别字、语法错误和重复语句外，将手写的村民日志转录入电脑时，最大程度地保留了日志原本的内容，以使当地人成为当地社会和文化的真正发声者和主体。另外，需要解释的一点，日志中对村干部的称呼并不规范，但因为民间将村干部俗称为"村长"，我们保留了日志中"村长"的称呼。总体而言，村民日志文本资料较少，视频资料多，且内容较丰富、全面，有待进一步剪辑并呈现。

村民日志可归类如下：

具有周期性的活动。时间以一周为周期：周三下午、周五下午、周六下午和周日早、中、晚要去教堂里做礼拜。周六是福贡街天。此外，还有定期的鹿马登街天，以及元旦节、春节、阔时节、端午节、中秋节、国庆节等节日与基督教的感恩节、圣诞节、复活节等穿插其中，构成了整个村落的时间线，这也是福贡乃至怒江信仰基督教的傈僳族、怒族、勒墨人（白族支系）、独龙族村落的时间安排。

农事安排。除了村民按经验安排农事之外，村委会、村民小组根据县、乡年度经济计划与指导安排农事。农业劳作"时刻表"可通过村民日志中的翻地、种玉米、撒秧、割小麦、栽秧、收玉米、割水稻、种小麦、蚕豆、种草果、收草果、菜蔬等的种／收与找柴火等词汇呈现。

基层村民自治以及部分政策的实施。村委会的换届选举，村小组长、副组长、会计的换届选举按照县委规定执行，通常是每隔3～5年换届一次。村委会、政府相关公告以及文件，如廉政承诺书、党风廉政建设等文件统一由村委会、村民小组长传达给村民。春节慰问金、边民补贴、低保等相关惠农补贴由村委会领导和村民小组长负责统一发放。

文化变迁。民居由之前的千脚落地房逐渐变成钢筋混凝土房。节日活动丰富多彩：既有中国传统节日和傈僳族传统节日，如春节、端午节、中秋节、阔时节等，又有基督教三大节和新年，如感恩节、圣诞节、新年（元旦）、复活节。近年来，村民流行过国庆节、县庆、儿童节、妇女节、劳动节等。其中，以基督教的节日最为隆重。节日期间，以村内的教会为组织，开展各种村落性质的活动，如元旦节，1月1日凌晨，当地信徒便会组队到信徒家里挨家挨户地祷告、唱诗，并贴上祝福的新年贴纸等。这与傈僳族传统年节（阔时节）期间到长辈家或亲友家跳舞、对调子的性质是一样的，都是庆祝新年、送祝福，不同的一点是作为基督教节日的元旦节加入了以感恩上帝为主题的内容，出现了传统的重构。人生礼仪方面：基督徒从出生到死亡一生中的每一个生命阶段都要举行祷告、唱赞美诗的仪式，与基督教传入之前发生了明显的变化。总之，基督教已成为赤恒底傈僳族日常生活中的重要组成部分，成为当地傈僳文化中的一部分。

村民的经济来源方面。从村民日志中，我们可以了解到近年来当地村民的主要收入源自核桃、草果等经济作物，以及打工、跑车载人、运货与采挖野菜药材等。

此外，村民日志不仅记录了村内的事情，对村外的事情也有所记录，如泥石流、灾祸及其村民消灾避祸的传统智慧等。

三、基地主要成果

该调查研究基地除了记录村民日志和影像志之外，还负责接待云南大学前去该村调查的师生，为研究者提供食宿和生活上的帮助。目前，以该村为田野点而产出的主要成果有：

著作类

肖迎：《峡谷幽兰：福贡县鹿马登乡赤恒底村傈僳族村民日记》，中国社会科学出版社，2009。

卢成仁：《"道中生活"——怒江傈僳人的日常生活与信仰研究》，人民出版社，2014年。

论文类

卢成仁：《怒江傈僳族基督信仰下传统文化变迁——以云南省福贡

县娃底村为例》，载《民族研究》，2017年第3期。

卢成仁：《流动中村落共同体何以维系——一个中缅边境村落的流动与互惠行为研究》，载《社会学研究》，2015年第1期。

卢成仁、史艳兰：《村落社会结合中的个体——怒江傈僳人"伫"之地方概念的人类学研究》，载《吉首大学学报（社会科学版）》，2013年第6期。

肖迎：《云南少数民族村寨日志选登：怒江福贡赤恒底村》，载《民族艺术研究》，2006年第6期。

卢成仁：《基督教信仰中的社会性别构建——以怒江娃底傈僳人为例》，载《西南民族大学学报》（人文社会科学版）；2012年第5期。

卢成仁：《从礼拜座位看基督教会组织原则的本土运用——以云南怒江娃底村傈僳族为例》，载《世界宗教研究》，2012年第1期。

学位论文

徐万达：《从本地化到再地化——以怒江州福贡县鹿马登乡赤恒底村基督教为例》（2012）等。

项目类

沙丽娜主持2018年"云南大学民族学一流学科建设项目·赤恒底宗教民族志"。

高志英主持2018年"云南大学民族学一流学科建设项目·赤恒底反思民族志"。

高志英主持2017年国家社科基金重大项目"基督教中国化背景下农村基督教问题研究"田野调查点之一。

高志英主持2014年省校合作项目"云南跨境民族宗教跨境流动调查研究"田野调查点之一。

高志英主持云南省委统战部委托项目"中缅跨境民族基督教发展史"田野点之一。

四、村民日志的价值

一是通过三位村民的记录，看到了一个村落的生产生活全貌。特别是从村民视角描述其生产生活的现代变迁，在视角、材料选择、文字书写、道德评判等方面有别于学者撰写的村落民族志，并可以与后者进行对话。

二是从具体事例、项目生动透视出国家力量对于边疆少数民族社会、经济与文化变迁的主要动力作用，可以为政府未来实施更加因地制宜的项目提供实地经验与参考。

三是从人类学、宗教学与历史学、社会学等学科的多维视角，回溯傈僳族从信"尼"①到信上帝的宗教信仰变迁，对这一变迁历史进行反思，可为政府今后制定与实施可操作性强的民族宗教政策提供独特的视角与材料。

四是讨论基督教本土化实践过程中的文化层垒——傈僳文化、汉文化及其影响动因，从而反思基督教文化与傈僳文化、汉文化等多元文化和谐并存的内在逻辑。

五是三位村民的文字与影像记录中，不乏对于政府各种扶贫政策的歌颂、感恩，体现出边疆少数民族的国家认同感在扶贫攻坚项目的推进、落实中，更加得到强化。

2019 年 6 月

---

① "尼"，傈僳语。为傈僳族传统宗教信仰对象之一，"尼"是一种统称，其种类丰富多样。

村民虎赛武日志
2010年

2010年1月1日—31日

2010年1月1日　星期五　晴

今天早上，我村娃底一、二、三组的全体村民都把自家能吃多少的米和生活费统一交到教堂的厨房里。因今天是新年第一天，所以娃底一、二、三组的全体村民都将米和生活费交上去，以便下午能准时吃上饭。上午我村村民去教堂时钟声响起，全体村民都积极地去教堂祈祷，都希望能过上平安年。娱乐活动安排在明天和后天。

2010年1月2日　星期六　晴

早晨，去教堂的钟声响起，我村娃底一、二、三组的全体村民都到教堂去集中，因为今天是新年第二天，所以全体村民都要在教堂玩一天。今天的活动安排有唱赞美诗和背诵《圣经》目录比赛。大人小孩都可以参加，参赛选手可以朋友、小组、个人、家庭为单位报名参加。奖品是水果糖等食品。

2010年1月3日　星期日　晴

今天的活动项目有拔河、闭眼睛摸鸡蛋、爬竹竿、打弩弓等。今天的活动奖品是香皂、洗衣粉、笔记本、作业本等。全村村民除有病不能坚持和特殊情况外，都来参加。

2010年1月4日　星期一　晴

今天我村以西1公里处到批过的机耕路挖通了，村民们都很高兴，都到新路里走走。边走边说："现在党的政策真好！不让村民们挖一锄头、抬一块石头。特别感谢共产党，感谢人民政府。"

2010 年 1 月 5 日　星期二　晴

因为今天是新年福贡的第一个街子天,所以我村去赶街的人特别多。有的(村民)卖猪,有的卖牛或鸡。到了下午,大部分村民都买了许多东西返回家里。

2010 年 1 月 6 日　星期三　晴

今天我村所有修建抗震房的村民都到村桥头领取水泥,每户 20 包。今天是第二次,还有 40 包过几天再发。到了下午,所有修建抗震房的村民都领到了。

2010 年 1 月 7 日　星期四　晴

今天我村村中间批付珍房子旁边的三面光水沟全部修通。由于以前的 U 形槽烂完,村民在水田里放水很困难,所以福贡县扶贫办给予帮助,修三面光水沟。

2010 年 1 月 8 日　星期五　晴

今天我村所有修建抗震房的村民都到村桥头领取 12 圈钢筋 59 根。在各自往家拉回的过程中,娃底一组开阿生的拖拉机因拉了三户人家的钢筋,重量过重而在转弯处翻倒,但所幸无人员伤亡,车子无损。

2010 年 1 月 9 日　星期六　晴

今天我村好几个人到福贡县城参加射弩比赛。有些人打赢了,有些人打输了。在回来的路上,他们几个商量好下个星期日还要一起去参加射弩比赛。

2010 年 1 月 10 日　星期日　晴

今天我村所有修建抗震房的村民都到村桥头领取 6 圈钢筋,这些钢筋政府帮我们圈好了，总共是665圈，所有修建抗震房的村民都领到了。

2010年1月11日　星期一　晴

今天我村所有修建抗震房的村民都到村桥头领取水泥，每户20包，还有20包过两天再拉来，所有修建抗震房的村民都领到了。

2010年1月12日　星期二　晴

今天我村所有修建抗震房的村民都到村桥头领取铁门和铁窗户，每户分得铁门大的一个、小的两个，铁窗户两个，总共是五样，所有修建抗震房的村民都领到了。

2010年1月13日　星期三　晴

今天我村所有修建抗震房的村民都到村桥头领取石棉瓦，每户100片，所有修建抗震房的村民都领到了。

2010年1月14日　星期四　晴

鹿马登乡党委文件

鹿通〔2010〕1号

关于成立鹿马登乡村干部任期和离任经济责任审计工作

领导小组的通知

各村两委：

为全面反映村干部在任期间各项经济指标完成情况和财务制度执行情况，让广大群众了解和正确评价村干部，确保换届工作的顺利进行，经乡党委政府研究决定，成立鹿马登乡村干部任期和离任经济责任审计工作领导小组，现将组成人员名单通知如下：

组　长：武仕博（乡党委副书记、纪委书记）

副组长：和忠诚（乡人大主席）

杨文江（乡人民政府副乡长）

成员：王琴（乡人民政府副乡长）

开里夺（经营管理站站长）

和晓芳（乡政府出纳）

李四海（乡计生干事）

领导小组下设办公室，办公室设在乡经营管理站，由开里夺同志负责处理具体业务工作。

2010 年 1 月 14 日

2010 年 1 月 15 日　星期五　晴

今天福贡县扶贫办和鹿马登乡政府的工作组到我村检查所有修建抗震房的村民是否在修和修的标准。经过一天的检查，全村除有几户村民钢筋装得密度不够外，其他的都符合标准。

2010 年 1 月 16 日　星期六　晴

今天我村所有修建抗震房的村民都到村桥头领取水泥，每户 20 包，到此全村所有修建抗震房的水泥全部发完。

2010 年 1 月 17 日　星期日　晴

由于福贡县扶贫办和鹿马登乡政府的工作组到我村检查修建抗震房时发现有几户村民钢筋装得密度不够，为此，村委领导班子受到了批评。所以今天村委领导班子到所有修建抗震房的村民家中逐一检查，看是否有更改情况。

2010 年 1 月 18 日　星期一　晴

今天我村所有修建抗震房的村民都到村桥头领取房顶上盖的 V 形石棉瓦 20 片和 3 公斤铁丝。

2010年1月19日　星期二　晴

今天我村以南1公里处地名"以独"的三面光水沟竣工，全长300米。

2010年1月20日　星期三　晴

赤恒底村建设登记：2007年、2008年、2009年

赤恒底村委会
2010年1月20日

2007年10月王咀、念坪易地搬迁10户，地点：平过，人数40人，给水泥2吨，铁门铁窗一套，石棉瓦100片，每家补助2000元。

2007年王咀、念坪、密丁戈修人马驿道2.5公里，给水泥40吨，补助现金1万元。

2007年10月修人马驿道2.5公里，给水泥18吨，补助现金32000元。

2007年10月改户坡改田，地点：王咀、念坪、密丁戈，总数：50亩，每亩补助200元，完成时间：2008年2月，补助农户1万元。

2008年修公益道娃底一、二、三组，总长4736米，水泥78.15吨。

2007年返修大水利，地名：能包过奴到伊夺苦，总长：200米。

2009年建设水管娃底一、二、三组，总长：8850米。

2009年汪咱返修水管，总长：1800米。

2009年干拉布返修水管，总长：1200米。

2009年王咀、念坪返修水管，总长：3500米。

2009年娃底一、二、三组，修三面光总长1300米。

2009年娃底二组，修三面光总长500米。

2010年1月21日　星期四　晴

今天从我村以南"以独"（地名）开始浇灌水泥路。水泥路全长1公里，该工程项目由福贡县扶贫办扶持。

2010 年 1 月 22 日　星期五　晴

今天王咀小组需修建的三面光水沟和公厕全部竣工。

2010 年 1 月 23 日　星期六　晴

赤恒底村老年党员补助情况如下：

1. 2007 年 1—12 月我村补助 3 人，每人每月 30 元，全年总共 1080 元。

2. 2008 年 1—6 月补助 5 人，每人每月 30 元，总共收到 900 元。

3. 2008 年 7 月至 2009 年 6 月补助 3 人，原因是 70 岁以上的老党员才有补助；老龄党员 3 人，一年总共收到了 720 元，原因是这一年的补助是每人每月 20 元。

赤恒底村党支部
2010 年 1 月 23 日

2010 年 1 月 24 日　星期日　晴

赤恒底村党支部书记通知全村党员明天到村委会开会，无事无病不得请假。

2010 年 1 月 25 日　星期一　晴

上午全村所有党员都到了村委会，村委会的人宰了两头小猪给全村党员和县政法委的人吃。再过几天就到春节了，到时候忙不赢，所以县政法委的人提前来慰问我村全体党员和村委会领导班子。

2010 年 1 月 26 日　星期二　晴

赤恒底村 2010 年大春生产指导性计划表（一）

大春农作物总播种面积：2674.35 亩

粮豆作物面积：2474.35 亩、产量：456 公斤 / 亩

苞谷面积：1037 亩，产量：370.17 公斤 / 亩

稻谷面积：677.9 亩，产量：242.9 公斤／亩，其中水稻面积：637.85 亩

豆类面积：510 亩，产量：35 公斤／亩，其中大豆面积：60 亩，产量：9 公斤／亩，其他豆类面积：450 亩，产量：26 公斤／亩

荞麦面积：125 亩，产量：6 公斤／亩

其他经济作物：面积 200 亩

2010 年 1 月 27 日　星期三　晴

赤恒底村 2010 年大春生产科技措施指导性面积计划表（二）

苞谷良种：900 亩

水稻良种：620 亩

水稻薄膜育秧：140 亩

苞谷规格化条栽：900 亩

水稻规格化条栽：600 亩

生物多样性混栽：20 亩

旱作主体栽培：250 亩

期数：5 期

人次：700 次

2010 年 1 月 28 日　星期四　晴

赤恒底村 2010 年大春生产科技创新样板指导性面积计划表（三）

苞谷科技创新样板：样板面积：100 亩，产量：400 公斤／亩

水稻科技创新样板：样板面积：50 亩，产量：450 公斤／亩

科技负责人：和浩

2010 年 1 月 29 日　星期五　晴

赤恒底村 2010 年农业重点产业培植计划表（四）

草果：500 亩，云黄连：500 亩，鸡脚稗：50 亩，新品种试验：100 亩，重楼：3 亩

科技负责人：和浩

2010 年 1 月 30 日　星期六　晴

赤恒底村 2010 年冬季农业开发及小春生产指导性面积计划表（一）

小春农作物总播面积计划：1900 亩。

粮豆作物面积：1150 亩，产量：65 吨。其中，1.蚕豆面积：200 亩，产量：6 吨；2.豌豆面积：200 亩，产量：3 吨；3.洋芋面积：800 亩，产量：56 吨

2010 年 1 月 31 日　星期日　晴

赤恒底村 2010 年冬季农业开发及小春生产指导性面积计划表（二）

经济作物面积：750 亩，其中1.油菜面积：650 亩，产量：26 吨，2.蔬菜面积：100 亩

科技创新样板：油菜 200 亩，蚕豆 100 亩

2010年2月1日—28日

2010年2月1日　星期一　晴

我村娃底一组的邓里花今天从六库买回来一台空压机和一台碎石机。因为邓里花已跟这边生产水泥的老板说好，每一拖拉机碎石以160元卖给他。

2010年2月2日　星期二　晴

今天，福贡县扶贫办和鹿马登乡政府的工作组到我村检查所有修建抗震房是否修完。经过一天的检查，发现大部分村民的房子已经快修完，但部分村民的还差很多。所以，请村民们赶快修完，春节过后就要来验收了。

2010年2月3日　星期三　晴

我村娃底一组的黑社今天从六库买回来一台空压机和一台碎石机。因为前两天邓里花也买回来这两样。黑社家是卖江沙和石头。

2010年2月4日　星期四　晴

今天我村娃底一组普来家的抗震房，经过两个多月的辛苦劳动终于建完。晚上，请了些村里的基督徒和村教牧人为他们家祷告，祈求上帝保佑一家人平平安安。这是我村基督徒"进新房"祷告会习俗。

2010年2月5日　星期五　晴

今天我村娃底一、二、三组所需修建的公厕已全部竣工，其中，一组两间、二组一间、三组一间，总计4间。

2010年2月6日　星期六　晴

我村外出打工已有一年多的5个村民今天上午回到了家,各自还拿回来1万多元。他们几个打算过完年后还要再出去,村民们愿意和他们一起去的,他们表示可以带去。

2010年2月7日　星期日　晴

为参加春节期间篮球比赛,我村山上几个小组的青年人,上午就到村委会球场进行篮球训练,提前熟悉比赛场地。训练期间,他们和一、二、三组的青年队进行对抗赛,直到下午6点才回去。

2010年2月8日　星期一　晴

鹿马登乡赤恒底村干部任期、离任经济责任审计报告

中共福贡县委组织部、县农业局:

根据福贡县委组织部、县农业局《关于认真做好村干部任期和离任经济责任审计工作的通知》的精神,乡党委政府十分重视,成立了审计小组,于2010年1月23日对赤恒度村村干部进行了审计。现将审计情况报告如下:

一、基本情况

赤恒底村民委员会,全村共有9个小组,农户453户,人口1864人。

二、会计责任

被审计村委会主任、副主任对所提供资料的真实性、完整性做出了书面承诺,并对其负责。

三、审计结果

(一)农村经济责任目标完成情况

1. 任期内农民人均纯收入明显增长,2006年仅为862元,2009年1298元,增长436元。

2. 农村基础设施建设权明显得到改善,2007年总共建设,涉及4个

村民小组的人马驿道2件，总长度为5公里。异地搬迁10户，坡改田54亩，返修大水利1件，总长2000米；2008年建设公驿道1件，总长4736米；2009年总共建设饮水管1件，总长8850米，用水农户共149户、577人，返修水管3件，总长6500米，用水农户241户，共990人，建设三面沟1件，总长1300米，修建水沟1件，总长500米，返修水沟1件。总长740米，全村改猪圈，共计214户，建设公厕5个。

3.任期内实施的相关工程都由县级部门直接实施，故村级无因工程建设造成的债务，同时村委会也无接待费用。

（二）村集体资产管理制度健全情况

1.各项资产的内部财务控制制度健全，严格执行出纳会、分设，由副主任管日记账，主任管资金。

2.村委会建立了理财小组，完善了民主理财、民主监督、民主决策机制。

3.严格执行财务按季度公开制度，做到全面、真实、规范、及时。

（三）赤恒底村干部2008—2009年任职期间财务收支基本情况

1.2007年

收支为零。

2.2008年

收入1000.00元，支出400.00元，经费余额600.00元，结转2009年经费；

3.2009年

总计收入7400.00元，总支出7390.00元，至2010年1月23日现金结余为10.00元。

（四）村集体资产处置情况

1.村集体资产未出现承包、租赁、出让等情况，也就不存在手续及租金是否完备及合理的情况。

2.村级基建工程建设的各种项目均由上级有关单位和部门具体实施，故不产生任何与工程建设有关的问题。

3. 赤恒底村委会有林8914.5亩，集体机动地0.5亩，尚未做任何处理。

4. 赤恒底村委会固定资产基本情况

办公楼二层，建筑面积为450平方米，办公桌6套，桌椅19套，电视、DVD各一台。

（五）专项资金管理

1. 赤恒底村委会未产生上级划拨及社会捐赠的资金和物资，也无土地补偿费用的情况。

2. 新型农村合作医疗资金由乡政府合管办具体管理，未涉及村委会。

3. 粮食直补资金由一折通发放给农民，也未涉及村委会。

4. 赤恒村老龄党员补助情况：2007年发放补助1080.00元，2008年发放补助900.00元，2009年发放补助720.00元，所有金额按标准金额发放到老党员手中。

5. 赤恒底村农村低保发放情况：2007年发放金额102000.00元，2008年发放金额336600.00元，2009年发放金额414720.00元，所有金额按标准发放到农民手中。

（六）存在问题及处理意见

1. 由于赤恒底村上任武干的擅自离任，造成2007年一年及2008年上半年的账务遗失。

2. 村会计队伍不稳，"一任领导，一任会计"的现象较为普遍，业务水平和管理水平低，账制不健全，账、据、凭证不规范。

四、审计评价

经审计，赤恒底村村干部在任期期间对全村基础建设做出了一定的贡献，全村党员群众对村干部的评价较好，在审计期没有不良反映和举报。

五、审计建议

村委会财务应由专人管理，经费开支专人审批，杜绝多人收钱、多人管钱、多人用钱、长时间不交账、不结账、坐收坐支的问题。

鹿马登乡人民政府

2010年2月8日

2010 年 2 月 9 日　星期二　晴

今天，村委会领导班子成员到福贡县各个单位申请春节活动经费，村支部书记和村主任一起去。

2010 年 2 月 10 日　星期三　晴

因为过几天就要过年了，所以今天大部分村民都到鹿马登或福贡县街子买卖东西，为过春节做准备。

2010 年 2 月 11 日　星期四　晴

全村发放农村低保户春节慰问金，每户发得 50 元。

2010 年 2 月 12 日　星期五　晴

为使我村村民过上一个愉快的节日，各个小组的组长和副组长及村委会领导班子成员共同讨论春节期间活动事宜。经过大家一番讨论，共同决定如下：因今年干旱给村民们的生产生活带来很多不便，所以今年春节只过两天。

主要竞技活动有：

1. 各村民小组篮球对抗赛。按（男、女）抽签方式决定对手，赢的得 15 元，输的得 10 元。（各个小组人数由各村民小组自行决定）

2. 各村民小组拔河对抗赛。按（男、女）抽签方式决定对手，赢的每人得价值 2 元的洗衣粉一包（共 10 人），输的每人得价值 1 元的洗衣粉一包（共 10 人）。

3. 射弩比赛。不管男女老少，不管来自哪个村民小组，大家都可以报名参加射弩比赛，每人每次射 5 箭，射中几箭就发放几块价值 2 元的香皂。

4. 丢沙包比赛。从娃底一组开始轮流，一直到亚平新村结束，奖品是牙膏、镰刀。

5. 瞎子敲锣比赛。不管是谁都可以参加，奖品是作业本、圆珠笔。
6. 跑步比赛。主要参赛者为小孩子，奖品是作业本和圆珠笔。
活动从星期日开始，对各个小组的老年人给予一些慰问。

2010年2月13日　星期六　晴

有些人家过年吃的东西昨天就已经买好了，也有些人家今天才去买，没有去买东西的就在家里打扫卫生。

2010年2月14日　星期日　晴

今天上午12点钟在村委会球场举行了"赤恒底村2010年春节娱乐活动开幕仪式"，各个村民小组的组长和副组长代表各村民抽签。首先抽了篮球比赛和拔河比赛序号，接着抽射弩比赛、瞎子敲锣、丢沙包比赛参赛序号。这些活动直到下午6点才结束。

2010年2月15日　星期一　晴

今天的活动项目和昨天一样，有些奖品剩下得多，所以今天的活动时间比较长。因为活动经费还剩一些，全部都要用完。所以，今天村民们可以喝到白糖水和酒。今天晚上，青年们打球的很多，一直打到凌晨2点才休息。

2010年2月16日　星期二　晴

凡是在春节活动期间参加组织项目的所有工作人员，今天每人发了一个盆子，村委会的人也同样每人得一个盆子。

2010年2月17日　星期三　晴

廉政承诺书

一、严格执行中央、省、州、县制定的农村基层党风廉政建设规定，以切实维护农民群众的根本利益，扎实推进农村党风廉政建设。

二、严格依法治村、依法办事，决不以权谋私，与民争利。

三、严格执行农村财务管理制度，决不假公济私、化公为私，不侵占集体财物或用公款报销应由个人支付的各种费用。

四、严格遵守党纪国法，艰苦奋斗，勤俭节约，崇尚科学，移风易俗，决不贪图享受、铺张浪费，固守陋习，不借婚丧喜庆聚敛钱财，不参与"黄、赌、毒、非"等活动。

五、严格执行凡涉及村民切身利益的事项及村级重大事项都向村民公开的制度，重点做好村务、财务公开。积极引导和支持村内事务民主自治，积极做好村民民主选举、民主决策、民主管理、民主监督工作，涉及服务的相关站所，细化责任，公开服务事项，服务方式及联系电话，做到随喊随到。

承诺人单位及职务：赤恒底村党支部书记

承诺人：张碧花

2009 年 2 月 15 日

鹿马登乡赤恒底村2009年党风廉政建设工作总结

2009年我村在乡党委政府的领导下，坚持以"三个代表"重要思想为指导，认真学习贯彻十七大、中纪委七次全会和县、乡党风廉政会议精神，狠抓了党风廉政建设责任制的落实工作，较好地完成了各项工作任务。

一、党风廉政建设责任制得到全面落实

乡党风廉政建设工作会后，我村及时召开支部委员会进行了传达贯彻，结合本村实际，制订了村党风廉政建设工作计划。结合本村实际，将党风廉政建设工作任务进行了分解，分别明确了由支部委员会部书记为组长、村党支部委员为成员的领导小组，提出了具体任务、要求及完成时限，每一项工作任务都落实到人。

二、加强宣传教育，营造反腐倡廉工作良好氛围

为加强宣传，营造反腐倡廉工作良好氛围，抓好典型教育，一年来，我村开展争先创优活动，大力宣传廉洁奉公、勤政为民的农村基层党员、干部，深化农村党的建设"三级联创"活动。同时，加强警示作用，教育农村基层党员干部，抓好农村廉政文化建设。我村采取传统教育手段与现代媒体教育载体相结合的办法，开展形式多样的廉政文化活动。一年来，我村充分组织村民学习廉政文化，加大村级廉政文化建设。

三、精心安排，加强领导，狠抓组织工作

为认真落实党风廉政建设，我村成立了以村书记任组长的村党风廉政建设工作领导小组，切实加强了对全村党风廉政建设工作的领导。领导小组坚持每两周召开一次党风廉政建设工作会议，针对群众普遍关心的问题和村班子建设，查找问题、分析原因、及时研究、制订措施，有力地促进了工作开展。召开村小组组长、村干部负责人会议，组织大家学习贯彻全县农村党风廉政建设工作会议精神，通过加强学习教育，完善各项制度，规范事务公开、强化监督检查等措施，狠抓村两委班子建设。

四、落实措施，强化责任，狠抓制度建设

在具体工作中，健全和完善各项制度，严格执行各项规定，做好党风廉政建设基础工作和长效机制，突出以改进作风、促进工作为目标，以责任制落实为保障，以为民办实事、办好事为切入点，进一步深化农村党风廉政建设工作。一是新修订了《鹿马登乡赤恒底村委会工作行为规范》《赤恒底村委会工作制度》等一系列规章制度。对农村工作中涉及的村级班子建设、发展党员、集体资产、承包管理、宅基地审批、惠农政策的落实、财务管理、村务公开等各方面都做了明确的规定。用制度规范行为，用制度管理事务。二是将村办公场所进行有机整合，加强便民服务建设，不断提高办事效率和服务质量，更好地为村民和群众提供便捷、优质、高效的服务。三是强化了村级"会议制度"，即村两委

会议，每周至少召开一次，集体研究村务工作；村支部党员大会，每月至少召开一次，通报当月工作情况，说明村级重大事项；村干部评议会议，每年召开两次，组织党员、村民代表对村两委成员工作进行评议；村民代表会议，至少每季度召开一次，主要是讨论村级重大事项，征求意见和建议。通过一系列制度的落实，规范了村务议事程序和办事规则。四是严格落实党风廉政建设责任制和一岗双责责任制，党员领导干部分别做出廉洁自律承诺。五是加强政务公开、财务公开，完善了公开程序，建立了公开档案。对涉及全村范围的事项和有关政策，在村委会政务公开栏及时公开、公示，对涉及村级财务、惠农补贴、计生、建房等各方面的事务，按时张榜公示，进一步强化了民主监督，增强了公开效果，使干部做事公正，让群众心里明白。

五、加强廉政文化建设，建树新风，狠抓廉政宣传

我村把精神文明建设作为农村党风廉政建设的一项主要工作，结合和谐村庄创建工作。组织开展了形式多样的文化宣传活动，并在村中主要路段醒目位置悬挂张贴横幅标语。全村党员干部充分发挥先锋模范带头作用，自觉抵制和反对赌博、封建迷信等活动，为广大农民树立了俭朴、廉洁、文明的榜样。各村小组都进一步完善了村规民约，红白喜事等群众性典礼积极履行职责，加强了对不良风气的监督和制止，树立了明礼诚信、爱国守法的新风尚。通过宣传教育，进一步做好优化经济发展环境工作，在全村形成浓厚发展氛围，为村民提供优质高效服务。

六、严格考核，强化监督，狠抓督查考核

依照各项制度，加强督导，严格党风廉政建设责任追究。增强党员干部的责任意识，教育全村党员干部自觉履行党风廉政建设工作职责，严格遵守党员领导干部廉洁自律的各项规定，模范遵纪守法，自觉接受监督。一是进一步加强群众监督。如在"村村通工程"中，各相关村小组均成立了监督小组，由威望高、处事公道的村民组成，每个工程都建成了阳光工程。二是村党委督查小组充分发挥作用，对应公开、公示的

政务、村务进行监督检查，纳入村干部年终评议考核。三是坚决做到有案必查、有查必究，切实解决群众普遍关心的问题。

2010年2月18日　星期四　晴

由于前几天就通知春节过后四五天就来验收我村所有修建的抗震房，所以全村村民都互相帮忙抢修建房子。目前，除修建平底房的几家还剩比较多外，其他大部分基本修完。

2010年2月19日　星期五　晴

今天我村娃底三组的邓里恒从福贡县城买来一辆三轮摩托车。邓里恒一直都是到处打工挣钱，现在有点钱了，两口子经过商量决定自己家也买辆三轮车挣钱。

2010年2月20日　星期六　晴

经过工程施工队一个多月的辛勤劳动，今天下午我村从村西面的村支部书记家至"球底落干"（地名）的水泥路竣工，全长1000米。修好这段水泥路后，我村村民都很高兴。过去由于这一段水很多，路面基本瘫痪，车辆无法通过。一直以来，村民干劳动或秋收之时都是人背马驮，加重农民负担。现在福贡县扶贫办修了水泥路，村民们非常感谢福贡县扶贫办。

2010年2月21日　星期日　晴

今日，全村各个村民小组组长、副组长、妇女代表到村委会开会，会议由村主任主持。会议主要部署今年的大春生产，各小组从明天开始把各村民小组分好的水沟尽快清理干净，如有水沟损坏，尽快上报村委会，村委会到乡政府要水泥，尽快修复，以免撒水稻种时受影响。

2010年2月22日　星期一　晴

今天全村各村民小组每户派一人到山上清理水沟。娃底二组一村民从半路回来，跟别的男人跑了。她老公是去帮他老岳父盖房子，回来后以为老婆去山上清理水沟，直到二组的组长和副组长问他今天他们家为什么不来时才知道。晚上，几个亲戚跟他一起在福贡县县城找了一晚上也没有找到他媳妇。

2010年2月23日　星期二　晴

因为昨天山上的水沟清理完了，所以今天各小组在各自分好的水沟里继续清理。由于一直以来没有下雨，所以水沟没有冲垮的地方，也不怎么需要清理，这样今天很快就清理完了。

2010年2月24日　星期三　晴

今天我村被评为"2006—2010年度先进民主法制村"，由中共鹿马登乡委员会、鹿马登乡人民政府颁发荣誉证书。

2010年2月25日　星期四　晴

今天下午我村"完小"的所有教职工都返校了，因再过两天学生就要收假了，所以提前做准备，全校教职工无任何变动。

2010年2月26日　星期五　晴

今天，村"完小"校长和几个教职工到鹿马登完小领取我村完小所需要的教材。一直到下午5点左右才回来，由于我乡每个完小都去领书，需要排队领取，所以回来得比较晚。

2010年2月27日　星期六　晴

福贡县扶贫办工作人员、鹿马登乡工作人员及村委会人员统一对我村所修建抗震民居房进行验收，验收合格后每户给予 2400 元的空心砖补助费。经过一天的验收，我村所有抗震民居房都合格，每户都收到了 2400 元的空心砖补助费，上级工作人员也表示很满意。

2010 年 2 月 28 日　星期日　晴

村委会及学校统一通知全村学生家长，明天上午 11 点把孩子送到学校报到，无事不得请假。

2010 年 5 月 3 日—31 日

2010 年 5 月 3 日　星期一　晴

今天上午娃底一组的普四妞在我村以南 1 公里处修了一个沉沙池。以前在底下有水田的这几家农户大家共同修了一个沉沙池，由于前面修三面光水沟时，工人们没有修这个沉沙池，现在田里一放水，到处都是沙子。别的几家农户很忙，所以他就自己一个人修。

2010 年 5 月 4 日　星期二　晴

今天村委会通知，全村非农业人口带着身份证、领取证、户口簿、储蓄本到乡民政办公室开会。乡党委副书记武四博还要了赤恒底村团支部书记社伍的个人简历。

2010 年 5 月 5 日　星期三　晴

今天早上娃底一组哭四博家杀了一头猪。因为他们家跟我们村完小的事务长普四在前一天就说好了，要把 4 个腿子肉以每市斤 7 元的价格卖给学校，总共卖了 77 市斤。剩余的准备自家插秧时吃。下午，哭四博家还请亲戚朋友吃了一顿饭。

2010 年 5 月 6 日　星期四　晴

由于起友堆的丈夫和女儿一直在外打工，家中只有她一人就无法插秧。目前，全村大部分人家的地都已经插好秧了，所以今天亲戚朋友都帮起友堆插秧。因为帮忙的人很多，所以到下午 2 点左右就插完了。

2010 年 5 月 7 日　星期五　雨

今天我们赤恒底村民委员会进行了村民委员会新老领导班子工作交

接会议。原来村主任是王咀小组的余健保，但这次落选了，新任村主任是亚朵小组的普友堆。普友堆是上一届村副主任，现任村副主任是娃底三组的和丽秀。参加交接工作会议的有鹿马登乡工作组和福贡县政法委工作组。

2010年5月8日　星期六　小雨

今天我们娃底一组邓四堆家被偷了两只鸡，一公一母。由于他们家前几个月一直在盖房子，盖房期间天天要办伙食，给前来相帮的村民吃，所以只剩下这两只鸡，没想到这两只还被偷掉。他家中猪、牛、羊一只也没有了。两口子很伤心，但不想说给谁听，也没有将此事上报给村委会。

2010年5月9日　星期日　晴转雨

今天早上，由村委会发放农村低保。每个小组所得低保由组长和副组长统一代领。有些小组领得多，有些小组领得少。娃底一组每户领到209元，娃底二组领到每户215元，娃底三组领得每户189元。其他几个小组也一样，各个小组分得的低保金额不一样。

2010年5月10日　星期一　小雨转晴

今天是我们福贡县城的街子天。因为昨天全村村民都拿到了200元左右的低保金，所以今天许多人去县里买大米、肥料、肉。虽然钱不多，但意义很大。钱拿在手里，村民们喜上眉梢，都说："党的政策好，党的好政策让老百姓得到了实惠。"

2010年5月11日　星期二　雨转晴

今天乡政府通知村团支部书记社伍，要把全村团员的身份证号码进行详细登记，并附一份本村团支书的个人简历交到乡团委。经村团支书一天的努力，已按时将信息采集完毕，把表格上交到乡团委书记范四生手中。

2010年5月12日　星期三　小雨

今天赤恒底村完小在鹿马登乡中心校的组织下进行期中考试，考试科目为一、二、三年级的语文、数学，四、五、六年级的语文基础知识、数学基础知识、科学、品德与社会五门科目。考试时间为两天。普里少作为中心校巡视员到赤恒底完小进行巡视，确保考试工作正常、有序地开展。由于老师们均有监考任务，学校安排全体教师统一在学校食堂就餐。

2010年5月13日　星期四　雨

今天，赤恒底村完小根据考务安排继续考试，早上8点30分至10点30分考数学，12点至13点30分考四、五、六年级的科学。考试结束后，学生放假，教师统一集中在学校会议室批改试卷。经过一个下午的批阅，已批完大部分试卷。剩下的试卷学校安排在星期五批改。

2010年5月14日　星期五　雨转晴

早上8点开始，赤恒底完小所有教师集中在学校会议室阅卷。经过全体教师的努力，至上午11点，所有参考科目试卷已批改完。试卷批改完后，汇总总分，求平均分，划分分数段。最后将各科成绩单及各科的班级前三名试卷上交到乡中心校办公室。

2010年5月15日　星期六　雨转晴

今天，赤恒底村娃底二组用叶哈家终于可以插秧了。之前由于他家秧苗只长出几棵，无法插秧。直到昨天赤恒底村娃底一组有一家秧苗剩得多，见用叶哈家还没有栽秧，就叫他去拿。所以今天亲戚几个也到叶哈家帮忙，亲戚几个对他说："明年要好好地撒稻种（育苗），不要像今年一样。今年如果好心人家不给你，那么明年你就别想吃什么大米饭了。"

2010年5月16日　星期日　晴

今天，赤恒底村分别选举王咀、念坪、密丁戈、汪然、干拉布与亚朵村6个村民小组的组长、副组长和妇女代表。王咀、念坪、密丁戈3个小组选举由村支部书记和村武装干事负责组织，经过选举，念坪和密丁戈小组领导不变，王咀小组的副组长有变动。汪然、干拉布、亚朵3个小组选举由村主任和副主任负责，选举结果为汪然、亚朵小组组长保持不变，副组长有变动。干拉布小组副组长不变，组长有变动。

2010年5月17日　星期一　阴

今晚，在娃底一组和娃底三组分别选举小组组长、副组长和妇女代表。娃底一组由村支部书记和村武装干事负责组织。经过选举，小组组长不变，副组长变动，新副组长是邓前社。娃底三组由村主任和副主任负责，选举结果产生了新小组领导，组长为肯叶恒，副组长为此生，妇女代表为党四对。

2010年5月18日　星期二　阴

今早，赤恒底村村民小组娃底二组选举小组组长、副组长和妇女代表。经过选举，小组组长为肯四社，副组长不变，妇女代表为娜叶对。

至此，我村换届选举工作圆满结束。通过民主、公开、公平的选举，选出了村民心仪的新一届村委领导班子、各小组领导成员。

今天中午我村发生了一起火灾。娃底一组批阿局家厨房着火，烧死了十多只土鸡，无人员伤亡。批阿局家隔壁娃底二组此阿白家猪圈也被烧，牲畜没有被烧，无人员伤亡。

发现火情后，在村里的所有人和在农田里干活的人都急匆匆地赶到现场救火。村支部书记、主任、武干与赤恒底村广大村民,以及完小教师,都很快赶到失火现场,他们有的拿水桶,有的拿水盆,前去救火,当时场面十分紧张。村主任和村团支部书记在危急时刻,不顾个人安危,抬起大胶管带头冲在救火第一线,体现出党员的先进性。在强大的集体力量面前,火魔被降伏了。当火势得到控制时,乡里的工作组和乡派出所工作组也赶到火灾现场,他们也积极投入到后续救火工作当中。乡派出所工作人员向房主了解起火的基本情况,详细登记了财产损失。村干部和乡民政干事对受灾村民做了安抚工作,鼓励他们在广大村民的帮助下重建家园。

2010 年 5 月 19 日　星期三　阴转小雨

今天村委会主任通知各个村民小组,把各个小组农户的"一折通"收集起来,统一交到村主任手中,再由村主任统一交到鹿马登乡政府。上午,全村农户的"一折通"都交齐了,然后由村主任统一交到鹿马登乡政府。

2010 年 5 月 20 日　星期四　雨

今天上午我村完小校长和事务长买来 30 块空心砖,在我村完小以西处把围墙加高了三层。因为前天下午从这里翻墙出去 3 个学生,直到昨天下午,学生家长才把他们找回来。学校担心学生再次翻墙出去,所以立即把墙加高。

2010 年 5 月 21 日　星期五　雨

因为明天肖迎教授和美国人一行到我村来考察,他们要和村完小师生做互动游戏,今天我村云南大学研究基地记录员社伍一早就来到基地打扫卫生,过了一会儿他的朋友木军和此阿白也来帮忙。到了 11 点左右,社伍的朋友和村小里的四年级老师邓金光也带上十多个学生也来帮忙。

学生们拖地板和擦玻璃，几个朋友有的清除蜘蛛网，有的扫地，有的擦桌子。到了12点30分左右，几个学生就上课去了。到下午5点左右全部打扫完成。之后，社伍一个人到我村以西1公里处挖了3棵树种在基地，到晚上7点才休息。

2010年5月22日　星期六　晴

今天早上，村委会领导班子及多个村民和云南大学研究基地记录员社伍在我村桥头热烈欢迎肖迎教授和美国人一行人。欢迎仪式结束后，肖迎教授和美国人与村委会领导班子及多个村民，还有云南大学研究基地记录员社伍，在基地合照留影，然后由村支书介绍本村村委会领导班子成员和基本情况。美国人与村委会领导班子互相提了几个问题，各做回答，肖迎教授也回答了一些问题。然后由云南大学研究基地记录员带美国人一行在我村转了一圈。

下午肖迎教授和美国人在村完小进行师生互动游戏。由校长首先介绍学校的基本情况，再介绍肖迎教授和美国人一行，然后学生们用傈僳语唱歌给肖迎教授和美国人听，美国人也唱起他们的国歌给学生们听。肖老师送了些书包和礼物给学生们，学校也拿起傈僳人的水酒给客人喝。然后就开始进行互动游戏、游戏有打篮球、打羽毛球、打乒乓球、跳绳、跳民族舞蹈、老鹰捉小鸡。美国人表演扑克魔术、美国人的"鹅、鹅、鹅、鸭子"游戏，相互教语言，相互帮忙编鞭子。互动游戏一直进行到下午4点后才结束。

2010年5月23日　星期日　晴

今天上午，美国人师生团队帮我村娃底二组用叶哈家清理苞谷地里的杂草。首先介绍了用叶哈家的基本情况，然后大家一起除草，到了中午11点左右就除完了。除完草后，肖迎教授和美国人一起到用叶哈家看望他的母亲百岁老人。看到老人已经白发苍苍，双眼失明，不能站立。

用叶哈家的房顶多处能看到蓝蓝的天空，篱笆墙也到处能看到外面的世界。他家中还有两个孩子在读书，老婆早已跑到外地，这几年光靠用叶哈一人支撑这个家。肖迎教授和美国人见到这种情形后，他们一起为这个不幸的家庭捐款。

中饭，大家一起到娃底三组邓叶博家吃。主人家为肖迎教授和美国人的到来感到很高兴，为他们准备了丰盛的手抓饭。肖迎教授和美国人吃完后特别感谢主人家，还请主人家介绍如何做手抓饭。饭后，他们到我村教堂了解情况并与村民们互动，村民们为肖迎教授和美国人的到来表示热烈欢迎，肖迎教授介绍这些美国人和个人的基本情况，参观教堂结束后，到娃底三组福花家看傈僳服装，看完后肖迎教授和美国人还分别试穿了傈僳服装。然后肖迎教授和美国人到怒江边看了看怒江江水，看完后他们就回去了。

2010 年 5 月 24 日　星期一　雨

今天，娃底一组组长通知村民，明天到我村以西 1 公里处修小路。由于前面修水泥路时路面加高了，人背起东西很难上来，再过几个月就要打谷子了，到时候怕忙不过来，趁这几天有时间的时候修好，到时候就好走了。所以请村民们明天一定要来。

2010 年 5 月 25 日　星期二　雨

紧急通知

各村民委员会：

进入 2 月份以来连降大雨，泥石流不断，造成了重大的财产损失，地质灾害防治工作异常艰巨。为此，乡党委政府要求各村及时成立地质灾害防治工作领导小组，从 5 月底到 10 月底进行轮流值班，并安排专人对地质隐患点监控、排查。发生灾害及时向乡政府报告，并采取应急措施，疏散群众，最大限度地保障人民生命财产安全，各村将值班表及领导小组名单于 2010 年 6 月 1 日前交到乡政府办。值班人员必须保持 24 小时开机状态。如出现玩忽职守，造成地质灾害伤害人民群众生命财产的事件，将严肃追究处理值班人员及主要负责人的责任。

特此通知。

附：鹿马登乡 2010 年地质灾害重点隐患处监测表

鹿马登乡人民政府
2010 年 5 月 25 日

2010 年 5 月 26 日　星期三　雨

今天中午，福贡县残联和政法委慰问了我村 6 户特困残疾户，每家送了 100 元。其中有一家是一家三口人都残疾，所以还多给了一袋 50 斤大米。县残联委慰问金是 100 元和一袋 50 斤的大米，县政法委慰问金是 500 元。这些特困残疾人家庭是我村残疾联络员此路恒经过深思从我村全体残疾户中挑选出来的。这些钱是县残联和政法委的职工个人捐助的，职工们也很想多捐些，但是自己也有家庭，所以只能表示些心意。这些特困残疾户非常感谢县残联和政法委的职工。

2010 年 5 月 27 日　星期四　晴

今天我村支部书记到县政府开会，要连开 10 天。村武装干事到鹿马登开会，当天开完就返回。

2010 年 5 月 28 日　星期五　阴

今天中午 12 点，赤恒底完小在校长的主持下召开教职工会议，商讨和布置 2010 年度"六一儿童节"欢庆事宜。学校决定：1. 派 7 个教师在 5 月 30 日去县城购买"六一"游园活动所需物品；2. 各班评选出一名优秀班干部、一名学习积极学生、两名三好学生；3. 6 月 1 日当天，早上进行班级拔河比赛，然后进行颁奖仪式。中午，开展夹豆子、青蛙跳水、投篮、瞎子敲锣、乒乓球、钓鱼、吹乒乓球等活动。两个教师负责售货，田老师负责游园活动所需的纸券。

2010年5月29日 星期六 阴

从今天上午10点起，赤恒底完小教师喜迎"六一"活动——中国象棋比赛正式开始，参赛教师有8人（7个男教师，1个女教师）。比赛采用循环制，每场对弈3盘，赢一盘得1分，和棋得0.5分。比赛根据积分取三个名次，第一名奖金为50元，第二名奖金为30元，第三名奖金为20元。

2010年5月30日 星期日 阴

今天上午，受乡党委通知，村主任到各个小组登记我村留守儿童和孤儿情况，并上报了乡党委。全村共有留守儿童10个、孤儿2个。

2010年5月31日 星期一 晴

今天村主任和武装干事到鹿马登乡政府修改林权证。因原来乡政府工作组的疏忽，我村许多村民的林地出现许多变化，与以前的大不相同，所以不得不重新填。

2010年6月1日—30日

2010年6月1日　星期二　晴

六一儿童节到了，每个孩子的脸上灿烂的笑容让我们感受到了他们的喜悦。还没到起床时间，可孩子们抑制不住激动的心情，早早就起来了，校园里满是欢声笑语。早上8点30分，全校师生集中在球场，校长做了简短的讲话，诚挚地祝福学生们节日快乐。解散后，进行班级拔河比赛。

比赛分为两个组，三、四年级为低段组，三年级参赛人数为5男6女，四年级参赛人数为5男5女。五、六年级为高段组，五年级参赛人数为5男6女，六年级参赛人数为5男5女。经过激烈比赛，低段组四年级以总比分2：1胜出，高段组五年级以2：1胜出。拔河比赛结束后，以班级为单位进行接力赛，参赛人数一年级为6人、三年级为7人、四年级为8人、五年级为9人、六年级为10人。不论输赢，孩子们比完了一场又一场，比完了这一拨又来了那一拨。不知不觉中已到吃午饭时间了。

中午1点，赤恒底完小2010年"六一"游园活动开始了。负责纸券印制的田老师把纸券发给负责活动的老师们（每张小票等值于0.2元）。紧接着，在学校的球场上，各个活动小组有序、快乐地开展起来。每个兴趣小组都排起了长龙。投篮组每个投进一个球可得一张小票（纸券），投进了可以连续投篮，直到投不进为止；钓鱼小组的规则是：不计时间，不论先后，只要钓起"鱼"，就可得一张小票；夹豆子组准备了3个碗、3副筷子，每个碗里放了10颗豆子，3个学生为一组，第一名可得3张小票，第二名得两张小票，最后一名得一张小票；乒乓球组一对一比赛，赢家可得一张小票，输家继续接受挑战；青蛙跳水组在前边放了一个装着水的小桶，让学生把乒乓球击地后跳进水桶里，每次可得一张小票；瞎子敲锣组也很好玩，老师先用红领巾将学生的眼睛蒙住，然后让学生去敲挂在球架下的锣，每次可得一张小票。吹乒乓球组的玩法是，将放在盛满水的碗上面的乒乓球吹到前边的空碗里，吹进一个可得一张小票，每轮可吹三次。在快乐中，每个学生手里的纸券渐渐多起来了。售货处的老师忙得焦头烂额，孩子们买这买那，柜台上的东西渐渐少了。校园里的欢声笑语吸引来了村里的一些孩子，他们也参与到游园活动中，尽情地玩着。孩子们玩啊、笑啊，直到柜台里的东西卖完了，游园活动才结束。孩子们通过游园活动获得了许多小食品、玩具、学习用具。

吃完晚饭后，孩子们有的打球，有的自编舞蹈。

到晚上8点，在教导主任和阿此老师的主持下，孩子们在音乐声中三个一组、五个一群表演节目。台下的学生和前来观看的村民笑得合不拢嘴，欢乐弥漫在整个校园里。

这是快乐而难忘的一天。

2010年6月2日　星期三　晴转阴

今天我村娃底一组的开大万到石月亮水电站上班，每个月工资是1500元。现在是试用阶段，过几个月如果干得好，以后加工资。

2010年6月3日　星期四　晴转阴

今天州人大工作组、县政府工作人员、县畜牧局工作人员和鹿马登乡政府工作组到我村检查村民养猪情况和猪圈卫生情况。检查完5家农户后，发现村民们每家都养起猪，每家都把猪圈打扫得很干净，他们说这些都很好。但是，每家农户都喂不合格，原因是每家农户的猪都偏瘦，以后各上级部门要重点抓猪食这些方面。

2010年6月4日　星期五　阴

今天我村中青年信徒在村教堂集中练习和学习诗歌与跳舞，为参加鹿马登乡鹿马登村科神底小组教堂新房落成典礼做准备。

2010 年 6 月 5 日　　星期六　　小雨

今天我村亚朵小组普四恒的媳妇在找柴火的过程中不慎跌倒，全身多处受伤，失去知觉，生命危在旦夕。亚朵小组的村民们知道情况后，纷纷过去帮忙，把伤员抬送到福贡县医院治疗。

2010 年 6 月 6 日　　星期日　　小雨

今天上午，全村满 7 岁以上的儿童家长都带着自家户口簿，到村完小进行适龄儿童入学登记。

2010 年 6 月 7 日　　星期一　　阴

今天我村总共有 40 人到鹿马登乡政府参加学习劳务输出培训，培训完后每人还得了 100 元；愿意过两天就去打工的，再发 200 元。

2010 年 6 月 8 日　　星期二　　晴

今天我村有 5 辆三轮车到六库检审。五位司机凌晨 3 点就出发，到晚上 10 点才回到家。

2010 年 6 月 9 日　　星期三　　晴

今天通知各个村民小组登记各小组村民在外打工人员详细信息，然后填在我乡各村劳动力转移摸底表上。

2010 年 6 月 10 日　　星期四　　晴

由于星期一鹿马登乡政府参加学习劳务输出培训的人中，愿意出去打工的人少，所以，今天又通知我村各小组登记愿意出去打工的人，到时参加劳动力转移培训。

2010年6月11日　星期五　晴

今天娃底一组的阿国恒和阿白恒两个工程队因与老板发生一些矛盾，全部回来了。到今天他们干完了两堵上挡墙，如果老板不是那样乱说，他们还是愿意继续干。

2010年6月12日　星期六　阴

村委会主任在村里到处粘贴关于森林防火文件和标语。因为过两天州里的上级领导要来我村检查工作，以前发的文件和标语一直没有贴。所以，乡政府的工作组要求所有关于森林防火文件和标语必须全部贴完。

2010年6月13日　星期日　阴

今天晚上，我村娃底一组的一村民和密丁戈小组的一村民在福贡县某"的高城"打架。因喝醉酒，娃底一组村民用啤酒瓶在密丁戈组村民头上砸了一下，被砸的那个村民脸面有一处划伤，但问题不大。110的工作人员到现场时，我们村的其他人解释说："都是我们村的人，只是酒醉发生矛盾，请让我们自己解决。"110的最后还是让我们村的人自己解决了。后来他们几个一起到医院处理伤口，跟没事发生一样一起回来了。

2010年6月14日　星期一　小雨转晴

今天，全村各个小组上报各小组在外地打工人数和个人基本情况，再报名现在出去打工人数和个人基本情况。然后由村副主任统一上报鹿马登乡人民政府。

2010年6月15日　星期二　小雨转晴

因为公路没有挖通，我村汪然村民小组有几户人家从外地买回来5匹马，以便过几个月秋收谷子和苞谷时驮运。

2010 年 6 月 16 日　　星期三　　小雨

今天是我们乡的街子天。平时我们村做小生意的人，去乡上赶街的人很多，但是由于这两天连续下雨，今天我们村去赶街的人就只有四五个。

2010 年 6 月 17 日　　星期四　　小雨

前几天，娃底一组的阿国从六库买回来一把弩弓。买回后，在家里怎么射击也射不准。所以，今天请邻居阿车恒帮忙重新调整。两人经过一天的修正，到了晚上 7 点左右才改完。但由于天已晚，射得准不准，今天就顾不上试射了。

2010 年 6 月 18 日　　星期五　　小雨

由于上帕镇发放农村低保粮食的时间已经过了好几天，但我们乡却一直没有通知，所以今天我村有几个组长到乡政府去问。结果得知我乡农村低保粮食已到位，只是还没有核算好，乡政府承诺下一周发放给村民。

2010 年 6 月 19 日　　星期六　　小雨

今天对于我村密丁戈小组村民普利叶来说是个不幸的日子。多年来自家的房子还是六脚落地房，走廊廊杆一直忙不赢修。所以今天下午自家的小女儿从走廊中掉下去，脸部到处受伤，失去知觉。最后，经过一家人商量决定到福贡县医院治疗去，几个亲戚也陪他们一家人去医院。

2010 年 6 月 20 日　　星期日　　小雨

今天上午虽然下着蒙蒙细雨，却挡不住我村大部分村民到鹿马登村科神底小组参加科神底教堂新房落成典礼。我村所有车辆都过去了。在过去的途中没有出现什么情况，但返回途中有几辆车因超载被罚款。

2010 年 6 月 21 日　星期一　小雨转晴

今天上午，各小组组长、副组长与村民一人，每小组共 3 人，到鹿马登乡粮食局领取农村低保粮食补助。娃底一组最多，156 袋；娃底二组最少，92 袋。各小组分得的粮食袋数都不一样。拉回村里后，除娃底一组和娃底三组外，其他各小组都当场分完。娃底一组和娃底三组村民到晚上才分完。

2010 年 6 月 22 日　星期二　晴

由于最近一段时间连续下雨，娃底一、二、三组饮用的自来水管在山上有好几处被泥石流冲毁，影响了村民用水。今天天气终于转晴，所以每个小组各安排两人，总共 6 人，到山上抢修水管。直到傍晚 8 点才修好。

2010 年 6 月 23 日　星期三　晴

今天，村主任和村支部书记到鹿马登乡政府开会，领取"鹿马登乡旱灾灾区农村低保对象提高 2 个月生活补助"。除我村外，全乡各村所有有农村低保证的农户早就到乡政府领取了"鹿马登乡旱灾灾区农村低保对象提高 2 个月生活补助"，但由于我村武装干事失误，我村村主任和村支部书记由于没有按时领取，今天他俩就受到了乡民政干事的批评。乡民政干事对他俩说："如果下次再出现这种情况，就不给补助了，自己想办法解决去，这次就算了。"我村总共领到补助 17730 元。

2010 年 6 月 24 日　星期四　晴

今天，各个小组组长和副组长到村委会领取"旱灾灾区农村低保对象提高 2 个月生活补助"，全村总共是 17730 元。因为娃底一组户数多，所以分得多；密丁戈户数最少，所以分得少。

2010 年 6 月 25 日　星期五　晴

今天上午我村娃底二组邓当家的老母猪病死了。因为他们参加了能繁母猪保险，所以母猪死亡后，先上报村委会和村兽医员。待村委会和村兽医员照完照片核实情况后再进行处理。

2010 年 6 月 26 日　星期六　晴

今天上午村支部书记主持村支委会议。会议主要讨论汪然小组的友阿们、王咀小组的余建宝和我村大学生村官共 3 名同志的入党申请书。经各个支委讨论决定，以上 3 人的入党申请通过了。

2010 年 6 月 27 日　星期日　晴

今天上午，娃底一、二、三组的广大青年在球场集中，商量去福贡县城打篮球赛，大家共同凑钱。最后大家决定每人凑 30 元。到县城后，跟一块比队打了两场，输了 150 元。跟福贡县队打一场，输了 100 元。打到晚上才回来。

2010 年 6 月 28 日　星期一　晴

今天，全村所有党员、预备党员和积极分子都来村委会开会。县政法委、县人民医院、鹿马登乡政府工作组前来我村慰问全村所有党员、预备党员、积极分子，县政法委慰问老龄党员并发放每人 100 元，青年党员每人发 50 元。在会议上，我村党员还通过了两名入党积极分子的申请书。会议结束后，我们杀了一只羊子，大家共同就餐、喝酒。边吃边交流，一直玩到下午 6 点才回家。

2010 年 6 月 29 日　星期二　晴

如今自家修房子，还得自己出钱移动电杆，这个情况以前插电杆时没有说清楚。娃底三组约翰家以前的老房子不好了，现在必须得修了，所以不得不把电杆移动过去。村电工负责维修电线，约翰家每天必须给村电工付 30 元工钱。

2010 年 6 月 30 日　星期三　晴

因为明天是"七一"建党节，今天晚上鹿马登乡政府在乡政府球场举办文艺晚会。当我村村民得知参加演出的只有乡政府工作人员时，大部分村民都没有去看晚会，只有几个青年去。

峡谷回声　福贡县鹿马登乡赤恒底村傈僳族村民日志

2010 年 7 月 1 日—31 日

2010 年 7 月 1 日　星期四　晴

娃底一组某村民家的猪因连续两天咳嗽，所以以 550 元的价格说好了卖给做杀猪生意的人，明天一早来提猪。但今天晚上某村民要睡觉前去洗脚时，发现猪已经停止呼吸。所以，他赶快拿起小刀把猪血放出去，然后请几个亲戚去帮忙，猪毛刮完后，划开肚子，发现猪肺、肠子、肾都得病了。所以，把这些内脏都装在袋子扔进怒江里，剩下的猪肉明天拿到县城去卖。

2010 年 7 月 2 日　星期五　晴

因为昨天晚上就把猪处理干净了，所以今天一早某村民父子俩就到县城去卖猪肉。到县城后，做杀猪生意的人来跟他俩父子谈价钱，经过一番讨价还价，最后以 520 元把猪全部卖掉了。回到家后，昨天以 550 元的价格说好卖给做杀猪生意的人来了，某村民就解释说给他听："不好意思啦，因为猪死了，所以早早就到县城把它卖掉了。明后两天有猪可以卖的时候再卖给你。"做杀猪生意的人也说："不用不好意思，出现这种情况你也不想要，我也不想要，以后有猪卖的时候我再来买。"

2010 年 7 月 3 日　星期六　晴

今天下午我村完小一至五年级学生放假了，前来我村完小监考人员是从拉甲木地完小来的，一共是两人。放假后，山上一年级学生家长全部都来学校背自己孩子的行李。

2010 年 7 月 4 日　星期日　晴

今天下午，村教堂给我村经常在教堂跳舞的儿童发放了一些衣服裤子。这些衣服裤子是村教牧人员从福贡县民政局申请来的，全部是民政捐赠物。村教牧人员主要是为了吸引更多的孩子能到教堂学赞美诗和跳舞。

2010年7月5日　星期一　晴

今天上午我村完小六年级学生开始考试，从福贡三中派来两个考试巡视员。考试实行单人单座，上午考数学，下午考科学。

2010年7月6日　星期二　晴

今天是我村完小六年级学生最后一天考试，上午考语文，下午考思想品德。考试完后全校师生以及教师家属共同进餐。直到下午6点才结束。今天，也是毕业生离开母校的一天。为此，村完小为每个学生发了一件文化衫作为纪念，衣服上写着班级序号。

2010年7月7日　星期三　晴

娃底一组的社当由于一直修建不起自家房子，听说现在乡政府有项目给村民修建住房。经过多次申请，乡政府今天终于答应给予帮扶。请社当站在老房子前拍好多照片，明天连身份证一起交到鹿马登乡政庥。因社当家没有照相机，所以特请我村的日志记录员社伍帮忙照相。因为前几个月云南大学发给社伍一台电脑、一架摄像机及一部数码相机。社伍听说情况后，很快为社当照相。社伍还问乡政府要不要把照片洗出来，鹿马登乡政府的工作人员说只要把数码相机拿上来就可以。所以照完照片后，社伍就把数码相机拿给社当家，并叮嘱他一定要小心翼翼地拿好交上去，用完后马上拿回来。

2010年7月8日　星期四　晴

娃底一组怒付仕的孙子于下午5点左右不慎从公路边摔下去，脸面受重伤，他家属和几个亲戚立即送往福贡县人民医院。

2010年7月9日　星期五　晴

全村所有户口簿进行一次大检查，以及对18岁以下青少年进行留底照相。以前未曾照相的，这次全部都要照。上午，鹿马登乡派出所下来两位民警，通知娃底一、二、三组村民到村委会进行登记检查和照相，山上几个小组在各小组球场集中登记检查和照相。首先从王咀小组开始。由于多年来户口一直没有进行核对，有些村民已经死亡多年或嫁出外地多年，但户口依然存在，一直没有注销，所以这次要全面登记。

2010年7月10日　星期六　晴

因为这几天天气一直很热，容易得病。全村大部分村民都已经得病，信教村民精神不佳，所以经全村各个教堂的教牧人员商量后决定，今天各个教堂所有教徒每人交8两米和2元生活费，晚饭统一吃，下午所有教徒到教堂统一祷告祈求平安。

2010年7月11日　星期日　晴

今天，检查我村所有户口簿。18岁以下青少年和以前没有照相留底的于今天下午全部完成拍照工作。老人及身患疾病无法到指定地点的，派出所民警就到农户家去照相及检查户口簿。

2010年7月12日　星期一　晴

从今天开始，娃底一、二、三组中青年教徒将在教堂进行为期一周的《圣经》和赞美诗学习培训。愿意参加培训班的教徒，把生活费和米交到教堂的食堂即可，这次参加学习培训的男女共有50多人。

2010 年 7 月 13 日　星期二　晴

我村城镇居民及非农业人口，今天到鹿马登乡政府办理和领取城镇居民及非农业人口医保卡。由于去年村委会工作人员没有通知到位，导致大部分村民没有办城镇居民及非农业人口医保卡，只有两个人办理。所以，今天我村所有城镇居民及非农业人口都去办理了，每人交 22 元工本费。

2010 年 7 月 14 日　星期三　晴

今天下午，村委会通知，每个小组 4 名外出打工人员到村委会登记和照相。全村每个小组的人都来村委会进行了登记和照相之后，乡政府工作人员通知再过几天他们将外出务工。

2010 年 7 月 15 日　星期四　小雨转阴

近来我村自己织布做民族服装去福贡县卖的人特别多。因为这段时间是农闲阶段，每天只是割些猪食草或一背柴就在家休息，所以村民们就在家织布做衣服，到街子天的时候去卖。

2010 年 7 月 16 日　星期五　小雨转阴

村副主任陪同县工作组对我村所修建的抗震民居房进行照相。因为明天县扶贫办和其他几个单位及鹿马登乡政府的工作组要对我村所有修建的抗震民居房进行验收。全村总共修建抗震民居房 74 户，照相工作直到晚上 8 点才结束。

2010 年 7 月 17 日　星期六　阴转晴

今天一早，娃底一、二、三组的村民在公路进行大扫除。上午鹿马登乡政府的工作人员及领导班子在我村。前来我村验收抗震民居房的，有省委工作组、州委工作组、福贡县各个单位的领导班子成员。检查工作组到村委会后,对抗震民居房进行了抽查式检查。由于山上几个小组比较远,所以只在娃底一、二、三组抽查了3家,3家检查结果全部合格。检查工作组表示很满意,我村受到了检查工作组的好评。

2010年7月18日　星期日　雨

尽管今天下着雨,但却挡不住我村未成年人去福贡县"的高城"。我村娃底一、二、三组有五六个未成年人比较乱,这几个人才读到初中一年级和二年级,前几个月去外省打工,干了一两个月就被老板赶出来了。目前在家,一直没有去学校读书,每天四处游荡。所以,每到星期日就去"的高城",直到12点左右才回来,今天也照样。

2010年7月19日　星期一　雨

由于连续下雨,今天一早江面漂起许多木柴。有些村民看到后,便通知亲友一起去捞江柴,到上午10点还漂着江柴。捞柴的时候,有些是两三个人搭伙,有的是一家人一起捞。有些人家捞着两车柴,有些人家捞着一两背柴。

2010年7月20日　星期二　雨

今天,村委会工作人员登记我村各个小组的贫困户信息。因为鹿马登乡民政办通知,对我村60户农户给予每户50斤大米,所以今天村委会工作人员核实各个小组贫困户信息。落实好相关信息后,通知上述60户农户明天上午10点到鹿马登乡粮食局领取大米。

2010年7月21日　星期三　雨

今天鹿马登乡各个村委会的贫困户都到乡粮食局领取大米去。我村昨天落实为贫困户的60户村民,每户领到50斤大米。

2010 年 7 月 22 日　星期四　雨

今天上午我村娃底一组邓友堆的面包车，在下去六库的途中不幸翻车。车上总共有 4 人，全都无大碍，只有娃底二组的虎赛雄手小面积擦伤。由于下雨，路面比较光滑，再加上有一个车轮子磨损过大和车速过快，在转弯的过程中带上了一点刹车，导致发生翻车事故。车子尾部撞在公路护栏堆上，挡风玻璃也碎了。客车司机见车子倒在公路上，便帮忙把车翻过来。所以，邓友堆便及时把车开回到福贡县修理厂修理。

2010 年 7 月 23 日　星期五　晴转雨

今天上午，村委会通知全村各小组组长和副组长到村委会领取农村低保。由于前几天农村人口发完了大米，今天发的是几个学生的低保。因为每个小组都有学生，有些小组学生多，所以领得多一点。有些小组每户分得 40 多元，有些小组每户分得 20 多元。

2010 年 7 月 24 日　星期六　晴转雨

今天下午，我们娃底一、二、三组的教堂教牧人通知各小组的教徒，过几天教堂将为 11～12 岁的孩子进行《圣经》、赞美诗和舞蹈培训。如家长愿意让孩子学习的今天开始报名。

2010 年 7 月 25 日　星期日　晴

今天中午，娃底教堂给村民们发放衣服及鞋子。今天一早，教牧人就通知教徒们中午要在教堂里发放衣服及鞋子。这些衣服及鞋子是外国人赠送的，全都是新的。由娃底三组的此路恒发放，村里大部分村民都去领取，有些村民去晚了就没有领到。

2010 年 7 月 26 日　星期一　雨

娃底一、二、三组的组长、副组长、村民委员会委员及村委会人员统一在村委会办公室开会，讨论如何清除我村底下公路塌方堆积物和村公路扩宽问题。福贡县交通局通知说村公路扩宽及铺水泥路由他们负责，但是村里征用土地、拆除房子和猪圈等村民思想工作由村委会负责。如果这几项工作没有搞好，福贡县交通局将不再加宽村内公路段，只在原路上铺一层水泥，所以村委会才专门开会讨论这一问题。组长、副组长、委员和村委会人员都积极讨论，最后大家一致决定全村有拖拉机、微型车的家庭每辆车交 80 元，有三轮摩托车的每辆车交 40 元做运费，每个小组负责义务清除塌方堆积物；村内公路段加宽问题各小组自己解决。

2010 年 7 月 27 日　星期二　晴转雨

今天一早，娃底一组村民 K 一家人去找阿路底村亲戚家帮忙处理丧事。因为 K 岳父的哥哥 X 昨天晚上不幸被泥石流冲走，X 等 11 人在贡山县普拉底电站做小工，其中有 4 个缅甸人，X 村的有 7 人，他们睡在一起，所以 11 人全部都遇难。

2010 年 7 月 28 日　星期三　晴转雨

今天，云南大学的陈教授前来我村检查云南大学少数民族研究基地维修情况。由于基地损坏多处，所以基地管理员社伍一直在修复。陈教授看完修复情况后很满意，但其中还需要修复几处。至此，陈教授回去后再向大学反映情况，如果大学同意，继续再修复。

2010 年 7 月 29 日　星期四　晴

娃底一组的阿国恒今天从六库买回一把弩弓，因为他的弩弓打了 3 年左右后，前几天不小心打断了。所以，昨天特意到六库买弩弓，今天花 1000 元买了一把弩。

2010 年 7 月 30 日　星期五　晴

今天一早，娃底一组的阿国恒和二组的社伍与福贡县民族射弩协会主席及其他一人共同前往参加贡山县弩弓比赛。比赛中，我们福贡县队获胜。晚上，我们坐着福贡县射弩协会主席的车子返回村里。

2010 年 7 月 31 日　星期六　晴

今天下午，我村娃底一组的木军和阿白恒一同去古民底（地名）付运石费。因为今天上午他们两人从老板手中领到些预支款，所以先付一些，剩下的等验收完后再去付。

2010年8月1日—22日

2010年8月1日　星期日　晴

今天上午，腊竹底村的青年们前来我村打篮球赛。我们村的人每人凑一点钱，每个队每场出50元，每场合100元。打完3场后，我们村输了2场，赢了1场，所以最后输了50元。

2010年8月2日　星期一　晴

今天，村委会通知全村组长、副组长到村委会领取组长、副组长补助费，每人每月20元，总共是每人60元。由于今年5月村委会进行村委换届选举，一直没有发组长及副组长的补助费，所以今天早上乡政府来村里发放，村委会就通知各组组长和副组长来领取。

2010年8月3日　星期二　晴

今天上午，村委会通知各小组组长和副组长前来村委会领草种子。这些草种子长出来后猪、鸡、鸭、牛、羊都爱吃，所以村委会强调各小组村民愿意种的一定要发到手。小组农户多一些的就发多一些，农户少的就发得少。下午各小组组长和副组长把各小组领到的种子都发到各小组村民手中。村民们很高兴，说以后不用额外去找家禽家畜的食物了。村民对上级政府表示非常感谢。

2010年8月4日　星期三　晴

今天上午11点左右，村委会通知娃底一、二、三组村民，把村公路打扫干净，因为下午州委领导和县领导及乡党委政府领导要来我村。由于现在大部分村民已经出去干活，所以只有娃底一组和三组部分村民去打扫卫生。娃底二组大多数村民都出去干活了，所以找不到人去打扫卫生。

下午2点左右，村委会又通知娃底一、二、三组组长和副组长让他们通知各小组所有村民到村委会欢迎上级领导参加会议。但娃底一组的组长和副组长当天没有在村里，所以一组村民没有来；二组大部分村民也没有在家，所以，只来了26人；三组多一些，尽管上级领导要求村委会的人再通知些村民，但还是没有通知着。因为上午通知时并没有通知让村民参加下午的会议，所以大部分村民都出去干活了。

村民们到村委会后，才知道我村被评为"省级文明村"。通知村民是因为上级领导要讲话，村委会的人上午没有通知村民，所以现在才急急忙忙地到处通知。首先是州委领导讲话，还颁发"省级文明村"牌子和奖金10000元。然后是乡党委书记讲话。最后是村支部书记讲话。会议结束后村委会通知各小组登记各小组今天到会人员。

2010年8月5日　星期四　晴

村委会通知各小组组长和副组长登记各小组村民小春期预种油菜亩数。愿意种油菜的，登记好亩数，由政府免费发放种子。晚上各小组组长和副组长召集各小组村民来开会，登记信息。村民们了解情况后，积极报名登记。

2010年8月6日　星期五　晴

今天下午，村委会对前天前来开会的人员给予补助。由于前天前来开会的人比较少，所以每个人给了20元补助费。

2010年8月7日　星期六　晴

今天娃底一组和三组村民清理我村底下公路边的塌方堆积物，每个小组出20个义务工，每个小组必须上完12车才可以休息。经过各小组人员的努力，到下午5点左右完成任务，大家才各自回家。

2010 年 8 月 8 日　　星期日　晴

今天下午，有 2 组篮球队来我村打球，分别是福贡县自由队和日马子队。我村篮球队分别与两支球队打了两场。我们各有输赢，所以最后我们赢着 100 元。

2010 年 8 月 9 日　　星期一　晴

今天上午，村委会又通知娃底一、二、三组，每个小组各派 20 个义务工，继续在村子下边清除塌方堆积物。大家都去铲土的时候，在我村修公路的工程队用挖土机帮我们铲土。后来大家才知道，今天挖土机所用的柴油全部由乡政府支付，因为村里没有任何收入，所以挖土机老板也没有要误工费和机器磨损费。

2010 年 8 月 10 日　　星期二　晴

由于昨天没有清理完塌方堆积物，前两天娃底二组没有投义务工，所以今天村委会派二组去村民清理。二组总共派了 28 人，分成 2 组，每组有 14 人。每组负责推一辆拖拉机里装堆积物，总共有两辆拖拉机。村委会安排的任务是，两小组总共上完 28 车才可以休息。经过二组村民的努力，到下午 4 点左右就完成规定任务。但是塌方堆积物还是没有清理完，之后大家有的回去做饭，有的去找猪食。

2010 年 8 月 11 日　　星期三　晴

由于昨天二组还没有挖完塌方堆积物，眼看快到农忙季节，所以村委会决定今天无论如何一定要把塌方堆积物清理完。决定今天各小组派 20 个义务工继续挖塌方堆积物，总共是 60 人。上午各小组派的义务工到齐后，大家又开始挖塌方堆积物和挖水沟，直到下午 5 点后才全部清理完。村委会的人也很满意。

2010 年 8 月 12 日　星期四　晴

今天下午，娃底一组的普来从阿路底村买回来一辆三轮摩托车。因为是二手车，只付了 2000 元。由于他前几个月盖房子，家里没有任何钱了，这些钱全部是从他叔叔家借来的，说好等有钱的时候再还。

2010 年 8 月 13 日　星期五　晴

因为明天要去福贡县城比赛射弩，今天阿国恒和社伍在阿国恒家训练了一天，要为明天的比赛选好箭，直到晚上 7 点左右才选完。

2010 年 8 月 14 日　星期六　晴

今天一早，我村社伍和阿国恒一同到福贡县参加射弩比赛。今天参加比赛的有来自维西、泸水和福贡县的 4 个队，每个队有 5 名进行团体赛和个人赛，参加团体赛时，每个人交 100 元，总共是 2000 元。取前两名给予奖励，第一名奖金为 1200 元，第二名奖金是 800 元。参加个人赛是每人交 30 元。团体和个人每个队总共交 650 元，个人名次在团体分数上取。这次射弩比赛由福贡县民族射弩协会组织。比赛规则是：立姿 20 箭，跪姿 20 箭，总共 40 箭。团体比赛成绩由各个队一起算，个人成绩则由个人算。我县参加团体比赛的是：我村的社伍和阿国恒，福贡县民族射弩协会会长，施底村的此路恒，上帕村的普前叶。经过一早上的激烈比赛，下午得出比赛结果，获得团体第一名的是泸水县队，获得团体第二名的是我们福贡县队，获得个人名次是：第一、二、七名是泸水县队的，第三、五、八名是我们福贡县队的，第四名是维西县队的射弩协会会长和忠文，第六名是泸水县东方红村队的。

2010 年 8 月 15 日　星期日　晴

今天下午，在我村娃底教堂里，由前几天接受过培训的小孩给村民表演背诵《圣经》、歌唱赞美诗、跳赞美舞等节日。因为孩子们已经培训了几天，所以今天要给大家表演一下。有的同学明天就要去读书了，所以今天是表演时间最恰当的一天。

2010年8月16日　星期一　晴

因为今天上午有些孩子就要开学，所以今天一早，这次参加《圣经》和赞美诗培训班的孩子在我村娃底教堂合影留念。合影过后，要开学的孩子就去学校了，没有开学的孩子继续在教堂学习，一直到晚上才结束全部课程。

2010年8月17日　星期二　雨转晴

今天凌晨3点左右，我村到处有人通知村民马上离开房子往高处跑，因贡山县发生泥石流把江水堵住了，随时可能冲下来，所以亲戚朋友们打来电话，通知我们赶快离开住处。有些村民马上离开房子往高处跑，但有些村民还是没有跑，觉得不可能冲到这里，所以并没有跑。到上午8点左右，有些村民相互通知，现在已经排除险情，村民们可以安心回家。但是不能去江边，江边还是有些危险，这时跑出去的村民才陆续回家。

2010年8月18日　星期三　晴

今天一早，娃底三组约翰家的一楼平底需要浇灌，有些亲戚朋友就去帮忙，也请了几个小工，每天工钱给50元。直到傍晚才浇灌完。

2010年8月19日　星期四　晴

今天上午，原来在云南大学读研究生的卢成仁再次到我村做研究，他现在在中山大学就读博士。以前在云南大学就读时曾来过三次，今天是第四次。

2010年8月20日　星期五　晴

今天下午，娃底一组的迪路社从福贡县回来的途中与一辆相反向来的二轮摩托车相撞，迪路社的三轮摩托车只是擦着一小点并无大碍。二轮摩托车车主是我村旁边布拉底村的，所以两人经过慢慢交谈，最后双方同意各自修自己的车，因为双方都平安无事。

2010年8月21日　星期六　晴

今天早上，娃底三组村民在位于村子以西往福贡县城方向的小路除草，并修补路面，三组村民全部都到齐了，直到中午12点左右才完成任务。

2010年8月22日　星期日　晴

因为乡政府明天要对我乡所有非农人口进行普查，今天上午开始，村副主任收集我村所有非农人口的户口簿。每个小组都由他负责收，直到下午4点左右才收好。

村民此有生日志
2012年

2012 年 6 月 28 日—30 日

2012 年 6 月 28 日　星期四　晴

今天上午吃完饭后，我们一家人都去田地里拔草。到了田地里，我们就开始拔，我们一边吹牛一边拔，中午就拔完了。然后，骑摩托车回家了。到了家，我媳妇和侄女一起做饭，我在玩电脑。玩了一会儿，就去吃饭了。那时外面有人叫我，我想是谁，原来是表叔。然后，我爸和他讨论事情，我就带我儿子出去玩了。

2012 年 6 月 29 日　星期五　晴

今天早上起来，刷牙洗脸后做饭。吃完饭后，去喂猪食。喂完后，去"挖支独"（地名）干活，干到下午 5 点就回来了。然后，做饭吃，喂猪食，洗洗澡。

2012 年 6 月 30 日　星期六　晴

今天，我媳妇和侄女去苞谷地里面种红薯，妈妈一大早就去帮我姐姐洗碗、扫地，爸爸在家里做家务事。而我呢，在修摩托车。刚好我侄女放假了，我想去接她们，但是摩托车还没有修好，她们只好搭出租车回来。

2012年7月1日—31日

2012年7月1日　星期日　晴

今天早上起来阳光非常明媚，从外面传来钟声。哦！我一时想起来，今天是星期日，我们信教的人需要去教堂。我就洗脸刷牙，然后我们一家都去教堂了。从教堂回来后，我们就做饭吃。然后，我去送我侄女她们上学，爸爸他们就去教堂了。

2012年7月2日　星期一　晴

今天吃完饭后，我和媳妇去苞谷地里拔草。到这块苞谷地还需要爬山，要爬30分钟左右。爬呀！爬呀！就到了。那时苞谷地里的草都被找猪食的人割走了。因此，原本需要拔一天的时间几个小时就拔完了。所以，今天我们两个比前两天轻松得多了。

2012年7月3日　星期二　晴

今天，我有点不舒服，差不多10点左右才起床。这时，我的家人都已经做好了香喷喷的早饭。然后，我们一家像平常一样吃得津津有味，突然来了一个电话。我掏出一看，原来是我的小舅。小舅叫我去帮他拉油菜籽，我连忙放下手中饭碗就去了。拉到腊竹底就全部下车了，他就在那里榨菜油。我就去福贡县城修摩托车，修了几个小时就修完了。不一会儿又来了电话，小舅又叫我带他们回去，我今天的旅程就这样结束了。

2012年7月4日　星期三　晴

今天，我一起床就去鹿马登取钱。人很多，我把存折拿给一个取款人员，他帮我去取，差不多半个小时就取到了。那时我们拿着钱去逛街，突然来了一个电话。原来是我老婆和我侄女，问我取到钱了吗，我说取到了。后来，我们一起去逛街了。

2012 年 7 月 5 日　　星期四　　晴

今天是逛街的日子。我们一家四口去帮姐姐洗碗。逛街的人不多，所以生意不怎么好，从早到晚只有几十桌。但是，算起来比别人家好多了。过了一会儿，还是不多，我们就回家了。

2012 年 7 月 6 日　　星期五　　晴

今天早晨我一起床，打开窗户，太阳都晒到房顶了。那时，我还迷迷糊糊，眼睛还睁不开。原来，我是在做噩梦睡过头的，这个梦真是好可怕。醒来时满头大汗，真是吓死我了。

2012 年 7 月 7 日　　星期六　　晴

今天，我侄女放假，我打算去接她们。但是我的摩托车坏了，所以不能去接她们，我就在家里干活了。我妈也去我姐那里了，到了两点钟我侄女就回来了。在路途中，我侄女遇到了我们家亲戚，就跟他们一起回去了。到了家里，我侄女就洗澡换衣，然后我们一家人就去教堂了。从教堂回来后，吃完饭，就睡觉了。

2012 年 7 月 8 日　　星期日　　晴

今天天气十分晴朗，我早上起来，心情特别好。因为今天是星期日，所以急着去教堂。我刚把脸洗完，就飞快地向教堂走去。到了教堂，先祷告，再唱赞美耶稣的歌，然后再讲《圣经》里面的意思。讲完后，又唱赞美耶稣的歌，祷完告后就回家了。

2012 年 7 月 9 日　星期一　晴

哎呀！又过去了一周！今天是这一周的第一天，早晨我还在床上时，突然咕噜一响，肚子疼得很厉害，我就急急忙忙地走出门口去厕所。从厕所回来后，洗下脸刷刷牙，然后开始做家务事。直到 12 点左右后，家务事都忙完了，家里走廊也打扫得一尘不染之后，又下去了福贡。

2012 年 7 月 10 日　星期二　阴

今天对我来说是伤心掉眼泪的一天。因为今天凌晨 4 点左右时，我的一个堂哥因病而死去。整晚都不睡，一直守着他，但是还不埋，因为坟墓没有做完。

2012 年 7 月 11 日　星期三　晴

今天，我比往些日子起来早。早上起来第一件事，一家子先洗漱，然后各忙各的事。我找来扫把，很卖力地扫着我的房间。地扫干净了，9 点左右就吃早饭，阳光明媚，但心里总是难过伤心，因为为了我们家亲戚过世的事忙着，没有时间休息。

2012 年 7 月 12 日　星期四　晴

今天，天气晴朗，阳光灿烂，一家人哪里都不去，在家休息，因前天的事情难过、悲伤。

2012 年 7 月 13 日　星期五　晴

今天是我的侄女放假，我开起摩托车去学校接她们。到了福贡，我就去姐姐那里吃碗米线。突然间来了一个电话，是我的侄女，然后我就去接她们回去了。

2012 年 7 月 14 日　星期六　晴

今天早上起来，阳光非常明媚。我刷牙洗脸，我的两个侄女去找猪食，我和老婆还有两个侄儿子去阿尼罗底背苞谷。在半路，我其中一个侄儿子跌倒了，他才背了一点苞谷都背不动。而我的另一个侄儿子背了很多的苞谷，还第一个到家。我的这一个侄儿子力气很大，脾气也很坏。只要我们随便骂他一两句，他就会生气到处乱跑。回来以后，吃饭，就这样过了这一天。

2012 年 7 月 15 日　星期日　晴

今天又到了礼拜天。早上一起床，我们一家人都去教堂做礼拜。在教堂里面唱了两首诗歌，后面有个人给我们讲了《圣经》，然后又唱了两首赞美歌就回来了。

2012 年 7 月 16 日　星期一　阴

今天早上起来，心情很不舒畅，因为天色很不好。

2012 年 7 月 17 日　星期二　阴

凌晨 3 点，我和爸爸，还有我的好朋友阿邓去六库，过户三轮摩托车。早晨 8 点就到了，但是他们还没有来上班，我们在等他们来上班。后来，他们终于来上班了。我们就开始办了，我们是今天第一个办完的；然后又到另一个部门去办，那里也是我们先办完。最后，我们三个都开开心心地吃了一顿饭就回来了。

2012 年 7 月 18 日　星期三　阴

早上起来，走出门口，一看外面满天都是乌云，而且雨也下得很大，不能去外面干活，只能在家里干。我和老婆在装修卫生间，到了 5 点左右才完成一半。剩下的明天接着干，就这样了。

2012 年 7 月 19 日　星期四　阴

今天，我睡得太沉了，7 点半都还没起床。幸好我舅舅及时叫我起床，我才起得来。那时我还不知道到几点了，一看手机，就快要到 8 点了。我就用最快的速度起床，飞快地向教堂跑去。到了教堂，我一看，竟然没迟到，如果迟到就惨了。下课后，在教堂吃完饭就回家了。

2012 年 7 月 20 日　星期五　阴

今天是街子天，我却不能去赶街拉人找钱，因为昨天的任务还没有完成，我和老婆接着干，但今天还是没有完成任务。到晚上爸爸就骂我了，那么小的卫生间干了三四天都还没干完，这是为什么呢？我说："爸爸，这个实在是太难干了，我们明天接着干，你放心吧！"

2012 年 7 月 21 日　星期六　阴

哎呀！烦死了，这么小的一个卫生间干了四五天都没有干完。原本以为两三天就能干完。其实，不是我想象的那样，贴瓷砖真的是太麻烦了。今天又是没有干完，明天是礼拜天。所以，只能下个星期一再接着干了，没办法。

2012 年 7 月 22 日　星期日　阴

今天是礼拜天，不需要一大早就起床，8 点左右起就可以了。今天我起床时，那个敲铃的人都敲过了，教堂也放录音机了。我洗脸、刷牙，就去教堂了。

2012 年 7 月 23 日　星期一　晴

今天我爸和我，还有我的大侄女一起去鹿马登一直到福贡，去为大侄女检查病情。结果查不着，因为这个检查部门的医生不在。听说他到昆明开会去了，所以我们两手空空地回来了。

2012 年 7 月 24 日　星期二　阴

今天我本来打算修前几天没有修完的卫生间，可是有个叔叔叫我帮他去修鱼池，我只好去帮他的忙了。所以，我的卫生间就修不着了。

2012 年 7 月 25 日　星期三　晴

今天我们朋友刚从六库上来福贡，说要来找我们说一些关于傈僳族礼仪的事情，讨论傈僳族文字的用法。在弘扬傈僳族文字方面需要调动大量的人力和物力，所以希望我能帮他去单位拉赞助。我很荣幸能跟他一起去，为了傈僳族文化，我义不容辞。一个下午跑了好几个单位，却一无所获，很是伤心。我们几个一个一个单位地跑，最后老天垂怜，政府给了我们一些帮助。在这件事情上我也体会到发扬文化的不易，身为傈僳族的我，无论遇到什么，都应该尽自己的一份绵薄之力，把傈僳族的文化传承下去。

2012 年 7 月 26 日　星期四　晴

吃完饭，妈妈带着我们去田里干活。虽说农村的生活苦，可一日两餐也就那样，温饱已经是我们农民最大的安慰了。到地里，看到到处绿色的大地，心情豁然开朗。在暴晒的阳光下干活，了解了古人"粒粒皆辛苦"的诗意。

2012 年 7 月 27 日　星期五　晴

今天，我充满了幸福感，好久不见的弟弟刚来电话说明天带着媳妇回来。我激动不已，全家人兴奋地打扫家里的各个角落，为的是明天他们两口子回来能有好的印象。而我呢，为他们准备吃的，难得的野味。我不惜辛苦去山上找了只野鸡回来，这一天累点也值了。

2012 年 7 月 28 日　　星期六　　晴

这一天终于到了，因为我弟弟和他的媳妇从昆明回来了，所以我觉得自己很快乐。我们一家人又一次团聚了。他们回到赤恒底以后，就开始谈起自己的事情了，就这样开开心心地过了一天。

2012 年 7 月 29 日　　星期日　　晴

今天是星期日，需要去教堂。我起得非常早，飞快地向教堂走去。到了教堂也像平常一样，然后就回来了。到了家，就吃饭；吃完饭，又去教堂；从教堂回来，吃饭，就睡了。

2012 年 7 月 30 日　　星期一　　晴

今天是最热闹的一天，我想早早地去拉人。但是，不能去拉人了。因为我们家的柴火被别人背完了，只剩下一点点了。所以，我们只能去背剩下的柴火了。

2012 年 7 月 31 日　　星期二　　晴

今天早上，我和弟弟还有我的弟媳和女儿去鹿马登，办弟弟和弟媳的结婚证。结果，半个小时就办完了。回来后，就吃饭；吃完饭后，我就下去帮阿哭姐搬家，而我弟弟和弟媳就回昆明了。

2012年8月1日—31日

2012年8月1日　星期三　阴

今天我觉得很累、疲劳，所以在家领娃娃，不干别的什么事。那是因为前几天背柴火的时候，上坡陡峭，所以，今天脚都酸酸的，太疼了，只好今天休息了。

2012年8月2日　星期四　晴

今天是我开车的日子，我的两个侄女在阿哭姐那里搬家，中午我就去接我的两个侄女回家。因为我妈病了，在家里我的媳妇一个人忙不过来，所以就带她们两个回来找猪食。

2012年8月3日　星期五　晴

今天太阳一出来，我跟爸去福贡赶街。因为妈的病情不好，吃不下饭，所以要买点妈爱吃的东西，后来我和爸在阿哭姐那里吃顿饭就回来了。

2012年8月4日　星期六　晴

今天吃完饭后，我背起篮子赶着牛去放牛。边放边唱歌，找找猪食，突然我的前面有一条蛇爬过去。我吓了一跳，就赶忙赶着牛回家了。

2012年8月5日　星期日　晴

今天是街子天，又是礼拜天，但我们信教的人是星期日不能赶街，如果遇到街子天是星期日的，我们就提前一天，在星期六就要赶街了。

2012 年 8 月 6 日　星期一　阴

今天，雨下得很大。不下雨的时候，我平常天一亮就去福贡拉人了，所以今天只能在家里做家务事。过了一会儿，雨就渐渐地停了。这时，我一看表，差不多下午 5 点左右了，总之今天就白白地过去了。

2012 年 8 月 7 日　星期二　阴

今天，吃完饭后，我和两个侄女一起去苞谷地里面干活，分别种蚕豆、洋芋。我呢，挖洞，一个侄女装洋芋、蚕豆，另一个侄女装肥料。差不多种完时，突然间下大雨、打雷，我们没有种完就跑回家了。

2012 年 8 月 8 日　星期三　晴

今天是双号，我的摩托车牌号码也是双号，刚好今天是我开车的日子。又是鹿马登街，但赶街的人太少了，赶了两个小时就赶完了。拉人都是跑长途，汽油都费了很多，所以我还是去福贡拉人，福贡比鹿马登赚到的钱多一点。

2012 年 8 月 9 日　星期四　晴

今天一起来，我和媳妇就开车去找猪食。找呀，找呀，突然间来了一个电话。我一接电话，原来是村委会副主任，因为领导要来村委会，所以他叫我去村委会那里听他们开会。这样，我没有找满猪食，也只能回村里参会了。

2012 年 8 月 10 日　星期五　阴

今天吃完饭后，我去帮大伯家装修厕所。大伯叫我当师傅，叫他的儿子给我当小工。我俩就边聊天边修，太阳落山的时候就修完了。然后收拾工具，洗个澡。正准备吃饭，我的儿子也跑过来了，我们一起在大伯家吃完饭就回来了。

2012 年 8 月 11 日　星期六　阴

今天一起床，不洗脸也不刷牙，我和两个侄女直接到玉米地里找猪食、牛食，到中午就找满了。到家洗手洗脸刷牙，洗完后就吃饭，吃完后又去找猪食牛食。因为明天是礼拜天，对于我们信教的人来说，礼拜天是不能杀生也不能干什么活的，所以明天需要的猪食、牛食只能今天一次性找好了。

2012 年 8 月 12 日　星期日　晴

今天是礼拜天，一大早就背着包包，还有圣经之类的到教堂里去。比我先到的人很多，都坐在椅子上。先祷告，之后就一起唱赞美诗，唱完后有一个人来为我们讲圣经里面的内容。讲了 15 分钟就讲完了，又唱一首赞美诗就回来了。

2012 年 8 月 13 日　星期一　晴

今天差不多天亮时有人叫我，我就急急忙忙地起来，把门打开。原来是我的一个亲戚，他叫我跟他去六库帮他买一辆摩托车，我就跟他去了。我俩一大早去，下午就到了，到了先吃一顿饭，然后才开始去看摩托车。左看右看，最后买了 1 万多的一辆，就开起回来了。

2012 年 8 月 14 日　星期二　晴

今天一起来，满天都是白云，我以为今天要下雨，但不是我想象的那样。刚吃完饭，太阳实在是太毒辣了，我才干了一点活就全身都是汗，然后我就回来了。今天我们一家人什么活都没干，不仅我们家，村里面大部分人都没干活。

2012 年 8 月 15 日　星期三　阴

今天是街子天，但是我的摩托车是双号，而今天是单号，所以我今天不能开车,只能在家里做活。村里的副主任来了,她叫我帮她搞一些资料,我就只能帮她了,因为她是我媳妇的堂妹。她拿了一大堆书在里面找要写的资料,我从她拿给我时开始写,写到四五点就写完了,之后就做饭吃了。

2012 年 8 月 16 日　星期四　晴

今天一起床我开着摩托车去阿兰甲我表哥那里焊电焊去,到那里突然停电了,所以没有焊着,只能回来了。到家里时,我的小叔来我家,他叫我帮他砌石头。到工地一看,砌石头的人只有三个,所以只完成了很少的一部分。

2012 年 8 月 17 日　星期五　晴

今天一大早我和媳妇开着摩托车去苞谷地里找猪食,差不多 12 点左右就找满了。就开着摩托车回来了,到家时洗洗手就吃饭了。

2012 年 8 月 18 日　星期六　晴

今天吃完饭后,我和媳妇找了些木板,还找了一些关于修房子的材料,做一个小的厨房。从早到晚都没有做完,明天是星期日,只能星期一再修。

2012 年 8 月 19 日　星期日　晴

今天一大早,我们一家人去教堂。在教堂里几个小时就完了,准备回来时有个教堂里的人说今天 12 点左右,州的领导要下来给我们开会。

2012 年 8 月 20 日　星期一　晴

今天我起来时,太阳都已经升起来了,阳光照着窗口,好热呀。太阳这么大,人们照样在地里干活,真是好辛苦。但是地球有了太阳,人们才能生活、做事。

2012年8月21日　星期二　晴

哎呀！现在是学生们读书的时间了，那时候找猪食、找牛食都包在我一个人身上了。

2012年8月22日　星期三　晴

今天吃完饭后，我和爸开起摩托车送两个侄女去上学，一个进入重点班，一个进入普通班。

2012年8月23日　星期四　晴

今天一大早，我的大侄女和我表哥的一个儿子去医院看病，到了医院，看不成病，因为今天州庆，所以医生们都没有上班。

2012年8月24日　星期五　晴

今天，我一起床就去福贡，到阿哭姐那里吃了一碗米线，然后我就去买菜。在城里遇到一个穿校服的小伙子，我问他今天你们放假了吗？他说只有我们初一的放假了。我就在大桥那里等我的两个侄女，等了一会儿，我的两个侄女就到了。我就拉起我的两个侄女回来了。

2012年8月25日　星期六　晴

早上起来我的身体有点不舒服，想早早地去福贡修摩托，但是我有点不开心，所以我就干脆吃完饭后再去。在去修摩托的路上，我遇到一个卖废铁的老头，我就送他去福贡，到了福贡他下了车付给我车费，我就去修摩托了。

2012 年 8 月 26 日　星期日　晴

今天我一起来就刷牙、洗脸，去教堂。从教堂回来后就吃饭，吃完饭后又去教堂。那时教堂里面人很多，座位都没有，我只好回来看电视了，然后就去送我的两个侄女上学去了。

2012 年 8 月 27 日　星期一　晴

今天，我们一家人都去老岳父家打谷子。到了他们家，饭都还没有吃完，就开始去干活。突然，田地边来了一位姑娘，我想是谁呢，原来是我们村里的副主任，她也是来帮我老岳父的，所以今天人多，不到 5 点就干完了。

2012 年 8 月 28 日　星期二　晴

今天，早上起来，天气也很好。早上吃完饭后开摩托车去打谷子，到了那里我们就开始忙碌起来。割的割，抬的抬，还有一些人就用打谷机来打谷子。用打谷机打了一半多谷子的时候就到了中午，先休息一下再吃饭，吃完饭休息一会儿再继续干活。收打完了那些谷子，背着就回家了。

2012 年 8 月 29 日　星期三　晴

今天天气非常闷热，我和我媳妇在家做饭，爸爸和妈妈去阿牛陆底砍苞谷，干完了就回来了。爸爸和妈妈回来时，我们俩刚好做完饭，就洗手洗脸开始吃饭了。到了下午听到"当当"的响声，原来是呼唤我们去教堂了。到了教堂还是像平常一样，祷完告就回来了。

2012 年 8 月 30 日　星期四　晴

今天是我开摩托的日子，刚好今天是街子天，妈妈去帮姐姐洗碗了。我开了一个小时左右，姐姐叫我来她那里吃饭，我吃完饭后又去开摩托车，赚了一些钱后，我就接着妈妈回来了。

2012 年 8 月 31 日　星期五　晴

今天爸爸和妈妈割谷子，老婆和我打谷子，打了一会儿我们一家人都累坏了，休息了一会儿又继续打谷子，谷子打完后，就收拾谷子回家了。

2012年9月1日—30日

2012年9月1日　星期六　晴转阴

今天我的两个侄女放假，因为我们今天需要打谷子，所以没法去接她们，她们只好晚上和我姐姐一起回来了。我们刚回到家，她们就做饭做菜、切猪食等。过了一会儿，天色暗了下来，快下雨了。

2012年9月2日　星期日　晴

今天是我们去教堂的日子，一日去三次。去教堂听讲圣经，唱信耶稣的诗歌，然后祷告完就回来了。

2012年9月3日　星期一　大雨

今天雨下得非常大，所以没法去干活，只能在家里做家务事。到了下午2点左右雨就停了，我妈妈去苞谷地里砍苞谷。而我呢，在家里喂猪、鸡、鸭等。到了傍晚，妈妈回来了，我们一家人就做饭，然后吃饭，吃完饭就洗碗，这就算是过了一天。

2012年9月4日　星期二　晴

我觉得时间过得太快了，一转眼就过了一天。我刚起来就没见到妈妈和我媳妇的影子，原来她们全都到菜地里拔草去了。我就在家里做饭，刚做完饭妈妈和我媳妇就回到家了，我们一家人就吃饭。吃完饭就继续去干活，这次干活我也去了，干了很久才回来。回到家里就洗洗澡啊之类的，祷告后就睡了。

2012年9月5日　星期三　小雨

今天下着毛毛雨，我想去干点活，但雨越下越大，所以我就没去。

过了一会儿我便听到"当当"的响声，原来是要去教堂了，我差一点忘了。我想到这些，就觉得时间过得如此快，究竟是怎么回事。我一直在发呆，幸好我老婆及时叫我，我才赶着去教堂。

2012年9月6日　星期四　大雨

今天怎么又下雨了，我觉得非常的倒霉。天天下雨也只能去干活，真是太烦了。而且今天一整天都下大雨，天气也越来越冷，我们只好躺在被窝里睡觉。过了大半天才醒过来，我就去做饭，做完饭后我就去叫妈妈吃饭了。这就算是过了一天。

2012年9月7日　星期五　晴

今天我们一家人全都去千思底砍苞谷，唯有我媳妇和我女儿、儿子在家里看守。到了地里，我们一家人全都忙碌起来，砍的砍，收的收，三四个小时就干完了，背着就回家了。

2012年9月8日　星期六　晴

今天我的两个侄女放假了，我打算去接她们，但阿哭姐说晚上她带她俩回来，我在家里做家务事就行了。我听她这么一说，心情就放松了一些，到了晚上她们就回来了。吃完饭，然后去教堂，从教堂回来就睡觉了。

2012年9月9日　星期日　雨

今天是去教堂的日子，不能杀生，而且今天还下着雨，需要带雨伞去，而我却没有带，因为我家离教堂比较近，所以我就直接到教堂去了。从教堂回来就吃饭，因为我妈有点病，所以不能坚持，阿哭姐只好在家里做饭了。吃完饭我就要送我的两个侄女去上学了。

2012 年 9 月 10 日　星期一　晴

今天是街子天，恰好是我开车的日子，所以我送妈妈去阿哭姐那里洗碗，然后就去开摩托车赚钱去了。到了下午我和我妈就回赤恒底了。

2012 年 9 月 11 日　星期二　大雨

今天下着大雨，我媳妇还是坚持干活去了。后来，她说她看见了一条蛇，就拼命往家里跑。她说以后不会一个人独自去地里干活了。

2012 年 9 月 12 日　星期三　阴

今天是我开车的日子，我女儿在幼儿园读书，她说她在福贡待腻了，很想回家，我只好去接她回来了。

2012 年 9 月 13 日　星期四　晴

我和我女儿很快就起来，因为我女儿还没放假，我需要送她去幼儿园上学。送到幼儿园后，我就回来了。

2012 年 9 月 14 日　星期五　雨

今天又下雨了，觉得很烦，而且今天我女儿放假了，我需要去接她回家。但在阿牛布，我的车坏了，只好叫人帮我修。修好了以后我就去接我女儿回家了。

2012 年 9 月 15 日　星期六　阴

今天我们一家人去山上砍苞谷，但只砍了一点就下雨了，过了一会儿雨越下越大，不能再待下去了，我们一家人就回来了。

2012 年 9 月 16 日　星期日　阴

今天是我开摩托的日子，但也是去教堂的日子，所以我就去教堂了。

从教堂回来以后我们就吃饭，吃完饭又去教堂，而且一日需要去三次。这就算又过了一天。

2012年9月17日　星期一　阴

今天我家来了一位客人，他很高很瘦，我和他聊了一下午。聊完了，他就回去了。

2012年9月18日　星期二　晴

今天我和我媳妇很早就起来去找猪食，在路上遇见一位小姑娘，我们就问她："你在这里干什么？"她说她迷路了。我想这人怎么会迷路呢，不管了，先送她回去，而且他们家人一定也在找她。到了下午我们才找到，对方就说太谢谢你们帮我找回了我的女儿。我们就说不用谢。天也快黑了，我们就回家了。

2012年9月19日　星期三　晴

今天我和我媳妇还有我女儿去我媳妇她家妈那里，帮她们一家人找猪食，找完了以后就回来了。刚到家就听到"当当"的响声，我们一家人就赶着去教堂了。

2012年9月20日　星期四　阴

今天我们一家人去干活，在路上，我爸爸看见了一条蛇，爸爸觉得很害怕就跑过来了。爸爸说："我差点吓死了，我看见一条很大的蛇。"到了地里，爸爸和妈妈拔草，我和老婆挖地。一会儿就干完活了，我们休息了会儿，就回来了。

2012年9月21日　星期五　阴

今天是我女儿的生日，我去福贡订了一份蛋糕，那份蛋糕总的是

100 元，到了晚上我就把蛋糕带回来了，我女儿高兴得很，我们一家人祷完告就把蛋糕吃了。

2012 年 9 月 22 日　　星期六　　阴

今天是我们去教堂祷告的日子，我洗完脸就去澡堂了，到了教堂唱完信耶稣的歌，祷完告就回来了。

2012 年 9 月 23 日　　星期日　　晴

这几天我觉得一天比一天累，总是打谷子，打完谷子又要撒苞谷，从早到晚都要忙，但是我们要靠自己的劳动去生活，只能是这样了。

2012 年 9 月 24 日　　星期一　　晴

今天我刚起来时，我爸妈把饭都煮好了，我洗脸、漱口后就吃饭了。我问爸妈今天为什么这么快，爸妈就说今天我们要去帮你表姐打谷子，我一声不吭随着他们去了。

2012 年 9 月 25 日　　星期二　　晴

今天我帮小叔到交警大队那里交摩托车执照。我把我的摩托车停在街子上，交完后我的摩托车上贴起一张罚款单，原来是我停错了，所以我被罚了，但是我懂得了一些交通规则。

2012 年 9 月 26 日　　星期三　　晴

今天我和我儿子去菜地里找猪食，不一会儿，我儿子睡着了，但猪食还没找完，所以我就让我儿子睡在我的衣服上，我继续找猪食。找完了以后我叫我儿子起来，我就背着猪食和我儿子一起回家了。

2012 年 9 月 27 日　星期四　雨

今天又下雨了，而且猪食又没了，我媳妇去教堂学跳舞，妈妈也生病了，我只好冒雨去找猪食。到菜地里，我连衣服都弄湿了，等找完猪食我就背着猪食回来了。

2012 年 9 月 28 日　星期五　晴

今天我两个侄女回来了，因为离中秋节、国庆节只有两三天了，所以提前两天放假，我就去接我的两个侄女回家。今天晚上还是个饭熟、苞谷熟的日子，所以有人来我们家睡。

2012 年 9 月 29 日　星期六　晴

今天节日还没过完，我们都没有去干活，因为这个盛大节日是很重要的，很多年才轮到一次，所以我们这里的人在开开心心地过这个盛大的节日。

2012 年 9 月 30 日　星期日　晴

今天既是星期日，也是饭熟、苞谷熟的日子，我们家人全都去教堂，直到星期一早上才过完这个盛大的节日。

2012年10月1日—31日

2012年10月1日　星期一　晴

今天是国庆节，也是我舅舅的生日，我们就在电话里沟通，给他唱生日快乐歌。他说他的女朋友给他买了一个200元的手表作为生日礼物，我们家觉得她不太会省钱。

2012年10月2日　星期二　雨

今天，下雨了，所以我们没法干活，而且今天也是我两个侄女去上学的日子。她们早早地准备行李，晚上就不需要准备了。

2012年10月3日　星期三　晴

今天我的侄女们去上学了，只有我和我媳妇两人去干活。因为妈妈也生病了，所以大部分的活都落到我和我媳妇的手里了。

2012年10月4日　星期四　晴

今天我和我媳妇去了福贡一趟，去买肉类蔬菜，然后就回来了。到了家里，我们就开始劳动起来，做完了，就叫爸妈来吃饭。

2012年10月5日　星期五　晴

今天我们一家都去汪之读找菜去，一瞬间就满了。下午我们一家人就背着那些菜回来了。

2012年10月6日　星期六　雨

我觉得现在越来越冷，因为快要到冬天了，所以很冷，而且还下雨，但是我还是冒着雨去找猪食，因为明天是星期日，所以要提前找好猪食。

2012 年 10 月 7 日　星期日　大雨

今天是星期日，下大雨，我们也不能不去教堂，我们家人都去了教堂，到了教堂也和以前一样，最后我们就回来了。

2012 年 10 月 8 日　星期一　大雨

今天，因为雨下得太大了，又冷，我们一家人就卧床不起。一直睡到中午，觉得肚子有点饿，我媳妇就起床去煮饭了，然后我们一起吃饭。这就算过了一天。

2012 年 10 月 9 日　星期二　大雨

今天也下了大雨，但是我们还是坚持起来烧火喂猪食，然后觉得又有点冷，又去睡了一次，直到吃饭的时候才起来。

2012 年 10 月 10 日　星期三　小雨

今天，下了毛毛雨，我和媳妇还有妈妈我们三个去田里干活去了，只有爸爸还有我的两个小孩子在家里做家务事。我们回到家里就可以吃饭了，因为爸爸已经把饭做好了。

2012 年 10 月 11 日　星期四　晴

今天我和媳妇在家里干家务事，妈妈去菜地里拔草去了。爸爸呢，骑着电瓶车到处玩去了，过了一段时间才回来。妈妈直到下午才回来。然后一家人一起吃饭，吃完饭就睡觉了。

2012 年 10 月 12 日　星期五　大雨

今天，雨下得非常大，我们一家人只好在家里烧火来暖和，一直到了中午。我们一家人吃完饭以后就睡觉了，因为天气非常冷，不能不睡觉，所以我们中午就睡了。

2012 年 10 月 13 日　　星期六　　晴

今天我表哥和表哥的媳妇来我家，表哥的媳妇帮我们去菜地里摘叶子，我去接我的两个侄女回来，回来以后我们一家人就去教堂了。

2012 年 10 月 14 日　　星期日　　晴

今天我们一家人全去教堂，到了以后也像平常一样，然后回来吃饭。一日去三次，晚上回来以后吃饭，这又算是过了一天。

2012 年 10 月 15 日　　星期一　　晴

今天我们一家人在抬石头，因为我们家的围墙要重新围。到了中午，石头抬完了。老婆、妈妈做饭，吃了一顿团圆饭，我们就休息了。

2012 年 10 月 16 日　　星期二　　晴

今天我的哥哥嫂子去菜地找猪食，爸爸和妈妈在家里做家务事，我和老婆去找牛食，过了一会儿我的牛食找满了，但老婆的还没找满，我就帮老婆找了一会儿，然后就回来了。

2012 年 10 月 17 日　　星期三　　晴

今天是我开摩托的日子，我开了一会儿就赚到了 70 多元，后来我又转了一圈，又赚到了一些钱。我早上来的时候什么也没吃，肚子叫个不停，所以我去阿哭姐那里吃了一碗米线，然后就回来了。

2012 年 10 月 18 日　　星期四　　晴

今天我哥哥的儿子也放假了，哥哥和嫂子去接他们的儿子，我和老婆就在家里做家务。我们一家人连昨天的碗也没洗，所以我老婆就把碗洗掉，到了下午，我哥哥他们一家人就回来了。

2012 年 10 月 19 日　星期五　晴

今天我和爸爸去山地里种树,还没到山地,我们就感觉到累了,我和爸爸休息了一会儿,休息好了就继续种树,直到种完再回来。

2012 年 10 月 20 日　星期六　晴

今天是街子天,我妈妈一早就去帮姐姐洗碗了,我和老婆在家里抬石头,因为我们围墙的石头不够,所以又找了一些石头回来。到了 17 点妈妈才回来,妈妈在姐姐那里做好饭带回来了,然后吃饭。

2012 年 10 月 21 日　星期日　阴

今天是星期日,是去教堂的日子,天又下着大雨,我们个个都撑着伞到教堂去。到了教堂也像平常一样,然后就回来了。

2012 年 10 月 22 日　星期一　雨

今天我和媳妇去背沙,背了一两个小时雨就突然的下起来了,越下越大,越下越大……我们就不能背沙子了,所以就没背了。

2012 年 10 月 23 日　星期二　雨

今天我一起床就去背沙子,天像往常一样下起雨来了,我媳妇唉声叹气地说:"是不是真的到冬天了,怎么这几天总是下雨,应该就是冬天了吧。"然后我们就没再背沙子了。

2012 年 10 月 24 日　星期三　晴

今天是鹿马登的街子天,我开着摩托车去开会。开完会后我就到鹿马登转了一圈,一点钱也没赚到,然后就回来了。

2012 年 10 月 25 日　星期四　晴

今天是福贡的街子天，吃饭的人很多，姐姐一个人忙不过来，妈妈去帮姐姐洗碗。到了下午六七点才回来，回到家里就煮饭吃了。

2012 年 10 月 26 日　星期五　晴

今天我们一家人全都去找猪食。一人一个背篓，很快就找满了，然后就回来了。

2012 年 10 月 27 日　星期六　晴

今天两个侄女放假，我去接她俩。在半路上遇见一个老年人，说是要去福贡，我也是去福贡，我就拉着这位老年人到了福贡，她就下车了。到了一中的桥，我遇见了我的两个侄女，我就拉着她们回来了。

2012 年 10 月 28 日　星期日　晴

今天是去教堂的日子，我就赶紧起床赶着去教堂，还是像平常一样，最后祷告完就回来了。一日需要去三次，到了下午就送我的两个侄女去上学了。

2012 年 10 月 29 日　星期一　晴

今天我和我的媳妇去了一趟福贡，因为我家要喊很多人来帮忙祷告。家里也像教堂里一样，唱两首赞美耶稣的歌，然后祷告，还要吃一顿饭，最后就回去了，回去前还需要握手。

2012 年 10 月 30 日　星期二　晴

今天是我女儿的生日，但在福贡上幼儿园大班，所以我女儿只好在她舅妈那里过生日，也叫上我的两个侄女过去。明天早上就得去上学了。

2012 年 10 月 31 日　星期三　晴

今天我和我儿子去江边钓鱼,想着去卖,好像一斤 400 块,是小些的那种鱼。一直钓到晚上,结果只钓到了 3 条小鱼,我和我儿子就回来了。

2012 年 11 月 1 日—30 日

2012 年 11 月 1 日　星期四　晴

今天，爸爸妈妈和媳妇去千思底干活去了。去了很长时间也不回来，我想骑摩托车去接他们。当我发动摩托车的时候，他们就到家了，然后我们一家人就煮饭吃了。

2012 年 11 月 2 日　星期五　晴

今天我们一家人哪里也没去，只是在家里做洗衣做饭之类的家务事。因为今天我们一家人已经很累了，不能去干活。

2012 年 11 月 3 日　星期六　晴

今天我去接我的侄女，因为我的两个侄女每个星期都放假，所以我就早早去接两个侄女，想着让她俩帮妈妈做点事。

2012 年 11 月 4 日　星期日　晴

很快就过了一个星期，因为今天是去教堂的日子，需要祷告。最后就回来了。

2012 年 11 月 5 日　星期一　晴

今天爸爸和妈妈去阿尼罗底砍柴去了，直到晚上才回来。

2012 年 11 月 6 日　星期二　晴

今天天气非常晴朗，有朋友结婚。我从早到晚都在他们家帮忙，不只是我一个人，我们村的人都在帮忙，直到他们结完婚才回来。

2012 年 11 月 7 日　星期三　阴

今天满天都是云，吃完饭后我去放我家的两头牛，我边放边唱歌。放到 3 点左右，就把牛赶回来了。

2012 年 11 月 8 日　星期四　阴

今天，天一亮，我就去田地里干活了。干完一小块我就回来吃饭，吃完饭后我又去干了。4 点左右我就回来了，因为 4 点 30 我就要去接我的女儿了。

2012 年 11 月 9 日　星期五　晴

今天我和媳妇还有我爸去山上摘草果，到了草果地里面各摘各的。最后我们三个摘起的草果加起来才两袋，就轻轻松松地背起草果回来了。

2012 年 11 月 10 日　星期六　晴

今天我开起摩托车去卖昨天摘起的草果。到了街上，买草果的人很多，但是一斤才 3.09 元，我还是把草果给卖完了，卖了 500 多元，算起来今天比去年赚得少。

2012 年 11 月 11 日　星期日　阴

今天是去教堂的日子，也是像平常一样，最后也就回来了。一日需要去三次。

2012 年 11 月 12 日　星期一　阴

今天我和妈妈去山上砍柴。结果，下起大雨，我们就用很快的速度跑回家。到了家里，妈妈一直在说真倒霉。

2012 年 11 月 13 日　星期二　晴

今天,我媳妇去赤恒底罗干找猪食。说是见到了一条蛇,这条蛇把她给吓坏了,就背着找到的猪食跑回来了。

2012 年 11 月 14 日　星期三　晴

今天我去了福贡一趟,因为今天要叫很多人来帮忙我们祷告,所以去福贡买一些肉菜之类的,然后就带回来了。

2012 年 11 月 15 日　星期四　阴

今天是街子天,但是因为下雨,所以也没有客人吃饭,妈妈也就没有去帮姐姐洗碗,就在家干家务事。

2012 年 11 月 16 日　星期五　雨

今天我一起来,看天色像是要下雨,过了一会儿真的下雨了,但不是像前几天那样下大雨,下的是毛毛雨。我的儿子说怎么这么奇怪呀,下这种雨。

2012 年 11 月 17 日　星期六　晴

今天我的两个侄女放假了。因为今天下雨,所以我就没去接我侄女,让她们两个跟我姐一起回来,我在家里干家务事。

2012 年 11 月 18 日　星期日　晴

今天是去教堂的日子。也是像往常一样,最后也就回来了。

2012 年 11 月 19 日　星期一　晴

今天我一个人去千思底背苞谷叶子,因为我家的牛一直睡在潮湿的地方,所以我就去背苞谷叶子。

2012 年 11 月 20 日　星期二　晴

今天我和我媳妇还有我儿子，我们一家人去赤恒底罗干找猪食。非常的多，最后找了两背篓回来了。

2012 年 11 月 21 日　星期三　晴

今天我和我的儿子去找猪食。找呀找，终于找到了一背篓，然后我们就背着猪食回来了。

2012 年 11 月 22 日　星期四　晴

今天妈妈和爸爸去山上砍柴，因为家里的柴都烧完了。一直到了晚上，爸爸妈妈才回来，差点把我们给急坏了。

2012 年 11 月 23 日　星期五　雨

今天，一早就下雨。我们想着要去阿尼罗底，但是下很大的雨，所以我们不能去了，只好在家里烧水。

2012 年 11 月 24 日　星期六　晴

今天我的两个侄女放假了，我就放下工作先去接她们了。到了福贡，我就在福贡一中桥那里等她们。但是等了很久也没到，我就猜她俩肯定在我姐阿哭那里，我就打电话给阿哭姐，姐说就在她那里。我就去接她俩，在阿哭姐那里吃了一碗米线，就带她俩回来了。

2012 年 11 月 25 日　星期日　晴

今天又是去教堂的日子，我们一家人都快快地起床到教堂那儿去。到了教堂以后，也像往常一样，最后祷告回来了。

2012 年 11 月 26 日　星期一　阴

今天看天色一点也不好,所以我们就没有去干活。在家里切猪食、牛食啊之类的。今天这一天我们也就没有去干活。

2012 年 11 月 27 日　星期二　晴

今天,我听老师说我一个侄女晕倒了。我就给我姐阿哭打电话,让她去接我侄女,我姐就把她送到了阳光医院,请了一两天的假,病好了以后再带着我侄女上学去。

2012 年 11 月 28 日　星期三　晴

今天,我和我妈妈去赤恒底罗干找猪食。还没找完,不知怎么回事儿啊,怎么找也找不到,我妈妈想还是不找了。可是要坚持到底,所以我们还是继续找,最后总算找满了。我们就背着猪食回来了。

2012 年 11 月 29 日　星期四　晴

今天我什么地方也没去,因为我儿子感冒了,我只好在家里照顾我儿子。我媳妇去找猪食去了,到晚上才回来。我希望我儿子能早日康复。

2012 年 11 月 30 日　星期五　晴

今天我儿子的病还是没好,我们全家人都很担心,然后就去请一个信教的人来帮我们祷告,可我儿子还是没有完全康复。希望他不要得什么奇怪的病,免得我们担心。

2012 年 12 月 1 日—31 日

2012 年 12 月 1 日　星期六　晴

今天我儿子的病好了，我们一家人一直在欢呼，可我心里一直在想，还会不会有灾难落到我们头上。今天，我也没去接我的侄女，让她俩和我姐一起回来了。

2012 年 12 月 2 日　星期日　晴

今天病突然落到我的头上了。晚上、早上、下午吃饭我一直都在祷告，没到一天我的病就好了。

2012 年 12 月 3 日　星期一　晴

今天我们一家人没去干活，因为下雨了，我和我媳妇还有爸爸妈妈一直在家里睡觉，到吃饭的时间才起来。晚上的时候我们一家人也没有再睡觉，因为早上一直在睡，中午也一直在睡，所以我们晚上睡不着，一直在聊天。

2012 年 12 月 4 日　星期二　晴

今天我不知道妈妈一早去哪里了，连人影也没见到。一直到晚上 12 点左右才回来，差点把我们一家人给急坏了。

2012 年 12 月 5 日　星期三　晴

今天，我们一家人早早地起床，到山上请一个很会祷告的人到山上帮我们祷告。到那里我们需要唱两首或三首诗歌，然后祷告，最后回来了。我们一家人会除去病，所以我们每个月都要去山上祷告。

2012 年 12 月 6 日　　星期四　　晴

今天，我媳妇去她妈家帮他们家喂猪食，因为他们一家人都去六库了，所以这一天需要帮他们喂猪食，明天就不需要了。

2012 年 12 月 7 日　　星期五　　雨

今天下很大的雨，而且猪食也没有了，爸爸和妈妈只好穿着雨衣去找猪食。到了中午才找完，爸爸妈妈就各自背着自己采到的猪食回来了。

2012 年 12 月 8 日　　星期六　　晴

今天我的两个侄女放假了，我就去我姐姐那里接她们。因为她俩一放学，就喜欢到我姐那里去。

2012 年 12 月 9 日　　星期日　　晴

今天是去教堂的日子，我起床去教堂，到了教堂还是像平常一样，最后祷告完就回来了。一日需要去三次。到了下午我就去送我的两个侄女上学了。

2012 年 12 月 10 日　　星期一　　晴

今天我的侄女和妈妈一起去阿尼罗底。因为阿尼罗底那里从种了菜后就没有再去过了，所以我侄女和妈妈去阿尼罗底看一下怎么样，如果好就找一些猪食回来，如果不好就空着回来。到了阿尼罗底，听说菜长得很好，所以她们就找着猪食背回来了。

2012 年 12 月 11 日　　星期二　　雨

今天又下雨了，但下得不是很大，我和儿子去他姑妈家里做客。听说她病了，所以才去她家送一些东西，到了晚上就回来了。

2012 年 12 月 12 日　星期三　晴

今天阳光非常明媚，精神也十分充足，所以我就背着竹篓去找猪食，不到半天就装满了，然后背着猪食回来了。

2012 年 12 月 13 日　星期四　雨

今天下雨，所以我们一家人没有去干活，也是像前几天那样在家里睡大觉。

2012 年 12 月 14 日　星期五　晴

今天幸好没下雨，因为今天我有很重要的事情要做，所以我没去找猪食，只有我媳妇和妈妈去找猪食了。

2012 年 12 月 15 日　星期六　晴

今天是街子天，我妈也没去，因为今天我的两个侄女回来了，所以托她们两个去帮她阿姨洗碗。到了晚上才去接她们三个。

2012 年 12 月 16 日　星期日　晴

今天是去教堂的日子。我们一家人一早起来就去教堂了，到了教堂也像平常一样，最后祷告完就回来了。

2012 年 12 月 17 日　星期一　晴

今天，我的妈妈骂了一下飞龙生，他就生气地跑到鹿马登他奶奶那里，我们一家人急死了。过了一会儿，飞龙生的爷爷打来了电话，说飞龙生跑到他那里了，我们一家人的心才平静下来。

2012 年 12 月 18 日　星期二　晴

今天飞龙生的爸爸妈妈回来了，而且飞龙生他们还没有放假，到了放假的时候他爸爸就会去接飞龙生回来。从那次以后，他再也没有生过气了。

2012 年 12 月 19 日　星期三　晴

今天我和妈妈去了一趟福贡。去福贡的目的就是去买肉、豆芽之类的，因为今天我们要请很多人来帮我们祷告，所以才会买这么多东西。

2012 年 12 月 20 日　星期四　雨

今天又下雨了，不能去干活，也不能去逛街，所以只好在家里做一些家务事，不能外出。

2012 年 12 月 21 日　星期五　雨

今天，我想去福贡一趟，可是下雨了，而且下雨的时候，也没人去别的地方，所以我也没有去。

2012 年 12 月 22 日　星期六　晴

今天阳光非常明媚，我们一家人就去红杜那里随便找一些猪食，找了很久才找完，然后就背着自己的猪食回来了。

2012 年 12 月 23 日　星期日　晴

今天是去教堂的日子，不能去任何地方。所以我们一家人用最快的速度起床，然后去教堂。到了教堂也像平常一样，最后祷告完就回来了。

2012 年 12 月 24 日　星期一　晴

今天早上突然停电了，我们也不能用电饭煲来煮饭了，只好用火来煮饭，从早到晚都是这样的。到了晚上 11 点左右电才来。

2012 年 12 月 25 日　星期二　晴

今天是街子天，妈妈一早就去帮阿哭姐洗碗去了。我呢，就在家里干活。到了晚上妈妈也没有回来，我就打电话给妈妈，妈妈说今天她要睡在阿哭姐那里，明天一早再回来，我们全家人的心才平静下来。

2012 年 12 月 26 日　星期三　晴

今天一早，我刚睁开眼睛，看见有个影子在眼前晃动。我以为是谁，原来是妈妈一早就回来了，我就跟妈妈说吓我一跳。她让我赶紧起床，我就用飞快的速度起来了。

2012 年 12 月 27 日　星期四　晴

今天我和我媳妇去福贡卖菜，结果只卖到 20 多块，我觉得实在是太少了。最后我们背着很烂的菜回来了。

2012 年 12 月 28 日　星期五　晴

今天我的大姐回来了，我们一家人非常开心。大姐在四川，而她女儿却在这里，说不回四川，在福贡一中上学，尖子班。大姐说在这里一年就回去四川。

2012 年 12 月 29 日　星期六　晴

今天我去接我的两个侄女。我告诉其中的一个侄女，你妈妈回来了，她高兴得眼泪都流下来了，我就带着我的侄女回来了。

2012 年 12 月 30 日　星期日　晴

今天又是去教堂的日子，也是像平常一样，最后祷告完就回家了。到了下午，我去送我的两个侄女上学，然后我就回来了。

2012 年 12 月 31 日　星期一　晴

今天，我们要去福贡一趟，因为明天就是元旦了，所以去买一些东西明天吃。

村民此有生日志
2013年

2013 年 1 月 1 日—31 日

2013 年 1 月 1 日　星期二　晴

今天是元旦节，我们一家人非常的开心，因为今天是元旦节。我们一家人晚上一直在欢呼，一直到 12 点才睡觉。

2013 年 1 月 2 日　星期三　晴

今天我和我媳妇去阿尼罗底找猪食。找呀找，终于找满两背篓，最后就背着回来了。

2013 年 1 月 3 日　星期四　大雨

今天下很大的雨，不能外出，只好在家里了。大姐呢，切猪食、牛食、烧水；我和媳妇呢，做饭、炒菜、煮汤，各种各样的事都做。

2013 年 1 月 4 日　星期五　晴

今天，我的侄儿和侄女去阿兰甲那里找猪食。因为家里的猪食没有了，所以叫他们两个去找。找了半天，他俩就找满了，最后回来了。

2013 年 1 月 5 日　星期六　晴

今天是街子天，我媳妇一早就去我姐那里了，因为今天妈妈生病了，所以就让媳妇去了，媳妇四五点就回来了。

2013 年 1 月 6 日　星期日　阴

今天是去教堂的日子，所以我们一家人早早地起床，想着去教堂。到了教堂，也像平常一样，最后祷告完就回家了。

2013 年 1 月 7 日　星期一　雨

今天，天气变冷了，也下雨了。冬天就来了，但没下雪，不知道怎么回事。因为我们家的人都希望下雪，而且下雪对他们几个来说就是一种愉快，所以他们几个都喜欢下很大的雪。

2013 年 1 月 8 日　星期二　晴

今天，我要建一个猪睡觉的地方。早上吃完早点就开始工作，一直到晚上才回来吃晚饭，可以说是早出晚归了。

2013 年 1 月 9 日　星期三　晴

今天吃完早点，就去接着昨天的工作继续干。过了一会儿叫我来吃午饭，我就去吃，吃完了继续干。到吃晚饭的时间，我就去吃晚饭。吃完了，洗个澡就睡觉了。

2013 年 1 月 10 日　星期四　晴

今天是街子天，妈妈一早就去我姐那里洗碗去了，我就在这里接着昨天的活继续干，到了晚上才休息。

2013 年 1 月 11 日　星期五　晴

今天我女儿放假了，我就去幼儿园接我女儿回来。到了家里刚好全家人在吃饭，我们吃完饭就睡觉了。

2013 年 1 月 12 日　星期六　晴

今天我的侄女放假了，我就去福贡桥那里等我的两个侄女。等呀等，怎么也没等到，我想着要回去了。我在发动摩托车的时候她们俩突然冒出来了，我就拉着她们回来了。

2013 年 1 月 13 日　星期日　晴

今天是去教堂的日子，但因为我总是拉肚子，所以我就没去教堂，免得出小意外。到了中午我再去教堂，从教堂回来我就去送我女儿和两个侄女上学去了。

2013 年 1 月 14 日　星期一　晴

今天我又接着前几天的工作一直干到晚上才停。我觉得疲惫不堪，明天休息一天算了。

2013 年 1 月 15 日　星期二　雨

今天我一直在家里休息，休息够了明天再继续干活。因为今天下雨，所以我一直在家里休息，到了晚上我急着去睡觉，因为明天我需要早早地起来干活。

2013 年 1 月 16 日　星期三　晴

今天天昊然晴了，我就继续接着前天的活干，一直到晚上才休息睡觉。

2013 年 1 月 17 日　星期四　晴

今天我还是接着昨天的活继续干，也是像昨天一样一直到晚上才休息睡觉。

2013 年 1 月 18 日　星期五　晴

今天我有点咳嗽，不能继续干活，所以想休息一天。可我看猪圈还没修完，所以我还是继续去干活了，直到晚上才休息。

2013 年 1 月 19 日　星期六　晴

今天我的两个侄女考完试了，所以我就去接我的侄女，然后就回来了。

2013 年 1 月 20 日　星期日　晴

今天，是去教堂的日子。到了教堂，也是像往常一样，最后祷告完就回来了。

2013 年 1 月 21 日　星期一　晴

今天我还是接着前天的活继续干，一直到晚上才休息。

2013 年 1 月 22 日　星期二　晴

今天我还是接着昨天的活继续做，到晚上才休息。

2013 年 1 月 23 日　星期三　晴

今天我的两个侄女去找猪食，找完了以后就回来了。回到家里她们两个就切猪食，切完就去喂猪，喂完了就去吃饭了。

2013 年 1 月 24 日　星期四　晴

今天，我和我媳妇还有我的两个侄女、朋友去赤恒底罗干找猪食。找呀找，一直到下午4点才找完，然后就背着猪食回来了。

2013 年 1 月 25 日　星期五　晴

今天是街子天，昨天我妈妈一早就去我姐家帮她洗碗去了，我的两个侄女就去找猪食，到了下午才回来。

2013 年 1 月 26 日　星期六　晴

今天我让我的两个侄女去找柴，因为家里柴快要烧完了，所以得提前去找，直到晚上她们才回来。

2013 年 1 月 27 日　星期日　晴

今天是去教堂的日子，到教堂也是像往常一样祷告完就回来了。一日须去三次，早上去一次，中午去一次，晚上去一次。

2013 年 1 月 28 日　星期一　晴

今天我还是接着前几天的工作继续干，直到晚上才休息睡觉。

2013 年 1 月 29 日　星期二　晴

今天我还是接着昨天的工作继续干，直到晚上才休息。

2013 年 1 月 30 日　星期三　晴

今天是街子天，我妈妈也是像平常一样一早就去帮阿哭姐洗碗去了，到了晚上才回来。

2013 年 1 月 31 日　星期四　晴

今天我还是接着前几天的活继续干，到了晚上才休息。

2013年2月1日—24日

2013年2月1日　星期五　晴

今天我们这里大部分的人都在家里练习跳舞，因为快到春节了，所以要提前做好准备。

2013年2月2日　星期六　晴

今天我们一家人也在家里练舞，到了晚上才休息。

2013年2月3日　星期日　晴

今天又是去教堂的日子，到教堂也是像往常一样，最后祷告完就回家了。

2013年2月4日　星期一　晴

今天，我们村里大部分的人都在练习跳舞，直到困了才休息睡觉。

2013年2月5日　星期二　晴

今天是街子天，我妈一早就去阿哭姐那里洗碗去了，直到晚上才回来。

2013年2月6日　星期三　晴

今天我媳妇和我的侄女去找猪食，我在家里做些家务事，直到晚上才做完。

2013年2月7日　星期四　晴

今天我和我儿子去砍柴，因为家里的柴早就烧光了，所以急着去砍柴。直到下午 5 点才回来吃饭。

2013 年 2 月 8 日　星期五　晴

今天我们一家人都去赶集，因为明天是春节了，所以我们一家人全去了。到了下午三四点才回来。

2013 年 2 月 9 日　星期六　阴

今天下了毛毛雨，我想春节快到了，是不是会下雨。我们村里的人都很急，希望春节时不要下雨。我们这里，今天晚上就开始过春节了。

2013 年 2 月 10 日　星期日　晴

今天，春节了，谁都非常的高兴。那些年轻人呢，男女都不管，都打篮球；那些不打篮球的呢，男女都不管，都拉拔河；那些男的老人呢，是射箭；那些小孩子，一年级到六年级的呢，丢娃哈哈Ａ钙的那种……这一天就是这样地过去了。

2013 年 2 月 11 日　星期一　晴

今天也是春节，春节是从 10 号过到 14 号结束。我们这里今天也是像昨天一样过春节，一直到太阳落山了才过完。

2013 年 2 月 12 日　星期二　晴

今天还是过春节，也是像平常一样过春节，因为今天安排打球的人很多，所以一直打到快要天黑的时候才结束。

2013 年 2 月 13 日　星期三　晴

今天是春节的最后一天，所以我们一家全都去看跳舞唱歌之类的。因为今天是春节的最后一天，所以在球场跳舞，一直到跳完舞才回来。

2013 年 2 月 14 日　星期四　晴

今天，因为昨天所安排的打篮球还没打完，所以继续打。直到下午4点才打完，这说明春节结束了。

2013 年 2 月 15 日　星期五　晴

今天我的两个侄女去找猪食，我媳妇在家里洗衣服。我的两个侄女晚上才回来，媳妇也是，晚上才洗完。

2013 年 2 月 16 日　星期六　晴

今天我和媳妇、一个侄女，还有大侄女去赤恒底罗干找猪食。下午我们就回来了。

2013 年 2 月 17 日　星期日　阴

今天是去教堂的日子，到了教堂也像往常一样，最后祷告完就回家了。

2013 年 2 月 18 日　星期一　晴

今天我的两个侄女在洗衣服、洗鞋子之类的，直到洗完了为止。

2013 年 2 月 19 日　星期二　晴

今天我又接着前几天的工作继续干。我的一个侄女因为有寒假作业，所以她今天一整天都在做作业，直到做完作业为止，我也是到晚上才休息。

2013 年 2 月 20 日　星期三　晴

今天是街子天，妈妈要去帮阿哭姐洗碗。因为今天爸爸病得不轻，所以也带着爸爸去打针了。今天也是我们开车的日子，直到晚上才回来。

2013 年 2 月 21 日　星期四　晴

今天我的两个侄女去找猪食，我在修猪圈，也就是接着前几天的活儿干，直到晚上才休息，我的两个侄女，直到下午四五点才回来。

2013 年 2 月 22 日　星期五　晴

今天我的弟弟和弟媳回来了，我们都去接他们回来。今天还是我侄女的生日，她哥哥给她买了一个蛋糕，到了晚上才过。

2013 年 2 月 23 日　星期六　晴

今天我的大侄女和侄女去找猪食。因为天气太热，所以找一会休息一会，到了太阳落山的时候再去找一会，到快要天黑的时候才回来。

2013 年 2 月 24 日　星期日　晴

今天是去教堂的日子，到了教堂也像平常一样，最后祷告完就回来了。

村民虎赛雄日志
2012年

2012 年 6 月 7 日—30 日

2012 年 6 月 7 日　星期四　晴

今天没有什么特别的事情，早上起来看见大家都是各忙各的。我呢，还是有点忙，因为今年才把房子盖好，猪圈也还没有盖。今天刚好我的女儿也放假，还有我的两个侄儿也放假，所以我就叫他们三个帮我干活。我女儿拌沙子，两个侄儿抬空心砖。我们做了一天，但没有做完。他们都是学生，所以干活不快。但我还是很满足，因为我像他们一样大的时候还是什么都不会做，现在的他们还是很棒的。

2012 年 6 月 8 日　星期五　晴

这一两天天气比较热，所以大部分的农民都是早上早早地起来到地里干活，中午再回家做饭吃。可是干活的大部分是姑娘，因为这几天不是农忙季节，家里的活基本上都做好了，姑娘们只是看管一下。男人们有的去做小工了，有的去高山上采竹叶菜去了，还有的去外地打工去了。

2012 年 6 月 9 日　星期六　晴

今天是福贡街。在福贡的街子是 5 号、10 号、15 号、20 号、25 号、30 号，总是这样的。但是这些街子天对着星期日的话，那么我们星期六就去赶了。在福贡县基督徒特别多，星期日是主复活的日子，我们要敬拜我们的主，赞美我们的主。这样，星期日赶街的人就没有了。

因为是街子天，我也得早早地起来拉那些卖菜的。他们早早地不去的话，摆的位置就没有了。我早上拉了几趟后就去吃饭了。

今天下午赶集的人都需要早点回去，因为明天是星期日，他们要准备菜，还有猪食，等晚上还要到教堂里聚会。所以嘛，赶集的人四五点就回来了。

2012 年 6 月 10 日　星期日　晴

今天早上大家 7 点多钟就起床，因为是星期日，大家都需要去教堂，我们这里 7 点 30 敲钟，8 点正式赞美敬拜我们的主。

我起来刚洗完脸就听见敲钟了，我就背起包，包里面放着圣经和赞美诗，去教堂了。我们到了教堂后，人还没有到齐，就等了会儿。过了几分钟后，主持人就起来说，开始了。然后像往常一样唱歌赞美我们的神，然后听神的话语，祷告完了我们就回来了。

中午我没有去教堂，因为我要教学龄的儿童傈僳文字。我到了教堂厨房的时候，他们几个小孩子已经在那里等待着了，因为我们还没有教室。我把锁打开，他们就一拥的进去，坐在自己的位置上。我给他们几个上课，先让他们回忆一下学过的词，再教他们认几个新字。我们上了差不多一个小时，教堂里的大人们回来了，我也就让他们几个回去了。

我在教小孩子的过程当中有时很厌烦，有时也很快乐。有的孩子很淘气，有的孩子很聪明。我也很喜欢神给我的这份恩赐，谢谢。

2012 年 6 月 11 日　星期一　雨

今天早上天刚刚亮的时候，我急着上厕所。我把门一拉开，看到下着蒙蒙的雨，后面雨越下越大，我想今天什么都做不成，我就躺在床上又睡着了。

后来差不多 10 点多钟才起床洗脸。吃完饭后，因为下雨，我们就只能待在家里看电视，这样一天就过去了。

2012 年 6 月 12 日　星期二　晴

今天可是有事情忙啰。昨天晚上我媳妇的大姐就约我们俩到她家去帮忙做活，他家建房子，但是沙子没有了，公路也没有，所以约很多人帮他们干活。

我俩也早一点起来做饭，吃完饭后我俩就扛着锄头去帮大姐干活了，大姐家在我们村上面的密丁戈村，步行大约需要20—30分钟。到了他们家以后，他们家里的人一个都不在。看来他们先去干活了，所以我们也赶着他们去了。

追到他们以后，她就分给我们任务了，我媳妇和我分配到最上面。因为这沙子是在念坪那里挖，然后用水给冲下来，下面留一些人是捞沙子的。捞沙子留7人，我们组挖沙子的6人，中间平一点的地方有一处，那里需要5人。我们这样各忙各的，我们上面组有一点好挖，下面的人就多累一点，我们休息了以后他们才休息得着。我们挖了差不多6个多钟，大姐才说休息了。我们上面组的走下来，到捞沙子地方的时候，他们还在捞着，因为沙子没有冲完，所以我们组先回来吃饭了。

到了家里，我们组队长打电话过来说低保钱拿到了，叫我赶快去他家分钱。我就马上换衣服去了他家。我后面也有人慢慢地过来等着分钱。差不多人到齐的时候，队长就讲话，村里的支部村长怎么说，钱怎么分。这样讲完以后，就把他拿给我的学生钱扣起，然后每家拿着263元。我把每家每户的钱分完后，又分学生的钱。钱分完了以后，大家拿着钱高高兴兴地回家了。

2012年6月13日　星期三　晴

今天是鹿马登街，所以我也早点起床，因为我要做的事情也有两三件。

第一件事就是去福贡复印户口簿，第二件是我订了一张正三轮摩托，现在摩托已经落完户了，需要去财政局报一下。这样财政局会给我们补贴一点。

我就先去把这些事情办完，办完了以后就回来吃饭，然后又去鹿马登了。鹿马登我是每个星期日都去的，因为我的小儿子在那里读书，他才读二年级。别人家的父母也会去探望孩子们，看他们的衣服烂了没有，有没有生病。他们习惯这样去。那天孩子们也会在学校大门口等着，等着父母亲来给他们送钱，还有食物等。这样，有些父母去，孩子们高兴，有些父母不去，孩子们失望。

我也是大门开了以后才进去找孩子。找着了就给他买一斤饼干，还给了两元钱，然后就把他送进学校大门，我也就回来了。

2012年6月14日　星期四　晴

今天早上我没有早早的起床，因为实在是很累。我8点30左右才起床，吃完饭后，我就去福贡。今天是14号，是双号，福贡县城里摩托车太多了，所以交警部门就把三轮摩托车分为单号和双号。单号和双号是这样分的，是车牌号码的最后一位数来算，1、3、5、7、9为单号，0、2、4、6、8为双号，我的车牌号码是双号，

我吃完饭后，就到福贡拉人了。但今天人不多，明天才是街子天，所以我也早点回来了。今天总的才拉着100多元，除了油费还有用了一些钱，算了一下才剩了10多元。但是我想一元钱也是钱，我会省着点用，让孩子们读书的时候放心的读。

2012年6月15日　星期五　晴转阴

今天是福贡街，所以早上早早的时候就听到声音。"走啦走啦"，还有摩托车声音、汽车声音等。

我呢，听到声音的时候还没有起，因为今天是单号，不是我开车开的日子。后面，媳妇叫我吃饭的时候我才起来洗脸吃饭。吃完饭后，我们两个还没有做完猪圈，今天又继续做。到晚上5点多钟也没有做完。我们准备休息的时候，阿利娜的妈妈来约我媳妇，说去买彩票，但我媳妇说不知道买什么。我告诉我媳妇，人家多买几注的，我们也要跟，因为那个人肯定是做梦的，或人家得过几次彩票中奖，我们也要跟。这样，她们俩就边商量边去了，我在后面收东西。过了几分钟，我老婆回来说买回来了一注。我吃完饭后，对彩票的时间到了，我就开着电视兑奖，中奖号码出来了，结果一个字也不对，我的2元钱就打水漂了，没有办法。

今天也有点累，我们就睡觉了。

2012年6月16日　星期六　雨转阴

今天早上7点多钟我接到一个电话，是村委会的副村长阿哭打来的。她说：队长的电话打不通，你去跟他说一下，今天下午12点30，组里的残疾人到村委会来。她这样说，我就赶快下床到他家里去告诉给他村委会里说过的话。他就马上在高音喇叭里喊村里的残疾人到村委会，时间是12点30。他通知完了我就回来了。

到了下午5点多钟的时候，我们组的高音喇叭又响了。先是放一两首歌，后面队长的声音又响了。他说明天10点30到村委会来，外地来的医生给我们送药、检查身体，所以生病的人务必要来。

我听到这些以后想，现在我们的国家越来越富强了，百姓的生活也越来越好了，老百姓很感谢共产党。

2012年6月17日　星期日　晴

今天是星期日，所以早上听到敲钟声，我们起床洗脸后就去教堂了。因为早上不用教小孩子，我到了教堂时，赞美诗都唱完了，今天我们又迟到了。后面讲《圣经》的是娜丽芳，因为早上都给女人们指挥唱歌、讲圣经。她讲完了以后，后面又唱了一首歌。还没有祷告之前，教会里的老师又通知下午聚会完后大家都不要急着回去，电力公司的人来给我们开会，他们教我们怎么注意用电。等他通知完了我们就回来了。

中午10点30左右，县医院里来人给乡亲们看病、检查身体、给药等，人很多，下午2点30才给完，完了大家各回各家了。

2012年6月18日　星期一　晴

今天我需要去密丁戈帮我媳妇的姐姐建房子，她家的房子差不多建了半年多了。她家也很不富有，她的三个娃还在读书。老大在昆明读，老二在四川神学院读，老三在鹿马登中学读，所以房子只能自己建。我吃完饭后就去密丁戈，我今天没有去接我小儿子。今天鹿马登小学放假，鹿马登学校是8号放假10号回学校，18号放假，20号收假，28号放假30号收假，但是今天我有点忙，所以没有去接孩子，只能让他自己回来了。

我到了密丁戈后，他们一个人都还没有来，只有我姐在喂猪食。过了几分钟后，来了两三个人，我们就开始干活了。有的扎钢筋，有的抬钢筋。可是到了晚上，我们才做了一点我们也尽力了。还要一两个月才能做完。我们吃完了饭就回来了，但明天还要去。我们是亲戚，哪家困难都需要去帮忙，这是主耶稣教我们的，爱人如己。

2012年6月19日　星期二　雨

今天也跟昨天一样，只是提前了几个小时。我们早上一起床就去了密丁戈，因为今天多约了两个师傅，所以我们要早一点去，早饭也去姐那里吃。

我老婆也有点忙，她姐早上要煮饭吃饭，她姐夫要做活，所以来不及去福贡买菜。买菜的钱她昨天就拿给我了，让她的妹子帮他去福贡买菜。我起来后我老婆也跟着起来了。她洗完脸后就去福贡，我也就上去密丁戈了。我儿子呢，就留在家里，我叫他跟我们一块去密丁戈，可是他说他走不动，我们也只好让他留在家里了。

我到了密丁戈，喝了一杯开水后，就来了我说过的那两个师傅，我们就开始做了。10点多钟我老婆也买菜回来了，我们就吃饭了。吃完了饭后，村里的人也来了四五个，我们就开始做，一直做到了6点30左右我们才收工。吃完饭后我俩也回来了。

2012年6月20日　星期三　阴转雨

今天早上我们村的人一大早就起床赶集去了，我也得赶紧起床去拉卖菜的。

可是早上就有一点小雨，所以卖菜的有些披着油布，有些打着伞，我第一转拉了三个人，因为他们的菜也有两箩，两个人四箩菜，我的摩托车也只拉得下这两个人了。拉到福贡县城的时候，有些人比我们早到了，好多人。我们县里有两个菜市场，有一个在南边，一个在西边，但是两个都比较小，里面没有老百姓摆摊的位置，所以街子天老百姓卖菜的时候就只能摆在公路两旁。我拉到公路边，他们就下了车，我就回来拉人。但今天的生意不好，除了油钱只剩下四五十元了。

2012 年 6 月 21 日　星期四　晴

今天家里也不是很忙，也不是开摩托的日子，所以我妻子把饭做好了，我才起床吃饭。

我们吃完饭后一起到我们家的树林——批过找柴。我们俩，走了两个多小时才到了我们家的树林里。我们俩休息了一会儿后，我起来看了一会儿，看到一棵很老的树，我就决定砍这棵树，就把斧子拿出来把它砍掉了。然后我把它砍成一节一节的，再劈成一小根一小根的，这样差不多花了两个小时。然后把它装在两个篮子里，还剩下一背左右吧，放在了一个太阳照得到的地方，我俩就回来了。

2012 年 6 月 22 日　星期五　晴

今天天晴，所以我俩商量我不去开摩托，去赤恒底罗干，去谷地除草。所以我俩早点起床做饭、吃饭，然后准备好镰刀，再找个篮子，我俩就出发了。

我们到了我们家的地里，我先浇点水，因为田地里的水不够，我妻子就先下去田地里出杂草。我加完了水，就跟着她下到田地里开始除草。我们俩干了两三个小时，然后休息一会儿，讨论今年的谷子长得好不好，老鼠有没有吃啊等等。休息了10多分钟后我们接着干，干到4点多才回家，但是还没有干完。

2012年6月23日　星期六　晴

今天我还在睡梦中的时候，就听到模模糊糊的声音，听见叫我名字声音，"阿普阿普……"我仔细一听，原来是我们队队长的声音，我赶紧穿衣服出去，问他有什么事啊。他说今天我们村里发的低保是大米，需要找一张拖拉机去鹿马登粮食局去拉，所以我俩亲自去。我说那好，我洗完脸就马上过来，所以他先回去了。

我就赶紧洗脸，换完装以后我就去找他一起去鹿马登了。我们到了鹿马登后，其他几个村的组长也等在那里了。然后乡政府的人就一个办事处、一个办事处地发了粮食，我们是最后才发着的。我们就装在拖拉机里拉回来了。

到了村里，我算了一下一家合着几斤粮食，车费怎么算。车费跟以前一样，一袋一元；粮食合着每家每户两袋零4斤。我俩就这样发了，车费自己带来，因为是两袋，所以出两元钱。发到哪一家，哪家就兴高采烈地回家了。有的还议论，现在的日子真好过，没钱了发低保，粮食没了就发粮食。

2012年6月24日　星期日　雨

今天我们听到敲钟声后就去了教堂，早点去呢，就有许多的好处，因为早点去有一节早祷节，早祷结束时常唱一首赞美诗，然后主持人说今天需要祷告的是哪些哪些等等。

到了教堂后还没几个人。我们等了片刻，又来了一些人，主持人就开始发话，需要祷告哪几样。然后请一个长老来唱歌，唱完赞美诗后开始祷告，经过几分钟的祷告后，祷告完了，他就从讲台上下来了。后面呢，还是跟从前一样，姊妹带歌，姊妹讲经，但是讲《圣经》的姊妹没有来，主持人叫保罗来讲。

他讲完了道我们也就回来了，中午没有去教堂，因为要教学龄前的儿童。今天也跟以前一样，他们小娃娃几个先在门口等着了，我就把锁打开让他们进去里面坐着，不要讲话。给他们先温故而知新，再教他们几个认新字，等教堂的大人回来了就让他们回去了。

2012 年 6 月 25 日　星期一　雨

因为是街子天，一大早就听到卖菜的人的声音。他们不早点去呢，就找不到好的摆摊的位置。

有些不去赶集的就不需要那么早起来，因为天才刚蒙蒙亮。赶集的人去完了，他们才起来。需要早点起来的人是卖菜的、开摩托车的、开面包车的、还有开微型车的等。其他赶集的等吃完饭了才去赶集。他们不需要卖，只需要买，比如衣服、盐，还有平常用的东西等。

今天下雨我们也没去赶集，也没去干活，所以就在家里看看电视、看看书、睡睡觉等。这样就过了一天。

2012 年 6 月 26 日　星期二　雨转阴

今天是下雨，可能什么都做不了，就睡了个懒觉。下大雨开摩托不安全，只好饭吃了后准备准备明天晚上需要去教堂里讲经。要是提前不预备，到时候不知道讲什么内容，而且我还没有记住整本《圣经》的要点，一般准备也是晚上才准备的，但下雨休息没办法，只好提前准备了。

2012 年 6 月 27 日　星期三　晴

我好几天没有出去找我的挑担那里帮他建房子了，所以今天早点起来去密丁戈。

我 7 点 30 起床，然后祷告神带领我今天一天出入平安，然后刷牙洗脸完以后就去了。到了密丁戈以后，他们还没有做菜，只是把饭做好了，姐就给我倒了杯茶，说吃了饭后才做。我说那好，我们就聊了一会儿。

饭做好了，我们就吃饭，吃完饭了再喝了一杯茶，然后村里帮忙的也来了几个，我们就开始做工。有的抬沙灰，有的架木等，我就去砌砖，各干各的。差不多干到 2 点 30 后才休息片刻，吃了一包方便面，吃完了我们接着干，干到 7 点才休息。饭吃完了回到家里差不多天黑了。今天也是真够累的，到家里洗洗脚，日记写完了就要去睡了。今天可能马上就睡着了，谢谢。

2012 年 6 月 28 日　星期四　晴

今天鹿马登完小要放假，所以我需要去接孩子，还有昨天我的大女儿也打电话要我去接她。所以我今天准备一处都不去，去接我的两个娃儿。

我们早上吃完了饭后就喝茶聊天，因为放学的时间还没到。鹿马登完小 11 点才放假啊，一中是 12 点才放假。差不多到 10 点 40 左右，我就从家里出发，先去鹿马登。

到了鹿马登后，他们还在操场上，校长训话。校长讲完话后一至四年级还需要进教室，他们还小，老师不放心，需要领孩子的签名，所以我签完了名字就带着我儿子，还有我妻子弟弟的两个女儿回来了。

刚回到家，我的女儿也来电话让我快去接她，所以我就急忙的掉头接她去了。我到了一中门口，她跟我们村的她的一个同学早已等在那里了。她见到我就脸上带着笑，只怪我怎么那么迟才来。她俩上了车我就赶回来了。

2012 年 6 月 29 日　星期五　晴

今天终于不再下蒙蒙雨了，很适合干活。一早醒来就接到我大姐的电话，要我们一家都上去帮他们干活。唉，没办法，虽然很累，但还是要上去的，谁叫他是我大姐呢。早上 9 点 30 的时候就到上面，他们都开始干起活了，有的搬空心砖，有的搬木材，有的在旁边闲聊。我一口水都还没喝，他们就让我搬木材，我真的是无奈了。但他们都忙起了，我也不好意思闲起了，只能去搬木材。忙着忙着，我都忘了早饭还没吃，肚子开始叫了。跟哪个过意不去也不能跟肚子过意不去嘛，于是我就去吃饭。吃饱了木材也差不多搬完了，我就坐在门口喝起茶来，喝着喝着都快睡着了，所以就去搬空心砖。从2点30搬到6点多，然后吃晚饭，最后就回来了。

2012年6月30日　星期六　晴

福贡街子天又到了，所以早上6点起床，我平时没那么早起，因为昨天阿利娜的妈和福小堆的妈还有我妻子互相约好，今天一起到福贡卖菜。可是我们家没菜，只有黄瓜、李子，还有一点就是叶丝瓜嫩芽。福小堆妈的是生茄、苞谷，阿利娜妈的是辣子，还有一些菜、莴笋等。她们几个昨天就商量好早上天不亮就起床出发，不然去迟了就连摆摊的地方都找不到了。

我起来后，刚洗完脸，就听到阿利娜妈的声音。"怎么，还没起床吗？"我回应了一声，"已经起来了，脸都洗好了。"她说："哦，那就出发吧。""可是福小堆妈还没有到，"这是我妻子说的，于是我妻子就打电话招呼她，她也就来了。

等她们几个菜篮子装好了，人坐好了，我就加大油门出发了。到了县城里卖菜的都还没有几个，她们几个就在人过往得比较多的地方找位置，车就停在那里。帮她们下完车了，我就回来拉人，晚上回来的时候我再去接她们。这样，回来的路上他们有说有笑的，说卖了多少、用了多少、还剩多少、家里用多少、家里又买回来了多少……这样不知不觉地就到家门口了。今天也过得很开心。

2012 年 7 月 1 日—31 日

2012 年 7 月 1 日　星期日　晴

今天早晨，听到敲钟声以后才起床，因为这几天有点感冒，所以早上起不来。起了床以后赶紧洗脸就直接的去教堂了。

今天我不带学龄前的儿童了，我们村里的邓福松和更友恒回来了，所以给他们俩带。

到了教堂后，主持人说早上的赞美敬拜会开始了，早祷节就免了，所以带歌的是路德。后面讲经的是娜丽芳，她差不多讲了 20 来分钟，她讲完了后路德又带了一首歌。然后主持人又通知今天下午的圣餐就暂时停一下，下个星期才做，因为教会里的老师不在。他通知完了我们就回来了，下午和中午也是一样。

2012 年 7 月 2 日　星期一　晴

今天是病还没好，所以早上也起不来，头有点晕，只能躺在床上胡思乱想，家里怎么办呢？娃娃读书，家里需要很多钱的。

我想到这里的时候我就起床了，老婆也把饭做好了，我洗完脸我俩就吃饭。吃完饭后我说给老婆，反正病得也不怎么重，我去开摩托挣点钱去，但老婆叮嘱我说我要是头痛就别去了，或是去了也早点回来。她讲完了我就把摩托车发动起来，然后就出发了。我开了两三转后觉得头还是有点晕，所以我就回来了，回到家里吃药，然后就躺在床上睡着了。吃晚饭的时候才醒来，吃完晚饭后再去医生那里买点药，药买好了我们就回来了。

2012 年 7 月 3 日　星期二　晴

今天早上我们二组的高音喇叭响了，喇叭里队长说今天去修路的，哪几家去；还有高山上的水沟也冲了，所以他就分配哪几家去山上哪几家去修路；还有今天可以去鹿马登信用社领一本通了，这个一本通是政府发给我们的。

我和我妻子我俩到了鹿马登的时候，有些人早就到了，我们在那里等了一会儿。信用社的工作人员出来开门，还让农民们排队，长长地排了两排，我看我俩挤不起，就商量好下午再来，我们就回来了。

到了下午2点左右，我俩就再一次去鹿马登了。不过他们还长长地排成两排，所以我们无法很快地取到钱，所以我们在公路上徘徊了两三分钟。随后我见到了我们的小余弟，他说他的妻子就排在最前面。我就马上拿出一本通存折，然后撕一张小纸，把密码写上，然后拿给妻子，妻子又拿给她的弟妹。这样过了几分钟她俩就笑眯眯地过来了。我家弟妹今年拿着500元钱，比去年增多20元；我家拿着280元，和去年一样多。拿到了钱后，买了一些货物我们就回来了。

2012年7月4日　星期三　阴

今天是我们村里做义务工，因为前几天下大雨，我们村村尾西边路基垮了两三处，所以这几天村里的人需要去做义务工。水泥是村里的办事处从县单位里要来的。今天我也去做领工。我们村有三个小组，所以每个小组需要代一天班，今天我们队长身体不舒服，只好我去领班了。

早上吃完饭后，我就急急忙忙换好装就去工地了。到了工地，比我们先到的有两三个。我在工地里考察了一会儿，后面的人也全到齐了，我就安排人。先安排的第1组是上车队，那个队需要有力气的，我就安排了4个小伙子他们专门上车，水泥啊、石头啊、沙子啊。还有一处基础没有挖好，我就安排了一个老实的老人，还有一个青年。第3组是师傅队，他们专门砌石头。其余的大部分是妇女们，只要让她们拌沙灰。我们一直做到2点才休息了一会儿。休息的时候发给他们两人一瓶健力宝，还有饼干。吃完了后，就接着干活，干到4点多钟才休息。我看到今天的速度也差不多，我们就回来了。

2012年7月5日　星期四　晴转雨

今天村里有些人需要去鹿马登领化肥，因为林业局里并不是普遍的给，只给批过以下的那一片地栽种核桃树的那些，所以我们家也没有通知。但我还是要去的，因为我的弟弟去外地打工了，所以我帮他去领。

我们到了鹿马登后，林业局的人还没有到，我们只好等着。差不多过了一个小时左右，商业局的大门打开了，结果林业局的负责人又来发单子，说按照单子里的内容发，每亩10斤。我接过单子一看，我们村里有9家，最高的有20亩，最低的有2亩。林业局的人说每一个村的人都要总数地去领，到了自己村以后自己分，分了以后要在单子上签名。所以我们几个人就商量着找一张摩托车拉，然后按每一包化肥要两元，合计是16元，我们村里总数才65亩，所以分成650斤，每包80斤重。林业局的人发给了我们，我们就马上上车拉回来了。拉到我们村里，我们把化肥下了车，然后等一下我们的同伴，等同伴到齐了，我们就开始分。我弟弟的是5亩核桃，就分着50斤化肥。我把50斤化肥抬回家了。

2012年7月6日　星期五　晴

今天早上我接到礼拜长和丽高的电话，他说今天教会里需要做两三件事。第一件事是需要传输线路，从教堂里拉到西边，西边住的人多，但是他们不清楚教堂做什么，所以我们把喇叭安在西边住着的房子上面，就可以用高音喇叭通知了，再安两个高音喇叭。教会里有事需要做，或是什么时候集中就都能通知到了。我们村教会里有这样的习惯，教堂里还没有开始，敬拜之前，主持人就先去教堂，然后放两三首傈僳语的VCD歌片，声音从外面的高音喇叭里放出去，碟片停了以后，教堂里开始赞美敬拜了。现在我们把高音喇叭四处安起来以后，敲钟的爷爷就可以休息一下了，他敲了那么多年也够辛苦了。

第二件事是教堂跟厨房漏水，需要补一下。这样我就赶快吃饭，吃完饭后去了教堂。今天来的人也不多，只有20多人，所以我们分成三个组，一组往西一组往东一组往北。我们分好组后就开始做工，下午才休息了一会儿，喝了一瓶水又开始做，一直到6点多钟才完成。完了以后我们又试放了一下，还是有一点不满意，声音不够大。但今天已经做不起了，只好过两天再复查一下。我们吃完饭就回来了。

2012年7月7日　星期六　晴

今天我们村里做一天的祷告会，因为我们从前几年就开始做，每年的7月份要全村的基督徒做一天祷告会。那天，生活也是集中一起搞。去年的生活费是每人两元钱，可是今年物价涨高，所以每人3元钱，米每人8两。做饭的呢，我们村有三个组，所以每一个组做一年的厨师。每年有元旦节三天，2月份中有一天，还有7月份一天、9月份一天，要做这么几顿，所以也做得来。

早上的时候把米和菜送到厨房里去，因为钱是昨天就送到事务长那里去了，吃完了以后就回来自家做饭吃。到了12点后到教堂里开始赞美敬拜上帝，然后听神的话语，完了后就大家各自回去。到5点后，教堂里高音喇叭响了，说可以来打饭了。然后大家一起打饭，每家交了多少人的生活费就打多少人的份，我们家交了三个人的生活费，就打回来三人的份。回到家里也就吃饭，吃完饭后休息了一会儿就去教堂，完了以后就回来了。

2012年7月8日　星期日　晴

今天跟平常一样，早上去聚会，中午也去，晚上也去。这个星期我没带儿童，所以中午也去了教堂。

今天中午的节目比较多，首先是我们大家唱赞美诗，向耶和华——

我们的神歌颂。后面大家一起起来，由一个人带祷，完了以后大家一起坐下。然后主持人又说我们村的几个人到台上去合唱两首四声部的信教歌，后面就接着讲圣经。今天讲圣经的是我们村的玛帕，他讲完后，村里的几个妇女就到台上跳舞，表演了一支。跳完了后又开始做圣餐，这个圣餐是每一个月的头一个星期日做的。按道理来说前一个星期就应该到了，但是前一个星期我们教会里的执事和礼拜长都去昆明买乐器了，所以推迟到这个星期再做。做完了圣餐我们就回来了。晚上的时候6点开始，7点30就结束了。这样，今天的三次聚会就过了。

2012年7月9日　星期一　晴

今天早晨，我们村的喇叭又响了，队长用洪亮的声音说道：今天鹿马登完小一至三年级的学生放假，所以家长务必要去接孩子。听到以后，我妻子和我商量，今天别的地方就不去了，去接一下我们的小儿子。

我们吃完饭后差不多11点30了，喝杯茶再洗一个头，换好装后就2点左右了，我就从家里出发到了鹿马登。接孩子有一大堆人在学校门口等着，因为是学校里学生考试，所以保安就守在学校门，家长不准进学校。我问了一下保安，保安说学生2点30正式考试，4点30考完，考完了以后家长才可以进去。我们就在街子上转来转去，有些家长去打台球，有些买东西，有些与同伴聊天。今天的鹿马登街很热闹，因为是利沙底乡的老百姓也来这边的信用社取一本通，听说是利沙底的电脑系统坏了，所以到鹿马登来。

我们终于等到4点30了，学校的大门也开了，我们就急忙地进去接。直接到他们的寝室去收拾他们的行李，然后到教室里去接他们。刚好我儿子从教室里出来，我就招呼他过来，我们就回来了。

2012年7月10日　星期二　晴

今天早上我准备要去福贡拉人。但是我正准备去的时候，听到喇叭里的声音，说今天我们村的邓堂去世了，所以村里的人都要去帮忙，我听到后就转回来了。

我就到厨房里做饭去了，老婆的病还没有完全康复，我们吃完饭后我就等了几个同伴一起去抬空心砖，今天做事的有一些是挖墓坑，有一些背沙子，有一些背水，有一些抬空心砖，还有老人和一些妇女守尸体，有几个做棺材的。我抬了两转后，管事的就要我们四五个人去做饭，所以我和其他的4个人就去做饭。饭是在我们教堂的厨房那里做，我们把饭和菜做好了就送到他们那里，然后给几个妇女们负责就回来了。因为尸体明天才埋。

2012年7月11日　星期三　晴

和昨天说的一样，今天去埋尸体，所以村里的人都过去帮忙。昨天空心砖也没有抬够，沙子也还没有背完，所以大家帮忙，有些抬空心砖，有些背沙子，有些背水，有些做坟墓。

大家都过来帮忙，所以2点后尸体就埋了，但是坟墓还没有做完，哪个地方在做的要继续做，背沙子跟抬空心砖的就去休息了。做坟墓的5点多钟才回来，明天还要做一点。今天是星期三，所以晚上做礼拜，今天我还是带那些孩子，所以教堂里没有去，等教堂里的大人们回来的时候我就把他们放回去了。

2012年7月12日　星期四　晴

今天又接着做义务工。前几天有事，所以还没有补修好路，耽搁了几天，今天早晨队长说今天又开始做。我们组有47家，所以前几天从上村转了一转转下来，每天七家，在最后三家还没转完的时候停工了。今天从下村转上来，前几天还没有轮到的三家，再派四家。

今天我没有去，因为还没有转到我家，所以我就在我们家做鸡圈，做到3点左右，我妻子的姐姐和她的弟妹还有她的侄女4个也来了。她们几个去田里除草，做完了就过来休息一下，我妻子给她们做饭，吃完饭后她们就回去了。

2012 年 7 月 13 日　星期五　阴

村里的路还没有补修完，所以轮到义务工的还是照样去做义务工。

我们家还没有轮到义务工，所以去做别的事情。我妻子去她父亲家田地里除草，我在家休息。到下午的时候我去福贡，今天是我儿子的生日，所以去买点菜、肉。到 2 点左右我和儿子就去了，到了菜市场里就买了一点猪肉，还买给他一盘 VCD 磁带，买好了我们就回来了。回到家里就马上做饭，吃完饭了我们全家就高高兴兴地看电视，今天过得非常高兴。

2012 年 7 月 14 日　星期六　晴

今天这一天我二女儿她们放假，她早早就打电话让我来接她，所以我哪里都没去，就待在家里。到 12 点的时候她们考完试了，那时我还在吃饭，她们还在打扫，我打算再等会儿，可我女儿一直打电话催，所以我就去了。我到福贡的时候，她已经在邮政局门口等着了。我准备直接回家的时候，我女儿就说肚子饿了，她让我买米线，可我没钱，所以就只给了她三块，让她买蛋糕吃。我准备再拉一个人，在城市里转了好几圈都没人搭车，所以只能直接回家啦，这一天就这样过完了。

2012 年 7 月 15 日　星期日　晴

今天是教堂敬拜日，所以早上 6 点就起床，7 点去教堂，到教堂时还没有几个人，就在外面站了一会儿。人多了的时候就进去了，到里面坐在最前面，然后祈祷。然后开始歌颂，再后面听别人讲道理，然后又歌颂，最后祈祷完就回来。到家时还没做好饭菜，我就弹了一会儿钢琴，弹完三四首就吃饭。吃完饭过会儿就又去了教堂，今天中午比早上多了两个节目，还有 4 个小女孩来歌颂主，还有一些人来歌颂主，最后就回来。到家时，我岳父来啦，他跟我聊啊聊啊，听他讲了好多的道理。到 6 点的时候就去教堂，先祈祷、歌颂、听、歌颂、祈祷……最后回家了，这一天就这样过来了。

2012 年 7 月 16 日　星期一　阴

今天早上我 7 点就起床了，因为从今天开始，我们村里要办一个夏令营。这个夏令营让学生们学习一些神的话语，让他们自洁的身体来敬畏我们的神。所以早上 7 点 30 到教堂，8 点开幕典礼，然后就分班。一至三年级的一个班，四至六年级的一个班，初中以上的一个班。我是被分配到了初中部的大班里，这个班里面有 50 多个。比较少的那个班是四至六年级的中班，比较多的那个班是一至三年级的小班，他们有 60 多个人。我们的教室在教堂里，其他两个班在别人的家里做，我们班里面我是弹电子琴的，早上我们先是唱歌和赞美敬拜神，然后分组，选组长。到 12 点钟吃饭，下午 2 点开始讲《圣经》里的第一个家庭，然后玩一下游戏，再上了一节爱的力量。下午 5 点 30 后吃饭，然后就回家了。

2012 年 7 月 17 日　星期二　晴

今天是夏令营的第二天，所以早上还是早点起，7 点 30 到教室，然后吃一个粑粑，吃完以后 8 点开始上课。第一节课的时候他们还认真地听课，可是第二节课的时候男生们有点搞小动作，我就坐在男生们的旁边，这样他们的小动作就没有了。老师继续讲《圣经》上的第二个家庭——诺亚和他的全家。诺亚听神的话语建造方舟，但那时候的同伴们和同族们笑话他们一家人，还说诺亚疯了。但是后面洪水来了，全人类都死啦，只有诺亚一家人 8 口才得救。老师给学生们讲《圣经》里的真理。中午 12 点吃饭，下午又开始，晚上 5 点 30 吃饭，然后吩咐他们明天早点来，我们就回来了。

2012年7月18日　星期三　雨

今天是夏令营的第三天，我们还是和原来一样，7点30到教室，8点正式上课。今天上的内容是圣经里的第三个家庭——亚伯拉罕家。通过亚伯拉罕家告诉我们什么？然后给孩子们讨论家庭，再叫他们写出家里难忘的事等等。我数了一下人员，没有昨天一样多，今天只有40来个，可能是今天下雨，所以没有来，不知道了。早上还是11点30去吃饭，下午2点开始上课。下午呢，活动比较多，让他们讨论家庭，还有让他们说出现在的青少年怎么啦，最后老师给他们分析，下午就早点放学，所以5点就吃饭了。然后第二组值日，洗碗、扫地，其他人回去换衣服，晚上要聚会。晚上聚会后，就让他们回家了。

2012年7月19日　星期四　雨

今天是夏令营第四天，还有一天就结束了。今天休息时间和前几天都一样，没什么改变。今天没上圣经里的内容，而是跟他们讲许多道理，然后给他们一本书——《成长道上·祈翼家园》，这本书里记载着神的话语，书里人们直祷或代祷。这本书起了相当不错的效果，那些不会祷告的、不敢开口祷告的，就在这一秒，每一个人都体会到感召的力量，张开了口祷告。到了11点30就去吃饭，12点30开始上课。刚开始学诗歌赞美神，然后跳了两遍体操，然后祷告，然后下课第1节就这样过了。休息20分钟，然后又开始上课，然后就讲了讲，直到5点30下课，然后吃饭。今天来了一位女大学生，在我家中聊了一会儿。这一天就这样结束了。

2012年7月20日　星期五　雨

今天是夏令营的最后一天，所以还是早点起来。今天早上的第一节还是敬拜上帝，要唱歌跳舞，我来敬拜神，第二节是分享约瑟和他哥哥，还有埃及王，他们三位由三个人来演。演完了以后让学生们提问，约瑟的心情和法老的感受，还有他哥哥的心情。这些完了以后已经到吃饭的时间了，中午 1 点就开始上课了，因为是最后一天，所以课程比较急。下午让同学们练一首歌，然后三个班的同学都要到教堂里，让孩子们过祷告七站，为朋友代祷、为家人代祷、为不幸的人代祷、为赞美上帝等。那七站轮完了，老师讲几句祝福话，教会里的执事让回家的小朋友们回家的路上小心，就完了。然后吃完饭后就各奔东西啦。

2012 年 7 月 21 日　星期六　晴

今天跟平常一样，这几天不是农忙，所以大家都起得比较晚。白天女的去找猪食，男的去看田地、苞谷地等，晚上早点回来去教堂聚会。晚上教堂聚会的时间是 6 点敲钟，6:30 开始敬拜，所以要去敬拜的，必须在 6 点以前回到家里。今天 6 点的时候，教堂里的高音喇叭响起，执事讲话说，今天有客人，穿傈僳服装来，要拍电视。所以村里的基督徒们换好傈僳服装去了教堂，我也去了。到教堂里还是先敬拜，神的话语完了以后又说要妇女们来唱，唱的是赞美诗里的两首傈僳语诗歌。他们来拍的是电影公司的人，还有宣传部的，要宣传的是邓前堆的英雄事迹。唱完了以后，他们回去了，我们也回来了。

2012 年 7 月 22 日　星期日　雨

今天是礼拜天，所以照常的和以往一样，早上去一次，中午去一次，晚上去一次。只是讲圣经的是县里基督教协会里的沙罗牧师，昨天晚上来到我们教会，所以早上的课由沙牧师来讲圣经。中午不是由他讲，因为我们村里又来了一位从南京圣经学院里毕业的印姊妹，带领的是鹿马登基督教协会里的乡长老们，所以主持就请乡长老的一位代歌，讲经的是神学院毕业的印姊妹。晚上敬拜是跟以前一样，讲经的是沙罗牧师，因为他没有回去。晚上敬拜完后我们就回来了。

2012 年 7 月 23 日　星期一　雨

今天早晨的时候，雨下得很大，家里不很忙，就迟点起床做饭吃。有事的人家还是早点起床。有些吃完饭后就去找猪食，有些家里是养牛的，养牛的那几家不管是刮风下雨他们不得休息，有一些是放牛去，有一些是把牛关好出去找牛食，有一些人去别人家聊天，姑娘有一些在家里看电视，打毛线等。我们家也是看电视，一直看到晚上。这一天就这样子过掉了。

2012 年 7 月 24 日　星期二　晴

今天有些人为明天的事忙，明天是鹿马登街子，也是福贡街。有些人喜欢去鹿马登卖菜，有些人还是去福贡卖。所以早上吃完饭后有些人去找菜，有一些人去找野菜，也有一些人去山上找蘑菇，大家都各忙各的，一直忙。到晚上回到家以后大家又相互约好，明天早上几点钟去坐微型小车还是坐三轮摩托，约好了以后回家做饭吃，然后早点睡觉，因为明天要早起。所以这一天就这样忙着过完了。

2012 年 7 月 25 日　星期三　晴

今天 7 点多就起床了，然后去开车。载了两个人去福贡，然后载了一个人去鹿马登。然后去福贡上面等了好久都没载到一个人，然后就回家吃饭了，那时才 10 点多。吃完饭，喝了杯茶再去开。逛了好多地方，等了好久都没载到一个人，摩托车也坏了，下去福贡打算修摩托车，可修摩托的人不在，只好空车回来，这一天才挣了 20 块。到家时我女儿在洗衣服，我媳妇在整菜园，我那时候没事干，就睡了一天，晚上 5 点才起床。然后吃饭，去教堂，这一天就这样过完了。

2012 年 7 月 26 日　星期四　晴

今天早早的我媳妇和女儿就去干农活，我在家做饭。我做完饭在喂猪食时，有位叔叔来我家闲，倒给他茶，喝了一杯之后他就回去了，然后有个人来送前面做零工时欠的钱。我本来就打算做菜，有钱了，我就煮鸡肉，做完之后我就去接他们，到家时11点多了。然后吃完饭就去开车，我媳妇去找柴，我女儿在家洗衣服，我儿子就闲了。今天也一样，拉不到人，待了一整天才拉到30块，这年头开摩托车的可真命苦，只好回家了。这一天就这样完了。

2012年7月27日　星期五　晴

这几天村里也没发生什么事，只是老板们拉来洋芋到村里卖，村里的老百姓也有一些买。他们互相传达，从哪里拉来的洋芋种子好。有些是他们去年种过的，收入不错的。他们向老板问好，从哪里拉来的，问好了以后他们才买。老板拉来的就是头一车，所以买的人也多，价钱也跟去年一样，每市斤0.8元，老板的洋芋也是几小时就卖完了。老板也很高兴，买着的老百姓也很高兴。今天就这些事情了。

2012年7月28日　星期六　雨

今天我们一家6点就起床，差不多8点多的时候就吃完饭，然后约我弟弟的两个儿子，还有我妹妹的大儿子去山上找蘑菇。8点30就要出去了，因为是去山上，每个人带一瓶水，还买起一包辣子干，就出发了。因为好久没爬山了，刚开始是兴奋不已，后来哭笑不得。我们爬到念坪的时候遇见三位大婶，她们是去找柴的。我们不认得路，所以跟她们一起去了，爬到一半时我们爬不起了，只有她们可是一次都不歇。看她们一个个都胖胖的，爬倒是爬得起，真的是太佩服了。我们到山顶时差不多12点多了，歇了一会儿就各自找蘑菇了。各自都聚到一起时是三四点了，那些大婶也在旁边找船柴，她们是找得满满的。还有好多好多人，他是来找蘑菇，有的是在找柴。然后我们就吃饭，准备回家的时候我听到树林里有声音，我以为是蛇就用石头扔过去，没想到是一头牛啊。如果打中的话我就要赔了,还好我扔得不准。回家了,我和媳妇背起柴,我女儿和我妹妹的儿子背着蘑菇,其他的就空着。下山时脚痛得不行,简直是寸步难行,但也只能一步一步走回家。到家时杀了只鸡,吃饭。完了。

2012年7月29日　星期日　晴

信教的就7点多起床去教堂,今天是敬拜日,所以比平常多了一项,先是祈祷,然后歌颂,然后主持的那个人说说最近发生的一些事,然后开始祈祷,先是每个人都开口祷告,然后由一个来结尾,然后就歌颂祈祷,讲道,歌颂祷告,然后就结束。每一次都这样,所以中午晚上也相同,这一天村里也没发生什么事,只是教堂有一些大人物有事情讨论,但不知道讨论什么。

2012年7月30日　星期一　晴

今天赶集去卖菜,要起得早呀。昨天是星期日,基督徒不能干活,所以他们没有找好菜。要去赶集的,要4点左右就起床找菜,要天亮的时候就得去,不然摆处不好找,找到了也是最后面。但今天去卖菜的人不多,只有赶集的人多。我们村上面汪然村委会他们在办一个学吉他班,所以他们村的人去县里买点生活用品,因为他们要接待客人嘛。这几天也不是很忙,闲着的人就去赶集,今天算是一个大街子,人比较多,赶集的人有些早点回来,白天太热了挨不起,有些还是晚点回来,他们的菜没有卖完。赶集回来的人,有些买点肉回来,有些买几件衣服回来,有些买几只小鸡回来。等到五六点,大部分的人回来了。

2012年7月31日　星期二　晴转雨

今天早晨我还在睡梦中,忽然听见有人叫着阿普阿普的声音,我仔细一听是在我家门口叫着,原来是在叫我。我回应了一声,哎。他说今天去他家帮忙建房子，我说好的，他就回去了。他是我们的亲戚。我们也起来快点做饭吃，吃完饭后我就去他家帮忙了，我到他们家的时候他们也正在吃饭。他们给我一杯茶，他们吃完饭我也把茶喝完了，然后开始做工。有一些是架木的，有一些是拌沙灰的，我是扎钢筋。我们这样分配地做着。到2点左右吃午饭，到了3点左右又开始做着，5点30就休息吃饭。回来的时候他们说了一些客气的话，我听了以后也很高兴，今天的辛苦我觉得没有白费。

2012 年 8 月 1 日—31 日

2012 年 8 月 1 日　星期三　大雨

今天我媳妇去县里卖菜，所以很早起来了，雨下得可不是一般的大，但是什么都准备好了，只好去。我们村里还有好几个去卖菜，今天是鹿马登的街子天，可是没有多少人在逛街，卖衣服的都没有几个，可能是因为雨下得很大吧。在福贡街也没个人在活动，所以我开车都没找着几个人。快到中午的时候，我小舅子打我电话，说他在考试，让我陪他，所以我就去找他了。他考的是汽车专业，很值得庆祝的是过了，就可以继续开车。有10个人过了，有三四个人没过。然后就吃饭，去教堂，回家睡觉。

2012 年 8 月 2 日　星期四　晴

这段时间到了种洋芋的季节，今天我们家都去种了，还有好几家也去了。有一些老人家还讲究一些事，大概的我也不是很清楚，他们好像是看月亮。晚上看月亮，然后就推算是有阿娜和阿普抛洋芋，还是安妮和阿邓抛洋芋。总之，我也很不清楚，因为我也是在去种洋芋的路上，听一位大妈说的。今天村子也没什么事儿，只是之前买了种子的正在种洋芋。

2012 年 8 月 3 日　星期五　晴

今天我们没去干活，因为昨天我们的小余弟说有一个老人，有100多岁，双目失明，他们去探望过那个老人，很可怜。今天早上我跟老婆商量去探望那个老人，所以我去了一趟福贡，买了两斤白糖和一包牛奶，还有一瓶营养快线。回到家里，我休息了一会儿，我俩就去了。他们家有点远，要爬坡。她家是在我们村的上面，是最远的念坪村，要走一个多小时。我们大概是 3 点多钟出发，4 点左右到了他们家。我俩到她家门口叫了一声奶奶，她说哎，回应了一声，我们就把门推开，进去里面跟她聊了一会儿，就准备回来。我们跟她握手，她就祝福我们，我们就回来了。

2012 年 8 月 4 日　星期六　晴

今天是基督徒街，为什么呢？因为明天才是 5 号，但福贡是基督徒多，星期日是主复活的日子，基督徒去教堂里做礼拜，所以赶集的人不多。这样，今天是街子天了。早上早早就去卖菜的，是第一批赶集的人，第二批是做牛羊生意的。哦，我差点忘了，第一批应该是开车的，然后才接过来，第 4 批是赶集买东西的人之类的。村里做什么的都有，早上 10 点左右都是去县城赶集的。10 点以后呢，回来的回来，赶集的赶集。12 点以后就只是回来的，去赶集的就没人了。今天四五点就都回来了，是礼拜六嘛，所以回来得早。

2012 年 8 月 5 日　星期日　晴

星期日的早晨还是跟以前一样。早上起来去做礼拜，白天我们还是教那些学龄前的儿童们，给他们认字。晚上我和妻子也没去教堂，我的岳父来我家了，我在家里陪他，跟他说说话。他 7 点左右就回去了，我们留他在我们家住一宿，但他说早上我岳母还病躺在床上，说一定要回去，不然他不放心，我们只好让他回去了。

2012 年 8 月 6 日　星期一　大雨变晴

这一天雨下得可不是一般大，非常的猛，所以就睡了个懒觉。今天应该没人去干活，只是那些养起很多头猪的去找猪食了。我们一家也都没去干活，白天睡觉的睡觉，看电视的看电视。雨大概是下午 5 点多停的。我女儿去找猪食，回来后就吃饭，打一会儿篮球。这一天就过完了。

2012 年 8 月 7 日　星期二　阴

今天我们村里没什么事儿，就是我们村对面的石底村的两父子因酒后驾驶而翻车了。天气也不晴。我们一家是去密丁戈帮我姐夫家盖房子，在半路上可以看到有很多人在江边坐着，好像尸体还没有找到。我们不敢多看就继续走了，因为在山上，什么工具也没有，所以只能自己带。因为今天要浇灌，所以很多妇女在砸石头，我女儿和一位村民赶马，我们在房上盖木板，大概 7 点钟完成了。吃完饭准备回家时下起了大雨，就喝了杯茶，雨停了才回来的。在半路上没有看到江边坐着人，可能是尸体找着了。到家就喂猪食，然后闲起了。

2012 年 8 月 8 日　星期三　阴转晴

今天鹿马登的驾驶员们在鹿马登乡政府开会。前一个星期就已经到开会的时间了，可是前一个星期下很大的雨，赶集开车的也不多，所以拖到这个星期了。今天天气比较好，所以赶集的人也比较多，摩托车、微型车、小车、拖拉机也比较多。下午 2 点左右交警们在街上通知鹿马登的驾驶员，下午 3 点半到乡政府开会，3 点 20 左右又通知了一遍，然后司机们就跟着他们到乡政府的院子里。司机们拿出驾驶证和学习卡给交警们登记，登记完后交警们就通告一下这个月的交通事故，然后他们说不要酒后驾车、无证驾车，不要超员等，然后他们就把证件还回来，我们就回来了。

2012 年 8 月 9 日　星期四　晴

今天我们 10 点钟到村委会开会，这是昨天就通知了的，开会的人员都是我们村 9 个组的组长和副组长。我们到了村委会，在那里等了一会儿就开会了。首先讲话的是我们村委会的村长，然后是从外地来的研究组讲话，他们说他们来这里是考察这片土地，然后要利用这片土地，要建设，修公路修水沟等，所以望各位父老乡友帮忙给带路，他们人生地不熟。讲完了以后，村里的组长和副组长，还有村里的主任和支部书记商量了一下，大家都愿意帮忙，他们考察队员就先到江东考察了一下，然后就两个一组三个一组的分成五个组。我们是被分配到了村里的一个组，我就把他们的中心点标记在村委会的房顶上，还有一个点是在阿兰甲的公路中间，还有一个点是在娃底一组的公路中间。我们这组定完了这三个点后回到村委会，他们问我的名字和手机号码，我就告诉了他们，然后就回家了。

2012年8月10日　星期五　晴

这几天跟前几个街子一样。早上卖菜的天不亮就起了床，还有司机等。等他们走完了，百姓们有一些起来做饭，有一些起来找猪食，有一些找牛食。因天气晴，白天太热了，所以早上找。到10点左右，赶街的就陆陆续续地出发赶集了。白天城里太热了，赶集的人个个都是早点回来了。只是卖菜的不能回来，赶集的人没有回来完，他们就只能忍受着太阳的炎热，等城里赶集的人回来完了，他们就找一辆车回来了。

2012年8月11日　星期六　晴

今天嘛，平常都是有点忙，姑娘们都要找两天的主食，还有牛食。白天不管是刮风下雨还是炎热的大晴天，总是要低着头穿起衣服出去找。今天是大晴天，大家也不管三七二十一的出去了。这个季节天气这么热，会遇到蛇的，但也顾不了那么多了，嗯。四五点钟找猪食的人回来了，就赶紧做饭吃，晚上要去教堂聚会。聚完会了大家就各自回家了。

2012年8月12日　星期日　晴

今天我们村在高中读书的收假了，我的二女儿今年读高二，所以今天我要送她回学校，和她一样在高中读书的孩子还有五六个，算上今年考上的话有十多个。但今天回学校的是去年考上的学生，我们早上吃完饭后，我女儿准备了行李，然后就出发了。到了学校后有几个学生比我们先到了，我们先去找住所，行李放好，然后去财务处报到，交了980元的学费。我把这些事情办完后，我再叮嘱她，听老师的话，好好学习。讲完了后我就回来了。

2012年8月13日　星期一　晴转暴雨

这一两天白天有点热，所以找猪食的跟找牛食的还是早上出去，他们找回来了才做饭吃。有一些是回到家里就可以吃饭了，因为这几天学生还没收假，所以她们的子女们在做饭。但有一些人家，她们的子女出去打工了，她们的男人也出去打工了，所以一个人的饭，也没有胃口，她们做一顿饭可以吃两天。白天有一些看看电视，有一些聊聊，有一些洗洗衣服，这样到4点多钟再煮饭吃。今天5点左右就有雷声，又过了一会儿就下大暴雨，电也停了，只好躺在床上睡觉了。

2012年8月14日　星期二　晴

今天是为明天的事忙，明天是福贡街子，所以早上要找猪食和牛食，然后马上做饭吃。吃完后跟关系好一点或是谈得来的，约好去找野菜或者找别的东西。他们现在商量这几天有什么好卖一点或是什么野菜好找一点，总之他们总是每样采一点，找许多种，找好了以后他们就互相喊着回去，他们的人等到齐了就回来了。

2012年8月15日　星期三　晴

今天有两个街子，鹿马登街和福贡街。从我们村到福贡是10多公里路，鹿马登到我们这里有6公里，去福贡的话车费5元钱，到鹿马登是3元钱，可是还是去福贡的多。县城里机关干部和老板多，做生意的也多，他们买老百姓的菜，所以菜在福贡好卖一点。我早上早早起来，我老婆要去福贡卖菜，我得送她去。我们6点钟就起床。洗好脸以后她的一个伴儿也来约她了。我送她俩到县城里后，我就转回来了，因为今天是单号我的车限行。回到家里，我就喂鸡，喂猪食，休息了一会儿就去鹿马登。2点左右回去，我也找了两个人，是我们村的，我们就回来了。

2012年8月16日　星期四　晴

今天早上我们家吃完饭后，我和妻子商量我今天不去开摩托了，去密丁戈那里帮她姐建房子，现在差不多要做完了，我们怎么忙也得去帮他们家一下，所以我们决定去密丁戈了。我们到了他们家后，他们也刚吃完饭，他们今天准备做房子。她儿子今天才从昆明回来。我们到的时候他们改变主意了，我们商量后今天就先扎紧钢筋，我们把紧线找好，把钢筋拉直了，我们做到2点左右吃午饭，然后休息了一会儿。过了几分钟后，我们又去做，不过才做了几分钟我挑担的眼睛被钢筋的头弹伤着了。当时血流了很多，他也说不好了，伤了眼睛了，我们很为他担心。我擦掉血后看了一下，还好没伤到眼睛，我们帮他搽了药之后让他休息，我们后面做到6点就休息，然后我们吃完饭后就回来了。

2012年8月17日　星期五　晴

今天村里也没什么事，我还是去密丁戈帮他们做房子，晚上才回来。回到家里猪食喂完了，是我妻子喂的。我还是写日记，写完了就准备睡觉了。

2012年8月18日　星期六　晴

这几天，村里有些家的苞谷可以撇了，家里没有饲料喂猪的就去撇苞谷，有一些是早种的，那些也可以撇，还有是要种菜的也要早点撇，所以村里的妇女们还是有些忙的。今天我们也要去撇苞谷，地点是在村里的一块小地，我妻子要种菜，所以饭吃完后我俩就去了。背起篮子还有镰刀。我们到了以后先把苞谷撇了，然后把玉米秆砍了，等我们把苞谷扒好，背回家以后已经是4点半了，所以我们还没有把菜园子修好，只好等来日再做了。回到家里休息了一会就做饭，吃完饭后去教堂聚会，聚会完了以后就回家了。

2012年8月19日　星期日　晴

今天跟以前一样，早上起来去教堂唱赞美诗、祈祷、听主的话语，完了以后就回来做饭吃，然后中午再去。今天中午要穿傈僳族服装去，因为今天州宣传部里的工作人员、州里的报社记者，还有县里的宗教局局长等都要来，他们要宣传新的政策，所以我们的敬拜会就提前了几分钟。1点半左右就聚完会了。然后，州里来的领导和县里的领导讲话，说现在我们国家对老百姓非常的关心，现在的农民也可以办理城镇户口，也不需要申请，马上就可以办理，还把这几个政策写了报上，让我们看了以后自己做决定。我们听完后就回家了，他们也回去了。我们在回来的路上商量该怎么办。我想还是仔细看一下政策里规定了些什么，然后再定夺。这样我们就各自回去了。

2012年8月20日　星期一　晴转雨

今天是福贡街子，所以我就早早地起床去福贡拉人。我妻子去村委会学缝衣服、剪衣服等，今天县里来教我们村里的妇女们，让她们10点后到村委会集中，但是今天老师们迟到了，她们12点左右才到，妇女们也有点等急了。老师们到的时候，他们讲了许多话，但我妻子的汉语不是很好，所以她说不知道在讲什么。她们5点半左右才休息，但她们已拿到了今天的辛苦费，每人20元。她们拿到钱后就各自回家了。

2012年8月21日　星期二　晴转雨

今天村里还是跟以前一样，找猪食牛食，还有修菜园子的比较多，还有的去找柴。我们村里今年要庆祝感恩节，我们基督徒一年有三大节日，复活节4月左右，感恩节10月左右，圣诞节12月25日。这三大节日呢，我们这个大队里有 6 个教堂，轮流转，轮到哪一个教会就到哪一个教堂里去，但是有特殊情况或是资金不够，就轮到下一个教堂。今年到我们教堂，我们村里的人先准备好柴火才能接待客人，上个星期三晚上就通知下个星期背柴来，背来一个登记一个，所以昨天跟今天找柴的多。我们家还是去密丁戈帮忙做房子，到了晚上才回来。

2012 年 8 月 22 日　星期三　晴转雨

这一两天村里有几家打谷子了，也有几家撇苞谷，我们家的谷子跟苞谷还没有熟透，所以我们家还是决定去密丁戈帮她姐做房子。我们早饭吃完后就去了，到了下午 6 点左右才回来，但是回来的路上下着雨，我们只好慢慢地回家。回到家里已经是 7 点过了，我们喂完猪食就睡觉了。

2012 年 8 月 23 日　星期四　晴转雨

今天大部分的人忙着洗衣服洗被子，后天鹿马登完小要开学了，所以大人们为自己的儿女洗衣服。有些年龄还小，一年级一开始就去鹿马登住校，有些人还是不放心，但也没有办法。今天我们家是去福贡买几件衣服给儿子，他今年三年级了。我们到了福贡后给他买了一套运动服就回来了，因为回到家里还需要洗衣服。

2012 年 8 月 24 日　星期五　阴

这几天有几家的谷子可以打了，但是天气不够好，所以暂时停一下，但为子女进校的准备还是没有停。有一些给孩子钱，让他们自己去买，但那些都是比较大的孩子，小点的还是由父母领着去买。我今天感冒，到上帕镇医院去买药。我开了一点感冒药后就回家了。

2012 年 8 月 25 日　星期六　晴

今天是村里大忙的一天，因为今天鹿马登完小和鹿马登中学休假，最主要的还是小学一至四年级的孩子们，父母亲仔细地给他们找住处，还有教室等，等一切都安排好了才回来。中学里的一年级还是父母带去报到处报到一下就可以了。最麻烦的就是小学一年级的小孩子了，他们今年才入校，所以父母担心他们晚上不会盖被子，不会打饭吃等。我们到了鹿马登后比我们先到的有许多，我的小孩子今年是三年级，所以他们到三年级报到处报到。老师告诉我他今年的成绩，考得还不错。报完到后去找处，然后就到街上给他买了一些学习用品，还买给他一些苹果。最后，我叮嘱他几句后就回来了。

2012 年 8 月 26 日　　星期日　　晴转雨

今天早晨，我们起来洗完脸后就去教堂。可是，到了教堂后，人差不多坐满了，并且他们还唱着歌，可能是我们起晚了。我们走进去教堂找着了位子，就坐下来，然后默默的祷告了一会儿，然后就跟着他们一起唱歌。唱诗唱完后，主持人就说大家一起起来，然后由一人代祷，祷告完后大家一起坐下，听神的话语。今天早上是我们村以前的村长老讲经。他讲完后，我们再唱一首赞美诗，然后祷告完了后就回来了。

2012 年 8 月 27 日　　星期一　　雨转晴

这几天又是大忙天了，早上的雨还是那么蒙蒙地下着，但有些农民心里很焦急，因为他们家今天打谷子，所以他们昨天就约好了人。有一些是请工，有一些是帮工，请工是出钱请的，有一些给 40 元一个工，有一些给 35 元，包中午一顿饭。帮工呢，今天帮他们家，后面又帮他们家的，但这些人大部分是亲戚或朋友。主人家顾不得下雨时停工了，他们为了讨生活也只能接着干。等早上 9 点后，天空就又一片晴朗了，这些人的脸上又出现了灿烂的笑容了，他们赶紧吃饭，吃完饭后又等了一下昨天约好的人。等人到齐了，主人家就分配给一些用得着的东西，大家各背一点，然后一起出发到了地点。姑娘们就拿起镰刀割稻谷，男人们就准备打谷子的地方，准备好了以后就把稻谷抱过来，一团一团的，两个人负责月打谷机，两个人整理谷子，一小团一小团的拿给打谷的人。就这样一直打到中午1点或2点吃中午饭，那是他们早上就准备好的。休息了一会儿，大家又接着打，一直把谷子打完了，姑娘们清理打谷场，男人们来背谷子。交通方便的就可以背到公路边，不方便的就用马来驮。等谷子送到家里，大家就各自回家了。

2012年8月28日　星期二　雨转晴

早上还是雨不停地下着，但还是管不上了，昨天不也是这样吗？所以老百姓们打谷子或是撇苞谷的都准备去做了，有些去县里买菜，有些在家里做饭。今天我们家里我去开摩托车，还要去接孩子。我妻子去撇苞谷，我们俩各干各的。晚上回去的时候只买了1.5斤猪肉。因为这两天去县城的人不多，农民嘛，所以下午5点就回家了。

2012年8月29日　星期三　晴

今天是鹿马登街，但赶集的人也不多，农忙嘛，分不开身。早上去买菜的多一点，不然中午和晚上就没吃的了。你再怎么没有钱，也不能不煮肉嘛，所以只能身上有几个钱也掏出来。我还是去鹿马登，人不多，但卖东西的还是多。今天街子上摆着两辆大车，拉着洋芋种子的，买种子的也多，可能是价钱便宜一点也没准。后来我帮他们拉了两转，问他们多少钱一斤，他们回答说是6块5，我吓了一跳，去年才1块或0.8元一斤，今天怎么就涨得这么高呢？然后又问了一遍，说是6毛5一斤，我这才松了一口气。今天人不多，所以2点半左右就回家了。

2012年8月30日　星期四　晴

今天早晨天空一片晴朗，农民们心里乐滋滋的。今天我们家是去木八吉古，帮我妹妹打谷子，所以我们今天早早的起来，喂好猪食就出发了。我们到我妈妈家时，我就喊妈妈快点走了，等了两三分钟她就上来了，我们就一起出发。到了那里，我妻子和妈妈帮她们家做饭，我去县里买东西，也就他们家准备下午要用的东西。到县里以后，我照他们的吩咐一一买好后就回来了，回到家里就可以吃饭了。吃完饭后就出发到了谷子地里，我妻子、妈妈、妹妹她们割谷子，我和妹夫整理打谷的地方，整理完后我俩就开始打。等他们三个割完了，就帮忙抬谷子。这样下午5点左右就打完了，然后吃了饭后就回家了。

2012年8月31日　星期五　雨转晴

今天我们家是去帮我妻子的二姐家打谷子，因为他们一家四口去江苏打工了。他们家今年准备建房子，家里又没钱，所以他们不得不出去打工，家里的活就丢给没有出去打工的人。我们早点起来，早一点吃饭，然后去谷子地里，她们姑娘几个割谷子，我们修理打谷子的地方。完了后就开始打，一直打到4点钟，然后就去我家做饭吃，肉是他们买来的。饭吃完了后他们喝了一杯茶，然后就回去了。

2012 年 9 月 1 日—30 日

2012 年 9 月 1 日　星期六　晴

今天我们去收我们家的苞谷,所以我们吃完饭后就准备出发了。我妻子准备镰刀,还有塑料袋子。我呢,找摩托车钥匙发动一下,等发动机热了一点后,我俩就去到了我们家苞谷地里。到了以后,商量一下先从哪个地方开始撇啊,商量完了后从下开始撇。她背起一个箩子,我背起一个,然后各撇各的,谁先撇好一箩就背到摩托车那里,然后倒在摩托车里再接着撇,一直到撇完。虽然很累,但是自家的收成还不错,所以也不觉得累。我们 3 点左右才回到家。回到家后休息了一会儿后,我妻子做饭,我去帮妈妈拉苞谷。拉回到家里帮她整理完后,我就回家了。

2012 年 9 月 2 日　星期日　晴

今天跟往常一样,早上去教堂敬拜神,完了就回来了。今天中午县里的领导来到我们村里,村里的组长和副组长到村委会开会,他们讲的内容是要村里的农民们都要过得好,村里穷的百姓,政府里的领导会给予补贴,所以村里要找出有点困难的农民,还有其他方面呢,不要超生,还有要注意防火等。开完后我们就回到家里,晚上教堂里聚完了会就各组开会,告诉他们今天开会的内容,还有我们组里应该怎么办,然后大家讨论一会儿。我就拿起书,他们提名的贫困户有几个等。我们组里有 160 人,政府给了 140 人。我们把他们分配完了。然后又讲了计划生育和防火问题后,会议就结束了,他们也各自回家了。

2012 年 9 月 3 日　星期一　阴

我说这几天怎么这么忙呢,都是农忙季节惹的祸,今天又是怎么安排都有点不合理。我岳父家今天打谷子,我妈妈的谷子也是今天打,我自己家的谷子也准备今天打。后来我和妻子商量了一下，我就决定把我家的谷子先放下，我俩每人去一家帮忙，我去我妈妈家帮忙，她去她父母那里帮忙。之后我俩赶紧做饭吃，吃完后就分开行动了。我妈妈的田地在公路旁，所以我把摩托车开过去，回来的时候可以把谷子拉回来。今天我妈妈家帮忙的有妹妹和妹夫，还有我的堂弟，我们五人。我负责打谷子，妹夫抱谷子，其他三个人割谷子。我们下午5点才打完，回到家里吃完饭就5点半了，吃完饭后我们就回来了。

2012年9月4日　星期二　雨

今天我们家准备打谷子，但是从昨天晚上到今天早上，雨还是叮叮咚咚地下着，我躺在床上思考着，可能今天谷子是打不成了，只好做别的事情了。我们8点半起来就洗脸，洗完后呢，我们昨天登记的贫困户那个文件要交到村委会里，交完了后我们就吃饭。但是刚刚吃完饭，村委会的人又通知，叫组长、副组长到村委会来，我又打电话到组长那里，但是组长忙，他在县里，我只好一个人去了。我到了村委会以后，那里的工作人员已经在那里等我了，他们说他们不知道村里百姓的情况，只好来问问我们。然后我们在办公室里填村民的情况，我们一直填到下午5点才休息。今天虽然体力劳动没做成，但也为老百姓做了一点点好事，心里也可乐乎。

2012年9月5日　星期三　晴

今天早上我们的天空是一片晴朗，我早早地起床以后就手忙脚乱地干活。我今天准备去打我们家的谷子，我妻子身体有点不舒服，所以什么事情都由我来做。我做饭喂猪食，等完了后我们就去我们家的谷子地里，到了那里我妈和妻子在割稻谷，我在修理打谷场。我准备完了后就开始打，9点半后我妹子也来帮忙，我们下午5点半才打完，回到家里已经是6点了，然后我们才急急忙忙地做饭。他们吃完饭后就回去了，我们也得休息了。

2012 年 9 月 6 日　星期四　晴

我就说是农忙嘛，怎么忙一天也不得闲。今天早晨的天空是一片晴朗，我得去我弟弟家帮忙，我弟弟和弟妹他们去新疆打工了，家里的活由我妈妈来做。今天我妈妈约我去弟弟的地里打谷子，我吃完饭后就去了，今天来帮忙的是我妹妹和妹夫，还有我妻子和妈妈。我们五个人还是和前几天一样，各干各的，有的抱谷子，有的割谷子，有的打谷子。我们分配完任务后开始做工，一直做到 4 点钟才打完，打完后我们就回家了。

2012 年 9 月 7 日　星期五　晴

今天村里的农民们还是忙，谷子差不多打完了，但是苞谷还没有撒完。今天要去撒我弟弟的苞谷，但我无论如何都要去密丁戈，我妻子姐姐的房顶今天要浇灌，所以我早早的去了。今天他们家人员不够，昨天约好的有 40 多个人，但今天到的只有 25 人。农忙嘛，人也约不着。一直到晚上 9 点多钟才完成。回到家里很累，写完日记就睡觉了。

2012 年 9 月 8 日　星期六　晴

今天福贡一中的学生全部放假，我女儿和侄女们还有侄子们都回来了，正好可以去帮我妈妈撒苞谷。他们 12 点差不多就回到家了，他们先吃饭，然后就出发了。因为地很少，而且离家也不远，所以就没带冷饭，想快速解决嘛。去撒苞谷的有我媳妇、妈妈、女儿，还有两个侄儿子。今年的收成很好，我们高高兴兴地在农田里边唱歌边撒，心情是非常的愉快的，差不多 3 点多就收工了。下午 6 点就去教堂了，奇怪的是今天比往日来的人少，可能是因为他们都农忙吧。

2012年9月9日　星期日　晴转雨

今天是敬拜日，所以今天早早的就起来了，差不多8点就去教堂敬拜了。10点多回来，发现今天球场里的人特别多，我就挤进去问了旁边的一位大伯，才知道是县医院的免费检查身体，好像是检查10岁以上的人，检查的范围是肝、心脏、血液，生病的拿着医疗本可以免费要药。我之前检查过了，所以这次就没检查，就领药回来了。我在旁边听两位大伯说着，这共产党真的是对我们太好了，给我们乡村通路，每个月发给我们低保，现在还给我们免费看病。我就说确实如此，如果没有共产党，哪有我们现在这样的生活呀。

2012年9月10日　星期一　晴

今天是福贡街子，所以我今天天不亮就起床了。洗完脸后，天才蒙蒙亮，我就把摩托车开出去，拉那些卖菜的。我就把摩托车开到我们村去福贡搭车的地方。可是等了一个小时左右，还是没有人来，可能是农忙还没有结束。就我们家来说，我们家的一块地苞谷也还没有撇完，今天我的二女儿和我妻子去撇。我呢，开摩托车挣钱。今天我还要去鹿马登完小接我的儿子，他们今天才放假，因为省里的领导到他们的学校检查，不然他们应该8号就放假了。我9点半左右就去了鹿马登。我到学校时他们正在大扫除，过一会儿他们放假了，我就把我儿子接回了家。

2012年9月11日　星期一　阴转雨

今天我们全家准备去背昨天撇好的苞谷，她们两母女昨天没有全撇完，所以今天还需要撇一下。今天晚上约了我的两个侄子虎益生和虎益才。我的小儿子没有去，他的脚昨天被钉子刺了一下。我们吃完饭后去约我的两个侄子，他们还没有吃饭。我们就等了一会儿，等他们俩吃完饭后我们就一起出发了。我把摩托车停在公路边上，我们就走路上去了，我们家的那块地，离公路约有800米，路不好走。到那里后闲了一会儿，我妻子在昨天没有撇完的苞谷地里继续撇着；我和女儿还有两个侄儿子，我们4个人就背昨天撇完的苞谷。我们背了三趟就背完了，苞谷也撇完了，我们就回来了。

2012年9月12日　星期三　雨

这几天稍微松了口气，大部分的苞谷都已经收到家里了，谷子是前几天就打完了，小春是慢慢才种的。所以今天我去开摩托，我妻子在家里整理一下苞谷，昨天才撇完，是家里乱放着的。我下午6点多钟才回到家，我妻子刚做好饭。我们吃完饭后去教堂聚会，完了后就回家了。

2012年9月13日　星期四　晴

今天没什么事情做，谷子也打完了，苞谷也撇完了，所以早上我们晚点起床，然后慢慢做饭，慢慢地喂猪食。我还是在考虑今天要做什么的时候，我爱人提醒我，不是还有半包水泥吗，另外那边还有几个空心砖，叫我做一下围墙，我答应了。我俩吃完饭后，她去找猪食，我在园子里做围墙。下午3点多钟水泥和空心砖用完了，我们就休息了。

2012年9月14日　星期五　晴

今天我妻子要去县城里卖菜，所以我必须早早地起来送她去。虽然今天不是星期日，但是前些日子农忙嘛，去不了，菜都有点长老了，所以今天不得不去。天刚蒙蒙亮的时候，我妻子先准备昨天找好的菜、地上铺的塑料布，还有盆子、小刀、秤等。等她找好了，我就起床洗脸，然后就送她去了。到了县里，我们就直接进去新菜市场里，然后帮她下车。下完了车，她在那里卖，我呢在县城里转。当我看到她的菜差不多卖完了，我们就回家了。

2012年9月15日　星期六　雨

今天早上我们还在睡觉的时候，突然模模糊糊地听到"阿普、阿普"的声音，我就回应了一声"哎"。原来叫我的是我母亲，她要我带她去福贡，要买两只小猪。因为家里有两只猪，一只是前几天卖掉了，卖着1200元，现在家里只剩下一只，不够养，所以今天去买两只小猪。她说她不会挑，我说我也不会挑，她就约我妻子一起去。我就把她们送到了县里，还有一里左右，就让她们自己走路去了。我到江西一中去看望一下我的二姑娘，她们今天不放假。我到了那里以后打个电话，她说她要下来，我们就见了面。我交代了她几句话，然后给她两个黄瓜，我就转过去接我妻子和妈妈。到了那里，她们还没有买好，还东张西望地望着。最后看见两只瘦肉猪，我妻子就跟他讲价格，他说800元，我妻子出600元。到最后，以620元成交了，就把猪装在塑料袋里拉回来了。

2012年9月16日　星期日　雨

今天早晨，雨还是叮叮咚咚地下着，而且这几天天气也有点冷了，我好想躺在被窝里不想起来，但我妻子也催我赶快起来去教堂。我伸了个懒腰就起来洗脸，然后去了教堂。到了那里跟往常一样唱歌赞美，然后听神的话语再祷告，完了后就回来了。吃完饭，到12点后又去教堂。还是唱歌赞美神，听神的话语祷告，然后执事公布了一些事。聚会完了就到厨房里讨论一下，点着名字的都要去，没点到名的就回家了。到了讨论点，有些人还没有到，就等了一会儿，然后执事就开始讲话，今年感恩节在我们村里办，我们怎么把它办好，怎么接待，炊事员哪几个做，唱歌敬拜主的有几个，事务长谁来做等等。大家一直讨论到5点多钟，然后人员定了以后大家就散会了，我们也回家了。

2012年9月17日　星期一　雨

早上的雨还是下个不停，我想今天还是什么都做不成了。可是过了一会儿，我接到我们组组长打来的电话，说今天晚上要开会。我说可以。所以，今天我们俩只是在房前辣椒地里除草。到晚上6点多钟，队长在高音喇叭里喊着说："二组的队员们到副组长家里开会，大家马上集中，以免等着，还有家里承包地的证拿好。"我准备好笔和纸，在家里等着。过了几分钟大家就来了，没有来的还有几家，我们就不等他们了。先是我叔叔讲话，因为他是党员，前几天党员会议他也参加了。他讲完了后，组长拿过我的单子，看了看，说："今天大家要参加土地保险，国家为我们交90%，只有10%是自己交。"然后继续说，水田只交每亩1.95元，旱地每亩交1.65元，然后自然灾害像洪水、风灾、病虫灾等发生的时候，每亩会赔270~290元。听了后，大家都乐意交，我一个一个地登记，8点半左右才登记完。他们登记完了就先回家了，最后再登记我们家的。这样，今天就这么过去了。

2012年9月18日　星期二　雨转阴

今天家里的活留给我妻子做，我需要去挣钱。两个娃在读书，一个是高中生，给他们每个星期40元。还有我的小儿子在鹿马登完小读三年级，他还小，所以接送都要我去，还给他零花钱，每个星期20元。所以，我和妻子只能穿旧衣服，新衣服都不敢买，怕孩子的零用钱不够，影响他们的学习。我吃完饭后就去了福贡，可是今天在县里转了好几圈，连一个人都拉不着。当时心里也不好受，因为家里需要钱，可是钱找不上门。到5点多钟就回去了，回到家里点了一下钱，才60元，连油费都没有除。真是没有办法，只好认了。

2012年9月19日　星期三　雨

我们早上起来后赶快做饭吃，因为今天要做两件事。第一件事是去接儿子，第二件事是去王咀我岳父家帮忙撇苞谷去。两件事情我们同时做不了，所以我俩商量我去接孩子，她去撇苞谷。我们吃完饭后就分开行动了。我到鹿马登后，学校里的大门还没开，我和几个朋友在街上遛了一会儿。今天是星期三，是鹿马登街。但今天下雨，赶集的人也不多。到了11点半，学校的大门开了。我就直接到三（1）班的教室里去，我儿子在三（1）班，要接孩子的话，父母或是代理人需要签名。到那里以后，比我先到的家长有几个，他们排着队一个一个签名。到了我签的时候我就马上签，签完了我就领着我儿子和两个侄女回来了。

2012年9月20日　星期四　雨

这几天连续下了几天雨，有个别几家苞谷还没有撇完，但也没有办法，只好等着了。早上的雨还是下着，很可能今天去福贡卖菜的不多了。我起来后，喂猪、喂鸡，因为我妻子昨天去她父母家帮忙撇苞谷还没有回来。我喂完了后就去拉人了，可是等了大半天才等着两个人。我把这两个人拉到福贡，这是第一转，收着10元钱，从我们赤恒底拉到福贡是每人5元，然后转回来又在公路边等着。今天赶集的人确实太少了，一早上才拉了三转，下午再拉，可是也没拉到几转。现在交警也太严了，只给我们拉两人，油钱又涨价，现在当司机挣钱也没法过了，今天也就这么的过去了。

2012年9月21日　星期五　雨

今天我们需要去教堂练歌，因为感恩节近了，但我们还没有熟练歌。今天要学的有两个组，全部都去的话，人安排不下。有乐队一个组；妇女们有两个组，一组是中年的，一组是比她们小一点的；男人们一组；还有多声部一组。今天去的是乐队和妇女们年纪轻的那一组，我是乐队里的钢琴手。我们11点到教堂，人还没有到齐。等了会儿，人到齐了，礼拜长就讲话：今天怎么做怎么练。乐队在教堂里，妇女们跳舞，她们在厨房里练。最后大家熟练了，大家就合着一起练，我们演奏她们跳舞。今天我们练到4点半就休息了，因为今天鹿马登完小收假，我需要送孩子。

我把儿子送到鹿马登后，交代了他一下，就转回来了。

2012年9月22日　星期六　中雨

今天我们还需要去教堂里练歌，今天我妻子也去，但她不是去练歌，是要去做饭，因为我们白天要一起吃一顿饭。今天是男人组和乐队，所以今天我们不需要早起。我们就睡到8点，然后村委会的人通知家里给了红旗要挂好挂正了，今天县里的领导要来我们村检查。我听完后，就去我妈家帮她挂好红旗，然后回来家里把红旗挂好。吃完饭后去教堂，我们练到5点后就回来了。

2012年9月23日　星期日　阴

今天早上我们聚完会了后回到家里，我的手机响了。我看了一下是哪一个呼我，哦，原来是村委会的副村长呼我，我赶紧接电话。他说今天下午4点来村委会拿学生低保。我说好，然后就把电话挂了。闲了一会儿，村委会的主任和武干说我们组里红旗没有挂好的要挂好，今天又送来五面新红旗，近几天没有换新红旗的这五面红旗要给他们，不够的过两天再送来。我就拿着红旗送到前几天没有换着的人家，送完了我就回来了。

2012年9月24日　星期一　晴

今天教会里的执事叫我去教堂做事，但我没有去，我跟执事说今天我需要在家里修水泥路，不然过两天客人来了路不好走，所以我请假。执事说可以。我早上早早地起床，然后去福贡拉水泥。回到家里吃饭，然后又去我们村的湾子那里，那里有我堂哥的一块地，有一些沙子，我就请了一辆拖拉机去那里拉一车沙子。拉回到家里后开始铺水泥路。先去厕所旁边那里，那里完了后我就在家门前铺。我们铺到7点多钟还没有铺完，明天再铺一下就能完成了。我俩就休息了。

2012年9月25日　星期二　雨转阴

今天早上下着雨，所以早上赶集卖菜的也不是很早，他们好像8点多钟才去。我们家呢，昨天没有铺完水泥路，打算铺完了以后再去购买东西。因为这个星期的星期五就是感恩节了，所以我们要买一些杯子、茶，还有瓜子等许多东西，不然等客人到了才去买就不好意思了。我们吃完饭后就去了，今天我妈妈也去。到了福贡后让她俩自己去买，我还要修一下摩托。我修好了，就开到街上等候她们。她俩东西买齐了，就打电话过来，我去接她们，然后就转回来了。

2012年9月26日　星期三　晴

这几天为感恩节的事，村里也挺忙的。有一些小伙子去教堂做事，那里需要布置漂漂亮亮的教堂，还要打扫教堂，还有接电线挂彩灯等。有些人在家，为自己家里打扫，里里外外都要打扫，预备客房。今天早上村委会的人又通知，说这几天省里的领导要到村里来，所以早早的就扫公路，一直忙到9点多钟，扫了两个小时才完成。之后，大家就各忙各的，我也没有去教堂里做事，因为家里的水管没有接好，今天要接水管，到下午5点多钟才接完。然后吃饭，吃完饭后到教堂里排练节目，10点多钟就回来睡觉了。

2012年9月27日　星期四　晴

感恩节又近了一天。10点多钟，教堂里的喇叭又响了，今天也需要去教堂里做事，所以教徒们按照前面分配好的一样，挂字的挂字，另外小伙子也需要几个。但是，今天我又没有去，我家的水管还没有接好，还有我的房子里面有一间还需要做天花板。家里的活差不多做了几个小时，做完了后又帮叔叔背沙，背了几趟就回来了。

2012年9月28日　星期五　晴

今天可热闹了,参加感恩节的下午3点就开始陆陆续续地来了,村里的人们在家等着迎接客人。5点左右就开始打饭吃,6点后村里的长老和老人们迎接客人、握手,然后进去教堂里面,指导祷告,然后村里的人们唱一首迎接歌,之后才开始敬拜神、听神的话语、祷告。然后村里的执事讲话,慰问他们辛苦了。今天就结束了。

2012年9月29日　星期六　晴

今天是感恩节的第二天,我们家的客人有十多个,我们在他们没有起床之前就起床,烧洗脸水,他们起来了后让他们洗脸,让他们吃点早点,然后我们一起去教堂赞美敬拜神。10点左右我们去教堂的厨房里打饭吃,12点再去教堂,下午5点又打饭吃,6点去教堂,9点回来。然后跟客人聊一下,10点半就睡觉了。

2012年9月30日　星期日　晴

今天是感恩节的第三天,也是感恩节当中最忙的那一天,所以早上聚会完后,中午12点就开始了。今天来的人比较多,所以里面坐下的只能从窗户里看或是听,还有一些人在院子当中坐下听。今天我认识的人也来了几个,一个组是鹿马登上面的力吐村人,他们组有10多个;还有一个组是上帕镇施底村人,他们有五个人。他们都是今天才来教堂里表演的,等他们跳完了我就领他们到我家里吃饭喝水,然后他们闲了一会儿就回去了。

2012年10月1日—31日

2012年10月1日　星期一　晴

今天是感恩节的第四天，也是最后一天。客人们吃完饭后就要背着自己的行李各自回家了，所以我们早上聚会会晚一点。8点半左右才去教堂，然后就唱一首赞美诗，再听神的话语。今天不表演节目了，只是本地教会的教徒们唱一首分别歌。然后这几天为生活繁忙的事务长讲话，他这几天的生活账，还有参加感恩节的人有多少，各自捐款的有多少，吃了多少，用了多少等等。等他讲完了，教会的执事讲几句客气话，再给这几天为我们讲道的老师们发一点礼物，然后祷告，就结束了。随后大家各自回睡处，再打饭吃。然后有客人为这几天接待他们家人唱一首赞美诗，祷告完了，就各自回家了。

2012年10月2日　星期二　阴转雨

这几天都没有去挣钱，所以今天准备出去挣钱，可是早上下雨，所以只好吃完饭后再出去了。今天生意也不是很好，拉一早上才拉着30元，所以一点兴趣都没有。我把摩托车停在公路边上躺了一会儿，然后再去找人，找着人后拉回来。我看了一下表，3点钟了，我就直接回家了。今天鹿马登完小收假，所以我要把我儿子送到学校里去。他妈把他的头洗了一洗，给他换了新衣服，换好了以后我就去鹿马登了。送到学校门口后，他说要买点零食，我就买给他，然后把他送进学校里，我就转过来了。

2012年10月3日　星期三　雨

今天早上吃完饭后准备去鹿马登，因为今天是10月份的鹿马登头一个街子，所以驾驶员们全部要到鹿马登政府的院内开会学习。家里吃完饭后喝了杯茶，就去到了鹿马登。赶集的人不多，因为下雨，车子很多，让都让不完。国庆长假嘛，外地人旅游的车很多，所以我把车子停在公路边上，然后去看望我的儿子，送给他一个黄瓜，再给他两元钱跟他坐了一会儿，我就出来赶集了。下午3点钟，所有的驾驶员都去开会去了，交警们登记完名字后交代我们开车小心，不要超员等。开完了，我们就各自回家了。

2012年10月4日　星期四　大雨

今天可是没什么好写的，因为早上就下大雨，连门都没出去。肚子饿了就做饭吃了，吃完了就躺在被窝里。这几天天气也有点冷，出门去挣钱的话，下雨天也不安全，路上滚石路段多，所以在家里睡懒觉一直睡到晚上。

2012年10月5日　星期五　雨

今天也是下雨，村里的妇女们的心情可是很着急。下雨天地里种不了小春，而且除草剂也喷不成，只好待在家里看电视，睡懒觉。家里养猪养牛的，可是闲不着了，他们得去找猪食牛食，找好了以后才能休息。我们家也跟昨天一样，吃了睡，在家里看电视等。今天也是白白的过去了。

2012年10月6日　星期六　雨转阴

今天因为早上下雨，所以早上没起得那么早。早上吃完饭后雨才稍微停了一点。今天我准备出去挣钱，因家里缺钱，明天就需要给孩子零花钱了。我家二姑娘那边，每一个星期给一次零用钱；我的小儿子呢，每上十天才给一次，他们8号放假，10号休假，18号放假，20号休假，20号休假，28号放假，1号休假。我吃完饭后就把摩托车开出去了。在半路上搭着两个人就直接去了福贡，可是回来的人却找不着了。在县城里转了两三圈，也没有人搭车，只好在公路边上休息几分钟然后再转。

今天辛苦一天，晚上点了一下钱，只剩 10 多元，真的是没办法。今天也就过去了。

2012 年 10 月 7 日　星期日　晴

今天早上我们聚完会后，回到家里跟老婆商量："我们好长时间没有去探望岳父岳母了，今天天气也晴了，我们去探望一下岳父岳母。"她说："那我们马上去。"她把猪食喂完了，鸡也喂完了，我们就出发了。在我们差不多走出村的时候，遇到一个我称呼爷爷的人，他问我们去哪，我说我们去岳父家，他说他也去，我们三人就边走边聊，不知不觉地到了岳父家，在那里歇了一会，喝杯水，然后去教堂。聚完会了，我们就在岳父家里做饭吃。吃完饭后聊了一会儿就回来了。

2012 年 10 月 8 日　星期一　晴

今天又开始忙了，天晴了嘛。早上早点吃饭，然后去地里喷除草剂，因为地里要种白菜和油菜。今天天气晴朗，很适合喷除草剂。我们家是我爱人去喷，我是去鹿马登完小接小孩子，他们今天放假。今天我 9 点半就去了，因为云南民族大学的陈老师寄给我们衣服。我到鹿马登后先去邮政局领陈老师寄给我们的衣服，然后学校里的学生放假了，我就把我儿子接回了家。

2012 年 10 月 9 日　星期二　晴转阴

今天我们家准备去本子爬朵那块地里喷除草剂。我们早上吃完饭正准备去的时候，我们村教堂里的执事妇女打电话过来问我有没有空，要是有空的话想让我把教堂门前的那些垃圾用摩托车拉到桥头。我说有时间，然后我就去拉垃圾去了，我妻子在家等我。我把垃圾拉到桥头后，就转回来去我们家的那块地里。到了那里闲了一会儿，我们先割草，因为草长得太高了，然后再喷除草剂，喷完了我们就回来了。

2012年10月10日　星期三　雨

今年雨天多，今天又下雨了，所以需要干活的也干不成，只能待在家里。昨天就准备赶集卖菜的，不管是下雨还是晴天都得去，不然菜都烂了。所以早上我去开摩托车拉卖菜的，早上拉了两转。到了5点钟还是下雨，身体也觉得冷，所以就回去了。

2012年10月11日　星期四　雨

今天早上怎么也起不来，可能是昨天雨淋着了的缘故。今天头也有点疼，而且又下着雨，只好让老婆去做饭，我躺在被窝里，等饭熟了才起来洗脸吃饭。吃完饭后我俩商量，要是过了一会儿雨停的话，去完底，我去找一两车石头，我老婆去割草。可是我们等了一个小时左右，雨还是没停，所以只好看电视睡懒觉了。

2012年10月12日　星期五　雨转阴

今天饭吃完后才去福贡，因为早上下雨，我媳妇儿吃完饭后，在我们家的菜园里种菜，我去福贡拉人。可是下雨去福贡的人也不多，一早上才拉了两转。下午的时候雨渐渐停了，回来的人又不多。好不容易拉到两个，可是有一个还需要修马达，不知道修处。我把他俩拉到马达修理处那里，又停留了差不多两个钟头才修完，我把他们俩拉回来。我一点挣钱的兴趣都没有，就回来了。

2012年10月13日　星期六　晴

今天的天气总算晴了，我们家吃完饭后去完底除草去。我背起喷雾器，我老婆找好除草剂还有镰刀，我们就出发了。差不多到的时候，我们在有水的地方背了一桶水，再出发到了我们家的地里。我们闲了一会儿，然后我们拿起镰刀各干各的。因为草长得太高了，必须先割掉一些，或者是割掉一截。差不多要割完的时候，我去喷除草剂。等她割好了，我也就喷完了。我俩闲了一会儿就回来了。

2012 年 10 月 14 日   星期日   晴

今天早上我们聚完会后回到家里,我妻子是在我后面回来的。她回到家里就跟我说要帮她们弹电子琴,她说她约好了伴,今天去干布新村那里,他们那里过感恩节。我说:"现在才练习,赶不上吧。"她说赶得上。我回答说:"那好吧。"然后她打电话约她的几个伙伴。过了不多久家里就陆陆续续来了几个人,排练了几遍,然后各自回家吃饭,穿傈僳族服装,再找几辆摩托,我们就出发了。到了那里我去帮他们排节目,教堂里讲经讲完了后就开始唱歌敬拜主。先是比我们远的,让他们几个组跳了之后就轮到我们了。我们才练了几遍,所以也跳得不怎么好。我们组跳完了后就直接回家了。

2012 年 10 月 15 日   星期一   晴

今天早上我们吃完饭后,我俩商量今天去哪里。她说去王底打石头,我去福贡,她说她也去福贡买一套裙子。后来我俩就一起去了。到了福贡后她去买裙子,我拉人到达普洛去,他们包车拉一台小型碾米机。我拉到他们村以后转回来到半路上,有一个人在前面扬手,说底下过不去,电杆倒了。我问他为什么会倒,他说他们在加宽路的时候倒的。我们只好等着,一直到 7 点多钟公路才通。回到家里电影都放了一会儿了,因为昨天晚上开始村委会里放电影,今天是第二天了。我吃完饭后就没去看电影,睡觉了。

2012 年 10 月 16 日   星期二   晴

今天早上天蒙蒙亮我们就起床了,我妻子今天去福贡卖菜,我得送她。我把她送到菜市场后就转回来,到我妹妹家送给她一点菜种子。到了那里,只有我妹夫在家,妹妹去找牛食去了,妹夫在家里做饭。妹夫说他们今天去背柴，叫我也一起去，给我两三背，我就答应跟他们一起去。我在他们家吃完饭后就一起去了，我和妹子、妹夫还有侄儿子四人两辆摩托车。那些柴是前几天江水涨的时候，妹夫从江里捞上来的。我们到了那里以后，妹夫劈柴，我砍柴，差不多一个小时才弄完。我们每人再背两转，然后就直接回家了。回到家里吃完饭，又去村委会看电影。今天的电影名字是《风云》（傈僳语），看的人也多。放到中间的时候，支部书记讲了几句话，说今年大家都必须种小春，还有去打工的话，政府会出面为他们找工厂。然后又继续放电影，放完了大家就各自回家了。

2012年10月17日　星期三　晴

今天我们吃完饭后，听有人说今天鹿马登信用社里通知可以取一本通，因为这些钱是政府补贴给我们的，每年都有。我听到这个消息后，就找一本通的存折去鹿马登信用社里领钱去了。到那以后比我先到的已经排了长长的两排了。我想还是不排队了，找一下熟人，好叫他帮我代领。见到熟人普三叶了，我说请他帮我领一下，他说好。我就把存折本递给他，然后我去看我的儿子，过后又去看他，还是没有到。街子上转了几圈，然后再去，还是没到，不过他前面只有四五个人了，我就在旁边等他。终于到他了，我的心里也挺高兴的。他出来以后，把存折和钱递给我，我看了一下300元钱，然后谢过他，再给他5元钱代领费。后面我就回来了。

2012年10月18日　星期四　晴

早上起来一点精神都没有，一晚上肚子痛、感冒，但是早上还是得必须早起，妻子要去福贡卖菜。送到福贡后转到鹿马登接儿子，孩子接回家以后躺了一会儿，肚子还是痛。所以被儿子和妻子领到福贡阳光医院那里打吊针，晚上8点才回到家里，就睡觉了。

2012年10月19日　星期五　晴

今天头还是抬不起，还是有点痛，肚子也还有点痛，所以早上妻子做饭，做好饭后叫我们吃饭。吃完饭后商量今天去做什么，商量结果她去帮别家干活去，因为我们村里死了一个人，今天做坟墓，明天才埋葬。我还是去福贡打吊针，下午4点半才回到家里。这两天病了，一点兴趣也没有，这样结束了。

2012年10月20日　星期六　晴

今天还是病，没有办法去帮忙别人家的丧事，只能躺在被窝里，今天县里也没有去打针，我妻子吃完饭我去帮忙了，下午4点多钟才回来。晚上的聚会也没有去。今天也就这样了。

2012年10月21日　星期日　晴

今天早上的聚会也没有去，身体还没有完全地康复。可是我们正在吃饭的时候，我妹子来到我们家，叫我跟他们一起去鹿马登中学。她儿子在一中读书，可不知怎么搞的，他说他不读了，要读的话也要转学，所以今天去鹿马登中学，请求他们接收。我也不好意思拒绝，所以跟他们一起去了。到了那里，我们先去教导处，那里聊了一会儿，他们就给了我们接收证明。然后我们谢了他就转回来了。他们仨就直接去福贡一中了，我没去，顺路回家了。

2012年10月22日　星期一　晴

这次得的病怎么也好不了，今天早上起来还是浑身都没有力气，所以今天我去福贡买回来一些感冒药，后来在家里躺着。我妻子在我家门前的菜园子里种了一些洋芋，然后洗了一下衣服，这样就过去了一天。

2012 年 10 月 23 日　星期二　晴

今天还是没有力气，心里着急，因为家里两个娃还在读书，家里也没有钱，身体也虚弱，而且家里面还需要买化肥。这样的滋味一点也不好受。心里想今天总得干一样吧，突然想起家里还要搞一个鸡圈，我就拿上弟弟的电焊机，妻子也来帮忙，一直做到晚上才做完。今天可是没有闲着啊，饭都是晚上才吃，写完日记后看了一会儿电视，然后睡觉了。

2012 年 10 月 24 日　星期三　晴

这日子怎么过呢？一场病让我怎么也干不起活来，头晕晕的，摩托车也开不成。心里很着急，但也没有办法了。今天吃完饭后妻子去鹿马登街买几只小鸡，还去看一下我的小儿子。我呢，还是在家休息，随便做一下昨日鸡圈没有做好的，今天补做一下。到晚上我去参加聚会，妻子在家里忙着，她明天去福贡卖菜。这样，我俩吃饭都是晚上才吃，今天就早睡了。

2012 年 10 月 25 日　星期四　阴转晴

今天不管我的身体如何，都必须得起来，我妻子去县里卖菜，早上车子也不好搭，所以我得送她去。天刚刚亮我俩就起床，然后收拾好东西就出发了。到了县里大部分卖菜的人比我们先到了，到了那里找了一个摊位，东西摆好我站在她旁边看她怎么卖，生意好不好。过了一会儿，我就回来了，回到家里喂鸡喂猪，吃了点饭，头也有点晕，然后躺在床上睡着了。下午 4 点多钟妻子就回来了，她说今天生意不是很好，也不是不好，卖着 80 多元。接着就像往常一样吃饭睡觉了。

2012 年 10 月 26 日　星期五　晴

今天早上我们还在睡梦中的时候，突然听到"阿普、阿普"的声音，我回应了一声"有什么事"。她说来还昨天拿给她的农村低保证。然后我穿起衣服去接她还回来的低保证,她是余友华的母亲,昨天村委会的人通知他们家拿着低保证到乡政府民政办那里去,要给他们家补贴一点粮食,对,是这件事。她回去了以后,我们做饭,吃完饭后我去县里拉人,我妻子去菜园子里干活,下午去县里做客。我们村我们组的一家是干部,在教育局里工作,他家在县里建一栋房子,今天邀请村里的人到他家做客。所以我3点钟来接我妻子,又送她到县里那里。停了一会儿就转回去了。今天就只是平常的一些事了。

2012 年 10 月 27 日　星期六　晴

今天早上我们吃完饭以后,商量今天做什么事儿。她说她要去种菜,我去福贡接我女儿,还要买两包水泥,我俩就各自去做各自的活了。到了福贡后,先去接女儿,然后再去约我的两个侄儿,就转回来了。回到家里闲了一会儿,然后再去约我的两个侄儿帮我干活。今天我们家准备做猪圈,石脚和地基我们自己做,还有两车沙子和一车碎石要我们自己找,其他的政府来给我们做。所以今天我们做了一下石脚,但没有做完。晚上在我们家吃饭,吃完了他们就回家了,我们也休息了。

2012 年 10 月 28 日　星期日　晴

今天早上我们起来去参加聚会,回到家里,他们母女俩在做饭,我去鹿马登学校接儿子。接回来后,中午去参加聚会,聚完会后回到家里。女儿今天收假,所以要回学校,给了她40元,她有点不乐意,因为她想买件衣服,我们就告诉她后天到福贡再买给她,她才回学校里去了。晚上在我妈家吃饭,我妈家来客人了,是她的亲家母,也就是我弟妹的母亲。吃完饭后还是参加聚会,完了后就回家看电视。今天也算过去了。

2012 年 10 月 29 日　星期一　晴

今天早上我妻子头痛,所以我得早点起来。我起来以后,先去我妈家碾米,她不会弄碾米机。碾完后就回到了家里,妻子也已经起来做饭了,我就开始拆旧猪圈。新的一批由政府来给我们做,我们家地基不够,所以要把旧的拆掉建新的。到下午拆完了,拆下来的空心砖又拿去做围墙,干到6点钟就休息了。活是没有做完,后天再做,因为明天是街子天,所以今天就早点休息了。

2012年10月30日　星期二　晴

今天早上我们早早地起床,到县里买几只小猪。我们前几年只养起一只母猪,但今年怎么也不产小猪,所以我们就把它卖了,卖了2000元钱。我们到县里卖猪的地方后,眼前是人山人海。要买猪的有三种人,一种是买了以后养,一种是买了以后杀吃,另一种是买了以后又想卖给其他人做小生意。我俩了解了一些情况以后再去买,和几个人谈了价钱以后,买回来5只小猪,然后就回家了。

2012年10月31日　星期三　晴

今天早上我们组的高音喇叭响了,队长通知,哪一家没有猪粪坛,要建的到副组长家里登记。听清楚以后我就起床,然后又开始干活,建围墙。过了一会儿,有两个来登记猪粪坛。他们回去了以后我接着干活,后面我的堂弟胡小普来帮我干活,我们干到5点半才休息。他吃完饭后回去了,我们去教堂聚会。聚会完了以后就回来了,今天也有点累,就看电视睡觉了。

2012年11月1日—30日

2012年11月1日　星期四　晴

今天早上我们正在吃饭的时候，突然电话铃声一响，我把手机拿出来一看，原来是我的小余弟——我妻子的弟弟。他问我今天找石头需不需要帮忙，我说需要，他答应今天来帮我们忙，然后我还约了我的三叔，他也愿意帮我。我就联系了一下拖拉机师傅，找着我们组的腊师傅。我叫妻子背起饼干，还有水、茶等，我抬着大锤还有炮杆，然后我们就一起出发了。到完底我们家的那块玉米地里以后，我们就在好找石头的一个地方上打石头、上石头，上满了一车后，请师傅拉回去，我们接着打。这样到下午4点半左右，我们上了四车，看时间也差不多了，也挺累的，我们就回来了。

2012年11月2日　星期五　晴

今天算是运气最差的一天了，早上吃完饭后去福贡修摩托，因为离合器片坏了，花了180元。然后给我女儿送衣服去，她说要交50元的会考费，又说裤子没了，又给她了买一条裤子，花了60元。今天开摩托车才挣了20元，连汽油也没有除，所以4点半就回家休息去了。

2012年11月3日　星期六　晴

今天我们准备去巴吉古帮我们亲戚家去建房子，因为他们家帮过我们家忙，而且建房子的时候给过我们200元钱，所以我们俩吃完饭后就去他们家了。到了他们家，他们还没有吃饭，我们就在他们家喝茶休息了一会儿，等他们吃完饭后我们就开始动工了。她们几个姑娘就抬旧砖，旧砖是在房子里拆出来的，需要清理。我和主人家的儿子砌房子里还没有做完的一面墙的砖。这样，我砌砖，他抬砖、拌沙灰。我们中午闲了一会儿,然后又继续做,一直做到5点半。我俩在他家吃完饭后就回家了。

2012年11月4日　星期日　晴

今天早上我去教堂聚会,妻子在家做饭,聚完会后就各自回家。中午我俩一起去聚会了,今天还增加了圣餐,我们这里的圣餐是每个月的头一个星期日做的。聚完会以后就回家里看电视了。下午又去聚会,下午多了一个节目,那是县基督教协会给我们的任务,为今年参加学习圣经培训的人员捐款,每人想捐多少捐多少。这项任务完了后聚会就结束了,因为这是最后才做的,所以我们也回家了。

2012年11月5日　星期一　晴

今天我早起到福贡购买10包水泥。我要做的事情也很多,围墙还没有围完,房子背后的水沟也没有做完,房子前面的挡墙也没有做完,还有猪圈的基础也没有平完,所以我准备这几天一样一样地做。水泥拉到家里以后,我去约我的堂弟胡小普。吃完饭后,我们第一件事情就是把围墙围起来,他运石头和沙子,我来砌砖,我母亲和妻子去种洋芋。我们俩4点就已经做完了,然后闲了一下,然后我在房子背后挖水沟基础,我的堂弟还是运石头。到5点30才休息,他也是吃完饭后回家了,我们也休息了。

2012年11月6日　星期二　阴

今天我的堂弟也还是来帮忙,所以早上8点30就开始动工。今天我们要在房子背后修水沟,他运石头、抬沙灰,我呢?还是做师傅。我妻子做饭。这样,我们早点没有吃,直到11点才吃早饭,吃完了又继续做。下午3点每人吃一包方便面,然后再接着做,直到6点才休息,但还是没有做完,明天又接着做吧,今天就休息了。

2012年11月7日　星期三　晴

今天我们还是做水沟，早上起来后我妻子做饭，我和我堂弟做水沟。10点左右我妻子去鹿马登接儿子，接回来后吃饭。吃完饭后我去村委会开会，乡政府里的工作人员到村委会通知今年的人大代表选举会议。村委会的支部赵碧花讲话，然后鹿马登副乡长讲话。开完会后，他们给我们单子让我们填写。回到家后，我就继续做水沟，下午6点才休息，教堂里也没有去着。吃完饭后就休息了。

2012年11月8日　星期四　晴

今天我们还是照常的做水沟，不过帮忙的人换了，今天我的堂弟胡小普没有来，所以我就约了妹夫和妹妹，还有妈妈。今天我还准备拉空心砖，是修猪圈用的。我们吃完饭后先做水沟，妹妹和妹夫是12点钟才到，水沟3点半左右才做完。之后，我们就去拉空心砖。拉了两转，每转30元，合计60元。他们吃完饭后就回去了，我们也休息了。

2012年11月9日　星期五　晴

今天早上我们起床后，我妻子做饭，我去约人了，因为我准备和三组的邓里孩一起干一节水沟，每米40元，水泥由老板负责。但约了两三个人都没有约到，就回家吃饭了，吃完饭后就跟他一起去下水泥。到了我们的工地里，我俩就商量了一下从哪一边干，然后就找一处堆放水泥。水泥拉到那里以后我们就下车，今天我们下了4车，每车6吨，下完了之后我俩就回来了。回到家里我妻子还没有做好饭，因为她准备明天去赶集，所以我来做饭，吃完饭后我们就休息了。

2012年11月10日　星期六　晴

今天早上天不亮就起床，送妻子到福贡卖菜，然后拉了两三转人。之后，我和我的伙伴去买生活用具，买齐了以后回到家里吃了一点饭，然后又去我们的工地盖塑料房，盖完了以后回到家里。吃了饭后我又填人大代表选举人员名单，填了一半后就休息了。

2012年11月11日　星期日　晴

今天早上我们没有去教堂，因为我们早上去了我岳父岳母家，在那里吃饭，中午1点半才回家。回到家里，教堂又聚完会了，所以我把还没有登记完的选举人员名单登记了一下，然后又通知种着草果的人家也来登记一下，一直登记到5点30，然后我们去教堂了。在教堂里聚完会后我们就回家了。

2012年11月12日　星期一　晴

今天我们去做水沟，天不亮就起床到赤恒底娃底做水沟。工人有5人，我和我的伙伴是小包工头。我们准备每天吃三顿饭，早上吃一顿，中午吃一顿，晚餐吃一顿；早上8点开工，中午休息一个小时，晚上6点30休息。因为今天才开始做，所以手有点不熟，今天才做了18米就休息了。

2012年11月13日　星期二　晴

今天还是和昨天一样在做工程，从早上做到晚上。这几天很忙，所以要写的就这么多了。

2012年11月14日　星期三　阴转晴

今天早上的天气不是很好，也很冷，但不管三七二十一，挣钱嘛，顾不了那么多。我们还是天刚刚亮就起床干活去了，我把摩托车开着，装上水泥，然后拉到工地里。今天有一些挖基础，一些拌沙灰，我在后面加工。这样，我们除了吃饭时间外都在工地上干活，晚上6点半吃晚饭。那时候，天也黑了，我们也就睡觉了。

2012年11月15日　星期四　晴

今天我要写的是村里的情况。村里的农民们今天大部分去福贡卖菜了。这几天不是农忙,所以有些人前一天就去找野菜,有一些是自家里有白菜、青菜,所以去福贡的多。有一些是去找柴,因为要过冬了。还有一些是找猪食牛食,有一些是在菜地里除草。我还是在工地里干活。明天再介绍工地里的情况吧,再见。

2012年11月16日　星期五　晴

今天我们还是照常地在工地里做工。早上天刚亮就起床了,但是今天睡在家里的有一个人迟到了20多分钟。他说睡过头了,我们也没办法责怪他。到了下午3点多钟,老板来电话说今天送肉的没有来送,他忘记了。我和我的伙伴没有办法,明天早上送来的时候吃两顿,因为我们每天吃一顿肉。之后,我们接着干活,干到6点半就休息了。

2012年11月17日　星期六　晴

今天我们上午和中午休息时间少,晚上要快点下班,因为是星期六嘛,星期日不干活,所以大家要各自回家。我们组有一个中年人,他下午有事,所以只上半个工就回家了。我们还是干到6点才下班,然后大家吃完饭后,煮饭的和她老公守棚子,我们就回来了。

2012年11月18日　星期日　晴

今天我们早上在教堂聚完会后,我们三个社的选区组长说:"请大家到村委会选举乡代表和县代表,大家每家去一个人选举。"然后,每家做饭的就回去了,有一个人去村委会选举。我们到了那,选区的组长讲了几句有关选举的话,然后村委会的支部书记讲了几句话。讲完后,开始选举。选举登记处有两处,一处是一组的组长普早社那里,另一处是我这里。开始选举的时候,他们选哪一个,我就登记哪一个,一家有几个选举人数就登记几个。这样全部登记完后,我把填好的纸拿给书记,然后大家就各自回家了。

2012 年 11 月 19 日　星期一　晴

今天我们还是做工程。我们早上起来后先刷牙,然后就开始做。我们的工人有 5 个,还有我的伙伴和我加起来有七个,做饭的一个。三个人抬沙灰、拌沙灰,两个师傅做水沟,我在后面加工修理。一直做到下午 6 点半才休息。吃完饭天也黑了,我们就睡觉了。

2012 年 11 月 20 日　星期二　小雨

今天早上下着蒙蒙细雨,我们住在塑料布底下,工人们说出去干活吧。我们不管三七二十一,起床刷牙干活去了。有时下着一小点小雨,我们干到 2 点后才吃中午饭。休息一个小时后又接着干活,干到 6 点半我们就下班了。

2012 年 11 月 21 日　星期三　晴

今天我们还是照常地在工地上做工。今天晚上的聚会里有一件事,就是搞十一奉献,我在工地上走不开,所以让妻子回去,把我们已经准备好的拿给教会登记。她回来以后晚上又回家去了,因为我弟弟打工回来了,让我们回家聚一下,所以晚饭我们不在工地上吃,回家去吃了。他还买给我一顶帽子和一件衣服。在那里休息了一会儿,我们还是回工地睡觉了。

2012 年 11 月 22 日　星期四　晴

今天我们还在工地上。早上天蒙蒙亮的时候我们就起床了,因为这几天 7 点半天才亮,晚上 7 点半天就黑了,所以白天尽量地做工,休息时间也不多。工人们也很听话,我们怎么带他们,他们就怎么做,也不叫苦，可能是钱的缘故吧。今天我们还是和以前一样，从早上做到晚上才下班。我们也够累的，就休息了。

2012年11月23日　星期五　晴

这几天还是为工程而忙碌，早上连刷牙都来不及，水也太冷了，所以我们还是先去干活，等到吃饭的时间才洗脸刷牙，然后再吃早饭。这几天工地里工人也增加了一组，他们在我们前面，所以我们还有两三天就做完了。我们吃完饭后又接着做，一直做到6点半我们才下班，吃完饭后就睡觉了。

2012年11月24日　星期六　晴

因为是星期六，为了提前下班，所以我们和工人们紧密配合，把速度提高。早上吃完饭后喝一杯茶，又继续地做，一直做到6点。6点后我们才下班，然后急急忙忙地吃饭，吃完饭后大家就一起回去了。

2012年11月25日　星期日　晴

今天我们早上要去聚会，所以7点半就起床了，因为我前几个星期三和星期六的聚会都没有去着，我们在做工程，忙不过来。我们到教堂以后比我们先到的，已经坐在我们前面了，我也去坐在他们旁边。坐了一会儿，赞美诗开始了。早上的敬拜，带歌的是一个姊妹，带歌指挥的也是她。我们唱完两首赞美后祷告，祷告完后就讲经，讲完经、祷告完了后就回家做饭吃。然后，12点又开始聚会，1点半到2点才聚完会。我们回到家，我的二女儿从学校里回来了，3点又送她去福贡读书，送到以后转回来，然后去教堂聚会。7点聚完会，我们就回家休息了。

2012年11月26日　星期一　晴

今天我们需要去工地，所以必须要在天亮之前赶到工地，因为我们要赶在工人前面。我们赶到工地时,有两个工人已经在我们前面等着了,那时天也才刚刚亮。我们在那里换好衣服后就开始干活了。我们准备今天把这段工程结束,可是我们的工人有一个没有来,只好有几个做几个了。我们做到 6 点半,可是还有一点没有做完。我和我的伙伴商量,给工人们每人加 10 元加班费。问工人们的意见,他们几个也没意见。我们就接着做,一直把它做完,然后我们吃完饭后就回家了。

2012 年 11 月 27 日　星期二　晴

今天我们的工程有一点还没有做完,所以我和我的伙伴还有我妻子和他妻子,我们 4 个人一起去,早饭在工地上吃,然后干活。12 点钟做完了,然后搬到新工地。新工地也是在我们村委那里,离我们家有一公里。东西搬到那里以后我们就回家了。回到家里做饭吃,然后就休息了。

2012 年 11 月 28 日　星期三　晴

今天我们又上一个新工地去,这次不只是我们两个包工头,还有其他包工头参加,我们得着的都平分。后来还多参加了一个,他也是我们组的,他叫此有堆。还有一个做饭的,她每天的工资是 50 元钱。我们早早地到我们吃饭的地方,然后等一下伙伴,然后就一起吃饭,吃完饭我们就开始干活,一直干到七点天黑为止。因为大家都是包工头,所以大家都坚持。我们下班吃完饭后就回家了。

2012 年 11 月 29 日　星期四　晴

今天我没有去工地,因为村里有喜事,所以我 8 点半以后才起床,洗脸刷牙后就去办喜事的那家。他们家让我去帮他们家忙,登记二组人员参加婚礼的人数。我到他们家后,他们已经搬好桌子、椅子,还有笔和纸,我就坐在椅子上。坐在我右边的是三组的副组长,左边是一组的副组长。还有另外两个登记员,一个是外来人登记处,外来人都是外面的亲戚。另外一个是登记机关干部，他们家父亲在县信用社当官的，还有他儿子——今天办喜事的，也是县里当官的，所以我们各登记各的，一直登记完。然后按挂礼的名字来分给他们食物，食物是在每一个塑料袋子里装上米饭和肉。我们把名字挂上去，然后叫别人拿给他们。先分给外来人，然后我们三个组分。分完了我就把分给我们的食物拿回来，在家里休息了一会儿，有一个人叫我去办喜事那家吃饭。这顿饭是他们家为我们这些帮忙的人做的。我吃完饭后就回家了。

2012年11月30日　星期五　晴

今天又是街子天，有些种着菜的人一大早就去街上卖菜，因为今天赶集的人特别特别多，所以是卖菜的好时机啊。上午大部分的人都去县里赶集，换季了，需要买衣服了、买一些生活用品。而我是在工地里干活，这段时间在做工，县里都好久没去了，别说是赶集。今天又是忙碌的一天，就这样过完了。

2012年12月1日—31日

2012年12月1日　星期六　晴

今天福贡一中的学生都放假了，我在工地干活就没去接我女儿。他们都是差不多1点的时候来找猪食。今年种的油菜不是很好，所以找猪食也就难咯，一两个小时才找完，他们就回家了。我是干活干到天黑才回家。一到村庄，有一户人家外面放着音乐，有好多人围着，好像很热闹，就上去看看。原来是在卖衣服，大部分都是老人和小孩的，我感到特别的惊讶，村里可以卖衣服。不错啊，这个人很有商业头脑，但愿他能够卖得好。然后我就回家喝了杯茶就睡了。

2012年12月2日　星期日　晴

今天早上的聚会我们没有去，我和妻子到我们村的祷告山上去。到了那里，我们先是为自己祷告，然后一起来的伙伴互相代祷。今天来的有9个人，我们轮流祷告完了后就回家了。然后在家里休息到12点准备去教堂的时候，我的岳父来我们家了，他说他们村里通知今天到村委会里照身份证，所以他们村里还没有照身份证的人下来了，大部分都是老人，年轻时的身份证没了。他们到村委会里，一个人影都没有，所以到我家里来休息。我给他们倒茶，又打电话问村委会的人怎么办。村委会的人只有武干才知道怎么办，其他人都不知道。武干也去了他的岳母家，我打电话给村委会的副村长，他说他一会儿过来。过了一会儿，他到我们家把客人都接走了。我们去教堂里也晚了，所以在家里休息。下午4点多钟送我女儿回学校里，叮嘱她几句后我们就回家了。

2012年12月3日　星期一　晴

今天我们还是早早地去做工程，晚上我们排练节目，这次演出是乡政府和村委会的人主持的，到子里甲乡农民运动会上演出的，演出的是我们赤恒底农民四声部合唱团。因为我们是农民，家里的负担也重，但是我们乡的乡长说会给我们一点补贴。这次的演出要50名，演员要排练三个晚上，演出要两天。不管怎么忙，晚上还是要参加排练，一直到10点才休息。回到家里写一篇日记就休息了。

2012年12月4日　星期二　晴

我们的工程还没有做完，不管怎么累，我们还是得早起去工地做饭处吃饭。吃完饭后喝一杯茶，我们就去干活，1点钟吃午饭，到2点又去干活，晚上6点半下班。然后吃完饭回到家里洗手洗脚洗脸，换干净的衣服，换完后就去村委会办事处排练节目，我们只是唱歌不跳舞，唱《党啊，亲爱的妈妈》和《56个民族，56朵花》，这两首歌用傈僳语四声部来唱，指挥是此路恒。晚上10点就休息了。

2012年12月5日　星期三　晴

今天还是和昨天一样，白天干活，晚上练歌。今天晚上我们走台练歌，今天晚上乡里的乡长也来了，交代明天的事情，他讲话，鼓励我们加把劲。我们一直排练到10点，然后村委会的人员给我们每人发了一包方便面。我领了方便面就回来了，回到家里就睡觉了。

2012年12月6日　星期四　晴

今天早上我不去工地，我准备去子里甲演出，我妻子在村里参加喜宴。我8点钟起床，然后换好装，因为昨天晚上乡长通知8点半到桥头集中。我到了桥头，比我先到的有几个，跟我一起的也有，在我后面的也有。我上了前面的第一辆小客车，驾驶员是迪阿早。我们等了一会儿伙伴，然后点了一下人数，这里坐满了人后就出发了。大家说说笑笑的很高兴，到了县里买了点吃的在车上吃，然后又出发到了子里甲。我们下了车跟着带领的队长到了学校里面,他们已经布置好了舞台,先到的人已经在彩排了。我们先去换傈僳族服装,换好以后彩排,然后吃饭休息。下午4点半吃饭,7点开始演出。我们组是第一个节目,这次演出的主题是"福贡县第21届文艺汇演"。今天是开幕式,我们今天晚上的合唱算是很顺利,唱完后得到一片很热烈的掌声。唱完后我们休息了一下,就坐小客车回家,回到福贡,乡里的领导请我们吃米线,然后就回家了。回到家里写完日记就睡觉了,今天也觉得很开心。

2012年12月7日　星期五　晴

今天早上我还在睡懒觉,因为我干了这么多天活,身体也挺累的,所以想多睡一会儿。但是外面有人叫我,我仔细一听是阿姨。她跟我的妻子说请我们帮他们家抬空心砖,叔叔去外面打工去了,他们请不着别人。我起床吃了饭后就先去帮他们上车,然后下车再上车,这样我们拉了三转,拉完后就抬砖,然后在他们家喝茶,他们还准备了饭,我和我妻子吃完饭就回家了。回到家里就不干活,休息看电视,然后就睡了。

2012年12月8日　星期六　阴

今天我还是天不亮就起床去工地里干活,我先是去吃饭,我们的同伴们已经到了。我到了一会儿就吃饭,吃完饭后去干活。干到1点钟吃饭,然后闲了一会儿喝杯茶,然后又去干活,今天一直干到天黑才下班。我们吃完饭后就回家了,回到家里洗手洗脚,然后跟儿子一起看一会儿电视,又写了一篇日记就睡觉了。

2012年12月9日　星期日　晴

今天早上我怎么也起不来,所以我说给妻子今天早上我就不去教堂了,她说好。她起床后就去了,我还躺在床上睡着,一直到她从教堂回来为止。她做饭的时候我也起床了,然后他把饭做好后吃饭,吃完饭后去村委会开会。今天开会的成员是乡县代表选举的选举委员，我们娃底组二社有两个、一组的组长、三组的组长、亚朵组组长、阿兰甲的组长、汪然组的组长、王咀的副组长、密丁戈组的副组长、念坪的副组长、村委会的支部书记、主任、副主任，还有乡政府里的工作人员四个。第一个讲话的是书记，她说前面的选举不符合有关规定，还要再一次选举，村里的农民们必须全部的在同一天选举。之后主任讲话、乡里的工作人员讲话，开完会我们就回来了，因为还有事情要办。这时教堂里的人也回来了，组长就从高音喇叭里喊话说二组成员到球场开会，他通知了两三遍，然后我们在球场等着，二组的人员陆陆续续地来到球场。我们等了20分钟后，组长开始讲话，他讲完后大家讨论一下，然后我把选举票发给他们，他们也回去了。这样今天就这么过了。

2012年12月10日　星期一　阴转晴

我们的工程还有两天才能做完，所以我们必须坚持把它做完。我们还是天不亮的时候就起床，要赶到工地吃饭处吃饭，吃完饭后到工地。今天我们需要做的是水沟，基本上做完了，只是需要修理一下。然后今天要半天打水沟底，我们一直做到晚上，可还是没有做完。我们7点就下班了，明天再接着做。

2012年12月11日　星期二　晴

今天我们还是在做工程，半天就完工了。早上还是我和往常一样，天不亮就起床去工地吃饭，然后做到2点钟就干完了。然后吃完饭、大家就高高兴兴地回家了。我回到家里换好衣服后去福贡，因为我妻子的妇科病又复发了。到了县里去县人民医院妇科部检查，花了100多元，结果什么都查不到，只开了一点药，我俩就回来了。然后吃完饭就睡觉了。

2012年12月12日　星期三　晴

今天我睡懒觉睡到9点多钟才起床。吃完饭后我妻子在家洗衣服，我要去鹿马登看我的儿子。他们12点才休息，然后他们吃完饭扫完地才开大门，我找到儿子后把他领出来，拿给他一些吃的。我们俩父子在街上遛了一圈，然后把他送进去学校里。我从学校里出来，准备去开摩托车，挣点钱，拉了嘛甲底三转后，3点半在乡政府院子里开会。前一个星期驾驶员开会的人不多，所以拖到这个星期才开会。今天开会的人有三四十个人，交警人员给我们开完会后我们也就回家了。

2012年12月13日　星期四　雨转阴

今天早上我们准备去工地翻修，因为老板说过沟底不平，所以约了我们的伙伴早上去。今天早上下雨做不成，只好天晴了以后再做，所以今天我决定运一下空心砖。我的猪圈的基础没有平完，我只好再约一下我的堂弟胡小普，他也愿意帮忙。我们一直做到4点左右，空心砖也运完了，石脚基础也平完了，现在就等着做猪圈的工人了。本来叫我的堂弟吃饭，但他不要，他说他要吃米线，我就给他10元钱，他就回去了。我们吃完饭后就休息了。

2012年12月14日　星期五　晴

今天我们村村里选举县代表和乡代表，所以我们这个大队里的所有成员都到村委会里来选举。我们11点半到村委会，12点正式选举，但村里选举委员和领导人先商量一下怎么选举。开完会后，各个村的人都到自己的选区等候。主持人讲完选举规则后，他们把选票拿给我们，我们又发给选民们。我们先选出乡里的代表，选举成员填好后投到选票箱里，然后我们又选县里的代表，选完后县里的代表把票封起来表。我们把乡里的代表选好后，又做县里的代表，合计票数。乡里的代表第一选区没有过半，明天重新投；第二选区选出普利叶，第三选区选出肯叶恒；

县里代表选出张碧花书记，还有一个没有过半，明天再重新选。选举的成员呢，发给他们一些饼干，然后他们就回去了，我们也休息了。

2012年12月15日　星期六　晴

今天早上需要早早起床，因为我妻子去福贡卖菜，我要去送她，送到了以后转回来。昨天没有完成的，今天重新选举，昨天没有完成的第一选区的乡代表先选，然后选举县代表。完了以后，给选举的成员一点饼干，他们也回去了。我回来家里吃点冷饭，要去前几天做好的水沟里补修一下。完了后又转回来，因为3点钟我们村里的农民红歌合唱团今天要唱三首歌，今天省里文化厅的人和州里县里乡里的领导要来我们村慰问。到了3点左右我们组的喇叭响起，通知合唱团的人赶快到村委会来，领导们已经到了。我们就赶快换着傈僳族服装，然后到村委会。领导们已经在球场那里坐着了，主持人在广场那里致辞，然后他们先表演。到了我们的时候，我们唱了三首歌，然后领导们叫我们跟他们一起去吃饭，吃完饭后我们就回来了。他们还在后面喝酒，省里领导们天黑了才回去，我想今天也够忙的了，就提早休息了。

2012年12月16日　星期日　晴

今天早上我们家没有去教堂，因为约好邻居去别人家里给我们代祷，可是去教堂的时间到了，他还是没有来约我们，我们只好耐心地在家里等。我们在家的时候，我兄弟来向我借摩托，他说他要去他岳父家里，他岳父病了，需要去探望一下。他的岳父家在怒扒局，需要爬山，我只好借给他了。他们家也是刚刚才起来，所以他们一家人在我们家吃饭，还有我妈妈。吃完后他们走了，我们闲了一会儿就去教堂了。中午领歌的是此路恒，讲经的是我们教会的执事。聚会结束后我们也就回来了，晚上还是照常的，聚会结束了就各自回家。今天一天就这样过完了。休息了，明天再接着说，晚安。

2012 年 12 月 17 日　星期一　晴

今天我们村里要排练节目，因为村里马上要过圣诞节了，星期日有些忙，所以没有陪练着。但是这几天不管怎么样，都要抽几天来排练节目，所以我们早上 10 点半到教堂里集中，然后礼拜长来分配怎么做。我们乐队在教堂里练，舞蹈队在外面操场上练，等大家都熟练了以后才一起练，所以我们各练各的。我们队里有吉他手、鼓手、贝斯手，我是弹电子琴的。我们练了两三首，然后休息一下又继续练，练到 5 点左右，然后一起吃饭。吃完了就各自回家。有些喂猪食，有些找猪食，然后 7 点钟又去教堂。晚上练的是多声部合唱，练到 9 点半后大家就各自休息了，我也回家了。写完日记就睡觉了。

2012 年 12 月 18 日　星期二　晴

今天我们还是为节日而忙，所以早上我没有去接儿子，让他自己回来。今天学校里放假，但也没有办法。我们还是和昨天一样，早上 10 点半开始排练，下午 5 点才休息，晚上还是练四声部合唱，9 点半休息，然后睡觉。今天就这件事了。

2012 年 12 月 19 日　星期三　晴

今天我们还是排练节目，早上 10 点半后去教堂。到了那里，有些是比我们先到的，但有些还没到，我们就等他们一下，等人到齐了我们就开始排练节目。我下午有事情，所以跟礼拜长请了假就回来了。今天我们家要去王咀，我妻子和二女儿还有我的小儿子，他们三个中午的时候就去了，我这个时候才去。我到了王咀后，我妻子和岳母他们做着饭。等饭熟了，我的小余弟请的那些祷告人和我们一起吃饭，吃完饭后祷告，祷告完了后我们还去了我阿姐家。他们家刚从外地回来，他们给了我们每人几件衣服，还有两三斤肉，我们就回来了。回到家里已经是 11 点了，我们我就赶快写日记，写完日记就休息了。

2012年12月20日　星期四　晴

今天是福贡街子天。赶集的、卖菜的人天不亮就去福贡摆摊了。那些人差不多去完的时候，卖牛卖马的人也跟着行动了，那些人也去完的时候，赶集的人也去赶集了。我还是为节日而排练节目，还是一直练到5点钟，然后吃完饭后就各自回家，晚上7点钟又集中。可是晚上停电，所以就没有去了，可能其他人也没去。电也没有，什么都做不成，在家电视也看不成，只好写日记，然后就睡觉喽。

2012年12月21日　星期五　晴

今天早上早早就接到我大女儿的电话，她说她已经坐车回来了，明早就到。我们一家都很的兴奋，期待着明天的到来。我呢，吃完饭后就去教堂排练节目了，而今天刚好是他们来帮我们家盖猪圈。我不在家，是我媳妇和二女儿帮忙看着，差不多下午6点就收工了。我在教堂排练节目，午饭晚饭都由教堂管着，所以一直练到晚上八九点，而且我们村没来电，就去干拉布村练了。后天就要出发了，大部分人都没去过，所以每个人都是非常的激动，期待着星期日的到来。

2012年12月22日　星期六　晴

今天天一亮，差不多六七点，我们一家就出发到福贡，接我大女儿了。虽然很冷，但每个人的脸上还是挂着灿烂的笑容。我们到福贡时，她才到架科底，我们就逛了一圈。逛完了还是没到，就在客运站等着。太冷啦，一动都不想动啊。过了差不多5分钟大女儿就到了，全家就一起去照相馆照了一张全家福，买了一些肉。到四五点时，我就去送儿子，我媳妇和大女儿就去了密丁戈。我二女儿在家，她明天要回学校，我也是明天要出发了。还有，我们村来电了。

2012 年 12 月 23 日　星期日　晴

今天是参加圣诞节的第二天,村里去参加圣诞节的,大部分都是穿自己的民族服装。今天早上开始,每个教会的弟兄姊妹都要轮流地献唱,先是祷告,然后赞美再讲经,然后才是一个教会、一个教会轮着献唱,轮完了后吃饭。然后中午 12 点开始到下午 4 点左右,再闲一会,然后吃饭。晚上 7 点半开始,9 点半休息,11 点睡觉。今天就这样了。

2012 年 12 月 24 日　星期一　晴

今天是我们参加圣诞节的第三天,跟昨天一样,从早上开始到晚上献唱、讲经、跳舞,直到 9 点半才完,然后 11 点就睡觉了。

2012 年 12 月 25 日　星期二　晴

今天是圣诞节的第四天,也是最后一个早晨,因为我们吃完饭后就要各自回家了,所以早上的聚会也比较短。早上先唱赞美诗,然后讲经,再宣读一下这次圣诞节来了多少人,奉献了多少钱,用了多少钱等等。讲完了后举办圣诞节的主人和各教会的长老来和我们握手,大家各自回到自己的住处,吃了饭告了别,背着自己的行李就各自回家了。

2012 年 12 月 26 日　星期三　晴

今天早上睡了一个懒觉,9 点多钟才起床,然后起来做饭吃,吃完饭后就去鹿马登探望我的儿子。到了鹿马登后,学校里的大门还没有开,我就在街上转了一圈,然后再去看一下学校大门开了没有,可是还没有开。我问了一下保安,为什么现在都还没有开门。他回答说不能因为学生还没有吃完饭就开门,否则他们就不会在学校里吃饭了,还有地也还没扫,他们吃了饭扫完了地以后才会开门。问完了我就在校门口等着,直到学校的大门开了。进了学校里,我就去找我儿子,找着了后把他领出来买给他一些吃的,然后问他冷不冷,饭吃得饱吗等之类的话。事情问完了以后我就把他送进学校里，我就回来了。

2012年12月27日　星期四　晴

今天早上我们吃完饭，我们就去鹿马登。因为我们欠着信用社的款有一万元，这一季度的利息还没有还，所以今天去还利息。到了鹿马登，信用社的门还开着，我就进去问一下需要还多少利息，信用社的工作人员说267元。然后我把钱送进去里面，还了1500元的本钱。还完了以后我和妻子去了福贡，到了福贡后我们买了一些东西就回来了。

2012年12月28日　星期五　晴

今天我感冒，头也有点痛，嗓子也干。但是我睡到9点多钟，拉石棉瓦的人说你们家猪圈的石棉瓦拉到了。我听到这句话以后赶紧起来去抬石棉瓦，抬完后吃饭。吃完饭后又去睡觉，我大女儿和妻子洗衣服。下午妻子找猪食，大女儿做饭，我去抬猪圈门。今天就这些事了。

2012年12月29日　星期六　晴

今天我们家打算在家，看到许多的人背着背篓到县里去买菜。今天是福贡街子天，我和妻子商量了，一会儿我们家也去了福贡。在学校里的两个孩子还没有放假，所以我和妻子还有大女儿开着摩托车去了，到县里我们逛了一圈，大女儿就逛不动了，她就上网吧休息了一会儿。我俩去菜市场里买了一些菜，然后就准备回家了。因为县里今天赶集的人太多了，让都让不开，觉得很烦，我们接着大女儿以后就回了家。

2012年12月30日　星期日　晴

今天早上我还是没有去教堂，因为我的感冒还没有好，只有我妻子去了，我大女儿也没有去，等她回来把饭做好了我们才起床。今天鹿马登完小放假，我也没去接儿子。中午我去教堂里聚会，聚完会后我就回家了。因为教堂里的执事说聚完会后在教会的厨房里讨论一下今年的元旦怎么过,他也点了我的名,还有村里许多人的名。可是我身体不舒服,所以就回家了。晚上的聚会,我在家里躺着看书,我妻子和大女儿还有我小儿子去教堂聚会了。他们回来以后在家看电视,我写了篇日记就睡觉了。

2012 年 12 月 31 日　星期一　晴

仅今天村里许多人都到县里去买菜,有些是前个星期六就买好了,我们家今天也去福贡买菜,还要接我的二女儿,他们今天才放假。到县里后先去接女儿,然后去买菜,买好了后就转回来。回到家里我们闲了一会儿就全家去找猪食,找好了后回家做饭吃,晚上要去教堂聚会祷告。今天是 2012 年的最后一天,所以晚上 12 点后家家都要传播喜讯。我身体不舒服所以没去,晚上写完日记就睡觉休息了。

村民虎赛雄日志
2013年

2013年1月1日—31日

2013年1月1日　星期二　晴

今年教会里没有布置元旦节怎么过，只说今天聚会祷告。中午12点我正准备去教堂的时候，我们村里的此里大此老师说帮他拉一头猪，所以我就去帮他把猪拉到福贡。他给我车费，我没有拿就转回来了，回到家里去教堂的人也去完了，我去也可能晚了，所以就没去教堂，在家休息。等我妻子、我女儿们回来，我们一家人就一起坐着闲聊了一会儿。晚饭是她们三母女一起做的，做好了我们就吃饭。这时，此老师也回家了，他买给我一条鱼，我不好意思地接受了。晚上我们家一起看电视，直到11点我们就睡觉了。

2013年1月2日　星期三　晴

今天我们家吃完早饭后，我和两个女儿还有我的小儿子到利沙底的望月台那里去。我妻子在家找猪食，我把摩托车发动起后给他们三姐弟坐着，然后就出发了。到了鹿马登停了一会儿，买给他们一些吃的，然后又出发了。到了望月台，我把摩托车停在公路边给他们看石月亮。他们在那里互相用手机拍照，我等了他们30多分钟后，就把他们带回家了，在家里给他做饭吃。吃完饭后就给他们零用钱，让他们回学校了，我的二女儿自己打车回学校。小儿子呢，我亲自把他送到鹿马登完小。然后我回到家里后，又去教堂里聚会，完了就回家休息了。

2013年1月3日　星期四　晴

今天我们家吃完早饭后准备去王咀我岳父家，因为后天我的大女儿又要去丽江打工了，这一走一年后才会回来。我们三个喂好猪鸡以后，拿着一条鱼和一只鸡就出发了。在半路密丁戈那里又约我妻子的大姐他们一家，可他们说他们家有事去不了，只有他们的大女儿跟我们一起去。到了王咀，他们这个村还在过元旦，我岳父岳母还在教堂里，我们在他们家里看电视。过了几分钟，我岳父岳母回来了。我的小余弟和他妻子还没回来，我跟岳父在客厅里闲聊，我妻子和她母亲在厨房里做饭。我们一直聊到5点多钟，然后吃完饭后就回家了。回到家里天已经黑了，我们把猪食喂完了，我就躺在床上写日记，然后就睡觉了。

2013年1月4日　星期五　晴

今天我们吃完早饭后，去福贡买车票，因为我家大姑娘明天就要去丽江打工了。到了福贡后，我们先去车站买车票，可是没有买到，票早已卖完了，我们就买一些傈僳包包回家了。回到家里我和我妻子商量，让大女儿到六库再转车，我俩也去泡温泉。然后，我们收拾东西就去六库了。到了六库泡温泉的地点，我们就先做帐篷，做好后去六库买车票，可是客运公司的人已下班了，我们就去吃饭。回到温泉，她母女俩先泡一会儿，之后我也泡了一会儿，就睡觉了。

2013年1月5日　星期六　晴

今天早上天不亮的时候我们三个就起床了，因为我要送我的大女儿去车站，我妻子要泡温泉。我们父女俩到了车站，车站还没开门，就先去买早点吃。吃完后门也开了，我去买丽江的车票，车票买好后让她坐在车里，跟她坐了一会儿，叮嘱她几句后，我就转回到泡温泉的地方。回到那里，我妻子正在做饭，我就先去泡温泉了，泡完后吃饭，吃完饭后睡觉，因为泡温泉太累了。睡了一觉后来观看别的帐篷，哦，差不多有100多人，都是一家一家的，而且都是福贡人，帐篷旁边都是炊事用具，还有鸡等，这里也很热闹呀。我们就赶紧做饭吃。这里泡温泉的人告诉我们白天很热啊，泡不起，只有早上和晚上才泡。我们吃完饭太阳也落山了，我俩也就泡温泉去了，泡了三四十分钟就回来帐篷里睡觉了。

2013年1月6日　星期日　晴

今天我们俩还是天不亮就起床去泡温泉，我俩到池塘旁边时，池里只有两三个人。我们俩跟着他们泡了一会儿，就起来坐在旁边等身体冷了一些，又泡一会儿。这样泡了三次，我俩就穿好衣服回到帐篷那里了。可是刚走到半路上，我妻子说有点头晕，坐一下，然而她一坐下就躺下去了，而且我叫她两三遍都叫不醒她。过了两三分钟后，她才把眼睛慢慢地睁开。我说我来背她，她说她自己来，我就扶着她回到帐篷里让她躺下。我在她旁边烧火烧开水，然后给她喝，再给她煮两三个鸡蛋，让她吃完后我再做饭。做完饭后让她休息，我跟朋友聊天。中午我跟那里的人举办了一个祷告会，晚上也是，然后大家才泡温泉。我妻子身体虚弱，所以她没有去泡。泡完了我就回帐篷里睡觉去了。

2013年1月7日　星期一　晴

今天我们还是天不亮就起床，因为今天我们准备回去，所以泡最后一天。今天早上我妻子少泡了一点，我还是和原来一样泡了三次，然后回到帐篷里睡了一个小觉，再做饭吃。吃完饭后收拾行李，收拾完了我们就把行李放在摩托车上，就回来了。回到县城里吃了一点东西，买了4斤猪肉就回去了。回到家，给了妈妈一点肉，我们吃完饭后就睡觉了。

2013年1月8日　星期二　晴

今天我们一直睡到10点多钟，因为前几天泡温泉太累了。起来后我妻子在家做饭，我去接儿子。到了鹿马登后，他们正集合着，校长在他们面前讲话。讲完后学生们也解散了，我去找儿子，找着后就把他领回来了。回到家里我们吃饭，然后我们继续休息，直到晚上做饭时间我才去做饭。这几天妻子身体虚弱，只好由我来做饭了。做好了后我们吃饭，吃完饭后就休息了。

2013 年 1 月 9 日　　星期三　　晴

今天我有点感冒，我妻子也还没恢复，所以我们还是 9 点过后才起床。然后喂鸡、喂猪、做饭吃，再休息，晚上也是我来做饭。吃完饭后她在家里休息，我去教堂聚会，聚完会后回来写日记，然后就睡觉喽。

2013 年 1 月 10 日　　星期四　　晴

今天是福贡街子，但我感冒了，家里也需要做一些活，所以就不去了，不然的话是一定会去的，家里已经没有钱了。早上起来后，先刷牙洗脸，然后去看一下大学生研究基地，因为昨天晚上听见漏水的声音。我把门一打开里面都是水，我就转回去拿扫把和拖把，还约了我的小孩子一起去扫。大约扫了一个小时，还把水管修理一下，然后就回家吃饭。后来我妻子去找猪食，我和小儿子挖猪粪池，一直挖到 3 点多钟才休息，因为我儿子要回学校。给他洗手换衣服，让他吃饭，然后我送他到学校，给了他 10 元钱，我就回来了。今天就这些事了。

2013 年 1 月 11 日　　星期五　　晴

今天我们吃过早饭后在家里做活，有一间猪圈的石棉瓦还没有盖，所以今天要把这间盖完了，还有鸡窝也要加宽一点。今天就只做了这两件事，然后就休息了。

2013 年 1 月 12 日　　星期六　　晴

今天早上吃完饭后就去福贡，因为我的二女儿白天就要考试了，她说她没钱买笔。到了福贡一中后先给她打一个电话，让她下来到学校大门前，到了后我就给她 10 元钱，然后就转回来了。回到家里还是挖猪粪池，到晚上去教堂聚会。今天我听到敲钟声就去了，因为今天是我讲道，所以要比别人先到。到了教堂，人还不多，我们就等了他们一会儿，然后开始唱歌，赞美敬拜。完了后我去登台讲道，讲完后还是唱一首赞美诗，然后祷告，今天的聚会就这样结束了，我们也就回家休息了。

2013年1月13日　星期日　晴

今天是星期日，我们早上的聚会也去了，中午的聚会也去了，晚上的聚会也去了。今天讲道是一个人，名叫马可，泸水人，他来我们村做上门女婿，当然经常不在这里，只是一年中回来几次。今天他讲道的题目也只有一个，叫"神的呼召"。今天他讲得很好，我们也很感动。今天就这些事了，我在写完日记后就休息了。

2013年1月14日　星期一　阴

今天我们需要早起，因为做猪粪池的工人今天要来。我挖的坑宽度还不够，必须先挖好。他们到的时候我还有一点没有挖好，他们说他们下午来做，所以我挖好了后吃饭，吃完饭后又去福贡拉了几转人。因为是阴天，很冷，人也少，所以3点就回家了。回到家里，向邻居家借了50个空心砖，运到我家的猪粪池旁边，然后闲了一下。突然手机铃声响了，我一看是我的二女儿，她说她感冒了，让我给她送药，然后我就开着摩托车去福贡看她了。到学校门口她也出来了，她说她要回家一天。所以跟班主任请假后，在县城里买了点药就回家了。回到家里给她吃药吃饭，然后我们就睡觉了。

2013年1月15日　星期二　晴

今天也没做什么特别的事，只是在我们家门前的菜地上撒了一些黄瓜种和辣椒种。撒完了后就去我家旧住处那里做一下菜地围栏，但没有做完就回家休息了。晚上吃完饭后我在家里看电视，我妻子去练舞，他们这个星期要献跳，一直练到10点钟。回来以后就休息了。

2013年1月16日　星期三　晴

今天早上做猪粪池的人到我们家来做，所以我妻子做饭，我跟他们一起做。做了一个多小时就做完了，然后留他们吃饭，吃完饭后他们又去做另外一家的了，我也出去挣钱去了。到下午4点半左右去鹿马登完小接我孩子去，他们今天下午期末考完了就放假。早上一二年级已经放假了，下午三年级放假。到了鹿马登后他们还没有考完，我们就在外面等着，等他们出来了我们才进去学校里，然后去收拾他的行李。他在教室里，老师给他们布置作业，再让他们吃饭，然后我就签了名把他带回来了。回到家里我又去教堂里聚会，妻子在家喂猪喂鸡。今天就这些平常的事了。

2013年1月17日　星期四　晴

今天早上没吃饭前，我们邻居家的二女儿跟三女儿回家了，她们东西有点多，抬不动，叫我去江东接她们。接回来后我们家吃饭，然后我妻子化妆打扮，今天要去布拉底做客，因为我们二组此友堆的大女儿今天要嫁到布拉底，他们今天结婚。我在家干活，可是我妻子说晚了，叫我送她，我就送她到布拉底教堂。转回到克起米底新村的时候，有个老人说他妻子病了，叫我帮他们送到布拉底医院那里。我就把他们送到布拉底那里，可是医生不在，只好把他们送到鹿马登医院那里。然后他们给了我点油钱，我没收，然后我就转回来了。回到家里做了一点活就6点左右了，我们也就休息了。

2013年1月18日　星期五　晴

今天吃完早饭后我就开着摩托车去挣钱去了，这几天确实没有钱了，所以需要把家里的活先停着。可是拉了几转就不拉了，因为车子太多，人并没有那么多，一直拉到5点多钟就回家了。回到家里数了一下钱才剩着30多元，我们吃了晚饭后就休息了。

2013 年 1 月 19 日　星期六　晴

今天早上我一起来就干活，因为我们家门前的那个挡墙有点低，所以要加高一下那个挡墙。早饭吃完后妻子也来帮忙，小儿子跟着他奶奶去找猪食。我们一直做到 6 点多钟，然后才休息，所以教堂也没去着。我们吃完饭后妻子去排练舞蹈，我在家看电视，到 10 点多钟我们就休息了。

2013 年 1 月 20 日　星期日　晴

今天早上 7 点 30 就起床了，因为我的二女儿昨天下午回了家，他们今天早上还要上课，所以得送她去。我把她送到学校转回来，回到家里又去教堂聚会，然后才回来做饭吃。今天中午跟晚上也参加聚会了。晚上聚完会后去了福贡，因为我的大女儿寄给我们 400 元。明天我妻子要去参加圣经培训 12 天，所以家里没钱，只能马上就取回来了。回到家里已经是 10 点多钟了，我们也就休息了。

2013 年 1 月 21 日　星期一　晴

今天我还是做挡墙，我妻子去找猪食，因为她今天下午要去参加圣经培训。她把猪食找好了，我去接她。然后她回家收拾行李，收拾完后我又去送她。我把她送到克起米底后就转回来了，然后我和儿子在家喂猪、喂鸡。饭是在我妈家吃的，吃完饭后我和儿子在家看电视，然后写完日记就睡觉了。

2013 年 1 月 22 日　星期二　晴

今天我和儿子早起，因为我妻子不在家，她去参加圣经培训，所以我需要做家务活，做饭、喂猪，还要喂鸡等。做完了我就出去开摩托挣钱，叫我儿子跟着他奶奶找猪食。晚上 4 点多钟就回来了，回到家里家务活做完了，我们就休息了。

2013年1月23日　星期三　晴

今天早上我把家务活做完后，就去鹿马登开摩托挣钱。到4点左右就回来了，回到家里还是做家务活。我们两父子吃完饭后就去球场看演出，今天晚上县文艺团来演出，还有宣传部部长和旅游局的局长，他们宣传十八大精神。今天来看的人也比较多，因为各个村里都知道了。晚上9点左右他们演完了，我们就回家休息了。

2013年1月24日　星期四　晴

今天早上我做完家务活后，就准备出去开摩托挣钱。我把摩托车开到桥头等人，等了半个钟头左右，可是没有。后面有一个王咀的人，他说要帮他们家加工房子，给我55元。虽然我有点不愿意，但他约了我一会儿，他还称呼我姐夫，我有点不好意思就答应他了。结果，我们6点多钟回到家里，妈妈已经喂好猪、鸡了，我也就休息了。

2013年1月25日　星期五　晴

今天早上吃完饭后，就在家里干活。因为前几天做的猪粪池盖板还没盖，还有一点水沟，还有猪槽。等这些做完了，我又去鹿马登买苞谷种。到了那里后买了三包，每包48元，每斤12元，每包有4斤重，一共花了144元。然后在街上遇见一位熟人，跟他聊了一会儿就回来了。回到家里还是做饭、喂猪、喂鸡。等这些做完后在公路上兜了一阵风，因为今天一天都没有电。不久电来了，我和儿子也回家看电视了。看了两集战斗片后就睡觉了。

2013年1月26日　星期六　晴

今天早上做完家务后，我叫我的儿子去跟他奶奶找一背猪食，然后我准备去福贡开摩托挣钱。刚开出去就遇到我二叔，他说他也去福贡接他女儿，我就带着他到了福购贡，遇到他女儿，然后行李装在我车上，他俩买肉去了。我也去看了一下我的二女儿，见到女儿后给了她 30 元，然后叫她好好考试，我就转回来到县城。我打电话给二叔回去了，他说可以了，我们就回了家。我堂妹给了我 50 元，还给我买了一条鱼，我说了一声谢谢，就把鱼放回了家，然后再一次回到福贡。但是县城里修路，堵车堵得多，我也很烦，就拉着一个人回来了。回到桥头遇到我妈妈的姑姑，她说她病了，要到县城去医病，我就把她送到了布拉底。送到那里后又回到家去找猪食，然后做家务活，吃完饭后又去克起米底那里参加聚会。还没完，我的小余弟又打电话，他说他工程做完了，把他的工具放在我家，叫我快点回来。我就回到家跟他一起下了工具，他们下完了喝了一杯茶，就回去了。今天一天我也做了许多事，也有点累，写完日记就休息了。

2013 年 1 月 27 日　星期日　晴

今天早上的早堂我没去，因为家里需要做家务。中午我去克起米底那里，因为那里今天人比较多，到了那里以后我就进去教堂里坐着。第一是唱赞美诗，然后讲经再就献唱。我 2 点半就回来了，今天人多，现场的人也比较多，那时都还没有完。回到家里躺了一会儿，又做家务活，吃完饭后又去老婆那里送给他们的裙子。到了那里后打电话找他们，找了后交给他们，我就去教堂了。聚会完了后就回了家，然后就休息了。

2013 年 1 月 28 日　星期一　晴

今天早上吃完饭后，我叫妈妈帮我找一背猪食，还要带着我儿子去。交代好了后，我就开摩托车挣钱去了，但是城里路还没修好，还是很堵车，所以 3 点多钟就回家了。今天汽油费都没除，总的才挣了 70 多元，可能汽油除了就只剩三四十元了，回到家里猪食已经找好了，我就休息了一下。然后妈妈过来，她说她要买包菜，我就给她 10 元。她回去了后，我还是煮饭、喂鸡、喂猪。吃完饭后就休息看电视了。

2013年1月29日　星期二　晴

这次的感冒怎么也好不了，今天也是，早上做完家务活后，一直睡到4点多钟，但是女儿还是没有回家。打电话问她，她说她等会儿再回来。我就起来做晚饭，做好后她也回来了，我还是躺在床上。女儿他们排练节目，今年的春节，他们还是准备演节目。今天就这样了。

2013年1月30日　星期三　晴

今天早上我天不亮就起床。早上第一转先送我妻子到克起米底，他们早上8点就上课。然后回到家里拿好驾驶证，准备去福贡。在桥头那里等人，等着两个人后，我就去福贡了。拉了三转后买了斤肉就回家了。家里有我女儿和儿子，家里菜已经没有了。回到家里我把肉煮了，然后吃饭，然后我又去福贡，今天生意还不错啊。包车包了两转，总的挣了200多元。可是汽油加了80元；手机费也交了，我交了我的20元，我妻子的20元，早上肉钱20元，最后剩了60多元。回到家里吃完饭后就休息了。

2013年1月31日　星期四　晴

今天早上我起来后去叫我的女儿和儿子，一个在他奶奶家睡，一个在他堂哥家里睡。叫他们回来做家务，他们平时都在学校里，所以让他们学习做家务活。饭和猪食让我女儿做，我儿子扫地，我做菜。做完后，儿子休息，女儿找猪食。我去洗摩托，晚上也一样。吃完饭后，女儿排练节目，我儿子到他哥哥家去。我一个人看电视，然后写完日记休息了。

2013年2月1日—28日

2013年2月1日　星期五　晴

今天早上我起来后还是去叫我女儿和儿子，但是女儿不愿意起来，我就把她的被子拉开，她才起来。我们三个回到家里，我女儿喂猪时，我儿子做饭扫地，我喂鸡煮菜。吃完饭后，我儿子跟他奶奶找猪食，让女儿洗衣服。我感冒头痛，所以睡觉。12点半我妻子也回家了。晚上吃完饭后女儿去排练节目，我去看了一场球，然后在家看电视。今天就这些事了。

2013年2月2日　星期六　晴

今天我准备去珠明林，那里有一个喜宴，是我的一个同学的女儿嫁到那个地方。但是我接到我小余弟电话，他说今天要做他父母亲的坟墓。我和我妻子商量后，就不打算去珠明林了。饭吃完后我和妻子去王咀，我儿子去找猪食，我女儿去排练节目。我们在王咀只是找石头，到晚上6点以后才回来。回到家就看了会电视，然后就睡了。

2013年2月3日　星期日　晴

今天早上起来后我去教堂聚会，妻子身体不舒服，所以她没去，我女儿也没去，儿子也没去。中午我们全家都去了。回来后我妻子的弟弟和他的一个伙伴来到我们家，他俩的东西放在我家，他们俩是来分东西的。他俩分完后休息了一会儿就回家了。晚上去了教堂，回来时在球场那里看球，然后给他们当了一场裁判。结束后就回家写完日记就休息了。

2013年2月4日　星期一　阴

今天早上吃完饭后,我就开了摩托去福贡拉水泥,水泥是我岳父岳母做坟墓用的。到福贡后拉回来12包水泥。拉到我们村的罗苦朵那个地方以后,车子不通了,只能用马来驮。然后洗了一下车又去福贡拉人,可是今天生意不好,总的才是70多元,汽油费都没除。回到家里吃完饭后就休息了。

2013年2月5日　星期二　晴

今天我们家吃完饭后,我和妻子在家干活,叫儿子去练歌,二女儿还是排练节目。我和妻子去借电焊机,把厨房那个门的位置换了,然后又做了一个鸡圈门。今天只做了这两样,一直做到晚上,可是鸡圈门还没有做完,只好过两天再做了。晚上看了两场球,然后就睡了。

2013年2月6日　星期三　晴

今天早上我们家吃完早饭后就去王咀,今天我和妻子还有女儿、儿子一起去。到了王咀后,我去砸石头他们三个去背沙子,直到5点半才休息,然后吃完饭就回家了。回到家里已经天黑了,写完日记就休息了。

2013年2月7日　星期四　晴

今天早上就有点感冒,但是吃完饭后还是去了王咀。到半路上密丁戈那里,在我妻子姐家找了两片药吃,然后又继续前进。到了王咀选好地做坟墓的地方,我的小余弟说主人家的儿子不同意,所以要另选一处。回到我岳父家商量了一会儿,然后在自家的自留地里做,然后大家又开始干活。我感冒,身体实在不行,所以3点多钟就回来了。回到家里吃了点药就睡觉了。妻子晚上才回到家。今天就这些了。

2013年2月8日　星期五　晴

离春节只有一天了，可是我的病还没好，只好让我妻子去买菜，让女儿在家里做家务活。我的妻子回到家里我们才吃饭，然后我还是躺着休息。晚上在球场里练球的比较多，他们这几天都练到11点多钟，还有要练节目的也是如此。今天就这些了。

2013年2月9日　星期六　雨转阴

今天还是感冒头痛，就在家里休息吃药。妻子去县里买菜，下午母亲和我们一起吃饭，今天就这些了。因为有病，可能春节也不能玩了。

2013年2月10日　星期日　晴

今天早上的聚会我没去着，还是感冒，中午的聚会和晚上倒是去了。虽然今天是初一，但是今天是星期日，所以村委会的农民运动会明天才开。今天外地来打球的也不多，只有两三组。我们身体不舒服，所以晚上没出门，写完日记就休息了。

2013年2月11日　星期一　晴

今天是初二，可以说我们今年的春节活动今天就开始了。11点过后来参加活动的陆陆续续集中了。12点刚到，村委会的支书讲了几句话后就放鞭炮，然后通知今年参加活动的项目有几项。第一是男篮，第二是女篮，第三是拔河，第四是打弓，第五是小孩子们打沙包，就这几项了。村里的组长、副组长，还有党员、妇女主任都各自负责一个项目。来看打球的就发给他们瓜子，今天给每人发了两转。口渴的到村委会厨房里，那里有自己泡的牛奶。除了我们三个组，还要发给他们米和肉，下午那顿他们在下面煮饭吃，打完了他们才回去。今年的春节我没有参加活动，我的感冒还没好，只是溜达溜达，今天下午6点就休息了。

2013年2月12日　星期二　晴

今天是春节活动的第二天，所以早上9点多钟就开始打篮球。今天的第一场本来是亚朵和汪然村，可是他们人没有到，所以第一场变成娃底二组和密丁戈男篮。人比较齐了就发瓜子，然后其他的项目也开始了，去打弩弓的一些，还有拉拔河的一些。小娃娃们还是打娃哈哈。有一些累了就歇一下，口渴了就去喝牛奶。拉拔河的和打弓箭的奖品是洗衣粉，赢家大包，输家小包。小孩们把娃哈哈打倒了就可以拿走。打篮球可能是给钱，他们还不知道究竟能拿到第几名。比赛越来越激烈，可能明天更精彩。

2013年2月13日　星期三　晴

今天是春节活动的第三天，打篮球的继续打拉拔河的继续拉，打弓箭的继续打，还有小孩子几个打娃哈哈。今天加了个项目，就是两只脚装进麻袋里去，然后青蛙跳一样的比赛，赢的还是给洗衣服。下午7点开始文艺演出，还是一个组一个组的比赛打分的是县里和乡里来的干部。晚上文艺演出第一名是娃底一组，第二名是娃底三组，第三名是娃底二组，还有亚朵组，其他的都给鼓励奖。今天不是今年春节活动的句号，篮球还没有胜负。明天再接着写，晚安。

2013年2月14日　星期四　晴

今天只是打篮球比赛，其他项目已经全部结束了。今天吃完饭后第一场比赛的是男队的亚朵队和娃底三组，还有女组也是亚朵队和娃底三组，后面是娃底二组和王咀组，这队以后先给老年队打一场。老年队打完了之后，就争取女子组的一二三名和男队的一二三名。今天上面的那几个村里没有来几个，只有打球的和篮球爱好者们。到了下午4点左右，终于分出胜负了。男组第一名是娃底一组，第二名是娃底二组，第三名是娃底三组。女篮第一名是亚朵一组，第二名是密丁戈组，第三名是汪然组。其他的都是鼓励奖,鼓励奖是300元。第一名600元,第二名500元,第三名400元。昨天文艺比赛第一名1200元,第二名1000元,第三名800元,鼓励奖600元。今年的春节活动今天就到这里了,活动当中大家都很遵守规则,所以大家都很高兴,希望明年的春节也过得很愉快。

2013年2月15日　星期五　晴

今天早上我们全村人都大扫除,这几天过春节活动,大家都把瓜子皮吐得满地都是,还有纸杯等,所以我们娃底三个组扫了整整一早上,直到10点多才清理完,然后吃饭。妻子和二女儿去王咀帮忙,我和儿子在家,我们二组的球员和一组到沙子坝去玩、吃烧烤。他们把这次活动得到的奖金集中在一起,然后买食物吃。晚上妻子和他女儿才回来,今天也就这样了。

2013年2月16日　星期六　晴

今天我们全家9点过后才起床,因为大家都有点感冒。因为大家都吃不下饭,就随意地吃了一点。然后让女儿去她叔叔家洗衣服去了,他们家有洗衣机,我都和妻子睡觉,儿子在家看电视。今天就这样白白过了一天。

2013年2月17日　星期日　雨

今天一天都下着雨,所以除了去教堂聚会以外,其他的时间都在家里做饭、吃饭、休息、看电视。今天也就这些了。

2013年2月18日　星期一　雨

今天早上吃完饭后,我和妻子就开着摩托到空心砖厂拉空心砖,因为我岳父岳母那里买不着空心砖,只好从我们村这里用马驮上去。有一公里半左右是通车路的,要把空心砖拉到那个地方。我和妻子拉了两转,每转 50 个，总的拉了 100 个。然后我妻子的姐姐还有她侄女及她的弟妹他们，三人驮马，我俩拉完后就休息了。之后去了一趟福贡，买了一点鸡饲料，理了一个头。然后我去刮了一张彩票，刮着 300 元，然后就回家了。今天很高兴。就这样了。

2013 年 2 月 19 日　　星期二　　晴

今天早上我们吃完饭后，全家都去王咀帮忙。到了王咀后，我妻子和二女儿还有小儿子他们几个跟王咀的人一起去背石头，我和几个人在做基础。今天只是把基础平完天就黑了。我和妻子吃完饭我就回家了，我的二女和儿子在他舅舅家睡。我俩也在回到家后就休息了。

2013 年 2 月 20 日　　星期三　　晴

今天早上没有吃饭之前，我去了一趟福贡，因为水泥已经用完了，所以拉水泥，再买一些墙砖。回到家里以后再去王咀。水泥和墙砖都是用马驮的。今天一直做到晚上还是没有做完。今天儿子还是睡在他舅舅家，只有我们仨回来，回到家里就休息了。

2013 年 2 月 21 日　　星期四　　晴

今天还是去王咀，因为还没有完成，所以一直做到晚上。今天不准备回家，家里有二女儿，她没去王咀，因为她马上就要开学了，所以让她在家做作业洗衣服，晚上喂猪、喂鸡由她负责。晚上我们就在我岳父岳母家睡了。

2013 年 2 月 22 日　　星期五　　晴

早上起来，我和我的小余弟就去干活，妻子帮我们做饭，煮好了后就叫我们吃饭。吃完饭后闲了一会儿又继续去做。今天做到 6 点左右就休息了。明天他俩做一天就完了，我们也不需要去帮忙了，所以吃完饭后就回了家。

2013年2月23日　星期六　晴

今天早上我们吃完饭后就去江东抬竹子。那边有一块竹林地，是我妻子的叔叔的。她前几天去王咀的时候跟她叔叔要了几棵，要做黄瓜架。我们到了那里闲了一会儿，然后我砍竹子，他们几个把竹子全部拉到一处。等够了我们就不砍了。然后我把竹子捆好后让他们几个拉，我也拉了一捆，拉到公路边后用摩托车拉回来。回到家里后，我又去了一趟福贡，买糯玉米种。但是没有买到，就回来了。

2013年2月24日　星期日　晴

今天早上我感冒，所以教堂也没去，我妻子和女儿还是去了，她俩从教堂里回来后才做饭吃。吃完饭后我妻子去帮我奶奶洗身子去了。她的眼睛已经瞎了好多年了，而且身体也很弱了，这几天更是饭也吃不下了。我和二女儿去了教堂，从教堂回来后准备去王咀，可是去不成了，因为家里来了客人。客人是云南大学的研究生，所以只是我妻子去了。大约2点过后，研究生来到我家里，我给她倒了杯水，让她复制这几个月里我拍摄的视频，因为她要拿回学校里交给老师。然后再给她我写的日记。她看了一会儿，我再拿给她合同书。之后她去此友生家，他也是写日记的。过了一会儿她回来了，此友生也来了我们家。此友生说他没有时间再写日记了，他把电脑退了回来。然后研究生让我俩写收据。我写了两份收据，一份是电脑和摄像机的，一份是写日记的辛苦费，1200元，然后按了手印。她也要回去了，可是今天车子有点难搭，我就把她送到了腊乌学校那里后就转回家了。回到家里已经天黑了，我们就在家看电视，然后就休息了。

2013年2月25日　星期一　晴

今天早上我吃完饭后准备去福贡送我的女儿，福贡一中的学生今天收假。我妻子和儿子也去，妻子去买糯玉米种，儿子28号也收假了，所以去给他买一双鞋。我们4个到了福贡以后先去一中把女儿的行李放好，然后再去交学费。今天在教务处交了850元，女儿说班主任那里还要交，我就拿给她400元钱，200元交学费，100元买校服，还有100元是她要买一条裤子。然后把她也带过来，给她一双拖鞋。她遇见一个同学，她们俩就一起走了。我们去买玉米种子，然后再去买一双胶鞋。在街子上走了一圈。今天赶集的人也比较多，可惜今天不是我开摩托的日子。然后我们走回放摩托车的地方，让他俩坐好了，我就开着摩托回了家。

2013年2月26日　星期二　晴

今天早上8点过后，此友生打电话给我，要我去拿电脑。电脑是云南大学民族研究基地的，以前电脑是他负责的，可是这次他说他很忙，所以就把电脑退回来，其他的负责人还没有找到，只好暂时由我来保管着。到他那里，他已经撤好了，所以我把电脑和连接线、电源线装在摩托车里，然后叫儿子扶着电脑，开回到家里。在家里摆好后请一个玩过电脑的人帮我连接线，然后给他倒一杯水。他回去了以后我们就吃饭，然后就去福贡。可是今天生意不好，刚下去的时候拉着一个人，才5元钱。然后在街上转了七八圈也没有一个人搭车，只好闲一下再继续开，可是没人叫车。后面就拉着两个人回来，一直回到家里。今天一天才挣着15元钱，汽油都加了30元钱，还多花了15元。没有办法，车子越来越多，但是不管怎么样，日子总得过下去。今天就这些了。

2013年2月27日　星期三　晴

今天早上8点过后，我们娃底二组的高音喇叭响了。然后组长讲话说今天早上我们组要发低保，大家赶快过去集合，有零钱的还要带上，不然等一下找不开钱。我们听到了以后马上洗脸刷牙，然后就往组长家里走去。走到半路上遇见叔叔，还有几个人，我们就一边聊一边去了。到了他们家，比我们先到的有几个他们已经在凳子上坐着了，我们也找了一张凳子坐着，然后他们倒茶给我们。我们等了十多分钟，人差不多到齐的时候组长就讲话了："人大部分到齐了，这是个别的两三个我们就不等了。"然后就继续说村委会里的人怎么通知的，说这次的低保里有春节补助的资金，所以这次比以前的多，还有学生低保每个月也比以前增加了10元。然后他说叫我和我们组的妇女组长帮他数钱，算一下账。我去帮他算账，妇女组长数钱。他把总数报给我，还有其他收入和支出都报给我，然后我用计算机算出来的结果是平均每家618元；学生低保有270元。算好了以后一户一户地分给他们，让他们把钱数好，回到家里不够了就不要找我了。发到每一家他们都很高兴，说谢谢党、谢谢政府发给他们钱。然后一家一家的，拿到钱后乐滋滋地回家了。我们三个人是最后才分的，先发给妇女组长，她家没有学生，所以拿到618元。发到我的时候，我家的学生有一个，其实是两个，可是到初中以上才发，所以儿子发不着，只有女儿才有份。女儿有270元，我家总的就是拿到800多元，心里也挺高兴的。最后一个是组长的，发完后还剩6元钱，那个就让他留下买笔买纸用，我们就回来了。拿到钱的人有一些去鹿马登赶集，但是我们家没有去。我们在旧宅地里干活，一直干到晚上，然后吃完饭之后就去教堂，回来以后就休息了。

2013年2月28日　星期四　晴

今天早上我要去做小工，所以早上洗完脸穿好劳动服就去了。我要去的那家是我的邻居，他们家的房子差不多盖好了，只是还没有装修好，厨房还没有做，我们今天要做的是厨房。他还请着一个师傅，是他的侄儿子。他们家的主人是老师，来这里上门的。早上做到10点钟后，妻子叫我回来吃饭。吃完饭后妻子要送孩子到鹿马登的学校，今天他们收假了，所以送儿女的比较多。我叫妻子快点去送，不然送晚了，别人家的孩子睡了下层，我们的儿子睡上一层，那我们有点不放心，因为孩子还不会单独睡。我闲了一会儿就去干活去了。今天他们家还有来帮忙的，是他的儿子和侄子。看了一下材料，顶杆不够，我们就去砍毛竹，砍好了，大家就一起扛回来。然后做架木，晚上6点过后就休息了。回到家里吃完饭后就学了一下电脑，还不会，就写完日记睡觉了。

2013 年 3 月 1 日—31 日

2013 年 3 月 1 日　星期五　晴

今天还是去做小工，一直做到晚上 6 点多钟，然后我就有事先回来了。因为我岳父的弟弟他儿子今天要去求亲，叫我开摩托车送他们去。我换好衣服连饭也没来得及吃就跟他们去了。到了鹿马登我就买些零食吃，然后继续开。我们要去的地方，叫亚格老，要上乡村路，路也不好走，而且要爬坡，所以天黑了以后才到他们村。我和我的小舅子去叫他们村的负责人，让她带我们去。我俩兄弟见到她后就去了姑娘家，听说他们家的父亲已经去世了，大姑娘也二十几岁了。我们到他们家里时，他们已经聊起了，我们在他们家坐着，他们给我们倒茶。然后我岳父的弟弟先讲，说今天我们来这里的目的是为了他的侄儿子的事，请他们答应我儿子的求婚，他也很喜欢你，然后介绍家里的情况。等他说完后就我的小舅子说，说他兄弟很温柔，脾气也很好，也很勤劳，也不乱搞等等。去的人全都讲完后，就拿给她钱，要是她答应了，钱就不会退回来，不答应她就会把钱退回来，但姑娘说不答应。我们就说让她考虑一下，我们明天再来。然后我们就回了家。

2013 年 3 月 2 日　星期六　晴

今天还是先去做小工，然后妻子把饭煮熟后就叫我吃饭，吃完饭后我还是去做工。今天跟我们一起做工的一个小伙子，昨天晚上喝多了酒，所以早上起不来，他中午 2 点后才来做工作，一上午都是我和普堂两个人做着。今天是星期六，所以 5 点半就下班了。可是我还得赶紧换衣服吃饭，今天还得去昨天提亲的那家里。提亲那一伙人到我们村的时候打电话来通知我，我再开摩托车，拉着他们去。今天他们还多带了两个姑娘。我们到他们村里，还是先叫着教会里的执事带我们去。到了他们家，只有她哥哥和她嫂子在家，她妈妈做礼拜去了，她跟朋友玩去了。我们等了一会儿，她妈妈先回来了，然后她也回来了，今天还是我岳父的弟弟先说话，他说他很喜欢让她来做他的儿媳，希望能嫁到他们家里。去提亲的那些人，每个人都帮他们说，他们家家庭条件好，生活也不错，人也很温柔，而且也很喜欢她。一直说到 11 点，可是姑娘没有答应。我们就说明天再来，就回去了。

2013 年 3 月 3 日　星期日　晴

今天早上起来后，我去教堂做礼拜，妻子在家做饭，二女儿说肚子痛，所以她没去教堂。我从教堂回来后，叫二女儿做菜，我和妻子去鹿马登完小探望儿子，他的书包前几天没有拿，今天去送，还送一条裤子。到鹿马登完小后，他们还没有下课，我们在操场上坐了会儿。下课铃声响了，同学们纷纷从教室里跑出来。我和妻子去我儿子那个班里找，找到了以后领到宿舍里换给他衣服裤子，给了他 3 元钱零用钱后，我俩就回来了。中午去了教堂，晚上的聚会我们俩都没有去着。我们还是去力吐村提亲。前几天去的那个姑娘不答应，所以今天要去另外一家，不知是力吐教会的执事还是他们教会的谁的女儿，还是教会的妇女执事带我们去的。到了他们家，我们在火塘边坐着，然后先聊了一会。后来，还是提亲的爸爸先讲话，然后又是一个接着一个说，但姑娘还是不同意，最后把信交给她让她考虑一下，告诉他们我们过两三天再来。这样我们握了个手，告了个别，就回来了。

2013 年 3 月 4 日　星期一　晴

今天我们还是去做小工，早上一起来就去做了，等饭煮好了后就回来吃饭，吃完饭后我又继续去做了。妻子今天去帮格士大家浇灌房子，他们家今天约了四五十个人，所以下午 5 点钟就完工了。我们这边今天一上午还是两个人，中午后他们全家才回来，他还给我们买了几斤橘子，还有方便面。我们吃完后还是继续做工，最后顶杆还是不够，我们又去砍毛竹，砍好了后每人抬一根回来。今天我们一直做到7点左右才下班。我们把工具收完后就各自回家，回到家里洗手洗脸洗脚，然后吃饭。吃完饭后就学了一下电脑，然后写日记，写完了就准备睡觉喽。晚安。

2013年3月5日　星期二　晴

这几天就开始忙了，有些要撒秧，有些要割油菜，过几天就要种苞谷了。所以这几天不管天气怎么炎热，村里的农民们没有闲着。今天我还是照常的去做小工，我妻子去地里割油菜。我们吃完饭后，我妻子就背着篮子出发了，我闲了一下喝了杯茶后也去做工了。今天他们家里有一个小伙子帮忙，所以今天做工的一共有4个人，所以晚上他们家里做饭，杀了一只鸡煮给我们吃。但是他们家帮忙的那个人没有来吃饭，所以吃饭的只有我们几个。吃完了后就回了家里。我们组的普堂也是和我一起做工做的小工，他叫我去他们家玩。我洗完脚换好衣服后，就去了他们家。到了他们家，他说我先练习一下电子琴，等一下录一首歌。他先洗了个头，洗完了后他就把电脑和电子琴连接好了，他妻子唱歌。我在电子琴里找节奏和音色，然后练了好多遍。但是今天没有练成，因为有点累，所以没有找到感觉。"等过了几天有点闲的时候再录吧。"说完了后我就回了家。

2013年3月6日　星期三　晴

今天还是跟以前一样，照常的起来，然后先去做工，等饭煮熟了后就回去吃饭。今天妻子吃完饭后就要去娃底，因为昨天我弟弟买了一台犁地的小型拖拉机，价钱是3700元，今天去试着犁一下。我让妻子也跟着去，叫他帮我们犁一下，过两天就要栽秧了，我们家的秧地还没有犁好。我吃完饭后就去干活了。今天要做的是扎钢筋，要是今天把钢筋扎完了，明天就可以浇灌了。所以我们一直做到晚上，但也没有完成，只能明天再做了。今天晚上也是在他们家里吃饭，吃完饭后就回家休息了。

2013年3月7日　星期四　晴

今天我们做的那家房子要浇灌屋顶，所以我和我的伙伴早早地起床，昨天还没有完成的那些今天早上必须在来帮忙的人到之前完成。我们一直做到11点后才回来吃饭。然后来帮忙的人全都到齐了，我们就指挥他们。先把人安排好，因为这家主人是人民教师，他妻子虽然是农民，但毕竟是妇人家，所以不知道人该怎么安排。我就安排一些人装碎石，一些人装沙子，有一个人装水泥，其他的那些抬拌好的水泥，我和我的伙伴在上面倒水泥。今天来帮忙的有十五六人，但大部分都是妇女。我们中午闲了一会儿，主人家给我们喝健力宝和鲜橙多。喝完了以后就接着做，做到5点就完工了，我们全都在他们家吃饭。吃完饭大家各自回家了。

2013年3月8日　星期五　晴

今天早上吃饭的时候我才起床，因为昨天才浇灌，今天做不成，所以今天准备开摩托车去挣钱。我吃完饭就出发了。我把摩托车开到桥头那里等着，等了半个小时左右才来了一个人，我就把他拉下去，然后半路上又拉着一个人，这一趟就拉着10元。后来在街上转了好多圈，也没拉着人，我就买了4包化肥，花了300多元。如果现在不买，过两天就要涨价了，这些化肥我们农民不用不行，不管价钱怎么涨都得买。我把化肥拉回到家里，休息了一会儿。然后我又去做小生意，收废品的一个人叫我开摩托车送他，他给我20元，我就答应送他到福贡。到了福贡后我就转回来，从蜡烛底村拉回来400斤猪饲料，花了300多元。今天一共花了700多元，找钱很累，花钱很容易。拉回到家里就休息了。

2013年3月9日　星期六　晴

今天早上我们晚点起床，因为我妻子感冒头痛。起来以后她先吃感冒药，然后再做饭。我起来后就拌水泥，等一下要做挡墙，我们家园子里的前面做得太低了，所以要加高一下。等饭熟了就吃饭，然后开始抬石头挖基础。抬好石头后，就要开始做挡墙了。到下午4点左右就做完了，然后又开始做黄瓜架，做完了后就休息了。晚上的礼拜没有去着。今天就这些事，明天再聊。

2013年3月10日　星期日　晴

今天我和妻子准备去王咀，所以早上的礼拜没有去。我俩吃完饭后就去了王咀。过两天我妻子就要去上海打工了，所以今天去跟父母团聚，还有父母亲会为她祈祷。到了王咀，他们还没有去教堂，我们在岳父家闲了一会儿，然后去了教堂。今天他们这里带歌的是妇女执事，还有讲经的是我的岳父大人。做完礼拜我们外地人就回了家，他们这一教堂的人还要留在后面，为复活节的事商量一下，今年的复活节轮到他们这个教堂了。我和妻子在我岳父家闲着，然后在那里吃饭。吃完饭祷告完了就回了家。回到家里给儿子换衣服，换好后把他送回到鹿马登完小。刚要转过来的时候摩托车坏了，没有办法，叫我的妹夫帮我把摩托车拖到福贡去。修理店的老板检查了一下，说后压箱坏了，今天修不好了，明天再来。于是，我妹夫留在县里，我打车回了家。今天就这样罢了。

2013年3月11日　星期一　晴

早上一起来我就拿着刀子去砍竹子，因为有些人家已经撒好谷子种了，有些没有水，所以没有撒。因为高山上的三面沟被冲垮了，还没有修好，没有水的那些人心里很焦急。竹子在我妈妈家下面。我到了那里问了一下，我要砍两根竹子，她同意了后我就砍了两根回去。回到家里我就把竹子先砍断，然后划开，把这些做好后准备明天去撒秧。可是晚上 10 点过后，我们村的一个人到我门前说："普雄，你奶奶去世了。"我问他什么时候，他说刚刚。我就和妻子去了叔叔家，果然见到妇女们正在给她换衣服。换好了后我们才进去，守到 12 点钟。然后跟两位叔叔商量明天怎么办，商量好后我们继续守着。不过，日记就写到这里了。

2013 年 3 月 12 日　星期二　晴

今天我和妻子天不亮就到了叔叔家里，那里已经有 10 多个人，他们整个晚上都没有合过眼。我在那里坐了一会儿天就亮了，然后我给三个组长打电话，请他们帮我们通知一下村民今天来这里帮忙。打完后，三个组的高音喇叭响了，叫村民帮忙一下。我就按昨天安排好的去做了，我是登记来报名的，我弟弟和堂弟去坟墓那里做，我两位叔叔在家接待客人。我先是去购买东西，回到村里找了一张桌子，然后把买好的笔和本子拿出来放在凳子上等人过来登记。还有今天安排的是我堂哥去宰猪，还有三组的人做饭，其他两个组去做坟墓，去那里帮忙排空心砖和背沙子。这样，2 点过后在叔叔家里讲经祷告完了后，奶奶的尸体被村里的小伙子们抬出来。抬到坟墓处后就装在棺材里，然后唱两首赞美诗，祷告完后做坟墓的继续做，其他人就回来了。到下午 5 点半左右到墓地里的人也就回来了，给他们做饭吃。到晚上，来叔叔家里的人很多，信教的人让他们坐一处，信教的人先唱赞美诗，然后祷告，祷告完后他们就回家了。喝酒的人就打牌，我把今天的账准备交给我叔叔，把我们的全部亲戚叫过来，然后把本子和钱交给了叔叔，我和妻子就回了家。

2013 年 3 月 13 日　星期三　晴

今天我们早饭还是去叔叔家吃，因为坟墓还没有做好，今天还要去做。到了叔叔家里，问他们约了几个人，他说还没有约。我们就催他赶快去约，因为这几天家里忙，大家都忙着种苞谷撒秧。叔叔去了后又回来，我们问他约着了人没有，他说没有约着。我们吃完饭就出发了，妇女们在家做饭，男人们就全部去坟地里，今天多了两个人，那两个人是叔叔的伙伴。我们几个把坟墓做好了后就回了叔叔家，然后吃完饭就休息了。

2013 年 3 月 23 日　星期六　晴

今天我们准备去昆明，所以没去干活，只是准备行李和交代一下家里的事情。我们 12 点钟从家里出发，到了县城我去帮我女儿，因为她把卡的密码给忘了，办好了以后去吃了碗米线，然后就到了客运站。我们买的是 3 点的车票，现在已经 2 点 40 了，我们就把票拿给师傅让师傅检票。

2013 年 3 月 24 日　星期日　晴

今天早上我们 8 点多钟到达昆明西部客运站，然后打了一辆的士，我们先问了一下价格，问好了后就上车了。到了滨湖饭店那里后，高老师、陈老师、赵老师他们已经在那个地方等着我们了。我们跟他们握了手后，他们为我们开了房间，我们俩兄弟的房间号是 310 号，然后老师们在大厅里等我们。我们俩洗了个热水澡，然后跟着老师们吃饭。吃完饭后，我和兄弟还有徐万达在圆通山动物园和翠湖逛了一圈，然后吃完饭就睡觉了。

2013 年 3 月 25 日　星期一　晴

今天早上 8 点起床吃早点，然后去了昆明圆通国际影视城里看纪录片。第一场由郭靖老师开场致辞，然后才开始放映。第一部是青海年保玉则的《这是垃圾吗》，第二部是《雪山监测》，也是年保玉则的，都是藏族的。第三部是《村里的塑料袋》，这部是苗族的。这样早上的放映时间才结束，下午又开始放，晚上也放。今天一天放的都是别的民族的纪录片，他们为他们的民族文化而奋斗着。我们也想着回到家里后，我们也要尝试拍一下纪录片。今天就这些了。

2013 年 3 月 26 日　星期二　晴

今天跟昨天一样，早上吃早点，看纪录片，下午和晚上也是一样。放的影片大多数都是藏族或其他民族的，只是一两部。今天的晚餐是高老师的一个学生来请我们吃饭，吃完饭后我们就休息了。

2013 年 3 月 27 日　星期三　晴

今天也还在昆明培训，日常生活课程还是一样，只不过拍摄纪录片的作者有所不同。有点经验的作者拍出来的影片好看，但是没有经验的人拍出来的效果很不理想，而且看着看着会头晕。所以我们也想着，以后拍片子也要多注意一下。这样就过了一天。

2013 年 3 月 28 日　星期四　晴

昆明这四季如春的地方，我有点待不习惯。因为这里到处是高楼大厦，街又有许多，怕走错方向，所以有点待不住了。可是，不管怎么样，培训就要坚持到底，所以早上吃完早点以后还是去看纪录片，下午也看，只是晚上休息。晚餐是在云大的银杏饭店里吃的，今天云南大学的院长也来参加，他还为开幕致辞。我们吃完饭后就休息了。

2013 年 3 月 29 日　星期五　晴

今天我们的放映地点有所改变，改到云南大学人类学博物馆，而且时间也提前了一个小时，早上 9 点就开始了，到了 12 点才休息吃饭，下午 2 点又开始，晚上 7 点 30 开始到 10 点结束。晚上回到宿舍跟别的基地来的人交流，问他们那个地方怎么样、怎么做等，11 点就睡觉了。

2013 年 3 月 30 日　星期六　晴

昆明的气候每天都很好，我们照常的洗脸刷牙，然后吃完早点去看纪录片，听他们的辩论。这样我们一直上到中午 12 点，然后吃饭，休息片刻，2点钟又开始，这样陆续地放到6点。今天的晚餐是我们的福贡县的一位怒族大哥请的，他在省里当大官，我们吃得很开心，也很饱。吃完饭后我们就回宿舍睡觉了。

2013年3月31日　星期日　晴

今天早上我还没有起床，我的手机铃声就响了，我打开手机一看，原来是妈妈打来的。我接了手机，妈妈说她在家里一个人忙不过来，叫我回去，我也只好答应了。所以我起床后洗好脸，吃完早点后收拾一下行李，然后去了西部客运站。到了车站去买票的人很多，我就排在他们后头买票。买好票后我把我的行李放在寄存处，因为我下午6点30才走，所以在客运站旁边等了一天。到了6点左右我就进候车厅里，找到了直达福贡的车。6点半，我就乘车回来了。

2013 年 4 月 1 日—30 日

2013 年 4 月 1 日　星期一　雨转晴

早上 10 点左右我才到了福贡，买了点东西就直接回家去了。因为这几天离开了家，有点想家了，不管城里多么的好，也不如家乡好，家乡里的一草一木还有新鲜的空气，都是那么的熟悉。回到家里休息了一会儿，又去苞谷地里看了一会儿，看苞谷有没有长苗，有没有被老鼠吃掉的，看完了就回家了。

2013 年 4 月 2 日　星期二　阴

今天我准备去福贡开摩托车挣钱，因为在昆明期间钱花光了，过两天给女儿和儿子他们俩的钱也没有了，所以早上吃完饭就开着摩托车去福贡挣钱去了。刚下去的时候拉着两个人的车，然后在街上拉着 10 元，今天一天才拉着 25 元，回来的时候拉着一个人。汽油加了 20 元，所以才剩了 5 元，没有办法，只好回家了。

2013 年 4 月 3 日　星期三　晴

今天早上我还没有起床，我的手机铃声把我吵醒了。我打开手机一看，原来是跟我一起做工的那个人，他说今天我们俩去接着做没有做完的房子，我说可以，就起床去做小工了。还是和以前一样先去做工，然后才吃饭。这样做到下午 5 点钟就休息了。

2013 年 4 月 4 日　星期四　雨

今天我们早上还是起来做工，因为早上只是小雨，所以我俩准备浇灌两棵柱子，但是刚拌完沙灰，雨就越下越大了，所以我的伙伴就约了他母亲和他表弟。我们四个人就把两个柱子浇灌完了，可是衣服也湿了。

回到家里换好衣服，二女儿又打电话过来说下大雨没有雨伞，要我来接她。我不管怎么冷还是骑着摩托，到福贡一中接她去了。到了一中后，在学校大门口等了一会儿，她就出来了，还有我的两个侄儿子。把他们三个人接回到家里后，才在妈家里做饭吃，吃完饭后就回家休息了。

2013 年 4 月 5 日　星期五　晴转雨

今天早上我们二组的高音喇叭响了，队长说今天我们村里某某某去世了，虽然今天不安葬，但是今天需要抬空心砖、背沙子等，还需要做许多事，所以希望大家都去帮忙。我们二组的喇叭响完后，三组的喇叭又响了，同样通知各位村民。这样我们就赶快煮饭吃，吃完饭后就去了空心砖场，在那里等同伴。大约有十五六人的时候，我们组就出发了，抬的人就每人抬一个，背的人就背两个。这样我们边走边聊地上去了，因为地点在我们村的上面，有 1 公里多，所以我们在路中间休息了三次才到了地方。今天来帮忙的人挺多的，光是抬空心砖的就有 40 多个，背沙子的 10 多个，还有背水、背水泥、挖坟墓的，但这些都是年轻人做。妇女们和老人们在家里守尸体，这样今天每人排了四趟，时间也差不多 3 点了，我们就回来休息了。

2013 年 4 月 6 日　星期六　雨转阴

今天是和昨天一样，在高音喇叭里通知村民，今天也得去帮忙，所以我吃完早饭后就去我妈家。我拿给她钱，让她帮我去挂礼，因为我要去抬空心砖。还是在空心砖厂里等人集中了以后才一起出发。今天的人没有昨天多，今天多分了几个组，一些背沙子、抬棺材，还有找石头的、背水泥的，还有一些做坟墓等。都是各做各的，我们组抬了三遍后就抬完了，尸体也安葬了，我们就回来到厨房里。吃完饭我就回来了，其他的几个组还没有休息，我们就休息了。

2013 年 4 月 7 日　星期日　晴

这几天家里或是有别的事情忙，教堂里也没有去了，所以今天要起早一点准备去教堂。此外，还要去叫醒我女儿，叫她也和我们一起去，她睡在我妈家。我到我妈家里后把门推开叫醒了我女儿，然后就一起去了教堂。我们到教堂的时候，他们已经为第一节做祷告了，然后我悄悄地走进教堂，坐在他们旁边。祷告完之后就开始敬拜赞美了，因为我们每个星期日的早上第一节都有祷告，然后才进入赞美讲经。讲完经后再唱首赞美诗，然后祷告完后就回了家。回到家里喂猪、喂鸡、做饭吃，然后 12 点又去教堂。今天晚上讲经的是我们教堂的新执事，但是我的岳父来了，就让给他讲了。讲完了聚会结束后留他住一晚，他说家里忙就回去了。我把他送到村尾，就回来了。

2013 年 4 月 8 日　星期一　晴

这几天村里很忙，因为撒好的秧已经长苗了，而且已经长高十多厘米了，所以现在要把田地犁好，要除草，有一些人要补种苞谷，苞谷有一些没有长出苗，有一些被老鼠吃了，有一些被虫吃了。但是不管怎么样忙，总是要抽个时间去接孩子，今天鹿马登学校放假，把孩子们接回来后才去干活。今天我和弟弟去田地里用拖拉机犁地，我们家田地旁有户人家是来种玉米。大概三四点钟我们还在犁地的时候，我看见路上有回家的人，两三个一组三四个一组的，因为是农忙嘛，村民们大部分都是这时回来的，我们也犁完后就回了家。

2013 年 4 月 9 日　星期二　阴

今天我早点起来洗脸刷牙，这时我看见大部分人家里都冒着烟了。他们很可能想着早一点吃饭，早点去干活，所以 9 点多钟有一些人就扛着锄头出发了，有一些人背着篮子，有一些人牵着牛。有一些人往村子上头走，有一些人往村子左边走，有一些人往右边走。他们走的时候有点急，好像要马上到达目的地。下午 3 点多钟以后就有人陆陆续续地回家了，然后村里又开始冒烟，而且主人们一回来猪也跟着叫了。到了 7 点左右，村里休息了，这时我也休息了。

2013 年 4 月 10 日　星期三　雨

今天早上雨还是叮叮咚咚地下着，可是村民们还是不愿意躺在被窝里，这个月毕竟是农忙嘛，所以早上起来生火、做饭、喂猪、喂鸡。昨天没有找好猪食的，今天早上去找。有些吃完饭的，去苞谷地里。有些是去田地里浇水、除草。去苞谷地的是补种苞谷啊，有一些是补种苗。村民们没有一个是闲着的，大家都各干各的，各忙各的，到下午 4 点多钟才回家。这样就一天过去了。

2013 年 4 月 11 日　星期四　雨

今天也是跟昨天一样，家家户户都没有闲着，一早出去，下午才回家。回到家里做饭吃饭，然后看一会儿电视，看到 10 点多钟，大家的灯都灭了。大家这几天都很累，所以早点睡觉。我也睡了。

2013 年 4 月 12 日　星期五　雨

早上的雨下个不停，但是人们还是没有闲着，去找猪食，还有牛食。因为今天白天 3 点多钟赤恒底村的村民到王咀过复活节，信徒们家里人留一个人，其他的都要去，所以早上吃完饭后就准备行李，还要准备拉肚子药还有感冒药等。准备完后时间还没有到，就看了一会儿电视。3 点我们就从家里出发了。今年我和大女儿去，她背我们要穿的衣服，我背被子。我们走到路边的时候，看见前面也有好几个组，后面也有长长的一排，都是打着伞的。被子是用塑料布盖起来的，所以看到的都是白白的。因为下着雨，所以我们中间就不停留休息了。走到了王咀，王咀村子里的路上站着两三个人，那是给我们安排住处的。我跟他们问的时候,我就说我们两父女到岳父家睡,他们说好。我和女儿就到了岳父家。哦,比我们先到的有5个人,都是我们村的。我们就把行李放下,然后烤火休息。今天的也煮得有点慢,因为是头一天煮嘛。我们6点半才打着饭,吃完饭后又去了教堂。今天是开幕式,所以王咀组才唱一首欢迎歌,然后唱赞美诗、讲经。之后,王咀教会的执事宣布规章制度,然后我们就休息了。

2013年4月13日　星期六　雨

今天是参加复活节的第二天,所以赤恒底村民信徒大部分都在王咀教会过复活节。我们早上7点半起床,然后洗脸刷牙,完了后就闲了一下,他们家主人给我们饼干,还有瓜子。我们吃了一会儿然后就去了教堂,早上的聚会有点短,不过还是有两个钟头,10点钟吃饭。吃完饭后,各个教堂的信徒都要去练歌,下午每个教堂的信徒都要献唱。12点钟去教堂,先是唱赞美诗讲经,然后轮流着,一个教会一个教会地唱,今天只是唱歌不跳舞。轮着唱完了后再唱一首赞美诗,然后做一个结束祷告就回去休息了。5点半到厨房里打饭吃。晚上7点钟又开始敬拜主,还是跟白天一样,唱诗讲经,歌颂主,然后再做个结束祷告就回各自的住处了。接待客人的那些家人都给我们好吃好喝,这样第二天的复活节就这样过了。

2013年4月14日　星期日　雨

今天是复活节第三天,早上还是跟昨天一样,7点半起床,8点到教堂聚会,10点钟吃饭,12点去教堂。我们跟以前一样,先唱赞美诗再讲经。然后先给本地教会的信徒们表演节目,今天耶稣已经复活了,所以大家可以唱也可以跳。今天来参加复活节的都是跳舞的,有隔着二三十公里远的信徒也来参加了,他们是洛汗完村的信徒,还有干所罗村的等。其他赤恒底各个教会的信徒们,留在家里的那几个也来看节目了，他们下午的聚会完了以后就回去了。王咀教会的信徒们为他们准备了食物，他们吃完了饭才回去。下午的节目比较多，所以4点多钟才结束。晚上7点钟又开始，不过晚上比白天的节目还多。晚上可以独唱，也可以两三个人来唱，谁愿意唱报个名就可以了，所以10点多钟才结束。今天也是这样了。

2013年4月15日　星期一　晴

今天是复活节的最后一天，所以早上聚会晚了一点。8点半左右才集合，然后唱赞美诗、讲经。这些完了以后，这次的事务长给我们讲话，他宣布的内容是每个教堂教会里来了多少人，信徒们奉献了多少，总的人数有多少，奉献了多少，还有宣讲支出了多少钱，肉买了多少斤等。他把每一笔都宣讲完了后，就从讲台上下来了，后面村里的传道者也上去讲，但他说的是感谢话，他说谢谢我们王咀教会的弟兄姊妹们，感谢来参加复活节的信徒们，还要感谢这次讲圣经的老师们，望以后也要坚持下去等。他讲完了后就结束祷告。我们就回到岳父家，然后吃完饭后睡在岳父家里的客人们唱了一首赞美诗，再给他们祷告，然后告个别握个手，大家就回来了。

2013年4月16日　星期二　晴

今天早上大家还是起得特别早，他们喂好猪喂好鸡后再吃饭。吃完饭后大家都急着去干活，他们恨不得一天就把所有活都干完，但是怎么努力，明天还是有活的。有一些人去田地里干活，有一些人去旱地，有一些人找猪食，有一些人在建他们的房子，反正各干各的，都忙着自己的活，所以当一个农民也不容易。忙的时候总是忙不过来，有些人干到3点多钟就回来了，有些人一直干到六七点钟才回家，回到家里吃完饭天就黑了，然后闲了一会儿就睡觉了。

2013年4月17日　星期三　晴

今年浇田地的水可能比较困难，这样缺水我们以前也经历过两三次，今年也是那种情况。前几个月都是干旱、大晴天，只有这几天在下雨，所以溪水出得少。以前我们赤恒底罗干那条溪水出的水多，够我们那一片田地浇的水，可是今年却只够两三家的田地，所以很烦恼。有一些干脆在晚上别人睡觉的时候去浇，有一些早上别人没有来的时候去浇，白天去浇的呢，只能和来的人平均分。这样有一些浇一天都不够，但没有办法，只好回来，明天再接着浇吧。

2013年4月18日　星期四　晴

今天村里还是那么忙，早上吃完饭后，村民们扛着锄头，背起篮子出发了。但是今天鹿马登完小要放假，所以接小孩子的要留在家里，到10点左右去接小孩。到了鹿马登后，学生们还在大扫除中，接孩子的老人们正好在校园里等着，有一些在街上遛着，学生们大扫除完了在操场上集合，然后老师讲话。讲完话后，一至三年级学生都要进教室，父母亲签完了以后才能领出来。四至六年级的学生就不用签字了，领到孩子就回家了。

2013年4月19日　星期五　晴

今年的雨水没有去年多，大部分都是晴天，我们村子周围的那些田浇的水是从山上引下来的，所以水沟没有冲垮的话，村里的那些田是不会缺水的，但是离这村一公里半的那一条溪水就不一样了。以前水出的多，所以那一片田地浇水是没有问题的，我们家的田地在那里，但这几年就够麻烦的了。而要栽秧的话，前一天晚上就得不睡觉去浇水，直到把地浇满才回来睡觉。可能今年也是如此了。

2013 年 4 月 20 日　星期六　晴

今天虽然是福贡街子天，但是赶集的人不多，只是要去赶街的人去，还有做生意的去，需要买东西的人去，其他的人还是去干活。干活的人还是去补种苞谷，有一些是去修理田地的。大家这几天都没有休息，下午三四点钟还要去送娃娃到学校里去，把娃儿送到学校里以后才回来休息。今天就这些事了。

2013 年 4 月 21 日　星期日　晴

这几年我们村里外出打工的人很多，听说在外地打工每个月都是两三千，四五千的也有，所以村里出去打工的也不少，我数了一下有 100 多人。有些是男人出去打工的，有些是妇女出去的，有些是女儿出去的，有些是儿子出去的，有一些是两口子一起出去的，但那些的娃娃便留给父亲看守了，有一些是一家三口都出去的，等等。出去打工的都是 12 月份才回来，然后过完元旦春节后又出去。这样现在村里大部分都是中年人和老年人，只有少部分是年轻人了，在我们村子里，人还是很幸福地生活着。

2013 年 4 月 22 日　星期一　晴

今天我们家准备去栽秧，因为我们村里有一家前两天就开始栽了，特别是福贡上帕村的已经全部都栽完了。今年我们赤恒底村就从他家开始栽了。今天我们家不约别人，只是我妈妈和我的大女儿，我们三个人去栽。我来修理田地，也让她们栽。村里别的人家有一些犁地，有一些去苞谷地里喷除草剂，所以大家都挺忙的。我们也一直干到下午 6 点才回家，然后做饭吃，吃完后就休息了。

2013 年 4 月 23 日　星期二　雨转阴

今天我们组的高音喇叭又响了，组长讲到今天我们村里有一位老人去世了，所以大家都要去帮忙干活，然后三组的高音喇叭里也通知了。我们赶快起来做饭吃，吃完饭去他们家，可是走到学校门前，那里有一伙人，他们是做棺材的。那里的负责人说，叫我也跟他们一起做，他们那里人手不够。我二话没说就留在他们那里帮忙了。我们村人也比较多，所以也分了好多组，挖坑的、找石头的、抬石头的，还有抬空心砖的、做饭的等等。今天只是准备准备，明天才安葬，所以我们组把棺材做好了就休息了。

2013年4月24日　星期三　晴

今天和昨天一样，早上高音喇叭里通知，叫村民们放下手里的农活去帮忙办丧事。所以村民们不管怎么忙，还是丢下手里的农活，准备去帮他们家忙。大家吃完早饭后就陆陆续续地去他们家，然后他们家来安排我们做什么。有一些去做饭，有一些去坟墓那里等等。他们家亲戚多，外地人也来了不少，等到安葬完了后，人就渐渐回去了。最后回来的那个组是做坟墓的，回到家里给他们做饭，让他们吃饭。吃完饭后我们也就回去了。

2013年4月25日　星期四　雨

今天早上就下着雨，但不管雨下得多大还是要去干活。我们家今天没去栽秧，我和女儿去接我的爱人，她今天回来，已经到了车站。村里的村民连福贡街子都没有去赶，只是忙着栽秧。今年栽秧请工不请外面的人，村里的也不请，只有个别的一两家请工。今年的请工费增加了，每一个工50元。晚上还要给他们吃饭，中午要吃一点馒头，所以请一个大约要七八十元，大家都请不起。互相帮忙的都是亲戚或是朋友，一家栽完了就栽另外一家。这样，大家都一直忙到晚上才休息。

2013 年 4 月 26 日　星期五　晴

　　这几天村里面很忙，但是村委会里也忙，他们是为选举党支部书记而忙。他们没有选举以前，先公布一下，然后由赤恒底村的全部党员来选举。他们今年选了我们以前的支部女书记张碧华。他们村委会的事情忙完了，可是村民们还没有忙完，所以还是到了晚上才休息。

2013 年 4 月 27 日　星期六　晴

　　今天鹿马登完小的学生们放假，他们这次提前放假一天，所以赤恒底村的村民们，凡是娃娃在学校里读书的，今天无论怎么忙，还是放下手里的农活去接孩子。10 点左右就要去学校。鹿马登完小一般都要 10 点半下课，然后就要大扫除，再集合就放假了。放假那天早上，90% 左右的学生都不会在学校里吃饭，而是在外面买着吃。父母们把孩子接回到家中才去干活，还是一直干到晚上才休息。今天就算这样过了。

2013 年 4 月 28 日　星期日　阴

　　今天是我们主复活的日子，所以就叫主日。早上听到了敲钟声后，村民们陆陆续续的起床，然后洗完脸刷过牙后，背起赞美诗和圣经去教堂。到了教堂找个位置，入座后祷个默祷，然后整个场子都交给主持人，让他来安排节目，祷告、唱诗、讲经都由他安排。我们第一个节目是祷告，因为每个星期日早上都会先祷告，然后才是唱赞美诗，再讲经。在做一个结束祷告，这样早上的聚会就结束了，然后各自回家。中午的聚会是 12 点开始，下午 2 点结束。晚上 6 点开始，7 点半结束，然后就各自回家休息了。

2013 年 4 月 29 日　星期一　晴

　　今天我还是做小工，我以前做的那家是我的邻居，因为前几天农忙，所以停了一段时间。现在秧子栽完了，就继续做了。我的妻子去帮我的弟弟家栽秧，我弟弟家今天才栽得完。他今早上过来约我，可是他没有来之前我已经答应了我要去做的那家，所以只能让我妻子去帮忙。我的大女儿在家洗衣服，我妻子他们下午5点多钟才回来，她说今天在我的弟弟家帮忙栽秧的是我的妹妹和妹夫，还有妈妈和我表妹的婆母，只有他们几个人，所以才栽得晚。晚回到家里，他们把家务活做完了就休息了。

2013年4月30日　星期二　晴

这几天，有几家的秧子栽完了，但是也得不到休息，因为他们亲戚家的秧子还没有栽完，所以赤恒底村早上早早就冒着炊烟了。这几天早上从9点钟开始就有人出工了，晚上干得晚的到7点才休息，今天福贡街赶集的人不多，只有几个做生意的和家里需要买东西的人。所以农民嘛，农忙的时候很累，农闲的时候就睡懒觉了，这几天赤恒底的村民就这样忙不过来了。今天累了，所以早点休息了。

2013 年 5 月 1 日—31 日

2013 年 5 月 1 日　星期三　雨

今天是五一劳动节，农民们也还在劳动着，节日与劳动连在了一起，但是县里的劳动节是闲着玩，我们赤恒底的村民们是过着田间挖泥巴的劳动节，心里也是乐滋滋的。希望每一家的秧子都快点栽完，不然苞谷地的谷苗都和草都一样高了，所以村民们顾不得什么节日，只有把活早点干完才休息得着。一直干到晚上才休息，然后吃吃晚饭就休息了。

2013 年 5 月 2 日　星期四　雨

今天早上的天气晴了几分钟，我就去做了小工，我的妻子去帮她两个姐姐家栽秧。她姐姐家的田地都在我们村下面，桥旁边有一家，她大姐家的田地在克起米底新村下面。两家合着一起栽，她们两家栽秧的人有八九个，所以下午 3 点多钟就栽完了。栽完了后妻子和大女儿就回来了，她的两个姐姐回去，她的家下面还有一小块地，他们把那块地栽完了才休息。还有今天鹿马登完小要收假，所以有些家长去送娃娃到学校，今天我儿子上没有去送，他有点发烧感冒。今天也就这些事了。

2013 年 5 月 3 日　星期五　雨

这几天可能村委会里也比较忙，因为他们已经选好了村委会的党支部书记，可是还没有选好村长和副村长，还有跟着他们忙的，是每个组里的组长和副组长，他们在外边的公告栏上登记着，明天就开始登记选举成员了，所以他们在今天开会，为明天的事做讨论。今天我妻子又去王咀，帮她弟弟栽秧。下午我去送儿子读书，他们晚上才回到家，今天也是这样了。

2013年5月4日　星期六　晴转雨

早上的天气十分晴朗，村民们这几天有些轻松了，除了没有栽完秧的个别几家。栽完秧的村民们只是在田地里浇浇水，或者找找猪食、牛食等。还有今天村委会里也忙，各个组的组长和副组长到村委会集中，还有乡里来的领导，他们今天要填写选举成员，写完后在村委会旁边挂着，让村民们看见。从1点半后又要开始下雨了，村民们栽完秧的就回去休息了，没有栽完秧的还是继续栽着，一直栽到那块地栽完才休息，不过今天是星期六，还是早点休息了。

2013年5月5日　星期日　小雨

今天早上我听到教堂里的敲钟声后，就赶紧起床，然后叫醒我的大女儿和二女儿，让她们也一起去教堂。我们洗完脸后就去了教堂，教堂里比我们先到的有好多个人了。坐了一会儿，主持人就开始安排领歌的，让她来带歌。我们就拿出赞美诗，翻开她报给我们的页数，然后她找好声调后，就一起唱赞美诗了。我们傈僳文赞美诗是四部声，第一声主要是年轻的唱；第二声是妇女们唱；第三声是男的年纪有点轻的唱；第四声是男的年纪有点老的唱。我们每次唱赞美诗都是这样，唱出来的声音还是很好听。唱完赞美诗后先祷告，然后再讲经，然后再唱一首，再做个结束祷告，我们就回家做饭去了。中午12点又开始，白天我们还参加了圣餐，我们这里每一个月的头一个礼拜都要做圣餐，晚上也参加了聚会，这个星期的聚会就结束了，我们就回去休息了。

2013年5月6日　星期一　晴

今天早上天刚亮一会儿，娃底三组的高音喇叭响了，组长通知三组的成员叫他们大扫除；然后我们二组的高音喇叭也响了，组长也通知说，二组的各位社员现在马上起床，然后一起大扫除。今天州里和县里的领导要来我们村，我们听到后马上起床，然后拿起一把扫把去了我们二组的工地。我们娃底三个组以前就已经分好了，到了那里后，人差不多到齐了就开始扫。等全部扫完了还不能回去，因为还要登记名字，登记完了又要开一会儿会。开会的主要内容是为了选举的事，我们组要选四位代表，三位是男生，一位是女生。组里的社员们讨论了一会儿，结果选中了我、我兄弟社伍（虎赛武）和普堂，妇女是肯堂的妻子。开完会大家就各自回家了。

2013年5月7日　星期二　阴转雨

早上的天气还是很好，村里没有栽完秧子的继续栽着；栽好秧子的去田地里浇浇水；还有的去苞谷地里喷除草剂；有几家建房子的这几天又继续做了，所以村民各忙各的。晚上赤恒底农民合唱团又开始练歌了，听说他们这次代表云南去广东省什么镇去参加全国歌唱比赛。今天就这些事儿了。

2013年5月8日　星期三　晴

今天早上大家都没有起得很早，因为特别忙的时候可以说是过去了。现在只是田地里浇浇水，还有苞谷地喷除草剂。今天鹿马登学校放假，所以娃娃在学校里读书的，今天要去接。今年最后栽完秧的是我的隔壁邻居家和我大妈家，我大妈家栽秧时我妻子也去帮忙了。还有一件事是合唱团还是接着练歌，他们这几天可能天天晚上都练。今天赤恒底村民的生活就是这样了。

2013年5月9日　星期四　雨

早上的雨还是叮叮咚咚的下着，所以大部分的村民都8点左右才起床，有一些早点起床的是昨天没有找好猪食的，或者是去找牛食的那些人。上午10点左右，赤恒底村的合唱团到赤恒底村委会集中，他们上午和中午排练一下。省里的领导和州里的领导下午4点到我们村，所以我们村的合唱团是表演给他们。其实表演也说不上，主要是唱歌给他们听，唱的是傈僳语四部声，而且是汉语里翻译出来的，都是老歌曲，歌名叫《没有共产党就没有新中国》《党啊！亲爱的妈妈》，还有《山丹丹花开红艳艳》《歌声飞出心窝窝》《远方的客人请留下来》等。到了3点左右，村里的合唱团换好傈僳服装，等领导们到了他们就迎接，然后唱给领导们歌听，听完了领导们就说一些鼓励的话，然后领导们就回去了，村里的合唱团也回去休息去了。

2013年5月10日　星期五　晴

这几天农忙的时节已过，所以今天赶街的人也挺多。赤恒底的合唱团还是继续地练歌，而且今天新老师也来一位，他是从州里来的，姓赵，已经退休了。可是宣传部的人请他做合唱团的指挥者，他中午12点钟才到，而且他们今天练的歌是傈僳语赞美诗里的《哈利路亚》，他们一直练到下午4点多钟才休息。还有另外一件事是鹿马登小学今天收假，所以有些父母送他们的孩子到学校；有些家长在公路边上给他们叫车；另外一些是只给他们钱，让他们自己回学校。今天就这两件事了。

2013年5月11日　星期六　小雨

我们吃完早饭后，妻子和女儿去找猪食，要把明天的猪食也找好，我还是帮他们建房子啊，今天持恒底农民合唱团还是照常练歌，练的还是昨天的那一首傈僳文的赞美诗，今天还有一件事是，我们娃底三组的一个社员比早设他们家今天要新居落成典礼，邀请我们全村人都要去，我们家是我妻子和大女儿去了，晚上的聚会，我们家没有去着，因为我妹妹和妹夫他们来我妈妈家了，所以我们全家也跟他们一起去吃饭，然后聊了一会儿，然后他们也回去了，我们也回家休息了。

2013年5月12日　星期日　小雨

今天早上我早起，我要去送女儿。她昨天晚上回来，今天早上她还有课，送她到学校就转回来了，但是教堂的聚会没有去着，因为回来晚了。中午的聚会去着了，今天的聚会比较短，1点半就完了，因为等一下我们还要选举村委会主任、副主任。今天来这里主持的是鹿马登副乡长还有两个工作人员，另外还有村委会的副主任和武干，但主持讲话的是副乡长，他讲这次怎么选举，还有选举的规则等。这次的监票员、计票员他们都选好了，我们二组的计票员是我，监票员是肯堂。副乡长讲完后，让工作人员发给每个组几户人，按户数来发给我们，让我们选出副主任、主任，还有另外三个委员。每个组都发完后，让我们填写，填写完后交给组长，然后我们二组的我登记，让组长监票，肯堂念。因为娃底三个组当中，我们二组的人最少，所以是第一个完成的，然后交给副乡长，他看完后点了点头，我就休息了。今天在我们教堂里选举的有4个组，是娃底三个组和干拉布组，另外几个组在他们各自村选，然后等一下数目拿回到村委会，然后他们总计，才晓得候选人是谁。今天就这些事了。

2013年5月13日　星期一　阴

这几天可以说农忙已经过了，但也是闲不住，因为苞谷地里的草已经长得很密了，所以今天早上吃完饭后，有些就去苞谷地里喷除草剂，有些不用农药，怕把苞谷苗喷着，所以用锄头来锄。这几天村里的几个小伙子喜欢去钓鱼，还有今天我的大女儿去她小姑妈家帮忙，晚上7点多钟才回到家，她回来后我们才吃饭，然后写完日记就准备睡觉喽。

2013年5月14日　星期二　小雨

今天我们吃完早饭后，让我大女儿去我们家的田地里浇水，我还是做小工，我妻子去苞谷地里拔草。因为我们家没有在全部苞谷地里用除草剂，留一两块地不用除草剂，不然找猪食有点困难。我女儿到了田地里以后，打电话回来说这几天不要浇水，说她这是听说的，我问她为什么呢？她说是上面的密丁戈村的说的。我就说给她："那你等一下，我问一下你大伯父。"然后我打电话给我的挑担，问他这几天为什么不能浇水呢？他说："我们这几天用水冲沙子，我们今年要建教堂。"我就把情况说给我女儿，然后叫她回来，晚上我叔叔家要祷告，叫我也去，所以我下了班后就去了他家。有四五个人比我先到了那，我们在那里聊了一会，然后给我们吃饭。吃完饭后，就先给他们讲话，今天为什么祷告，祷告的目的是什么？而且今天我叔叔也会悔改认罪，他又回到了基督耶稣了，然后唱赞美诗，再祷告，完了后我们就回来了。

2013年5月15日　星期三　晴

这几天，村民们只是去田地浇水、施肥等，有些人还去钓鱼。今天是福贡街子天，所以去卖菜的早早地去了，赶集的人是吃了饭后才去的。我们家也去赶集了，回来后我们再去娃底的苞谷地里施肥，我和女儿去钓鱼，钓了一会儿，钓着20多条小鱼。然后妻子叫我们两父女回去，我们回到家里做饭吃，然后去做礼拜。晚上10点多钟准备睡觉的时候，我妻子的弟媳打电话过来说，他女儿今天在学校里病得很重，叫我开摩托去接他女儿，我答应了。然后他们到了我们村，我们就去接她女儿了。到了学校后，我们去找他女儿的宿舍，找到他女儿的床位以后叫醒了她，就接回了家。他们不愿意睡在我们家，就回他们的家了。我也回家写完日记后就休息了。

2013年5月16日　星期四　阴

今天我去做小工，因为去开摩托车也挣不到油钱，家里的活也是有妻子和女儿做着。现在家里有两个娃读书，每个星期都需要七八十元，以前我女儿在丽江打工，她每个月都寄回来七八百元，所以家里没有那么大的负担，现在她回来了，所以家里增加了负担。我做的还是以前的那家，还有一两个星期才完工，我们还是和以前一样，先去做工，然后再吃饭，吃完饭后又继续做工，晚上6点30才休息。今天就这样了。

2013年5月17日　星期五　雨

早上的雨还是哗哗地下个不停，这几天村民们心里也有点焦急了，因为苞谷地里已经长满了草，只能干等着，只有晴天才能去苞谷地里锄草。有些村民去找猪食，有些村民去钓鱼。今天接到妹夫的电话说江里漂着柴，叫我去捞。我领着妻子开着摩托去江边看了一下，虽然江水涨了，也变黄了，可是没有见到江里漂着柴呀，我们等了一下也没有见着，所以回家休息了。

2013年5月18日　星期六　阴转雨

今天鹿马登完小放假，所以吃了饭后去鹿马登完小接孩子的人比较多。其他没有在校读书的，去找猪食，因为明天是星期日，基督徒要休息做礼拜，还有家里养牛的那些人也休息不着，还得去找牛食。养羊的是不去找食，让羊自己吃，但每天都得去放。晚上也要做礼拜，所以村民们快点做饭。我们家我和妻子去王咀岳父家，到10点多钟才回到家，回到家里就休息了。

2013年5月19日　星期日　晴

今天赤恒底的村民们还是和往常一样，起来后洗好脸就去教堂做礼拜，做完礼拜后才吃饭。有些家是留一个人做饭，其他都去教堂。今天中午讲经的人是我的岳父大人，他老人家好不容易才来一趟，所以演讲的机会就让给了他。讲完后我要领他到我们家休息，可是别人又强留了他，我只好一人先回家了。岳父大人差不多4点多钟才来到我们家，吃了饭后他就回去了。我也去送女儿到学校，我就马上转回到家里，然后去了教堂。今天教堂带歌的是我，今天晚上教堂里还为四川地震的灾民捐款，大家都要为灾民着急，能捐多少就多少，这些事完了之后大家都回去了。

2013年5月20日　星期一　晴

今天是福贡街，但是我是去不着，因为我和我的伙伴普堂的房子还没有做完，还得继续做，但是他说他早上忙，所以他叫我先做着。他是去县城里拿东西，他这几天也特别的忙，他一边跟我一起做工，一边录VCD光盘，因为前几个月我们县圣经学院里的教堂做完后，基督教里的头目把那次拍摄的内容刻录出来。他们准备在我们县里每一户基督徒家里给一盘，所以他要把这些一个月内要录完。他说要刻17000多盘，我们县里基督徒有17000多户，他下午2点多钟才过来跟我做工，一直做到6点半，我们就休息了。

2013年5月21日　星期二　晴

今天我没有去做工，因为昨天组长通知，今天要参加开会。我跟另外几个人都是前几天选出来的村民委员，我们吃了饭后就去了村委会。到了村委会，各个组的人还没有到齐，我们就等了一下，然后差不多到齐了，村委会的支部书记就说开始了。她叫我们到二楼会议室里去，找位置坐好，大家都坐好了后，我们鹿马登的乡长讲话。他先给我们讲，我们这个村要怎么建设、怎么发展；乡里的领导和县里、州里、省里，还有国务院扶贫办已经联系上了，而且资料也已经报上去了，然后他把报的每一项数目都告诉了我们。这些讲完了后，他又讲第二件事，第二条是关于怎么选举。现在已经有了候选人，主任是普友堆和肯叶恒，副主任候选人是此有中和此花叶，委员有四个，但不记得全部了，其中两个是迪付之和杜三。乡长讲这次选举要办好，他讲完了后，副乡长又补充了几句，最后是村里的党支部书记讲话。今天参加的人有四五十个，乡里工作人员也来了几个，等全都讲完了，大家也没有意见，就散会了，我们也就回家了。

2013 年 5 月 22 日　星期三　晴

这几天村里做了几个工程都是特别重要的工程，因为村里到处都是垃圾、粪水等。以前村民们把垃圾丢到别人的地上，就会挨骂。现在，村民们把垃圾丢到江边，所以现在的江边都是旧衣服、旧鞋子、玻璃碎片等等。现在这个村里人越来越多，垃圾也越来越多，所以现在政府为我们村建立垃圾场。垃圾场建在我们村的北边，有1公里远。工人们正在建，过两天才完成，村民们想，再过几天村里的垃圾和家里扫出来的垃圾就有着落了，也不必为垃圾倒在哪里而烦恼了，村民们也挺高兴的。

2013 年 5 月 23 日　星期四　晴

昨天说的是垃圾场，今天说的是粪水厂。粪水厂建在赤恒底桥旁边，因为那个地方在江边，而且我们村在上面，这样村里的粪水好引到这个地方来。现在正在做工的有十多个人，包括我妻子在内，我们村里的人在这里打工的有三个人，都是妇女。他们每天开给她们工资70元，早上8点开始做工，中午12点休息，晚上7点钟下班。要是把这个粪水厂也建好了，赤恒底村民的环境问题也就解决了，就让赤恒底村更美更卫生了。

2013 年 5 月 24 日　星期五　阴转雨

今天是我38岁生日，但是我没有休息，没有去玩。因为家里的经济问题，两个娃娃在读书，家里也需要花钱，而且这几年挣钱的只有我一个人，所以家里负担很重。我还是和往常一样，先去做活，饭熟了家里的人会来喊我吃饭，我才回来吃饭。今天早上我的伙伴没有来，饭吃完了后他才来跟我一起干，今天我们俩做的是水沟，可是因为天气有所转变，水沟没有做完，6点钟就休息了。回到家里，女儿已经把饭做好了，妻子问我今天吃什么菜，我说今天你们俩做什么我就吃什么。然后妻子就杀了一只鸡，煮好了后叫女儿去叫她奶奶来跟我们一起吃饭。今天妻子为我祷告，因为妈妈不会祷告，她为我心里默祷，她吃完饭后就回去了。今天就这样过了。

2013年5月25日　星期六　雨转晴

因为早上下雨，我们没有早早地起床，躺在被窝里睡着的时候，手机铃声响了。我接听了后，原来是我的堂嫂，她说今天下雨，她不去做工了，叫我妻子赶快去做。然后我说给我妻子，她说她今天有点累，而且还要去找猪食，就叫我去代替她。我就穿好劳动衣服，然后去约我妹子一起去工地了。到了工地上，公司的人已经做着了，他们见到我们后就分配给我们的任务。今天主要做的是接管子，粪池也正在建着，现在要把村里的粪水引到粪池，所以必须用管子。我俩主要做的是帮他们抬工具，还有管子等，然后打听他们的信息。原来他们是昆明环保公司的人。他们去年也在劳姆登做了一个，我们就边干活边聊着，直到下午6点半才休息。然后我们就回家了。

2013年5月26日　星期日　晴

早上我还想多躺一会儿，可是教堂里已经放着歌了。我们这里的习惯是：听到教堂里放着歌或者听到敲钟声就要到教堂里去。所以我们一家三口马上起床，然后洗脸刷牙就去了教堂，回来后才做饭吃。12点又去了教堂，可是12点到了还没有开始，因为村委会通知，他们先讲几句话，等了一会儿村委会来人了。然后从乡里来的一位领导讲话说："尊敬的各位父老乡亲，大家中午好！今天我们来的目的，是为了选举的问题，大家都要从候选人当中选出来，不要另选他人，不然就过不了半，就会选举不成功。大家都要遵守选举法。"后面是我们村委会的副主任讲话，说她要退出，不当候选人，她说谢谢支持她的人，望大家能理解。她说完了就下来了，然后我们的敬拜开始了。敬拜完后我们就回来了。

2013年5月27日　星期一　晴

今天还是去做工，妻子和女儿去苞谷地里喷除草剂。下午6点左右，我们娃底二组的高音喇叭响了。然后组长讲话说，今天晚上7点钟要开会，请大家赶快来参加。然后组长又打电话给我，说叫我快点下来帮他发票。我听到后就去了他家，比我先到的有几个，他们互相聊着天，我找了个位置坐了后，组长的女婿倒给我一杯茶。我听着他们说，有些说另外几个村的农村低保已经拿到了，可是我们娃底三个组的低保全部没有到位，不知道是什么原因，然后组长回话说已经把这个问题说给乡里的领导们了。过了一会儿，社员们差不多到齐了，然后组长就讲话说，今天开会的目的是明天换届选举的问题。他已经把选举票拿到手了，等一下还要发给大家，然后他又讲选举规则，讲完了后他把票拿给我，我就按照写着名字的票发给了他们，拿到票的就先回去了。等票发完了我也就回来了。

2013年5月28日　星期二　晴

今天是赤恒底村很热闹的一天。因为很多天以前就通知了，今天要换届选举。11点钟，上面那几个村子的人陆陆续续的到村委会来，因为人还没有全部到齐，所以先来选举的村民在公路边上、球场里一伙一伙地坐着，有两三个的，三四个的。差不多11点半的时候，乡里来的工作人员已经准备好了选举的一切工作，然后先讲几句话，讲完了后组长们就发给我们选票，拿着票的人就让工作组们帮我们填写。我们点哪一个他们就帮我们填哪一个，然后投到投票箱里。大家都投完了后，让工作人员和选举委员们去合计票数，给村民们饼干和一瓶营养快线。等工作人员把票数登记完后，又报给村民们主任是谁、副主任是谁。主任还是普友堆，副主任是此友忠，委员是邓友妹、苦有堆和杜三。大家听完后就各自回家了。

2013 年 5 月 29 日　星期三　晴

这几天天气也越来越热，所以赤恒底的村民们大部分的早上早早地去干活，太阳出来了他们就回家做饭吃，只有少部分吃完了饭才去干活。今天是鹿马登街，做生意还是去赶集。我们村里卖刀的有三四家，他们从县里买回废铁，然后把它打成刀后去卖。另外几家是卖民族服装的，有几个是去卖菜的。我们村里会做手艺的也多，有些做弓箭去卖的等等。今天晚上的聚会里，我有一节讲经课，所以早点回来预备。今天我要讲的内容是蒙恩，我摘了一节路加福音里的，为我们的圣徒们分享。讲完了后做完礼拜就回了家，然后就休息了。

2013 年 5 月 30 日　星期四　晴

今天去福贡的也很多，做小买卖的、赶集的。但是村里的选举委员、组长、副组长，还有村民代表都不能去赶集，今天在村委会里开会。到 11 点钟，开会的人陆陆续续来到村委会，11 点钟就开始开会了。开会的内容是前几天换届选举选出来的结果，由我先公布给委员们，然后发表一下个人意见，大家都没有异议的话就公布给村民们了。大家都没有意见，然后乡里来的领导就公布如下：村主任是普友堆、副主任是此友忠、委员是邓友妹和哭友堆，还有杜三，村委会监督成员是格三堆和此花叶等，这些宣布完后大家就解散了。

2013 年 5 月 31 日　星期五　晴

今天还是跟往常一样，早上去干活，白天休息。今天鹿马登完小收假，而且明天是六一儿童节，所以他们早点回去练舞练歌。有些是 12 点左右就回学校了，有些是 1 点，有些是 2 点……总之他们回到学校的时间不一样。今天村里也没有别的事情，只能这样了。

2013年6月1日—30日

2013年6月1日　星期六　晴

今天下午5点左右，我们娃底三组的高音喇叭响了，他们组长讲话说等一下教堂里聚会，聚会完了以后要留在教堂旁边开会。过了几分钟，我们二组的高音喇叭也响了，组长也说等一下教堂里的聚会结束了，我们二组的社员到村委会里开会。今天开会的目的是三年一次的换届选举，今天要选举的是组长和副组长，所以村民们先去教堂。从教堂回来后再各自各地选举，我们组里主持的是我们村的党支部书记张碧花。人大部分到齐了后，书记先讲几句话，然后开始发票、填票、投票，然后书记计票，最后公布票数。公布出来的结果是组长还是以前的肯四社，副组长是我的弟弟社伍（虎赛武），选完了后大家就回去了。

2013年6月2日　星期日　晴

今天早上的聚会我们家也去了，可是教堂里人不多，在外边打工出去的很多，还有一部分是在家里做家务。今天中午来聚会的比较多，而且从利沙底下来了三位信徒，所以领歌的机会给了他们其中的一个，还有祷告和讲经也都让给他们了。今天听的人也比较仔细地听着，因为毕竟是外地人来讲嘛。讲完了后还有一项，今天是六月的头一个礼拜，所以要参加圣餐，然后再唱一首赞美诗，再做一个结束祷告，祷告完后我们就回家了。

2013年6月3日　星期一　晴

今天11点钟，我们县卫生局的人来到我们赤恒底村检查儿童的身体，他们抽血化验等。但是每来一个儿童他们都把他弄哭了，最后还是孩子的父母亲哄着领回去了。今天村里还有一件事是晚上组长从高音喇叭里说今天低保领到了，要发给大家，请大家赶快过来集中。我们听到这个声音后，就兴高采烈地去他指的地点。今天的集中处在村委会的球场里。我们到那里的时候，组长和副组长已经算着钱了，总数拿到多少，除了初中以上的学生有多少，发给他们后剩着的大家才按户数来平分。学生每个月90，一个季度270元，剩着的每户分着290元。此外，每户还要给水管员和分管委员20元，最后拿到手的是270元。拿到钱的就高高兴兴地回去了。今天这里发生的就只是这两件事。

2013年6月4日　星期二　晴

今天早上吃完饭后，我妻子准备去福贡，因为她的弟弟病了，还有她小侄子。她嫂子怕自己一个人扶不起她的儿子，所以来约我妻子。我告诉她们去区医院里治疗，那里可以免60%，县医院里才免30%。他说好，说到了县医院再去看。然后我妻子就去了。今天我们娃底三组双正文家搬家。他说这几天没有那么忙，所以修一下房子。他们搬到村委会的旧房子里。今天就这些了，我这几天天天干活，很累，准备睡觉喽。

2013年6月5日　星期三　晴

今天是福贡街，也是鹿马登街，我们村里的人有些喜欢去鹿马登赶街，有一些喜欢去福贡赶街。今天鹿马登的驾驶员们不管是开三轮摩托的、开拖拉机的，还是开小车的，都要到鹿马登开会。县交警大队的交警们定的，每个月的头一个街子都要去开会，开会的时间是下午3点半。我们为了要开会就去鹿马登街。在鹿马登街子里车子很多，所以人是拉不着，只能干等着开会的时间。3点左右，交警们开着车子，然后在喇叭里叫着："鹿马登的驾驶员们，3点半到乡政府开会。"这样他们来回走了一转，然后就进入乡政府的院子里，司机们也跟在他们后面。今天，交警们说开会地点在乡政府的办公室里。我们进入会议室里后找了一个位置坐着。交警说先登记证件，请大家把证件拿过来填一下，大家就把证件拿给他们，让他们填着，驾驶员们在座位上互相聊着。今天开会的人很多，大约有七八十人。填完后交警们说现在进入雨季了，大家开车请注意，还有5月份出事故的要说给他们。他们讲完后把证件发还给我们，然后大家就开始回家了。

2013年6月6日　星期四　晴

今天的天气还是十分的炎热，所以村民们还是早上去干活，白天休息。还有今天福贡一中读书的放假，因为这一二天就高考了，所以高二以下的和初中部的都放假。我二女儿回来了，还有我的两个侄女也回家了。我弟弟叫我们全家去他们家吃饭，我妹妹和妹夫也来了。下午5点30左右到了他们家，他们什么都已经准备好了，就等着我们吃饭。弟妹先倒给我们饮料，然后就开始吃饭了，吃饱了后聊了一会儿，妹妹和妹夫回去了，我们也回家了。

2013年6月7日　星期五　晴

别人家都是早上去干活，因为白天很热，所以今天我们家也是早上去干活。我把三轮车开着让他们仨坐着，然后就去我们家的苞谷地里。到了地里看见苞谷都长得一米多高了，前几天喷起的除草剂，草没有全部死完，所以今天要把这些草除完，还要施点肥。我们干到11点半才除完，每个人的肚子都很饿了，所以回到家里去妈妈家吃饭。吃完饭我们就休息了。下午5点半左右我们娃底二组的高音喇叭响了，然后组长通知二组的社员们，请大家到村委会的操场上来，今天国家发给我们每户1000元的补助，请大家赶快来集合。我们听到后就去了村委会，在那里等了一会儿，人基本上到齐了，组长就讲了几句话，然后叫大家遵守法律，不要超生等。讲完了后，每户发1000元，领到钱的高高兴兴地回家了。今天就这些了。

2013 年 6 月 8 日　　星期六　　晴

今天鹿马登小学放假，所以赤恒底村民们有娃娃在那里读书的，去接他们的孩子，接回来以后才去干活，或者是找猪食。下午 6 点左右，我们娃底二组要交保险，这个事昨天就通知了。先保险的是老母猪，老母猪一头要上 12 元保险。组长说每年还要补给我们 100 元的饲料钱。听到这些，村民们很高兴，参加保险的村民们也很乐意。另外一种保险是田地和旱地里的庄稼，要是有旱灾、虫灾、水灾，他们就会赔。政府帮我们付 90%，农民自己承担 10%，所以农民们只需要付每亩一块九角钱，这是田地；旱地每亩要交一块六角钱。村民们个个都交了，交完的人就回去休息了。

2013 年 6 月 9 日　　星期日　　阴

今天还是和往常一样，听到钟声后赶紧起床洗脸刷牙。因为敲钟的住在村委那里，他一路敲，敲到教堂为止。早上的聚会是妇女主持，主持人是我们教堂里的新的女执事。我们还是先唱赞美诗，然后讲经，再做一个结束祷告。这样，早上的聚会就结束了。白天还是 11 点半敲钟，从中午 12 点正式开始敬拜，到 2 点就结束了。晚上，星期日是 6 点敲钟，6 点半开始敬拜上帝。这样，还是 7 点半才结束，然后主持人通知一下下个星期带领赞美诗和讲经的人是谁，再做个结束祷告，这个星期的礼拜就做完了。大家也就各自回家了。

2013 年 6 月 10 日　　星期一　　晴

因为昨天闲了一天，今天早上大家都起得很早，有一些去福贡卖黄瓜，这几天卖菜的没有，但是做其他生意的照样去，卖衣服的、卖刀的，还有买卖牛的。今天早上我也开摩托去挣钱，但一早上只挣了 20 元钱，然后就回家吃饭了。吃完饭后又去挣钱。下午 4 点多钟送我儿子回校，把他送到学校后买给他一些吃的，然后就回家了。

2013年6月11日　星期二　晴

今天早上有一个卖豆腐的,在公路上用喇叭喊着"大家过来买豆腐,是自己做的豆腐,很好吃,请大家放心的来买"。他这样一路地喊着,买的人也有,买到豆腐的人互相聊着说:"现在想吃豆腐不用去县城了,在村里也能买得到。"今天我们家也买了两斤,每斤两块五角钱。现在卖豆腐的这个人他隔两天就会来一次,他每次来会赚一点钱,但最重要的是村民们方便了很多。今天就这些了。

2013年6月12日　星期三　晴

这几天,村里修粪水池的还是继续地做着。他们已经基本上把粪池修完了,现在他们做的是在粪池上铺碎石。他们说给我们铺完碎石后还要栽树。他们另外一伙是在做水沟,他们把村里的粪水引到粪池里去,所以要补修村里的水沟。还有,这几天天气很炎热,所以村民们早上去干活白天休息。白天去看望孩子的也有,他们的娃娃在鹿马登完小读书。今天大概就是这些事了。

2013年6月13日　星期四　晴

今天早上的天气还是万里无云,村民们看到这景象,心里想今天可能又是大热天。于是,大家都早上去干活,中午回家吃午饭,然后在家里看电视或是睡懒觉,不然就是跟别人聊天去了。下午太阳落山后又去田里干了一会儿活。这几天在田里干活,主要是拔草、浇水等,回家再做家务活。这几天村民的生活就这样了。

2013年6月14日　星期五　晴

这几天在家的或是在村里的比较少,家里没有那么忙,在家的大部分是妇女,或是老人,另外一伙是驾驶员们。村子上面的那些人,除了去外面打工的,这几天去山上的也比较多。他们去找竹叶菜,另外还找药材等。我们下面那几个是做小工。今天我们也去县城帮我女儿找了一份工作,做保姆,月薪1200元,明天开始工作。别的就是和昨天一样,早上干活中午休息,下午接着干一两个小时。晚上就休息了。

2013年6月15日   星期六   晴

今天村民们赶集的也多,但有些怕热,所以早点回家,但是有些还是一直赶到四五点。今天家里活也挺多,明天是礼拜天,所以今天需要准备牛、猪的食物。还有今天我们家邻居的猪卖了三头,每头1000元,买猪的是阿路底的猪老板,他经常来我们村买猪。晚上聚会时县里的警察来了几位,他们在教堂里给我们唱《戒毒歌》,然后他们留下了两三个村民,说要采访一下。其他的就各自回家了。我也回来了。

2013年6月16日   星期日   晴

今天还是和往常一样,听到敲钟声后,去教堂做礼拜。早上领歌的是娃底一组的妇女,讲经的是三组的此路恒。后面做一个结束祷告,这样早上的聚会就告一段落了。中午还是12点半开始,1点40结束,今天3点左右去打罗针家搞祷告,我也去了。他们家请着的人很多,他们的亲戚全都请着,另外还请了七八个人。他们家为客人准备了饭。我们先到的人呢,先给我们吃西瓜,等客人全部到齐以后给我们吃饭,吃完饭后他们家说要为他们祷告:让儿女们成绩长进,家里能得到平安,有病的人能得到医治,无病的人能过得平安,还有做什么事都能顺利等。然后我们教会的保管员领歌,唱了三首赞美诗,以后由我们以前的旧乡长老祷告。祷告完了我们就回家了。

2013年6月17日   星期一   晴

今天的天气好像比以前炎热,现在村民们白天干活的也很少见,只是早上和下午太阳落山了才去干活。还有,由于天气的变化,这几天村民们感冒的也有，我和妻子得了感冒。只是买了点药吃。因为天气热，村民们大家都说这几天饭也吃不下，还有的说到了晚上八九点钟后才做饭吃。由于感冒，今天就写到这里了。

2013年6月18日　星期二　晴

今天早上我接到二女儿的电话，她在电话里说她今天感冒头痛，所以没有在教室里，叫我给她送药。我和妻子把家里的家务活做完后去了县城。到了学校大门口，叫女儿下来，然后去了区医院。在那里，开了两个人的药，我和我女儿每人吊了三瓶。这几天病的人也多，医院里的床也不够睡，只好坐在椅子上输液。输液的人有些是老人，有些是妇女，像我一样年纪的也有。我们在那里边输液边聊天，有些时候还帮忙喊一下护士，叫她换一下药或是拔一下针。输完了的就说一声走了，没有输完的继续坐着。我和女儿的输完了后，也向大家招呼一声就回了家。

2013年6月19日　星期三　晴

今天是鹿马登街，有些村民卖菜的去街子上卖菜，还有些村民在家休息。白天太热了，我也去了一趟鹿马登，但因为白天太热，赶集的人差不多2点就回去完了，所以我们也就回了家。晚上在我们家练歌，星期日要献唱，练的人有10多个，一直练到10点30，然后他们才回去的。我们写完日记也就休息了。

2013年6月20日　星期四　晴

今天是福贡街子天，所以村民们有些去福贡，在家的村民早上或者下午去苞谷地里除草施肥，这几天正是施肥的时候。还有，今天鹿马登完小的学生收假。晚上我们二组的高音喇叭响了，组长说明天低保发大米，每一户都要有一个人等着，到时候来领。今天就这样了。

2013年6月21日　星期五　晴

我们还在熟睡中，好像听到我们娃底二组的高音喇叭响了，然后组长通知说昨天晚上邓里花家的父亲去世了，要今天大家去帮他们家忙。我们组的喊完后，三组又通知了。我听到这些后，还是躺了一会儿。过了一会儿手机铃声响了，我接到了电话，双正文说叫我去帮丧事家登记来客人员。我说可以，然后马上穿衣洗脸，去了邓里花家。他们已经准备好桌子，还有纸和笔了，我和付四堆商量，他登记，我数钱，我俩这样商量好后就等在那里了。等了半个钟头，客人还没来，小付就去福贡拉了一转水泥。我一个人先顶着。办丧事家早上安排一些人去找石板，有些人去挖墓坑，还有一些人去准备白天所需要的东西。他们来一个人，便往我这里登记，我先登记名字，然后写了多少钱。只是一两个或是两三个来还好登记，一群一群来我也有些忙不过来。付四堆中午1点过后才回来，他回来后我把账本还给他，让他登记。这样他们家把尸体抬出去了以后，我俩就算了一下账，今天来了多少人，从外地来了多少人，集资了多少钱。还邀请了我们村的杜奴和她丈夫，他俩帮我们俩算账本上的账，我和小付数钱。我俩数完后他俩也算完了，然后再合计一下账本上的数目和资金，相同了。算完了后他们就回去了，然后我写的字让他家人看一下，有看不懂的地方我就说给他。这时，去墓地的人也回来了。他们洗完手后，办生活的那些给他们吃饭，我也把账本和钱拿给了我的伴，让他去转交，因为邓里花是他妹夫。转交完了，吃完饭后我就回了家。今天还有另外一件事，就是昨天通知的今天低保发大米，我们组每户两袋半。但是车费需要付两元，今天也就这些了。

2013年6月22日　星期六　晴

今天村民们各忙各的，开车挣钱的，早上出去晚上回家。地里需要干活的，也是早上出去中午回家，然后白天又出去找猪食。下午早点回家做饭吃，晚上要聚会。聚完会后就各自回家休息了。

2013年6月23日　星期日　晴

今天还是和往常一样，一天有三次聚会，晚上聚完会以后，我们村娃底三组的此路恒在教堂里讲话，说等一下在外面的操场上开会，参加的人是我们村里的会缝纫的人，而且做衣服小买卖的都要来参加。他讲完后大家就出去了，老人们就直接回家了，有些好奇的就准备在旁边听一下。最后人员差不多坐好之后，他就讲话，说现在我们村要搞一个缝纫合作社，要参加的准备一份身份证复印件和户口簿复印件交到这里，今后要从缝纫中发展，国家会无利息地贷款给我们。他这样讲完后有些人就马上答应参加，证件明天会交到，有一些还在考虑。今天大家还没有准备好证件，所以要参加的也要明天才把证件交到，开完会后大家就议论纷纷地了家。

2013年6月24日　星期一　晴

早上，在公路上又有声音传来："卖豆腐啦，自己做的特别好吃，请大家放心的来买。"他这样从村尾一直走到村头，然后又走向另外一个村子。这几天村里又有一家人卖凉粉，村民们想吃凉粉的，就去学校边买，想吃豆腐的就在村里买，交话费也可以在村里交。现在村民们需要什么都可以在村里买，很方便。以前想买一点盐都需要一两个星期，现在在共产党的领导下，村民的生活也越来越变好了，村民们也很高兴。

2013年6月25日　星期二　阴转晴

今天早上我们家准备去本知爬朵去干活，我妻子找好了锄头、篮子，还有水。我把刀子磨快一点，等一下要砍树。准备好后我把摩托车开着就出发了。今天早上去干活的有好多家，他们也是白天怕热，所以早上去。我俩到了苞谷地以后闲了一会儿，然后我去砍树，她在苞谷地里除草。我看到那棵树已经干了，我把它砍倒后再把它断成几节，做好后去跟妻子一起除草。到了12点钟，肚子有些饿了，但地还没有挖完，准备明天或是后天再来了。妻子背起猪食，我背着柴就回了家。

2013年6月26日　星期三　晴

今天村民们还是早上干活，白天休息。有些去鹿马登赶集，今天鹿马登街，晚上去教堂聚会。聚完会后去村委会开会，因为刚才组长从高音喇叭里通知，说每一家村民都要来参加。大家都到了村委会后，村里的武干又说今天暂时不开会了，乡里的领导说他们忙，来不了了。村民们只是叹了口气就回去了。有些还是议论纷纷地回家了。他们说来不了或是忙，就不要通知了吧。

2013年6月27日　星期四　小雨

今天早上我们还睡着的时候，我的手机铃声响了，然后我接了个电话。电话里说今天我们村做粪池的那里需要工人，叫我们下来四个。因为我老婆这几天也去做小工了，所以今天我和妻子，还有我表弟的妻子、我妻子的弟妹，我们4个人吃完饭后就去了工地。到了那里后他们已经做着了。今天要做的是在池里插小花盘，在这里他们还铺着碎石，我们两个人一组两个人一组有三个组，每组一个人挖碎石，一个人插小花盘，技术员量尺寸。这样我们一直干到6点半。今天因为是下雨，衣服也淋透了，所以早点下班回家了。

2013年6月28日　星期五　阴

今天我们还是去做小工。到了工地里，技术员已经在工地上了。他在抽水，昨天晚上下雨，池里水涨高了很多。他忙了一会儿，说他们的抽水机坏了，需要买一台，所以早上休息一下，中午开始下来干。我们就回了家。我妻子在家找猪食，我和弟妹去鹿马登接孩子。到了鹿马登后，学生们还没有放学，在学校里的操场上闲了一会儿，等他们放学了就领回家了。吃完饭后又去工地里干活，7点钟下了班就回了家。

2013 年 6 月 29 日　星期六　晴

今天是福贡街，所以村里早上就很热闹，做生意的一早就出发了，别的赶集的人吃完饭再去。我还是在粪池那里做工，另外我的妻子和两位弟妹还是做到晚上。回来后，去教堂就晚了，所以没有去。妻子去找猪食，我在家里做家务活，我们吃完饭后就休息了。

2013 年 6 月 30 日　星期日　晴

今天早上我们娃底二组的高音喇叭响了，然后组长说话，说今天早上大家要把医疗本交到我们副组长那里，请大家务必要交来，听不清楚的请大家相互转告；另外一件事情是请大家节约用水，看到有些人把饮用水浇在田地里了，今后这种情况不要出现，要是哪一家还这么做，会把水龙头堵了。他把这句话讲完了后，喇叭就关了。过了几分钟后教堂里的喇叭响了，村民们就去了教堂。今天跟往常一样，三次聚会，然后结束。今天鹿马登完小休假，今天村里就这些事了。

2013年7月1日—31日

2013年7月1日　星期一　晴

今天我们还是去做工,早上8点到工地干活,因为昨天是星期日,所以我们没有来干活。今天见到前天我们栽着的小花盆上,他们已经插满了花。今天小工多约了两个。今天有一个插花,其他的都栽小花盘,可是不管怎么努力做,今天还是没有做完。那里的负责人今天给我们算了账,还叫我明天继续做工,其他人就不要了。结完账我们也就回来了。

2013年7月2日　星期二　晴

今天我们一个村委会和布拉底村委会全部党员在我们村开会,今天县里的领导和乡里的领导也来了村委会。10点多钟后,人们就陆陆续续地集合了,12点后就正式开会了。开完会以后,就给大家在村委会吃饭,吃完饭后大家就回去了。

2013年7月3日　星期三　晴

今天我们吃完饭后准备去干活。刚吃饭的时候手机铃声响了,接了电话,听到我小余弟的媳妇说她丈夫今天早上去干活,在工地里受伤了,让我去看望他一下。我马上吃完饭后就去了县城,我的小余弟在阳光医院治疗。我到里面输液室里看了一下,他在最后一排里输液。我找了个位置坐下,他的老板也来了,他说他头上缝了三针,是石头把他砸伤的。老板过了一会儿就回去了,我俩兄弟输完了才回去。把他送到桥头上后,他就一个人回去了,我也就回来了。

2013年7月4日　星期四　晴

今天早上我们组的喇叭响了,然后组长说今天早上9点钟我们组的几户联系户来了，所以点着名的要等着。然后他喊名，用南、格三堆、用叶哈、此阿妹，还有一户我没有听清楚。后来，联系户的干部也来了，发给他们每户 200 元；还有旧棉服，给了他们每户一袋。还有一件事是今天村里学生低保也到了，所以初中以上的学生每个人拿到 280 元，比前一个季度增加了 10 元，读两个人就拿到 560 元。拿到钱的家长们都很高兴，他们减少了负担，今天村里就是这样了。

2013 年 7 月 5 日　星期五　雨

今天早上只是下着细细的小雨，所以村民们卖菜的还是早早地下去县城了。可是后来雨越下越大，没有雨伞，或是忘了拿伞的衣服都湿透了。在家的村民很是高兴，因为这里好长时间没有下雨了，地里的水稻和苞谷都不是很好，现在的这场雨正合了他们的心意。还有晚上各个组的高音喇叭里通知，他们说今天政府通知，今天到明天晚上有暴雨，请大家都不要睡得太沉了，要警醒一点。组长们通知完了后就把高音喇叭关了，然后大家都在自家里看电视。我写完日记后就准备睡觉了。

2013 年 7 月 6 日　星期六　晴

今天赤恒底的村民们在教堂里聚会祷告，我们村每年都是这么做的，而且生活也一起吃。去年我们每个人的生活费是 2 元，今年什么都涨价，所以生活费是每人 5 元。今年大米不需要集资，我们教会里还有。生活费昨晚上就交到了事务长那里，这次负责的事务长有两个，一个是董存保，另一个是双正文。他俩早早地去了福贡，买菜买肉去了。这次煮饭的是娃底三组，我们娃底三个组的每个组轮流煮一年。每年里，元旦煮一次，播种之前煮一次，然后就是这一次，还有一次是丰收初熟的时候煮一次，最后一次是年尾的时候煮一次。轮流煮饭就是这样了。我们中午 12 点去教堂的时候，随便拿点菜或是南瓜到教会的厨房里，然后再去教堂。到了教堂之后，他们已经唱了赞美诗了。唱完赞美诗后就祷告，祷告完后讲经的是我们村以前当过村长老的用阿嘴。圣经讲完后再唱首赞美诗，然后祷告后就结束了。回到家里，有一些妇女去找猪食，有些做点家务活。到4点左右，教堂里的高音喇叭就开始喊：弟兄姊妹们，饭已经熟了，大家可以到厨房里打饭吃了，听到的互相转告一下。这样连续喊了两三遍，大家就陆陆续续地赶到教堂的厨房里。煮饭的那几个已经等候在那里了，而且他们已经分配好了工作。两个人打饭，一个人分菜，另外一个人分辣子，还有一个人分汤。去打饭的人，人多的时候排队，人少的时候直接就可以打着饭。打着的人带回家里就可以吃了，吃完饭后晚上还是去教堂，完了后大家就各自回去休息了。

2013年7月7日　星期日　晴

今天我们早早起床，去我们村的祷告山那里祷告。和我们一起去的是我的妹子和妹夫，他们还领着一个伙伴。我们五个人到了祷告山后先休息一下，然后个人为自己的需求祷告。大家都祷告完后，坐在一起读圣经。我们读了一会儿，又来了七八个，他们也为自己先祷告，然后才跟我们一起唱赞美诗，听神的话语，最后才是一个帮一个祷告。先给我们祷告，所以我们先回去了。中午去了教堂。这个星期县圣经学校里派了两个学生，他们俩昨晚就到了我们村。老师派他们来是给他们实习，所以昨晚开始就让他们领歌讲圣经，早上也是如此，中午也如此。中午的聚会完了以后，他们就回圣经学院里了。我们晚上聚完会后就休息了。

2013年7月8日　星期一　阴转雨

今天村民们去鹿马登的比较多，第一是听说这几天森林补贴已经到了，政府把这些钱打到信用社的一本通里了，一本通存折是政府帮我们做的。第二件事是鹿马登完小一至五年级今天放假，他们今天期末考试完了，所以要去接孩子们，帮他们背行李。学生们是下午4点半才放假，家长们只能等在外面或是在街子上逛着。有些玩台球游戏；有些去信用社里拿森林补贴，可是今天有些账号不符合身份证号码，所以没有取到。到了4点半后，学校大门开了，家长们一窝蜂似的冲进学校里找自己的儿女。学校里的老师们还发给学生们饮料，然后布置给他们作业，最后家长签名完后就把自己的儿女领回了家。

2013年7月9日　星期二　阴转晴

这两天村民们家里也不是很忙，有些在家里看电视，有些去鹿马登拿森林补贴，只是妇女们还得去找猪食。晚上高音喇叭里通知，通知的人是此路恒，他是农民合唱团团长。他说要参加缝纫合作社的人员们明天11点钟到村委会开会，明天正式的签约合作社人员，请大家准时参加。大家听完后各自看电视，然后就睡觉了。

2013年7月10日　星期三　晴

今天村里参加缝纫班的，上午11点钟大部分人已经等在村委会里了。他们在那里等了一会儿就差不多到齐了，这次参加的不只是我们娃底三个组，还有别的王咀两个组、密丁戈一个组、汪然一个组、干拉布一个组，但参加的人员总数是30多个人。他们先开会，然后正式的签名。完了以后大家就回去了。

2013年7月11日　星期四　晴

这段时间村子又热闹起来了，大部分学生都回来了，比前面更热闹了点。这几天大家都在找猪食。养猪真的不容易啊！走遍各地都找不满一筐，有时只喂白开水，农民真的辛苦啊。学生回来了，所以找的人也多，一路上可以看到一群群的人。因为现在是夏天，中午干活的很少，大部分的人都是早上太阳出来就回来了。白天几乎看不见人在农田里，做农民真的很辛苦。可照样每天都面带着笑容，有付出才会有收获了。

2013 年 7 月 12 日　星期五　晴

今天早上早早的，我们一家三口就去做。在我们的下面，他们建起沼气池，我们在里面放花盆。看起来很容易，但做起来真的很难很难。因为都是石头，而且上下左右都要对齐，放好一个都要很长时间。住在桥旁边的那一家是负责帮他们放水，一个月 300 元，他们很幸运，不用辛苦，不用像我们一样要埋头苦干。将近 12 点就放完了 2 块，先回家吃完饭再干。到村委会旁时，有很多从山上下来的村民，还有些领导。有的说是来拿一本通，有的说是来开会，我也没问太多，因为那时肚子真的是太饿太饿了。大家吃完饭闲了会儿，将近 2 点了，又继续去干活。埋头奋斗了将近两个半小时，终于干完了。唉，挣点钱真的不容易啊。回到家已经累得说不起话了。

2013 年 7 月 13 日　星期六　雨转晴

今天村民们还是有点忙，必须为明天的猪牛的食物做准备。以前村民们每天都去放牛，所以不需要去找牛食，但现在各家地里都种了草果或是别的值钱的东西，一不小心吃了别人家的东西要赔。村民们白天没有休息，等把家里的活做完了，下午快点做饭吃，晚上还得去教堂里聚会。等教堂里聚完会了才回家休息，农民的日子就这样过一天算一天了。

2013 年 7 月 14 日　星期日　晴

今天早上聚完会后，每家一个人都要去副组长家里填写数字。他们要我们把家里的土地承包责任书和户口簿，还有信用社的一本通带到副组长那里登记。到副组长家里一看，人太多了，而且登记的项目也很多，家里每一个月收入多少，家里鸡有多少只，牛有没有，土地有多少，森林有多少。只要十多分钟才填写完一户。我就等不起，等人不这么多的时候我再过来填。我就回家了。今天晚上组长又从高音喇叭里通知，明天每一家出一个工，去耶独那里修公路，大家必须 10 点钟到工地里集中。

他再三嘱咐大家不要迟到了。通知完后大家又把电视声音放大，接着看电视。这样今天就算过了。

2013 年 7 月 15 日　　星期一　　晴

今天是赶集天，可是没有前面那么热闹了，初三毕业的拿毕业证去了，而将升高三的去报名。村里每一户人都要去干义务工，从底下最后一家旁边的沟开始干活，把小沟里的水、泥土、草全部捞出来。五个人一组，两个捞，一个除草，两个抬。因为全村人都在，虽然累但却不无聊，还是很有趣的。差不多三四点就收工了。

2013 年 7 月 16 日　　星期二　　晴

现在大部分的人都是早早地出门干活，将近中午的时候回来，所以白天都是很闲着的，除非是找猪食。现在的天气一天比一天热，找猪食也难找，有时候走了很多地都找不满一筐。有时也只能喂饲料加白开水了。听说快要发低保了，所以会计叫我们把一本通本子和身份证拿到他那里。在农村不认识字的人非常多，他也请了武干跟别的一个帮我们写。三个人来写么，很快就完成了。大家就感慨着国家对农民的好啊！村子也很安静。

2013 年 7 月 17 日　　星期三　　晴

现在天气很热，中午的时候在家里待不起，要开电风扇，也因为农忙季节完了，大多数的人都只是在找猪食或闲起。今天是停电了，太热了，家里也待不起，就在村子里闲逛着。到下午的时候，村里的球场热闹起来了，现在学生都回来了，大多都在打球。

2013 年 7 月 18 日　　星期四　　晴转雨

今天早上我们娃底二组的高音喇叭响了，然后组长通知说今天下午

2点左右我们娃底二组的社员到村委会开会，大家务必参加，出席会议的时候要带着自己家的户口簿。大家听到了以后，先做饭吃，然后赶快去找猪食，下午必须要2点之前回到家。到了2点左右，二组的社员们纷纷到村委会集中。到村委会后，乡政府的领导们来了十多位。然后领导们向社员们问问题，大家家里有几个人，有没有超生，之后他们就把每一户每一个人名字都登记了去。登记完了的人就一个一个地回了家，我们家的户口登记完了，也回了家。

2013年7月19日　星期五　小雨

今天早上就下着蒙蒙细雨，所以大部分的村民们还躺在被窝里。这几天正是农闲的时候，除了到外省去打工的外，其他在家的男人们也在本村或是本地的其他村里打工，比如我这几天在怒扒局打工。今天下着雨，所以居民们早饭吃完了后才去找猪食，有些只是在家里看电视。下午5点多钟，我们组的高音喇叭里又通知，明天县里乡里的领导来我们村查看，去年给的猪圈，明天来验收，所以村民们做着猪圈的，明天要等在家里，到时候不要见不着人。通知完了后，村民就接着看电视，今天就这些了。

2013年7月20日　星期六　雨转晴

今天早上村里很热闹，赶街的人很多，先是卖菜的和开车的，然后是做牛羊生意的，再后面是做生意的，最后才是赶集买东西的那些。走完了后，村里的妇女们去找猪食。下午5点以后，球场里又热闹了。这两天学生们放假，他们来球场打球，一直打到天黑为止。有些连教堂也没去，大人们聚完会了后才回家看电视。我们家也是11点就睡觉了。

2013年7月21日　星期日　阴

今天还是跟往常一样，早上起来洗完脸后去教堂。这几天教堂里比以前多一点人,那是学生们放了假,父母亲把他们带到教堂里来让他们听一下圣经。今天早上本来讲圣经课的是我,但是我们村上面亚朵教会的执事来我们教会,所以把这次机会让给他了。他这次来还有一个任务,他们的教堂现在正在建着,但是资金缺乏,所以来我们教会里筹款。早上聚会完了后还是各自回家,中午聚会,学生们还跳了一支舞,这样一天三次聚会。完了以后在球场里打球的也多,这两天就是这样热闹了。

2013年7月22日　星期一　雨

今天一天都下雨,所以有些村民整天都躲在家里,有些不得不去找猪食牛食。天黑了后,娃底三个组的高音喇叭里喊,明天县委书记还有省里的领导来我们村参观,所以村民们要在家里打扫卫生。另外一件事是参加合唱团的成员们早上10点钟要到村委会集中排练一下节目。通知完了以后村民还是继续看电视,然后休息了。

2013年7月23日　星期二　阴转雨

今天村里可热闹了。早上早早的,娃底三个组的村民们扫公路,扫完公路后就回家做饭吃。吃完饭参加合唱团的人员穿着民族服装去村委会。合唱团的人员陆陆续续地在村委会集中了后,此团长就领合唱团的人唱几首欢迎歌,等一下省里的领导到了的时候唱给他们听。他们排练完了以后就在村委会里或是在旁边,几个人一组几个人一组的休息。领导们中午2点左右才到村里。他们到了后,先给他们休息一会儿,喝口水,然后唱给他们一首傈僳语的多声部歌曲。他们听完后带他们在村里转一转,然后他们说了几句感谢的话,就回去了。村里的社员们也就休息去了。

2013年7月24日　星期三　晴

这段时间都是晚上下大雨,早上就晴了,这对庄稼可是大有好处啊。而且这段时间大多数的人都在找猪食,干农活的很少见。今天12点,合唱团就开始在教堂旁边练歌了，旁边的小孩子们玩闹的也特别多。晚上是敬拜的时候，刚开始人特别少，不到20人。等了好一会儿，人才越来越集中。今天牧师说没准备着，所以才讲了一小会儿，所以今天结束得特别早。在球场打球的都是男的，有的在旁边看着。最好笑的是有一个老爷爷，不会打球却跟着球跑，每个人的脸都挂着笑容。这都是党的功劳啊。

2013年7月25日　星期四　晴

听说今天县领导要来我们村考察，每家每户都要把房前房后整理得漂漂亮亮的。大家都满心热情地期待着领导的到来。到中午1点的时候，教堂的喇叭大喊着说合唱团的要穿傈僳服装到教堂旁边集中，领导们快到了。大家都穿好傈僳族服装，满脸灿烂的笑容，走向教堂。等了差不多的时候练了一遍，声音是又洪亮又美妙。快到2点的时候，大家在门外排成一队，热烈欢迎领导们。我们村的人们唱着热爱党的歌，表示对党的感谢和热情。

2013年7月26日　星期五　晴

昨天晚上雨下得可真大，狂风暴雨，还好没把我家的瓦片吹走。因为早上肯定还下雨，没想到一起来雨不但没下，还有个太阳光照射进来。呵呵，好兆头啊，对庄稼可是大有好处，今年肯定大丰收。农忙季节过了，大家都开始悠闲起来了，到处都有人闲逛着。今天天气好，有位老爷爷更是在村树下睡觉。日子真的是太悠闲了。有几位妇人还有中年人在一家闲着，喝着白开水，看着电视，嗑着瓜子，织着布。说说笑笑的，日子过得挺舒服的。

2013年7月27日　星期六　晴

今天县领导来我们村探望，我们村农村的合唱队人员们集中在村委会前招待着领导们。我和妈妈去找猪食，去的时候还很安静，回来的时候可热闹了，远点就可以听到他们的歌声了，是多么的美妙动听。我们也没去，现场具体发生了什么也不是很清楚。差不多5点的时候领导们在一楼吃饭，有的人几乎已经醉了。

2013年7月28日　星期日　晴

今天是敬拜日，本来打算早早起床去教堂敬拜的，可是睡过头了，没去成。中午的时候去敬拜的人很多，可是主持人去上级开会了，就简简单单的完了。晚上的时候都很齐，还有我们二组的小孩在跳舞，五个女孩一个男孩，每个小孩看起来都是那么的天真可爱。因为有些小孩的加入，所以晚上的敬拜多了一些欢乐色彩。有位牧师就吩咐说从明天晚上开始在教堂学圣经，四年级以上的学生可以加入，也可以是无业游民，说是从艺术中最基本的部分学习。虽然我们是傈僳族的，会讲傈僳语，可是我们并不会读傈僳字，更不会写，所以我们和这些小孩都很期待接下来三天的课程。

2013年7月29日　星期一　晴

今天从山上下来一些老干部在村委会里开会。具体内容我也不知道，毕竟我还不是一个老干部。下午6点钟，教堂那边就放出歌了，预示着我们要开始到教堂集中了。我是在等我姑妈过了一会儿才去的，本以为已经开始了，可是还没几个人。我们在门口站了一会儿，教堂里唱了一首诗歌，祷告完人们才慢慢集中。不过20位，都是10岁以上20岁以下，大部分都是学生。今晚学的内容并不多，因为是第一晚开课，所以就讲了一些规则，念了一段经文，还有就是从最基本的字母开始学。傈僳语说得是滔滔流水，可是给我们看着字念，一个字也看不懂啊。给我的第一感觉就是比文言文还难学，我相信明天开始学的内容会越来越丰富。

2013 年 7 月 30 日　星期二　晴

今天学了一首诗歌，叫"主，你是我最知心的朋友"。这首歌前面也学过，只是今天教的跟前面的有所不同，老师说词没有错，只是前面教的时候有一些地方谱教错了。现在才明白，原来谱还有这么多的学问。后面老师又带着我们读了我们圣经里的一段经文，我们更不会读了，所以就一个字一个字带着我们读。老师说这是祷告用的，所以必须要会背会写。刚开始读都有些困难，在老师一个字一个字地辅导下，同学们都越来越有进步了，渐渐的读得通顺了，过段时间都会背了。老师经常做一些搞笑的动作来活跃课堂的气氛，在这学习中又有收获，又不觉得无聊，两全其美啊。

2013 年 7 月 31 日　星期三　晴

忘了说了，老师每天中午都会给我们吃饼干，喝饮料了。那时候就是同学们最开心的时候了。还有今天老师教怎么看音调和音符，将逗号、句号、分号、冒号用在傈僳语上，意义完全变了样。在傈僳语里是用这些符号决定一个字的音调啊，在汉语里是决定一个句子的完整。现在才发现我们对自己的母语竟然一点都不了解，也知道了传统民族文化的深奥和价值，晚上我们学院要在教堂里表演了，唱一首诗歌，还要念一段经文，间接地表达我们的欢乐之情和收获。新的一天的收获越来越多。

2013年8月1日—31日

2013年8月1日　星期四　晴转雨

今天早上9点多钟,村里的喇叭又响了,然后通知说村里的驾驶员马上到村委会去登记驾驶证和行车证,现在交警人员已经等在村委会了,请听到的人员马上去登记。然后喇叭就关了。听到这个通知后我就拿着驾驶证去了村委会。到了村委会,比我先到的有五六个人,他们已经登记着了。交警工作人员来了两位,有一位乡里来的工作人员,他也帮我们填写驾驶证和行车证。等到我登记的时候,工作人员问我什么族、手机号码是多少,填完写完了以后按了一个手印,然后就回家了。后面来的没有登记的还是在继续的排队登记,还有一件事情就是这次四年级以上的学生们给他们办理了三天的傈僳语圣经学习课程。今天结束了,今天就这些事了。

2013年8月2日　星期五　晴

这段时间白天很安静,几乎没有什么热闹之事,大家都只是找猪食。天气也很热,大家都在家中吹着风扇,看看电视聊聊天,这大热的天没有人干得起活。在家待不起的,就在村里闲逛着。我发现做生意的越来越多了,卖水果、卖凉粉,还有的是卖一些农作物。前段时间还有卖老人和小孩衣服的,相信过段时间村里都不用去赶集了。

2013年8月3日　星期六　晴

明天是敬拜日,几乎养着牲畜的都在找着猪食。中午太热,所以都是早早地就去找了,我们是10点多才起来,大太阳都出来了。约了旁公路边的好几户人家,都说已经回来了。在半路的时候也遇到好几个人,他们都是满筐的猪食背着回来了。早起真的有虫吃,不用被太阳晒。决定了，从今以后要早起。

2013 年 8 月 4 日　星期日　晴

今天是敬拜日，作为村里的基督徒们还是和往常一样，早上起来先去教堂敬拜主。有些是一家人全都去，回到家里才做饭吃，有些是留一个人在家里做饭，其他的都去教堂。今天是八月的头一个礼拜，所以白天还有圣餐。白天教堂里有一些打瞌睡，白天太阳太热了。白天聚完会以后一组通知他们组要开会。其他村民有些睡懒觉，有些看电视，有些去洗澡。这几天村里的学生们还在村里，所以村里还是很热闹的。晚上球场里还在打球，直到五指都看不清了，他们才回家，今天就是这样了。

2013 年 8 月 5 日　星期一　晴

这段时间河水涨了，而且又是夏天，小孩子经常去河里游泳，父母是看着就打。前几天我们村下面巴吉古村有个小孩子，还不到五岁，就被江水给冲走了。这几天去福贡常常可以看到有大量的人在江边走动着，可能是在寻找着孩子的尸体。听那里的人说孩子被冲走的地方，每年涨水的时候都会死人，而且那个地方是小孩游玩的地方。小孩是怎么被冲走的都没有人看见。现在每一个家庭都严禁去江里游泳了。

2013 年 8 月 6 日　星期二　晴

今天公安局的又来到村里登记开摩托车的，可能是因为开摩托车出事故比较多的原因吧。早上一起来就看见大量的摩托车排在村委会门口，这架势啊，多威风。我们这里摩托车很多，大部分的家庭都有，而且听他们说现在的三轮车不赚钱反而亏本，所以有钱人家的摩托都成了自驾车。现在去田地里，有摩托的就不用用脚走，更不需要背。现在农民的生活真是越来越好了。

2013 年 8 月 7 日　星期三　晴

今天村里又重新分配低保了，我们二组分到 59 个人，县里的领导来了十几个，因为需要拍照，所以就一村一村地通知，早上通知到的还好，中午通知到的可就惨了，他们 12 点就下来，差不多等了两个多小时，可是村民们并没有抱怨什么，而是每个人都挂满了笑容，因为他们都说政策对农民更照顾了，有了这个低保在以后的生活中也有一定的帮助，差不多下午五六点才照完，走在路上可以看到每个人都是高高兴兴地来，高高兴兴地回去。我们对于政府真是感激不尽啊，他们都是不断努力地改善着农村的生活环境，所以才让农民的生活过得越来越好。

2013 年 8 月 8 日　星期四　晴

今天下雨了，本想睡个懒觉，从教堂里的执事长打来电话，教会 XX 组牧师还有经常带领敬拜的人每人要定做一套西装，叫我们去福贡县量尺寸，这真是天大的喜事啊。因为在农村几乎没有人穿西服，因为西服贵而且在农村穿容易坏，也用不着，所以舍不得买。现在教会居然要免费给我们定做，所以就不管下雨开着摩托往福贡跑了，大家都很高兴，因为下雨，量完就回来了。

2013 年 8 月 9 日　星期五　晴

今天闲着没事，就打算去农田转一转，好久没去农田了，快到丰收的时候，每家的稻米都是那么的丰盛，一眼望过去感觉很美，看着都觉得心情很舒畅。辛苦了这么久，终于到了丰收的时候了。一路走过来看到其他家的苞谷是又高又大长得很好，我们家的苞谷又小又矮，倒的倒，被老鼠吃的又多，今年的丰收不理想了，有的家现在就收苞谷了，苞谷秆也带回去，猪最爱吃苞谷秆了。所以都是一个背苞谷一个背苞谷秆，快丰收了，也快到农忙季节了。

2013年8月10日　星期六　晴

今天我表姐带着她的一个伙伴来我家了，好像是她同学。表姐好久没来我家了，我妈就在旁啰嗦着，可能是因为想我表姐了。我表姐大学毕业了，所以她就一直在我旁边讲道理，但有时她自己都很矛盾。她毕业快一年了，还没找到工作，她说有时候有想嫁人的冲动，可是又想自己辛苦奋斗了这么多年，怎么能轻易放弃了。我表姐是苦读出来的，她们家的条件比我们还差，我们都以表姐为榜样啊！现在我们都祈祷我表姐能够找到个好工作，今天晚上差不多6点的时候我们村旁边的布拉底村有个人在我们村下面翻车死了，听说是因为超载重量而翻的，所以司机们要遵守交通规则。还有就是福贡今天灯光球场开幕赛了。

2013年8月11日　星期日　阴转阵雨

今天早上雨还是叮叮咚咚地下着，人们还躺在床上的时候，教堂里的钟声响了。听到钟声的村民们赶紧起来，然后洗脸刷牙，洗完后找个包包，再把傈僳文圣经和傈僳文赞美诗装进包里，然后就去了教堂。教堂里有四五十个人集中了后，主持人就开始安排赞美敬拜了，今天我们教堂里来了一位县圣经学院的老师，他是撒牧师，昨天晚上就是他讲经，今天三节都是他讲。今天白天几个学生们也跳了两支舞，县里来的老师是晚上才回去的，村民们从教堂里回来后就各自休息了。

2013年8月12日　星期一　晴

这几天村里还不是最忙的时候，所以今天虽然很热，但白天干活的人比较少，村民们只是早上去找猪食，大白天休息。可能再过两个星期就比较忙了。下午6点左右球场里已经有打球的了，这个球场里很热闹，同学们还没有收假。还有另一件事我差点忘了，早上8点30左右，三组的高音喇叭响，然后通知说今天去汪然修路，在汪然有地的，每家都要来一个人，要是不来的话，别人修起的路我们不好走，别人会责怪的。

听到的人吃完饭就马上动身，通知完了后高音喇叭就关了，今天就这些事了。

2013 年 8 月 13 日　星期二　晴

这两天白天太热，有些村民种点小菜都是早上去种，还有找猪食的也是早上去。我们娃底三个组外，我们村村上面的那几个村子有些去山上找蘑菇，要是找着多一点就去街上卖了，下面村的白天休息。今天村里也没什么事，所以就说这些了。

2013 年 8 月 14 日　星期三　晴

早上，村里的妇女们还是找猪食，只有个别有几个在家里做饭，还有这几天外地打工的人也回来了几个，听说外面很热，受不起。这两天村里也很热，白天几乎全部都在家里待着，我们家也不例外，一家人在家里休息，农民们热了可以乘凉，冷了可以烧火，只是没有固定的工资，但也是没有办法，后悔来不及，以前没有读书，现在去都不可能了，这样就算一天了。

2013 年 8 月 15 日　星期四　晴

今天早上我们还没有起来，就听到侄儿子的声音："大伯今天去山上采蘑菇吧！"我说："那好吧，回去赶快做饭吃了，不然迟了太阳出来后爬山很热。"他说"嗯"，然后就回去了。我也叫妻子赶快去做饭吃。我们 8 点半就可以吃饭了。然后准备一些冷饭和喝水用的空瓶子，再找好小箩子。然后我两个侄儿子和我妹妹的大儿子，还有我儿子，我们五人就出发了。到了我们村上面的汪然村后，看见一位阿姨，她说这里的妇女们天亮就去找了，因为她们下午还要去街上卖。我就问我们现在才去，怕是找不到蘑菇了吧。她说不可能，她们也会漏掉的。说完后我们又继续出发了，到了山上后我和儿子一组，他们三个一组各自找。

但是找了二三十分钟也没找到蘑菇，我们又继续找，直到肚子饿了我们才吃冷饭。到这时我才找到一小点，只有一顿饭左右。吃完后再继续找，我们越走越陡，越走越险，我把找到的蘑菇也丢了，最后走不成了，我们就按原路返回去。今天我们这么辛苦，最后还是什么都没找到，这时我们也很累了，我们就回家了。

2013年8月16日　星期五　晴

今天早上县里的领导来验收化粪池，车子来了10多辆。这个工程今年春节以后就开工了，施工队是昆明环保工程队。还有一件事是今天县高里的高三年级收假了。今年我二女儿也进入高三年级，今天我去送她到学校。先到她宿舍里，然后再去交学费，可是收费室的门关着。我女儿在她同学那里打听了一下交多少钱，她们说是交850元。我也等不及了，就拿给她800元钱，不够的等一下让她去她姐那里拿150元，我交代她完后我就回来了。

2013年8月17日　星期六　晴

这两天村里又有些忙了，因为种菜或是种一些豆类，村民苞谷地里的苞谷虽然还没有100%的饱满，但还是披了一些，然后把苞谷秆砍了，这样村民们就有活做了，今天是星期六，还又要找食，晚上去教堂聚会，但是今天人不多，有些去打工了，这两天我们网点的合唱团又去山东济南比赛唱歌去了，听说这次是代表云南省，他们在六库排练三天，然后才出发，还有晚上球场里练球，他们是准备县里的国庆节球赛，他们一直练习到晚上10点30左右才休息，今天就这样了。

2013年8月18日　星期日　晴

今天我们在教堂里聚会回来，我的两个侄儿子跟我说今天云南大学里的女大学生来基地，叫我们不要去外地。我说好，然后就回家了，中午 12 点她还没有来，我就去教堂了。聚会完了我就在家里歇了一会儿，然后弟弟来电话说让我到他家里去，女大学生已经在他家了。我到他家后，弟妹先给我一杯茶，然后女大学生又给我了一件褂子，她说是高老师叫她带给我们的，我就把褂子接过来放在身边。然后她说她这次来的目的是要拍一些民族文化的知识，她和我兄弟大部分都已经商量好了。讲故事的一个，要编竹篮的一个，织布的一个，还有教傈僳文字的一个。怎么做我们三人商量好。明天有点忙，而且时间有点紧，所以后天才拍，商量完后她就饭也不吃地回家去了，我也回来了。

2013 年 8 月 19 日　　星期一　　晴

村民们白天怕热，所以早上去摘苞谷。这几天有一两家的苞谷可以收了，有些还没有种菜的，看到别人家都已经种好了，所以他们也跟着种菜。白天大部分人都休息了。晚上球场里球队继续练球，今天他们还分组打，他们还是一直练习 10 点半才休息，有的村民也在球场边坐着看球，今天就这些事了。

2013 年 8 月 20 日　　星期二　　晴

今天是福贡街子天，有些村民去了福贡县，还有做小生意的也去了。还有我们村里今天要办一个傈僳族民间文化课，举办的是昆明来的女大学生。拍摄的是我兄弟，还有教编篮子的一个，教织布，教打弓，还有教傈僳文字。现代科学越来越发达，农民的生活也越来越改变，所以把上代会做的，下一代也就什么都不会做了。我们听女大学生说给我们的道理，我们也明白这是可能的，所以我们也很支持。我们早上 10 点在云南大学民族研究基地集中，我们先到的人先扫了一下地，扫完了教的人也来了，然后在教室里给他们坐着。先讲给他们今天在这里集中的目的，今天来参加的初中生有三个，小学生有十一个，学龄前儿童也有三个。讲完话后，先带他们去砍竹子，然后划开，再做成段子，然后再编篮子。

这些都是一个过程，一个过程地教他们。教这个项目是我叔叔，这个教完后再教他们打弓，这个项目是由我们教。我第一步先教他们各个结构的名称，然后我再示范给他们打。最后才一个一个地教他们试打。这个完了后我阿姨又教他们怎么织布。完了后我弟妹又教他们怎么做苞谷稀饭，不管教什么都是一个项目，一个项目仔仔细细的、认认真真的，每一个环节都给他们讲明了，直到他们明白为止。再一个就是教他们傈僳文字，这个也是我来教我先把傈僳文字写在黑板上。再教给他们念，直到他们差不多背熟了才叫他们抄写一遍，然后才结束。最后是听爷爷讲故事，讲故事的娃底一村的老爷爷，他介绍他今年72岁了，他介绍完后就开始讲故事了，他第一个故事是教孩子们不要玩火，不要去江边游泳，因为吃得起的是火，背得起的是水。后面也讲了两三个，我们这里的民族来源之类的，等讲完后，领他们全部到我兄弟家吃苞谷稀饭。吃完后大家就各自回家了，女大学生还给了每一位老师50元钱，还有一条毛巾，然后就大家各自回家了。我也回到家里想了一下。今天我也学到了许多，要是每个学期都有这种课的话，后代的孩子们也不会忘记自己祖先的手艺。

2013年8月21日　星期三　晴

这几天村里有些忙了，今天我们娃底二组的组长家去打谷子了，有几家是披苞谷去了。今天是鹿马登街，但只是做生意的去，别的家里忙的去不了。晚上村里的基督徒们还是去做晚堂，有些回来后才吃饭，晚上球场里的球员们还是在练球，不过今天看的人不多，他们也练到10多点就回家休息了。

2013年8月22日　星期四　晴

今天福贡一中高一收假，拿着高中录取通知书的今天去一中报到。我的侄儿子虎益生也被录取了。早上吃完饭后他爸爸送他到学校去了，在村委会里今天各个组长和副组长都到村委会填表，我看到他们一直忙到 6 点多钟，然后才回去，另外球队还是在球场里继续练球，今天也是这样了。

2013 年 8 月 23 日　星期五　晴

早上早早的，球场那里就有声音传过来。他们都是这里的村民，是来晒谷子的，要是再过一两天早上来迟了就会没有位置了。但是这一两天打谷子的还是每天都有一两家，披苞谷的也有。晚上球场里还是继续练球，今天就这样了。

2013 年 8 月 24 日　星期六　晴

今天是福贡街。因为明天才是街子天。但是福贡是基督徒多，所以明天赶集都没有，大家都在教堂里做礼拜。那些卖菜卖肉的小老板们，早上天不亮就开始出发了。还有今天娃底一组的余四妹结婚，她这是二次结婚，她的第一次婚姻失败了，已经离婚七八年了，听说这次跟她结婚的是县里的人。她们那里 10 点多钟客人就陆陆续续集中了，她们家是没有信教，所以在她们自己家里举办。她是我的初中同学，我也想去挂名一下，但是她们不信教，她们家里面坐的大部分是喝酒的，信教的人挂名后坐一会就回来了，她们还挂名的人员每人一两斤鲜肉，我也叫我侄儿子帮我去挂礼了，我在公路旁等他。过了一会儿，他回来还拿着一块肉，我们就一起回了家。

2013 年 8 月 25 日　星期日　晴

今天早上聚会完后，主持人说今天举行打拉科新教堂落成典礼，要是有想去的或是去不了的，想挂名的话就去普雄那里登记。他讲完祷告完后就回家了，我在教堂里等着登记，大家差不多走完的时候，有一两个人过来登记。但是今天过来登记的也不多，只有四个人。我回到家里叫老婆快做饭，我还约她和我一起去。我俩吃完饭后叫儿子在他奶奶家待着，然后我开着两轮摩托车出发了，到了半路上还约了施底的一个朋友，他说他在县城里等我。到了县城里遇见了他，然后就一起出发了，打拉科教堂是在山上，所以要走乡村之路，路也很陡。他俩在半路上又带了两个人，好不容易到了打拉科村，教堂典礼已经开始了，教堂里挤满了人，外面也差不多站满了。我们4人就先去报名处报到，然后就在球场里吃完饭就回来了，到了县城我们就各回各自家了。晚上聚会完了我就从白天挂名处发来给的毛巾又发给早上过来登记的人，然后大家就各自回家休息了。

2013年8月26日　星期一　晴

今天福贡一中读书的初中生们要放要收假，所以他们早上吃完饭就去一中报名去了。今天村里打谷子的有三四家，披苞谷的也有。现在村里通公路，所以不需要以前一样背了，大家都把苞谷和谷子背到公路边上，然后请拖拉机。要是少一点就请摩托车，所以大部分人到四五点钟就休息了，这要是以前七八点钟才休息的。现在之所以那么快主要是交通方便的原因。所以下午六七点钟大部分的人都在路上或在球场上散步，晚上10点多钟大部分人都睡了，今天就这些了。

2013年8月27日　星期二　晴

今天村里打谷子的有四五家，其他的还是去披苞谷。这两天还是丰收季节，所以有钱的就请工收，没钱的就叫了亲戚相互帮忙，收完了一家再去收另外一家。所以做这种的比较多，这几天田地里到处都有人，还有另外一件事是在县里参加篮球比赛的，今天也去参赛了，听说今天正式开幕式，所以他们4点多钟就去了福贡，今天也不过是这些了。

2013年8月28日　星期三　晴

农忙，村民们早上早早地起床烧火吃饭，吃完饭后马上都准备出发。这几天天气也很好，早上天空是万里无云，所以村民们为这天气很高兴。今天我们家也去娃底披苞谷去了。我们家不请别的人，因为家里没钱，我俩下午5点就做完了。今天这边来披苞谷的只有四五家，他们这几家都是请的工人，而且只是背到公路边，然后请拖拉机来运回去。晚上聚会人不多，因为家里忙，有些是累，所以来不了。今天就这些了。

2013年8月29日　星期四　晴

今天早上8点到村委会，但不是全部村民都要去，只有去年政府里给的猪圈，而且已经完成了的才去，这是昨晚高音喇叭上通知过的。我的猪圈也是去年才做好的，所以我也8点过后去了村委会。比我先到的有好多个，一些是半路上遇到的，他们说签了名就可以回来了。到村委会后，在工作人员旁边围满了人，我在边上找了一个位置坐着，听见他们说帮我翻一下，我是三组的，有的说是二组的，还有一些是一组的，然后签完一个就回去一个。最后不剩几个了，我也就跟她们围了过去，然后我找到我的名字就签了名字，按个手印回来了，其他没有签完的，继续等着签。别的村民们准备打谷子的去打谷子，准备去披苞谷的还是去披苞谷。晚上10点—11点，村民们几乎都关灯睡觉了，因为大家白天干活都累了，所以大家都提早休息了。

2013年8月30日　星期五　阴转雨

今天虽是街子天，但赶集的人并不多，只是做生意的人，其他村民都是各忙各的。今天我也在妹子家帮忙打谷子，她们家在爬古古村，她们家的田地在村上面，离这有三公里左右，但是今天上面那几个村的公路已经修通了，所以我们直接把车开到她们家的田地下面，只要走15分钟就到了。到了田地后，几个妇女割稻谷，我们4个男人打谷子，有一个抱稻谷草，我们任务完后就各干各的，到了 12 点 30 左右才休息一会，吃点包子，然后接着干，一直到打完为止。我们几个算了一下，一次是背不完了，所以男人们先去背一转，然后再回转。这样我们把谷运回到家里是 3 点左右就完了，然后吃了饭就回家了。

2013 年 8 月 31 日　星期六　小雨

今天是村民们怎么忙也得送去学校读书的一天，因为鹿马登学校今天开学，还有鹿马登中学。早上早点起床，然后快点吃饭，因为去迟了床位就只有上铺了，父母们担心睡上铺，所以要快点去学校，选一张下铺给儿女们睡。我们到了学校后比我们先到的有许多。有些是已经找好了宿舍，有些还没找着，有些不识字的叫别人帮他们找或是让自己的儿女来找。找着了以后就搬到哪一个，班上的老师都摆着一张桌子，然后桌子前写的哪一班让家长们好找。今天学校里挤满了人，外面公路上摆满了车子，交通也不太方便，只有派出所的两位警察来指挥交通，即使这样交通又畅通了。报到完的人先到街上给孩子们买一些需要的东西，买好后又到孩子们的教室里开家长会，老师们向家长们交代情况，然后又说一下安全问题。开完会后，交代一下他们的儿女们，然后就回家的回家，留校的继续做事。我们回到村子后，村委会里很热闹，进去看了一下，原来是县里的艺术团来我们村表演节目，我把摩托车开回家停好后，就去村委会看节目。艺术团已经在表演节目了。我找了个位置坐好。我看见他们的横幅上写着"2013 年文化艺术走进基层"，他们的表演有傈僳语的也有汉语的，有唱的，也有跳的，不过可惜的是村民们没有看到。因为村委会昨天就没通知，不知道今天来表演，看到的只有三四十个人，这些也是送完孩子们到学校，回来后才看见的。艺术团的演员们说"今天我们表演到此结束"后，村民们就起身回家去了。

2013年9月1日—30日

2013年9月1日　星期日　晴

今天还是跟往常的星期日一样，早上起来去教堂做礼拜，回来后做饭吃，吃完饭看了一会儿电视到了12点，然后又去教堂做礼拜。今天是9月的头一个星期日，所以还要参加圣餐，最后才是结束祷告，完了后大家就各自回去了。我们这里的村90%以上是基督徒，所以星期日很少见到干活，这天不信教的人也在休息，晚上还是继续做礼拜。回到家后看一会儿电视就睡觉了，因为明天又要开始忙着丰收了。

2013年9月2日　星期一　雨转阴

今天早上雨叮叮咚咚地下着，村民们叹息着，这场雨什么时候才会停呢？现在正是丰收季节，多下一天雨就会忙一天，所以村民的心很急。特别急的是前天或大前天有几户把稻谷割在了田地里晒着，可是今天下雨谷子又收不成了，所以就为这些事急。到了12点左右天才慢慢晴过来，这时村民们就去扯苞谷，或是去地里打谷子，家家都忙着收谷子和玉米，这样有些是六七点钟才休息，有些家明天去打谷子，可是人不够，他们就去请工人去问，谁愿意帮他们打谷子，给工钱也可以，或是相互帮忙也可以，这样请工人。回家了后，村民们在各自家里看一会儿电视就睡觉了。

2013年9月3日　星期二　雨转晴

今天早上天刚亮的时候雨还下着一点点，但是村民们还是早早地起来做饭吃，因为他们准备今天去打谷子，还请了帮工，我们家也今天去。我是去堂妹的岳母家去打谷子，我堂妹和妹夫去上海打工了，所以昨天岳母来约我们两个去帮他们家，我俩就答应了，所以我俩也吃完饭就去了他家田地。我们到他们家田地后已经有六七个人在割着稻谷了，有两个男的在铺着塑料布，他们要做打谷场，我妻子就去割稻谷了。我能去帮着搞打谷场，搞完后我和另一个男人打谷子，有两个要一小捆一小捆地递给我们，另外还有两个男的。一个是我二叔，另一个是我堂哥，他俩抱稻谷草时到我们这里，然后由我们来打，他们家帮忙的人很多。县城里的一位是他们家亲戚，那组里来了两位也是他们家亲戚，还有亚槁来了两位也是他们家亲戚，村里的几位也是他们家的堂弟堂妹，还有请的5个人，他们也是我们村的。我们刚打的时候只是用一台打谷机，后面人全部到了以后就用两台打谷机，一台是用人力来蹬的，另一台是发动发电机来打，所以这台不费力。我们一直差不多打完的时候家主就让我们休息，然后他们准备好的饭菜端上来叫我们几个人坐到一起，然后他们给我们饭和菜。祷告完了之后，大家就各自吃完。吃完后歇了一会儿又继续打，打完后装在袋子，然后装上拖拉机就拉回家了，今天人多，所以也完成的比较早，要是人手不够可能还不得休息，不想做了就可以回家了，我们也觉得有点累，就回家休息去了。

2013年9月4日　星期三　小雨转阴

这几天村里特别忙，住王咀的有几户更忙，因为正是丰收季节，而又有一桩事，政府给村里新村建设项目，这几天发给他们钢筋还有水泥，而且他们那里公路不通，只能用马来驮，从我们村上去需要40多分钟。要是他们用马驮的话，一天最多能驮四转。这几天这里天气不好，小雨或阴天，他们怕水泥会湿了，所以他们就比我们忙了，但我们也没歇着。今天去帮我弟弟家打谷子，今天他们家上帮忙的有我妹妹和妹夫，还有妈妈和我们两个。所以妇女几个割稻谷，我和兄弟打谷子，妹夫抱稻谷草，我们白天休息一会儿，吃包方便面，晚上回他家做饭吃，还杀了一只鸡，吃完后妹夫和他妹妹就回了家。我和妻子做完家务活后去教堂里排练节目，今年的感恩节是10月4号在汪然举行，每一个教会都要准备节目，我们这个教会才排练了两个晚上，今天是第三个晚上，我们排练完后回家休息。

2013年9月5日　星期四　大雨

今天早上雨下得很大，但是村民们还是早上早起做饭吃，等一下起来后就披苞谷或者打谷子。因为前些天早上总是下雨，过一会晴，可是今天却不一样，等啊等，等啊等雨还是下得很大，村民们的心也很焦急，但也无可奈何，只能在家里看电视，有的在家里忙，因为收回来的苞谷或者谷子还没有整理好。今天下雨，所以整理一下，雨还是一直下到晚上。晚上的时候，教堂里继续排练节目，今天乐队在教堂里面练习，练舞蹈的还是在教堂外面练。到10点才休息，今天就这些事了。

2013年9月6日　星期五　雨

今天也是下一天的雨，村民只好待在家里。家里的猪食没有了才出去找，今天下午6点我们村的篮球队去县里比赛，今天这一场是第2场。听说第1场他们赢了，今天这一场我也到福贡去看了，他们的对手是俄科罗队，他们6点30开始的比赛。但这时还下着小雨，所以看球赛的人不多，球场上很滑，所以球队们不好发挥自己的动作。刚刚几分钟，俄科罗的比分比我们村球队的高，但后面他们的进攻越来越弱。场外的啦啦队人们在喊：赤恒底加油，再来一个进球。俄科罗队进球的时候，他们的人在喊好，有些是鼓掌，但俄科罗队不管怎么努力，也跟不上我们球队的分数了，最后的比分是50∶36，差14分，全场结束了。今天又下着点雨，所以我们就回来了。

2013年9月7日　星期六　雨转晴

早上刚起来的时候雨还是不停地下着，但村民们还是早起做饭吃。大部分的村民们吃完早饭后，天气已有些转变，雨越下越小了，村民们吃完早饭的就准备篮子去披苞谷，因为去打谷子要等一下，不然湿谷子会霉；撇苞谷呢，只是怕路滑。但是下得大的话就会回家，我们家也吃完饭后就去苞谷地披苞谷。下午是 4 点多钟才披完，晚上去教堂做礼拜的不多，家家都在忙，有些是回家晚有些是累了，有些是肚子饿了，聚完会后继续念四部和声。今天还有合唱团的人在村委会楼上练歌，他们也一直练到 10 点多钟，然后大家就各自回家休息去了。

2013 年 9 月 8 日　星期日　阴

今天还是跟往常的星期日一样，一天三次聚会，早上聚会完后，教堂里的执事点了教会的几个骨干，说是讨论一下汪然举行的感恩节准备了多少节目？唱歌的人员够不够？跳舞的人够不够？这些他们讨论完了后中午在教堂里公布。今天是 8 号，学校要放假，家长们的孩子在完小读书的话，就去接他们回家。今天还有村里另外一件事，昨天晚上赤恒底合唱团练歌的目的，是今天要迎接省里来的领导，唱给他们听，所以村委会里的工作人员和合唱团员们在村委会里忙了一天，省里的领导回去后，合唱团的人才回去。晚上聚会完还是继续排练节目，不过今天排练的不是舞蹈而是四部合声的信教歌，舞蹈是每个星期的一、二、四、五，排练四部合声是星期天、三、六这三天练，晚上还是排练到 10 点才休息，今天就这些了。

2013 年 9 月 9 日　星期一　雨

今天雨下得可真大，甚至可以说是暴雨。现在是农忙季节，天天下雨，农民们真的是心急呀，走在路上可以看到各种各样的面容。收成多的人家满脸的笑容，连眉毛都笑着跟我们打招呼，收成不好的人家垂头丧气地正为下半年吃的饭而担忧。农民真的是一点也不容易，晒着太阳淋着雨，每天、每个月、每年都重复地干着活，有时累了都没有人管，都希望自家能有个好丰收，能吃得饱睡得香。可上天就是不如人意。哎，但愿农民们可以享受这一年丰收的喜悦。

2013年9月10日　星期二　晴

哇塞，终于天晴了，一大早的就被吵醒了，今天我们家总动员冲向庄稼地，妈妈总是忙来忙去的，不知忙什么，一会儿找这个一会儿找那个。今天我叔叔家，还有小姑妈都来帮我们家收稻谷，还有叔奶奶比任何一个人都着急，还没吃饭就拉着我下田，我睡眠有些不足呢，命苦啊。到田里我们就开始割稻谷了，今天到处都是割稻谷或苞谷的，我家左边上边下边全都是人。好不容易天晴一天他们就开始忙活，我和叔奶奶比赛割稻谷，我割完一块，我叔奶奶才割一小块呢，最后胜利的是我。我阿姨、姑妈、叔叔、妈妈他们全部都到齐，我叔叔带着大表弟打谷，我姑妈在旁边协助他们，其他的表弟是担谷子，剩下的人就是割稻谷。5点多就收工了，带着一袋袋的收获，心里是喜悦，虽然很累但值得。

2013年9月11日　星期三　阴转雨

今天早上各个组的高音喇叭响了，然后组长们通知说今天在鹿马登完小读书的学生们早饭吃完后就回学校，还要把户口簿也带着，通知完后就把喇叭关了。今天早上看着天空好像要晴，所以村民们有些在球场上晒谷子，有些是家里打谷子，还有些家没有披苞谷的继续去做，送学生的10点左右就陆陆续续送了。到了2点左右，天气突然转变，来了一场中雨，打谷子和晒谷子的人们马上就搭棚子，晒谷子的有些忙不过来，所以有些湿了。今天打谷子的人们，谷子淋湿了，人也淋湿了，这场雨一直下到晚上。晚上，为感恩节排练节目的继续练，今天也是这样了。

2013年9月12日　星期四　阴转晴

早上的天空还是有一点点乌云，所以早上在球场上正好先弄个位置。塑料布铺好后就先回家吃饭。但是准备去打谷子的约好人了，吃完饭就去谷场了。这几天没有打完谷子，只有个别的几家了，所以他们在家就忙着收。下午4点过后在村委会旁有几个卖手机的，我近前一看是电信公司的推销人员，有几个人进去打听，也有买的。晚上还是在教堂里排练节目，现在离感恩节只有20多天了，所以一直练到10点多钟，然后各自回家休息去了。

2013年9月13日　星期五　晴

今天早上万里无云，今天准备去打谷子的村民们也不需担心什么，还有在球场上准备晒谷子的村民们也已经把球场扫好了，还有塑料布也铺好了，只等吃完饭太阳一出就可以晒谷子了。这几天村民们的苞谷可能全部都披完了，现在谷子没有打完的，也只有最后两三家了。今天我们村的球队又去县里参加比赛了，今天他们是6点的球，所以他们提前两小时就去了，还有村里的兄弟们也跟着去了20多人，我也在内。今天这场球打得很激烈，他们的对手也是很能打，听说他们的对手队员都是精选的，所以直到打完为止，他们的分数都是只相差几分，但最后还是赤恒底的球队们以87：86打赢了对方，他们两组打完后球队和球迷们就回来了。

2013年9月14日　星期六　晴。

今天早上天刚亮的时候，娃底三个组的高音喇叭响了。然后组长们通知说，各个组的社员们快点起床，然后各个社员拿着扫把到工地上去。请大家马上集中。我听到声音后赶快起床，然后洗把脸，拿着扫把到我们组的工地上去了。以前我们三个组分好的段更改了。现在的工段地在我们村下面一个房子那里开始，到过桥江东街国防公路那里。我到地方后，人已经到了。我们组有出劳动力的46户，所以出义务工的应该有46人，但有一人是五保户，所以他不需要出义务工。那么多人排着扫，一排就有四五十米，一边扫一边走，大家议论纷纷，今天为什么扫路呢？

后来我才得知今天县里的领导要来参观我们村,他们还要给我们办幼儿园,这么多人扫着,几十分钟就扫完了,扫完后大家一起围着组长点了一下人数,然后大家就边走边聊回家了,晚上还是继续排练节目,今天就这些了。

2013年9月15日　星期日　阴

今天的聚会,我们还是正常地进行,晚上的晚堂完了后回到家里看电视。突然组长又放高音喇叭,然后通知说今天晚上在村公所放电影,请村民们务必要去看。这样通知了两遍,然后就关了。村民们听到通知后自己拿着凳子去了村委会,我们到了村里后电影已经放着了,他们现在放的是纪录片是宣传禁毒品的。原来放电影的是村里放流动电影的,今天是星期日,所以看的人也多,有200多人,但这些只是娃底三个组的村民,上面的那几个村的村民没有下来看,可能是他们上面没有通知,所以就不知道放电影。第一部放完后,第二部是生活片。第三部放完后,有老人家就回去了,他们可能坐不住了,毕竟是老人嘛,电影但又很好看。都是傈僳语,是自己的民族语,所以就好看。第三部是战争片,题目叫《太行山》。但现在只有100多人了,现在天气虽然有点冷了,可是他们还是坚持着把全部影片看完了才回家。

2013年9月16日　星期一　阴

这几天娃底三个组的谷子基本上全部打完了,而且苞谷也披完了,现在需要做的是田地和苞谷地里除草,然后准备种菜。然后我们村上面几个村子的谷子没有打完,他们那里毕竟是海拔高一点。所以今天我们家也去王咀帮岳父家打谷子。早饭吃完后就去了,到了密丁戈村我们就在我妻子家家里休息了几分钟,喝了杯水。他们家四口和我们家三口就往田地的方向去了,我们两家到的时候,他们已经割着稻谷了,歇了一会儿后,妇女们就割谷子去了,男的几个先搞打谷场,然后抱谷草的抱谷草，打谷子的打谷子，递稻谷的递稻谷，吃了午饭后又继续打，一直打到6点30左右才休息，然后在他们家吃完晚饭后就回家了。

2013年9月17日　星期二　阴

今天早上的天空还是有许多乌云，村民们担心会下雨，所以有些家都将晒着的稻谷草背回家里。有些要冬天下雨时候喂牛，有些准备装进猪圈里做肥的。还有今天我们村的幼儿园开学了，有些家长是爷爷或是奶奶，他们的父母在外地打工，所以爷爷奶奶来送。有些娃娃背着小书包，兴高采烈地拉着爷爷奶奶的手去上学校读书。现在的学校是办在我们村委会里，上面那几个村子的小孩也是父母亲送下来。毕竟是第一天，所以放学的时候还是来接。晚上还是在教堂里感恩节排节目，今天就这些了。

2013年9月18日　星期三　晴

这几天村里没有那么忙了，今天是鹿马登街，又要去接孩子，所以村民们去鹿马登的比较多。有些家长10点30就到学校门口了，学生们11点就集合完了，学校大门也开了，家长们就去学校里寻找自己的儿女。一至三年级的学生还需要父母来签名，四年级以上的就不需要了，孩子就搭车回家了。今天还有合唱团的发酬劳，是他们那几天在村委会接待领导时的劳务费。晚上聚会完了还要继续排练节目，没有排练节目的村民们就相互约着两三人去捉蚂蚱，这种蚂蚱白天很难捉，只有晚上它们才不会跳动，所以很容易捉。有些是捉来自己吃，有些是捉起来卖的，今天就完了。

2013年9月19日　星期四　晴

这几天村里有些忙的是种菜，有些是先把田里的草给锄了，然后才准备种菜。今天去县里的也比较多，因为是农历八月十五中秋节。

以前老人们不会过这个节日，但是现在过的多了，因为出去打工的多，时代也会改变人类嘛。晚上的时候还是继续排练节目，有些结束排练节目后才去过节日的，所以村里一直闹到12点左右，然后村民们就关灯睡觉了。

2013年9月20日　星期五　晴

这几天村民们只是白天种菜，有些是找一些猪食，有些还是种点豌豆和长豆，别的就没有什么可以做的了。晚上在球场里打球的也有，因为是学生们还没有收假，晚上还是在教堂里因为感恩节排练节目，今天就只是这些了。

2013年9月21日　星期六　晴

今天是我们娃底教会集中祷告的一天，所以生活费每人交5元，米每人8两，菜自己家拿一点，我们三个组轮流煮。每个组煮一年，主要是元旦节三天煮三顿，2月份开始去耕种的时候煮一顿，7月份祷告一天，还有就是今天的丰收节祷告一天。一年才这么几天，每个人交生活费是提前一两天交到事务长手里，米是祷告这天拿到厨房里，菜也是去教堂的时候去拿到厨房就可以了。我们去教堂还是12点以前到教堂里，而且今天我们丰收的新米拿一两斤，苞谷拿一点到教堂里，摆在台子下面，那里专门负责的有两个，然后12点开始敬拜赞美主，先唱赞美诗，祷告，然后是跳舞表演，然后讲经，讲完经后再唱一首赞美诗，再做一个结束祷告，就各自回家了。到了4点30左右，厨房里做饭的负责人就从教堂的高音喇叭里喊饭已经熟了，请大家过来打饭。这样连续通知了两三遍，我们就来拿盘和小水桶到厨房里一看，这时人不是特别多，菜也很丰盛，有四菜一汤，我们打好饭又回家吃饭去了，晚上还是教堂完后大家休息。

2013年9月22日　星期日　晴

今天跟往常的星期日一样，一日三次聚会，还有今天村委会的人把垃圾桶发给村民们。垃圾车是前面就发过了，娃底三个组里有一辆垃圾车，垃圾房建在离我们村一公里左右，开垃圾车的人就直接把垃圾倒垃圾房里。现在很方便，家里扫出来的垃圾不需要丢到江边去了，只需要把家里的垃圾丢到垃圾桶就可以了，现在政府给农民们这么好的条件，我想今后农民们的生活会更上一层楼。

2013年9月23日　星期一　晴

昨天跟今天天气很晴朗，所以去田地里背稻谷的人很多。半路上见到我们同村的人也去背稻谷草。到了田地后，有些家的谷草已经烧了，有些正在烧着，我们也把稻谷放在一处，然后捆成四团，我背了两转才背完。下午6点左右，我们村的高音喇叭里通知昨天报着种油菜的人，今天油菜籽已经到了，听到的人马上到村委会里领油菜籽，这样通知了两三遍。然后我们组的社员们听到的人就陆陆续续到村委会旁，我的弟弟是我们组的副组长，他已经在那边等着了。然后来了一个人是负责分发的，我们家也报的四亩，油菜籽就给四斤。听说明天还要给复合肥。现在的政府给农民这么多的补贴，农民心里很高兴，脸上带着笑容回家去了。

2013年9月24日　星期二　晴

这两天家家都在田地里喷除草剂，有些是用稻谷来把草烧了，有些用锄头来把草除了。今天我们家也去犁地，我们是借弟弟的机器犁的，有些没有牛或机器的，就出钱请别人来犁。今天见到许多家都是机器来犁。这几天村委会里也很热闹，因为有人办了幼儿园后，早上吃完饭，上面几个村子的孩子背着小书包到学校里来，而且是每个村的娃娃都有陪着个大人。到了时间下课的时候也就是每个村的一个大人来接。晚上还是继续排练节目，今天就这些了。

2013年9月25日　星期三　阴

今天也是村民们大部分去种菜，有些在犁田，有些除草等。今天也是福贡街子，但赶街的不多，有去的也只是卖小菜，还有些做生意的人。今天我们村的在旧村委会里干活的一些人，我看见他们在装修房子，施工队也是我们村的。晚上聚会，聚完后还是排练节目，到10点就休息了。

2013年9月26日　星期四　雨

今天早上开始就下着雨，所以村民们早上没有早起，只是个别几家例外。早起的那几家不管雨下得多大还是去犁地，但不是用牲畜来犁，而是用机器去犁。我们组有一户更是拉过来一车石头，然后用马来驮，一直驮到4点多才驮完。马和人全部淋湿了。晚上的时候我们还是去排练节目，但是今天舞蹈组休息。练的只是乐队，我们组是有六七个人组成的。弹吉他的四人，我是弹钢琴的，鼓手一个，唱歌的三人，我们晚上8点开始练到10点多才休息，然后回家写完日记就休息了。

2013年9月27日　星期五　雨转晴

今天早上起来的时候还是下着雨，所以村民们只好待在家里做饭吃、喂猪食等。直到12点左右才晴，村民们所以去种菜是不可能了。只好去找猪食。今天早上卖豆腐的还是开着摩托车在路上叫卖着，不过买的每天都有一些人，今天也只是有这些事而已。

2013年9月28日　星期六　晴

今天鹿马登完小要放假，所以村民们有些去鹿马登接孩子。接孩子的 10 点多钟就去了。到了鹿马登后，车子在街上排满了。接孩子的家长们在路边两三个一组四五个一组地聊着，有些在街上走着。到 11 点后学校大门才开，家长们蜂拥一样冲进学校里，这时学生们在操场上集合，校长还没讲完话，家长们在旁边等着。等校长讲完话后解散了学生。四至六年级的学生就不用进教室了，一至三年级的学生还需要进教室，家长签完名后才可以离开。接着孩子就回家去了村里，其余的村民有些找猪食牛食，有些还是在种菜。晚上组长从高音喇叭里通知，明天早上 10 点从县里的医疗队到我们村里来，请村民务必去免费检查身体，这样通知两三遍就停了，今天就这些了。

2013 年 9 月 29 日　星期日　晴

今天早上教堂的聚会完了后，我们回家做饭吃，和昨天通知的一样，县里的医疗队已经在村委会门前准备好了一切。村民们哪一个先到就检查哪一个的血，他们把社员们的血放在一个小瓶子里，然后填好名字。他们说这些血拿回县里检验，验出了后再给村民们报告。他们抽血抽完后又发给村民两三张纸，内容都是艾滋病防治基本知识问答方面的，这样抽完血的就回家了。县里的工作人员来了四五位，都是穿着护士服的，这样村民们来的来回的回，有些看了以后还不敢检查的也有，抽完血后，还在讲着笑话的也有，也有一边说着一边回去说"我的血本来就不够今天抽了这么多"的话题。这样一直到 2 点多钟，医生们才回去。晚上晚堂完了后还是继续排练歌，今天晚上舞蹈队休息，只是唱诗的练歌，练完后大家就回家休息了。

2013 年 9 月 30 日　星期一　晴

今天是福贡街子天，所以去卖菜的妇女们早上 4 点就起床去地里找菜。因为昨天是星期日，她们没有去找。要不是星期日的话，昨天下午三四点就开始准备了。有些妇女胆小的就让她老公来陪她或是帮她照手电筒，这样天刚刚亮的时候就去县里了。要是迟了的话，摆摊的位置就难找了，就算找着了也是最尾的位置了。今天我妻子也去县里卖菜，所以她早上5点就起床了。我们家的菜地在房子前面，所以我不需要陪她，等她把全部弄好了就天亮了，我也就起床。然后开着二轮摩托去送她送到县里，就帮她卖一下菜。到11点后我去接二女儿，她们今天放假。接回家后喂猪喂鸡然后才做饭。晚上的时候在教堂里排练节目，今天排练的是舞蹈队和乐队们，唱诗的就休息，今天就这些事了。

2013 年 10 月 1 日—31 日

2013 年 10 月 1 日　星期二　晴

这几天村民们有些家里已种好了菜，有些没有种完的就继续种。今天教会的乐队抽一天时间来录一下歌曲，12 点开始到教堂里先调一下音箱和电脑，全部连接好后才练一下，再录一下。可是白天没有成场，只录着一首，晚上乐队们还是继续录音。舞蹈队已分成了两组，一组是在教堂的操场上练的，另一组是在打路珍家练的。她们这一组是到利沙底的亚搞达教会去的，另一个组是跟我们一起去我们村的汪然教堂去的。这几天时间也有点抓紧，所以还是练到 10 点才休息。

2013 年 10 月 2 日　星期三　晴

今天有些村民还是去犁地，但大部分的村民都在洗衣服，因为后天就是感恩节了，所以为这次准备着。今天还是鹿马登街，所以赶集的也有一些。还有今天鹿马登完小收假，所以村里的学生们下午 2 点就开始回学校了。有些读一二年级的孩子们，父母亲还是直接送回学校里，晚上还要参加礼拜。礼拜完后还是排练节目，今天是排练的最后一天，晚上休息睡大觉。礼拜长吩咐他们怎么做，讲完话后大家就各自回家休息了。

2013 年 10 月 3 日　星期四　阴转小雨

今天村民们还是犁地的犁地，找猪食的找猪食，不过有几个人还在排练舞蹈。就是去利沙底教堂参加感恩节的那一组。我妻子也在那个组里，她们 12 点开始排练，排练地点在村委会旁的打路珍家。中午 2 点左右，娃底三组的和立刚带着一伙人来到她们排练的那个地方，领过来的那些人有些是昆明人，有些是别的地方的人。可能有些是研究生，他们是过来旅游的。所以他们有在排练舞蹈时拍照片、拍视频的，他们一共来了六七个左右。男的三个女的也三四个，他们拍完之后休息一会儿就走了。排练舞蹈组直到5点以后才回家，今天就这些了。

2013年10月4日　星期五　小雨

今天我们准备去汪然教堂里过感恩节。前几天村里的长老们说准备今天下午3点出发，所以今天早上大家准备东西，有些妇女准备家里的猪食牛食等。准备就绪后又要准备自己的行李和牙具等。时间一到就出发了，在村里相互约一下，或是在半路上等几个伴，然后一起走。我准备动身的时候，我前面已经过了几个组，我也想跟上他们，但不管怎么努力还是跟不上。我又在继续走了一程才跟上了我的弟弟。在那里歇了一会儿，然后我就又跟不上了。然后我们三人就一边聊一边走，不知不觉到了汪然球场。那里站着两个分配客房的人，我们到他们旁边后，两个人当着其中一个人领我们到普友们家，他领到后又折回去球场旁边，等客人的到来。我们把行李放在家里后，这里的主人已为我们倒了茶，又给我们瓜子和花生。其他村里的教徒们也是陆陆续续的到了汪然村。晚上6点时客人还在来，高音喇叭里通知饭熟。可以去打饭的时候，有的是家主去帮客人打饭的，有的家是借客人打饭工具，然后客人自己去打，打回来饭后吃饭，吃完饭后就等着钟声。钟声响了后大家才去教堂。到了教堂后汪然村的长老们在教堂合唱一首赞美诗。这首诗就像欢迎歌一样。唱完后汪然教会的姊妹们给我们握手。先走的是妇女们，然后才是爷们儿。握完手的人就到教堂里坐着等，还要看他们的教堂里布置的景象，真的是好美啦。等全部握完手坐进到教堂里，这次来的人也是挺多的，差不多教堂都坐满了。大家坐好后主持人就讲几句话，而后唱首赞美诗，唱完后大家就先认罪。这个项目完后，汪然组的姊妹们给大家唱首欢迎歌，这首歌她们唱一唱跳一跳。这个项目之后才开始进入赞美阶段，然后祷告。祷完告后先讲经，这次讲经的是撒该犹，讲完后再唱赞美诗。然后主持人为明天的事宣布一下，然后汪然教会的执事又讲几句感谢话，还要讲几条规章制度。讲完后再做一个结束祷告，他就各自回睡处了。

2013年10月5日　星期六　小雨

今天早上我们大概7点30起床，8点到教堂，这是长老们已经定好的条例。早上家主们还是比我们起得早，他们已经生好火烧好温水，等客人一起来，他们就给客人们洗温水，洗完脸后，有些人烤一下火，有些人去卫生间。等伙伴们都准备完后才去教堂。早上的敬拜跟平时的敬拜差不多，午堂还是比其他时候的敬拜多。因为我们村委会有六个教堂，每个教堂里的教徒都要轮流着唱或者是跳完后才聚会结束。晚堂跟午堂都是一样，晚堂的聚会完了后大家才回去。有些教会的节目没有熟练的在教堂里练一下，然后再回去休息。

2013年10月6日　星期日　小雨

今天是特别热闹的一天，早上聚会完后大部分教徒都去排练节目了，白天也有其他村里来参加聚会的。有些是要看跳舞的，有些是来表演的。中午12点正式开始敬拜，然后开始表演舞蹈，先给表演的除了我们6个教会以外的其他姊妹表演。然后才是我们六个教会的姊妹们。等全部演完后才做结束祷告，这样今天来看演出的或是来表演的都要留着先给他们吃饭，参加感恩节的姊妹们也可以留他们吃饭。叫他们吃完饭后才回去，参加感恩的姊妹们是食堂通知了以后才可以吃饭。晚上也是一样，先敬拜再讲经，然后又轮流一转演出节目，等全部轮完了再唱首赞美诗。然后又做个结束祷告，然后才回各自睡处休息了。

2013年10月7日　星期一　小雨

今天早上大家都起的比较晚一点，因为是最后一个早上嘛。早上8

点多钟才起床，8点30才在教堂里集中，然后进入敬拜当中。早上只是唱赞美诗，讲完之后汪然组的事务长宣布一下今天哪个教会里来了多少人奉献了多少资金，这些讲完后全部总收入多少，然后又宣读支出多少，哪里支出，支出多少一一详细的读完。然后他再讲说几句感谢的话，讲完后他走下了台。另外一个村长老上台讲几句话，他也只讲几句感谢话。他后面汪然组的执事再讲几句感谢话和祝福话，然后汪然教会的三位长老，给讲经的两位老师和其他教会的负责人发给他们每人一件傈僳衣服。发到一个，教徒们就给他们热烈的掌声，这样他们准备好的发完后。再唱首赞美诗。然后祷告的有三人，第一人是为领受神的话语而祷告，第二人是为这次汪然教会的弟兄姊妹们祷告，第三人是为两位老师祷告。这些结束后，汪然教会的弟兄姊妹在外面站着给我们告别而握手。回到睡处后吃饭，然后给这个家一起唱首赞美诗，然后为这个家祷告祝福。之后背着自己的行李握个手告别大家就各自回了家，这次的感恩节就这样结束了。大家的心里也很高兴，这次顺利地完成节目我们也觉得很高兴，下次为圣诞节而准备努力。

2013年10月8日　星期二　阴转晴

今天早上组里的喇叭喊，有城镇户口的到村委会去填户口，还要带着户口簿，通知完后有城镇户口的就带着户口本到村委会去了。我们娃底二组有城镇户口的只有三四家，其他的都是农民。到10点左右要去接孩子的就去鹿马登了，今天是8号，所以鹿马登学校放假两天。其他村民们菜没有种好的继续种，有些家的菜已经长苗了，只需要去一下菜地。还有的村民还是去找猪食，村民们的生活一天一天就这样过了。

2013年10月9日　星期三　晴

这几天有些村民已经农闲了，因为该种的他们已经种完了，只是没有种完的几家还是继续种着。今天我们村的球队要去县里比赛，他们现在是最关键的球赛了。输了一场就要淘汰了，而今天这场赢了，他们就能进入决赛了。所以村民们很多也跟着他们去看球赛的，去看的大约有四五十人。但是他们今天打的是第3场，第1场是女子队，第2场是乐福队与阿打村。在球场里看完第2场球，球迷们回去了很多，可是我们赤恒底的村民们仍然继续看着球赛，我们村的球队每进一个球，他们就呼喊一声。我们队的对手是晨点队。刚打的时候，他们队总是领先。看球赛的村民也叹气，可是打到第3节，我们队的分数超越了几分。这时我们村的球迷们也很紧张，进一个都要高喊一声，球队们一直保持这个分数，最后70：63胜了对方。我们村的球队们也很高兴，球迷们也乐滋滋地回了家。

2013年10月10日　星期四　晴

今天天不亮的时候就能听到脚步声和讲话的声音，还有车子发动声。今天之所以这么热闹是由于福贡街子。这些卖菜的走完后，后面跟着出发的是卖牛卖羊的，最后出发的就是赶集的。村里又稍微安静了一些。这几天我们村委会装修的也继续装修着，不过差不多装修完了。听说这栋房子是合唱团的，有些说是党员活动室，还有今天鹿马登完小今天收假。送孩子们的还是跟往常一样送到学校后回家，今天就这些了。

2013年10月11日　星期五　晴

今天村民们去菜地里除草，找猪食。白天都早一点回家做饭吃，因为晚上要看球赛。今天又是要去县里看我们村的球队比赛去，球迷们还是准备跟着他们去。球队3点多钟就去县里，他们今天7点钟的球赛。球迷们6点多钟才去。家里有车的自己骑着去，没有车的是搭车去。我们到了县里后，第一组球队已经打着了。分别是秀邓时代队与园丁队，秀邓时代队刚打的时候就将分数遥遥领先，到最后86：60，还是秀邓队赢了。第二组是我们村的球队与兄弟联队。刚打的时候，是我们村的球队分数领先，可是越打越落后。第二节开始就落后了，到了最后他们也还是跟不上对手的分数。最后63∶72输了，我们村的球迷们也是唉声叹气地回了家。

2013年10月12日　星期六　晴

今天早上的时候，村里又响起了《世上只有妈妈好》这首歌曲，然后拖拉机就开到每个角落里。村民们把垃圾桶推到拖拉机旁，然后把垃圾倒到拖拉机里。这样拖拉机开一会儿，停一会儿，最后装满了后拉到垃圾房里就把它烧了。9点30过后村里的高音喇叭通知三个组，每家都要来一个村委会里开会，这样通知了两三遍。听到的人，饭吃完了的就去村委会了，没有吃完的继续做饭吃，吃完饭家里的活做完了就去村委会。今天开会的地点在村委会的2楼办公室那里，先来的就有椅子，最后来的就站在外面。有位妇女正在讲话，她讲的是普通话，她旁边坐着的是外来的工作人员和我们村委会的党支部书记。书记有时用傈僳语翻译给群众。今天主要讲的内容可能是广告复合肥或是推销复合肥吧。她们旁边卖的复合肥，一年只需加一次，价钱也低。她要给村民签合同书，到会议结束后有几个人签了合同。大部分村民回了家，村民们边回家边议论着，不知道是不是真的货，不会是骗子吧。有些说：没有把握好，不敢冒风险。大家就回了自己的家。

2013年10月13日　星期日　晴

今天的早堂还是跟往常一样。先唱首赞美诗，然后大家起来祷告。集体祷告完就开始进入敬拜赞美，再祷告，祷告完了后就讲经。讲完经后在床上坐着没事再做个结束祷告，然后各自回了家。今天我们村里的一些基督徒准备去木古甲新村教堂。他们那里过着感恩节，所以他们去那里参加感恩节。他们还准备了三支舞蹈。准备去的那几个10点30就出发了，我们教会里是12点30开始进入礼拜。今天还多了一节就是圣餐。

这些完了后午堂就结束了。晚上参加聚会的比较多，今天就这些了。

2013 年 10 月 14 日　星期一　晴

今天早上村里还是各家干各家的，各忙各的，所以忙还是坐到下午 5 点多钟，6 点多钟的时候，我们组的高音喇叭又响了。然后通知说各位村民明天早上要扫路，因为明天县里的领导、州里的领导和省里的领导要来我们村，所以明天早上要早早起来。另外一件就是参加合唱团的成员马上到村委会办公室里排练，明天要唱给领导上听。合唱团的人们听到这里后放下所有的家务活去了村委会，等他们都到齐了就先讲几句话，然后把他们分成 4 个组，一声部一组、二声部二组、三声和四声也各自各的。然后团长指挥拍子开唱了，他们一直排练到晚上 10 点多钟就休息去了。

2013 年 10 月 15 日　星期二　阴转小雨

今天早上天刚亮的时候就有人在路上行走，因为今天是福贡街子。那些在山上的菜农们要绕过我们村，所以脚步声是从那里传来的。接着我们三个娃底村的妇女也跟着他们去了。再过一会儿，村里的喇叭又响了，然后通知各社员马上起床，到村委会旁集中。村民们听到这些后立马起来，然后向村委会那边走去。人差不多到齐的时候，组长吩咐开始扫路了，专门就拿起扫把开始扫。有三四个人把扫出来的垃圾装在口袋里，然后放在路边，等过两天垃圾车来的时候装上去。我们组里应该能出席 47 个人，可是全部没有来，组长就把他们的名字记下。没有来的要交钱，一早上要交 20 块，交出来的钱社员们平分了。我们扫了一个小时就扫完了，然后组长说可以回家了，大家才各自回去。早上 11 点钟，村委会旁停着几辆车，可能是省里的领导来了，过了一会儿又听到歌声，又听到鼓掌声。这样领导们在村委会待两三个小时，然后他们回去了。村里又安静了，合唱团的人就各自回家了。

2013年10月16日　星期三　雨转晴

早上的雨还是叮叮咚咚的下着,我们还躺在被窝里,毕竟是这几天天气有点转冷了。可是躺了一会儿,手机铃声响了,我接过手机一听,原来是我妻子的二姐。他们家今天要冲沙子,所以叫我们早上上去。他们家是住在王咀,所以我们赶快起床做饭吃,吃完饭后我和妻子去王咀,我的大女儿留在家里找猪食。我们到了王咀后,妻子去她二姐家帮忙做饭去了,我在水沟旁等着二姐夫过来把人员分配开了。妇女几个到王咀上面,把沙子往挖到沟里,然后用水冲下来。有几个在平一点的水沟那里括,我们几个在最尾捞沙处捞,人员差不多有40个。他们那个村公路还没通,他们家冲沙子是要建房子用。挖沙处需要交钱,哪一家挖沙子都要跟沙子地的主人商谈,听说二姐夫家付了600元钱挖沙子费。我们中午歇了一会儿,吃中午饭,然后又一直工作到晚上6点左右。最后把水沟里的水堵住了放到另外一条水沟上才休息。最后大家去他们家吃饭,吃完饭就回来了。

2013年10月17日　星期四　雨

今天早上还是下着雨,村民们这几天有点闲,所以起的比较晚。早饭吃完后也没什么可做的,找点猪食或是找点牛食。就这些了。其他的活也做不成,所以这样过了一天。

2013年10月18日　星期五　阴

今天鹿马登完小放假,接孩子的还是去鹿马登接孩子。这几天村民们都到各自家里的菜地里去找猪食。自己种的菜已经有六七厘米高了。而且菜也要拔一些,不然长满了许多。每天都要去菜地里找猪食,今天也只是这些了。

2013 年 10 月 19 日　星期六　阴

今天是福贡街子，所以村里的菜农们还是去县里卖菜。不去街上的村民还是去菜地里找猪食。今天要找两天的猪食。晚上还是6点钟去教堂，6点半开始赞美敬拜。到7点20多才聚会结束，然后大家就各自回家了。但是有些妇女们互相约着明天去贡山过感恩节，所以她们要排练两支舞蹈。她们去的有十多个人，已经找好了一张微型小车和一张面包车。明天早早的就可以出发了，她们几个排练到10点多钟，然后就休息去了。

2013 年 10 月 20 日　星期日　晴

今天我们村里的基督徒们去外面参加感恩节的有许多组。一组是去贡山的，他们组早上7点就出发了，还有两个组是早上我们这里的早堂完了后才去的。有一组是上帕镇达友村委会怒米底教堂那里也过感恩节。另外一个组是去对面胜利村委会胜利教堂。那里有点近，所以去的人比较多。去表演的也有，去看跳舞的也有。有些是走路去的，有些是骑车去的，外面去的人比较多，所以我们这里聚会的有点少。下午3点开始就送孩子到鹿马登学校，晚上还是照常聚会，今天就是这些了。

2013 年 10 月 21 日　星期一　晴

今天早上卖豆腐的还是一路叫卖着，村民们喜欢吃豆腐的，听到叫声后还是主动买。卖豆腐的走了后，村民们有些吃完饭的去自己的田里找猪食去了。今天中午的时候，村里又来了一位照相的，不过价钱有点贵，所以照的人并不多，有些还在地里。有些去外面还没有回来。这几天球场里打球的不多，只有在家的几位小伙子。今天就只有这些了。

2013 年 10 月 22 日　星期二　雨

今天早上雨还是不停地下着，虽然不是大雨，但是也下的不小。这几天大家都没有那么忙,所以早上村民们也没有起得那么早。今天早上我组的组长又通知:二组的社员们请听着,大家把信用社一本通和身份证复印件马上交到副组长那里,听到了的赶快去交,没听到的相互转告一下,要没有交到后果自负。这样通知两三遍。然后听到通知的社员们就拿着一本通和身份证复印件赶到副组长家,然后把证件交给副组长。有些还问一下这是要干什么,我兄弟就告诉他们这些要交到政府那里,至于干什么用他们也不知道。问完后他们就打着伞回家去了。白天还是下着雨,所以没有猪食的去找猪食,有猪食的就休息,今天就这么过了。

2013年10月23日　星期三　晴

今天早上组长还是通知一本通和身份证复印件还没有交的赶快去交,还没交的是出去外地打工的那些人,他们的身份证他们自己拿着。所以在家的父母亲或是弟兄姊妹给他们打电话,叫他们传真拿过来。所以今天有一些村民们还在办这些事的。还有今天州里的领导和县里的领导来我们村参观刚造完的房子。房子是以前的旧村委会的房子,现在改装修了,然后给了合唱团的活动室。今天刚装修完,所以领导来验收房子,领导们来了三辆车,差不多有十三四人。他们参观完后就回去了。晚上组长又通知,明天早上又要扫路,今天就这些了。

2013年10月24日　星期四　晴

今天早上我们组的喇叭里就通知社员们,赶快起床去扫路,我们赶快去扫。这样通知了两三遍,因为是天刚刚才亮,所以村民们哪一家都还没有起床,这时听到通知后马上起床,脸还没洗,就去了我们村的桥头。今天的任务是从桥头扫到村下面的白狼家门前,今天我们三个组当中只是我们二组扫,组长说今天县里的领导来我们村,然后他们来看一下桥是否该修了,我们村这座桥已经断了许多处了,村委会也已经向上级发过许多次申请了,听说上级已经批下来了,可是到今天才来看一下,但村民们没有灰心，今天还是很乐意的，社员们全部集合了后才开始扫路，扫了三四次后就扫完了，最后组长登记了一下名字，登记完了，大家就各自回家了。

2013 年 10 月 25 日　星期五　晴

今天是福贡街子，所以早上天还没亮，就有脚步声和车子发动声音，那卖菜的走完后，天就渐渐地亮了，又过了一会，路上又传来"卖豆腐喽，卖豆腐"这样一路地叫着，卖豆腐的人从村尾走到村头。停一会儿，走一会儿，他转完这个村，然后又去了别的村，这样村里闹了一早上，白天村民们有些去赶集，有些去找猪食，村民们就这样过了一天。

2013 年 10 月 26 日　星期六　晴

今天是星期六，所以早上大家都又听到熟悉的《世上只有妈妈好》，村民们把垃圾桶里的垃圾丢到拖拉机里，然后拖拉机师傅又把垃圾倒垃圾房里，然后把它烧了，今天白天 2 点开始村里的基督徒们愿意交十一奉献的，就会到教堂里，有几个负责人到那里后称完就回来了，还有合唱团的演员们在旧村委会里排练一下歌，然后就去鹿马登表演去了，今天晚上的聚会有些晚大家都天黑了才回去，今天就是这些了。

2013 年 10 月 27 日　星期日　阴

今天还是跟往常的星期日一样，一日三次做礼拜，不过中午聚会完后在教堂外面开会，每一家都要留一个人开会，主持人是我们村委会的党支书，他说我们村这几年都在交养老保险，我们娃底三个组，满 18 岁的就要交养老保险，每人每年交 100 元，要交 18 年，大家都必须要交，可能不交的话，低保也别想拿。去年没有交的，今年要交，去年交了的今年也要交，他讲完这些就结束了，村民们边回来边议论着，有些说是要交，有些说是现在还早。各种说法都有，不过结果差不多是一样，迟早的事，大家就不知不觉地回到了家，晚上也是接着聚会，约定完了后大家才回家，各自休息去了。

2013年10月28日　星期一　小雨

今天早上就开始下着小雨，所以村民有些起得比较晚，有些养着牛的就不可以睡懒觉了，他们还是早起，还有今天是28号，所以鹿马登完小放假，村民有些还是去接孩子去，有些家长是让孩子们自己搭车回家，这样村民们只是找一找猪食或是在家看电视，这几天天气也有点转冷了，所以没有做其他的事情，今天就这么过去了。

2013年10月29日　星期二　中雨

今天早上开始就下着雨，所以村民们起得比较晚，睡够了才起来做饭。吃完饭后，没有猪食的，不管下着多大的雨还得去找，有猪食的就在家里看电视或是睡懒觉。今天一天下着雨，村民们没有事情可做，一直休息到晚上，今天就只有这样了。

2013年10月30日　星期三　晴

今天早上我们组的喇叭又响了，然后组长通知说今天每一家都要留一个在家等着，今天政府发给我们低保大米，我们现在去鹿马登拉大米，拉到村里又在通知社员们，然后组长又喊4个人的名字叫他们和他一起去上车拉米，差不多到12点左右，先是娃底三组的先到，组长通知给他们来拿米，过一会我们组上也通知了，说大米拉到了，社员们赶快来拿米，社员们听到通知后就拿起背带去村委会旁了，到那里后先到的几个人背着米了，不背之前先向副组长登记，然后交车费，买50斤米一袋的，交1元，今年每家分着两袋每袋24斤，车费要交2元，拿到米的村民们非常的高兴，嘴里还叫着共产党好，共产党好，这样先拿着米的就先回去，最后组长和副组长才回去，这次分的大家都很满意也很高兴。

2013 年 10 月 31 日　星期四　晴

今天村里也没发生什么，早上只是见到村里森林委员在村委会大楼里，他们可能是来开会，白天3点左右，村里的学生们开始返还学校，有些娃娃还是自己搭车回去，有些孩子是父母亲自送到学校，这几天的天气转冷，所以晚上在公路上或是在球场上很少见到人，今天就是这些了。

2013年11月1日—30日

2013年11月1日　星期五　晴

　　这几天村里有些家准备做石头房。已经见着的有两三家了，早上卖豆腐的还是叫卖着，还有村里的幼儿园班，还是正常地上课，晚上组里喇叭里又通知，明天又要扫路，这样重复通知了两三遍，这几天村里打扫的也回来了好几个，有些说是病了，回家有些可能是讨老婆，所以这几天感觉村里欢乐的气氛又增添了许多。

2013年11月2日　星期六　晴

　　今天早上我们娃底三个组都要去扫路，所以各个组的喇叭里通知，请社员们快点起床，我们要早去早收工，我们娃底三个组，各组的组长们已经分好段了，一组是支部书记加到我们二组的努里生家，然后还要转下去到白狼家，我们二组的工地再从我们家走下去，还有球场，然后到努里生家，另一段是白狼加到江东桥头。娃底三组的是村委会旁到千思底。早上大家听到通知后都立刻起床，然后拿起扫把，有些是拿锄头用来除草，有些拿铁叉等，然后去各组的段上，村民们有些顾不上洗脸，马上就跑到了工地上，我们组分两个组，一组从我们家门前走下去，另一组从努里生家早上来，这里扫完后留下几个上上车，别的全部村民到白狼家，然后一直走到江东桥头，最后组长登记一下名就各自回家了，早上我们才用了四五十分钟，就把村里的公路都打扫得干干净净，看起来走起来都舒舒服服的，可能另外两个组也完成了，村里的环境卫生又提高了，村民们也很高兴。

2013年11月3日　星期日　晴

　　今天还是跟往常一样的，星期日一日三次聚会，只不过白天聚会是稍微延长几分钟参加圣餐，今天是 11 月的头一个星期日，另外今天要得去交养老保险，18 岁以上的都要交，是交到各个组的副组长那里。交完后要登记，今天村里就有这么一点事，其他的一切正常。

2013 年 11 月 4 日　星期一　晴

今天早上卖豆腐的还是在村里叫卖，这几天由于天气降低。早上家家都冒着浓烟，夏天的话，大部分的村民都用电，可是每年到这个季节都要烧火，不然手会受不了冷。大家都吃完饭后，有些妇女去自家的菜地里找猪食，有些是朋友或是别人家的菜地里互相约着去找猪食，现在的江水每天都会下降，所以有些村民去江边捞柴，晚上我们二组的高音喇叭里又通知，还没有交养老保险的，赶快去交。其他两个组的社员们交的很多，我们二组交的很少，请还没有交的，快点到副组长那里去交。这样通知了两三遍就关了，今天就这些了。

2013 年 11 月 5 日　星期二　晴

今天早上天不亮在村里就有脚步声传来，还有车发动声，这样子闹了一个小时左右，然后天就亮了，这时村里的妇女们起来烧火做饭，喂鸡喂猪了，早饭吃完后就找柴的找柴找猪食的找猪食，早上之所以这么闹，是因为今天是福贡街子，村里赶集的人下午两三点就开始回家了，今天的事情就这么多了，晚安。

2013 年 11 月 6 日　星期三　晴

今天早上卖豆腐的还是在村子里叫卖着，早上的赤恒底村家家都还是冒着浓烟，今天还是鹿马登街，去赶集的人也不多，只不过驾驶员们还得去鹿马登开会参加学习，驾驶员们是 3 点 30 才开始开会，有些去鹿马登是去探望在校的孩子，这几天天气越来越冷，还有别的就是我们村在外打工的又回来了两三个。晚上，还是照样的在教堂里做礼拜，做完晚堂后才回家休息。

2013年11月7日　星期四　晴

今天早上组里的喇叭又通知，鹿马登完小今天要放假，一至三年级的家长们去接孩子，通知完后，有些家长快点做饭，吃完饭后接孩子去了，有些家长吃完饭去找猪食的也有，去找柴的也有。另外去找石虫的也有，石虫在江边有鹅卵石的地方，那些鹅卵石一翻开石虫就在底下，这些石虫可以卖钱，还可以做肚子痛药，所以去找的人每天都有几个，今天村里的学生们也回来了，所以晚上比前几天热闹一点，今天也是这样了。

2013年11月8日　星期五　晴

今天早上组里的喇叭里通知前几天社员们交上来的一本通在副组长那里，现在请社员们自己拿回去保管好，赶紧过去拿，不然丢失了后果自己负责，社员们听到通知声就去副组长那里把一本通领回去，在自家里保管着，还有，今天福贡一中的初中部和高中部都要放假了，他们这几天刚考完期中考试，所以晚上在球场里打球的也比较多，今天就是这些了。

2013年11月9日　星期六　晴

今天是福贡街子天，所以村里天不亮就开始传来声音了，有脚步声，讲话声，还有车子声音等，但那些都是司机们和卖菜的菜农们，早上还是家家都冒着烟，差不多到10点左右的时候，我们组里的喇叭又响了，然后组长通知说，在校学生初中以上的学生，学生低保也到了，社员们的子女在校读书的，家长到副组长那里去领，听到的快点去领，没听到的互相转告一下，社员们听到的就到副组长那里去领了，这次的学生低保每人领到382元整。我们组里初中以上的学生有14个，领到钱的家长们都很高兴地回了家，我们娃底有三个组，可能其他两个组的学生低保没领到，因为他们前一次大米都领了，晚上聚会完了，教会的只是公布了一下，说明天我们教会里会来外地来的领导，所以等一天排练一下节目，通知完了老人家和其他小孩就先回去了，别的几个排练完节目后才回去，然后才休息，今天也就这些了。

2013年11月10日　星期日　晴

今天早上的早堂还是跟以前的星期日一样，白天可是不同了，村民们大部分都穿着民族服装来到教堂，我们还是12点开始讲礼拜。我们先唱赞美诗，然后讲经。但是省里的领导还没到，后面负责人跟我们说，领导们在路上堵了车来不了了，我们就把排练好的节目排完，唱完最后做了个解说，祷告完后就回了家，但是合唱团的人还要到村委会去等，但是可能她们也没等到，可能是路上堵车的问题。还有今天鹿马登完小和福贡一中都收假。所以村里的学生都回学校去了，晚上还是照常地做完晚堂。后才回家，然后休息去了。

2013年11月11日　星期一　晴

这几天卖豆腐的还是天天转，今天早上也是公路上叫卖着。村民们有些家还是每天都买点，有些还是一点都没有买的也有。今天村里小卖部又多开了一家，离村委会有100多米，是开在公路边，老板也是我的堂弟妹，我的堂弟在外面打工还没有回来，我的堂弟妹是前几个星期才从外面回来的，他们家没有开之前，村里已有5家小卖部了，但是我们想，小卖部越多对我们越好，因为白天有些家出去干活，而我们又需要买货物的时候买不到，现在有这么多家。哪一家不开另一家也会开的，这几天晚上村民们10点多钟就睡觉了，天气比较冷，所以早点睡了。

2013年11月12日　星期二　晴

今天上午10点多钟的时候，娃底3个组上通知建起石头房的或是准备建石头房的，晚上6点30到村委会开会。请社员们准时参加。这几天村里还是找一些猪食或是去背柴等，只是做着这么一点活。晚上6点的时候，组长又通知请社员们到村委会去开会，这样听到通知的社员们就纷纷地赶往村委会，但不是全部社员都去，有些做好平顶房的，他们就不会去，所以村委会里不是人很多，只有六七十人。我们村的党支部书记就讲话说今年准备做房子的，政府会补贴10多万元，但必须准备石头来，还要按政府的要求去做。所以请社员们考虑一下，明早9点来村委会签名，这样讲完后，社员们就议论纷纷地回了家，有些说是10万元不是一个小数目，有些说现在石头很难找，各有各的说法，但不管是做的或是不做都没答案，可能明天早上才有，今天就是这些了。

2013年11月13日 星期三 晴

今天早上有些村民去村委会报名登记要建房，这个事情昨天就开会讨论过了，所以今天去报的都是慎重考虑过的。村民们吃完早饭后有些去鹿马登赶集探望孩子，有些妇女去找猪食，有些还有约起伴两三个或是四五个去找柴火，晚上的时候娃底组的喇叭里又通知，明天早上9点鹿马登完小要开家长会，所以哪家的小孩在鹿马登完小就读的按时去参加开会，请家长们千万要去，不要忘记。晚上还是村里的基督徒们继续做晚堂聚会，完了后大家才各自回家去了。

2013年11月14日 星期四 晴

今天早上村民有些家还是早点起床，昨天喇叭里通知9点要到鹿马登完小开家长会，所以村民们为了儿女的前途，不管怎么冷，还是按时去开家长会，到了鹿马登后有些家长已经到学校了，有些家长刚刚才到，可能大部分的家长还没到，我们看到操场上已经摆好了凳子，还有讲台，音箱和话筒都调好了，到了9点20多分的时候，学校里的负责人讲家长们坐下，没有找到位置的家长他们就给找座位坐着，差不多满了，鹿马登完小的校长就先讲话，他讲完后才把话筒给从外面来的领导。她自我介绍是昆明市教育局的，介绍完后就先讲她今天来的目的，然后怎么教育孩子管理孩子等等，她讲的是普通话，有些家长听不懂普通话，只能呆呆地坐着，那位女士讲完后，校长才用傈僳语补充几句，这样今天的家长会就开完了，村民们有些是自己开车回来，有些是搭别人的车回来。

2013年11月15日　星期五　晴

今天凌晨5点左右的时候就传来脚步声和讲话声，还有车子发动声音，这些都是卖菜的妇女和司机们。司机们起这么早是为了拉人赚钱，卖菜的妇女们去这么早是为了摆摊位置，今天是福贡街，别的村民还是天亮了以后才起来生火做饭，吃完饭后有些人去种洋芋，有些还只是去找猪食，还有一些去县里赶集，下午6点多钟娃底3个组的喇叭里又通知明天早上去扫路，每家都要排一个人，大家要尽量来早一点，快点扫完地快点休息，因为白天还要干活，这样通知了两三遍，然后就把喇叭关了，今天就这些了。

2013年11月16日　星期六　晴

今天我们娃底三个组又要全村大扫除，所以早上各组通知。叫社员们快点起床，然后集中在一处，早上我们娃底三组比别的两个组早一些，组长通知完，社员们就马上起床，然后脸也顾不上洗，拿起扫把，然后赶往我们组的段上。等了几十分钟，大部分的人到齐了，组长就安排分两个组，一组从上段走下来，另一组从下扫上去，两组在中间相遇，因为是早上，社员们干活也很勤快，不到几分钟就扫完了，最后组长点一下名，听到没有来的有两个人，组长就把他们的名字登记下了，登记完了组长才吩咐大家可以回去了，我们回去的时候三组的社员们才开始扫路，他们可能再过10多分钟才扫得完，明天是星期日，村里的妇女们得去找猪食，而且今天要找明天的分量。晚上还是照样上晚堂，做完后大家才回去休息。

2013年11月17日　星期日　晴

今天早上的早堂结束后，村民赶快做饭，因为等一下要去我们村的亚朵教堂。亚朵村在我们村上面有三四公里，要爬山，需要走一个小时左右，他们的教堂现在修好了，今天要举行新教堂落成典礼，10点过后我们娃底三个组上又通知中午聚完会后要开会，所以每个家里都要留一个人，别的去亚朵教会。村民们吃完饭的就相互约着伴，然后先吃完的就先过去了，有些村民还领着孩子去，今天在亚朵教堂里会很热闹，我们看见上去的弟兄姐妹很多，像一条龙似的，长长的排着。留下的村民们，还是12点开始赞美敬拜，聚完会后在教堂外面的操场上坐的坐站的站。等着开会的主持人，等了一会儿，主持人到了，主持人原来我们村委会的武干。他站在操场中间，然后开始讲话说，今天开会的目的是第一是森林防火，大家都要注意用火，还有请社员们不要打猎，不要制造枪支等等。他讲完后我们村里的森林委员也讲了几句话，不要伐木，还有苞谷地里的苞谷秆也不要烧，等他俩讲完后会议就结束了，村民们也各自地回家了。

2013年11月18日　星期一　晴

今天又是鹿马登学校放假时间，所以有些村民还是去接孩子，等孩子们接回了家后才去做别的事情，今天村里大部分的村民还是去找猪食，只是个别的几个去找柴，还有这几天我的二叔和三叔还有我弟弟在扒吉古做挡墙，他们几个早上早早地去，晚上天黑了才回家，今天村里就有这些事了。

2013年11月19日　星期二　晴

村里早上还是家家都冒着浓烟，有时还听到切猪食的声音，咚咚咚的声音，早饭吃完后我们一家4口也去田地里，我们家的地里垮了一处，需要去补一下，到了地里后我妻子和女儿还有小儿子他们三个挖基础，我找石头，这样一直做到晚上，今天我们还见到许多渔夫，渔夫们3点以后就来到江边，然后他们就在推渔网的地方整理一下渔网，然后又把渔网推到江里，明天早上才来收网，我们家也是4点多钟就回了家，回到家里，她们娘俩做饭的做饭喂鸡的喂鸡，今天球场里小孩们打球的也比较多，学生们明天才收假，村民们晚上10点多钟就睡觉了。

2013年11月20日　星期三　晴

今天是福贡街也是鹿马登街，但是我们村的村民还是喜欢去赶福贡街，福贡街人比较多，卖东西也比鹿马登街好卖一点，今天又是鹿马登完小收假。有些家长还是去送孩子们，下午6点左右娃底三个组还是各组开会，还登记自己地里退耕还林地有几亩等，登记完了后才回去，然后又去教堂聚会，今天我们组里有位小伙子在姑娘家订婚，我们这里的基督徒婚姻是这样，第一天去姑娘家提亲，还需要带着教会里的长老们。姑娘愿意嫁了，男方就准备一点饭，带领着教会的负责人，还有亲戚们去姑娘家里订婚，约好正式结婚的日期。所以他们今天去订婚，明天就知道结婚的日子了，今天就这些了。

2013年11月21日　星期四　晴

今天村里还是各家各的干着活，别的什么事都没有发生，一切正常，只不过是晚上来了一伙人，他们是来打球的，但是球场里的电源线前几天被村里的电工剪了，我们村里的小伙子们也赶紧想办法把电源接好，但无论如何现在要把电源线接好是不可能的了，所以他们想了别的办法，他们商量好后去借发电机。我们组里的普通家里有发电机，他们就向他借去，借着了，他们几个就把发电机推着，推到球场旁边，然后把电源线接好，接好后开始发电。再就是他们没有组5个人，开始打比赛，球打得很激烈，但我们村的小伙子们不管怎么努力，他们还是输了，连输了两场。最后汽油没了，他们才停止比赛，外面来的小伙子们也回去了，最后两三人帮忙收一下发电机，收完后才回去，这时已经10点多钟了，村民们也休息了。

2013年11月22日　星期五　晴

这段时间大家都忙着盖房子，现在国家又给农村搞新农村建设，又有人要忙着盖房子了。今天给准备盖房子的人家发放水泥，人家都去桥头边领取水泥，开拖拉机的又是挣钱的季节，水泥芯是由一组领取，然后再是二组，三组最后领上的。领上的都赶着马下来，现在大部分领上的人挨家挨户都领着了，这样他们就不用背了。国家对农村是越来越好了，人民的生活也这样逐渐走向富裕。

2013年11月23日　星期六　晴

明天又是礼拜日了。大多都忙活着找猪食，大路上随时可以看见找猪食的人，有个爷爷赶着一群羊，背着一筐猪食。我们出发的时候他们已经回来，速度快呀。今天也是螺蛳湾的最后一日，都说大降价，买物品的也很多，以前100多元的衣服都有降到50元的了，更多的是学生。晚上就去教堂敬拜了。

2013年11月24日　星期日　晴

今天村里的基督徒们还是一日三次地聚会，早上聚完会后主持人说今天上帕镇老马亚朵教堂落成典礼，要是村民们准备挂点名的话，就请到我们教堂的老师那里登记一下名，登记名的就先留下，其他的就回家了，村里不信主的几个又聚在一起喝酒，白天后晚上，聚会完后，有些还留在教堂里要排练节目，后天有人结婚，所以今天就开始排练歌，今天留下的那几个人都是举办婚礼的，那家人请的，他们一直排练到10点，然后才回到家。

2013年11月25日　星期一　晴

因为今天是福贡街子天，所以村里天不亮的时候就有脚步声和讲话声，还有车子发动声，村民们有些去赶集，有些去找猪食，还有明天要办喜事的那家，今天杀猪，他们家的亲戚们和有些村民们去帮他们家做事，为明天的事而繁忙。晚上还是继续排练，今天所以就这么点事了。

2013年11月26日　星期二　晴

今天村里有一家办喜事，所以大部分的村民都在家里，今天办喜事的那一家他们原来是住在密丁戈，现在他们家搬到这里有10多年了，今天结婚的是他们家的老三，听说新娘子是肆们斗地方的人。上午10点开始村民们陆陆续续的去他们家挂名登记，今天他们家办的跟以前有点不同，每人挂完名后，他们把准备好的饭一次给了挂礼的人。以前不是这种方式，在教堂里举行完了后，到男方家喝杯牛奶或是喝杯茶，然后才送饭，吃了饭后才回家，到了12点来参加婚礼的到教堂，新郎新娘坐在讲台旁边，还有伴郎和伴娘，他们面朝观众先唱赞美诗，然后唱诗班唱一首，然后讲经，最后长老为他们俩祝福。祷告就结束了，女方家的亲戚们去男方家喝点牛奶，然后他们领到饭后就一起回了家，今天就这样了。

2013年11月27日　星期三　晴

今天村里没有什么集体活动项目，所以有些事鹿马登看完孩子有些去赶集，在家的还是天天一样——找猪食，还有的去捡油桐籽，今年的油桐每市斤才5毛钱，所以捡的人不多，还有的找柴火，晚上的聚会还是照样的进行，只不过今天人比较少，今天就这些了。

2013年11月28日　星期四　晴

今天又是鹿马登小学放假的日子，所以村民们有些还是去接孩子，还有今天村里的组长，副组长党员都要去培训植树，林业局的工作人员指导完了他们，后来培训的社员们上，还每人给了20元钱，然后县里的工作人员也回去了，社员们也回来了。

2013年11月29日　星期五　晴

今天还是跟昨天一样，只是做一些家里的活，找猪食，找柴火捡桐子等。下午6点左右，村里的球场上有人扫地，出去仔细看了一下，原来是合唱团的人和裁缝合作社的人在扫，听说明天县里的领导来我们村的缝纫合作社上看望，所以他们要准备迎接今天就这些了。

2013年11月30日　星期六　晴

今天又是福贡街子，所以村里早早的就有脚步声和讲话声，过了会儿后渐渐地才天亮了，村民们这时才起床，然后生火做饭，家家的房子里又冒了浓烟，然后又响起了切猪食的声音，村民们听完吃完饭后有些还是去赶集，其他的都要去找猪食，明天是星期日，所以今天要涨两天的份，晚上还是正常的聚会，完了后才大家各自回家休息了。

2013年12月1日—31日

2013年12月1日　星期日　晴

今天还是听到敲钟声后去教堂聚会，有一些是全家都先在教堂，回来后才做吃的，家家是家里留一人做饭做家务活，其他的都要去教堂，今天是12月的头一个星期日，所以白天聚会的时候还参加圣餐，还有今天我们教会里来了其他教堂的执事和老师。还有这里的传道，聚完会后他们去厨房里讨论事。晚上聚会完后，我们村里的头号人物都要去厨房里，还是讨论今年的元旦怎么过，他们讨论好了，星期三的晚上公布讨论结果。今天就这些了。

2013年12月2日　星期一　晴

今天早上我们二组要大扫除，因为我们组前个星期没有扫，其他两个组已经扫完了，我们组长通知马上就集合，扫完后登记完名字才回家，今天特别忙的是缝纫合作社的人员和合唱团，还有草果合作社社员，他们要准备迎接县里的和州里的领导，别的村还是做家里的活，今天也就是这一点了。

2013年12月3日　星期二　晴

今天对于村里合唱团的人员和缝纫合作社的人员，还有草果合作社的人员来说，特别忙的一天，因为今天要把缝纫合作社要开张，他们邀请了州里的领导和县里的领导，村里合作社的人员早早的就一切都准备好了，州里的领导和县里的领导12点左右到了，我们村合作社的人就给他们安排座位，等领导们全部到了后，主持人就拿起话筒开始讲话致谢，然后给州里的领导上讲话，州里的领导说要把缝纫合作社院办得生意红火，讲完后给他们安排吃饭。吃完饭后有些领导回去了，有些领导还留村里说笑，聊聊天，吃点酒，这些领导下午五六点钟就全都回去了，最后合作社的人员收拾完场子也回去了。

2013年12月4日　星期三　晴

今天村里有一家要明天办喜事，所以今天宰鸡宰猪，有些村民去帮他们家里忙，另外一些去鹿马登赶集看望儿女，还有些去找菜，有些事去找野菜，准备明天去富源赶集，晚上的时候还是排练节目，明天举办婚礼的时候唱。今天就这些了。

2013年12月5日　星期四　晴

今天又是福贡街子天，所以天不亮的时候就有点闹，然后办婚礼的那家还是老早的时候就准备各种各样的活，还有亲戚们先去帮他们家的忙9点过后，村民们先去挂个名，挂完名后喝杯牛奶，然后就回来换好装。女方那边11点多钟到男方家喝杯水，到12点到教堂办婚礼，教堂里办完后才回到男方家，今天结婚的是格四大，女方是住在阿兰甲，也是属于我们村委会，在他们家喝水喝茶，最后他们家把饭递给了我们，大家才回了家。

2013年12月6日　星期五　晴

今天我们村里婚期很多，这一两个月已经结婚了三对新人了，但是明天又要有一对结婚了，男方也是我们二组的，新娘是娃底一组的，所以男方家今天要杀猪，亲戚朋友们还是去帮他们家忙，其他的村民还是各家忙各家的，有些只是找点猪食，有些去找柴，晚上还是练一下歌，明天办婚宴的时候合唱。他们10点多钟就回家休息了。

2013年12月7日　星期六　晴

今天我们村我们组的肯利王要迎娶新娘办婚礼，他们家早早地起床准备今天要做的事，还约了亲戚朋友和村里的人，有些煮饭煮肉迎接客人，为客人倒茶等等。新娘是一组的人，女方家 11 点多到男方家在那里坐会儿，喝杯牛奶。到 12 点以前，全部人员到教堂举办婚礼，今天举办婚礼的样式跟以前的婚礼有所不同，跟汉族人的结婚礼一样，女的穿婚纱，讲经，祝福的事，牧师讲的是汉语，因为今天来参加的汉族人，怕他们听不懂傈僳语，最后在教堂里举办完了后，大家才去男方家休息喝牛奶，有些喝茶，他们家今天来的客人比较多，家里坐满了，院子里坐满了，个别在公路边坐着的、站着的也有，他们之前准备的是 400 人左右的，结果来了 700 多人，他们只好把远一点的货，除本村以外的先送给客人。饭不够的，他们派一些人去赶快做饭和煮肉，把不够的全部补上，他们家也到了晚上才忙完，村民们晚上还是去做晚堂，回来后才休息，今天就这样了。

2013 年 12 月 8 日　星期日　晴

今天还是跟往常的星期日一样，一日三次聚会，今天早上的早堂去完后有些去鹿马登接孩子去，今天是 8 点鹿马登完小放假，把孩子接回了家，到 12 点又去教堂，教堂里礼拜做完了大家才各自回家，不过合唱团的人又到他们的集合点——旧村委会里，听说今天又有领导去他们那里探望，他们扫地准备迎接领导人，合唱团的人也一直忙到晚上，其他的村民晚上聚完会，主持人说今天开始，每天晚上都要排练舞蹈，现在离圣诞节只有几天了，需要抓紧时间排练。所以准备去参加圣诞节的，就留下来排练舞蹈了。

2013 年 12 月 9 日　星期一　晴

今天大部分的村民还是去找猪食，有些去找野菜了，明天是福贡街，所以准备各样可以卖的东西，还有一组的巴叶奴后天要结婚，所以他们家今天把猪赶到杀猪场，今天邀约亲戚朋友来帮他们家杀猪，晚上还是为圣诞节排练节目,到 10 点多钟才回家休息,村里又开始安静了。

2013 年 12 月 10 日　星期二　晴

今天是福贡街子,所以村里早早的就很吵,这几天天气也很冷,早上村里家家都冒着烟,家家都在生火做饭,还有特别忙的一家,就是明天要办婚礼的那家,他们今天要把猪仔宰好,切好,煮好还要把饭做好,门前门后要扫好,还有今天鹿马登完小收假,有些家长直接去送到学校,晚上还是继续排练舞蹈,今天就这些了。

2013 年 12 月 11 日　星期三　晴

今天村里有两件特大喜事,第一件喜事,一组的巴叶奴婚礼。他很小的时候他父亲就去世了,然后他妈妈带了他俩兄弟几年,然后又改嫁了,后面是他奶奶和爷爷带大的。现在老大要结婚了,村民们挺高兴的,而且这两天帮忙的人也很多,他的新娘是住在王咀组的阿恰。他们家什么都准备好了,只等女方家的了,到了 11 点多,女方家送新娘的就在他们家门外了,他们就赶紧迎亲去,先唱赞美诗,男方也在唱,女方也在唱,唱完后握个手让他们进来喝杯牛奶,吃点喜糖或是瓜子,差不多到 12 点钟去教堂拜堂成亲,教堂里举行完了然后又回男方家继续喝牛奶,有些只喝茶,有些还喜欢喝猪肉汤,最后饭是先递给女方家的客人,然后才给男方家的客人,拿到饭的客人就各自的回家去了。第二件喜事,早上的时候喇叭里通知,今天 3 点多钟要到村委会去集中,政府给我们每家给的 1000 元已到了,今天中午就可以发给社员们了。所以中午 2 点后,上面那几个组的社员也会陆陆续续的到村委会来了,先到的在村委会旁边坐着有两三个一组的,有三四个,五六个一组的,站的站、坐的坐,相互聊着。后面政府的工作人员讲了几句话,说我们江西这边的百姓是属于边境地区,所以政府才给我们每家 1000 元,但是提醒一点给我们,让我们必须交养老保险,要是不交养老保险的话,明年的 1000

元就没了,讲完后工作人员就叫组长和副组长两个去领钱,领到钱的组长和副组长又发给社员们,每户 1000 元。领到钱的社员们非常的高兴,有些村民满面笑容地回家去了,有些社员还称赞说政府好,共产党好等,但不管怎么写都写不出这时社员们高兴的心情。

2013 年 12 月 12 日　星期四　晴

今天村里没有集体活动,所以早上村民们吃完饭后,大家该干嘛就干嘛去了,有些村民,昨天政府发来的钱,今天就去富源街买衣服或是买别的东西去了,有些还是放在包包里头找猪食去了,今年建房子的还是继续地建着,这几天没有雨水,而且又是农闲,所以就是最适合建房子的季节了,还有过两天就要过年过节了,外地打工的也回来了不少,这几天傍晚的时候,球场里天天打球,晚上还是继续排练舞蹈,今天也就到这里了。

2013 年 12 月 13 日　星期五　晴

今年的婚宴相当多,明天又有结婚的,是娃底一组的,他们家今天宰猪,亲戚朋友们还是去帮他们家忙,有些被安排去宰猪,一些去找松叶,还有的在家门前搞一个大门,用松叶来装饰,还写上傈僳文大字的,他们家一直忙到晚上,傍晚的时候还要去村里每一家,上门邀请,叫他们明天来参加婚礼,另外有为圣诞节而练舞蹈的,还是继续在教堂里练,今天也就说这些了。

2013 年 12 月 14 日　星期六　晴

今天早上村里的卫生拖拉机又在村里转了一圈,转到哪里,村民们把垃圾倒在车上,然后开走。这样停停走走,拖拉机司机把垃圾一直拉到垃圾房,然后烧了,村里看起来又卫生了许多。娃底一组的邓福丽今天举行婚礼,他们又早早地准备,新娘子也是娃底一组的,他俩也是在教堂里举行婚礼，教堂里举行完了，就去他们家集合，最后拿到饭就各自回家了，今天是星期六，大家还是空些的时候去找猪食，晚上还是继续做晚堂，排练舞，练完后大家就回家休息去了。

2013年12月15日　星期日　晴

这几天早上很冷，但不管怎样，村里的基督徒们还照样得去教堂做早堂，早堂做完了才回家做饭吃饭，午堂12点开始做，到2点多钟结束午堂，12点开始刮起大风，风刮得喔喔地响，家家都躲在房子里不敢出门，风一直刮到傍晚，晚上还是坚持去做晚堂，晚堂结束后，排练四部赞美歌，排练完后才回家休息村民。今天就这些了。

2013年12月16日　星期一　晴

早上的赤恒底村，家家都冒着浓烟，村民们因为冷，所以家家都在生火做饭，村民还是跟以前一样，礼拜一，大部分的村民去找猪食，有些去找柴，盖新房的，还是天天都在做，晚上为圣诞节而继续排练，舞蹈到了10点才休息。

2013年12月17日　星期二　晴

这几天村里也没什么事情发生，集体活动的项目也没有，所以家家都只做一点家务活，有一些是在洗衣服、洗被子，过两天圣诞节的时候要背去，晚上练节目的继续练，今天就只有这么多了。

2013年12月18日　星期三　晴

今天又是鹿马登完小放假，有些家长去接孩子有些村民去赶集，还有这些天去找柴的比较多，有些去山上找，有些去江边找，还有这几天各个组的喇叭上，通知社员们到森林委员那里去拿石灰粉，然后把自家的核桃树根上刷一下。有些村民拿到石灰粉后，就去刷自家的核桃树了，晚堂还是照样地做，做完后继续排练节目，练完后大家才各自回去休息了。

2013年12月19日　星期四　晴

今天福贡一中的学生也放假，所以傍晚的时候球场里打球的很多，所以很热闹，还有这三四天很冷，菜叶上都贴着薄薄的一层冰，每年的12月份，村里的基督徒们，大部分都在自己家里祷告。晚上还是继续排练节目，到10点多钟才休息，今天就是这些事了。

2013年12月20日　星期五　晴

今天又是福贡街子，所以村里早上就很乱，我们村上面的汪然村和亚朵村的村民都要经过我们村，还有今天要在亚朵村举办圣诞节，所以村里的基督徒们早饭吃完后，有些只是准备一下行李，还有的就先去找点猪食，下午2点30左右，教堂里的喇叭里响了一首歌曲，然后通知村里的弟兄姐妹们，出发的时间到了，请弟兄姐妹们出发吧，这样通知完后过了一会儿，就见到村里的基督徒们两三个一组、四五个一组地背着自己的行李赶往亚朵教堂去了，他们今天的晚饭会在亚朵教堂里吃，还要参加今天的晚会。今天就这些了。

2013年12月21日　星期六　晴

今天是我们赤恒底村委会的基督徒们过圣诞节的第二天，还是一日三次的聚会，别的没有，参加圣诞节的村民们在家找找猪食，做点家务活，盖新房的，还是照样，晚上参加晚堂，晚堂结束后，妇女们留下来扫一下地，我们教堂里每个星期六教堂礼拜，结束后都要扫一次，今天也是一样，有些拿着扫把扫，有些拿着毛巾擦，有些整理凳子的，这样忙了半个钟头后全部清理干净了后，妇女们就各自回家休息去了。

2013年12月22日　星期日　晴

今天是我们村亚朵教会过圣诞节的第三天，他们今天还是一日三次聚会，没有去亚朵教堂过圣诞节的基督徒们，早上在我们娃底教堂里做礼拜，中午有些去亚朵教堂做礼拜，还有的基督徒去布拉底新村做礼拜，他们那里也过圣诞节，所以白天在我们教堂里做礼拜的人不多，只有100多人，晚上做晚堂的人也不多，还有今天鹿马登完小和福贡一中的学生们都收假，但是在鹿马登完小读书的呢，有些家长还是把自己的孩子送到学校里，今天就是这么的过了。

2013年12月23日　星期一　晴

今天是参加圣诞节的基督徒们回来的日子，他们早上去完会后吃完饭就各自回家了，今天有去上海打工的5人，也去了，他们怕过几天会找不找活路，有些这两天回家了，所以好找，今天去的这些都是我们娃底三个组的社员，还有另外一件事，就是现在我们村的大桥许多处已经断裂了，所以早上喇叭里通知晚上会把桥封了，要想把车开回家，就请绕道鹿马登那里回来，不然就停在江东的公路边上，这样通知了两三遍，结果晚上我们村里的武干领着一个人真的把桥给堵了，只有人和两轮摩托、三轮摩托才可以过，其他的拖拉机和微型小车也过不了了，今天就这样了。

2013年12月24日　星期二　晴

今天大家又是各玩各的，有些还是去找柴，建房子的还是继续地做，有些只是找一找猪食，别的没有什么可做的，只好在家休息了。

2013年12月25日　星期三　晴

今天是富源街，鹿马登也是街子天，村里还是凌晨5点的时候就有脚步声，讲话声车子发动声，娃底3个组的村民们，这几天家里没有活的就睡到八九点钟，早上冷，村民只有去赶集的，没有去卖东西的，他们都是太阳出来了以后才去，有些还是去鹿马登，那里又可以赶集，又可以探望孩子，晚上还是在教堂里做晚堂，做完以后村民们才回家休息去了。

2013年12月26日　星期四　晴

今天村民们还是各干各的，晚上的时候，村里的基督徒骨干分子们在教会的厨房里，讨论今年的元旦节怎么过，教会的喇叭里通知7点到厨房里集中，必须按时的参加，今天参加的人员差不多有30人，点名差不多到齐了后，执事说先祷告一个，然后他们开始说今年的元旦要过几天，生活费要交多少，然后大家一人讲完后接着另一人又开始讲，这样差不多两个小时后得到最后的结果，元旦要过三天，生活费每人5元。等会议结束后，做了个结束祷告，大家就回去了。

2013年12月27日　星期五　晴

这些天有些社员们在准备元旦的事，所以有些妇女多做一点傈僳粑粑，别的村民还是去找柴，有些只是找猪食。傍晚的时候村里的喇叭里通知明早扫路，这样通知了两遍，然后就关了，今天也只不过是这么多了。

2013年12月28日　星期六　晴

今天早上我们娃底三个组都在扫路，元旦马上就要到了，村里的卫生要清理一下，天刚刚亮了的时候，各个组的喇叭里通知扫路了，听到了通知后村民们就马上起床，脸都顾不上洗，拿着扫把，不管怎么冷还是去扫路了，各组还是以前分好的段来扫，哪个组先做完哪个组先休息，结果我们二组先扫完了，我们在组长那里登记完名字后就回家了，今天还有另外一件事，是村里社员们的户口簿，要交到我们教会的执事那里，因为今天要填我们的教会里 18 岁以上人员的姓名、出生年月，还有受洗时间的，今天就是这些了。

2013 年 12 月 29 日　星期日　晴

村里的基督徒们还是一日三次地聚会，晚堂差不多要结束了的时候，教会里的执事公布了今年的元旦怎么过。还有今天开始每一个组都要练几支舞，元旦的时候每一个组都要跳，所以村民们回家以后，每一个组都要练舞到 10 点多钟才回家休息去了。

2013 年 12 月 30 日　星期一　晴

今天是福贡街子天，所以村里早上就很吵，还有今年盖新房的村民，今早上发给他们钢筋，我们村的桥梁断了几处，拖拉机过不得，他们只好把钢筋抬到桥这边，然后才用拖拉机拉回来，另外今天鹿马登完小的学生们放假，有些家长去接小孩，今天去福贡街赶街的人特别多，大部分都是去买菜买东西去的，现在比以前的日子好过点，所以村民们买的都是过年过节所需要的东西，今天就这么多了。

2013 年 12 月 31 日　星期二　晴

今天村里的基督徒在教堂里集中祷告，所以晚饭在教会的厨房里打回去，早上我们二组的喇叭响了，然后组长通知说今年轮到我们组做饭了，所以现在分配一下任务：有两个烧火，有几个煮饭，有几个做菜，他分配完后说，现在烧火的马上就可以动身了，然后喇叭就关了，听到通知声后大家就马上吃饭，吃完饭后就去了教会的厨房，我们二组在厨房里煮饭的、洗菜的、炒菜的都有，没有来做饭的社员们 12 点开始在教堂里做礼拜，2 点左右才结束，然后有些妇女去找猪食，有些在自己家里多做几个菜，我们组 4 点左右把饭煮好了，然后从喇叭里通知叫村民们来打饭，社员们听到通知声就来打饭了，晚上 10 点多钟在教堂里集合，他们分配工作，晚上12点开始挨家挨户的去唱歌，把村里基督徒家都轮完后大家才回去休息。这样时间也差不多到凌晨三四点钟了，大家又冷又困，所以回家睡觉去了。

村民虎赛雄日志
2014年

2014年1月1日—8日

2014年1月1日　星期三　晴

今天村里的基督徒还是集体在教堂里唱赞美诗，听圣经，做饭的还是我们二组，今天是我们组煮饭的第二天，所以大家都做什么都有点习惯了，任务还是昨天一样的。煮饭的继续煮，切肉的，炒菜的还是昨天一样，其他的村民在教堂里做完礼拜后，教会的负责人们，比如执事、老师、礼拜长会给以前在教会里做过贡献的人发纪念品，比如旧长老、旧执事等，发一个牌子作为纪念，发完后才散会。我们组还是4点以前做好了饭，然后喇叭里通知给社员们，叫他们过来打饭，晚上做完晚堂后，这个组还是排练舞蹈，因为明天还是在教堂里表演，今天就这样了。

2014年1月2日　星期四　晴

今天是元旦的最后一天，每个人都起得早早的，吃完饭，穿着傈僳服装跳舞的人，排练一会舞就去教堂了，听说今年要（字迹不清——编者注）都打扮得漂漂亮亮，在教堂里唱完诗歌，每组轮着跳舞，之后是一组二组三组，最后是亚萍组的节目。都很精彩。也很好看，节目也非常多，有几组女娃娃也跳。有的是以家庭为组合，差不多4点就结束了，都忙着送娃娃上学。鹿马登完小的收假了，下午6点多就回去（字迹不清——编者注）。

2014年1月3日　星期五　晴

今天我们教会里的集体活动已经过完了，所以有些村民还是干活去了，有几个还在歇着，今年的舞蹈组给他们摄了影，作为一个纪念。他们昨天还没有拍完，今天还继续去拍。今天拍的地点在江边的鹅卵石上，离我们村有差不多两公里左右，他们早饭吃完后，演员们拿着自己的化妆品，摄影师拿着摄像机就开始出发了，到了目的地以后，姑娘们在化妆，摄影师找好摄影地点，然后就一个组一个组地开拍了，他们一直拍到4点多钟才拍完，然后大家就走路回了自己家。

2014年1月4日　星期六　晴

今天又是福贡街子，今天去卖菜的凌晨5点多钟就出发了，天亮的时候村里大街小巷又响起了大家熟悉的那首——《世上只有妈妈好》，响到哪里，哪里的村民把垃圾倒到垃圾车上，车上装满了，司机就把垃圾拉垃圾房里烧了，直到把村民们的全部垃圾拉完为止，明天是星期日，今天又得找两份的猪食，所以村民们还是找猪食，晚上基督徒们还是照常的做晚堂，结束了后大家回去休息。

2014年1月5日　星期日　晴

今天还是跟往常的星期日一样，基督徒们一日三次聚会。早中晚三次，不过白天还有一项就是今天是头一个星期日，所以这一项就是参加圣餐，中午聚会完后，村委会里另外的通知，残联要开会，所以残疾人从教堂回去后到村委会里开会了，具体的内容我们也不知道，我们没有参加会议，参加会议的只是40来人，他们差不多开了一个小时的会，开完后大家就回了家。

2014年1月6日　星期一　晴

现在不是农忙季节，所以村民们只是找点柴或猪食，大部分的男人在别人家做小工，现在工人每天都是80元钱，师傅是100元以上，今年盖新房的还是每天都做着。幼儿园的学生们还是每天都照常上课，家长每天都接送孩子的，今天村里的情况就是这样了。

2014年1月7日　星期二　晴

今天我们村里有一家宰猪,他们家明天办婚礼,他们是一组的社员,但是家住在我们二组的范围内,他们家早早的就把猪牵到宰猪场,然后他们约着的人还有亲戚朋友去帮他们家的忙,所以他们家早上一直忙到晚上,他们今天把肉切好,饭煮好,家里要填好字,晚上还要练上几首歌曲,明天办婚礼的时候唱,等这些准备好了他们才休息。

2014年1月8日　星期三　晴

今天是我们村里的余三此结婚的日子,他们家凌晨四五点钟就开始忙了,还有他们家的亲戚去帮忙,到了12点多钟,女方家的客人才到男方家,然后女方家站在门外,男方家站在门内,先各唱一首赞美诗,这两首诗都是嫁娶迎亲时才唱的,唱完后新娘和伴娘先进去握手,后面跟着女方家的客人,然后男方家先给他们吃点饭,吃完饭后一起去教堂举办婚礼,教堂里办完后,又去男方家喝白糖水,肉汤,吃喜糖,吃瓜子等。今天这家又搞一个新样式,就是早上不挂名登记,教堂里举办完后才开始登记,登记完一个他们就把早已准备好的饭递给他们,这样他们就不必再繁忙送饭了。就这样,男方家还是一直忙到晚上,今天就是这样了。

峡谷回声　福贡县鹿马登乡赤恒底村傈僳族村民日志

2014 年 1 月 26 日—31 日

2014 年 1 月 26 日　星期日　晴

今天教堂里的钟声响了后，大家都起床去教堂。有些是从教堂里回来以后才做饭吃。今天教堂里还有个任务，就是前几天报名参加洗礼的人，今天要给他们施洗。

今天洗礼的地点是在离我们村两公里左右的小溪里，名叫赤恒底罗干。我们到了那里后，已经有三四十人在那里有草丛的地方坐着了。过了一会儿，人越来越多了，差不多有六七十号人。村里的值道就给今天来受洗的人讲经。内容是今天受洗的目的和为什么要受洗。讲完后，教会里的老师登记受洗人的名字。有一些站在池塘边唱着赞美诗，有两个人站在池子边给受洗人引路，有 3 个人站在池子边给他们受洗。从那里出来后拉他们两个，给他们擦脸。这样一直把来受洗的人洗完为止。最后，村里的长老做一个祷告，然后就全部回来了。

今天云南大学的研究生也来基地了，她到了村里后，又去看了受洗。回来后我把我写好的村民日志交给了她。她看了看后，又看了我兄弟录好的村民影像。她看完后给了我们兄弟的劳务费。我们两兄弟每人拿到了 2400 元，心里也挺乐乎的。她看完日记、影像，最后看了基地房子就回去了。今天就这些了。

2014 年 1 月 27 日　星期一　晴

这几天没有什么可忙的，吃完早饭后又去帮他们盖房子，有些人还只是找找猪食，还有的去找柴。今天下午 4 点多，村里各个小组的组长和副组长都要来村委会开会。不知道他们为什么开会，可能是为春节活动，也可能为发低保的事开会。其结果，可能要过一两天才知道。我们村里以前的村医生已退休了，现在新换来的是娃底一组的副组长娜堂。

现在需要买药，村里也买得到了。现在村里只要有钱，什么都可以买得到了。村民们也方便了许多。

2014年1月28日　星期二　晴

快要过年了，大伙都开始往县城跑，打工的都在赶工。新年了，大家都该闲闲。今天少部分的人买菜去了，每家至少都要买些肉。我叔叔家杀了一头大猪，每家分一点，我们就不需要再买，省去了买肉钱。也许今年的春节不热闹，到现在都没通知，可能各家都要在自己家里过吧。

2014年1月29日　星期三　晴

今天赶集的人特别多，背着背箩，穿着漂亮衣服，都往县城冲。该买的菜全都买好了，可能明天大部分店门都关了。今天教堂里还宣传了许多安全问题。春节了，酒疯子会很多，赌博的会更多。信教的不能赌博，小孩子都喜欢放爆竹，那是最危险的东西，所以让父母管好孩子。从教堂回来，村干部就发低保，还有学生低保。这年头村民就是幸福，学生更是幸福，党的政策就是好啊！

2014年1月30日　星期四　晴

今天虽然是大年三十。赶集的人还是很多。我们组里的低保昨天晚上才拿着，每户拿到480元。今天才有钱，村民们就去买过年菜。有些村民已经买好菜了，他们今天只需做饭做菜了。今天去买菜的那些人，是属于家里经济状况没有那么好的人。村里下午两三点就开始做饭了。现在的村民已经会做四五种或六七种菜了，所以做起来比较费时间。到下午5点左右村里就响起了鞭炮声，大部分家庭都放鞭炮，放完了才吃饭。吃完饭后，在球场里有看打球的，也有打球的，一直玩到晚上8点多钟，然后才休息。

2014年1月31日　星期五　晴

今天早上，早早地就听见放鞭炮声了。有些村民还是起得很早，因为是过年过节嘛。村里喝酒的也有，打扑克的也有，去外面玩的也有。有些小伙子，还组织六七个人去外面的村子里打球。现在的村民还真是会过春节了！我们村里以前不是这样过，以前是我们整个村委会的村民集体过的。上面那几个村里的村民还没有发给他们粮食和肉，叫他们自己做饭吃。今年村委会里资金可能没有要到，所以村民们各过各的。但是村里还是一直闹到晚上。

2014年2月1日—28日

2014年2月1日　星期六　晴

今天才是大年初二，所以还是早早的时候就听见鞭炮声了。吃完早饭后，村民们还是各自地安排，今天怎么过？要到哪里去？娃底一组的村民们还是集体一起过，他们到江边有鹅卵石的地方玩。他们在那里布置了许多打牌处、烧烤处。村民们在外面打球的也有几组，今天女子队也去了一组。别的没去的，还是留在村子里过。不信教的还是喝酒玩牌，有些信教的只是玩扑克。今天球场里打球的也有，还有一些去山上骑摩托到18公里处看风景等。所以村里还是闹到晚上才休息。

2014年2月2日　星期日　晴

今天是大年初三，也是星期日，所以不信教的村民还是继续喝酒。信教的村民还是和以前一样，一日三次聚会。另外，村里的球员还是出去跟别村的球员比赛。有些是去阿么比（地名）打球，有些是去鹿马登巴甲朵村比赛。村里喝酒的人也是跟打球的一样出去别的地方喝酒，也有留在村里玩扑克的，所以村里还是一直闹到晚上。

2014年2月3日　星期一　晴

今天开始村里各干各的劳动了。这几天主要做的还是盖房子，其他的只是找点猪食。另外，我们村里举办了傈僳文字学习班。这次升一年级的学生，要教他们一星期。3个老师都是我们本村的。从早上11点到教堂报名，然后开始学习。这次参加的学生也不多，高中文化以上的学生更是没有。他们的课程是这样安排的：早上两节课，然后吃早饭，早饭在教堂里的厨房吃，然后下午1点开始上课，一直到下午5点钟，上完后各自回家吃饭。晚上6点半到8点练舞蹈。这样学生们也一直坚持到晚上才休息去了。

2014年2月4日　星期二　晴

今天是村里的孩子们学习傈僳语的第二天，所以孩子们早上8点钟起床，然后去了教堂，教堂里9点钟才开始上课，一直到下午3点才休息。今天早上的饭煮多了一点，所以下午也给他们吃了一顿饭，吃完饭孩子们就回家去了。傍晚，球场里打球的也很多。赤脚医生也正在上班，好像看到打吊针的也有几个，所以这几天村里还是挺热闹的。

2014年2月5日　星期三　晴

今天是福贡和鹿马登街，所以赶集的人比较多。凌晨五六点就有人在村里走着了。天亮了一会儿后，村里的小孩们就背着小书包到教堂里去上课了。今天是他们学习傈僳语的第三天。还有今天鹿马登街里又要开会，主持开会的是县交警大队的人，他们每一月的头一个街都要开会，所以村里的司机都放下手头的工作去乡里开会，开完了会后才回家。今天村里就这些事了。

2014年2月6日　星期四　晴转阴

今天是村里的孩子学习傈僳文字的第四天。他们上课时间安排还是跟昨天一样，早上9点到教堂开始学习傈僳文字，到11点钟吃早饭，12点开始上课，到4点多钟才休息，然后回家里吃饭，下午6点半到教堂里学习排练舞蹈，晚上8点钟就回家休息去了。

2014年2月7日　星期五　晴

今天是村里的孩子学习傈僳语的倒数第二天。他们还是跟以前一样，早上上课到下午3点休息。这几天村里的赤脚医生也早晚在村医院里上着班，白天去做她自己的活。这几天感冒的村民也有好多个，有些是在赤脚医生那里买药吃，有些还是打吊针。今天就这些了。

2014年2月8日　星期六　阴转小雨

今天是村里的孩子学习傈僳文字的最后一天，所以村里早上就开始热闹。到了下午3点后，孩子们就各自回家去了。今天是星期六，所以村里的妇女去找猪食去了因为礼拜天不能割草。这几天可能要下雨，村民们有些家没有种着油菜的，就去地里收拾苞谷秆，然后就地焚烧。不然，下雨湿了，苞谷秆可燃不起来。所以傍晚的时候看到地里许多处有火光。今天就这样了。

2014年2月9日　星期日　阴

今天是礼拜天，村民们还是和往常一样，一日三次地在教堂里做礼拜，做完礼拜后才各自回家休息。还有今天球场里打球的也很多，而且傍晚的时候，从外面来了几位姑娘要跟我们村里的姑娘一场比赛。村里的姑娘组织了一会儿后就开始比赛了。她们打两场，每场15分钟，打上下两场。打完后，外面来的姑娘们脸上带着胜利的笑容回去了。这时球场上的人也走完了，村里又安静了许多。

2014年2月10日　星期一　阴

今天是福贡街子，所以村民们做生意的早早地就出去了。别的村民起来烧火做饭，做完饭后就去找猪食。还有的去苞谷地里收拾苞谷秆，放成一堆一堆的，然后又用火烧了。有些村民去割油菜，有几家的油菜籽可以割了。另外，再过几天村里有一桩喜事，听到他们在排练曲目了，他们也一直练到10点多钟，然后就休息了。

2014年2月11日　星期二　阴

这几天村民们还是忙着收拾苞谷地，可能再过半个月或一个月就要种苞谷了。所以，有些村民已经买好苞谷种子了，还有的村民连复合肥也买好了。复合肥是种苞谷时施的。其他村民有些忙着盖房。今天晚上有几个还是排练歌曲等。今天就这样了。

2014 年 2 月 12 日　星期三　小雨转阴

早上，雨还是滴滴答答地下着，因为冷所以村民没有早起。过了会儿，村民们才起来做早饭吃。村里盖新房的那几户，可顾不了一点小雨，他们继续干活。因为下着雨，我上午 10 点半钟才起床。洗完脸后去我妹妹家帮他们建房子。我妹妹是嫁到了爬吉古村。到了爬吉古村后，先在他们家吃了点饭，吃了饭后就开始干活了。今天上他们家帮忙的四五个人都是亲戚。有些拌沙灰，有些砌石头，我做压砖墙。我们各做各的，一直做到下午 2 点钟，休息一下，吃点饼干。我们吃着吃着，雨就下起来了。我们等了一个钟头左右雨还是不停，我就说：妹妹，现在雨可能不会停了，等明天天晴了再做。说完我就骑了摩托回了家。

2014 年 2 月 13 日　星期四　阴

今天村里有一家在准备婚礼。因为明天要结婚，所以他们家把需要宰的猪拉到杀猪场，他们家约着的亲戚朋友来帮他们家宰了，然后拉回到他们家切成一小块一小块的。另外帮他们家的人也挺多的。他们家门前做一个"大门"（礼门），他们家一直忙到晚上。晚上还在村子里转一圈，约村里的人明天过来参加婚礼，夜里还在练歌。明天要结婚的那家，是我们娃底一组的阿肯。今天就这些了。

2014 年 2 月 14 日　星期五　晴

今天村里办喜事的那家从早上就开始忙。新娘家在上帕镇腊吐底村，所以男方家还得请车去迎接客人。客人迎接到的时候，按照老规矩，先让他们在男方家休息，喝水。12 点到教堂举办婚礼。今天给他们俩举办婚礼，讲《圣经》的是我们村的乡长老，带礼歌的是教会的执事。教堂里举办完了后回到男方家，喝白糖牛奶，喝肉汤。但是这几年每家的生活条件好了，所以喝肉汤的人很少，喝牛奶的人也不多，只是比较小的娃娃才喝得多。歇了会儿后，有些去登记名字，提着饭回了家。这样人们在他们家门前歇着的歇着，来的来，回去的回去，挺热闹的。他们一家一直忙到晚上。今天就这些事了。

2014 年 2 月 15 日　星期六　晴

今天早上村里很热闹。第一有赶集的人，然后是村里的垃圾车在村里转着，到了哪一家门口，村民就把垃圾倒上去。拖拉机师傅一直忙到 12 点多才把垃圾清除完，然后在垃圾房里焚烧。今天是星期六，村民们去找猪草。傍晚球场里小伙子们打球的很多，所以村里一直热闹到晚上。然后村民在教堂里做完礼拜后，才各自回家休息了。

2014 年 2 月 16 日　星期日　中雨

今天早上天刚亮，村民们在床上就听见下雨的声音，所以还没听到教堂里的敲钟声就没有起床，而是躺在被窝里。过了会儿，教堂里的敲钟声响了，村里的基督徒就急急忙忙地起床，然后去教堂了。今天村里除了教堂外，其他地方都很安静。因为是下雨，村民们都在自家看电视或是烤火。但是村里的基督徒们不管怎么冷还是一日聚会三次，聚完会后才休息。

2014 年 2 月 17 日　星期一　雨

早上，雨还是下个不停，村民们只好待在家里做做饭吃、看看电视。家里没有猪食的，只好冒着雨去找猪食。今天我们家起床后，烧着火，要煮一顿苞谷稀饭。因为是下雨，苞谷稀饭要煮很长时间。我们煮啊煮，煮到 12 点才煮熟了。我们这时才吃到苞谷稀饭，吃不完的晚上继续吃。

因为是下雨没什么可写的，只能写到这里了。晚安！

2014年2月18日　星期二　雨转阴

早上下着点小雨，所以村民们只好放下干活的念头。但是早饭吃完后，天渐渐地变晴了，村民们又放弃休息的念头，因为这几天有些家的油菜也可以割了，有些是去种苞谷——这几天种的苞谷是到时候去市场上卖的；有些是去县里买复合肥和苞谷种子；盖新房的那几户还是照常地做着。所以村民们现在开始又要渐渐地忙起来了。今天就是这些了。

2014年2月19日　星期三　晴

今天早上开始就天晴了，所以村民们早上快点起床，然后做饭吃。吃完饭后，有些去收拾苞谷地，有些去割油菜，还有些去找野菜或是菜地里的菜。明天是福贡街子，所以准备明天去赶集。盖新房的农户还是坚持做着，晚上的聚会也是照常进行着。今天球场里打球的小伙子也没见几个，有些学生已经收假了，所以打球的只有这么几个。

2014年2月20日　星期四　晴

今天早上组里的喇叭里通知残疾人到村委会集中，县里的领导来探望大家。连续通知了两三遍，然后就停了。还有一些村民今天去王咀参加婚礼。我岳父弟弟的儿子今天结婚，所以我也去参加了，我吃完早饭后就去了。到了王咀村，参加婚礼的人还不多，但是礼仪队已经在他们家门前提着茶壶给客人们倒水。再过几分钟，女方家的客人也到了。然后让他们歇一下，给他们喝杯水。歇了会儿后，去教堂里举办婚礼。教堂里办完后才回到男方家。新娘是江对面施朵村的人。女方家来了30多个人，在男方家歇了会儿后，给他们上了饭，然后他们就回去了。我们也拿到饭后就回了家。

2014 年 2 月 21 日　星期五　晴

今天早上，组里的喇叭里通知说，村民们前几天报的核桃树苗已到了江东的桥头上，请村民们赶紧去领。这样通知了两遍，然后村民们听到通知的就背起篮子去领核桃树苗了。另外三组的阿普明天要结婚，所以他们家今天准备需要的东西。但他们的婚礼不是在教堂里举行，而是在村委会里办。所以他们是按汉族的方式来举办婚礼的。

2014 年 2 月 22 日　星期六　晴

今天三组的普碧叶结婚，所以他们家比较忙，还有许多亲戚朋友都去帮他们家的忙。他们做饭还是在教会的食堂里做，熟了后运到村委会里，因为他们在村委会里举办。到了下午 2 点左右，客人们就陆陆续续地来了。先来的就让他们先坐了一会儿，等到客人差不多有 100 多人以后，就让他们每 7 个人为一桌吃饭。等客人们吃完一桌，就再上一桌菜，继续给别的一伙人吃。村民们有些是吃完后才云找猪食，有些是早上就找好了，在村委会里一直闹到下午 6 点左右。等客人渐渐地少了，他们家才收拾场地。一直忙到晚上才休息。

2014 年 2 月 23 日　星期日　晴

今天还是跟往常的星期日一样，一日三次聚会。不过，晚上聚会时通知了好多事。教会里的保管员通知下个星期要开一个祷告会，所以信徒们每人交 5 元的生活费和大米 8 两。做饭的是我们娃底二组的信徒们，事务长是一组的老支部书记。星期三晚上必须要交清生活费。他通知完后，我们教会里的执事又通知，说他今天去阿兰甲参加了会议。会议里讨论了今年的复活节在阿兰甲举行，每人生活费 15 元，大米不用带。还通知信徒们不要犯罪，要好好守法，等等。等他讲完后，村里的信徒才各自回去休息了。

2014 年 2 月 24 日　星期一　晴转阴

这几天村民们还是忙着割油菜，修理一下苞谷地，过两天好种苞谷。有些只是找找猪食。晚上我们组的喇叭里又通知，明天早上扫路。今天没什么别的事情，就这些了。

2014 年 2 月 25 日　星期二　晴

因为今天是福贡街子，所以今天凌晨 5 点多就有人在村里走动了。天刚亮一会儿，我们娃底二组的喇叭里就通知说二组的村民现在可以开始扫路了，请村民们到村委会旁集中。我们听到通知后，马上起床，连脸都顾不上洗就去了。到了村委会旁，差不多有几十号人了。我们不等其他村民来就开始扫了，后面来的人也赶快跟过来扫。我们组把我们该扫的路段扫完后，登记了一下就回家了。这时，三组的喇叭也开始通知去扫路了。我们娃底 3 个组的扫地时间是各小组自己定的，所以时间不同。一组的村民也是今天扫。到了下午 5 点多的时候，各组的喇叭里又通知合唱团的人员晚上 7 点半到村委会集中。这样通知了两三遍。所以合唱团的人员晚上就到村委会集中，一直到晚上 10 点多才散会。

2014 年 2 月 26 日　星期三　晴

今天早上 8 点多组里的高音喇叭又通知，村里的合唱团成员马上到村委会集中，这样通知了两三遍。过了会儿，合唱团的人员就陆陆续续地往村委会去了，他们准备上午的时间来排练歌。村里的村民昨天早上扫路，今天早上练歌是为了迎接省里来的领导。合唱团的成员早上排练完了以后就回家吃饭，吃完饭后就换上傈僳族服装，然后又在村委会集中。领导们还没有到，他们就在村委会或是村委会旁歇着。等领导们到了，他们就到村委会二楼的党员办公室里整齐地站着，领导们坐在他们前面。跟随领导的人，有的用照相机，有的用摄像机，拍着合唱团的人。合唱团的指挥是此路恒，他起一个音，然后打着拍子，合唱团的人脸上带着微笑，唱着多声部傈僳歌。他们每唱完一首，领导们就给他们鼓掌，他们连唱了六七首。最后领导们说了几句鼓励的话。领导们在村委会歇了一会儿后就回去了。合唱团的人收拾完了以后，他们也各自回家了。

2014年2月27日　星期四　晴

今天村民们吃完早饭后，有的急着去菜地里割油菜，有的是去田里犁地，因为再过几天就可以撒秧了。今天盖新房的继续盖着。这几天球场里打球的人也比较少了，因为有些学生已经收假了。晚上村民们早早就睡了。

2014年2月28日　星期五　阴转雨

今天鹿马登完小一至六年级的学生收假，所以村民们早点起床做饭，吃好后送子女去上学。村民们都怕去晚了，早一点去可以挑下床位，他们怕孩子晚上睡觉翻滚，上铺会危险。自家有车的就用车子去送，没有车的就搭别人的车去了。到了学校里，先找宿舍，然后再找床。找好后，铺好床，然后才去老师那里报到。老师会给家长交代事情，有些班还要开家长会。有些班不开家长会了，老师就一次性给家长看学生的成绩单。所以不开家长会的家长就带着孩子去街上买东西，给孩子买零食和他们要用的纸和笔、毛巾、牙刷等物品。买好后，再把孩子送到学校里，交代好要怎么做就回来了。开家长会的那些班开完家长会后，买给孩子东西，然后也回来了。

2014年3月1日—31日

2014年3月1日　星期六　阴

今天我们村的基督徒要做一个祷告会,所以村里的基督徒早上起来后,每人拿着一点菜和8两大米到教会的食堂里去。今天做饭的是我们娃底二组,所以需要早早地去烧火。组长派了两个人去烧火洗锅,其他村民在家里吃了早饭后才去。我们到教堂后他俩才回去吃饭。除了食堂里做饭的人以外,中午12点所有人去教堂里赞美敬拜上帝。今天做这个祷告是因为要开始播种秧子和苞谷了,把这些都交给我们的神,让它来保护我们。我们二组的人员到齐后,做饭的做饭,洗菜的洗菜,还有一些在切肉。这些都是按照组长的安排来做的。下午4点就开饭了,村里的基督徒们按各家交的生活费人数来打饭。一家几个人的都有。我们按照他们报的人数分给他们饭和菜。有些夸饭菜做得香,有些跟我们道谢说做饭辛苦了。我们把饭菜分给他们后,也在食堂里吃饭。之后清理完食堂大家才各自回家。

2014年3月2日　星期日　小雨

今天早上开始就下着一点小雨,但是村里的基督徒们还是坚持去教堂聚会。三场礼拜结束因为是下雨天,所以村民都在自己家里看电视。电视剧播完后就去睡觉了。

2014年3月3日　星期一　阴转晴

今天早上醒来还听见下雨的声音,但是村民们还是坚持起床。因为这几天农忙季节到了,要做的事也挺多的。有些村民吃完早饭后去割油菜,有些村民去种苞谷,还有的村民去弄秧子地。有一家今天就撒秧了,别的村民也忙碌起来了。村民们一直忙到下午5点左右才从地里回家。

今天就这样了。

2014年3月4日　星期二　晴

　　今天早上组里的喇叭里通知，今天下午5点半请村民准时到村委会开会。所以村民吃了早饭后，该干嘛就干嘛去了。下午5点多，村民们就陆陆续续地回了家，然后马上做饭吃。到了5点20分左右，村里的喇叭里又通知，请村民们赶快到村委会开会，村民们听到通知声后就赶紧去了村委会。到了村委会，有些村民已经到了，有些村民还没到。里面武警人员有五六个，还有村委会主任、党支部书记、武干、副主任。先到的人就坐在村委会的楼梯上，那个楼梯可以坐几百个人。等了几分钟后，人员差不多到齐了，武警人员就站在村民面前。第一个讲话的是村里的武干，他讲完后，鹿马登派出所的杨干事又讲话。今天开会的内容是：村民家里有枪支的要上交，否则查到了就要严重处罚。今天还要签保证书，让村民们自己签名，按手印。今天参会的是娃底3个组的村民。村民们签完字就回家了，没有签完的继续签。直到全部签完了，武警人员才回去。

2014年3月5日　星期三　阴转雨

　　今天是福贡街子和鹿马登街，所以去赶集的人不少。今天村民们大部分都淋着雨了，因为早上是晴天，所以没有人披着雨衣或是塑料布去。中午1点左右雨就越下越大，村民们无可奈何地放下手中的活，赶紧回了家。今天晚上在教堂里聚完会后，在村委会里又参加了一个会议。参加会议的人是各组的组长和副组长、组里的村民代表，还有村委会的工作人员。晚上8点在村委会的办公室里开会。开会的人员差不多到齐的时候，村里的党支部书记先讲话，然后乡里的副乡长女士讲话。她说："我们赤恒底村的合唱团已经有名声了，现在领导们到福贡审查工作的时候，会到我们村来听听多声部傈僳语合声。我们每年都要接待二三十组领导。但是现在合唱团的人越来越少了，我们该如何把合唱团发展下去，怎么做才能把合唱团的人增加呢？"然后她把拟定好的方法说给大家听，让大家讨论一下有什么地方需要改进，或是还缺什么。她讲完之后，二组的组长讲了话，然后又是三组的组长，还有此团长、村副主任等。最后还是按照女副乡长的方法来做。会议结束时已经是10点多了，参加会议的人员也各自回了家。

2014年3月6日　星期四　阴转晴

今天早上，天刚亮的时候还下着雨，雨一直下到9点多天才转晴，所以村民们吃完饭后就去干农活了。今天有些村民去种植核桃树，有些是去割油菜，还有的去种苞谷。大家都在忙着农活，所以这几天村民歇着的很少，很多都是忙到下午五六点。

2014年3月7日　星期五　晴

这几天村民很忙，所以早上就早早地起床做饭吃，吃完饭后又急急忙忙地去地里干活。大部分的村民都忙着种苞谷，也有些是去割油菜。有些家的油菜已经割好很长时间了，现在都晒得差不多了，就把油菜打好后把油菜籽背回家，油菜秆就在地里烧了。这几天村里住着好几组工程队，他们是来修村里的卫生间的。我们村里好几个卫生间地基漏了，他们是来修这个的。而村民们还是忙到太阳落山，晚上也是早就入睡了。今天就这些了。

2014年3月8日　星期六　晴

今天也是早早地就起床做饭吃，吃完饭后又急急忙忙地下地干活。今天鹿马登完小学生放假，有些家长去接自己的孩子，接回来后才去干活。还有福贡一中的学生也放假。今天是星期六，所以从地里回来的时候还得找猪食。晚上在教堂里聚会。

2014年3月9日　星期日　晴

今天村里的基督徒还是参加一日三次的聚会。早上、中午、晚上等休息时间就在家里看电视，休息着。因为明天开始又要干农活了。晚上聚完会后，教会里的乐队在教堂里练歌。因为4月11日要在阿兰甲教会里过复活节，所以从今天晚上开始练歌，星期三晚上开始加练舞蹈。今天乐队练到9点半左右才休息。

2014年3月10日　星期一　晴

今天娃底三组的邓里海家浇灌楼顶，所以村里的有些人家先放下自家的活去他们家帮忙。他们家早上天刚亮一会儿就动工了。从早上开始帮忙的都是他们家的亲戚，别的村民都是吃完早饭后才去帮忙的。他们帮忙的人多，所以4点半左右就完工了。还有今天我们村里的球场加宽了。工人们有七八个，他们一直忙到晚上。教堂里的乐队成员也继续练歌，一直练到10点多才休息。

2014年3月11日　星期二　晴

这几天村民很忙。有些去打油菜，有些去撒秧，有些去犁地，还有些去种苞谷。村民们总是早出晚归。村里正在做工的那些工人也每天忙碌着。他们修的那些公共卫生间现在已经差不多修到一半了。村里的球场是昨天才开工，所以他们还需要一段时间。今天就这些了。

2014年3月12日　星期三　晴

今天早上我早点起床去做饭吃，因为今天我们家要去种苞谷。今天来帮忙的有我妈妈、妹妹、妹夫，还有小舅子。吃完早饭后，先找好需要用的锄头、打火机、复合肥、苞谷种子等。我们到了地里后，先把油菜割了放在一边，再用机械犁地，犁完后才种苞谷。我们的任务是这样安排的：我妈和我妹妹割油菜，我的小舅子犁地，我和妹夫种苞谷。我们一直忙到下午 5 点半左右。今天在我们家旁种苞谷的也有许多家。晚上的聚会照旧进行，但是由于农忙参加聚会的人比平时少。聚完会后大家才各自回了家。

2014 年 3 月 13 日　星期四　晴

今天我们娃底二组的组长家浇灌房子。他们家约了许多人，所以他们家天刚亮一会儿就开始浇灌房子了。很早就来帮忙的是他们家的亲戚朋友。别的人都是吃完早饭 10 点多才去的。我们到他们家的时候，先干着的人就去吃饭了。比我们先来的有几个在拌着沙灰，他们家不用搅拌机，全是用人工来拌。抬沙子的有一组，人比较多，有七八个。抬碎石的也有一组。拌沙灰的有两个组，每组 4 人，他们两组轮流干。推手推车的两个，铺平的 4 个。这样分工好，一直到完工为止。大家都在满头大汗地干着，所以下午 3 点左右就完工了。然后在他们家吃了饭后就回家了。晚上，组里的高音喇叭里通知：明天去山上清扫水沟，每家去一个人，请大家明天早起床。这样通知完以后，村民们就早点入睡了。

2014 年 3 月 14 日　星期五　晴

今天早上全村的人都早起做饭吃。因为昨晚高音喇叭就已经通知好了，今天要去山上清扫水沟。吃完饭后，村民们约着朋友或是亲戚三五个一组、两三个一组地上去了。清扫的工地离我们有七八公里，而且爬坡路有 3 公里左右。有些村民还带着茶水，有些是带着饮料。大部分的男人带着刀，妇女带着锄头。爬坡的路段，大家都是满头大汗。到了念坪村后，顺着水沟走就是平路了。走了两公里左右后，就到一组的工地了。于是娃底一组的人员就留在那里等着其他组员。二组和三组的人员继续前进，又走了两公里左右后就到了我们二组的工地，我们也停下来等我们组的人员。三组的人继续前进。另外，继续赶路的还有念坪组和王咀组的人。最远的就是念坪组，然后是王咀组、娃底三组、娃底二组、娃底一组、密丁戈组，再接着是汪然组、亚朵组、干拉布组。我们等了一会儿后，人员差不多有 30 多个了，我们组就开始干活了。带刀的男人在前面砍草砍树，妇女在后面清扫水沟。这样，人就排成长长的一排，这样持续了 1 个小时左右后，终于完成了我们组清扫的路段。最后，登记完名字后，有些就直接回家了，还有的去找柴，找着柴火后才回了家。

2014 年 3 月 15 日　星期六　晴

今天是福贡街子，但是赶集的人不多。因为娃底三组还有一段水沟没有清扫完，所以天刚亮一会儿，娃底三组的高音喇叭就通知三组的村民去清扫水沟。三组村民听到通知后就去了，一组村民没听到通知声，所以一组的可能也扫完了。没听到通知的村民在家赶紧做饭，吃完饭后，还是该干嘛就干嘛去了。有些撒秧，有些种苞谷。这两天，大家都挺忙的。晚上还是照样聚会，聚完会后大家才回去休息了。

2014 年 3 月 16 日　星期日　晴

今天早上村里的基督徒听到敲钟声后就赶紧起床，洗脸刷牙，然后提着装有傈僳文《圣经》和傈僳文赞美诗的包包赶往教堂。有些家是全家都去教堂，有些家是留一个人在家做饭，其他的人去教堂。早礼拜结束后回家做饭吃。中午 12 点开始做第二场礼拜，礼拜完后还是为复活节而练歌。今天练的是四声部合唱，练了几首后大家才回去休息了。

2014 年 3 月 17 日　星期一　晴

这几天村里的村民可真是忙得不可开交了，特别是在村里有田地的。山上的水沟刚清理完，所以今天才从山上放水下来。在村里有田地的，没有水不能撒秧。大家今天才把水放进田中，然后犁地。可能秧子明天才撒得成。有些村民还是去打油菜，因为油菜前几天没有干，所以种苞谷的时候放在一边。这两天刚好干了，所以就可以收了。其他大部分的村民还是去种苞谷。有些家还把所有的田地都种了苞谷。村里的新农村建设者还是继续忙活着，球场才完成一半的工程，但修卫生间的那些已经快做完了。还有村里的幼儿园学生每天都上着课，上面那几个村子里的家人还是每天都来接送。晚上信徒在教堂里为复活节练歌。今天就是这些了。

2014年3月18日　星期二　晴

今天村里的百姓很忙，村里修球场的那伙人也很忙。他们早早的时候就开始动工浇灌球场。他们有30多人，一直做到晚上8点左右才完工。今天鹿马登完小的学生也放假，有些家长把自己手里的活放下去接孩子。今天就这样了。

2014年3月19日　星期三　晴

村民们还是很忙。有些家是早早地去干活，有些家还是吃完饭后才去。早去的早收工，晚去的晚收工。昨天在球场里做工的那些工人，今天只有四五个人。昨天才铺了第一层，今天要铺第二层，还要抹平了。晚上聚会做礼拜。做完礼拜回来时，娃底三组的高音喇叭里通知，三组的村民到教堂旁集中，要核对一下"一本通"的号码和名字。并让他们快点集中，所以一、二组的村民就回来了。

2014年3月20日　星期四　晴

今天早上我们刚从睡梦中醒来，就听到我们组长在门外叫着：二组的村民们，请你们马上带着户口簿、一本通和土地承包责任书到副组长那里登记。因为昨天晚上开始就停电，直到现在都没有电，组长不能用喇叭通知，所以只好一家家地去通知了。听到通知的就去副组长那里登记去了。等我到那里，已经有许多人围着副组长了。副组长把村民们递过来的户口簿和"一本通"接到手里，核对了一下身份证号和"一本通"号码后就还了回来。村民们核对完一个就走一个，毕竟这几天农忙嘛，所以村民们不想多停留，完了就回去了，然后该干嘛就干嘛。别的劳动都跟昨天说的一样。还有今天鹿马登初中和小学都收假。今天就这样了。

2014 年 3 月 21 日　星期五　阴转小雨

这两天，大部分村民已经种完苞谷了，没有种完的继续种。有些村民已经撒好秧子，有些还没有。没有撒好的村民在忙着撒秧。有些村民种好苞谷的地里还没有喷除草剂，所以今天去喷的也有。村民们还是没有忙完。今天上午只是阴天，所以村民们还是出去干活了，直到中午下起小雨后，有些村民才回家。有些村民衣服淋透了以后才回来。今天就这些事了。

2014 年 3 月 22 日　星期六　阴

今天早上，垃圾车又在村里转悠了。每到一处，村民就把垃圾倒到车上，满了一车后送到垃圾房，又去拉一车。我们村里的垃圾每个星期都有两三车，等全部拉完后才把垃圾烧了。村民们还是干着农活，今天还得多找一点猪食。晚上还是去做晚堂，晚堂做完后才回去休息了。

2014 年 3 月 23 日　星期日　晴

今天跟往常的星期日一样，早上起来后先去教堂做礼拜，做完礼拜后才回家做饭吃。吃完饭后，12 点去教堂。下午教堂里做完礼拜后，鹿马登乡的乡长讲话，她说：上级对合唱团很重视，外面来的领导也越来越多。现在合唱团的人数不够，所以从现在开始，要求每家一人必须加入合唱团，而且星期二晚上 7 点半开始练到 9 点半，然后才休息。她讲完后，村里的女支部书记又用傈僳语讲了一遍。她讲完后大家才回去。晚上做完礼拜后，娃底 3 个组又各组单独开会。组长讲话说，这是乡里的思想政治任务，所以村民们必须参加，不来的每次罚 20 元。到外地去打工的必须请另外一个人代替参会，等他讲完后，大家才回了家。

2014 年 3 月 24 日　　星期一　　晴

这几天村里有些家的苞谷已经种完了，没有种完的也有，但是秧子已经全部撒完了。所以有些村民就去犁田。还有今天在规划村里的太阳能路灯设置事宜。另外，娃底一组的村民今天开会，开会内容可能跟昨天我们说的是一样的，是关于合唱团的事。今天晚上在教堂里安排节目。今天就这些了。

2014 年 3 月 25 日　　星期二　　晴

今天村里热闹多了，早早的就有赶集的人，然后是县里交通局和鹿马登乡政府的人来村里考察。今天他们来村里是因为我们村上面的密丁戈村、王咀村、念坪村、汪然村、亚朵村的公路还没有通，今天乡政府的人和交通局的人，还有各个组的组长和副组长来商量以上几个小组通公路的问题。商量好了，明天可能就会去测量路。晚上，组里的喇叭通知：要种草果、油茶树、核桃树的村民到副组长那里去登记。听到通知的就去登记了，登记完后才回去休息。

2014 年 3 月 26 日　　星期三　　晴

今天我们村里测量公路的有两个组。一组测量王咀、念坪、密丁戈。另一组测量汪然和亚朵。他们从上面测下来。测量的人员是县交通局、乡政府及村委会里的工作人员，还有各村民小组的组长和副组长。今天晚上，娃底一、二、三组的人员在村委会练歌。这是前一次提到的，娃底每家每户都要参加，不来的每人每晚罚款 20 元。所以晚上人员很多，60 岁以上的也有，因为他们也怕罚款。教歌的是此路恒。教完后李副乡长讲了几句话后，给每个来练歌的人发了一桶方便面，拿到的就回了家。

等发完了，村民们也就回去了。

2014 年 3 月 27 日　星期四　晴

今天村里什么事都没有发生，所以村民们该干嘛就干嘛去了。没有种完苞谷的就去种，建新房的也是照样做着。也有村民去找猪食。也有些村民把豆子种进苞谷地的。晚上就在教堂里练舞蹈，今天也是如此了。

2014 年 3 月 28 日　星期五　晴

今天鹿马登完小的学生们放假，所以村里的家长们去接自己的子女，接回来后才去地里干活。今天晚上娃底一、二、三组的村民每户一人到村委会里练歌。所以他们通知晚上 7 点半到村委会里开会。村委会里通知 18 岁以上 60 岁以下的人员要参加。到外地打工的要找一位替代的人。所以家里请不着人，子女去打工的，70 岁左右的老人也来参加。不去的话，每天晚上就要罚 20 元，所以 3 个组就有 160 多个人，地点还是在村委会的楼梯上，教歌的人还是此路恒。晚上还是练到 9 点半，然后每人领一桶方便面就回了家。

2014 年 3 月 29 日　星期六　雨

按道理来说，今天早上垃圾车应该到村里来拉垃圾，但是没有来，可能是下雨的原因。还有，因为今天是福贡街子，所以赶集的人也有一些，其他在家的妇女出去找猪食。晚上还是在教堂里做晚堂，做完以后才回家休息。练舞的还是留在教堂里练。现在离复活节只有十多天了，所以他们抓紧时间来排练，练到 10 点他们也回去休息了。

2014 年 3 月 30 日　星期日　雨

早上刚醒就听到下大雨的声音，村民只好躺在被窝里。后来听到教堂里的敲钟声，就起来洗脸刷牙，然后打着伞，背着包包去了教堂。教堂里早上小孩比较少。因为冷，所以父母没有带小孩们来。早堂做完后，村民们又匆匆忙忙地回家去做饭。到了10点多，娃底3个组各组里通知，家里有车的，不管是微型小车、三轮摩托车、二轮摩托车、拖拉机等都要到村委会那里去登记。晚上，在教堂里做完礼拜后，还是练歌。现在离复活节只有十几天了。今天晚上练的还是四部和声傈僳语歌，练到9点半才结束。

2014年3月31日　星期一　雨

今天早上下着雨，所以村民们晚点起床做饭吃。白天村民们为了牲口，不管下多大的雨还是出去找猪食。因为是下着雨，所以村里的学生有些下午2点多就陆陆续续地回学校去了。有些家长还是直接把子女送回学校。晚上还是排练舞蹈，10点多才结束。然后他们就各自回了家。

2014年4月1日—30日

2014年4月1日　星期二　晴转雨

今天早上雨停了，所以村民们就去地里干活。可是到了下午3点多，雨就突然下了起来，村民们就只好收工回了家。有些回家晚了，衣服都被雨淋湿了。因为是下雨，晚上在村委会里就不练歌。如果不下雨，正常情况下，每个星期的星期三、星期四晚上会练歌。这是村委会和乡政府的人规定的。村里的教堂里还是练舞蹈，练完后才回去休息。

2014年4月2日　星期三　晴转阴

今天是鹿马登街，所以村民有些去赶集，有些去学校看望孩子。还有今年盖新房的农户发了窗户。有些村民领到后就用拖拉机拉回来，有些用三轮摩托拉回来。晚上还是照常聚会。今天就这些了。

2014年4月3日　星期四　阴

今天早上各个组里的喇叭通知说，今年盖新房，昨天还没有领到窗户的，今早上去江东桥头领，这样通知了两三遍，然后就关了。村民们盖新房的听到后，约了一两个人，再请上一辆拖拉机就去江东桥头领。现在我们村的桥断了几处，所以重车不能过。而且这几天只能过微型车、三轮摩托和两轮摩托，其他车子过不了。晚上8点多才来电，所以村委会里今晚练红歌的就不练了，明晚再练。这也是组里的喇叭里通知的。听到通知声后，村民们才安心地在家里看电视。今天就这些了。

2014年4月4日　星期五　阴转雨

这几天村里好像又没有那么忙了，只是妇女们到苞谷地里看一下苞谷有没有长苗，或是有没有被老鼠破坏等。然后就是找点猪食。晚上在村委会里练歌。可是又因下雨，今晚上又取消了。今天也是如此了。

2014年4月5日　星期六　阴

今天要去县里赶集的村民早早地起床去了福贡。因为桥不通，所以赶集的人只好把卖的东西背到江东桥头，然后才搭车到福贡。因为是星期六，村里的妇女大部分都去自家地里找猪食。晚上还是照常做晚堂，做完晚堂后，妇女们还留在教堂里打扫卫生。但是只是部分的妇女留下，有二三十个。有些还没有吃晚饭，她们需要回去吃饭，所以只有这么几个人。扫完地后，再排练一下舞蹈，练到10点，大家就回去了。

2014年4月6日　星期日　晴

早上起来听到敲钟声就去教堂，回来再做饭吃，这是村里的基督徒星期日的生活习惯。不过今天别的村里过复活节，所以有些基督徒去他们那里参加复活节去了。没有去的那些基督徒还是留在自己的教堂里做礼拜，今天还要参加圣餐礼。晚上的晚堂做完后，三组的高音喇叭里通知，他们组要开会，晚上要发低保。可我们二组和一组的没有通知，可能组长们还没有去领低保。而三组的低保今天就发完了。今天就这些了。

2014年4月7日　星期一　晴

这几天村民吃完早饭后，有些去苞谷地里除草，因为苞谷已经长到10厘米左右了，草也是绿绿地长成一片了。有些去田地里犁地，现在苗也长出二三叶叶片了，再过一两个星期就可以移栽了。傍晚的时候，我们二组的高音喇叭里通知：二组的村民马上到村委会旁集中开会，要发低保。村民们听到通知后就赶往村委会了。过了20多分钟，村民们差不多到齐了，组长就先讲话。他说他要讲一点关于合唱团的事。上面领导说，前面定的那个有点不符合实情，所以现在要点名参加，不想参加合唱团的就跟上面的领导去说。他讲完后，村里的支书又讲话说，村民们60岁以上的必须交养老保险。她讲完后，副组长才开始发学生低保。学生低保发完后才开始发村民低保。每发完一人，就去交养老保险，还要交管理水费30元、养老保险100元。村民们每户可以领到300元，管理水费交了后还可以领到270元。但是家里有3个老人的，养老保险就交了300元，领到的水费还不够30元。有些村民是高高兴兴地回了家，有些是议论纷纷地回了家。

2014年4月8日　星期二　晴

今天鹿马登完小的学生放假，有些家长去接自己的子女。另外，今天村里的太阳能路灯开始挖洞了。有6个工人，两个在前面挖洞，4个在后面埋。他们一直做到下午6点钟才回去。晚上还在教堂里排练舞蹈，现在离复活节只有三四天了，所以他们需要抓紧时间排练。他们练完后才回去休息。

2014年4月9日　星期三　小雨

今天是鹿马登街，所以有些村民去鹿马登街赶集。因为是下雨天，村民们去田地里干活的少。还有今天一组的村民领低保，晚上还是照常在教堂里做晚堂，做完以后才回去休息。

2014年4月10日　星期四　晴

今天村里架太阳能路灯的还是继续做着，还有几个工队，一组是做水沟的，一组是做厕所的，他们几个组还是继续做着。还有今天鹿马登完小的学生收假，有些家长还是去送孩子回学校。另外，合唱团的还是在村委会里练歌。今天是村委会里的人点名让村民参加，乡政府里的李副乡长和她的一个同伴也来给合唱团的人讲讲话。会议结束后大家才回了家。

2014 年 4 月 11 日　星期五　雨转晴

今天为了要去参加复活节，村民们早饭吃完后，有些去找猪食，有些在家洗衣服。因为下午 3 点左右就去阿兰甲村，所以阿兰甲村的人早上就开始做饭了。有几位是安排客人睡处的，娃底 3 个组的村民大部分是下午 5 点左右才去的，他们去打饭，然后拿回来在家里吃，吃完了饭后才去教堂做礼拜，个别几个还是在阿兰甲村睡。今天来参加复活节的人很多，今晚上教堂里已经坐满了。今天晚上讲经的是贡山的省两会主席耶西，大家都听得很仔细。讲话的还有是阿兰甲教会的执事，他讲了关于教会的规章制度，叫来参加复活节的信徒遵守制度。他讲完后再做个结束祷告，然后除了娃底 3 个组的村民外，别的村的信徒就睡在阿兰甲村里。娃底 3 个组的信徒就回了家。

2014 年 4 月 12 日　星期六　晴

今天是过复活节的第二天，村里的村民 7 点过了以后起床洗脸刷牙，然后就去了阿兰甲教堂，有些村民是徒步来的，有些是骑电瓶车，有些是骑摩托，有些还开着微型车和面包车。教堂里 8 点开始礼拜，早堂是 9 点半左右就结束了。阿兰甲教会里的信徒们很热情地接待每一位客人。他们教堂里的炊事员今天还杀了两头牛，准备明天煮。明天开始就可以用舞蹈来赞美了。

2014 年 4 月 13 日　星期日　晴

今天是阿兰甲教会举办复活节的第三天，因为今天是礼拜天，所以来阿兰甲教会的人特别多。特别是白天教堂里都坐不下，教堂外面都有站着的。教堂里唱完赞美诗、讲完经后，就开始跳舞来赞美主。舞蹈队有 15 个组，那几个组完了以后就结束了。阿兰甲的人留客人在那里歇歇，然后给他们打饭吃。饭还是在教会的食堂里打，去参加复活节的信徒还是下午 5 点多才去打饭吃。晚上 7 点开始做礼拜，9 点才结束，然后大家才各自回家。

2014年4月14日　星期一　晴

今天是赤恒底村的信徒们过复活节的最后一个早上了，所以早上的聚会延长了30多分钟。早上还是跟以前一样做礼拜，但今天早上跳舞就取消了，因为别的事情很多，唱完赞美诗和讲完经后，先讲话的是阿兰甲教堂的执事。他说感谢各位来他们村参加复活节，是大家的支持才过完这美好的节日，他讲了许多感谢话，最后还给各教会的执事、老师和礼拜长每人发了一个红包。他还声明说，红包里只有一二十块钱的电话费，请大家不要顾虑太多。他讲完后，这次复活节事务长讲话。他讲的是这次来参加的多少人，生活费有多少，奉献了多少，支出了多少。他讲完后，村里的村长老讲话，他说他感谢这次讲经的耶西牧师，他还感谢这次来参加复活节的信徒和阿兰甲的信徒，是他们在这里举办了这么美好的复活节。他讲完后，唱首赞美诗，再做个结束祷告。然后，各教会的负责人和阿兰甲的客人握手作为告别。大家都握完手后，娃底3个组的人就打着饭回来了。在阿兰甲睡的信徒在那里吃完饭，然后再给他们做一个祝福祷告，大家才背着自己的行李各自回家。

2014年4月15日　星期二　晴

今天又是福贡街子，村民们有些去街里卖菜。在村里盖新房的仍旧盖着，还有各个村民小组的工人还是照常做着。一个组是做水沟的，一个组是做太阳能路灯的，所以这几天村里很热闹。村民们有些是去苞谷地里除草，有些去田里犁地，过几天就可以栽秧了。今天就这些了。

2014年4月16日　星期三　晴

今天有些村民去鹿马登赶集，但是去的目的不一样。有些是去做生意，有些是去买点菜，有些是去学校里看孩子。这几天白天太阳很辣，也有一部分村民早上出去干活，也有白天出去干活的，还有在教堂里做晚堂的，做完了晚堂后，村民们才回去休息。

2014 年 4 月 17 日　星期四　阴

今天早上娃底 3 个组的喇叭里通知，赤恒底罗干（地名）下面那片苞谷地里，种着核桃树的，每家有几棵树，到副组长那里登记一下。这样连续通知了两三遍。所以在那儿种着核桃树的村民就到田里去数有几棵树，到时候就可以到副组长那里报到了。别的村民还是各干各的，因为这几天又忙起来了。大家都忙着为栽秧而修理着田地。今天也是这样了。

2014 年 4 月 18 日　星期五　晴

今天鹿马登中学和小学都放假，读小学的孩子们，需要由家长去接。傍晚一组和三组的村民，登记着昨天通知的核桃树。我们二组没有登记到，因为副组长还没有回家。还有另外一件事，通知村里的合唱团团员今晚在旧村委会开会，叫他们按时参加会议。通知完后，合唱团的人就纷纷赶到旧村委会开会。他们开完会后才回家休息。

2014 年 4 月 19 日　星期六　晴

今天早上去福贡赶集的人较多，有点闹。过了一会儿，村里的垃圾车又在村里转悠了。每转到一处，村民们就把垃圾倒在垃圾车上。收垃圾的师傅拉了两车才把村里的垃圾清理完。今天是星期六，村里的妇女大部分还是去找猪食。傍晚，村里的太阳能路灯才拉到了村委会。晚上还是在教堂里做晚堂，做完了才回家休息。

2014 年 4 月 20 日　星期日　晴

今天还是跟往日的星期日一样，一日三次聚会。但是今天的午会上，有些村民去鹿马登教会里参加复活节去了。还有今天我们村的太阳能路灯老板和他的一个伴计在肯堂家园子里连接线路。他们把线路连接好，明天工人们就可以立杆子了。晚上，我们组的一位村民来我家里闲玩，她告诉我们，我们组的组长到了他们家里，让她无论如何也要参加合唱团，可是她没答应，因为家里有许多活。她讲完后就回了家。今天也就这样了。

2014 年 4 月 21 日　星期一　晴

今天村里的太阳能路灯材料已经差不多齐全了，所以工人们把放在江东边的电杆，运到村里已经固定好的位置上。运了一上午后，杆子差不多运完了。下午开始就安装电杆上的配置，然后立了起来。因为今天是第一天立杆，所以才拉完 4 根。晚上拉好的太阳能路灯亮了。村民们看到路灯很亮，特别高兴。嘴里还说，以后也不需要手电筒了，晚上在路上走着也不用怕了。是的，现在党对人民的生活很关心，农民的生活也越来越好了。

2014 年 4 月 22 日　星期二　晴

这几天村民很忙，有些家已经栽秧了，有些家正准备栽。今天在娃底一组立村里的太阳能路灯，今天已经立了 12 根。一组的路灯亮着，一组的村民也很高兴。晚上娃底 3 个组的喇叭里通知，明天早上要扫路，请村民们提前做好准备。今天，村里就这些事了。

2014 年 4 月 23 日　星期三　晴

今天早上天刚亮一会儿，组里的喇叭就通知，叫村民们赶快起床。今天有些要拿扫把，有些要拿锄头清水沟。听到通知后，村民们就赶紧起床，拿着扫地工具，到自己组的工地上等着。今天娃底 3 个组都在扫，所以各个组的村民到自己的工地上扫，扫完后去登记名字，之后才回了家。今天晚上 7 点在村委会里开党员会议。晚上在教堂里聚会，聚会完后才回家休息。

2014年4月24日　星期四　晴

这两天村民都很忙，有几家开始栽秧了，有些家还没栽。那是因为这几天干旱，田地里的水不够，村里做工程队的还是每天都做着。做水沟的、厕所的、太阳能路灯的都在做着。这几天，村里的太阳能路灯大部分已经做完了，所以晚上村里很热闹，有些村民还在路灯下散步。村民都很高兴，因为晚上出门都不用打手电筒了。

2014年4月25日　星期五　晴

今天村里人去福贡赶集的很少，因为这几天大家都在忙，大部分的人都在栽秧。还有村里的工程队每天都在做着。今天安太阳能路灯的差不多要做完了，只剩下4根没做。这几天天气也开始升温了，所以晚上在路灯下散步的人也逐渐多起来。今天就这些了。

2014年4月26日　星期六　晴

今天早上，村里的垃圾车又在村里的每个角落里转着，村民们还是把准备好的垃圾倒在车上，然后拖拉机把垃圾拉到我们村的垃圾房里，之后就把垃圾烧了。今天是星期六，所以没有栽秧的村民就去找猪食，栽秧的村民还是继续栽着。

2014年4月27日　星期日　晴

村里的基督徒还是一日三次聚会。今天鹿马登完小期中考试已经考完，所以他们学校放假。村民大部分家长去接孩子。另外，高音喇叭里通知前几天赤恒底罗干以下种着核桃树的村民到此付妹家领复合肥。此付妹是村里的天保员。听到通知的村民就到他那里去领复合肥。他们已经全都准备好了，到了的村民就把身份证递给他，他填完身份证号码后，按前几天登记的数字给村民们发复合肥。每棵核桃树分得一斤复合肥，所以登记多一点的就分得多一点的复合肥。今天就这些了。

2014 年 4 月 28 日　星期一　晴转雨

这几天村民们很忙，大部分都在栽秧。有些家的秧子栽完了，但是他还得帮其他帮过他的人栽秧。下午 5 点左右，各个组里的喇叭里又通知，前几天报了草果苗的，今天会送达。所以村民们听到通知后就到桥头去等了。过了好大一会儿，车子才到公路边停下来。然后由村委会的工作人员发给大家。领到草果秧子的村民就回去了。

2014 年 4 月 29 日　星期二　雨

虽然下雨，但村民们仍然忙。有些村民去种昨天领到的草果苗，有些村民栽秧。因为下着雨，所以村民的身上都披着雨具。有些是雨衣，有些是塑料布，有些人穿着厚厚的衣服。男的犁地或修理田地，女的栽秧。大家都各忙各的。

2014 年 4 月 30 日　星期三　晴

今天是福贡街也是鹿马登街，但村民们赶集的比较少，这两天有些家的秧子已经栽完了，有些还没栽完。没栽完的继续栽着。栽完的晚上就去田里浇水。这几年河水量越来越少，所以白天栽秧的在用水时，其他农户就无法给水田灌水，只好等到晚上再灌。村民们晚上去浇水的，会浇到十一二点，有些甚至浇到凌晨三四点钟。

2014年5月1日—29日

2014年5月1日　星期四　晴

村民们还是忙着栽秧子。早上天刚亮就起床，然后有些去田地里浇水，有些去田地里拔秧子。晚上还得去田地里浇水，还是浇到十一二点，等梯田里的水浇透了才回家。

2014年5月2日　星期五　晴转雨

现在大部分村民家的秧子都栽完了，只是个别几家的没栽完。没栽完的，今天还是继续栽着，栽完了的，就在田里浇浇水，或是到苞谷地里看一下。另外，今天鹿马登中学和鹿马登完小的学生都收假。孩子在小学读书的家长还是去送子女到学校。

2014年5月3日　星期六　晴转雨

这两天农忙稍微轻松了一点，秧子全部栽完了，现在只需要在田地里浇浇水，到苞谷地里除除草。所以今天见到了村里的几个小伙子到江边钓鱼。因为是星期六，村里的妇女们去找猪食。今天福贡一中的高中部和初中部都放假，所以村子里的在一中读书的孩子都回了家。晚上，村里的基督徒们还是照旧在教堂里做礼拜。

2014年5月4日　星期日　雨

今天早上还是下着雨，但是村里的基督徒们听到教堂里的敲钟声就起床去了教堂。因为是下雨，村民们除去教堂的以外，别的都在家里看电视。

2014年5月5日　星期一　阴

今天是福贡街子,所以村民们有些去赶集。现在球场已经做好了,所以今天有几个人在球场里做球架,球架前几天就运到球场了。但是球场刚做完,水泥还没有干,所以球架还没有架好。今天他们做了一天,但还是没有做完,只架好了一边,另一边可能明天才架完。晚上有几个小伙子在新篮球场架下打球,他们打得很晚才回家。

2014年5月6日　星期二　雨

今天早上开始就下着雨,所以有些村民还躺在被窝里,有些已经起床烧水做饭了。因为是下雨天,村民们有些去看水田里的水是否漫出来,有些去苞谷地里移栽苞谷苗,还有的村民去找猪食。今天就只有这些事了。

2014年5月7日　星期三　小雨

今天是鹿马登街,所以有些村民去鹿马登街赶集,看望学校里的孩子。另外,今天我们村里普友少家进新房,他们以前的家在密丁戈,但他们家已经搬来好几年了,现在又盖好了新房。他们邀请村民们,所以到中午12点左右,拿到请柬的村民就纷纷赶往普友少家了。到了他们家,他们就给客人们倒茶水、饮料等。客人们在他们家里挂完礼后,接到他们家给的一块生猪肉,然后就回家了。晚上还是在教堂里做礼拜。

2014年5月8日　星期四　小雨

今天鹿马登完小的学生放假,所以不管下着多大的雨,有些家长还是去接孩子。还有今天村委会里开会,要各个组的组长、副组长和各个组的村民代表参加。11点就进入会议室开会了,主持单位是乡计生办。开会的内容是关于超生的事情和村规民约等。开了两个多小时的会议。会议结束了后,大家才走出会议室,然后打着伞就回了家。

2014年5月9日　星期五　大雨

这几天每天都下着雨，有些村民连家门都没有出，就待在家里看电视。但是有些村民去江边捞柴。这几天因为下着雨，所以江水也涨了，江里还漂着柴。村里的妇女不管下着多大的雨，还得去找猪食。还有，今天已经停了一天的电了。又是停电又是下雨的，日子有点难熬，但是也没办法了。直到晚上才来电，电来了后，村民们的心里才好过了一点。

2014年5月10日　星期六　雨

今天也下着雨，村民们有些去江边捞柴，有些在家里看电视。今天鹿马登初中部和小学部都收假。孩子在上小学的父母就去送子女上学。今天是星期六，所以村里的妇女必须去找猪食。晚上还是在教堂里聚会，聚完会后才回家休息。

2014年5月11日　星期日　雨

因为天天下雨，所以江水涨了好多，河水也涨了。有些路上有滑坡时滚下来的石头。村民们今天去教堂里进行了每日三次的聚会后，就在家里看电视，休息了。

2014年5月12日　星期一　晴

今天早上天气晴朗，万里无云。村民们心里很高兴。总算是雨过天晴了。村民们有些盖新房的，一大早就听见叮叮咚咚的声音，他们已经干起活了。别的村民吃完饭后，有些去田地里看看，看看田埂有没有垮或是田里的水有没有干，如果干了的话，就要在田里放水。有些村民还是去找猪食。晚上我们二组的高音喇叭里通知：二组的村民请拿着户口簿到副组长那里登记。村民们听到通知后就拿着户口簿到副组长那里去登记身份证号码。今天也就这些了。

2014年5月13日　星期二　雨

今天早上又下着雨，村民们只好晚点起床。吃完早饭后，有些去田地里施肥，有些去苞谷地里补种苞谷苗。村里的几个小伙子还去江边钓鱼。别的村民有些在家里看看电视，做一做家务活。另外会手艺的，就做做民族服饰，或是编篮子。所以村里还是挺热闹的。今天也就这样了。

2014年5月14日　星期三　雨

今天还是下着雨，村民们起得晚。这几天农忙已过，所以有些村民就去鹿马登赶集，看望上学的孩子。晚上，往往在教堂里聚会。因为是下雨，所以没有什么好写的，今天就这些了。

2014年5月15日　星期四　雨转晴

村里5点半左右就听到人走路的脚步声。因为今天是福贡街子，所以应该是菜农们去街上卖菜。早上的时候还下着雨，村民们有些还是晚点起床。早饭吃完后，有些去秧田里施肥，有些去苞谷地里施肥。下了这么多天的雨，今天刚好晴了半天，所以村民们才去施肥。有些小伙子还是去江边钓鱼。今天福贡一中的学生放假，所以晚上也有在球场里打球的。今天也就这样了。

2014年5月16日　星期五　晴

今天早上开始就天晴了，村民们吃完早饭后，有些去秧田里浇水施肥，有些去苞谷地里施肥，喷除草剂。盖新房的从今天开始又忙碌起来了。傍晚，有几个人在球场打球，他们一直打到天黑。

2014年5月17日　星期六　晴

这几天，村民们还是为苞谷地里的事而忙着。有些还是去施肥，但大部分的村民还是去喷除草剂，妇女们去找猪食。晚上在教堂里聚会。

2014年5月18日　星期日　晴

今天还是跟往常的星期日一样，一日三次聚会。今天鹿马登中学和小学都放假，所以孩子在小学的父母都去接孩子回家。另外，中午的聚会结束了以后，村里的合唱团在村委会里开会。来参加会议的有乡政府里的工作人员、村委会工作人员和合唱团成员。他们从下午3点开到6点。

做完晚堂后，组里的喇叭里又通知："明天去山上修水沟。因为前几天下雨，水沟被冲垮了几处。明天每家都要出一个义务工，而且要早点做饭吃，早点出发。"这样重复了两三遍。今天也就这样度过了一天。

2014年5月19日　星期一　晴

今天早上天刚亮，我们组里的高音喇叭里组长就通知说：请村民们快点起床做饭吃。然后又点了几个人的名字叫他们拿大锤，其他人每4个人分一包水泥背到山上去。男的还要拿小锤，女的要背锄头。所以二组的村民听到通知后赶快起床去做饭吃，吃完后就到村委会里分水泥，分完后就背着水泥上山。有几个一组一组地去，到了修水沟的地方，前面的几个人就在那里等着后面来的人。人员差不多到齐的时候，才开始分工干，有几个妇女去挖土，男的挖水沟地基，女的抬石头。等挖好基础后才去放石头砌，一直干到下午3点多，背上去的水泥已经用完了，但是工程还没有做完，所以村民们只好登记完名字后就回来了。明天继续干。

2014年5月20日　星期二　晴

今天还得去山上修昨天没有完成的水沟。昨天背水泥很累，所以今天让马来驮。但因为是山路，马只能驮到一半路程，另一半还是要人力来背。今天3个人来背一包水泥，所以早饭还是得早一点吃，然后早点去赶路。山路有10多公里，走路都要3个多小时。村民身上还要带一点中午饭，有些带冷饭，有些带饼干。村民们到驮马到来的地方等着水泥。等水泥一到，大家就背着水泥一起向山上出发了。到了修水沟的地方，大家分好工，有些拌水泥，有些抬石头。大家各司其职。修好水沟后，大家签到，吃晌午饭。有些吃点冷饭，有些去找柴火，就各自回家了。今天还有一组的村民也来修水沟，他们的水沟也冲垮了两三处。但他们今天来修的只有十多个人，所以他们今天没有修完，明天还要来几个，继续修。晚上我们二组开会，开会地点在村委会旁。开会内容有：一是核对一下身份证号码；二是每家都发放一份村规民约。副组长用傈僳语讲给村民们听。

2014年5月21日　星期三　晴

今天娃底一组村民还是去山上修昨天没有完成的水沟。二组村民因为是连续两天上山，大家都脚痛，所以今天就只好在家里休息。但有些村民还是去找猪食。晚上还是在教堂里聚会，聚完会后，三组的村民在教堂操场上开会，其他村民就各自回家了。

2014年5月22日　星期四　晴

今天村民们吃完饭后还是去苞谷地忙活。有些家是去施肥，有些是去拔草，拔完后再喷除草剂。有些去秧田里浇水。有些小伙子去江边钓鱼。村里的妇女大部分还是去找猪食。傍晚，在球场打球的就有10多个。现在，球场和球架都是新的，所以他们就更兴奋了，一直打到天黑才回家。

2014年5月23日　星期五　晴

这两天，天气很晴，每天都有盖房子的农户。今天我也去阿此家帮了一天。阿此是我们组的村民，他们家已经盖好了两层，现在盖的是最后一层，是厨房。他们家请了一个师傅，还有两三个小工。我们到他们家的时候已经10点多了，他们已经做了两个多小时了。我们一直做到6点多才休息，然后吃了饭就回家了。傍晚的时候，球场里打球的有10多个，他们几个一直打到天黑。今天也是这些了。

2014 年 5 月 24 日　星期六　晴

今天是县里定下来的第一个街子天。以前的福贡街子是每月 5 日、10 日、15 日、20 日、25 日、30 日，现在的街子天定为每周的星期六。所以今天早上开始就有脚步声和讲话声，她们都是去街上卖菜的妇女。这两天天气越来越热，村民们有些早上去干活，白天休息。今天是星期六的原因，村里的妇女还是去找猪食。晚上还是在教堂里做晚会。完了后大家才回去休息了。

2014 年 5 月 25 日　星期日　晴

今天早堂和晚堂完了后，村里的合唱团团长讲话说："现在政府要在我们村里办个学校，让老百姓来参加报名。有各种技术，学养殖的，学农业生产的，学电脑的等等，有许多种。有 3 年期限，一个月里才学几天，一年里有资助金 1000 元。"他讲完后，村民们才走开。

今天还有另外一个会议，那是在村委会里开的。参加会议的人是以前报名建石头房的那几户，听说他们有 30 多户。

2014 年 5 月 26 日　星期一　晴

村民们有些在苞谷地里喷除草剂，有些只是在田地里灌水。现在有些家的农活已经做得差不多了，所以也有去别家帮忙盖新房的。今天就这些事了。

2014 年 5 月 27 日　星期二　晴转雨

今天鹿马登小学放假，村里的有些家长去接自己的子女，接回来后才去地里干活。有些小伙子去江边钓鱼，有些村民去苞谷地里喷除草剂。这几天晚上有一些村民在学傈僳琵琶四弦。琵琶是有些老人才会弹，是他们那时唱歌、喝酒、跳舞时弹的，现在这些年轻人就不会了。政府为了不让傈僳族传统文化失传，就请阿车师傅教年轻人弹琵琶，还要教他们跳舞。他们已经学了好几个晚上了。今天也学着，直到 10 点左右才回去休息。

2014 年 5 月 28 日　星期三　晴

今天我们二组组长家浇灌二层平顶。他们家的家人和亲戚早早地就动起工来了。其他的村民吃完早饭后才去帮忙，今天上他们家帮忙的有 40 多个。女的在房底下抬沙子和碎石，男的就把沙子、碎石和水泥搅拌完后抬到房顶上灌了。这样分好工后，一直干到灌完为止。今天人有点多，所以干到 4 点就完工了，然后吃完饭就回了家。晚上信徒在教堂里做晚堂，完了后才回家。走到半路上，各个组里的喇叭里在通知："去年谁家地里立着电杆的，现在到村委会里来领钱。"这样通知完后，村民们自家地里立着电杆的就去村委会里领钱了。听说每根电杆可以拿 100 元钱。所以晚上在村委会里很热闹。今天就是这些了。

2014 年 5 月 29 日　星期四　晴

今天早上，各个组里的喇叭里通知："村里的合唱团成员于中午 11 点到村委会集中，请大家务必赶到。今天省里的领导会到我们村里来。"这样通知完后就停了。所以合唱团的人员吃完饭后，差不多到 11 点，就去村委会了。他们人员差不多到齐了，团长就组织大家排练，排练了几遍后就在村委会等着领导们。差不多到了下午 3 点钟，村委会里来了几辆小车，领导们就从车里下来了。村里的合唱团人员和乡里的领导就去迎接他们，然后带着他们到村委会办公室里。合唱团的人员排好队后，领导们坐在他们面前，然后团长指挥唱了八首歌。唱完以后领导们给他们鼓掌，说几句鼓励的话，然后合影做留念。拍完照后，领导们就坐车走了，合唱团的人员也散了。

2014年6月18日—30日

2014年6月18日　星期三　雨

今天太阳公公出来一会儿，然后又被乌云遮住了，天空还出现了彩虹。风景很美，下完雨后的大地就像刚洗了澡的孩子，让人看着就舒服。虽然天不是特别晴，但也总算是晴了一会儿。看着人们灿烂的笑容，突然感觉其实做农民也可以很幸福。付出才会有收获，爷爷奶奶都说，劳动才会让他们充实自己，如果让他们在家里待一天，他们是待不下去的。如果因为下雨而没把农活干完，会让他们睡觉都睡不踏实，所以我们经常会看到下雨天也仍在田里干活的农民。他们的观念就是一季的粮食，不能马虎，更不能懒惰，雨天并不可怕，可怕的是你的惰性。村里有位老爷爷不管是晴天还是雨天，都会赶着一群羊，背着大箩筐，在田间小路穿梭着，每天都能看见他的身影。在城市，这样的年龄应该是待在家里享福。可是在农村却不同，他们都在为生活境地奔波着。就算享受着低保、养老资金，但这些却只够买油买菜，农民的生活也需要政策的帮助。

2014年6月19日　星期四　雨

今年夏天，太阳公公没有出来几天，都是小雨在滋润着大地。而且天气还有点冷，就像是在过秋天一样。但村民们还是很开心，他们都说，雨再下几天，庄稼才会变好。今天一路上遇见好几个村民，他们都去找猪食了。还看见有户人家在庄稼地里割草，说再不割草的话，草都要比庄稼长得高了。这几天还不算太忙，到了下个月可就有的忙了。

2014年6月20日　星期五　晴

今天不算太晴，但也没有下雨。村里好几个人都去密丁戈帮忙盖教堂，因为他们村人太少，而且又是贫困村。上级说是如果到下个月都还没有盖完，就要收回资助款了。所以，他们村只能每家一人或是全家都去盖教堂了。这几天也会有其他村的人主动帮忙，希望他们早点做完。

2014年6月21日　星期六　阴转雨

今天是福贡街子，所以去街上卖菜的还是早早地起床去街上。现在村里的小老板也挺多的，有些是做牛、马、羊生意的。但这些是上面这几个村的人，有些是做民族服饰的，做这些生意的是村里的妇女。有些去找猪食，晚上在教堂聚会。

2014年6月22日　星期日　晴

今天还是跟往常的星期日一样，一日三次聚会。不过中午聚会完了后，我们村里的6个教堂的执事和礼拜长到我们教会的食堂开会。他们开了两三个小时才散会。今天球场里打球的比较多。

2014年6月23日　星期一　晴

这几天村里的妇女在家里只是做点家务活，男人们在外面打工。有些在村里盖新房的人家里打工。下午5点左右，各个组里的喇叭里通知："明天早上在江东桥头上，给村民们发草果，要种草果的村民早上到江东桥头去领。"这样通知了两三遍然后就关了。今天就这些事了。

2014年6月24日　星期二　晴

今天一大早，村子里的喇叭就开始响起来了，今天要在桥头那里分配草果树。每家分着几把。如果草果种得好，也可以算是一种致富的财路。分配完以后，大家都忙着自己的事情。拿着锄头出发。草果一般都种在荫凉有水分的地方，在太阳底下就长得不是很好，所以就只能往荫凉的地方种。虽然去草果地的山路难走，但为了能有好生活，村民们不曾退缩。

2014年6月25日　星期三　晴

今天领导要来我们村下乡，村民们一大早就开始打扫卫生，路边整理得干干净净，以表示对他们的尊敬。今天每家一个人，帮密丁戈小组盖教堂。大人没时间的，会派娃娃们来，干活的人特多，有点热闹。差不多快干完了，再接再厉，可能再过几个星期就可以收工了。

2014年6月26日　星期四　晴

现在村里的幼儿园还是每天都在上课，家长们还是早上送、下午接。现在的村医生每天都在按时上班，所以村里生病的村民可以去她那里买药打针。这几天，村民们还是早上干活、白天休息。今天就是这些了。

2014年6月27日　星期五　晴

今天早上村委会里就有几个人，都是村里的天保员，不知道他们在做什么。下午5点左右，娃底3个组里的喇叭里通知，今天晚上在村委会放电影，要看电影的村民要准时去。村民们马上做晚饭吃，吃完饭后就去看电影了。今天看电影的比较多，有100多个，放的是傈僳语的一部电影。大家都看完了后才回家。

2014年6月28日　星期六　晴

今天也是村里最热闹的一天。天刚亮，赶集的就出发了，接着是村里的垃圾车又在村里转着了。村民们把垃圾倒在车上，让司机拉走。过了一会儿，去学校接孩子的家长出发了。有些村民吃完饭后，有去田地里或是苞谷地里找猪食的。

晚上还是在教堂里聚会，聚完会后，村民在村委会看电影。第一部是宣传交通规则片,然后才是一部傈僳语。今天的观众比昨天还多,大家都是看完了以后才回家。

2014年6月29日　星期日　晴

今天村里的基督徒早上起来后去教堂做礼拜,做完后才回家做饭吃。今天早上各组里的喇叭里通知:今年出去打工人员的家属请拿着户口簿,马上到村委会集中。这样,听到通知声并且子女在外地打工的,就拿着户口簿到村委会登记去了。村民们12点还是在教堂里做礼拜。

晚上,组里的喇叭里又通知,合唱团的人员马上到村委会里练歌。过了会儿后,合唱团的人就到村委会里练歌去了。他们一直练到10点过后才回家休息去了。

2014年6月30日　星期一　晴

今天很多村民还是该干嘛就干嘛,合唱团成员和党员在村委会集中了一天,可能他们在庆祝建党节。合唱团的人在唱歌,然后吃吃饭。

2014年7月1日—31日

2014年7月1日　星期二　晴

今天早上天刚亮一会儿，组里的喇叭里就通知："二组的村民们待会儿每家留一个人，等一下要发低保大米。"这样通知了两遍。然后村民们还是在自己家里做饭吃，吃完饭后，有些还是出去干活去了，留下一个人在家等大米。到了11点，喇叭里又通知："现在大米已经拉到村委会了，请村民们马上到村委会旁领大米。"一组和三组的村民也到他们的集中点去领大米了。各个组的副组长已经算好了每家几袋米，我们组是每户3袋多一点。领到大米后，每家还要付6元钱的车费。然后大家就各自背回去了，有些是背了3趟，有些是2趟，村民们的心情也很好。大家都是兴高采烈地回了家。

2014年7月2日　星期三　雨转晴

今天早上天刚亮时还下着雨。这两天没有什么可忙的活，只是找找猪食，做点家务活。今天又是鹿马登街，有些村民还是去鹿马登街赶集，看望孩子。傍晚，我们二组的喇叭里通知：请村民们节约用水，这两天水库里没有那么多水，如果浪费水，有些村民就喝不到水了。这样通知了两三遍后才关了。今天也就这些事了。

2014年7月3日　星期四　晴

这两天村里有两三个工程队，他们都是做水沟的。他们现在在娃底一组做。他们睡在以前的老师们住的地方。现在幼儿园还是每天都在上课，家长们每天都在接送孩子。傍晚的时候球场里还是有人在打球，他们一直打到天黑才回家。

2014年7月4日　星期五　晴

今天有些村民去念坪村，听说那里有个老人去世了。另外，有些村民为了明天去县里赶集卖菜，今天中午开始就在准备了。傍晚的时候还是有人在球场里打球。今天就这些了。

2014年7月5日　星期六　晴

今天是福贡街子，村民们有些早早地就去县里卖菜了，村里的微型车司机和三轮车司机也早早就出去挣钱去了。早上，村里的垃圾车还是在村路转着拉垃圾。还有的村民吃完早饭后去找猪食，有些则去县里卖菜、衣服。晚上在教堂里聚会，聚完会后才回去休息。

2014年7月6日　星期日　晴

今天还是跟往常的星期日一样，一日三次聚会。但是白天聚会的时候，念坪组有一个老人也来跟我们一起做礼拜，做完礼拜后，我们回到家里，坐了一会儿，听到外面有人在聊天，走到他们旁边才听清楚，原来刚才在村委会旁的小卖部里，有一个念坪组的老人来取老人低保，可是老人刚取到钱就晕倒了，然后就死了。后面许多人围过去看看究竟是怎么回事儿，可确实是死了。这时候才打电话通知他的家人。差不多过了一两个小时，他的家人到了，然后抬着他的遗体回去了。今天出了这么大的事，村民们也有点吓到了，所以每个人都早早地就去休息了。

2014年7月7日　星期一　雨

今天早上开始就下雨，一直下到晚上。所以村民们把不得不做的活做完了后，就待在家里看看电视，做做家务活。傍晚各个组里的喇叭里通知："今年结婚的人和家里养着牛的村民明天拿着身份证到鹿马登乡政府，请大家准时赶到。"今天就这些了。

2014年7月8日　星期二　晴

今天早上有些村民去鹿马登乡政府了。他们都是今年结婚的，现在要准备生育了，还有家里养着牛的也去了。今天大部分的村民都要去鹿马登接孩子，因为今天鹿马登完小放假，所以家长们就去接他们的孩子，还要帮他们背行李。傍晚的时候村里很热闹，有些娃娃在公路上骑自行车，有些在球场里打球，一直到天黑才回家。

2014年7月9日　星期三　阴转晴

这几天，鹿马登完小的学生们已经放假了，今天去鹿马登街的都是赶集的。村里的妇女们只是找点猪食，去田地里看看。这两天没有什么活可忙的，所以傍晚在教堂里聚会的也有很多。聚完会后，球场里打球的还是很多。今天也就这些了。

2014年7月10日　星期四　雨转阴

今天早上雨还是叮叮咚咚地下着，所以村民们还是晚点起床，然后做早饭吃，吃完饭后，雨渐渐地停了。有些村民就去田地里拔草，有些去找猪食。傍晚，放假回来的学生们在球场里打球。今天也就这些事了。

2014年7月11日　星期五　晴

现在别的学校都放假了，所以我们村里的幼儿园也放假了。现在村里做水沟工程的还是每天都在做着。今天有些村民还是去找蔬菜，明天好去集市上卖，还有这几天村医生那里每天都有人在看病输液。今天也就这些事了。

2014年7月12日　星期六　晴

今天是福贡街子，所以有些村民去了福贡，但他们都提前回来了，因为今天我们娃底3个组要举办集体祷告会。我们二组的村民还是煮饭，所以二组的四五个人就先早早地到教堂里洗锅去了。村民们也把米按人数交到食堂里去了。二组的村民早上赶快做饭吃，吃完后就去食堂里做饭。没有做饭的那些村民12点在教堂里开始做礼拜。他们做礼拜大概要两个小时，到下午2点左右就结束。但是饭还没有熟，所以做饭的那些继续做着。到了下午5点半左右，喇叭里通知说饭做好了，请村民们到食堂打饭。村民们听到通知就到食堂里打饭去了。今天的菜有花菜、花生、炒肉、粉丝凉拌等。打饭的时候村民们说，要是每天都可以这样打饭吃，而且生活也好就好了。晚上还是在教堂里聚会，完了后村民们才回家休息去了。

2014年7月13日　星期日　雨

今天早上醒来时，雨还在下个不停。今天密丁戈的教堂举办教堂落成典礼，所以有些村民没有去教堂，而是在家做家务，等做完了好快点去密丁戈。早上的礼拜做完后，大部分村民吃完早饭后就去了密丁戈。等我们到了密丁戈，已经有好多人在那里了。密丁戈的人就在教堂旁的路上等着客人。每到一个客人，他们就给客人发饮料和瓜子。到了中午12点，村长老和乡长老，还有县里的牧师就宣布典礼正式开始，到了下午3点多钟才结束。今天客人比较多，有千把个人，教堂里坐不下，大部分的客人都在教堂外面和操场上。有些客人回去，密丁戈的人就送给他们盒饭，直到客人走完为止。今天就这些事了。

2014年7月14日　星期一　雨

今天一直都在下雨，所以村民们把不得不干的活干完后就在家里看电视。傍晚，三组的高音喇叭里通知，合唱团的人员，想要栽种草果的就到此团长家旁来领。过了会儿，我们二组的喇叭里也通知说：我们二组的明天早上到江东桥头去扫路。而且还盼咐有几个要拿锄头，有几个要拿扫把。因为下着雨，今天球场上很安静，村民们基本都在自家里看电视。今天也就这样度过了。

2014年7月15日　星期二　雨

早上，娃底二组组长在高音喇叭里通知说："今天下雨所以不去干义务工了。没有听到广播的请大家互相转告。"还有今天娃底三组的老村长老家浇灌一层平顶，到他们家帮忙的有四五十人，妇女们都是背碎石和沙子。男人们有些拌沙灰，有些浇水，有些把混凝土抬到房顶上。大家都各干各的，中午歇了一会儿，然后一直干到下午6点。妇女们背完了就去吃饭，吃完饭后就回了家。

2014年7月16日　星期三　雨转晴

今天早上还是下着雨，所以村民们还是晚点起床。吃完早饭后天就晴了，所以村民们就各忙各的去了。今天村里盖新房的还是很多，这几天请了挖土机挖地基的就有3家，其他拆旧房的也有两三家，所以村里还是很忙的。现在村里也比较热闹，因为学生们都在家。村里还住着另外一组工程队。晚上村民在教堂里聚会，完了后大家才各自回家休息。

2014年7月17日　星期四　小雨

今天虽然下着雨，但村里拆房的那几家还是在继续拆着。亲戚朋友也在帮着他们。今天乡里的领导来村里参观，也来看村里建房子的村民和拆房子的村民。另外，今天合唱团那边也拉来许多音响设备，不知道是从哪里拉来的。只见合唱团的人从车里卸完东西后就开车走了。今天也就这些了。

2014年7月18日　星期五　阴

今年要建新房的村民还是在拆着房子，有一家还请了一辆挖土机来帮他们家挖地基。没有建房子的村民有些去帮别家拆房子，有些去找猪食或者到苞谷地和种田里看看。因为下过雨，球场还没有干完，所以球场里打球的人一个也没有。大家都在自家里看电视。

2014年7月19日　星期六　晴

今天又是福贡街子，所以去街上卖菜的菜农天不亮就起床了，把菜背到江东桥头，然后搭车去县城。他们要是去晚了，就很难找到摊位。天刚亮一会儿，村里的垃圾车就又在村里转着了。家家户户都把垃圾倒在垃圾车上，然后司机把垃圾拉到垃圾房里烧了。今天有些村民去赶集，有些村民去找猪食。晚上还是在教堂里聚会，完了后大家才回去休息。

2014年7月20日　星期日　晴

今天早上，村里的基督徒们起来后就先去教堂，之后才回来做饭吃。中午的聚会有些人去汪然教会做礼拜。

傍晚，娃底3个组的高音喇叭里通知说："为了让贫困学生继续上大学，望村民们来捐款。想捐款的村民请到组长那里登记挂名。希望村民们为了让贫困生能上大学而尽快自愿捐款。"这样通知了两三遍，然后就停了。今天也是这样了。

2014年7月21日　星期一　晴

今天天气也是在好，所以拆房子的那几家还是在忙着拆房。他们的亲戚朋友也没有闲着，基本都在帮着他们。这几天，云南大学里来的人有5位，两男三女。他们白天去各村里工作，晚上回到他们的研究基地休息。傍晚在球场里打球的人还是很多，他们一直打到天黑才回家。

2014年7月22日　星期二　晴

现在不是农忙季节，所以不建房的村民就到早熟的苞谷地里种点菜。现在种的菜到时候可以卖个好价钱。这两天村里拆房的比较多。大部分妇女还是出去找猪食，做家务活。还有，前几天去汪然村培训《圣经》的村民今天都回来了。今天也就这些事了。

2014年7月23日　星期三　晴

来村里的那几个大学生早早地就离开了。今天是鹿马登街，去街上卖菜的妇女也早早地就去了。村里建房子的村民也是早早地就开始动工了。傍晚球场里打球的比较多，因为这段时间学生放假，基本都在家里。他们一直打到天黑才回家。

2014年7月24日　星期四　晴

这几天村里没有那么忙，所以村里有些男人就到村里建房子的人家里做小工或者到别的村里去做小工。村里大部分妇女还是在互相帮忙盖房子，有些则去田地里找猪食。今天傍晚，村里的篮球队员们在村委会里集中开会，他们可能是去县里参加比赛。这次是县里国庆节里的篮球比赛。今天就这些事了。

2014年7月25日　星期五　晴

今天大部分村民还是去帮别人家干活，有些则在自己家里干活。还有的去做工，有的去找猪食。这几天虽然天很晴，可是江水还是涨得厉害，所以盖房子的村民还拉不了江沙。还有，这两天病人还是很多，村医生那里几乎每天都有人在那儿打吊针。今天也就这样了。

2014年7月26日　星期六　晴

今天天还没亮就有人在村里走动，他们都是去县里卖菜的。天才亮了一会儿，村里的垃圾车就又在村里转着拉垃圾了。过了一会儿，去县里做买卖牛、羊、马生意的人也出发了。村里的妇女一般早上就去找猪食，因为白天怕热。有些村民则是吃完早饭后才去县里赶集。做房子的村民继续做着，晚上在教堂里聚会。

2014年7月27日　星期日　晴

今天还是跟往常的星期日一样，一日三次的聚会，晚上聚会完了后，娃底一组的组长开会通知说："村委会里的工作人员通知，40岁以下的村民要去外地打工的，要到村委会登记。另外，还想种草果的村民也要到村委会里登记。他讲完后大家就回了家。"

2014年7月28日　星期一　阴

今天早上8点半左右，我们娃底二组的高音喇叭又响了，然后组长讲话说："昨天晚上某人把包包放在大门外，后面不知道是谁拿走了，里面放着摩托车行驶证和驾驶证，希望捡到的人能还回来，谢谢了。"盖房子的村民还是继续地做着，村里的工程队天天都做着。傍晚球场里打球的还是比较多，他们一直打到天黑才回家。

2014年7月29日　星期二　晴

今天村民们还是该干嘛就干嘛。村里的工程队也是照样地做着，还有村里的妇女这两天在家里种菜，因为家里很热。傍晚在路上散步的也有很多，也有许多人在球场打球。也有几个到村卫生室打针。今天也就如此了。

2014年7月30日　星期三　晴

今天是鹿马登街，有些村民去鹿马登赶集，有些只是吃完饭后找找猪食、种种菜。盖房子的还是继续地盖着。今天下午，村里的兽医在村民家的猪圈里打预防针，打完后还要填表。这两天，球场里的灯光也搞好了，所以在球场打球的一直打到10点多才回去了。

2014 年 7 月 31 日　星期四　晴

这两天，谷子和苞谷还没有熟，所以还不是收庄稼的时候，村里的男人有些在自家干活，有些给别人家做小工。妇女就在自家地里种菜或者干点家务活。傍晚，也有很多人在球场里打球，他们一直打到天黑才回家。

2014年8月1日—31日

2014年8月1日　星期五　晴

今天有些村民为了明天去县城赶集卖菜，今天去地里找菜。有些村民在家做家务活。最忙的还是那些盖房子的村民。

2014年8月2日　星期六　阴

今天早上天还没亮，那些去县里卖菜的村民就出发了。等天渐渐亮了，做小工的村民也出发了。今天早上村里的垃圾车没来拉垃圾，可能是他家比较忙吧，因为他家今年也在盖房子。其他村民还是去找猪食或者到县里赶集。晚上在教堂聚会，聚完会后，妇女留在后面打扫教堂，扫完后才回家休息。

2014年8月3日　星期日　晴

今天早上，村里的基督徒起来后就去了教堂。今天村里的全部基督徒都去，因为今早在教堂选举执事、老师、礼拜长，还有妇女事工。乡长老和县基督教"两会"领导也来指导乡神职人员选举工作。等人员差不多到齐后，先带领唱一首赞美诗，然后祷告。祷告完后，先是乡里的两位领导讲话，然后是县里的领导讲话。主要讲的都是选举规则，告诉我们要怎么选、选的时候要怎么做等。等领导们讲完后就开始发选票，信徒填完后就把选票投入投票箱，乡里的领导就把结果公布到黑板上，最后报出大家投票最多的两位。今天选中的执事还是前任阿格博，讲道员也是前任的普堂，礼拜长也是前任的邓前社，还有妇女事工也是前任的娜丽沙。选完后，大家才回家做饭吃。领导们就在食堂吃，吃完后交代了一些事情，然后就到布拉底各村各教堂里指导监督神职人员选举工作去了。

中午聚会结束后，执事通知各村里的主要人员到食堂里开会，去那里参加的人员有三四十个，主要讨论的还是今后怎么带领教会、怎么发展教会等主题。一直讨论到下午5点多才结束。晚上还是继续聚会，完了后大家才各自回家休息。

2014年8月4日　星期一　晴

今天大家都早起做家务，因为吃完早饭后得去帮别人家盖房子。有些村民则去找猪食。傍晚，村里的球队在球场里练打球，可能再过一两天他们就要正式开赛了，所以他们一直练到天黑，还要开灯继续练，一直练到10点多，他们才关了灯各自回家休息。

2014年8月5日　星期二　雨

今天早上刚醒来就听到下大雨的声音，但是不管雨下得有多大，村民们还是起床洗脸，然后去鹿马登取钱（医保）。鹿马登信用社通知，今天是我们赤恒底村人去取钱的时间。还有今天早上江水涨得很快，水上漂着许多柴，所以有些村民就去江边捞柴，有些捞到10多背，有些只捞到一两背。有些村民不敢下去捞，就只能眼睁睁地看着柴火被别人捞走。今天也就这些了。

2014年8月6日　星期三　晴

今天又是鹿马登街，有些村民是去鹿马登街卖菜赶集。今天上午天保员在村委会开会。傍晚教堂聚会完后，老人们就先回去了，小伙子们就在球场里练球。还有村里修水沟的工人也一起练着，一直练到天黑。

2014年8月7日　星期四　晴

今天早上有些村民去鹿马登信用社里取"一本通"里的钱，这是政府给的低保钱。听说有些村民比去年拿得多，所以比去年拿得多的村民很高兴。还有前几天在江里捞着柴的村民，这两天把柴劈了后就背回家去了。今天傍晚球场里打球的比较少，因为去县里打球的有好几个。今天就这些事了。

2014年8月8日　星期五　晴

今天是我们村村民到鹿马登信用社里取一本通里的钱的最后一天。信用社里的工作人员通知，每个村委会里的人有3天时间去取，所以还没有去取钱的村民今天就去信用社取钱。今天，天保员还是在村委会开会。今天村里的篮球队员去县里参加篮球赛开幕式。今天也就这些了。

2014年8月9日　星期六　晴

今天还是跟往常的星期六一样，村里最先出动的还是司机和去县里卖菜赶集的妇女，过后就是垃圾车在转着拉垃圾。有些在家里的妇女去找猪食。晚上在教堂里聚会，聚完会后大家才回去休息。

今天晚上，去县里参加篮球比赛的球员在村里的灯光球场练球，一直练到10点多才回家休息。

2014年8月10日　星期日　晴

村民们听到敲钟声后就起床去教堂里做礼拜，做完礼拜后，村里的老人到村医生那里量血糖和血压。两位村医生一个量血糖，一个量血压，量了后还要登记。老人们量了后才一个个地回家了。中午和晚上还是照常做礼拜。

2014年8月11日　星期一　晴

今天早上天刚亮一会儿，我们娃底3个组的喇叭里就通知说，今天我们娃底亚坪新村那里有一个小伙子被人打死了，请村民们务必到他们家去帮忙，所以大部分的村民去他们家帮忙去了。今天就这些事了。

2014 年 8 月 12 日　星期二　阴

今天早上大部分村民还是早点起床，有些去办丧事的那家帮忙，有些去密丁戈办喜事的那家做客。今天办喜事的是村里基督教村长老的儿子，所以去他家帮忙的比较多。今天傍晚，村里的球队去县里参加比赛。他们今天有一场球赛，所以村里有些村民就去看球赛，直到比赛结束后才回家。

2014 年 8 月 13 日　星期三　雨

今天早上天刚亮，雨就下得很大，所以有些村民晚点起床。差不多到 9 点左右，娃底 3 个组的喇叭里通知："现在请村民们仔细听一下，因为是下雨天，所以上级通知村民们不要去危险的地方找猪食，也不要去涨河水的地方。请村民们一定要注意安全。"所以白天大部分的村民还是待在家里看电视，晚上在教堂里聚会，结束后大家才回去休息。

2014 年 8 月 14 日　星期四　晴

今天村委会里很热闹，听说是要开党员会议，所以早上开始就有人在村委会里等着了。今天天气很好，所以盖新房的村民继续盖着。这两天，家里没有苞谷喂猪的，就到苞谷地里劈一两背青苞谷喂猪。今天也就这样了。

2014 年 8 月 15 日　星期五　雨

今天下着中雨，所以村民们除了不得不出去干活的外，都在家里闲着。但有些妇女为了准备明天去街上要卖的菜，还是出门去田地里找菜去了。还有今天村委会里开党员开会，他们一直开到中午。今天傍晚球场里没有打球的，所以晚上村里很安静。今天就这些了。

2014 年 8 月 16 日　　星期六　　晴

今天是福贡街子，所以去县里卖菜的妇女凌晨 4 点半就开始起床赶往县城。因为天桥链断了，所以她们要把菜背到江东桥头，然后才搭车赶往福贡。天刚亮一会儿，村里的垃圾车在村里转着来拉垃圾了。今天傍晚教堂没有敲钟之前，各组的喇叭里通知："今天每家必须要有一个人来教堂，因为要选执事。"通知完后教堂里的钟声响了，信徒就赶往教堂里去了。人员差不多到齐的时候，敬拜就开始了。今天来主持选票的是村长老和两位乡长老。先是唱一首赞美诗，然后做祷告，再就是乡长老说一下为什么今天还要选执事。他说：前几天选出来的那位老执事的年龄已经有 70 多岁了，不能继续任职，所以今天要重选一个。讲完后，请大家先出去，发到选票的信徒就进教堂填上所选名字，然后把票投进投票箱里。等大家都投完后，主持人就选几个检票的、查票的以及登记的，就开始计票。最后选出来的执事是阿此博。选完后，两位乡长老讲了几句鼓励的话，大家就回去休息了。

2014 年 8 月 17 日　　星期日　　晴

今天还是跟往常的星期日一样，参加一日三次聚会。出了教堂，小伙子们就在球场里打球。今天村里没有什么事，村民们也就在自家休息。今天就这样了。

2014 年 8 月 18 日　　星期一　　阴转雨

村民们昨天歇了一天，所以今天没有人再休息，都是该干嘛就干嘛。今天，村里的初三毕业生考上福贡一中的就背着行李去学校读书了，家长们送他们到学校报到。傍晚，娃底 3 个组的各个组长在高音喇叭里通知说："在鹿马登完小读书的学生们，请于 8 月 24 日回校。前几天通知的是 22 日，但由于老师还未回校，所以回校日期拖延两天。望村民们记住孩子回校日子。"这是学校里通知的，每个组长都重复通知了两三遍。村民们就这样过了一天。

2014年8月19日　星期二　晴

这几天有几家开始忙了。有些家已经开始在收苞谷了，还有今天村委会里来了几位下乡工作组人员。另外娃底一组的一位村民买来一辆新拖拉机，他在球场里练了一天。今天也就这些了。

2014年8月20日　星期三　雨转晴

今天早上雨下得很大，听说江水也涨了很多。村里大部分村民冒着雨去江边捞柴，有些村民捞到很多柴，有些村民则是两手空空地回家，什么也没捞到。这两天去鹿马登街的人很少，因为学生这几天放假。等再过两天，学生们开学了，家长们去鹿马登赶集的就多了。晚上在教堂里聚会，完了后才回家休息去了。

2014年8月21日　星期四　晴

有些家还是去掰苞谷。现在的村民不像以前一样背着苞谷回家了。因为以前车路不通，所以村民们只好自己背。现在就不一样了，车路通了，所以村民只需背路不通的那段，然后就请一辆摩托车或是一辆拖拉机拉回家。盖房子的村民还是继续地盖着，傍晚在球场里打球的还是很多。今天也就这些了。

2014年8月22日　星期五　阴

因为这两天开始有点忙了，所以村民们早一点起床做饭吃，吃完饭后就去苞谷地里收苞谷。有些村民为了明天去县城卖菜，今天就在准备。村里的工程队也是每天都在做着，盖房子的村民也是每天都在盖着。所以村里还是挺热闹的。

2014年8月23日　星期六　雨

去街上卖菜的村民早早地就出发了。刚天亮，村里的垃圾车就在村里转着了，每到一处，村民就把垃圾倒在车上，然后车就开走了。今天村里盖新房的几家还在盖着，他们都是请工人。没有请工人，自家盖的，因为今天下着雨，所以就休息了。晚上在教堂里聚会。今天就这些了。

2014年8月24日　星期日　晴

今天每个学校都收假，有些家长怕送孩子晚了就没去教堂。吃完早饭后，大部分村民就背着孩子的行李赶往学校了。所以今天白天聚会的人比较少。到了晚上，还是正常聚会。

2014年8月25日　星期一　晴

今天村委会很热闹。因为幼儿园的学生在家长的带领下报名。幼儿园的老师帮他们登记名字，等全部都登记好后，再开个小会议，家长就领着孩子回家了。这两天村民也比较忙，大部分的村民都在收苞谷。傍晚球场里打球的也比较少了，因为学生收假了，而且这两天村民们也比较忙。晚上大家就早早地睡了。

2014年8月26日　星期二　晴

因为这两天比较忙，所以村民们都是早起做饭吃，然后就去苞谷地收苞谷。有些家请了小工去掰，有些亲戚朋友多的就相互帮忙。有些则自己干。每家都是掰好后就用拖拉机来拉。村民们忙到下午五六点钟，然后做饭吃，吃完晚饭基本上就黑了，再看一会儿电视，就去休息了。

2014年8月27日　星期三　晴

有些村民早早地就去收苞谷了，有些家则是吃完饭后才动工。还有的村民去鹿马登赶集，看望孩子。晚上照常聚会。

2014年8月28日　星期四　阴

今天不管村民们有多忙，都要抽个时间去鹿马登完小接孩子，所以村民们吃完早饭后就去接孩子了。孩子读四至六年级的，有些家长就没去接了，因为他们自己已经会搭车了，但是读一至三年级的孩子，就需要由家长去接。在学校接孩子时，家长们须在班主任那里签字。没有去接孩子的村民就各自收苞谷去了，是一直忙到晚上。

2014年8月29日　星期五　晴

这几天村民们很忙，很多人都早出晚归。忙得最多的还是收苞谷，有几家已经在打谷子了。今天下午6点多，村里的篮球队员有一场篮球赛，所以他们5点钟就去县城了。有些去看球赛的村民也跟着他们去县里了。今天也就这么点事了。

2014年8月30日　星期六　晴

村民们赶集卖菜的早早就出发了，其他村民忙着收苞谷，晚上还要参加聚会。

2014年8月31日　星期日　晴

今天起床后要做的第一件事是去做早堂，然后回家做饭吃。中午还是12点开始做礼拜。今天鹿马登完小的学生收假，所以有些家长还是送孩子回校。另外村里的篮球队员今天还有一场比赛，所以他们5点多钟就去县里了。村里的球迷们也跟着他们去了。晚上还是在教堂里做完晚堂后大家才回家休息。

2014年9月1日—30日

2014年9月1日　星期一　晴

今天村民们早早地起床做饭吃,然后就去苞谷地里收苞谷。有些村民则是早上出去做工,中午才回来做饭吃。因为白天太热了,而且大家都忙,所以这几天没有在球场里打球的。今天就这些了。

2014年9月2日　星期二　晴

这几天因为是收割季节,村民们忙得不可开交。有些村民为了收苞谷打谷子,就把建房子的工程暂时停一段时间。另外,今年的感恩节将在我们教会里举行,所以村里的基督徒们每晚都在练歌和练舞蹈。直到晚上10点多才结束。

2014年9月3日　星期三　晴转雨

今天村民们还是很忙,因为这种收割季节会有两三个星期。但是今天去鹿马登赶集、看望孩子的还是有好多。晚上照常聚会。而且在聚会差不多结束的时候主持人通知,这个星期六还要举办一场祷告会,教信徒们按时参加。最后做了个结束祷告。

2014年9月4日　星期四　阴

这几天天气也不是很理想,所以要去打谷子的村民还是有点担心,怕下雨淋湿了谷子。但管不了了,谷子已经熟透了。有些家苞谷还没有收完,所以还要继续收。晚上,基督徒在教堂里排练歌舞,也是练到10点多才回去休息。

峡谷回声　福贡县鹿马登乡赤恒底村傈僳族村民日志

2014 年 9 月 5 日　星期五　晴

我今天在六库《圣经》培训中心培训。我们 9 月 1 日到这里，那天到了这里后只是报到，第二天就去州医院里体检。体检的目的是检查有没有传染病、精神病或是慢性病，当天就体检出有两个得了肺病的。学校里的老师告诉他们以后，他们就忧心忡忡地搭车回去了，他们两个都是福贡的。第三天还要体检，所以没有来上课。第四天早上举行开学典礼，下午开始上课。

今天我们 6 点 45 分起床，7 点到 7 点半早祷，然后吃早餐。吃完早餐后就开始上课，一直上到 12 点。早上一共有 4 节课，中间还有个早操。早上的课上完后，就开始吃午餐。吃完后一个小组负责打扫卫生，其他学员就睡午觉。到了 3 点开始上课，到 6 点才吃晚饭。然后休息一会儿，到了 7 点，看半个小时的新闻，8 点开始上两节课的晚自习，10 点才下课。然后大家在宿舍里聊一会儿，洗洗脚就听到睡觉铃声了。

我们都是刚来的，之前并不认识，所以这段时间有点难熬。同学们都说，大家都要坚持一下，日子一下子就过去了。大家就关了灯，睡了。

2014 年 9 月 6 日　星期六　晴

今天早上，铃声响后，大家就赶紧起床，穿衣服，洗脸。这两天大家都还不习惯学校里的生活，但还是在坚持遵守学校里的制度。洗完脸后先去教室里做早祷。早祷的时候，我们学生分了 4 个组，每个组都要轮流着主持。主持的内容是主持祷告，领唱赞美诗，最后再做个结束祷告。但这些对于新生来说，还是有负担的。他们在自己的教会里未曾主持过，所以这几天还是年纪大一点的、有点主持经验的先主持。今天是星期六，所以课上到 12 点就放假了。有些离家近的就回去了。别的学生吃完饭后，不用打扫卫生的就去六库镇里赶集去了。打扫卫生的，扫完后就去镇里逛。晚饭前学员回到学校按时吃饭。晚上祷告完后才休息。

2014 年 9 月 7 日　星期日　晴

今天早上没有早起，因为今天早上只做早堂，所以天亮了才起床。之后去教堂里做早堂，做完早堂后大家才各自回去。今天早上都是用汉语祷告、唱诗歌、讲《圣经》。汉族的兄弟姐妹们还要参加圣餐礼。圣餐礼结束后大家才回家。中午和晚上的礼拜就用傈僳语。圣餐礼结束后这里聚会的信徒有汉族和傈僳族，有些不会听汉语，有些不会听傈僳语，所以星期三和星期日早晨是汉语，其他敬拜时间是傈僳语。

2014 年 9 月 8 日　星期一　晴

今天跟昨天一样，白天照常上课，晚上 7 点在教堂的大院坝举行中秋晚会，全体师生在一起过节。我们把饭桌摆成一排，两边都坐满了人。每人发了两个月饼、两个苹果，还有两瓶饮料。大家吃完月饼后，用歌舞欢庆中秋。大家在欢快的音乐声中，跳着动人的舞蹈，此起彼伏的掌声里，大家笑声不断。我们在欢声笑语中，度过了今年的中秋节。

2014 年 9 月 9 日　星期二　晴

学习《圣经》的学生来自农村，学习本地傈僳文字的经文。福贡的傈僳族农民用傈僳文字学习文化知识。科学发展靠文字，在本地农村生活上的宣传政策靠的是傈僳语言文字。让农村人幸福地生活，所以这里一直在学习傈僳文字。

2014 年 9 月 10 日　星期三　晴

听说这两天村里也很忙，家家都在忙着打谷子。已经打完的还要在太阳底下晒一下，不然谷子就会烂了。还有个别几家的苞谷还没有收完，他们也就继续掰苞谷。有些一、二、三年级的学生家长不管自己有多忙，还是会抽时间去学校看望孩子。还有，晚上在教堂聚会结束后，村民们在教堂里排练舞蹈，直到 10 点多才去休息。

2014 年 9 月 11 日　　星期四　　晴

　　学员在这里（圣经培训中心）学到了很多学校校规。傈僳班有 66 人，分成 4 个小组打扫卫生，主持教室的聚会和生活事宜。每天吃好晚饭后，进行 30 分钟的舞蹈训练，大家都跳得满头大汗。这样有舒筋活血的作用，对身体健康有好处。晚上 8 点开始，还有两节自习课。全班 66 人坐在教室里各自认真学习，预习明天的功课。

　　老师晚上不来教室，由班长代理管理学生，全班同学都尊重班长，很听班长的话。班长说："大家可以写字，也可以默读，就是不要发出声音，不然会打扰到旁边的同学。"但有些同学还是在小声地讲话。

　　今天一天就这么过去了，农民朋友们每天学一点知识，这样积累下来，总有一天能学到很多的知识，也懂得很多做人的道理，并且能做出对国家有用的事。深刻地认识到爱国、爱人、爱家乡的高尚情怀。

2014 年 9 月 12 日　　星期五　　晴

　　这几天村里的农忙季节还没过。全村人家都收完苞谷了，但是稻子才收了一半，所以村民们还是处在忙碌之中。现在村里盖新房的那几家都已经停工去收庄稼。收完的还要把谷子晒干。这两天因为忙的原因，球场里打球的一个也没有。刚好明天又是街子天，所以有些妇女就去田地里准备明天要去街子上卖的菜。晚上还是在教堂里排练节目，直到 10 点多才回去睡觉。

2014 年 9 月 13 日　　星期六　　晴

　　今天又是福贡街子，所以赶集的村民早早地起床去县里卖菜。没有去县里的就在家里晒谷子。现在还没有打完谷子的只有两三家了，可能今天就差不多都能打完了。今天下午 5 点左右，各个组里的喇叭里通知："今晚在村委会里放电影，要看电影的村民请到村委会里来。"村民们在教堂里聚完会后，有些就直接去村委会了，有些先把包包放回家才去看电影。今天看电影的差不多有200个人，放了两部电影。一部是傈僳语，一部是汉语。等两部都放完后，村民们才回家了。

2014年9月14日　星期日　晴

早上10点多，在六库学习的几个同学就相互打电话问什么时候下去六库。我们两个昨天回家，因为星期六、星期日不上课。我们互相打了电话后，决定下午2点到县城相会，然后一起出发。但是到了4点多钟，还有两个人没到。他们两个是搭车下来的，我们4人骑摩托车。我们4人在县里买了些东西，3点就出发回六库了。我们4人在半路上休息了一会儿，照了几张相片，就出发了。到了六库，我们几个人吃了晚饭，然后回学校休息了。

2014年9月15日　星期一　晴

六库的天气比福贡还热，我们教室里没有电风扇也没有空调，就连老师站的讲台都是用两把长凳合成的。虽然炎热，但师生还是按时地完成每一节课。热就由它热吧，出汗也由它出吧，只要把老师的话听进去就足够了。我的老师，我的同学，我们一起加油！

2014年9月16日　星期二　晴

听说这两天村里还没有忙完。虽然谷子和苞谷已经收完了，但还是要把它们晒干才能放入粮仓，所以村民们还是各忙各的。现在大春已经收获，还要接着种小春。现在政府里鼓励农民种小春，每年都会补助发一些复合肥。种小春的村民们也很乐意接受，因为，小春的庄稼可以用来喂猪，村民养猪就不用到市场上去买肉和油。这个星期村民们还是很忙。晚上，村民们还要为感恩节排练节目。他们在音乐的陪伴下练到了10点多，然后才各自回家休息。

2014年9月17日　星期三　晴

早晨，起床铃声响后，《圣经》学校的学员马上从睡梦中苏醒过来，从床上起来叠好被子，拿着毛巾香皂去洗脸。这些都要在几分钟之内完成。所以学员们不论在怎样恶劣的天气情况和生活环境中，都要坚持完成每一节课。这里的伙食不算太好，两三天才能吃到一顿肉，可是学员们还是很乐意待在学校里，继续完成各人的学业。今天晚上没有自习课，因为星期三晚上要在教堂里做礼拜。今晚是汉语课，所以主持讲话、领唱诗歌都是用汉语。傈僳族的兄弟姐妹们也在教堂参加礼拜，直到把礼拜做完才回去休息。

2014年9月18日　星期四　阴

今天天气有所变化，因为是阴天，所以在教室里也没有那么热。白天我们照常上课，晚上我们在宿舍里休息，不一会儿，我们的"基要真理"提摩太老师就来到我们宿舍，我们就让他坐在一张床上。因为我们宿舍里没有椅子，所以其他的学员有些站着，有些坐在床上，都围着提摩太老师聊着天。他给我们讲这几年的异端邪教，比如东方闪电等。他教我们要怎么去防范，怎么去抵挡这些异端邪教的诱惑。同学们也提问一些问题，就这样，在不知不觉中到了晚自习时间。我们就先去上晚自习，等自习课结束才回去休息。

2014年9月19日　星期五　小雨

今天，我们还是跟往常一样在教室里认真地上着每一节课。今天我们上了两节特有意义的课，那是下午的两节"圣经地理"课。上课铃声刚响完，同学们就坐在自己的座位上，让某位同学上前到讲台上打开赞美诗集来领唱，再做个祷告。刚祷告完，我们的老师也已经到门口了。她走到讲台上，问我们平安，然后她拿了纸和笔转向黑板画起画来。她画了一会儿后，叫我们也画，她说她画的是地图。她把地图画完后把地名也写上去。她写完后就在教室里走动着，看看学员们有没有不会画的，或是不懂的。看学员们画完了，她就开始给我们讲地图里的内容。比如地名和人物以及时代等。最后她问学员们记住了没有，同学们都说已经记住了。她就把地名全部擦了，然后叫同学们一个一个上去填地名。同学们有些马上就填出来了，有些愣了一会儿，有些年纪大的还填不上去。我们的老师就认真地教每一位同学，她希望每一位同学都能掌握。我们也感受到了老师对我们的期望，是她让我们每一个人都能理解《圣经》里面的地名。感谢我们的每一个老师！

2014年9月20日　星期六　晴

今天我们上完早上的课后就要放假了，但只有离学校近学生的才回家。回家的都是属于泸水的学生们。今年的学生都来自不同的地方，有丽江的、维西的、贡山的、福贡的、泸水的，还有片马的。年纪也相差甚远，有50多岁的，也有十四五岁的。我们班就有64人，另外还有一个中文班。今天要回去的还是先到班长那里登记，之后才回家。我们不回家，就在宿舍里休息。有一个人的电话铃响了，他接完电话后，约我还有另外两个人一起去街上玩，我们就跟他出去了。我们4人都是福贡的，而且都是很要好的朋友。他在半路上跟我们讲，今天有一家要做祷告会，所以我们4人要去。我们在街上转了会而后就去了阿此家了。他是我们村的，在这里的电力公司上班。我们到他家后，他很热情地招待我们，我们在他家歇了一会儿，吃了一点水果，就开饭了，伙食挺丰富的。等我们吃饱喝足后，唱几首赞美诗，为他们家做祷告，然后才回学校。

2014年9月21日　星期日 晴

早上没有响起床铃声，学生们8点以前起床即可，洗漱之后去教堂做礼拜。因为学校今天不上课，早点也没有提供，只是做完早堂后在宿舍里休息。他们这里早上礼拜用汉语主持，来聚会的人不是太多。中午的礼拜可就热闹多了，有些基督徒开着车来，所以学校里的操场都停满了车。还有小孩子们还上主日学，他们在学校的食堂里上课。大人们就在教堂做礼拜。礼拜中，有几个组献唱。但是，晚堂就没有那么多人参加了。我在这里学到了许多我们村教堂以外的东西，比如主日学，我们村还没有办过。还有他们在这里做的礼拜程序，都跟我们的有所差异。将来我也会为我的家乡做一些贡献。

2014年9月22日　星期一　晴

我们在学校里要上各种各样的课程。除了正课外，早上上完两节课后，有一节课上赞美操。但这节课只有15～20分钟。我们年纪有点大的已经上了20多天了，但还是不会做。有些小伙子、小姑娘基本都学会了，他们的姿势和动作都已经很完美了，所以不会的那几个就看着他们的动作跟着学。等跳完赞美操后，休息一会儿，继续上课。一直上到晚上10点半，然后回宿舍洗脚，之后就上床睡觉了。

2014年9月23日　星期二　雨

这几天基本都是天晴，今天却下雨了，温度下降了许多，觉得有点冷。有几个学生因为气候变化快，没有注意就生病了。今天下午3点的时候上了一节圣乐课。褚永平老师点名的时候发现有一名学生没有来上课，老师就问大家谁知道他去了哪里，有一位学生告诉老师，可能是睡午觉睡着了吧。老师就让一位学生去叫他。由于是下雨天，在暖和的被窝里睡觉，很容易睡着。老师跟那个睡着了的同学说："你睡着了是吗？以后就让大家帮忙叫醒你吧。"大家都笑了。老师先教歌谱，然后再教歌词，想让大家把歌唱好。他带我们唱了好几遍，大家也都认真地学唱。在老师的领唱下，大家都会唱了。大家合唱了两遍后，老师想让我们再唱一遍，但是下课铃声响了，所以就下课了。

2014 年 9 月 24 日　星期三　阴

学生们仍然是每天按时上课。今天这里来了七八个工人，他们是来架篮球架的。学生们平常上体育课只能在球场上跑几圈，然后再锻炼锻炼。老师们想尽一切办法，让学生们能够锻炼好身体。工人们在外面的球场上继续做工，学生们就在教室里上课。直到下午 5 点多钟，工人们把球架两边都立起来了，然后他们把球架固定好后就撤走了。

2014 年 9 月 25 日　星期四　小雨

今天还是正常上课，只是今天值日的是我们第三组，我们班有 4 个组，每个组有 16 个人。另外还有一组，他们是汉语组。我们 5 个组轮流值日。

2014 年 9 月 26 日　星期五　晴

今天学生们特忙，因为很可能明天就要放假了，所以除了正常上课外，还要准备一些讲道的内容。怕回到家里，要给自己教会里的长老讲道却没有准备。明天早上开始放假，要放整整一个星期，下个星期一学员们要回到学校。他叫学生们不要忘了回校的日期。同学们的也挺高兴的，毕竟可以回家和家人相聚了。

2014 年 9 月 27 日　星期六　小雨

今天早上，起床铃声还没响，有些学生就已经开始起床洗脸了。因为他们已经买好车票了，有些是 7 点的车票，但那些都是路途遥远的学生。有些是回丽江，有些是回维西，还有些是回独龙江。在他们几个当中，独龙江算是最远的了，要明天才能到家。丽江虽远，但他们今天就能到家了。所以学生们等一切都准备好后，跟老师、同学告个别就走了。就这样，学校里的学生一群又一群地回了家。最后在学校里留守的有 3 个学生和几位老师，学校里顿时就安静了许多。回去的学生们也一刻不停留地回家去了，他们可能也想自己的家人了吧。

2014 年 9 月 28 日　星期日　晴

今天早上起床后，还是先去教堂，回来后才做饭吃。有些村民还是去鹿马登接孩子，因为今天学校里放假，所以把孩子接回来后才吃饭。中午后晚堂还是正常地过了，但晚堂后，教堂里还在排练节目，因为离感恩节只有五六天了，所以他们练到 10 点多才休息。这边的球场里还是听到了哨子声和打球声，球场里的灯光也一直亮着，球场边上还不时地爆发出一阵阵喊叫声。可能是今天外村的人来这边打球，所以他们打得很激烈，直到晚上 11 点他们的叫喊声才停了。然后他们把灯关了才回去休息。

2014 年 9 月 29 日　星期一　晴

今天离感恩节只有 4 天了，所以教会里的长老们决定这两三天布置教堂，昨晚就已经约好人了。今天早上吃完饭后，教堂里的高音喇叭响了，喇叭里通知说："来教堂干活的人请快点吃完饭后就到教堂里集中。"信徒到教堂后，教堂里的执事就分给他们任务。有些擦玻璃，有些到房顶擦灰尘，有些在教堂里布置装饰。大家各司其职，不论自己分到的是重活还是累活，不论天气怎么炎热，不顾自己吸到多少灰尘，都在卖力地干着，直到自己满意为止。他们这么努力就只是为了大家能过好感恩节。虽然大家都在卖力地做着，但还是没有做完。大家一直做到下午 4 点半左右，吃完饭后才回家了。

2014 年 9 月 30 日　星期二　晴

村民们有些还是在自家盖房，有些去布置教堂，有些去田地里收稻谷。总之，村里没有人在休息，都是各忙各的。晚上在教堂里排练的兄弟姐妹们更是在舞台上激情地舞动着。音乐是那么的动听，舞姿是那么的完美，她们的脸上没有一点疲惫的感觉。就这样，她们在音乐的陪伴下，一直练到 10 点多，然后才各自回家休息。

2014年10月1日—31日

2014年10月1日　星期三　晴

今天早上娃底三组村民去扫路。因为他们组离教堂最近，所以他们早上就开始扫了。还有两天，来我们村过感恩节的人就要到了，如果村里卫生搞不好，影响我们村的名声。今天三组人扫了一上午，终于清理干净了。之后他们才回家休息。教堂里的布置仍在继续，晚上也依旧在教堂聚会。

2014年10月2日　星期四　晴

今天有些村民家还是很忙，因为之前他们把沙子和碎石放在教堂旁，明天过感恩节的客人要来了。他们赶快约人浇灌房顶。另外一家把碎石和沙子摆在车路旁，影响着过往车辆通行，他家也是约人浇灌平顶。所以大部分的村民去帮那两家的忙，其余的村民有些去教堂打扫卫生，有些在自家搞卫生。还有，今天鹿马登完小的学生收假，有些家长就去送他们到学校。

2014年10月3日　星期五　晴

一年一度的感恩节，今年轮到我们赤恒底教会举办。

为了过好感恩节，村民们已经准备了好几天，今天终于可以安心地迎接客人了。分配到做饭做菜的村民吃完早饭后就到食堂做饭去了，其他村民吃完早饭后先去田地里找一点猪食，然后就赶紧回家，在家里等着客人。下午三四点后，客人们陆陆续续地到了。分配客人们睡处的有4位，他们见到客人，就直接把客人领到睡处。他们在这两天中经过精心调查和了解，已经把哪家要睡几个人、可以睡几个人都掌握好了。他们把客人领到村民家中以后，就由主人家给客人们倒水，给他们安排床位。

等通知可以打饭的时候，主人家就为客人和自家人去食堂打饭。吃完饭后，还没到活动的时间，大家就在家中先休息一会儿。等到了7点左右，教堂里的高音喇叭里通知："时间已经到了，请村中的基督徒们马上到教堂集中，我们马上就要开始进入礼拜了。"听到通知声后，大家就去了教堂。

教堂外面的操场上，本堂基督徒在里面，来自其它教会的基督徒即客人就站在大门外面，然后两边各唱1首赞美诗，唱完后，一一握手就进入教堂。人们一进教堂，就看见教堂被布置得那么漂亮，他们的心里充满了喜悦之情，然后就各自找位置坐下。等全部人坐好后，主持人就开始发话了。他说今天晚上节目有点多，请大家耐心地坐着听。第一是做个祷告，第二是教会里的执事讲话，第三是本地教会的合唱团为大家献唱，第四是唱赞美诗，第五是祷告，第六是讲《圣经》，第七是阿兰甲教会献唱，第八是赤恒底教会献唱。然后执事讲话，之后是村长老讲话，主持人讲完话后，就按他说的每个节目都仔仔细细地完成，直到最后一个节目结束之后，大家才各自回去休息。

2014年10月4日　星期六　晴

今天是过感恩节的第二天，村里从早上开始热闹到晚上11点多。敬拜时间就在教堂里听神职人员讲解《圣经》，然后唱歌跳舞来敬拜赞美主，完了后就在家里闲聊着。等到吃饭时间就到食堂里打饭吃，吃完后，有些去练歌练舞，有些在球场里打球。到了敬拜时间，就又去教堂里做礼拜。这样一天三次的聚会后，闲暇时间大家就练歌舞或者是打篮球。特别是晚上聚会完后，小伙子们就开着灯在灯光球场里打球，一直打到11点多，然后才熄灯回去休息。

2014年10月5日　星期日　晴

今天是感恩节的第三天，村里比往日更热闹。有些是来教堂里看跳舞的，有些是来教堂里献歌舞的，来村里打球的也比较多。村里有5000多人，教堂里坐不下，所以本村的人就在教堂外面布置了椅子，还有几个帐篷，另外还安排了几个人在教堂外面给客人倒水。

当客人要走了的时候，村里还安排了几个人在路旁拦着客人，留他们喝点水、吃点饭，客人们就算走也要让他们吃饱喝足再走。晚上还是继续聚会，完了后大家才回去休息。

2014年10月6日　星期一　晴

今天是过感恩节的最后一天，所以只有早上的聚会。早上在教堂里唱完赞美诗、讲完《圣经》后，在这次感恩节上负责炊事的事务长就跟大家公布这次来参加的人数和生活费的开支等。这次感恩节，从外地来的有58人，其他都是赤恒底村的人。奉献出来的生活费有3万多，再加上交的生活费就有4万多元。但支出的比收入的还要多2000多元，多余的部分就由教会来负责。等他讲完后，接着讲的是我们教会的执事，执事就讲了几句客气话，然后是村长老和乡长老讲话，他讲的是教会里的人员要怎么怎么团结等。然后长老们就在教堂外面跟大家握手，就当是告别。客人们就在他们住的人家里吃饭，之后就各自回家了。

2014年10月7日　星期二　晴

从今天开始我又回到学校，我们昨天就开始收假了。因为这几天都在家里住着，今天才回到学校里，所以早上上课的时候感觉有点累。但下午开始就又恢复到之前的状态了，所以就没那么累了。我们回家的那几天，老师们在球场铺了一层水泥，所以学生们课余时间就在球场里打球，上课时间继续在上课。晚上大家就在宿舍里聊天，所以一天很快就在不知不觉中过去了，感觉就好像是回到了童年读书时光。

2014年10月8日　星期三　晴

今天学校里来了一个团队，他们来自不同的地方。有陕西的、河南的，还有广东的。他们有20多个，为学校增添了许多欢乐。他们下午2点多钟就到学校了，等他们到校后，团长就给他们安排工作。有几个在食堂里做饭做菜，有几个在教堂里教我们唱歌，还把他们的经历讲给我们听，还讲了神的话语。我听说他们都是大学生，但有些已经毕业了，还有了工作。他们都说感谢神的恩典，这都是神所赐予的。今天的伙食挺丰富的，五菜一汤，学生们都很高兴可以吃到这么好吃的菜。

2014年10月9日　星期四　晴

今天还是跟往常一样，听到铃声响后就起床，然后早祷，之后吃早饭，上两节正课，而后上赞美操，上完后继续上课。到了12点就准时吃饭，饭后由值日的同学打扫食堂，之后去宿舍睡午觉。过后就在教室里练歌，练完后，约伯老师发给我们每人一张表叫我们填。这张表叫怒江州基督教《圣经》学校报名表。所以下午之后同学们就比较忙，有些不识字，有些不知道怎么填。晚上，老师指导了一些后，有些同学就填完了，就把表交给老师，但有些还是不能交，因为照片还没有贴上去，所以学生们放学后又忙了一阵，之后才回去休息。

2014年10月10日　星期五　晴

今天上午的课照常上，中午以后，两会里的帕牧师就跟我说去江东上车去，再喊上4个人左右一起去。我就约了3个伴，坐着他的车一同到了江东的一个单位里。后来才知道，在这个单位里要搬家具、办公桌和椅子。他指给我们要搬哪些后，我们就把要搬的东西搬到底下，然后拉回到《圣经》培训中心。我们刚卸完一半，正在上课的学生也下课了，我们就联手一起卸车。卸完后还有一节课，我们几个就去上课了。今天我们几个课也上到了，劳动也干到了，虽然有点累，但还是挺开心的。

2014年10月11日　星期六　晴

今天早上上完课后,老师把学生的手机归还给大家。这时学生们的心情无比快乐,因为他们已经一个星期没有摸到手机了,所以他们刚吃完饭就迫不及待地给家里边打电话。特别是小伙子们,他们跟家人聊得很开心。吃完饭后,值日的是我们班的第四组,有些同学家离学校近的就签名回家了,不用值日也不回家的就在学校里洗衣服,洗完后就去六库城里了。值日生也是值完日后就去城里了。有些同学在城里吃完晚饭才回学校,有些回学校吃饭。晚上在教堂里聚会。聚会结束后有的人在球场里打球,有的在教室看书,也有的同学在宿舍里聊天。直到睡觉铃声响了大家才关灯睡觉。

2014年10月12日　星期日　晴

今天我们学校里可是热闹多了,早上是汉语聚会,那个时候来聚会的人还不是很多。中午过后,人就渐渐多了起来,可以说是这么多天里人最多的一天,因为学校周边的基督徒也来这里聚会。球场里停满了各种车,三轮车、四轮车、两轮车等。主日学的娃娃们也挺多的,教堂里的座位都坐满了。今天在教堂里献唱的也比较多,所以今天聚会的时间也比较长,差不多到下午3点才结束。然后学生们有些在球场里打球,有些在教室里看书,有些在宿舍里聊天。直到睡觉铃声响了才回宿舍睡觉。

2014年10月13日　星期一　晴

今天早上上完课后,中午的第一节课是音乐课,教我们的是余老师。我们傈僳文班和汉语班一起上,教室里都快坐不下了,我们两个班一起在教室里练。今天老师教我们又唱又跳,他先教唱歌,等学生们差不多会了后就在讲台上教我们跳舞,我们就在下面学着,学生们除了生病的同学以外都在学跳。音乐一响,学生们就看着老师的动作学着,学得还挺快的，差不多学了两三遍就会了。然而下课铃就响了。今天最后一节课是体育课，我们在球场上跟汉文班比赛篮球。不会打或是不打的同学就站在场外当观众，给队友加油。运动员们也在球场上拼命为自己组争分。上半场还不分胜负，可是到了下半场，汉文班的就超过傈僳语班了。

今天不论是看球赛的还是打球的都很开心，不知不觉中就到了吃饭时间了。

2014年10月14日　星期二　晴

这两天，学校里的学生们吃完饭后也没多少时间休息了，特别是今天下午，我们的余老师又给我们布置了很多作业，他让我们背诵经文——《使徒行传》和《马太福音》里的重要经文。还有约伯老师也让我们背诵耶稣生平里的重要句子。另外一个女老师叫我们在这个学期里看完一遍《圣经》，还有另外两个老师叫我们复习一下学过的东西。每个学生都有些压力，所以饭后，在楼顶上、教室里都可以看见有同学在背书。我想老师这么做是为了我们好，叫我们完成学业后，在各个教会里侍奉当中有所应用，所以我们都会努力的。

2014年10月15日　星期三　晴

学生们跟往常一样，起床，上课，下课。因为学生们都渴望能够学好各类功课，好给家里人长脸，也好侍奉主。所以学生们再苦再累都值得。下午有一节是音乐课，一节是体育课，中间只有一节"圣经地理"课。体育课还是跟汉语班比赛篮球，结果还是他们赢。晚上在教堂里敬拜，结束后大家才休息。

2014年10月16日　星期四　晴

现在学生们为了背诵经文，有些同学连午觉都不睡了。今天睡午觉的时候，有些同学在教堂里背书，我们的老师就催我们睡觉去，可是有些学生还是不愿意睡，还求老师让他们待在教堂里背书。他们自己保证在教室绝对不影响其他同学睡觉，也不会发出声音，就算走动也会非常小心。他们这样求了老师后，老师才勉强答应了。背书的同学就在教室里默背着，他们这几天的压力更大了。因为第一，有几个已经背完《使徒行传》的经文了；第二，现在又有两本经文要布置了。所以他们一直在教室里默背着，直到预备铃声响了，他们才下去洗把脸。晚自习的时候，有些同学还是在默背经文，直到睡觉铃声响了后才回宿舍睡觉。心想，我们要是也能像他们一样尽快背完经文就好了。

2014 年 10 月 17 日　星期五　晴

州基督教圣经培训学校的傈僳语班与汉语班的学生坚持上着每一节课。不论怎样辛苦劳累，很多同学还是在课余时间里背诵经文或是看《圣经》，只有个别的小伙子在课余时间里打打球，有些妇女在课余时间里洗洗衣服外，他们也在努力地学着课程。今天就这些了。

2014 年 10 月 18 日　星期六　晴

今天是学生们放假的日子，所以学生们的心情都挺不错的。早上的 4 节课都是在不知不觉中过去的。吃完午饭后，学生们有的回家，但还是要在班长那里登记，有些互相约着到六库城里逛街，直到晚饭时间才回来。大家都是按照自己的行程来安排，所以都玩得很开心。

2014 年 10 月 19 日　星期日　雨

今天可是最心惊胆战的一天，在我一生中都不会再有这样的一天了吧。因为昨天我们回了家，而今天必须回学校去，所以到了 12 点多，我们昨天一起回来的几个就打电话互相约着在县城的某个地方见面，然后再一起回校。我和三妹雨骑摩托车，季里奴坐在我后面，而三妹雨则带着余学恰一起从福贡出发。因为是下雨天，我们身上都披着雨衣，而且摩托车也比晴天开得慢。我们一直开着，我一直都是开在三妹雨的前面。然后等我们开到改盖河旁，他俩就超车开到了我前面，突然前面来了一辆面包车，三妹雨就踩了刹车，但因为下雨路滑，他俩就跟着摩托车滑出去了一两米。面包车没有紧急刹车，所以就与余学恪相撞，然后余学恪就倒在了地上，三妹雨还有能力站起来。这一切我都亲眼看见，所以心里也挺惊的。但我立刻停车，然后我和季里奴马上去看余学恪。她头上还出着一点血，她的身子可能动不了了。我就说："你要挺住，我们会马上把你送到医院的。"然后用手机在现场拍了几张照片，就让面包车司机把余学恪送到六库医院里。学校里的学生们已经在医院门口等着了，车子一停，学生们就把余学恪抬进急诊室里，等待着检查结果。过了10多分钟，检查报告出来了，医生告诉我们她骨头没有断裂现象，只是皮肉之伤。听到这个消息，大家都松了一口气。同学们一直守候在她身旁，直到她的家人到来，同学们才回学校里去了。今天就这样度过了。

2014年10月20日　星期一　晴

今天是最生气的一天，因为昨天的交通事故还没有了结。我和三妹雨另外还约了一个人到医院，还没出发之前就打电话约面包车司机，他说等一下到，然后我们就去了医院。到了医院，面包车司机还没有到，余学恪的哥哥就又给他打了一个电话，他还是说过一会儿就到。就这样，我们一直打电话，他就一直推。差不多到下午2点多钟的时候，他才说在六库城的重阳桥头见。当时，伤者的老公和她哥还有我们几个都挺生气的，但还是按他说的去重阳桥头见他了。到了那儿，就看见他也找了一个伴，余学恪的哥哥就开始骂司机，说他良心不好，医院也不来一下，出了事也是不闻不问的，约他出来还这么长时间。这时司机也没有什么话好说，只是说有事出不来。我们知道他这也是缓兵之计，我们就把他领到医院旁，然后商量病人要怎么治，医药费要怎么分摊。病人家属就把自己的想法告诉司机,这里医疗费很高,昨天开始医治就花了八九百了,住院费也报不到,要去福贡医治。因为那边医院可以报销医疗费,所以只要求司机承担2000元。司机考虑了一会儿后,就答应了。然后他去保险公司里走了一趟,取钱给病人,写了个收据,病人就坐车回了福贡。我和三妹雨也同他们坐在车里,去昨天事故地点看一下摩托车。到了那里,我们发动了摩托车,结果没坏,病人他们就回福贡了。我们也骑着摩托车回学校。

2014年10月23日　星期四　晴

今天的心情又恢复到没有发生事故之前了,因为没有外面世界的干扰。在学校里每一天都过得挺快的,特别是晚上7点左右。约伯老师安排我们10个跟着玛利亚去她们教会里参加感恩节,所以晚上两节课我们几个在我们男生宿舍里排练节目。我弹电子琴,他们几个唱歌。我们组里有6个男生、6个女生。我们分好声部后,选好要唱的歌曲,就开始练了。我们几个在节奏的带动下带着激情唱着,直到下课铃响了,我们才做结束祷告,结束今晚的排练。

2014年10月24日　星期五　晴

今天在学校里还是过得不错,明天要去别的教会里参加感恩节了。今天我们学校里多了一个组,所以要去3个地方。我们组里有11个人,其他两个组,每个组有10个人。他们两个组要去的地方可以跳舞,他们两个组各自练着舞。我们要去的地方,听说他们那里不接受跳舞,我们只好练歌了。我们几个昨天已练了几遍,今天再练几遍就差不多了。大家都很仔细地看着每一个音符,跟着节奏,深情地唱着,中间只歇了一会儿,然后一直练到下课铃响了我们才各自散开。

2014年10月25日　星期六　晴

今天学生的心情很兴奋，因为我们上午上完课吃完饭后，要去别的教会参加感恩节了。所以学生们吃完饭后洗头洗脸，换衣服，全部准备好后就出发了。每个组都有10多个人，只有一个组有6个人。我们组也跟着他们组，去之前点了下名等，我们组的人齐了。我们就搭车去了目的地。我们组半路要换一次车，因为我们要去山上，所以我们半路换到一辆面包车上。这辆车是我们要去的教会执事找好的。

我们到教会后，执事等人迎接我们，然后把我们送进客房，我们在那里歇着跟他们聊天。很快就到吃饭时间了。吃完饭后，到了7点半我们进入教堂，等人齐了，主持人就带我们进入敬拜当中了。听着主的话语，一个组一个组地献唱着诗歌。他们这里不跳舞，只唱诗歌。这样我们一直敬拜到10点多，然后才回到客房休息。

2014年10月26日　星期日　晴

今天我们一天在鲁奎底教会赞美敬拜。他们这里的人个个喜笑颜开地接待着每一位客人。这里风景很美，而且他们这里的每一位基督徒唱出来的歌声都很美，没有一点杂音，而且年龄都在八九十岁，年龄较小的比较少。所以今天我们一天都陶醉在美妙的歌声中。回去的时候他们还欢送了我们，我们也恋恋不舍地离开了那里。

2014年10月27日　星期一　小雨

今天早上开始天气就有些变化，而且比前几天还冷，所以学生们都比平时穿得厚。我们上到第二节就开始下雨了，而且有点冷，但是师生的内心是热的，他们一心想着把神的话语学好，好在将来侍奉神时有所作用。老师也是每节课都认认真真地讲给我们听，我们不懂的地方，他们用各种方法来讲述给我们听。

2014 年 10 月 28 日　星期二　雨

早上的风还是凉凉的，因为我们学校离城市很近，而且离公路只有七八十米，所以汽车的各种声音不断进入每个学生的耳朵里。但是每个学生还是很专心地听着课。老师洪亮的声音盖过外面那些嘈杂的声音。上课时间只能听到老师的声音，只有下课时间才能听到同学们闲聊的声音。今天老师还分享给我们敬拜上帝要用心灵和诚实来敬拜，教我们诚诚实实地做人，对得起自己的良心，做一个好基督徒。

2014 年 10 月 29 日　星期三　晴

今天的天气终于有所变化了，但是不管怎样转变，我们仍然上着每一节课。白天有一节体育课，可惜今天体育老师不在，只好同学们自己上了。同学们各自分组，分好后，为各组拼命争着球分。因为体育老师不在，所以学生做着自己喜欢做的事。晚上还是在教堂里聚会，学生分成几个组，献唱献跳赞美主，这样学生们欢欢乐乐地度过了一天。

2014 年 10 月 30 日　星期四　晴

今天学生们正常上课，不知不觉早上的课就上完了，下午的第一节课是音乐课，同学们拿着歌本准备去教堂练歌的时候，我们的约伯老师在球场里叫着说："大家来到球场里挑鞋子，这些鞋子是前几天从外地寄过来的，寄到州两会这里。但有些已经是发到贫困乡了，这些留着几袋是发给学生们穿的。"同学们在球场里围观着那几袋鞋子，打开后就开始挑喜欢的鞋子了。有些只为个人捡，而有些人为家人捡，那些人挑到的比较多，挑到最多的差不多有 20 双，最少的一双都没有。拿到鞋子的学生挺高兴的。

2014 年 10 月 31 日　星期五　晴

这两天学生们的心情有些紧张了，因为老师提醒大家过两天就要期中考试了。另外各个老师又给学生们复习题目，还有背诵经文。今天提摩太老师也给我们上了一节政治课，因为这两天早上的赞美操，有些人迟到，有些根本就不上，有些上了也是无精打采。所以老师跟我们说："不管成绩怎么好，只要纪律不过关都等于零。"纪律是最重要的，做什么事都要守纪律等等。他讲了许多守纪律的问题，同学们听了后都觉得应该遵守。所以今天同学们深深体会到了不管成绩怎么良好，无论做什么事，都要遵守学校纪律。

2014年11月1日—30日

2014年11月1日　星期六　晴

今天早上天气还是不错，有些凉凉的，很适合在教室里上课。这段时间还不是最冷的，所以衣服穿得还不是很厚，早上上完课后，有些学生回家，他们提着一袋袋旧鞋子。那些都是前几天挑的，所以今天必须送回去。大部分学生回家后，只剩数十名留在学校里。所以今天没有集体活动。

2014年11月2日　星期日　晴

今天早上，我们村教堂里聚会完了后，我们二组的高音喇叭又响了，然后组长通知说："我们组要在村委会旁开会，要带户口簿和医疗本，还有交医疗保险，每个人60元。"村民们听到通知声后赶往村委会旁了，还有其他两个组也到他们开会点集中去了，人差不多到齐，组长就讲话了："村民们一定要记住，不准超生。还有今年山上的水沟要修，村民们要投工投劳。"开会完后就交医疗保险，交完一个就走一个，这样一直交完为止。下午我们也返回了学校。今天就这些了。

2014年11月3日　星期一　晴

今天同学们个个都挺有精神的，可能是昨天休息了一天的原因吧，上课也是很专心。不过我们班里有位同学例外，他叫邓余，他今天很忧伤，因为是他爸明天要在昆明做手术。早上，他去买车票准备去昆明照顾他爸。买好车票后，回到学校里，他家里的人打电话说，他哥去昆明照顾他爸，他就不用去了。他又去退票，结果又是白白扣了40块手续费。他一天都在担心他爸的手术。晚上自习课上，班主任带着同学们唱一首赞美诗，然后全部师生为他爸爸明天的手术祷告。祷告完后，学生们继续上着自习课，直到下课铃声响了，同学们才各自回到宿舍休息去了。

2014年11月4日　星期二　晴

为了能让期中成绩不落后，学生除了上课外，课余时间都在复习着各门功课。我们老师提前通知过，明天还可能会考《圣经》地理这门课，所以大家都在坚持着，他们这样刻苦地学习都是为了能侍奉主。这里的生活也不怎么好，纪律又那么严，但他们的心仍旧那么热，都是一心只想着侍奉主。我们这里结业后，不会发工资，也不会安排工作，但个个都仍想在神的恩典中生活，能在神的恩典下生活，是一件很幸福的事。

2014年11月5日　星期三　晴

今天上午，我们正常上课，下午的课时我们就可以为感恩节做准备了。下午第一节是音乐课，第二节是基要真理课，第三节是体育课。不过我们的课程改变了，因为这个星期这里要过感恩节了，老师让我们一个也不许请假，在这里参加感恩节活动。所以，我们今天开始要分组练歌练舞了。我们在教堂里坐好后分成4个组，然后轮流在讲台上练舞。练了两节课后，第三节才上基要真理。晚上还是在教堂里聚会。

2014年11月6日　星期四　雨

今天离感恩节只有两三天了，所以上午的课上完后，白天一节课在教堂里练歌，最后一节在教堂里和操场上打扫卫生。学生们有些扫、有些擦，各做各的，全部都清扫完后才休息。晚上自习课也是在练歌，所以今天一天都在歌声和舞蹈中度过。大家都挺高兴的，日子过得不错，就这些了。

2014年11月7日　星期五　晴

今天早上还是正常地上课。白天没有午睡，为明天感恩节准备一些菜。晚上在教堂里排练节目，合唱四部声4首，舞蹈4支，学生们一直练到10点多。晚上约伯老师在教堂通知大家，明早就不上课了。8点开始干活，10点吃饭，然后学生们还是跟这里的弟兄们干活。

2014年11月8日　星期六　晴

今天主恩堂的弟兄姐妹们在州基督教两会的主恩堂里举办一年一度的感恩节，学生们一早就在教堂里外打扫卫生，装饰教堂，还要挂上几段《圣经》里的经文。学生们忙碌了一早上后，大部分的工作已搞定了。

我们10点吃早饭，吃完饭后继续工作。特别是厨房里的工作得抓紧做，教堂里的灯还没有布置完。

下午3点多后，来参加感恩节的客人就多起来了。我们学生队里已经分配好各个组的工作。接待组的同学们就给客人们找位置休息和倒水。做菜组早上开始就做菜了，到了4点半就给客人们吃饭了。然后是上菜组开始工作了，等客人们吃完后，学生队里的卫生组就开始打扫卫生。晚上7点钟就开始在教堂里庆祝感恩节，10点钟才结束。今天来聚会的约有300人，感恩节的第一天就这样过去了。

2014年11月9日　星期日　晴

今天是感恩节的第二天，在学校里，从早上就听到做饭的声音和人们走动的声音了。今天是学生们最忙的一天了。学生们在教室里献唱完诗歌后，都在为教会里的兄弟姐妹们服务着，做菜的更是一点休息的时间都没有。因为今天客人特别多，差不多有100多人，教堂里上下两层都坐满了人，操场上也有站着的以及坐着的，各组人员都在聊着天。我们在球场上设了给客人们吃饭的地方，然后下午3点多就让客人们吃饭。吃了一批又一批，直到5点多才吃完。最后，等同学们吃完后才打扫卫生。晚上继续聚会，到了10点多才结束。他们这里的感恩节只过两天，今晚的聚会完了后就结束了。所以最后，主恩堂里的事务长就报给大家此次感恩节奉献了多少，以及支出了多少等。报完后再做个结束祷告，感恩节就过完了。

2014年11月10日　星期一　晴

学生们在前天和昨天的感恩节里有点辛苦，但今天还是早起吃早点，之后在教堂里上了两节课。讲课老师是马可牧师，听课的有学生和老师。我们8点就开始上课。马可牧师说，今天要给各位老师讲个课，鼓励一下大家。他讲了他这一生是怎么侍奉主的。他说他1958年就开始当村里的村长老了，之后改革开放，他侍奉主直到如今。他还讲了许多《圣经》里的内容，告诉大家要团结，还有今后的工作要怎么走下去。

全体师生都听得津津有味。

2014年11月11日　星期二　晴

今天我们在学校里上课，有些同学去上厕所，有些去喝水。同学们刚回到教室，窗户就开始摇动起来，有几个同学已经叫出声来："地震了，地震了！"有些同学还跑出了教室，但是震了三四秒后就停了，同学们都在那里议论纷纷。只是除了那一次外，今天一整天都没有再出现过地震，所以后面的那几节课大家还是继续上课。今天两位老师说，马上就要期中考试了，叫同学们赶快复习。所以学生们在晚自习的时候都在好好看书，复习老师教过的课。一直到下课铃响，大家才回宿舍休息。

2014年11月12日　星期三　晴

今天早上，跟家人打电话的时候，家人说，今天早上我们组里的副组长来登记每家核桃树种了几亩等。我们家也种了几块地，所以预算了一下后，就报了5亩上去。学校里还是跟平常一样上课，直到晚上睡觉铃响了以后大家才关灯睡觉。

2014年11月13日　星期四　晴

今天，我们学校里来了两批人，第一批是一位73岁的老人。上午第三节课开始，我们傈僳文班的和汉语班的都在教室里听他讲了两节课。他首先是自我介绍，然后就给我们讲教会史。之后教导我们要怎么去教育孩子，将来让孩子去敬畏神。第二批是下午来的，他们来自保山地，也是市基督教会两会的人。他们有10多个人，两位弟兄在教堂里给我们上课，其他几个人在外面的操场上和老师以及一些基督教会的人交流着。在教堂里的人教我们怎样预防艾滋病，艾滋病的严重性和预防方法等。他们把关于艾滋病的有关知识都很详细地讲给我们听，还教我们日常生活当中要怎样去预防艾滋病等，告诉我们要怎么去关心患了艾滋病的人。他俩讲完后，让我们做作业，还要填表，最后发给我们几张纸，之后才下课。今天一天当中，我们学习到了许多知识，基本都是有关我们生活常识。

2014年11月14日　星期五　晴

今天早上和下午我们都在学校里正常上课，不过晚上的两节课，大家都在美妙的歌声当中度过，因为老师给学生安排了去参加感恩节。这个星期，感恩节在龙竹坝和大娃子举行，老师安排去大娃子的有12个人，男女各一半。龙竹坝离这里近，所以其他学生都去这里过感恩节。晚自习课就用来排练，一直到睡觉时间排练才结束。熄灯后，大家也就休息了。

2014年11月15日　星期六　晴

今天早上我们还是正常地上课，但是同学们的心里都有点激动，因为我们下午要去参加感恩节活动。到了中午12点，我们吃完饭后，家里有事的同学就回去了。其余同学就在宿舍里化妆打扮，准备出发。等到下午2点左右，全校师生就走出学校到龙竹坝去了。从学校到龙竹坝只有2公里左右，所以我们没有搭车，而是走路过去。几个人一组，而且各组的人都在边走边聊，一直到龙竹坝。下午吃饭时间是 4 点半，晚上的敬拜是 7 点半开始。献唱献跳的也有很多，一直到晚上 10 点多才结束。结束后，客人们在教堂里等着，他们村的人就按顺序把客人们领到自己家里休息去了。第一天的感恩节就这样过去了。

2014 年 11 月 16 日　　星期日　　晴

今天，大家从早上开始就沐浴在美妙的歌舞之中，来参加感恩节的兄弟姐妹的脸上都带着灿烂的微笑。虽然这里的教堂比较窄小，外面的地方也没有屋顶，而且座位也不够齐全，但是从各个教会里赶来参加感恩节的兄弟姐妹仍然站着、听着、看着，每一次聚会都是那么的圆满。每一组来献唱献舞的朋友都是那么尽力地表演着。每一组表演完后都有热烈的欢呼声和掌声。就这样，同学们到下午的聚会结束后，吃了晚饭就回学校去了。

2014 年 11 月 17 日　　星期一　　晴

今天，这里的学生和老师又做了一件善事。虽然不是什么伟大的事情，但是同学们还是从这件事中学到了许多知识以及做人的基本准则。

今天，我们午觉过后，上课铃一响，我们就到教堂里练歌。但是上课还没几分钟，马利亚老师就从教堂外走到约伯旁边，说了几句话，之后约伯老师就点了 8 个人的名字。我也被点到了，于是，被点到名字的同学就到教堂外面去了。原来是今天学校旁边有一家人办丧事，没有唱诗和讲经的人，所以他们来这里邀请人。我们几个就带着赞美诗集跟着他们去了。到了那里，我们几个就捐了一点钱，全部加起来只有 240 元。进到那家，他们就给我们找座位。然后我们的马利亚老师就过去跟家属聊了一会儿，之后我们就唱了几首赞美诗。然后马利亚老师就给他们的家属讲个道，最后做个祷告我们就回来了。

2014年11月18日　星期二　晴

由于今天没有外界的打扰，学校里的学生一整天都在学校里安安静静地上着课。等到下课休息时间和吃饭的时候就聚在一起聊会儿天，其余时间都在上课、看书、背书等。直到晚上上课铃声响了，学生们都在宿舍里休息了，学校又恢复了安静。今天就这样度过了。

2014年11月19日　星期三　晴

今天给家里打电话，家里人说今天娃底3个组村民在开会。今天村里来了许多工程队，有一组是在村里做排水沟，这两天他们已经开始动工了。另一组是挖土机师傅们，听说他们来这里是给村民们挖土的。所以村民们开会就是为了说这件事，他们还让村民们在协议书上签字。村里批过那个地方是陡坡，所以政府的人就请挖土机师傅们来挖梯田。村民就兴高采烈地签了名。然后组长再讲几句话，会议就结束了。现在政府每天都关心着老百姓的生活，老百姓每天都过得无忧无虑，也挺感谢关心我们的人。

2014年11月20日　星期四　晴

今天我们除了在学校上课外，又去行了一件善事。

我们上午的课上完后，在食堂里吃完饭，就去宿舍里午休。刚到宿舍一会儿，我们班的一个女同学就在宿舍外面喊我的名字，我就走出宿舍去到她那儿。原来是她的姨夫在州医院里住院，叫我们几个人去那里帮他祷告。我们就约着两个弟兄赶到医院里去了。病人在住院部三楼，我们直接就上去了，然后跟病人家属聊了一会儿。因为病人在昏迷状态中，我们就为他祷告。病人旁边也有一个大妈，说她也信主，于是我们也为她祷告了。祷告完后，我们坐下来又聊了一会儿，就回学校了。虽然我们没有物质和金钱送给他们，但是我们为他们祷告了，所以，我们心里还是挺高兴的。

2014 年 11 月 21 日　星期五　晴

今天早上，同学们的心情有些低落，但是到了下午，又开始变得兴高采烈了。上午是因为考了一次试，大家都没有及格。到了中午，心情渐有好转，因为州两会的工作人员给我们订定做了一套校服。所以大家都去登记衣服尺码，然后大家就去上课了。这几天，学生们都在按时地上着课，老师们也在很认真地给学生上课。今天是我们第三组值日，我们还是互相分配工作来完成任务，等把所有该做的工作都做完后大家才休息。现在年纪那么大了，又回到学校里过着学生般的生活，仿佛又回到了童年时代。感觉太不可思议了。

2014 年 11 月 22 日　星期六　晴

今天上午的课上完后，学校里就放假。有些离学校近的同学就回家了，离得远的就没有回去。我们福贡的兄弟姐妹大部分都回去了。有些留在学校里的同学就打扫卫生，然后大家自己该干嘛就干嘛去了。就这样，大家都过了一个自由自在的下午。等到晚上做完礼拜后就休息了。

2014 年 11 月 23 日　星期日　晴

今天早上，我们赤恒底村里的早堂聚会后，我们二组组长在喇叭里通知说："前几天报好的太阳能热水器可能这几天就到，所以请报了名的按每家 1300 元及时交到副组长那里。前几天没有报到名的，今天也可以去报名交钱。"组长就这样通知了两三遍。听到通知的人，就拿着钱去副组长那里交钱去了。村民们挺高兴的，因为买太阳能的钱一半是国家给的。村民们只用交 1300 元就可以了。

2014 年 11 月 24 日　星期一　晴

今天我们还是跟往常一样在上着课。只不过晚上的两节自习课，在教堂里听校长给我们讲话。他讲了许多鼓励我们的话。他还说："现在你们在这里上课，要学会抓紧时间学习。这个学期已经过了 3 个月，还有一个月这个学期就要结束了，所以大家要好好努力学习。另外，纪律方面也要遵守。"他讲了许多对我们有用的话，同学们都听得很认真。在不知不觉中，两节课就过去了。他讲完后，做了个结束祷告，大家就回宿舍休息去了。

2014 年 11 月 25 日　星期二　晴

今天，学校里的老师们在上正课之前，先给同学们上了几分钟的纪律课。因为前几个星期有几个同学骑着摩托车去别的教会做礼拜。他们去的时候没有跟老师讲过，老师们担心他们出事。他们还带了女同学一起去，所以老师就给他们上了几分钟的"政治课"。其余的课还是跟往常一样上着课，一直到下午下课铃声响了后大家才回去休息。

2014 年 11 月 26 日　星期三　晴

现在离放假只有一个月了，所以同学们都很认真地在上着课。虽然这两天天气有点冷，但是大家都在坚持着早睡早起。

这两天 7 点 20 分左右才天亮，但我们一般 6 点 45 分就起床了。那时虽然天还没亮，但是起床铃声一响，同学们就马上起床洗脸，然后去教室里做早祷。学生们就这样在学校里过着。在学校里，什么都要学：上课，赞美操，午觉，做值日等。直到晚上睡觉铃声响了，大家才回宿舍休息。

2014 年 11 月 27 日　星期四　晴

今天白天还是正常地上着课，到了晚上，大家都在填表。我们前两次填的表格还是不合格，今天余老师又发还给我们原来的表格和新的表格，让我们重新填。学生们还是很伤脑筋，因为有些是真的不会填，所以大家都相互帮忙着在填表。用了两节课的时间才填完，填完的同学就先回去休息了。今天也就这样过去了。

2014 年 11 月 28 日　星期五　晴

今天给家里打了个电话，了解到村里有特大的好消息。今天中午 12 点，村民们在村委会里开会。来开会的人员是每个组的组长和副组长，还有村里的党员，另外还有每个组里的村民代表，和教会的长老与执事。开会的主题是：村村通公路。我们上面的那几个村子还没有通公路，以前村里的村民和村委会的人跟上级领导说过好几次了，一直没有动静。直到今天，在村委会里开会，说是要马上动工了。所以把大家聚在一起，商量一下怎么办。而且路线也已经测好了，最后全村的人都要一致表决通过，可能星期一就要开始动工了。在我们上面住着的村民，听到这个消息后都很高兴。

2014 年 11 月 29 日　星期六　晴

今天上午的课上完后，又放假了。有些学生还是回家去了，有些学生则留在学校里。所以同学们的心情都很好。想做什么就都按照自己的意愿去做事。老师告诫我们不可以犯罪，不可以做亏心的事，要做就做对得起良心的事。之后，大家就各自去做自己的事去了。所以今天大家都在喜悦的心情之中度过了。

2014 年 11 月 30 日　星期日　晴

今天回去的同学在家吃完早饭后就回了学校。在校的学生就在老师的带领下去秤杆乡。今天在那里举办一个新教堂的落成典礼，所以大家早饭也是去那里吃的。那里可谓是人山人海。轮到学生们献唱时，学生们就献唱了一首诗歌，然后在教堂外面看了一会儿后，吃完饭就回了学校。

2014年12月1日—31日

2014年12月1日　星期一　晴

今天我们上午的课上完后，中午开始就打扫卫生。因为从今天开始，泸水县教牧人员要在这里培训5天。所以今天是我们学校特忙的一天了。打扫完教室后我们就回宿舍铺床，给来培训的客人们睡。都弄好后，再去其他地方打扫。今天的值日组是我们班的第一组，他们就在厨房帮忙做菜。中午开始，客人们就陆陆续续来了。下午5点就吃晚饭，7点在教堂里举办开幕式典礼。主持讲话的是州两会的主席摩西，讲经的是约伯牧师。他讲的是一个讲道人需要装备的六点。今天来这里的约有200人，大家都听得很认真，等他讲完后，主席又讲了一些大家需要遵守的纪律问题，讲完后做了个结束祷告，然后大家就回去休息了。

2014年12月2日　星期二　晴

今天是举办教牧培训的第二天，所以学校里很热闹。来参加培训的人员都按时起床、按时上课。今天讲课的是两位汉族兄弟，翻译傈僳语的是余有光老师和约伯老师。因为有些学员不会听汉语，需要老师来翻译。我们的教室里人太多，挤不下，所以就在教堂里上课。厨房里只有两个人，忙不过来，所以我们分好的5个组每天轮一个组去帮忙。下午吃完晚饭后，学员们分组进行篮球比赛，学校里很热闹。晚上差不多到了10点，我们就休息了。

2014年12月3日　星期三　晴

今天是培训期间的第三天，大家都像前两天一样早早地起床然后认真地上着每一节课。不管老师们多么辛苦，同学们多么劳累，都在坚持着，直到晚上，大家才回去休息。

2014 年 12 月 4 日　星期四　晴

今天已经是培训期间的第四天了，大家依旧认真地上着课，遵守学校的规章制度。铃声响后就进入教堂里，仔细听课。有一部分人会听汉语，而不会听的人也不用担心，因为约伯老师会做翻译。吃完晚饭后，大家在球场上进行篮球比赛。晚上的两节自习课，安排了老师来讲课。睡觉时间是10点半。

2014 年 12 月 5 日　星期五　晴

今天是此次培训的最后一天，所以我们一直上课上到晚上9点多。中间还是有休息时间，还有吃饭时间。在这次培训中，有一个老师讲的是《歌罗西书》，另外一个老师讲的是《哥林多前书》，但是两位老师的课程都没有讲完，他们说等下次再接着讲。他们讲完后，州两会的主席也讲了几句感谢和鼓励的话，还有两会的会长，另外大卫老师和马利亚老师也讲了感谢的话。最后摩西主席说，离家近的，晚上回家的要注意安全；离家远的就在学校里睡，等明天吃了早点再回家。他讲完后，做了一个结束祷告，大家就这样散了。在这次培训中大家都感觉到挺幸福的。

2014 年 12 月 6 日　星期六　晴

虽然今天教牧人员的培训完了，学校里也不上课了，但是学生们还是忙了一个上午，因为要打扫整个学校。教室里的桌子都要摆好，客人们睡过的被子也要拿去洗。女生们的工作就是去洗床单被褥，而男生们则是负责晒被子。大家一直忙到中午才做完，忙完后就各自去六库城里逛街。晚上还是在教室里聚会，聚完会后在教室里排练诗歌，等练到10点多才去休息。

2014 年 12 月 7 日　星期日　晴

今天是学生们又忙又累的一天。因为今天是泸水县两会禧恩堂教堂举办落成典礼的日子。我们州两会的师生去他们那里帮忙，所以我们6点就起床，7点半乘车去灯笼坝县两会那里。我们总共有80多人，但今天去的只有72人。有两辆客车来接送我们。车费都是县两会出的。

到了那里，我们下车后，就在那里帮忙。今天那里车和人都挺多的，所以县两会的人还请了交警大队的人来维持交通秩序。另外还请了几个警察，他们是负责治安的，以防万一有酒鬼来捣乱。他们是一个县的教堂，那里至少有2000个人。

下午献诗的时候，我们州两会的兄弟们被安排在第一组。献唱完后，我们去招呼客人们。直到下午4点多，客人们才渐渐地少了。我们就坐上早上来接我们的那两辆车回到学校。在学校做完晚堂后，我们就休息了。

2014 年 12 月 8 日　星期一　晴

没有几天，这学期我们的培训课就要结束了。所以，同学们都在抓紧时间学习。虽然气候比以前更冷了，但是每天早上大家还是天还没亮就起床了。大家都没有退缩，都在坚持。每一节课都在认认真真地上着。虽然学的课程多，大家都感觉很累，但是老师们都讲得很精彩，让我们听起来很容易理解，简直就像他们口中所描述的那样。所以，我们的辛苦都是值得的。这样想着，心里也挺愉快的。

2014 年 12 月 9 日　星期二　晴

这两天学生们请假的有点多，因为泸水这里有些村的人开始过"阔时"节①了，所以他们请假回家过节。今天请假的有五六个人，明天可能

---

① "阔时"，新年。为傈僳族年节。

还会有请假的人。其他没有请假的人还是像往常一样上课，一直到晚上才休息。今天大家的情绪都有些低落，可能是因为有些人请假回家过节的原因吧。

2014年12月10日　星期三　晴

今天有四五个请假的人，他们也是回家过"阔时"节。所以早上吃完早点后，事务长说："人家都回家过年过节去了，我们的伙食也要改善一下，中午我们就吃鱼吧。"然后，他就去买鱼去了。我们上完后两节课后，有一个伴叫我骑着摩托去城里买豆腐，他们刚才忘记买了。所以，我约着余建政跟我一起去。我们在城里转了一圈，没有找到。最后才打听到了一家，走到那里，围满了人，他们也是等着买豆腐。卖豆腐的老板说，这个还不行，还要再等半个小时，我们等不及了，所以就回了学校。我感觉我们在学校里的生活还是不错的，我们在这里学到了神的话语，大家都觉得今天过得很快乐。

2014年12月11日　星期四　晴

这两天有些学生请假回家过年去了，我们有些同学还是留在学校里读书。虽然有很多学生回去了，但是每节课上，老师还是认认真真地讲着课。

2014年12月12日　星期五　晴

今天，学生们除了在学校上课外，还去做了一件有意义的事。这次是由老师带队去的。这次出发的主要目的是有一个小孩，他有时头脑不清楚，有时发疯，所以请学校里的老师们为他祷告。学生和老师们到他家后，先唱几首赞美诗，然后为小孩祷告，结束了后大家才回学校。我们接着上课。大家都觉得做好事，自己的心里也觉得快乐。

2014 年 12 月 13 日　星期六　晴

今天早上上完 4 节课后,有些同学回家,有些留在学校里。我回到村子里,看见村里变化了许多,正在修着的水沟有好几条。

晚上聚完会后,各个组里的喇叭里通知,要在各个小组长那里开会。我们组的人员差不多到齐后,组长开始开会了。他说:"我们组里不要出现超生这种情况;另外,注意防火安全,如果出了事情,要自己承担责任。还有,村村通公路这件事,每个村民都不准阻挡挖公路。旱地政府会每亩赔偿 3 万元等。"之后大家才散会回家。

2014 年 12 月 14 日　星期日　晴

今天,回家的那些学生在自己家乡的教会里早祷完,吃完早饭才回学校。有些离家近的学生做完午堂后才回学校。到了下午,大部分的学生在学校的食堂里吃饭,有些去外面吃。晚上,在这里聚会的比较多。大家在这里聚完会后,因为路上坐车有点累,所以睡觉铃声响了后就关灯睡觉了。

2014 年 12 月 15 日　星期一　晴

这两天老师已经通知这个星期要考试了,所以大家都在复习各门功课。又因为要上新课,所以大家都很用功,下课时间都在复习功课。今天下午第三节课是体育课,体育老师还是叫我们打篮球。傈僳班与汉语班比赛。先上场的是女生,学生们都很喜欢上体育课,不管他们有多累,都在满头大汗地打着球,直到下课铃声响了才结束。

在学校的日子里,我们什么都在学着,就好像孩子般地生活,心里也挺愉快的。

2014 年 12 月 16 日　星期二　晴

今天跟家里人打电话的时候,家人说,今天村民都想去福贡看演出,那个舞台在县里已经布置好几天了。而且，各个组里的人都知道 16 号演出。来唱歌的人都是歌星，所以村民们对这个晚会充满了期待。村民们早早地就做晚饭吃了，然后有车的就开车带着家人去县里，没有车的就跟别人打车一起去县城。所以今天村里很热闹，大家都是看了演出才回家。

2014 年 12 月 17 日　星期三　小雨

今天早上天阴，有点冷。上到第二节课就开始下小雨了。同学们有些戴着手套，衣服也多穿了几件。因为是气候变化，有些同学受到了风寒，有几个同学已经感冒了。但是不管怎么冷，同学们仍然在坚持着上课。今天上午的第二节课，我们考了"圣经地理"这门课。我们学的是傈僳语，所以考卷上填的都是傈僳文字。在学生们中，比较厉害的还是年轻的同学。考了两节课，考完后就交卷休息了。下午还是正常地上课，晚上在教堂里聚会，聚完会后才回宿舍休息。

2014 年 12 月 18 日　星期四　阴

这几天学生们在宿舍里总是讨论着考试的问题，有些说考着最低分伤面子，考着最高分又不能当饭吃，另外猜测着老师会出哪些题呢。今天的第三、四节课都是"彼得前书"课，晚上自习课时考的是"使徒行传"，所以学生们的压力也挺重的，但是压力再怎么重，还有两门课，所以学生们还得继续加油，望能得到及格分。今天就这样在紧张之中度过了。

2014 年 12 月 19 日　星期五　晴

今天早上的第一节和第三节以及第四节课我们都在考试，所以我们整整忙了一个早上。有些考得理想的，心情还算好。考得不理想的就有些沮丧。到了下午，两会工作人员给我们发鞋子和几件衣服，我们的课程也上完了。所以晚上就开了个会，交代我们回到家里要好好做人，不要做对不起神的事。还有就是告诉我们下学期开学的日子。讲完后，我们就回宿舍休息了。

2014年12月20日　星期六　晴

早上6点就听见脚步声和讲话声了。原来是我们室友结友布和肯阿友他俩去城里买包子去了。昨晚事务长就交代今早让他俩去买包子，因为今天有些学生会早点回家去，所以就要早点给他们吃早点。有些学生也睡不着了，就起床洗脸，然后收拾行李。有些学生昨天就已经联系好了车子，所以早点买回来后，大家先吃早点，每人两个包子。吃完早点后，天也渐渐亮了，来接学生们的车子已经来了两三辆，而回丽江、维西、贡山的学生则去城里买车票去了。来接我们的车子也到了，我们就把行李装进车里。坐这辆车的是我们5人，我们前面回去的已经有好几个组了，我们可能是中间回去的那一批。就这样，我们高高兴兴地坐着车回到了自己的家。还是家乡的风景美，家里舒服。就这样，又过完了一天。

2014年12月21日　星期日　晴

这两天气候转变，天气变得很冷。但是不管多么冷，早上教堂里的钟声响了，村里的基督徒们就起床去教堂里做早堂，聚会完了后才回家做饭吃。中午和晚上还是照常做礼拜。在球场里打篮球的还是有十几个。打球的是村里的工程队和学生们。所以村里一直热闹到晚上。晚上在教堂里排练节目。他们排练节目是要去密丁戈参加圣诞节。所以一直排练到10点多才回家休息。

2014年12月22日　星期一　晴

这几天村里的交通很堵，因为我们村里的公路本来就有点窄，现在在路旁边盖房子的人家把碎石和沙子以及石头都放在路边。这两天盖房子的那几家都在拉沙子，因为他们听说再过两天公路就会堵。另外今天三组的王知三他们家浇灌房顶，明天我们二组的友里山家也可能浇灌房顶。傍晚的时候，他母亲在各家里约人。村里的工程队今天开始在赤恒底罗干那里测公路。晚上，要去参加感恩节的人在教堂里排练节目。这两天天气虽然冷，但村民们还是把该做的事做完后才休息。

2014年12月23日　星期二　晴

今天我们组里的友里三家浇灌房顶，所以他们家的亲戚朋友早上就开始动工，其他村民就先在家里吃了早饭后再去帮忙。

今天早上，三组的高音喇叭里通知："公路边不准停车子，也不要摆放其他东西。"就这样通知了两三遍。村里的工程队每天都在工作着。晚上在教堂里排练舞蹈的也在继续排练着。就这样村子里一直热闹到了晚上。

2014年12月24日　星期三　晴

这两天村里做各种各样的事都有。工程队有好几个组在修水沟，有几个组在挖公路。有些村民则在修房子。马队在驮水泥、沙子，所以村里热闹多了。在村委会里上学的幼儿园孩子还是照常上着课。今年政府给我们做这样的工程，村民们都很高兴，特别是我们上面的那几个村，他们世世代代都要把东西背上背下，而现在政府出钱给我们修路，村民都很高兴。大家都已经期盼了好几年，现在终于等到这一天了，希望公路能早日修完。他们很感谢党和工作人员，现在老百姓的生活一天比一天好起来了，都是政府做得好，希望我们的生活越来越好。

2014年12月25日　星期四　晴

这两天我们县里有些教会已经在过圣诞节了，有些还没有过。我们村也是明天才过。今天早上，3个组的喇叭里通知："今年盖房子的人，请到村委会开会。"到了10点多，盖房子的村民就到村委会里开会去了。

领导们在村委会里交代他们房子要怎么建，政府补贴会怎么发放等。就这样开了半个小时的会后就结束了。散会后，大家就该干嘛就干嘛去了。

2014年12月26日　星期五　晴

今天是我们村过圣诞节的日子，所以要去参加圣诞节的村民上午就把需要做的家务活干完。到了下午3点左右，去参加的人就换上傈僳服饰，背着自己的行李到密丁戈去了。密丁戈离我们村不算太远，只有3公里左右。但是因为不通车，所以大家只好徒步，走的多半是陡坡。我们走了四五十分钟才到那里。接待人员就给我们分配住处。到了吃饭的时间，大家就到食堂打饭，然后回住处吃。到了做礼拜的时间，大家就到教堂里聚会。等人差不多到齐以后，敬拜活动就开始了。今天只是唱赞美诗、讲经、唱欢迎歌。负责讲了一下这几天在这里要遵守的规章制度，完了后大家就回去休息去了。

2014年12月27日　星期六　晴

今天是圣诞节的第二天，大家7点半就起床洗脸了，之后就在火塘边烤火。等到将近8点半就去教堂做礼拜。8点半左右就开始做礼拜。因为早上有点冷，所以早上就唱了赞美诗和讲经，然后做个结束祷告就完了。中午和晚上的节目就比早上要多一些。我们村有6个教堂，每个教会里的人都坚持献唱完后才去休息。有些组是唱四声部，有些组是又唱又跳，有些组则是跟着音乐节奏跳舞。就这样大家高高兴兴地在音乐的陪伴当中度过了一天。

2014年12月28日　星期日　晴

因为是星期日，今天来这里参加礼拜的人比较多。到了中午12点，教堂里就有许多人了。12点15分就开始做礼拜，其他村来献唱的也有三四组，所以聚会的时间比较长，直到下午3点多才结束。那些要回家的人，就让他们吃了饭才回家。晚堂也是如此。等回到自己的住处，大家都围着火塘烤火，聊天，大家都很高兴，直到睡觉时间到了大家才回去休息。

2014年12月29日　星期一　晴

今天是圣诞节的最后一天，所以早上的聚会当中就没有献唱的了，只唱赞美诗和讲经。还有，这次的事务长给大家汇报了这次的生活费收支情况，这次来参加的人数有325人。我们娃底组78人参加，王咀组78人，密丁戈组48人，汪然组33人。还有其他教会的人，以及外地来的5人。每人交生活费15元，总收入4800多元，还有人捐了13000多元的奉献款，所以总的就有17000多元。之后，事务长又公布支出费用等，剩余300多元。最后他讲了一些感谢的话。另一个讲话的是村长老，他说的也是感谢和鼓励的话。最后一个讲话的是密丁戈教会的执事，他说的也是感谢话。他讲完后做了一个结束祷告，之后，大家就回到了自己的住处，在那里吃完饭后，为那家人做完祷告祝福后握个手，然后就背着行李回家了。

2014年12月30日　星期二　晴

今天村里我们二组的兄弟家浇灌房顶，所以亲戚朋友今天早上就在他家帮忙了，其他村的则是吃完早饭才过来。今天来他家帮忙的人差不多有50人左右，所以下午3点多就完工了。今天去县里的村民也比较多，他们是去买年货。这两天通往密丁戈和王咀的公路也已经开挖了，村民们就去挖公路旁菜地里的菜。晚上我们娃底3个组的人员就在各个组里排练舞蹈。因为元旦节，各个组都有演出，所以大家一直排练到10点多才回家休息。

2014 年 12 月 31 日　星期三　晴

今天村里又热闹又忙。忙是因为今天白天又是祷告会，所以妇女不论多忙都去找猪食，还要把家里的米按人数交到食堂里去。今年做饭的是娃底一组，他们组的主管们已经在厨房里做着事情了。12 点去教堂里做礼拜。一组的村民们就在厨房煮饭的煮饭、做菜的做菜、洗菜的洗菜。他们的组长就在边上指挥着。在教堂里做完礼拜后，有些村民去找猪食。我们 5 点多就去食堂里打饭吃，6 点就在教堂做礼拜。聚会差不多要完的时候，教会里的执事通知说："今天晚上我们去每家献唱祝福，所以 9 点在教堂里集合，练一下歌，还要分配一下人员。他讲完后做了个结束祷告就解散了。"

到了晚上 9 点多，教堂里已经有很多人了。等到人员差不多到齐以后，负责人就先给大家练一下歌和几节经文。等到 12 点就从教堂里出发。每个组有 10 多个人，且每个组里都有祷告的、唱歌的、贴纸的等。然后按照分配好的挨家挨户贴新年祝福纸、唱歌、做祷告等。直到全部任务都完成了才回去休息。但是，最快的那个组也是凌晨 2 点多才做完，最慢的可能就要到四五点了。就这样，我们度过了最忙，同时也是最快乐的一天。

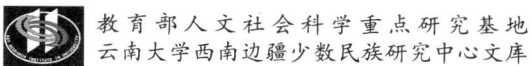
教育部人文社会科学重点研究基地
云南大学西南边疆少数民族研究中心文库

新民族志实验丛书·第二辑
主编 何明

峡谷回声

福贡县鹿马登乡赤恒底村 傈僳族村民日志

（2010—2018年）

高志英　沙丽娜　杨晓龙 **编著**
虎赛雄　此有生　虎赛武 **记录**
杨晓龙　马青云　王丹琳　叶思迪 **整理**

学苑出版社

目 录

村民虎赛雄日志 /433

2015 年 /433

2016 年 /553

2017 年 /655

2018 年 /755

村民虎赛雄日志
2015年

2015年1月1日—31日

2015年1月1日　星期四　晴

　　由于昨晚睡得晚，所以今天早上大部分村民都起得比较晚。但是，不管有多么困，大家还是要坚持起床，因为今天白天还有一个祷告会。大家都在自己家里做早饭吃，晚饭则是去食堂里打。村民们到了12点左右就去教堂，今天教堂里的节目可多了，先是唱赞美诗，唱完后做个祷告，然后是教会里的人员献唱一首四部声合唱，之后是讲经。今天讲经的是村里以前当过长老的，讲完后就献唱献跳了。第一组是娃底一组的，可惜他们没有时间排练，因为他们在厨房里做饭。然后就到我们二组了。二组的人员可多了，有28个人。他们排成两排，年纪轻的就站在前排，音乐一响他们的舞步就随着音乐动了起来。她们的舞步是多么的优美，观众都看得挺入神的。接着跳的是三组，然后是正坪新村和阿兰甲。他们两个组的人比较少，所以就把两个组合成了一个组。等这些都轮完后，祷告会才结束。晚饭时间一到，村民们就去食堂里打饭吃。今天晚上，只有跳舞的那几个人在各个组里排练，其他村民都在家里休息。

　　虽然过年过节很快乐。但其实也挺累的。但至少，村民们都开心地度过了2015年的第一天。

2015年1月2日　星期五　晴

　　今天我们还是在过节当中，所以娃底一组的村民还是在教会的食堂里做饭。男的几个做饭做菜，女的几个就洗菜切菜。别的村民12点开始就在教堂里做礼拜。今天的节目也是挺多的，唱完赞美诗，讲完经后，一个组一个组地献跳。今天轮了两次，另外几个小孩在一起献唱的也有三四个组。所以大家在教堂里过得很开心，脸上都带着微笑。每跳完一组，大家都在鼓掌。就这样，大家在音乐的陪伴下，不知不觉之中就到了下午3点。这时,节目也完了,最后教会里的执事说了几句话:今年在大家的支持下,开开心心地过完了元旦节。我们今年的元旦节就结束了,希望明年大家也能支持过好元旦节,然后祝福每家每户今年都能过得开开心心、平平安安。

2015年1月3日　星期六　晴

我们娃底3个组的元旦节已经过完了,但是上面那几个村的村民今天才过完。这两天工程队的人大部分都在休息中,只有一个队没有闲着。那个队是挖公路的,他们每天都在挖。到现在已经挖了差不多1公里左右,村民们都希望能早日挖通。其他的村民则只是找找猪食,盖房子的村民就继续盖房子。晚上还是在教堂里聚会,完了后大家才回家休息。

2015年1月4日　星期日　晴

今天早上听到教堂里传来的钟声,村民们就去教堂做礼拜了。礼拜做完后才回家做饭吃。有些家是留一个人在家做家务活,其余的去教堂。等聚完会后,我们去村医生那里检查血糖和血压。今天来检查的人不多,可能是没听到通知或者就是忘了。村医生说下个星期还要检查。她检查完一个就登记一个。这样,检查完的人就先回去了。因为是星期日,工程队有些还是在休息。挖公路的那个组还是在挖着。村民们聚完会后就回家休息去了。

2015年1月5日　星期一　雨

2015年的第一场雨就这样下起来了,有些村民已经期盼这场春雨好几天了。因为这里长时间没有下雨,所以他们种的菜不怎么好。而有些村民则不希望下雨,因为他们要盖房子,一下雨,他们的沙子、水泥、木头等就很难收拾了。大家想法各不相同。因为是下雨天,而且气温也低,所以村民很少有外出的,除非是不得不出去找猪食的,不然都在家看电视或是到朋友家玩。今天，雨一直下到晚上，村民们也就一直在家待着看电视，直到喜欢的电视节目结束后才去休息。

2015年1月6日　星期二　晴

因为昨天才下过一场雨，土有点松，村里的妇女看着是个种菜的好机会，早饭吃完后就去自家地里撒南瓜种子或是去种黄瓜，有些是去种豆类的。过一段时间，等这些作物熟了后，可以卖个好价钱。撒完后，她们还要做架子，所以还要去砍竹子。直到把架子弄好才回家休息，弄不完的，明天继续弄。今天做水沟的早上就开始就在做着了，另外几个组的也在做着工。盖房子的那几户还是在盖着房子。这两天球场里打球的比较少，因为球场里堆满了沙子，还有拖拉机也停放在那里。因为有点冷，所以10点左右大家基本都休息了。

2015年1月7日　星期三　晴

今天我们还没起床，外面就有人的脚步声和讲话声了。今天我邻居家浇灌房子，所以我和我老婆就早点起床了。我洗脸刷牙后就去他们家帮忙，妻子就在家做家务活。我们刚开始干活的时候人还不多，毕竟我们是早上就开始做了，到了10点多人就越来越多了。今天来他们家帮忙的人有30多个，大部分都是他们家亲戚。他们家的亲戚有些在厨房里帮忙，有些去抬碎石和沙子。中午的时候大家休息了一下，喝杯饮料，吃几个包子，吃完后就接着做。直到把平顶灌完才休息。大家在他家吃完饭后就回去了。因为今天是晴天，所以村里的工程队下午6点多才休息。教堂里，还是照常地聚会，聚完会后大家才会去休息。

2015年1月8日　星期四　雨转阴

今天早上起来时，屋外叮叮咚咚地下着雨，我想今天又做不成活了。这两天还是很冷，又因为下着雨，所以村民们就在火塘边边烤火边做饭吃。吃完饭后雨渐渐地停了，盖房子的又做起了工。听说这几天云南大学的老师要来民族研究基地，我和我兄弟就在基地房子里扫了一上午的地。因为基地那里已经好长时间没有人住了，所以我和我妻子、弟弟、弟妹，我们4人一起去打扫了一上午才各自回家休息。因为这两天挖公路，所以找猪食的村民就在他们前面的菜地里找。到了下午6点多，雨又开始下了，村民们也没事做了，就在家里看电视休息了。

2015年1月9日　星期五　晴

今天有些村民去找菜，准备明天去街上卖。这几天，王咀的路不好走，还需要绕道行驶，所以在幼儿园上学的小孩家长还是亲自接送。因为挖路的那里有人把守着，所以只能绕路走。今年村里到处都在建设，水沟也在修，公路也在挖，房子也在盖。这些都是政府给老百姓建设的，农民的日子越来越好了，生活水平也在渐渐提高，这些都是政府和党给人民的，人民感谢党和政府。

2015年1月10日　星期六　雨

今天早上醒来就听到外面的雨声了，今天的雨下得有点大，所以早上起来到县里卖菜的那几个人走完后，村里一片安静。村里各个组的工程队还没有开工。因为下着雨，山上又下着雪。天气很冷，所以村民们9点左右才起床。今天是鹿马登小学放假的日子，所以家长不管雨下得多大都迫不及待地撑着伞搭车去学校里接孩子。把孩子接回家后，就给孩子换衣服，给他们烧火，等身体暖和了，才让他们看电视、玩耍。今天这么冷，去街上卖菜的妇女可能也冷到了。晚上，大家还是在教堂里聚会，完了后才回家休息。

2015年1月11日　星期日　晴

早上虽然很冷，但听到教堂里的钟声，村民们还是坚持起床去教堂里做礼拜。今天我约了一个伴去正坪村。他们那里举办教牧培训，我们11点的时候，每人骑一辆摩托车从家里出发。正坪村离我们村有20多公里，8公里是走山路，走山路的那段不好走，而且上坡路多。我们俩到了那里，他们已经在教堂了，我们就去教堂里找了个位置坐下来，然后跟着他们唱赞美诗。今天这个教堂里挤满了人，听说这次来参加培训的人员有170多人。这里海拔高，比较冷，而且昨天又下过雨，所以今天更冷。但是不管天气怎么恶劣，这里的人还是安安静静地听道。讲完道后，看着台子上跳舞献祭的人，直到全部人唱完跳完，做了个结束祷告，大家才回去。他们那里的人给客人准备了饭菜，所以我们在那里吃了饭后才回家。

2015月1月12日　星期一　晴

这两天村民们不是很忙，所以妇女只是找找猪食，种一点菜。但是盖房子的那几家可忙了，现在农闲时间要赶紧做活，否则到了农忙季节的时候就忙不过来了。而且3—5月雨水又多，所以他们现在就得抓紧时间做。今天鹿马登小学的学生收假，有些家长还是送孩子回学校。因为晚上冷，所以大家都是早早地就睡了。

2015年1月13日　星期二　晴

今天我们准备去王咀二姐家帮忙盖房子。所以我们吃完早饭后，喂好家里鸡鸭猪后就去了。我们走到半路上，挖土机师傅在操作着，机械正在做工。我和我老婆站在那儿看了一会儿，然后叫挖土机师傅停一下，让我们先过去。我们到了二姐家里，有几个人正在干活。我和我老婆还有她的大姐和大姐夫我们4个人喝了一杯水后才去做活。有几个妇女在扎钢筋，男的要架木，所以大家都各做各的。吃午饭的时候，他们家煮了飞鼠肉。这是他们昨天晚上打到的。忙到5点半才休息。大家吃完晚饭后才回去。我们4个人也在岳父家休息了1个小时左右就回来了，那时天也黑了，就只好慢慢地下山。

2015年1月14日　星期三　晴

今天我和妻子要去我大妈家盖房子。大妈家就住在这个村，所以今天不需要爬山。今天有些村民还是去鹿马登街赶集，然后去学校看望孩子。看看孩子衣服穿得怎么样，再买给孩子一些零食。这两天王咀路在挖公路，所以去赤恒底罗干的路已经堵着了。在那里，沙子也拉不成。垃圾房就在那里，所以垃圾也拉不成。现在盖房子的村民需要沙子的就去别处拉，多了一点手续费，但是也没办法，晚上还是在教堂里聚会。

2015年1月15日　星期四　晴

今天在村委会里开会，参加人员是村里的党员各组组长和副组长。他们从上午10点钟开始开会，到下午2点左右才结束。晚上6点，我们组的喇叭里通知说要开会，要发低保。开会的地方是扒路家旁，因为那里有路灯。就这样通知了两三遍。扒路家旁，二组的人员越来越多。副组长在计算着每家要发多少钱，组长则在数钱，村民们在聊着天。等人员差不多到齐后，组长就开始讲话："白天开会时，上级交代我们在苞谷地烧苞谷秆的时候，大家要小心，要不然出了事就要自己负责。还有粮主场和批过路下面的那些地，上级要给大家挖成梯田，希望大家不要有意见。还有赤恒底罗干到批过路上面的那些地要做退耕还林，每亩田地国家要给1500元的补助，3年内补完。"等他讲完后，大家都没有意见。然后副组长又说，这次低保拿到2万多元，学生低保没有拿到，要留下3人的份作为二组的活动经费，其他的就发给大家。我们组有47户是拿到低保的。平均每户拿到400元，剩下的留着做活动经费。副组长公布完后，等大家都没有意见了，他和组长就开始点名发钱给村民们。领到钱的村民就一个一个按手印，然后高高兴兴地回了家。最后等全部发完后，组长和副组长也领了钱，核对账目后大家就回家了。村里其他两个组还没有发,可能是过两天才发。今天我们第二组的组员就先高兴着了。

2015年1月16日　星期五　晴

今天我们二组的村民恰阿花家浇灌房子,他家离我们只有50米左右,早上听到他们家的人和亲戚们干活的声音,我也就起床去帮他们。我老婆在家做家务活。早上没有几个人,所以我们加固一下他们做过的架子。拌沙灰差不多到10点多,人也渐渐地多了。他们家做的早饭也熟了,我们就在他们家吃饭,吃完饭后继续浇灌。有人抬沙,有人抬碎石,有人负责电车,有人上平顶浇灌等。今天来他家帮忙的人有40多个。这么多村民关心他们家,是因为她丈夫死了两三年了,现在她和她儿子相依为命,她房子都是她父母帮她建的。因为大家都齐心协力,所以下午5点就完工了,大家吃完饭就回家了。

2015年1月17日　星期六　晴

今天是福贡街子天,所以去县城里卖菜的妇女天还没亮就去县城卖菜了。我们村的江东桥头还没修好,所以只能把菜背到江东,然后才搭车去县城。天刚亮过一会儿,村里的垃圾车又在村里转着了,然后转到哪里村民们就把垃圾倒了上去,叫师傅拉走。有些村民吃完早饭后才去赶集,这两天由于天气冷,所以坐车的大部分是搭微型小车和面包车,坐三轮摩托车的少,但是夏天坐三轮摩托的就多了,他们坐汽车会晕车。今天晚上聚会完后,教会里的负责人发给每一家一斤花生。这一斤花生是发给村民们试种的,不是发给吃的,村民们领到之后相互聊着说,试种一下也好。要是适宜的话明年大面积种,这样大家领完后就回家休息去了。

峡谷回声　　福贡县鹿马登乡赤恒底村傈僳族村民日志

2015年1月18日　星期日　阴转雨

村里的基督教徒还是像往常一样，一日三次聚会。今天中午开始下雨了，天气比较冷，可能山上又下雪了。这两个月，我们这里一下雨，高山上就会下雪，以前车路不通时，去缅甸只能五六月份才过得去。那时雪才会化完，现在有车路，公路队把雪推开，所以过得去。今天晚上聚会完后，各个组的喇叭里通知："明天下午2点在村委会里开会，每家必须参加一人。"这样通知了两三遍。

2015年1月19日　星期一　阴转雨

今天早上，组里的喇叭里又通知："今天要开会，请村民们按时参加。"所以村民们吃完饭后就该干嘛干嘛。只是下午2点以前赶回家里，然后去开会。今天我们整个村委会的人都开会，所以上面那几个村子的人也下来开会。到了2点，村委会的操场上都坐满了人，村委会的人先介绍一下，然后乡里来的工作人员开始讲话了。第一点是不准超生，第二点是怎样防火，第三点是生育孩子的要到县医院里去，第四点是怎样养猪，第五点是怎样养鸡，第六点是怎样接待客人。这些讲完后，他们还给村民们瓜子和饼干，最后还给村民们发误工费每人50元。村民们参会，还拿到了误工费，他们也很开心，今天就这样了。

2015年1月20日　星期二　晴

今天娃底三组的肯叶恒家浇灌平顶三楼，有些村民去他们家帮忙。我们二组我大妈家今天也浇灌底层，他们家帮忙的也有30多个人。还有今天去王咀参加培训教牧班的，下午2点左右就出发了，他们背着行李，几个人一组一起去。现在挖公路的才挖到一半，所以他们只好徒步去了。

另外，傍晚娃底一组的普亚家，挨家挨户邀请着赴宴，因为他们家后天办喜事，所以今天邀请人。今天就是这些了。

2015 年 1 月 21 日　星期三　晴

今天娃底一组的普亚家杀猪，为的是明天办喜事，所以今天在他们家帮忙的人很多，早上开始就很忙了。因为每次办喜事都要杀十三四头猪，所以人手不够是不行的。另外他们家一直忙到晚上，他们家还请着人。晚上在教堂里练歌，明天在教堂里举办婚礼时要献唱，一直练到 10 点才休息。

2015 年 1 月 22 日　星期四　晴

今天是娃底一组普亚结婚的日子，所以亲戚朋友早早地就去帮忙了。别的村民还是在自己家里烧水做饭吃。以前我们的习惯是早饭吃完后先去他家挂礼，现在却不同了。除了女方家和远方的亲戚外，本村人先去教堂，女方家和远方的亲戚就先去男方家，时间到了后他们才去教堂。12 点过后全部人都要去教堂。今天来参加婚礼的妇女挺多，只是男方的这边少了点。在教堂里举办婚礼后，大家就去男方家休息。这时挂礼的也可以挂了，挂完一个，他们就把提前准备好的饭递给客人。

2015 年 1 月 24 日　星期六　晴

因为是福贡街子天，村里早上就听到讲话声音和脚步声。这两天村里还没有那么忙，所以有些村民还是去赶集。今天鹿马登完小的四至六年级学生放假，虽然他们下午 4 点后才考完试，但是有些家长急着去接孩子，担心孩子等急了，所以 1 点半左右就去了。有些则是 2 点才去，3 点过去的也有。反正先去的就先把孩子的行李收好，有些还把行李拿到公路旁放着，有些放在学校的操场上，然后就一直等着孩子们考完试。有些在鹿马登街上走着，孩子考完试，家长就把他们叫到自己身旁，问他们考试的情况。过了几分钟，孩子又一次集合，然后副校长训话，叫他们打扫完卫生后才准回家。就这样，家长就在球场上等着孩子，等孩子们扫完地后就领着孩子回家了。

2015年1月25日　星期日　晴

今天还是跟往常的星期日一样，一日三次地聚会。不过，有些村民去王咀村参加中午的聚会。因为这几天在王咀举办教牧培训，所以今天在那里献唱的人很多。做晚堂完后，3个组的喇叭里通知明天早上9点多，前几天批到太阳能热水器的去江东桥头领。就这样通知了两三遍，然后就关了。因为这两天天气还很冷，所以村民们还是早早地就休息了。

2015年1月26日　星期一　晴

今天早上，各组喇叭里通知，9点多去江东桥头领太阳能热水器。我们二组的村民还要去副组长那里填退耕还林的表格。然后9点多就去江东桥头领太阳能热水器。拉太阳能的司机很准时。

9点，装着满满一车货物的大车就停在桥头，果然一车都是太阳能热水器。热水器老板下车后就告诉大家先把货卸了，于是大家就先把货给卸了。卸完后，老板交给村里的村委副主任。交代完后，村委副主任就按照表格一家一家地发。拿到货的就约着人相互帮忙抬。因为每家拿到四五样东西，互相不帮忙的话就会耽误时间，所以大家互相帮忙，发得也挺快的，不到1个小时就发完了。今天发了可能有100家。有些是请了车子拉回家，有些是用马运回家。到最后人也走完了，货也发完了，村民们都高高兴兴的，因为以后就可以用热水来洗澡了。

2015年1月27日　星期二　晴

这几天村民们也没什么好忙的，有些种一些蔬菜，还有的种一点苞谷，其他盖房子的村民还是在继续地盖着，有些还是去找点柴，不然农忙时候就没有柴烧了。晚上每一家都是早一点睡觉了，毕竟是冷天嘛。

2015年1月28日　星期三　晴

今天是鹿马登街，所以有些人去鹿马登街赶集。今天村委会里组长和副组长都要开会，晚上聚会完后各组的高音喇叭里通知要我们马上集中开会，我们组开会的地点是在球场。通知完后大家都赶往球场集中，等人员差不多都到齐以后，组长就开始讲话："前几天退耕还林的亩数增多了，所以从赤恒底罗干到批过的这块地才算。另外还有一件事是，开车不能超载，不然出了事要自己负责。如果发现了超载要扣低保。所以司机们都要小心些。还有就是春节要到了，球场上的碎石和沙子要马上清理了。今年春节可能要搞活动。最后一件事就是防火，大家在自己家里或是地里烧火都要小心防火。出了事要自己承担后果。明天每家都要有一个人留在家，因为有人会来量地基。"讲完这些后，就散会了。

2015年1月29日　星期四　晴

今天村民每家留1人在家里量地基。有些人准备弄太阳能热水器安放点，有的人没有太阳能热水器安放点，就需要买碎石、沙子、钢筋和板子。有钱的就做了，没钱的还需要筹款。量地基的那个组从娃底一组开始量上来。晚上，我们组的高音喇叭里又通知，今天量地的时候有些人不在家。明天不要那样子，明天无论如何都要有一个人在家。通知完了就关了，村民们也是早点休息了。

2015年1月30日　星期五　雨

今天早上开始就下着雨，所以不得不出去的才出去找猪食。今天在王咀参加教牧人员培训班的人结束课程，所以今天各回各家。另外一件事就是我们的高老师从贡山上下来了，叫我两兄弟去福贡聚一聚。傍晚，我两兄弟骑着摩托车去了，到了那，老师就来接我们，然后高老师把我们一一介绍给大家。在这里吃饭的可能都是当官的，所以我们有点尴尬，只是在旁边听着他们讲话。听到他们说的都是为我们好，他们说怎样才能把我们的经济搞上去，怎样才能带领群众，高老师也希望我们把民族文化知识搞上去。他们还讲工作中遇到的问题，但是他们还是坚持下来了。今后他们还要坚持把工作做下去。让我们两兄弟都听得很感动，吃完饭后天也黑了，就各自回家了。

2015年1月31日　星期六　　小雨

今天早晨就开始下雨，但是不管多么冷的天，去县城里卖菜的妇女天不亮就去出发了。这两天挖公路的师傅们也停挖了，不知是什么原因。今天大部分的村民还是去找猪食，晚堂做完了之后，大家就早点睡觉了，因为还在下着雨，山上下着雪。

2015年2月1日—28日

2015年2月1日　星期日　晴

今天早上，村里的基督教徒听到钟声后就起床去教堂做礼拜，有些人回家以后才做饭吃。白天的聚会节目有点多，唱完诗歌后，去王咀培训的那几个人献跳了两支舞，然后讲经。讲完经后，今天是2月的头一个星期日，所以要参加圣餐。这是每个基督徒都要参加的，这些都要做完后，大家做了结束祷告后才可以回家。

2015年2月2日　星期一　晴

老人栽树，后人享福。我觉得这句话一点也不假。因此我也从我妹子那里要来了四五十棵核桃树，今天准备去栽。我们吃完早饭后，找好锄头，磨好刀，就去百都爬虫种核桃树去了。我和妻子到了后歇了一会儿，我先割草，砍树根，那里的草很茂盛，1米高左右，如果不先清理，核桃就白种了。我砍，妻子种，一直忙到4点半。核桃树苗也种完了，我就回家做饭吃了。晚上，三组的喇叭里通知，明天他们三组村民要留一个人在家里量地基。

2015年2月3日　星期二　晴

今天挖公路的工人离开了。还有在外地打工挣钱的人也一个个回来了。今天我也回家去做南瓜支架，前几天种的南瓜现在已经发芽了，再不回去做支架就不行了。其他村盖房子的还是继续盖着。傍晚，球场上的小伙子还是练着球，天黑了才回家。

2015年2月4日　星期三　晴

今天我们家还是为种核桃树做准备，今天的核桃树苗是我的兄弟给的。听说这种核桃树苗只给村里的党员和组长、副组长，其他人根本没有。我和妻子吃完饭后去很远的地方去栽核桃树，到了那里，我俩还是分工合作，一直忙到下午4点半才弄完。虽然很累，但是我们觉得很值得。要是树都活了，而且结出好果子，能卖出好多钱的话，我们的生活就会更好一点。

2015年2月5日　星期四　晴

这两天村里的妇女有种生姜的，有做黄瓜支架的。以前他们都不会拿到街上去卖，但是这三年他们都会去卖，而且哪种好卖，哪种价高，他们都很会算。现在生姜都是5元一斤了，所以很多人都种。还有几家的油菜也熟了，有人拿油菜去卖了，今天也就这些了。

2015年2月6日　星期五　晴

今天我们三组的老师回家了，身边还领回来八九个女学生。问了之后才知道是来摄制节目。阿此老师在福贡一中任教，他是个音乐老师，而且他还教过我电子琴。他很喜欢音乐，在学校里任教的时候就拍过专辑。他们在家里休息了一会儿之后就一直在拍摄，到晚上吃完饭后就回去了。

2015年2月7日　星期六　晴

今天又是街子天，又是星期六，所以村民们赶集的赶集，去找猪食的找猪食，盖房子的还是在继续盖着。今天阿此老师和他的学生还是回来拍摄片子。挖公路的挖土机师傅还是在继续工作着，现在已经挖到密丁戈村下面两三百米处了，村民们还是希望能早点把路修完。晚上大家还是在教堂里聚会，聚会结束后才回家休息。

2015 年 2 月 8 日　星期日　晴

今天还是跟往常一样，早上村里的基督教徒听到教堂里的钟声响后，就起床去教堂做礼拜，回来后才做饭吃。白天的聚会有些去布拉底村的亚搞兰教会参加礼拜。晚上还是在本堂做礼拜，聚会完后大家才回家休息。

2015 年 2 月 9 日　星期一　晴

今天我们家准备去赤恒底罗干的田地里干活。我们吃完早饭，找好所需的工具后出发了。我和妻子骑着两轮摩托，儿子骑着单车出发了。一路上我们看见很多人背着箩筐走着，他们有些是去找猪食，有些去背柴，有些去开荒地，有些去割油菜。这两天村民们有些忙碌，该做的事情得马上做了，过两天就要过春节了，所以就比较忙，我们家也不例外。去年我家的田地垮了一处，所以今天去补挡墙，直到下午5点才回家。回家做饭，吃完天就黑了，然后就休息了。

2015 年 2 月 10 日　星期二　晴

今天早上各个组的高音喇叭里通知："赤恒底罗干要退耕还林的，中午12点去量，请大家准时到，否则量不到不要怨人。"听到通知，村民们就去做饭，然后准备去自家地里。去的时候，路上人特别多，都是两三个一组、三四个一组，大家都在赤恒底罗干里等着量地的人。量地的人有10多个，大家都在问他们是不是所有的地都要量，技术人员说，高1米以下的、粗两三厘米以下的树才量。听到这些后大部分村民都黯然失色了，因为苞谷地上种的核桃树已经有三四年了，树都长到四五米高了，大家都议论纷纷的，但不管村民怎么说，技术员也没什么改变。所以有些村民回去了，有些村民跟在他们后面，有些直接就到自家地里等着去了，到了地里他们同意的就量，不同意的就不量。村民们也回了家，有些直到5点多才回到家。

2015年2月11日　星期三　晴

今天，在村委会里昨天量地的技术人员和村委会的工作人员在填表，来下乡的工作人员也是傍晚7点多才回去。娃底一组的有一家在准备结婚所需要的各种东西，他们家明天举办婚礼，所以晚上也在排练歌。今天就这些了。

2015年2月12日　星期四　晴

今天我们村里办结婚的有两家，阿兰甲村里有一对，我们娃底一组的有一对，分别在两座教堂里举办。村民也是没有办法，只好家里有两个人的一家去一个了，晚上两处的肉和饭都吃不完了。所以，今天村里很热闹。晚上各个组的喇叭里又有了通知，太阳能热水器水箱上午就已经运到了，明天去江东桥头领，通知了两三遍。今天就这些了。

2015年2月13日　星期五　晴

今天早上，有些村民早起，然后去江东桥头领水箱，早上只拉来了一车水箱，不够，所以中午又拉来一车，这时才全部发完。有些村民请了车子拉走，有些直接背回家。量退耕还林地的工作人员今天去汪然和亚呆组去量。这两天天气还是冷，所以村民们还是早早地睡了。

2015年2月14日　星期六　晴

今天去福贡赶集的人比较多，还有外面打工挣钱回来的也不少。村里挖公路的那几个人也回家过春节去了。晚上，村民在家里看看电视，或是烤火，然后就休息了。

2015年2月15日　星期日　晴

今天早上我们家有一个留在家里做饭，其他的都去教堂做早堂，做完早堂后回到家里就可以吃饭了。吃完饭后，我们全家就去王咀岳父岳母家，老人家那里也很长时间没去了，这两天家里的娃们都回家了，所以今天就一起去看望老人。到了那里他们也吃完饭了，但是去教堂做礼拜的时间还没到，所以就在家里聊了一会儿。到了时间就去教堂做礼拜，做完礼拜后回到家里继续聊，几个妇女在做饭。我们吃完晚饭后就回家了。

2015年2月16日　星期一　晴

今天早上，我们教会里的高音喇叭通知说："今天我们教会要集体干一天的活，教会里的厨房马上就要盖了，所以今天拉沙子，每家都要来一两个，早上就需要把教堂旁边的操场清理干净。"所以早上就有来干活的，吃完饭后也有去干活的，还有去江边车上上沙子的。离村子两公里左右一点，村里的拖拉机也全部去拉了，有几个在食堂里做饭，另外我们村今年春节要搞活动，要打篮球，我们二组商量好给球队定做队服，所以今天组长和副组长去县里定了。今天晚上，在开着灯的球场上，球员们开始训练了，一直练到10点多，他们才回去休息。这时，村里又一片安静了。

2015年2月17日　星期二　晴

今天，我们村里娃底三组的村民帮普里三家浇灌房子，大部分的村民都去帮他家的忙了，没去帮忙的村民去县里买年货去了。晚上球员打扫球场，有的地方线有点不清晰了，所以他们重新又画了一道，因为马上就要过年了。所以村里有点热闹，直到12点才安静了。

2015年2月18日　星期三　晴

今天就要过年了，村委会的人和娃底三组的组长与副组长经过商量，为了让村民们能开开心心地过年，所以今早3个组的村民们全部大扫除，球场和娃底一组到村委还有到江东桥头，全部都要扫。经过村民们的一番努力后，直到11点才扫完。村里的环境卫生搞好了，看起来也很舒服。昨天没有买好年货的今天去县城里买。晚上聚完会后球场里还是继续练球，到10点多才休息。

2015年2月19日　星期四　雨

今早我们还在睡梦中时，突然听到放鞭炮的声音。这时才意识到今天是大年初一，这是村民在迎新春。这几年人们的生活改善了很多，以前老人家们过年只是喝酒跳舞，但是现在由于时代的变化，人们的生活也在改变之中，大部分的村民买烟花鞭炮，而且还会算放的时间。昨晚12点就放烟花，吃早饭和晚饭时会放鞭炮，晚上也放烟花。

今年，村委会组织春节活动，全村人都要参加。山上那几个村子也一起参加活动，今天中午12点开始就搞各项活动了。有篮球比赛、拔河比赛，射弩比赛等活动，丢沙包是为小孩准备的。篮球是比赛按名次发奖金，射弩比赛的奖品是洗衣粉，拔河比赛的奖品也是洗衣粉，小孩子的奖品是娃哈哈饮料。

有些村民喜欢打篮球，不管下着多大的雨，球员们一直在球场上拼搏着，球迷们在一旁观看。喜欢打弩弓的人在射靶上瞄准着打，希望能打中10发，打中10发就给一包洗衣粉，每人只能打3支箭。这样轮着轮着地打，直到把预备好的奖品打完为止。拔河组安排在村委会旁，每个组10人。男的比一次后，女的又比，然后又轮下两个组，奖品是大包洗衣粉一包。小孩们还是排着队，一个接着一个地丢沙包，每人只能打3下，打中一个就给一瓶娃哈哈。各个组负责人都是组长和副组长。在活动中专门给客人们发瓜子的是村里的妇女们，工作人员是山上下来的那几个小组的村民。

因为今天下雨，所以下午5点后，活动就结束了，大家也就回去了。村民们希望明天能天晴，这样在活动中就可以玩得更开心了。

2015年2月20日　星期五　晴

今天是春节活动的第二天。早上开始就有人在球场上走动，有些球员在扫球场。有些做生意的在球场旁摆着摊，有的卖凉粉，有的卖米线，有的烤火腿肠，还有的卖些小零食。到了10点，就开始进行篮球比赛了。每个组都有篮球比赛，所以不赶紧打，村里是打不完的。白天还是跟昨天一样射弩弓、拔河、丢沙包，不过参加活动的人比昨天多了一半。因为今天天晴的，特别是射弩弓的人很多，山上村子的中老年也有下来看的，所以村里很热闹。今天上帕和马吉村民来跟我们村的人比赛篮球，篮球比赛比到晚上10点多才结束。

2015年2月21日　星期六　晴

今天是春节活动的第三天，篮球比赛更激烈。今天射弩弓的人比昨天的还多，另外两项活动也是照常做着。至于玩不动和没兴趣玩的老人，在旁边加油助威，还是给了他们每人一袋洗衣粉，这样他们回家的时候也就不是空着手了，做生意的村民生意也是十分红火。篮球还是打到晚上才结束。有些妇女今天早一点回去了，因为明天是星期天的，她们得准备猪食，其他的人都是打完篮球赛才回去的，今天就这些了。

2015年2月22日　星期日　晴

今天仍有春节活动，所以只有少部分人去教堂聚会。球迷和运动员在球场上玩，中午礼拜结束后，开始进行拔河比赛。今天只有这两个活动项目了。射弩弓和丢沙包这两个项目取消了。截止今天，篮球比赛胜负差不多知晓了，明天争夺冠军、亚军。今年的春节可能就这样结束了。今天打到晚上9点就休息了，但是村里依然很热闹，直到11点左右，村里才安静了。

峡谷回声　福贡县鹿马登乡赤恒底村傈僳族村民日志

2015 年 2 月 23 日　星期一　晴

篮球赛还没有结束，所以今天还要继续比赛。可是有几个小组没来参加决赛，只有娃底三组和密丁戈组在比赛，结果密丁戈组赢了，今天看球赛的也不多，可能有些村民去忙了，今天村里有几个人去六库热水堂泡澡去了。今天娃底三组的阿格在家准备婚礼用品，他们家明天举办婚礼，所以晚上唱诗班也在练歌。直到 10 点才散了，这样大家就散了。

2015 年 2 月 24 日　星期二　晴

今天我们村里有两项集体活动，不知道合不合"双喜临门"这个词的意思。第一件事是娃底三组的格三结。他们在家办喜事，去的人很多。新娘是阿兰甲村的，他们的结婚仪式是宗教仪式，去做客的大部分村民都去教堂参加婚礼。第二件事是娃底一组的村民去江边找有鹅卵石的地方去玩。他们也是集体去，带着这次春节活动篮球赛的战利品去玩，而且饭也是在那吃的。去那玩的多的是孩子们，老人们去的不多，那个地方离我们村子远，有两公里多。有鹅卵石的那个地方长三四百米。所以在那里举办活动就很方便，他们放着录音机，有些人玩牌，有些人跳舞，有些人在聊天，有些人捡石子，他们玩得很开心。今天就是这两件"喜事"了。

2015 年 2 月 25 日　星期三　晴

今天是鹿马登街，所以有些村民去鹿马登赶集。另外，今天阿娜老师也来我们这里，要办一个傈僳族民间文化课堂。所以我和我兄弟早上就联系几个孩子，好让他们吃完早饭来上课。阿娜老师 10 点多到我们村，这时我们也刚吃完饭。我们也马上召集早上约好的小孩们，在云南大学傈僳族研究基地里合了个影。然后就在我家里教小孩们怎样生火、杀鸡，然后再烧再洗再切，一个过程一个过程地教他们。参加的小孩有 15 个左右，他们也在一旁仔细地学着，再教他们怎么煮饭。

这样教完后，教他们怎样穿戴傈僳服饰，再教他们种苞谷、熬苞谷稀饭、编竹篮、织布等工序。教完这些后，时间已经到下午3点多了，然后我们一起吃煮苞谷稀饭和漆油鸡。吃完饭后，小孩们交了作业（今天的学习感受）就各自回家了。阿娜老师办完事后就回去了。今天就这些了，心里也挺高兴的，因为是老师他们这样地支持我们民族，不然下一代的人可能就会弄丢了傈僳族传统文化。现在就教他们这些，很可能他们以后会用得着。

2015年2月26日　星期四　阴转雨

今天早上吃完饭后教堂的喇叭里通知："今天也是拉沙子，所以教会里的弟兄姊妹都要来，不来的话人手就不够了。因为我们的教会食堂已经是好多年前建的，现在已经旧了，今年要修一下。"有些姊妹去江边的沙滩上上车，有些在食堂里做饭，有些在下车处卸一下，等等，都是各做各的。中午吃的是馒头。拖拉机师傅们都是我们村的人，沙子拉到下午5点多。然后大家都回到食堂里，吃完饭后大家就都回去了。

2015年2月27日　星期五　雨

雨从昨天下到今天，还是没有停。村民们有不得不去干活的就出去去干了。娃底三组约翰的儿子老三明天要举办婚礼，今天在家里杀猪杀鸡，准备各种各样食物。晚上还在教堂里排练节目。今天由于下着雨，天气也冷，所以村民们也早点休息了。

2015年2月28日　星期六　晴

今天娃底三组的阿肯家举办婚礼。听说新娘子是利沙底乡人。他们家早上就很忙，亲戚朋友们也到他家帮忙。上午10点多，江东桥头公路旁，各样车长长地排成一排了，不知道的人还以为是堵车了，那些都是来阿肯家做客的亲友。他们家客人来得比较多，因为他爸爸是干部，他哥也是干部，他也是有工作的，所以教堂里差不多是坐满了。为他俩祝福讲经的是贡山县教会主席，在教堂里举办完婚礼后，所有人去他们家挂礼、吃饭，他们家一直忙到了晚上。

2015年3月1日—31日

2015年3月1日　星期日　晴

跟往常一样，早上起来后信徒就去教堂做礼拜，有一个人留在家里做家务，有些家是全家都去做礼拜。早上聚完会后教会里的高音喇叭通知，中午聚会时叫大家穿着傈僳服饰来教会，"今天有外地领导来慰问我们，请大家一定要穿着民族服装来。"到了11点左右，村民大部分都穿着民族服饰来教会，只有少部分没有穿着民族服饰。从外地来的领导们也到了，聚会就开始了。先唱赞美诗，然后有献唱诗歌的，来的客人们也不停地拍摄。这样的聚会结束后，领导们就回去了，村民也回家了。晚上聚会结束了大家才回家休息。

2015年3月2日　星期一　晴

今天村里来了乡里的工作组。他们来看正在建改造房的有没有建完，合不合格，有没有按规定进行建设，还叫他们要按正确的方法接电线。然后让建改造房的村民全部集中在村委会里开会。最后告诉在建改造房的村民的卡上政府已补给他们2万元。村民们听到这个消息，脸上都露出了笑容，开完会后，大家都散了。

今天我的开学时间也到了，所以我骑摩托车去了六库州基督教培训中心。回到那里，见到了分别已久的同学和老师，心里十分喜悦。晚上，我们聊了很长时间才睡觉。

2015年3月3日　星期二　晴

今天我们6点半就起床了，虽然天还没亮，眼睛也睁不开，可是不得不起，要遵守校规。今天第一天上课，好多同学有点坐不住，食堂里的饭菜有点不习惯。但是同学们都坚持着上每一节课，老师讲过的内容，大家都记在本子上。今天我们老家下雨了，所以只有不得不出去的村民才出去干活，其他的都在家里休息着，有些去朋友家聊天去了。村民们也就这样过了一天。

2015 年 3 月 4 日　星期三　晴

今天早上娃底三组的喇叭里通知："今天通亚朵的公路要开挖了，量到公路线的村民要去砍柴，不然柴就会被埋掉。"这样通知了几遍，中午就开始挖着通亚朵的公路，还有通密丁戈和王咀的路也是每天照常地挖着。现在村里有些村民已经开始忙着了，有些准备种苞谷。所以就先收拾地里的苞谷秆，有些准备撒秧，就开始要耕地了。有些人去外地打工挣钱了，但还没有买到车票，过了这两天村民们还是会去买的。今天就这些了。

2015 年 3 月 5 日　星期四　晴

现在我们在过校园生活，每天都无忧无虑地过着。这个学期现在才刚开始几天。虽然这里的气候与家乡的有点不同，可每个同学都坚持上课。这个学期新增了几个新同学，他们去年上了半个学期，今年下半个学期补完了就可以领到结业证书了。学员们上课时间专心地上着，下课时间喝杯茶、聊聊天，这样在学校里不知不觉地又过了三天。

2015 年 3 月 6 日　星期五　晴

下午最后 3 节课是体育课，第一节课是音乐课，但是我们的老师要带我们去灯笼坝"县两会"参加篮球比赛。我们学校里的学员没有全部去，只是挑选了 10 多个球员。他们的人很热闹地欢迎了我们，第一场是学生队跟学生队比赛，因为在这个球场里没练过球，所以他们输了。第二场是老师队跟老师队比赛，结果"州两会"的老师们赢了，所以我们也很高兴。比赛结束后，我们吃完饭就回来了。听说今天在我们赤恒底，给村里退耕还林的村民发核桃苗，领到后就回去退耕还林地里种。今天就这些了。

2015年3月7日　星期六　晴

早上上完课后，中午就放假了。离学校近一点的学生就回家了。福贡学生也回去了几个，听说他们家里有事就回去了。在学校里的有几个连街子都没有去，洗洗衣服，然后留在学校里看书。大部分的学生就去街上买所需要的东西，买好后才回学校。晚上在教堂里做礼拜。

2015年3月8日　星期日　晴

今天早上，我和另外3个伴相互约着去大南茂生产连教会。因为那里有一个叫约瑟的人跟我的伙伴阿邓是好朋友，所以我们几个早早就去了，在那里参加早堂的聚会，他们很热情地接待了我们。早上的聚会当中，所要侍奉的工作都交给了我们三人。比如：领诗、祷告、讲经。他们这里早上也要献唱诗歌，我们几个早上没有献唱。早上聚完会后，在约瑟家吃饭，在那里歇着，白天聚完会后就回学校。他们还给了我们车费每人50元，我们也很感谢他们给我们的车费和热情的款待。今天就这样过了一天。

2015年3月9日　星期一　晴

今天早上的课和晚上的课是正常上完了，但是晚上的两节课是选班委。因为上个学期大家互相不认识。所以上学期的班委都是由老师任命的，这个学期，老师们前几天就通知要选班委。今天晚上铃声一响，同学们刚准备看书的时候，我们的班主任老师来到讲台上就说在这两节课选班委。让大家撕一小张纸，然后写上班长和副班长的名字还有学习委员和生活委员的名字。大家都按老师的吩咐，马上写名字递到前面班主任的手上，然后他叫两三个人计算结果。最后选出了班长阿三华、副班长余志刚、学习委员余学后、生活委员用南。然后班主任说了几句关于纪律方面的话,再做了结束祷告后,大家就回去休息了。

2015 年 3 月 10 日　　星期二　　晴

听说这两天村里可忙了!而挖公路的 3 个组每天都进行着,他们在挖王咀路、正朵路和汪然路。这两天又加入一条,那条路是以前通批过的老路,现在要加宽加大。这一条路只有一辆挖掘机,而通往亚朵路和汪然路的是两台挖土机,一前一后地挖着。所以村民们都在想今年可能只有小部分地才种得成苞谷,因为到处都在挖公路,所以好多苞谷地都被土堆覆盖。而没涉及到挖公路的苞谷地,有些村民已经在收拾苞谷秆了,准备过两天就种。有些村民准备撒秧了,有些家还撒不成,因为政府号召要村民们挖梯田,所以只好等待着。现在村里很热闹,有那么多组工程队。

2015 年 3 月 11 日　　星期三　　晴

今天还是写我们赤恒底村里的事情。听我们娃底 3 个组的喇叭里通知,叫村民们今年不要买稻谷种子,因为今年村里这么多地方挖公路,水沟全部都毁坏了,今年可能修补不好,明年修好之后再种稻谷,有些家的苞谷也种不成,现在的村民找猪食都要小心着。

因为是农忙季节之中,大家都是该干嘛干嘛,有些人一直忙到晚上。今天就这些了。

2015 年 3 月 12 日　　星期四　　晴

今天学校的老师们给了我们一个新任务,这是中午的第一节课里胡大卫老师安排的。胡老师说我们在这里已经学了一个学期了,所以这个星期六我们需要去锻炼,去别的教会探访。我们 3 个人一组。胡老师说完后他念完 3 个人的名字,说 3 个人起来互相认识一下。然后告诉给我们需要去的教会。他告诉我们怎么说话，还有所要注意的事项。所以晚上的自习课是大家在准备讲章，直到下课铃声响了，大家才去休息了。

2015年3月13日　星期五　晴

今天还是写着在学校里的日志，因为今天学校活动，前一个星期我们去灯笼坝两会打篮球比赛。今天他们县两会的师生都来这里比赛，啦啦队在外面呼喊着，球员们也激烈地打着球。第一场学生跟学生比，第二场老师跟老师比。但两场都是县两会赢，最后他们在这里吃了晚饭就回去了。学生们也很愉快。

2015年3月14日　星期六　晴

今天早上的课程上完后，就要按组去别的教会探访了。最后一节课老师交代我们去别的教会怎么怎么做。吃完饭后，大家收拾一下东西就相互约人出发了。我们组下午1点才出发，是我们的一个同学领我们去的，我们顺利地到了他们村里，直接进了他们教会的执事家里。跟他握个手，他很热情地接待了我们，然后在他们家吃晚饭。晚上的聚会侍奉当中，领诗、讲经都由我们3个人来做。晚上的聚会，由我来领诗歌，阿迪讲经。聚会完了后，我们还是回到他们家里去睡觉。

2015年3月15日　星期日　晴

今天我们还是在大山坪子教会，继续教会侍奉，负责领诗、讲经等，我们的另外一个同学是独龙族女孩，她不会讲傈僳语，所以早上讲经她都是用汉语来讲，中午她还教了一支舞蹈。

中午聚完会后，我们在他们家吃完饭。跟大家告别后，我们就回学校了。有些同学还没有回，有些在城里吃了饭才回学校。晚上睡觉之前，大家都互相分享这次见证，有些组受到了最好的待遇，有些组走路走累了。不过大家都很高兴。

2015年3月16日　星期一　晴

这两天天气渐渐变热了。由于天气的变化，许多学员都感冒了，但是他们仍然留在学校里上课。中午那几节课天气很热。听说五六月份的天气比现在还热，但是学员们没有灰心。大家都说，我们只有最后3个月了，大家都要坚持学完。虽然学生们很热，但是比我们热的是老师们。他们每一节课都要站着讲、站着写，他们那么努力地工作，都是为了我们能够多学一点，我们感谢老师们。老师们，你们辛苦了！

2015年3月17日　星期二　晴

今天村里可忙了，大部分的村民在忙着种苞谷。今年的稻谷是种不成了。挖公路的工程队每天都在继续着，还有两个组是挖梯田的。所以村里很热闹。我们家的邻居今天浇灌房子，我妻子也帮他家做饭去了，一直到晚上7点左右才完成。因为累，村民们晚上聚完会后，都早些休息了。

2015年3月18日　星期三　晴

今天早上村里的喇叭通知，上午到江东桥头去领草果苗。村民们听到通知声后就去了桥头，听说今天我家也领到了5捆草果苗。还有今天鹿马登完小的学生们放假，有些家长不管家里怎么忙，还是先把家里的农活丢了，去接孩子们，接回家了才去干活。现在正是农忙，村民们都去地里种苞谷了，晚上还是照常聚会，完了后大家才休息。

2015年3月19日　星期四　晴

这两天村民们还是很忙，因为一年之计在于春嘛。大部分村民都在种苞谷，有些家的水田也要种苞谷。今年整个村都要通公路，挖公路的时候水沟也全部毁坏了。

2015 年 3 月 20 日　星期五　晴

听说我们村里还是很忙。今天村委会给我们布置了一个任务，叫村民们去江边栽毛竹，每户栽两株。村民们每一家都要去栽，不栽的话，每年每家补助的 1000 元就没了，栽完后到副组长那里登记。这两天天气越来越热了，所以村民们有些早早地就出去干活了，白天休息。种完苞谷的村民们就歇一歇，别的村民还是种到晚上才休息。

2015 年 3 月 21 日　星期六　晴

今天又是我们学校里的学员去别的教会实习的日子。有些同学有点紧张，所以早上的课第一组、二组老师给我们做预备讲章。有的已经预备好了，但是有些还没有预备好。第三至四节课，老师分派给我们各组要去的教会地点。老师已经拟好了，所以按他分配好的教会指给我们。怎么走，从哪里上去，都一清二楚地告诉我们。下课铃声响了，同学们就赶紧吃饭，吃完饭后，远一点的那个组就带好东西出发了。别的那几个组还在学校里，有些去街上逛了几圈才去。我们组分配到了阿摩叶底教会，但是今天我们组的安迪他家里有事就回去了，只有独龙族的小杨和我去了。

我们下午 3 点多从学校出发，到了阿摩叶底，见到一个村民问了他一下执事家在哪里，他就指给了我们怎么走，我俩就顺着他指给的方向找到执事家。他已经在那里等着我们了，握个手，很热情地招待了我们。我们告诉他，是学校里的老师分配我们到这里实习的，我们一直聊天，之后在他家里吃晚饭。他给我们做了好吃好喝的饭菜，我们吃饱喝足后休息了一会儿，就去教堂了。

他们这里晚上 8 点才去教堂聚会，这时天也黑了。来教堂聚会的人也不多，只有 30 个左右。他们就把教会里的事情安排给了我们两个，我讲道、小杨祷告。聚会完了后，我们俩还是去了执事家住。

2015年3月22日　星期日　晴

早上，等我醒来时，主人家早就起床了，早点都做好了，但小杨还没起来。我们吃完早点就去教会了，今早上小杨讲道，我当翻译，因为他不会讲傈僳语，所以他用普通话来讲。讲完后我来领唱赞诗，早上的聚会就这样结束了。然后又去执事家吃饭，到了12点又去教堂里做礼拜。白天来参加的可多了，小杨祷告，我讲经，他们教会里的一个颂诗，白天跳舞的有两个组，唱诗歌的有一个组，直到下午2点多聚会才结束。最后我们在执事家里告别，教会里还一人给了我们100元。我们也很感谢他们这么热情地招待了我们。之后，我俩就回学校了。

2015年3月23日　星期一　晴

听说这两天村里很忙，主要是忙着种苞谷。其次，是要加宽田地。这些是政府免费挖给我们的，但是我们还得在自家田地里守着，挖到别家的地就不好了。另外，今天各个组的喇叭里组长通知说去江东桥头领草果苗，每家每户都有。村民们听到通知后，就去江东桥头领草果苗去了。今天就这些事了。

2015年3月24日　星期二　晴

听说今天挖土机师傅来挖我和我弟弟的地，所以他们早早地就去地里了，指给师傅我们家的地界。然后挖土机师傅就操控着机械，一点一点地挖着。他们12点钟才回去吃饭，吃完饭后又继续地挖着，一直挖到了下午6点半，然后才回去了。不管今天怎么努力，还是没有挖完，明天还是继续挖我们家的地。

2015年3月25日　星期三　晴

今天，全村人都去山上清理水沟。村民家家户户都得早早地起来，因为要走两个小时左右才能抵达目的地。这两天农忙，村民不去的，每户要交50元。有些早早地去的，还可以找些野菜。所以山上每一条水沟上都有人，每个组都有男的在前面砍草，妇女在后面清扫。这样，每个组都清扫完后，登记下名字。有些就直接回家，有些还去找点柴背回家。村民们都说今天有点累，都是因为走路走的多，所以大家也早早地休息了。

2015年3月26日　星期四　晴

现在我们赤恒底村到处都在挖公路，常常会听到挖公路和机械操作的声音。在田地里加宽的那两台机器也继续操作着。今天在挖着我和我弟弟家的地，可能明天才能挖好。师傅们除了吃饭时间外，别的时间一刻都没有休息，都在自己的岗位上工作着。还有田地的主人们也是一直守着，直到师傅们下班了，他们才回家休息。在党的关怀下，现在农民的日子越来越好过了。

2015年3月27日　星期五　晴

今天中午，有几个学生向老师请假回家，因为家里这几天是农忙，所以请假回家去帮家里种苞谷，我也回家了。今天中午只有音乐一节课、体育两节课，没有正课，大家也是因为这个原因请假回家的。请假回家的有10多个。我和汉语班的一个同学是乘客车回家的，其他同学乘一辆车回去了。傍晚7点左右，我们就平平安安地回到了家。回到家里看看村里的境况，真的变化不少。不过天要黑了，我们吃完饭就休息了。

2015年3月28日　星期六　晴

今天是福贡街子天，所以村里早上就有人走动着。去城里卖菜的妇女就出发了，做生意的人也出去了。另外，今天鹿马登中学和小学都放假了，家长还是去接孩子。还有在田地里挖地的挖机师傅还是从早到晚地操纵着机器，今天我们家的田地有可能改得完了。我和妻子在改好的田地里清理石头，若不把石头抬完，可能会种不成苞谷。有些人觉得挖了以后会麻烦，因为石头挖出来也没摆处，再说挖了以后土质也不好了，再过三四年后才能种得成稻谷。但我想，我们麻烦也只不过是三四年，以后我们会节约更多的劳动力。我们也很感谢党的同志们，谢谢了。

2015年3月29日　星期日　晴

今天还是跟往常的星期日一样，早上起床后就去教堂做礼拜，然后回来做饭吃。中午又去教堂做礼拜，做完后在家休息。有些村民去赤恒底罗干看看别人家小改大的田地，具体改得怎么样，看了看后才回家。晚上也是做完礼拜才休息。但是去参加复活节的信徒们还得排练舞蹈和诗歌，因为复活节马上就要到了，计划4月11号开始过。所以他们得抓紧排练，他们一直练到10点多，才各自回家去休息了。

2015年3月30日　星期一　晴

今天有些村民早早地起床就去地里干活了，因为这两天白天很热。不过，有些人还是吃完早饭后才去地里干活。现在赤恒底罗干到耶独那里的田地还什么都种不成，耶独那里的那台挖土机坏了，师傅们修理了一天也没见修好。村民们的心焦急万分。我们家还是去田地里捡石头，不管天气怎么炎热，我们都埋头干。干到了4点多，清理已完成了，我们才回了家。今天就这些了。

2015年3月31日　星期二　晴

今天我们家早早地起床去种苞谷了。因为我儿子今天要回学校读书了，还有我也已经请假三四天了，我也准备回学校了。我们找好需要的东西以后，就徒步来到我们家的田地里。因为是昨天就已清理好了，我们3个分配好任务后就开始种苞谷了。我和妻子挖坑，儿子放苞谷种子。我们挖坑的时候，有些地方有些难挖，因为里面还有石头没有挖出来，有些地方好挖。等坑挖好后，让儿子继续放苞谷种子，我和妻子撒化肥。今天来种苞谷的有好多家，我家下面的普利一家也在种，右边的阿此家也在种，上面好永生家也在种。小改大的挖土机师傅今天就改着邓路友他父亲家的地，老人家两个在旁边指给师傅怎么做。我们1点就种完回家。休息了一会儿，我和儿子就回学校了。

2015 年 4 月 1 日—30 日

2015 年 4 月 1 日　星期三　晴转雨

今天在学校里的生活，虽然不是小时候读书那样，但我们这个学校里的学生还是坚持好上每一节课。下课时间才去卫生间，有些同学回宿舍喝杯茶、聊聊天，然后又马上回教室继续上课。我们怎么也学不进去的有一门课，那是"圣经地理"课，那些地名、图画、年代怎么也搞不懂，今天又学了两节"圣经地理"课。晚上不上课，在主恩堂里做礼拜，做完后大家才各自回去休息。

2015 年 4 月 2 日　星期四　晴

听说今天在我们村里，3 个组的喇叭里通知说，还没有办好信用社一本通的话，赶快到信用社里办理，不然以后就难办了。现在这几年里，政府补贴都要从一本通里汇给我们，我们的补贴有好多种，种子补贴、退耕还林补贴、牲畜补贴等。所以家家户户都有一本一本通，没有的就是今年或是去年才刚刚成家立业的，所以他们要去补办，办好后有什么补贴就能领着了。

2015 年 4 月 3 日　星期五　晴

今天下午 3 节课都要上体育课，因为我们的余老师有事，所以音乐课没有上，全都上体育课了。体育课里我们进行篮球比赛，男的跟男的比，女的跟女的比。有些人在球场外面呼喊着，为各班加油。晚上自习期间，我们的胡老师又像前两次一样，分配我们到别的教会里实习。这次分配的区域是六库镇范围，有些人分着近一点的教会，有些组去的地方还是有点远。分完后大家都相互讨论，怎么怎么做，然后练一下歌。下课铃声响了后大家就休息去了。

2015年4月4日　星期六　晴

今天早上的课上完后，大家就准备去别的教会了，所以大家需要去街上的就去了，还有洗衣服的、练歌的。忙完后有些人就出去了，有些是搭车去的，有些近一点的就走路去。我们组独龙姑娘今天有事，这次她没去，我和阿迪骑着摩托去松坡教会了。到了那里我们就问执事家，然后我们就去他们家了。在那里他们很热情地接待了我们，我们也在他们家吃晚饭，在他们家睡了。

2015年4月5日　星期日　晴

今天我们还是在他们家里，当地的长老们都很热情地招待了我们。早堂和午堂的事奉都交给我们，讲经、领诗都让我们负责。所以，阿迪讲经，我领诗；我讲道，阿迪领诗。下午回学校时他们还给我们每人路费50元，我们3点半就回学校了。晚上在主恩堂里做礼拜，完了后大家才休息睡觉。

2015年4月6日　星期一　小雨

今天泸水县一年一度的教牧培训又要开始了，所以我们学校里的学员很忙，早上的课上完后，在学校里搞大扫除。

晚上7点进行教牧培训开幕式。主席在讲道结束后，交代了短期培训期间的工作安排。早上6点半起床，7点进教堂，听道30分钟，互相认识，相互交流。8点钟上正课，到11点45分休息，12点吃午饭。主席强调了几点："听课时不准出出进进；在培训中心培训期间，要遵守各项规定，顺利完成学习任务。晚上10点30分准时熄灯睡觉。"

2015年4月7日　星期二　晴

今天在"州两会"里办教牧培训。第一天，全体学员都6点半起床。今天在学校里人太多了，很热闹。今年来培训的学员有300多人，吃饭都分 3 批轮流吃。我们是在教室里上课，早上上 4 节课，晚上 2 节课。由于今天是第一天上课，大家都有点坐不惯，所以有点累。客人们的睡处都在汉语班教室和我们班的教室，由于还是睡不下，所以哪里有空位，就给他们在哪里睡。晚上睡觉铃声响了，大家就关灯睡觉了。

2015 年 4 月 8 日　星期三　晴

今天是培训期间的第二天，学校里由于人很多，所以上厕所都得排着队。这次来的男性老人比较多点。我们几个学生分成 5 个组，每天一个组在厨房里帮忙，要做烧水、洗菜、洗碗、摆饭桌等工作，所以帮忙的那个组就上不着课了。今天中午，操场上的车全部开出去，然后课余时间在球场上进行篮球比赛。晚上在教室里开联谊会。

2015 年 4 月 9 日　星期四　晴

今天是基督教两会教牧培训的第三天。学校里照常上着每一节课。今天是我们第三组帮厨的日子，我们组全天在厨房帮忙。我们组只有十五六个人，两个人去烧火，其他人洗菜、切菜、摆饭桌。下午 5 点多，全体培训人员照了几张合影，然后吃饭。课余时间在打球。晚上 9 点半才下课。

2015 年 4 月 10 日　星期五　晴

今天是教牧培训的最后一天。大家在学校里过着学生般的生活。州两会主席和会长们还与大家合影。晚上举行闭幕式，两会的主席、会长分别讲话，福源代表队和沪水代表队也上台讲话，学生代表也做了发言。大家讲的都是感谢话。闭幕式结束后，两会工作人员给学员们发路费，路远一点的就多给一点，路近一点的就少给一点。听说福源上来的人给 200 元，其他的就不知道了。家近一点的就连夜回去了。我们也 11 点半左右就休息了。

2015 年 4 月 11 日　星期六　晴

从今天开始，这里的主恩堂要过复活节了。我们学生还得帮主恩堂的弟兄们，我们学生也分好组了，帮厨组、上菜组、清洁组、保安组、电工组、烧水组。大家都按分好的组来工作。早上是我们和主恩堂的弟兄们一起做吃，晚上是准备大家吃的饭菜。一天当中，我们都没有休息。下午 3 点多钟客人们就开始陆续集中到教堂了，下午 5 点多就给他们吃饭。晚上聚会是 7 点开始。聚会当中，唱赞美诗，讲经，献唱诗歌，今晚不跳舞。以上节目结束后，强调了一下规章制度，然后大家就各自回家睡觉去了，有些路远的就让他们在学校里休息。今天就这些了。

2015 年 4 月 12 日　星期日　晴

今天我们学校里的学生和主恩堂的弟兄姊妹一起过复活节的最后一天了。早上的聚会人还没有那么多，可是中午来参加复活节的人就多了，有八九百人，车都开不进来了。教室里也坐不下，于是学生就给他们让座位。学生们在外边的操场里，帮厨组的人继续在厨房帮忙，清洁组的也继续搞卫生。下午 4 点半就开始吃晚饭了。晚上聚会的人就没有那么多了，可是献唱、献跳的人比较多。还是 10 点半左右才结束，然后大家就回去了。

2015 年 4 月 13 日　星期一　晴

听说今天早上村里的高音喇叭里通知："要学厨艺的到政府那里报到，不用交学费，而且只培训 10 天，要去的今天去，不然就没机会了。"村民们听到通知后，年纪轻一点的就去了几个，他们说到了乡政府后在那里登记了名字和身份证，讲给他们培训地点、时间等。还说培训期间没有劳务费，车费会补给每人 150 元钱。来参加报名的人有六七十个，他们学完后还可以领到厨师证，所以去参加培训的人也很高兴。他们报好名之后就各自回家。

2015 年 4 月 14 日　星期二　晴

昨天登记学厨艺的人早早地起床去鹿马登了，因为 8 点以前要到乡政府那里。听说今天去的人比较多，大概有 90 人。所以他们分成两个班来教，每个班 40 多人。上午是放着电视来学，中午开始就亲手试着做一下。学员们早饭和中午饭在那里吃，晚饭是在自己家里吃，他们下午 3 点半就放学回家了。

2015 年 4 月 15 日　星期三　晴

今天村里各个组的喇叭里通知："等一下中午发旧衣服，每家都要留一个人。"早上，去学厨艺的就去了，我们村里去的有 16 个人。他们上午 9 点开始上课，中午饭和晚饭都在那里吃。他们下午 4 点半就回来了。今天发旧衣服的是中午 12 点开始发，今天来的人才给发，没有来的人就不发，而且今天是一个村委会上的全部村民都发，发了两个小时左右才发完，领到衣服的人就回家去了。

2015 年 4 月 16 日　星期四　晴

听说村里培训厨艺的妇女还是按时参加培训，下午 4 点回家。还有村里的建新桥项目，这两天已经开工了。只是这次不是建在旧桥那里，而是建在粮种场那里。那里以前就建过一座，工人们在旧桥堆里挖着。老桥那里也在补修，这次补修只是随便地翻修一下，不让过重车，只是让微型小车和摩托车通过。这几年村里在变化着，每天都在建设着，我们也很感谢党和政府。

2015 年 4 月 17 日　星期五　晴

今天早上，我们村里各组喇叭通知，村民没有农业银行卡的赶快去办理，因为政府给我们的边区补贴会打在农行卡上，没有的就没有办法打钱到卡里，所以必须去办。下午 6 点左右，各组的喇叭又通知叫村民马上拿着户口本、身份证到扒路家门口开会。这样通知了几遍，听到通知后就都拿着证件去登记了，先到的优先登记，之后就回家了。

2015 年 4 月 18 日　星期六　晴

这两天去鹿马登学习厨艺的妇女们还在学习。今天鹿马登的学生都放假，有些家长还是去接孩子去了。另外，今天教会里的喇叭里也通知，今天要挖教会食堂地基，每家都要去一个。我们教会食堂好多年都没有改造了，今年准备改造，旧房子已经拆完了，今天开始要挖基础了。去的人干得衣服都被汗水湿透了，下午 4 点多收工吃完饭，然后回家。

2015 年 4 月 19 日　星期日　雨

今天因为下雨，所以去教堂做礼拜外的其余时间，都在家里休息着，今天工程队也休息着。雨一直下到晚上，所以没什么写的了，就这些。

2015 年 4 月 20 日　星期一　晴

今天天气晴朗，村里的工程队又开始工作了，有两个组是挖公路的，两个组是在田里进行"小改大"的，另外教会的厨房还在挖着基础，有些村民就去那里帮忙。鹿马登中学和完小今天放假，村里的学生回家去了。我还是在六库圣经学校学习。

2015 年 4 月 21 日　星期二　晴

今天我们学校里的伙食可好了，我们上午刚上完两节课后在做操时，忽然听到摩托车声，然后开进来一辆两轮摩托车，是我们的同学恩玉男。他拉着几只小猪，是带给我们吃的。总共有 4 只小乳猪，3 只是他自家奉献的，另外一只是他叔叔家奉献的。今天值日的第二组，在我们睡午觉的时候杀了小猪处理好后才休息。在晚饭前，由老师为奉献小猪的人祈祷祝福，祷告完后我们才吃。今天每个学生和老师都吃得饱饱的。

2015 年 4 月 22 日　　星期三　　晴

因为下雨，村里大部分的人都在家歇着，但家里没有猪食的妇女还是冒着雨去找猪食。还有人在教会挖食堂基础。在鹿马登政府里学厨艺的妇女，昨天已经结束培训了。

2015 年 4 月 23 日　　星期四　　晴

听说今天娃底二组友里三家浇灌房子，所以大部分的村民去帮他家忙。我们教会的食堂地基这两天还在清理状态，妇女们要去做饭，不管她们家里有多忙，还是抽时间来这里做饭，她们一直做到下午 5 点半左右，吃完饭就回家了。

2015 年 4 月 24 日　　星期五　　阴

今天我们在学校里正常地上课。由于天阴，所以没有那么热，不然这两天越来越热了。我们明天要去别的教会实习，但有些同学家里有事请假了，所以老师有点不好安排。今天下午的两节体育课还是在打球，是汉语班和傈僳班比赛，不打的同学在外面加油。晚自习期间，同学们在预备讲章。

2015 年 4 月 25 日　　星期六　　小雨

今天里早上一、二节课是思想政治课，因为我们的 8 个同学请假回家了，所以我们的班主任有点生气，给我们上了两节思想政治课。第三节给我们安排实习教会。我们去他那里领一张已经写好的纸条，纸条写着从哪里走，要走多远，车费是多少。然后才上课。下午的课上完后，我们同学分好组就出发了，有几个组还在练歌，有些还在练舞蹈。下午 2 点左右全部学员都出发了，我们组也按照老师安排的路线在前进，我们很顺利地到达了目的地，他们很热情地接待了我们，我们 3 个在礼拜长家里吃住。在那里歇了一个晚上。

2015 年 4 月 26 日　星期日　雨

今天从早上开始就下着雨，我们所在的教会名字是罗乃教会。我们早上的聚会和中午的聚会都在那里。领唱和讲道的都是我们3个人。白天聚会完后，我们3个人准备回家，他们还给了我们每人100元做路费。我们很感谢他们，他们给了我们很好的接待。我们回到学校后，有几个已经在学校里了，有些人还没有回。我们互相交流了一下这次的实习经历。在待遇方面，有比我们组好的，也有比我们组差的。晚上，在主恩堂聚会。

2015 年 4 月 27 日　星期一　阴

听说今天我们村里娃底三组的奴里生奶奶去世了。一早上各个组的喇叭里就通知，要去他们家帮忙。所以，今天村里人都在他家帮忙。另外鹿马登中学和完小的学生都放假，有些家长就去接小孩，今天就是这些了。

2015 年 4 月 28 日　星期二　阴

我们在学校里每天都照常上课。因为这两天下了点雨，所以没那么热。我们上课也挺有精神。今天轮到我们第三组值日。今天我负责挑水，早上要比他们起得早一些。烧好之后，方便同学们让他们用温水来洗脚。每次吃饭前我们摆好菜和饭。吃完后洗碗、洗菜，打扫卫生。除此之外，我们值日组还要扫教室和球场和卫生间。我继续烧水，让同学们一直到晚上都有热水喝。经过这么长时间的培训，在晚自习课上，即便老师不在，学生也不那么吵了，小伙子们也变乖了。

2015 年 4 月 29 日　星期三　阴

听说今天我们村里人还在挖着教会里的伙房基础，这两天还有人用手工来挖石块。所以这两天来做工的都是男工，每天有两三个妇女去帮忙做饭。其他村民还是各忙各的。挖公路的工程队也是每天都在工作。今天就是这些了。

2015 年 4 月 30 日　星期四　晴

今天我们还是在教室里正常上课。由于这两天天阴，所以没那么热。上课也没那么热，大家也挺有精神的。现在，我们的学业再过两个月就结束了。大家也把握着最后这段时间，有些同学连午觉都没有睡了。今天从外地来的领导来我们学校探访。我们唱了两首赞美诗欢迎他们，他们跟我们学校里的老师和两会的人交流了一会儿就回去了。他们走后，我们继续上课，直到晚上下课后我们才休息。

2015年5月1日—31日

2015年5月1日　星期五　晴

今天早上听到起床铃声后,我们就赶紧起床,洗脸之后,就去教室里做早祷会。我们在教室里静静地等了一会儿,然后铃声响了,大家都等待着。大家都想知道今天谁来主持、谁来领唱、谁来讲道,我们等了一会儿后,突然我们的提摩太老师走进教室说:"经过老师们讨论决定,五一节和五四青年节放假10天,10号要回到学校里。"听说这些,学生们都很高兴,然后就静静地听着老师讲话,他让我们在路上注意安全。老师讲完后,做了个祷告。我们吃完早点就回家了。

2015年5月2日　星期六　晴

今天早上我们娃底二组的高音喇叭里通知说,今早我们二组要扫路,请大家拿着扫把和锄头等工具到村委会旁集中,不准迟到,请大家快点。通知完后村民们就拿着扫把去村委会集中了,等人员差不多到齐后,大家就扫的扫,拔草的拔草,齐心协力。今天我们二组的扫的路段比较多。扫完后,组长还开了个小会说:"让村民们不要把车子停在路边,要停在自己的车库里等。"讲完后,大家签到后就回家了。

2015年5月3日　星期日　晴

今天跟往常的星期日一样,村里的基督徒早上起来后去教堂里做礼拜,回来后才做饭吃。有些家留一个人在家里做饭,其他人就去教堂。今天是5月头一个星期日,所以白天的聚会还要举行圣餐礼。

今天鹿马登中学和小学都收假,家长们送小学生回了校。

峡谷回声　福贡县鹿马登乡赤恒底村傈僳族村民日志

2015年5月4日　星期一　晴

今天娃底一组和二组的村民早上扫路。这两天挖公路组也不停地挖着，所以通往王咀的路差不多通了；通往亚朵的路也挖到半山腰了，亚朵的村民们也很高兴。而我们村的新五大桥也在动工，加宽水田的挖掘机也在工作着。村里每天都在变化，每天都有机械声，这些都是党在关心着我们的生活。在党的领导下，人们才过着幸福快乐的生活。

2015年5月5日　星期二　晴

今天我的二女儿准备去浙江她大姐那里打工，所以我们家一早就起床，做饭吃。我们送她到福贡车站，还买了她路上所需要的东西。她买的是下午2点半的车票，时间一到她就乘车去了。她离开后，我和老婆就回家了。

2015年5月6日　星期三　晴

这两天有人在我们教会的地基清理石头，有几个妇女做饭给他们吃。挖公路的工程队也是每天都辛勤地工作，还有修水沟的、建桥的工程队也在忙碌着。现在旧村委会和学校里都住着工人，村里的幼儿园也在上课。村里很热闹！晚上，在教堂聚会。

2015年5月7日　星期四　晴

今天早上10点左右，我们村上面的那几个组的村民三五成群地来到桥头，他们有些背着篮子，有些拿着绳子。一打听才知道今天政府给上面那几个组的村民发给小猪崽，他们是听到通知后才下来的。11点左右，从外面来了3辆农用车。里面拉着小猪，然后几个小组长分发给村民们。村民们领到小猪后就回去了，上午，桥头上很热闹，每个村民脸上都露出灿烂的微笑，有些人背着回去，有些人牵着回去。这些年政府经常给农民所需的物资，这样农民的生活就越来越好了。

2015年5月8日　星期五　晴

现在我们赤恒娃底教会里的厨房正在建设中，所以村里的基督徒有些还是自愿地出工。这两天，每天都在挖着地基，所以男男女女都帮得帮忙。午饭是吃米线，大家都一直做到下午5点才收工，吃完晚饭才回家。今天来干活的有30个人，大家都齐心协力，一起建设。今天就这些了。

2015年5月9日　星期六　晴

我们还在睡梦中时，突然听到我们组长在通知我们二组的村民去扫路。7点准时集合，这样通知了几遍。二组的村民听到通知声后，马上起床，然后拿着锄头、铁铲到集合点集合。等人员差不多到齐后，组长一声令下，村民就全部动了起来。今天我们要清理路边的水沟，全部清理好后，由村里的垃圾车拉走垃圾，我们也上车回家。今天有些人去福贡赶集，有些人去找猪食。晚上，在教堂聚会。

2015年5月10日　星期日　晴

今天早上起来后，先去教堂，然后才去做饭吃。今天鹿马登乡的干不新村新教堂举办落成典礼，所以有些村民去那里参加典礼了，有些还是在村里做礼拜。我们也该回学校了，我骑着摩托车跟两个伴一同回了学校。回到学校里，又见到那些熟悉的面孔，跟大家握手问候。吃完饭后，一同在教堂里做礼拜。礼拜结束，我们回到宿舍，再把书本和学习用品放到教室里摆好。

2015年5月11日　星期一　晴

六库的天气与福贡的天气截然不同，在这里很热。但是不管怎么热，学生们仍然上着课，还有今天我们福贡县两会的主席和会长来学校里看望我们福贡学员。晚上第一节自习课上，在学校的办公室里，为来自福贡的学生上了一节思想政治课，还说了些鼓励的话。两会主席和会长都讲完后，做了一个结束祷告，大家握手就散会了。我们就进教室，继续上课。

2015年5月12日　星期二　阴

听说今天我村里教会的厨房还在建设当中。所以有些村民连手上的活也停着，去教会帮忙做；拖拉机师傅们也是停着拖拉机去盖厨房。他们中午只吃米线或是面条，下午吃一顿正餐，吃完后就各回各家。傍晚时，有些村民在公路上散步。天气有点热了，村民在外面透透风。

2015年5月13日　星期三　晴

这两天在村里，有些男人在教会盖厨房，有些去别的地方打工挣钱，另外三四个妇女在教会里做饭，其他的妇女在自家的苞谷地里除草。今年有些家没有打除草剂，所以只好用锄头来挖，不管怎么炎热的天气，他们还是默默地低着头在挖着，直到下午三四点才回家去。晚上还是去教堂做晚堂，完了之后才回家。

2015年5月14日　星期四　晴

今天村民要早点起床做饭吃。因为昨晚就通知，前一次量好的退耕还林地，今天核对一下，所以前一次量着地的，今天10点多到自家地里等着。工作人员随后就到，村民们前一次量过，填好表的村民就先去了。有些量着两处的也有，那么那家就只好量完一处，再去另一块地里再量一次，量完的村民就可以回家了。工作人员就回到村委会里，然后他们也吃完饭，就回家了。

2015年5月15日　星期五　晴

这两天六库的天气越来越热，有些人前几天就换被子了，有几个今天才去买棉被。今天下午的两节体育课，我们还是比赛篮球，但是今天的比赛方式与以前不同。今天的比赛方式福贡的学生对泸水的学生，得胜的那个组与丽江和维西联合组上，他们两个组联手，人员才够，所以我们组先与泸水组比赛，我们的裁判是体育老师虎大卫，他也是满头大汗地跑来当我们的裁判。学生们不管天气炎热，在拼搏着，结果我们组胜了，所以还得比一场，丽江和维西的队员们已经迫不及待地要和我们比赛了，我们也只好歇一会儿跟他们交战了。但是由于体力的原因，他们组胜利了。在学校里就是这样像学生一样每天上课，心里也比较高兴。

2015年5月16日　星期六　晴

今天中午放学后，有些学生回家了，有些学生留在学校里看书、洗衣服，有些出去逛街，有些去逛公园。大家都是几个人一组出去。出去玩的同学有些在城里吃完饭才回校，在校的学生就在学校里吃饭。晚上没回家的学生在主恩堂里做礼拜，完了后，大家才各自休息。

2015年5月17日　星期日　晴

今天州两会的主恩堂里可热闹了。早上聚会完后，主持人通知说，中午聚会时要穿民族服装，到时候会发一些普通药，免费给妇女们检查身体，所以白天聚会时人就多了。聚会后检查身体的妇女挺多，还有电视台的工作人员也来采访。大约检查了1个小时，大家才回去。今天来这里的是怒江电视台和计划生育的单位，来的客人们检查完后，他们也回去了。晚上继续聚会，回家的同学们也全部回来了。晚上睡觉铃声响了，大家就休息了。

2015年5月18日　星期一　晴

早晨天刚蒙蒙亮，学校里的操场上就有人走动了，厨房里做饭吃的老大爷更是先前就起床了，火都烧得很旺了，给同学们烧水的我也是5

点半就起床来烧水了。天亮后，起床的那几个是积极分子，他们比别人起早，是为了多看一点书，别的同学都上课铃声响了才起的。今天是我们组值日，所以下课休息时间比他们少，但每个同学还是很乐意服务同学，毕竟每个星期才轮到一次。我们还是一直上课到晚上。

2015年5月19日　星期二　晴

听说今天村里可忙了，因为盖房子的人太多了。有些村民都不知道去哪里帮忙了，但不管怎么样都不能闲着，因为教会里的厨房今天也在盖着，每家出一个工。另外今天浇灌平顶房的有3家，娃底三组的小山邓家和余友奴家，我们娃底二组的金普家也在浇灌。

还有一件事就是通知娃底一组，今天政府发给他们的小鸡，要到江东桥头去领。现在政府给我们的物资是很多很多了，我们需要什么，他们就给我们什么。以前我们这个月开始就饿着肚子了，现在政府给我们低保，另外补贴也有好几种，现在又给我们小鸡小猪养，村民们领到小鸡后，就各自高高兴兴地回家了。

2015年5月20日　星期三　晴

今天我们学校里来了一批从这里毕业的学生，他们是去年毕业的，来自不同地方，福贡的、泸水的。他们还买了一些菜亲自做给我们吃。他们来学校的目的有三个：一是他们办同学聚会，二是来探望他们的老师，三是来请我们吃饭。他们把肉买回来后，就去教室聊天了。今天在厨房里帮忙的是汉语班同学。吃晚饭的时候，我们每个组一起吃。他们是老同学，所以8个人为一桌。吃完饭后，他们也就回去了，我们很感谢他们特意来到这里请我们吃饭。

2015年5月21日　星期四　晴

听说今天早上我们村里的喇叭通知，今天要给娃底二组和三组的村民们发小鸡，大家 11 点钟到江东桥那里去领，一组和亚朵组的没有通知是因为他们已经领过了。另外的几个组，王咀组、密丁戈组、念坪组、汪然组和阿兰甲组都去领。差不多到 11 点了，村民们陆陆续续地赶往桥头，先到的就在那里等着了。等了一会儿，小农用车就在公路边停下了。仔细一看，车里拉着的都是小鸡。差不多人也到齐了，村委会的工作人员也到了，然后交代了一下注意事项。讲完后，每个组的组长和副组长就一个个地点名，点到名的就去领小鸡。还有鸡饲料，也可以在这里买，需要饲料的就去买。这样，领着小鸡的村民就高高兴兴回家去了，还互相商量一下怎么样养。

2015 年 5 月 22 日　星期五　晴

现在离毕业还不到 40 天了，所以学校里每天都正常地上着课，老师们也为学生们思考着，回到自己的教会里怎么服侍。这个星期，也要把学生们派出去教会里实习，让他们练练胆，这次是派到福贡，但是有些学生不认识地方。所以就由我们福贡的学生带去，每个组里都有三四个人，老师们白天分配好人后，晚自习就各组准备去了，然后就练舞蹈，一直到下课铃响了，大家才休息了。

2015 年 5 月 23 日　星期六　晴

今天我们学校里的学生要出去探访教会，地点是在福贡。早上做了 3 场祷告。帮我们祈祷的是我们的班主任，祷告完后学生们带着自己所需物品，然后各组分别搭车去福贡。我们组和阿此组找了一辆小面包车，然后就出发了。我们两个组在车里说说笑笑，不知不觉地到达了福贡。我们在县城吃了饭以后就去教会。我领着我的两个伙伴先去了我家。晚饭吃完后，教堂的钟声响起了，我们就去教堂，晚上的聚会中，侍主的都是我们 3 个，一个领诗，一个讲道，一个祷告。完了以后我们还在我们的教会执事家里聊天，教会神职人员也一起参加。我们一直聊到 10

峡谷回声　福贡县鹿马登乡赤恒底村傈僳族村民日志

点多，然后回我家聊一会儿后，给他们安排好床铺，我们就睡觉了。

2015年5月24日　星期日　晴

今天早上的聚会和白天的聚会还是由我们3个人服侍，我们和教会的长老们在执事家里吃饭。在中午的聚会中，我们3个人也献唱了一首赞美诗，讲完道，做了个结束祷告后，我们还是在执事家里吃饭。饭后，我们就直接回学校了。

2015年5月25日　星期一　晴

今天上午我们上到第三节时，忽然听到外面有汽车声。但是不管怎么吵我们还是照常地上着，直到下课铃声响了，我们从教室里走出看到球场上停着两辆新车，我们还是直接回到宿舍里躺了一会儿。突然我们的一个同学来叫我们鹿马登的学员出来一下。我们村里的长老们来探望我们，我们就走出去跟他们握个手，问候后，他们说领我们到城里说说话，我们就找好鹿马登的学员们坐上车去了城里，在一家饭馆里吃饭去，没吃之前他们就给我们讲讲鼓励的话，叫我们怎么怎么做。上完菜后，我们就好好地吃了一顿。今天的菜太丰盛了，长老们还给了我们每人100元，我们很高兴。而且在学校的食堂里他们也送来了100多斤肉，还有每人一本笔记本和一瓶加多宝。全校师生很感谢他们送来这么多东西。我们今天就高高兴兴过了一天。

2015年5月26日　星期二　晴

今天学校正常地上课。天气一天比一天热，学生们有些受不了的，就去街上买来一把扇子扇着，有些是买电风扇。今天有位传道人来给我们每人送了一件褂子，我们全校的师生都领到了，大家都很高兴。不管天气怎么热，我们坚持上课。

2015 年 5 月 27 日　星期三　晴

这两天村里的苞谷有些长得一米多高了，有些种得晚一点的也有二三十厘米了，有些锄完一遍草了，现在需要锄第二遍。有些人喷除草剂。现在挖公路的工程队也是每天都挖着。听说王咀路已经打通了，汪然公路也差不多打通了，通往亚朵的路还差一点。还有教会食堂也在建设中，去那里做工的人也很多。

2015 年 5 月 28 日　星期四　晴

这两天村民们还是没有歇着，自家的活做完后，又去教会的食堂里帮忙，因为教会的执事通知，这个星期把挡墙挡好后，基础平好后，就承包给别人了。到时候信徒就不用出工，所以这两天大家都去帮忙。

2015 年 5 月 29 日　星期五　晴

我们的学业很快就要结束了，所以觉得这两天日子过得也挺快的。今天又是星期六，中午的两节课，我们还是照常打篮球，不打篮球的在外面当啦啦队。不管天气多么热，我们都在坚持，直到上完体育课为止。

2015 年 5 月 30 日　星期六　晴

今天学校里的课上完后，白天就不上课，也没派学生去别的教会实习。所以，同学们回去的回去，逛街的逛街，留在学校里看书的看书。晚饭在学校里吃，晚上的还是在主恩堂里聚会，完了才回宿舍休息。

2015 年 5 月 31 日　星期日　晴

今天还是跟往常的星期日一样，我们还是在州两会的学校里参加礼拜。因为今天是星期日，所以做饭的是几个女学生，别的男生去教堂里聚会，聚会完了我们也可以去吃饭了。早上是汉语聚会，所以领侍讲经都是用汉语。中午和晚上是傈僳语聚会。下午回家的学生也返校了。

2015年6月1日—30日

2015年6月1日　星期一　晴

今天村里的村民有些去鹿马登完小看望儿女。现在每家都只有一两个儿女，所以孩子都是爸爸妈妈的心肝宝贝，在六一儿童节里去看他们过节，然后买他们喜欢的东西给他们吃。虽然天气很热，但是他们都认真观看自己儿女的精彩表演，直到他们的表演完了，家长们才回家。

2015年6月2日　星期二　晴

六库的天气太热了，不像福贡的天气。人们只能坚持再坚持，把这个月过完，下个月的5号，我们就可以回家了。由于是最后一个月，日子也过得比较快，所以这段时间，除了在教室里上课外，课余时间在阳台上，或是在楼顶上吹吹风。午觉是必须睡的，不睡的话下午就打瞌睡。晚上下课后，回宿舍洗澡就睡了。

2015年6月3日　星期三　晴

在村里，有些家早种的苞谷，这两天可以拿到街上去卖了。现在虽不是赶集天，去街上也可以买到苞谷。还有村里的工程队，王咀的公路也通了，只有亚朵村的还没通，工程队仍在修路。村里教会里的食堂也在建设中。

2015年6月4日　星期四　晴

听说这两天村里也很热。今天有些村民早早地就去干活了，有些去苞谷地里锄草，有些去教会食堂干活。另外有些家的苞谷熟了，还有黄瓜也熟了。青苞谷和黄瓜都拿到街上售卖。

汪然组村的公路修通了，所以他们准备开一个庆功会，时间是在这个星期日，这两天正在筹备着，准备杀一头牛来庆祝。

2015年6月5日　星期五　晴

今天早上上完课后，中午休息了一会儿。这段时间由于天太热，每个学生都要午睡，不然的话会打瞌睡。下午有一节音乐课，两节体育课。体育课上，不管怎么热的天气，同学们仍然在球场上比赛，直到下课铃声响了，大家才休息。

2015年6月6日　星期六　晴

今天我们学校里的学生要去别的教会实习，胡老师给我们分组，因为有些同学病了去不了，有些是家里有事就直接回家了。最后一节课里，分好组后，吃完饭，有些去远一点的教会的同学就出发了。有些还在准备，等时间差不多了，全体学员都出发了。今天我也是因为家里有事就回家了。

2015年6月7日　星期日　晴

今天我们村里的基督徒还是早早起床后去教堂里做礼拜，完了才回家做饭吃。今天鹿马登完小的学生们放假，有些家长还得去接他们回家。今天汪然村的公路修通了，村民们很高兴，他们要搞一个祷告会，有些长老去他们那里参加。他们杀了一头5000多元的牛，一起聚餐，参加的人在那里祷告完，吃了饭才回家。

2015年6月8日　星期一　晴

为真理而奋斗是人生最大的乐趣。今天，我又学习新的课程，主要内容是讲道方法：

1. 讲道，是为了讲清楚题目的内容，首先取好题目，结合上下文的内容，把内容说清楚，一定要把题目取好。

2. 定好题目后，进行分段，取小标题，分出几个小标题，把内容进行明确的阐述。

3. 取题目是要紧重要的，可以段章取题，也可以根据内容的信息取题。

贤人哲士是绝不追求运气的，要靠真功夫，去学习努力吧。

2015年6月9日　星期二　晴

听说今天村里有几个妇女去县城卖菜。初熟的苞谷这两天不卖掉，可能再过几天就老了，还有黄瓜、苦果、小豆子、青菜，这些都熟透了，所以去县城里卖菜的妇女天不亮就起床去县城了。听说今天卖菜的不多，所以好卖，我妻子也差不多卖了300多块，她从来没有卖过这么多，所以很开心。她的那几个伴卖得也差不多，所以她们今天就早一点回家。

2015年6月10日　星期三　晴

现在离结业的时间越来越近，在校的日子只有25天了，大家的心都有点激动，好像时间过得有点快。今天是我们第三组值日，凌晨5点我就起床去烧水了，好让大家起来后能用温水洗脸。由于天气热的原因，有些同学还是在上课的时间打瞌睡，但还坚持上完每一节课，晚上自习课没上，在教堂聚会完后大家就休息了。

2015年6月11日　星期四　晴

听说今天我们村里各个组的喇叭里通知，叫村民们来村委会里培训种菜、养蜂技术等，来这里教的教师是县里的工作人员，他们也是为了我们好，让我们学习怎么才能富起来。今天通知的是整个村的人，所以上面那个组的村民也下来学习。12点左右，在村委会的操场上人都差不多坐满了，这样来教的老师就开始讲课了，村民们也很仔细地听着。教每一种蔬菜是怎样种的，还有蜜蜂是怎么养的。全部教完后，工作人员就发给村民每人一包饼干，领到后大家就回去了。

2015年6月12日　星期五　阴转雨

由于上午天阴，所以在教室里也没有那么热，上课效果就好很多。下午，在上体育课时，学生们都在球场上打球，忽然雨慢慢地越下越大，可是学生们比赛还没有结束，照常比赛，一直到比完为止。晚自习课上，老师叫我们填个人简历，同学们问清楚后，会填的自己填，不会填的就请同学帮忙填，直到下课铃响了后，大家才回宿舍休息。

2015年6月13日　星期六　小雨

今天是福贡街子天，所以去县城卖菜的妇女天不亮就起床去了县城。天亮了后，村里的垃圾车在村里转着，让村民把所有的垃圾都倒入车里。因为今天下雨，村民们只是找找猪食而已，晚上在教堂里聚会，完了后大家才休息。

2015年6月14日　星期日　小雨

今天我们州两会的学生可忙了，因为是离我们学校近的龙竹坝新教堂举办落成典礼，他们需要帮手，但又找不到别的帮手，所以上午8点过后老师们就带着我们去参加新教堂落成典礼。到了那里后，学生们该干的就干，有些去打菜，有些去送菜、发瓜子等，每个学生都没有闲着。由于天气不好，下着点雨，所以来参加的客人也不怎么多，但也不低于1000人。他们村的信徒和我们学生也是够累的，直到所有客人都离开后，我们才吃饭，然后才回学校休息。

2015年6月15日　星期一　晴

听说今天村里可热闹了，早上各个组的高音喇叭里通知，村里的合唱团成员上午10点钟在村委会里集中，今天省里的领导来我们村考察，所以要接待他们。听到通知声后，合唱团成员就赶快做饭吃，吃好后，就去了村委会。因为合唱团的人员最近没怎么排练，所以领导们来之前就练了一会儿。领导们到了后，就给他们唱几首听听，领导们听完后，说了几句鼓励的话，然后在村里转一转就回去了。我们村里的人也非常感谢省里来的领导们，他们百忙之中抽时间来我们村参观。

2015年6月16日　星期二　雨

这两天六库天天下阵雨。今天也一直在下雨，所以没有那么热，我们上着课也很有精神。但比我们高兴的是这里的农民，因为这个地方之前没有雨水，他们的苞谷还没有种，因为没雨水，他们就一直拖到现在。这两天雨水来了，他们就忙着种苞谷。这两天，我们学校里的生活也是挺好的，因为我们只有20多天就结业了，所以别的教会里的姐妹来我们学校请客。

2015年6月17日　星期三　小雨转阴

今天上午我们上完课后，下午的课我们去上"劳动课"了。我们学校本来没有劳动课，可是今天学校里没柴了，去别的地方买柴也没买着，我们就只好自己去砍柴了。我们在操场上集合好，然后老师讲话，报数后，老师交代我们怎么怎么做，然后分成7个组。先是一起从学校出发，我们去找柴的地点在学校背后的那座山上。因为是好长时间没干体力活了，所以爬到找柴地点，大家都是满头大汗了。每个组里只有一把砍刀和一把斧子，所以有的砍柴，有的抬，把柴抬到公路边上，然后用三轮摩托车把柴拉走了。我们一个下午找了很多柴，所以明天还得去拉几趟。吃完晚饭后，学生们累了，在宿舍里躺着休息了。

2015年6月18日　星期四　晴

上完早祷后，我们就去昨天找柴的那个地方抬柴，因为我们昨天找的柴不够，事务长在当地的一户村民家买了1000元的柴，山离公路三四百米远，所以我们还得上去抬柴。我们吃完早点后，在操场上集合，报数完后，就顺着公路上去了。请了两辆拖拉机，有几个是坐着拖拉机上去的，迷路的那几个是边走边聊着，到了上面后，歇了一会儿后就走了。师生都抬柴，不到1个小时就抬完了，然后上完车后拉回了学校。我们在学校里什么课都能上着，大家都可高兴着呢！

2015年6月19日　星期五　晴

这两天在村里，妇女们还是有得忙的，有些去苞谷地里除草，有些去找各样的菜，准备明天去街上卖。还有上午10点多，村里的合唱团成员在村委会里开会，所以村里还是挺热闹的，其他盖房子的村民还是每天都照常地盖着。今天鹿马登完小的学生也放假了，所以傍晚在村里还是很热闹的。今天就这些了。

2015年6月20日　星期六　晴

因为离我们结业的时间只有两个多星期了，所以这两天学生们也急，老师们更急。早上第一、二节课考《彼得前书》课程。但是大家都考得不是那么理想。因为是最后两个星期嘛，所以今天没有派去其他教会实习。有些学生留在学校，有些学生回家去了，我们吃完饭后骑着摩托回去家了。

2015年6月21日　星期日　晴

早上，村里的基督徒们还是先去教堂，做完礼拜后才回家做饭吃，结束了聚会后各个组的高音喇叭里通知叫村民们拿着土地承包证和一本通存折到副组长那里登记，村民们听到通知后就拿着本子去了。到了那里有些人已经登记了，我们到旁边仔细一听，原来是买保险。家里的母猪要保险，每头猪保险费10元，还有土地保险。大家都一个一个登记着，登记完一个走一个。村里的村民们还是很高兴买这些保险，保险填完后大家都高兴地回家了。

2015年6月22日　星期一　晴

今天好像比以前热多了，可是不管怎么热的天，我们学校仍然上着每一节课，这两天因为要期末考试了，所以大部分的学生还在课余时间里复习着功课。今天学校老师们又发给我们校服，每人一件，是件裤子，颜色有点黄，虽然不是很名贵的衣服，但是我们还是很喜欢。另外今天轮到我们第三组值日，我们还是照样完成每一个任务，这么热的天，我们照样完成了。我们大家都在想只有最后几天了，好好做一下吧。晚上下课铃响后才休息睡觉。

2015年6月23日　星期二　晴

这两天在村里也不是很忙。有些村民需要在苞谷地里除草的，早早地起床去地里了。因为这两天白天很热，所以早上去干活的，白天就可以休息了，有些村民只是找找猪食，还有的去找柴，再过几天就到丰收季节了，到那时就来不及找柴了。还有这两天在村委会的墙上通知着，今年的森林补贴已到账户上了，而且每家每户补贴多少都写着，大家看到这些后，有些识字，有些不识，识字的就说给他们多少多少。村民们都很感谢现在的领导们。今天就这些了。

2015年6月24日　星期三　晴

天气好像一天比一天热，有些学生在教室里实在受不了，就把宿舍里用的电风扇拿到教室里用着。今天早上我们考了两门。一门是"耶稣生平"，还有一门是"圣经地理"。没有考完之前大家都挺紧张的，但是考完后大家都松了口气，另外还有点担心的是"教会史"这门还没考完，这门星期五上午才考，大家都还有点复习的时间，所以才没那么担心了。

2015年6月25日　星期四　晴

听说这两天村里很热，需要干活的，早早地起床去地里干活了，因为白天太热受不了，只能早晚的时间去干活，白天在家里休息看电视或者睡个午觉。今天傍晚我们娃底3个组的高音喇叭里通知明天发低保，因为这次发的是大米，所以明天10点多必须留一个人在家里等着，要不然到时领不到大米就不能责怪别人，这样通知了两三遍。晚上大家都还是早点睡了。

2015年6月26日　星期五　晴

放松心情和集中精神一样重要。今天天气很热，我与同学放松心情，到石月亮游泳池去游泳，门票10元，从开始到晚上9点。我们中午12点去游泳。内有男女更衣室。游泳池里卖油炸洋芋、热狗、臭豆腐和矿泉水等，价格比市场贵一些。

我游泳的时候感觉累、冷、饿，就上岸休息。旁边有座位、桌子，可以买些小吃。我们游完泳后又吃了小吃，然后就回去了。

感觉游泳可以锻炼身体、减肥解热、血液循环、舒筋活血，好处多。当然要注意身体温度变化，不然会感冒生病。

今天我们过了愉快的一天。

2015年6月27日　星期六　晴

今天中午放学后，有些人去逛街，有些人留在学校洗衣服或者复习功课。有些同学在街上吃了晚饭后才回学校，有些在学校里吃。晚上聚完会后大家早点休息了。

2015年6月28日　星期日　晴

今天我们赤恒底村教会里的长老们组织洗礼，因为是举办洗礼，我们早上的礼拜做完后，赶紧吃饭，然后去赤恒底罗干。这次外村人知道这里要举办洗礼的消息，而他们没接受洗礼的也来这里参加受洗。所以今天来参加受洗的有 20 多人，女的比较多，他们先登记受洗人的名字，然后先唱一首赞美诗，再听道。受洗人员在池里受洗，这样全部洗完后，大家才回教堂里做礼拜，聚会了后大家就各自回去了。

2015 年 6 月 29 日　　星期一　　晴

今天我们教会里又举办教牧培训了，这次组织举办的还是州基督教两会的工作人员，他们邀请着泸水县的传道员参加培训班。他们 8 点半左右就来到学校集中了，因为是上午，学员还没到齐，所以没上课，下午开始正式才上课。下午上了 3 节课。6 点吃晚饭，因为人多，所以分两批吃饭，第一批先给传道员吃。然后才是我们学生吃，晚上没有上自习，因为老师们是从远处来的，累了，晚上 10 点半就睡觉了。

2015 年 6 月 30 日　　星期二　　晴

今天是这里教牧培训的第二天，我们在教堂里学习。这次来参加的人有 200 多人，因为老师是用普通话讲，所以翻译傈僳语的是我们的同学燕针姊妹。

另外，今天听说我们村里党员们在村委会里开会，政府发给党员们每人一包复合肥、被子一床，然后他们吃完饭就回各自家去了。

2015年7月1日—31日

2015年7月1日　星期三　晴

今天是这里教牧培训的最后一天，虽然时间有点紧，但是学员们还是很认真地学习着每一节课，一直上到下午6点左右。为了方便学习，老师给每个学员发了一台圣经播放器。晚上的聚会结束以后，离家近教牧人员一点的就回家了，有些还留在学校里再住一个晚上。

今天还听到我们村里通往亚朵和王咀的路在验收，所以村委会很热闹。今天就这些了。

2015年7月2日　星期四　晴

今天早上，全体学员集合在球场安排今天的工作。全体学员分成一个小组，今天的任务是大扫除，洗被套、垫单、枕巾、枕套。第一组和第二组洗被套、垫单、枕巾、枕套，第三组和第四组负责收、晒、整理，第五组负责大扫除。

各组进行两个小时左右完成了任务后吃午饭。

中午进行第二个任务，为了毕业和结业的典礼上顺利完成合唱的任务，精选人员，录音，分成四声调，录音经过了一个下午，顺利合声，录完5首。

全体学员从早上到下午干活，完成了一天安排的工作，晚上休息，不在教室里读书写字，各在自己的宿舍里组织练歌。

2015年7月3日　星期五　晴

今天早上、全体学员在球场集合安排任务，做好毕业结业的工作。

怒江州基督培训中心第十二届傈僳语班、第三届神学班全体师生合影留念。完成后吃早点，早点是苞谷稀饭。吃完早点后，我们去野外风景区摄影取景刻光碟，做好光碟的取材工作。从学校出发，沿着江边公园向新城区方向走去，一路走一路取景。

全体学员穿着统一服装。我们穿着的衣服上正面写着"怒江州基督教培训中心"，并画了一个十字架。

我们到了新城区风景区跳舞、歌唱、有人摄影。到了同心广场又跳舞、歌唱。有些学员照相留影，到了下午1点时从新城区公交车站坐车回学校。

下午3点，挑选人员去青山公园风景区跳舞并取景。下午6点回校，在宿舍练歌。

2015年7月4日　星期六　晴

我们在学校里的日子就只有最后一天了，明天下午就要回家了。因为我们老师布置的赞美操还没拍摄完，所以一个上午都在操场上拍摄着赞美操，拍完后已经到12点了，我们就吃饭。下午，因为要离开了，所以全校师生都在搞大扫除。今天的晚饭可丰盛了，毕竟是结业晚餐嘛，我们大家都吃得饱饱的，晚上聚会时节目也挺多的，大家都想到今天在这里的聚会可能是最后一次吧，所以献唱献跳的人员比较多，而且唱离别歌的时候大家都还在默默地落泪。大家在这里像一家人一样度过了8个月，大家都很舍不得分开啊！聚会结束后，我们还在操场上吃水果，边吃边听老师们的教导，直到晚上12点大家才休息了。

2015年7月5日　星期日　晴

今天，是我们离校的日子。下午领到结业证书后，我们就要回家了。早上，我们先到教堂里聚会，聚会完后吃饭。吃完饭后大家都在收拾着行李，然后找好车。到了12点钟我们开始聚会了，先唱诗、讲道，然后学员们献唱一首。接着，老师们发给我们结业证书，汉语班的是毕业证书，发完后几个班委也发给老师们一点纪念品。纪念品为被子和热水壶，每人一份，这些都是两个班的学生集资购买的。两个班都有学生代表讲话。学生们就去找好的车上装行李，然后握个手告个别就各回各家了，虽然舍不得，但是大家还是总得分开，所以大家都还是流着泪各自回家去了。

2015年7月6日　星期一　阴转晴

金窝银窝不如狗窝，还是我们的家乡比较好。经过这8个月的外面生活，六库的天气热得气都喘不过来，上课也要开着风扇，可是今天在我们村里可舒服了，现在苞谷也长得很高了，到处都是绿油油的，村民们这两天不是很忙，所以找找猪食，感觉在自己的家乡很愉快。

2015年7月7日　星期二　晴

由于好长时间没有在村里了，看着村里已变化了不少，感觉在村里，不仅仅是空气好，这两天风景也不错，到处都是绿油油的。今天去了一趟批过（地名），那里的公路宽，开摩托也挺好走的。公路是新挖的，以前的老路没有现在的路宽，公路里面的水沟也已经做好了。村民们高兴极了。到地里干活都可以骑着车去，而且背东西也不像以前一样背了，自家没有车也可以请拖拉机或三轮摩托车，所以村民的日子越来越好过了。

2015年7月8日　星期三　晴

今天村民准备去接鹿马登完小的孩子们，因为一至五年级的学生今天放假。因为是接孩子，另外今天又是鹿马登街子，所以有些村民吃完饭就去了鹿马登，有些还是下午三四点钟才去接。到了鹿马登，学校的大门没有开着，直到学生们考完试了才把大门打开，然后大人们就蜂拥而入了。学校里，有些就直接到孩子的宿舍，有些先去找孩子，到了宿舍以后就把孩子们的睡铺装在背篓里，然后下到操场那里等孩子去了，老师们交代好学生后，孩子们找到大人后就一组一组地回家了。

2015年7月9日　星期四　晴

因为是家里没那么忙，今天早上吃完饭后就去弟弟家帮忙盖房子。还有今天他的朋友，叫阴邓的，也来帮他盖房子，我们四兄弟一起同心协力地盖房子，我们先架板子，然后支石头。吃了午饭后，一直做到下午5点多钟才收了工。在他家吃了晚饭后才回家。这两天村里又多热闹了一点，因为是学生们放假了，又是夏天，村里的公路上闲逛着的人比较多，有几个人坐在一起聊着天，直到天黑了后才各自回家。

2015年7月10日　星期五　晴

因为明天是福贡街子天，所以今天村里的妇女大部分都在自家的菜地里找各类蔬菜。找好菜后背回家里洗好、整理，并准备好明天卖菜时所需要的东西。还有就是互相约一下，两三个一组、四五个一组的，最后就是要约好车，约好明早出发时间。这些全部搞定后今晚就要早点睡了。

2015年7月11日　星期六　晴

今天早上天还没有亮，村里就有人走动了，还有摩托车和微型小车都走了，这些都是卖菜的妇女，现在村里的妇女也会自己种菜卖菜了，而且什么季节什么菜好卖、种哪种菜才好卖，她们心里都有个底了。有些妇女一个季节都能卖到1000多元，卖到这么多她们也高兴，而村里的其他妇女也跟着她们种菜。因为是星期六，村里的有些人还是会找猪食，晚上在教堂里聚完会以后才回家休息了。

2015年7月12日　星期日　晴

今天我们村的基督教徒参加一日三次地聚会。我们一家人早上在我们的教会里做礼拜，中午去王咀岳父家叙叙旧，好长时间没去看老人了。商量好后我们一家三口，我和妻子与小儿子骑着摩托去了，到了那里先在岳父家里休息了一会儿，然后去当地教堂里做礼拜，完了后才回家聊天。今天妻子的大姐和二姐也来了，她们几个聊着聊着，一直聊到下午6点多钟我们才回家。

2015年7月13日　星期一　晴

现在我们教会的食堂正在建设，所以很需要人力和物资。前几天因为需要顶杆，就要求大家献上一两个竹竿，其中也包括我。今天早上我们吃完饭就去砍毛竹了。有些拿着砍刀，有些拿着绳子，有些还拿着水，到了那里，我们分配好人后开始动工。今天来帮忙的人有8个，分好两个组后，各自干着，我们一直弄到下午3点多。然后装上车拉回来了，拉到食堂里把毛竹放好后，在那里吃完饭后就各自回家了。

2015年7月14日　星期二　晴

为了搞好村里的环境卫生，为了让过路人心情舒畅，今天早上我们村里又搞大扫除了。早上高音喇叭里通知后，大家都团结一致，前前后后，里里外外，从头到尾，每个组都各按其职扫好分好的路段。最后评了等级后就各自回家了。现在村委会的工作人员给住在公路边上的村民发花，让他们种在家门口，这样花长大了村里就更漂亮了。

2015年7月15日　星期三　雨

今天早上刚醒来就听到下雨声，虽然下着雨，但是有些准备去鹿马登卖菜的妇女还是去了。另外今天村里的党员在村委会里开会。因为是下着雨，村民们除了不得不干的活以外，只能在家里歇着了。今天就这些了。

2015年7月16日　星期四　雨

这两天雨下个不停，正在盖房子的那几家也只能停工。村民们只是做一下家务活，另外找一点猪食，然后在家里做饭吃、看电视。这些了。

2015年7月17日　星期五　阴

这两天村里有一个小组在排练节目，这一组是普利大带队的"赤绿组"乐队，乐队成立10年了，以前出过几张光盘。今年他们在县里比赛得奖了，后面爱心奉献会又请他们上去唱了。听说他们这两天排练，是为了去内蒙古比赛，他们为了在比赛上取得好成绩，每天都在排练着。我们也很希望他们能得个奖，为我们傈僳族争个光，让别的民族也知道我们傈僳族里有能人。希望就是这样子了。

2015年7月18日　星期六　阴

今天我们教会里中午做祷告会，因为做祷告会，所以村民今天去街上卖菜的人很少，今年做的祷告会有点晚，因为前些天我们教会执事的儿子生病了，去做治疗，所以才拖到今天。而且今年教会的食堂又在改造中，我们只好不在一起吃饭，只是集中祷告。中午12点做礼拜，结束之后就各忙各的了。今天傍晚村民们在家自己看看电视，外面下着雨，散步的人也很少，就这样过了一天。

2015年7月19日　星期日　阴

今天晚上的聚会结束后，娃底三组的此路恒在教堂外边的操场上讲了一些鼓励的话。他虽然是一个残疾人，但能力很强，现在担任的职务有好几个，合唱团的团长，草果合作社的组长，还是党员。他家还盖着四层楼。村民们都很听他的话，虽然村里人没到齐，但是也有一半以上的人到了。他说现在政策好，有病就要治，到大医院里去检查。他还说村民要团结一致，建设什么大家都要支持，以前用的农药都不要用了，对身体有害等。他讲了十多分钟，讲完后，大家就回家了。

2015年7月20日　星期一　阴转雨

今天我们村里的另外一个乐队在村里普堂家录音，普堂是我们教会里的老师。他家里办着一个录音室，听说是县两会的桑牧师带他们录的，录的歌曲都是赞美的歌曲中选出的。有一位负责人是我们村的，他们几个已经录了很多天了，但还没有录完，是因为很麻烦，先是录上伴奏，然后一声部、二声部、三声部、四声部，每一个声部都要两三个人来唱。今天声音录得差不多了，还差前奏、尾奏、间奏，最后还要拍摄视频，所以还需要几天才能录完，今天为了赶工也是很晚才休息。

2015年7月21日　星期二　阴转雨

今天村里发生了打架斗殴事件，乡里派出所的警察都来调查了。这是发生在下午6点左右的事，是我们娃底二组村民一对夫妻，都是因为喝酒才打架了。这次比较严重，男的头上都是血，他俩在派出所里被讯问，外面围着村里的好几个人，想看看究竟怎么回事。经过调查，毕竟是一家人的事，最后警告他们不许再打架了，快些去处理伤口。之后就让他们回家了。

2015年7月22日　星期三　小雨

这两天村民们去鹿马登信用社办手续的人比较多。以前我们村里用电，收费的是村里的电工，到月底就会有人来收，可现在他们通知叫我们去信用社里办张卡，今后的电费直接从卡里扣除。可是今天大多数人都没有办卡，原因是表的日期不会填，还有些人在修改办理中，有的人只好回家后再办理了。

2015年7月23日　星期四　雨转晴

早上的雨还在哗啦啦地下个不停，但是不管怎么下雨，昨天电力公司发下来的表改好日期，无论如何都要去鹿马登信用社里办理手续，还没改好的村民早上和傍晚到我们村的电工家里来填表，所以今天家里来的人络绎不绝，弄好的人就回家休息了。

2015年7月24日　星期五　雨转阴

因为这么多天下雨，土变松软了，村里的妇女为了明天赶集，今天中午就开始找各样的菜了，这两天可以卖的菜有青菜、黄瓜、苦瓜、南瓜、茄子、青辣椒等。准备好后她们就相互约着，再找好车去卖。为了明天早点起，今晚就早点睡了。

2015年7月25日　星期六　晴

下了这么多天的雨，今天终于晴了，天气一晴，温度就升上来了，今天很热很热。因为是福贡街子的原因，有些村民去赶集了，由于热，赶集的人也只是买好东西就回来了。晚上聚会后，娃底一组的村民在木玉高家门前公路边上开会。具体说什么我们也不知道。今天就这样子过了。

2015年7月26日　星期日　晴

今天中午聚会完后因为我们娃底二组和三组昨天没有开会，所以今天趁休息时间开了个短会，在村委会的操场上。村民们到齐后组长说：政府已经给我们很多年的草果和核桃了，以后还需要的话名字报上来。另外以后要盖新房的，政府就不给物资了，盖好后给补助款。还有村民们也报上自己的意愿，以后要往哪些方面发展也要填上，填这些的人家有25户，他们都是脱贫户。最后一件事是今天村民为学生们捐款了。今天下午6点左右突然刮起了大风，还带着点雨，村民去苞谷地里看了一下，我家的苞谷被风吹倒了不少，自然灾害没有办法，只好有些扶得正的扶下，断了的就无法活了。

2015年7月27日　星期一　雨

这两天雨一直下个不停，正在盖房子的那几家已停工。村民在家里做饭吃，看看电视。

2015年7月28日　星期二　晴

听说今天高老师她们从独龙江回来了，让我在家等着她们，然后要移交给她们这上半年的村民日记。因为是要等她们，所以我也不能出远门，只好在家整理一下所写的日记，看有没有顺序颠倒的，整理好后放在一个袋子里。下午2点左右后她们到了贡山，然后又从贡山下来。因为很热，所以我们也在家休息着看电视。她们快到我们村的时候打了个电话来。我就拿着日记去江东桥头等她们去了。等了几分钟突然一辆客车停在了路边，仔细一看，原来是高老师她们，她们跟我摇手，我跟她们握了个手后，就把日记交给了阿娜老师，然后说了几句鼓励的话她们就走了，我也回家了。

2015年7月29日　星期三　晴

正因为现在不是农忙时间，有些村民吃完早饭后就去找蘑菇，有些人收获得比较多，那是因为每年她们都来找，而且哪个地方出、哪个季节出，她们都了如指掌，这样她们一天在街上卖几百元是没有问题，但是她们做这个是很辛苦的。天不亮就出发，天亮时必须赶到找蘑菇处，找好后又要匆匆忙忙地背到集市上去卖。作为一个农民，做什么都是不容易的。希望后一代的小孩子能够好好读书，将来不要像老一辈一样辛苦。

2015年7月30日　星期四　晴

最近村里听到人心惶惶的事情，不知道是不是电视电影看多了，还是故事听多了。我们村的大桥基础正在做着，江东那面的已经灌得很高了。有些人讲建桥的时候，桥堆的基础上要埋人，不埋人的话桥的基础会不牢固。这段时间，听到风声说，晚上到处都在抓人，大人小孩都不管，不注意的时候会被抓去。所以村里这两天晚上都没那么热闹了，可能还传播到了别的村子里。到底是不是真的都不清楚，只是这么听到了而已。

2015年7月31日　星期五　晴

现在我们村的有些大人和小孩子去干布河里游泳，每天都有一两组，干布河离我们村有六七公里远。去那里游泳的都是骑摩托车或者骑单车。去那么远的地方游泳，是因为我们村里没有游泳池，而且村子附近没有河，只有小溪，所以喜欢游泳的人都去那里了。再说现在村里的小孩都会游泳，所以也有由家长带孩子去游泳的。小孩子们去那里一边游泳，一边喝酒游玩。而且这两天天气比较热，有些人觉得泡个冷水澡才舒服，我们也想着要是村里有个游泳池就好了，那样就不需要跑那么远的路，而且小孩子们也不需要去河里游泳了。

2015年8月1日—31日

2015年8月1日　星期六　晴

今天早上，村里的垃圾车在村里转着，播放的音乐还是那支曲子——《世上只有妈妈好》。每转到一处，村民们就把垃圾倒在车上。等把村里的垃圾全部拉到垃圾房里，然后那里就冒出浓浓的白烟了。今天是福贡街子天，有些人上街去了。别的村子里的妇女都去找猪食了，晚上大家聚完会后才各回各家。

2015年8月2日　星期日　晴转阴

今年的天气怪怪的。昨天白天天气很热，晚上雨下得很大，有些家在公路下的连觉都不敢睡，半夜三更的去房子后边清理水沟。今天也是上午到下午天气不是很好，下午开始天气就有点阴了，而很奇怪的是下午4点的时候竟然下了几分钟的冰雹。傍晚就开始打雷闪电了，不知今晚的天气又要如何，有些村民还是有点担心。希望今晚的雨不要像昨晚那么大，我们也希望那样。

2015年8月3日　星期一　晴

今天早上我们娃底有3个组要大扫除，所以全村人总动员，3个组都要各忙各的，希望能比别的组更快一点扫完。村民们差不多到齐了之后，组长就一声令下，村民们排开长长的"一"字就开始动工了。每个组都要分好地段来完成，完成后大家在组长那里登记完名字才可以回家。自从村里的组长和副组长还有村委会的工作人员制定了这项任务后，虽然村主任们有些累，可是村里的每一条小路、每一条小巷都干干净净的，看起来很舒服，村民们的心里也很开心。

峡谷回声　福贡县鹿马登乡赤恒底村傈僳族村民日志

2015 年 8 月 4 日　　星期二　　雨转多云

今天早上刚醒来的时候就哗啦啦地下着雨,可是我又想到今天我们组要去碧江那里拍摄视频,因为前几天我们已经录好音了,现在拍摄视频就可以了。我们决定 8 点出发,但因为下雨,我们 9 点多才从村里出发。到了福贡后我们先在街上每人买了一件衣服,然后去老姆登教会,那里的长老们已经给我们准备了饭。我们在那里吃完饭后,就去碧江县的茶叶厂那里拍摄了。拍完后就一路走回来,在风景好的地方取一些镜头,还在公路边的教堂里也取一些景。这样一路回来,到家的时候已经晚上 10 点多了。虽然辛苦,但还是值得的,毕竟也是工作。

2015 年 8 月 5 日　　星期三　　雨转晴

由于我们拍摄的视频还没有完成,桑牧师催我们快点完成,所以早上不管下着雨,我们还是准备出发。可我们组的马叶奴是缅甸人,她在我们村已经有十多年了,两个娃娃都已经十多岁了,但是她在这里没有户口,只有一张暂住证,今天乡里的派出所派人来给他们办户口,她在村委会里办完后我们才出发。这次拍的主要是我们村里的各个教堂,虽然全部都拍不完,但是离公路边近一点的我们都拍了,风景好一点的也拍上了,这样一直到 9 点多我们才回到家里。今天看到了很多美丽的风景,心里也挺高兴的。

2015 年 8 月 6 日　　星期四　　晴转雨

今天我们还得去拍视频,今天要去的地方没有前两天远,是珠明林和神利底,这两个地方可能会取到好镜头。因为今天天晴,所以我们早上 8 点就出发了。人员和车子还是和原先一样,3 辆小车,12 个人。我们在福贡吃了碗米线后就顺着山路一直到珠明林的教堂。珠明林有 3 个教堂,我们先去了最上面的那一个。在那里换好装后,拍了一会儿,然后下来在下面的那个教堂里面又拍了一会儿。在这个教堂里我们还请了这个教会的执事，让他给我们开门，以便我们在里边拍摄。我们告诉他拍摄目的后，他很乐意，也很支持我们。我们在这里拍完后，原路返回，返回途中也取了一些镜头。在福贡吃完饭后我们才到达神利底，可是在那里刚拍完就又下起了大雨，视频也拍不成了，所以我们就只好回家了。

2015年8月7日　星期五　小雨

今年的雨比往年多，怎么下也下不完，因为是下雨天，村民们有不得不干的活还是去干了。比如找猪食的，还有妇女们准备明天去集市上卖菜。别的就只是做做家务活了。

2015年8月8日　星期六　雨

今年的这场雨不知道猴年马月才会停，但是不管雨要下多长时间，毕竟都是农民，村里的村民在凌晨4点多就起床去集市里卖菜了。因为是下雨的原因，今早上村里的垃圾车也没来。白天，还是去找所需要的猪食。今天去街上赶集的人也不多，晚上还是聚会完后才回家休息。

2015年8月9日　星期日　晴转雨

今天早上我们聚会完后，大家都快点做饭，因为今天我们乡的阿路底村有一个新教堂落成典礼。我们到了那个地方后，那里已经是人山人海了。停车的地方到处都停满了车，那些接待客人的妇女，拿着瓜子、水和饮料给人们。有些先去挂个名，有些还在后面等着，教堂旁边已经是站满人了。差不多到了12点，落堂典礼开始了。今天在教堂里献唱献跳的也比较多，有些人看了一会儿就回去了，有些人跳完舞才回去。回去的时候每个人还可以领到一盒饭。这样我们也挂完了礼，看了一会儿唱歌跳舞，最后回来时领了一盒饭就回家了。

峡谷回声　　福贡县鹿马登乡赤恒底村傈僳族村民日志

2015年8月10日　　星期一　　小雨

今天准备去六库检摩托车，可是早上下着雨不好动身，吃完饭后天好像又晴了。我和妻子商量好后，拿着办事需要的证件就动身了，我们俩一路上小心地行驶着。但是因为今年一直下雨，而且前两天还下得特别大，所以路上我们都可以看见泥石流留下的渣渣。我们差不多到称杆的时候，开始下雨，一会儿后雨越下越大。到了六库，大部分的衣服都湿透了。我俩刚到检车处，工作人员还在上班，而且我们前面只有一个人。这样很顺利地一次通关了。我们心里很高兴，赶快吃了点饭后准备返回，不然担心回去的时候会有泥石流把路堵了。我们回来的时候什么都没遇到，平安地到家了。

2015年8月11日　　星期二　　阴转晴

今天可以说是雨过天晴了，但土地还是很松软，白天我在我弟弟家里休息，他不在家，只有我的两个侄儿子和我的小孩还有弟妹。忽然我弟弟打电话跟我借摩托车，我就借给他了。可是20分钟后他就回来了，还带着一个今年到我们村里指导工作的工作人员。从他们俩的谈话中我才知道，他们俩是准备去王咀义马恒家，但是由于多天下雨，路很滑上不去了才从半路上返回的。义马恒是我们村里的老党员，工作人员想跟他交流交流以后在这个村里党员怎么接班，怎么支持比较年轻的党员，还要怎么发展新党员。还有以后怎样开会，怎样把党的作风提上去。就这样他们俩聊了半个小时后，工作人员就回去了。我想工作人员为把我们村的工作做好，他这么辛苦地为我们工作着，为下一代的人能够过上幸福的生活，我们很感谢他。

2015年8月12日　　星期三　　晴

今天各个组里的高音喇叭里通知，在学校高中部里就读的和在大学就读的学生，今天可以到村委会里来写申请书。有些家长听到这些后，相互约着来村委会里写申请表了，他们写好后面带微笑，因为供一个学生上学也不容易。现在这几年政府给贫困生资助，这样家长的担子才轻了一点。他们希望政府能给他们的子女多一点补助，这样他们的子女就能过得好一点了。

2015 年 8 月 13 日　　星期四　　晴

今天天气总算是晴了，有些村民今天还准备去掰苞谷呢！有些人家的玉米已经熟了，有些种着"罗单九号"的还没熟透。今天看到有三四家去掰了，还看到今天党员们在村委会的二楼办公室开会。他们是中午12点左右开会的，只开了1个小时左右就开完了。今天就这些了。

2015 年 8 月 14 日　　星期五　　晴

因为今天是福贡街子，所以村里的有些妇女还是准备着蔬菜。现在有些人家的苞谷掰完后，马上就有菜了，这样他们的菜到时候就能卖个好价钱了。因为那时候大部分的菜还没长，所以这两天村民又渐渐地忙起来了。

2015 年 8 月 15 日　　星期六　　晴

凌晨4点左右，村里的妇女就相互打电话约着要出发了。现在的妇女们有点会做生意了，只是种了一小点也会去赶集，因为她们要去批发其他县的妇女种的菜。有的妇女还会批发一些橘子、葡萄，然后跟自己的菜一起卖。而且现在她们都是两三个人搭伙卖，卖得好的话一天能卖个300元以上，差一点的可能是100元左右。但是如果只是卖自己种的菜的话，要是卖不好就只有三四十元。其实做一个农民也挺不容易的，特别是卖菜的妇女，一天只舍得吃一碗米线，回到家里才吃得上饭，晚上也只能聚会完以后才休息。

峡谷回声　福贡县鹿马登乡赤恒底村傈僳族村民日志

2015年8月17日　星期一　晴

今天早上天刚刚亮，我们娃底二组的高音喇叭又响了起来，我在睡梦中迷迷糊糊听到组长喊话的声音，叫我们娃底二组的村民们扫公路。他说马上就要到丰收季节了，过两天可能忙不过来，而且路上有脏东西，不扫掉会影响健康。村民们听到通知后就马上起床，拿好扫把就去球场集合了。有些村民嘴上还唠叨着说娃底一组和三组都没有扫，只是二组才扫，可能就是他要面子，但他们也只是嘴上说说，不敢不来扫，不然会被罚款的。我们每次都是从球场那里扫下去，一直扫到江东桥头。现在每次扫地组长都在认真地检查，要是发现什么不干净的地方，他都会叫人重新扫，直到干净为止，这样村民们扫完后登记了一下就回家了。由于组长的认真负责，我们娃底二组的路段才那么干净美丽。

2015年8月18日　星期二　晴

新的一天又来临了，早上的空气很新鲜，早上的雾渐渐升了上去，村民们早上起来后开始忙碌起来。现在有些村民的玉米已经可以收了，但是现在掰苞谷已经没有以前那么累了。以前公路不通，苞谷都是人来收的，现在公路通了，我们只需要把玉米背到公路边即可，然后请车子运回家。所以现在村民们干活很轻松，生活越来越幸福了。

2015年8月19日　星期三　晴

现在的村民不知道是从哪里学到的养鸡技术，村里有20多户村民在外面的树林里养了鸡。听说外面养出来的鸡味道很鲜美，也很补，而且去街上卖也会很好卖。听说在外边养的鸡也没那么容易染病。在外面养鸡的人家似乎有些缺水，他们就背水去养鸡。有些人只是傍晚的时候去数一下鸡有没有丢失，或者喂一点食物。养得最多的可能有两三百只，最少的也有五六十只，我想现在养着的那几户成功的话，以后应该也会有很多人养，这样村民们的经济来源又多一点了。

2015年8月20日　星期四　晴转雨

今天下午6点左右，我叔叔家里准备做一个祷告会，听说是阿姨病了，所以我和妻子也准备去他家看看。我们到了他家后，他们家请的人还没到，我们只好等着。我妻子就去厨房帮忙了。等了几分钟，叫的人到完后，我们就去吃饭了。吃完饭我们还聊了一会儿，一组的腊邓说，娃底一组卖肉的话生意会好一点，有些人家一买就会买两三斤，或是三四斤，而卖到三四组的时候，大部分村民都不来买，要是有人的话也只是买个一斤或者半斤左右，他说这些都是卖猪肉的阿此说的。聊了一会儿后我们就唱了赞美诗，领歌的是阿普大，唱完后我们就做祷告。全都结束后天也黑了，于是我们就回家了。

2015年8月21日　星期五　雨

听说我们村的阿兰甲小组的一村民的儿子前天晚上因为骑摩托车出了车祸，可能很严重。我们县里的医院都没法医治，所以转到州医院里去了。他们家里的人也很伤心。为了明天的赶集，今天村里的妇女还是准备了各样的蔬菜。别的妇女还去找猪食了。今天也就这些了。

2015年8月22日　星期六　雨

今天我们村对面公路上发生了一起较大的交通事故，是王咀小组的村民们，司机也是王咀小组的，他开的是一辆三轮运货的摩托车。车里拉着8个卖菜的妇女，她们早晨6点左右从村里一路慢慢地下来，到我们村对面的时候出了车祸，车里的8个人中有一个被水冲走了，剩下的7个人都受了伤，被拉到县医院治疗去了，可能他们当中只有司机伤得轻一些。因为出了车祸，家里人都比较伤心，有些人就去医院照顾病人去了，还有的去江边寻尸去了。家里人受伤的人家都很伤心，但是在亲戚们的照顾下，他们还是得到了些安慰。

2015 年 8 月 23 日　星期日　雨

今天又是下雨，又是星期日，村民们就只是在家里吃饭，然后去教堂里面做礼拜。另外今天肯阿们家在筹备婚宴。亲朋好友都在他家集中讨论婚宴事宜了。因为下雨，所以晚上村民们也早早地就睡下了。

2015 年 8 月 24 日　星期一　小雨

早晨，天空还下着雨。但是不管下多大的雨，村民们还是陆续去忙了。有些家还在掰苞谷，今天娃底一组的巴叶奴家灌房子，村民们大部分都去他家帮忙了，有四五十个人。因为一直下雨，所以去帮忙的人的衣服都湿透了，可是在大家的努力下，下午 4 点左右就完工了，这时大家才吃了饭回家。

2015 年 8 月 25 日　星期二　阴

因为是丰收季节，现在的村民大部分都在忙着掰苞谷。有些家不请工人，只是请家里的亲戚朋友来帮忙，有些则是请工人。现在请工人的工资是一天 50 元，所以男工很少，而且一般都是其他村里的人。由于气候的变化，傍晚在村里的医生那里输液的病人也多了，大部分村民得的都是感冒。这两年有了医疗本医保，所以看病并不是难事，而且有病也不需要跑到县里了，在自己的村子里就可以治疗了。

2015 年 8 月 26 日　星期三　晴

这两天我们村老村委会那里住着一伙人，前几年村委会搬到学校后，老村委会就成为合唱团的场地了，负责人是此团长。现在住在那里的是普门，从去年开始，他就开始建楼，现在已经建好五层新楼了，这几天正在装修着。新楼是他和他哥哥还有娃底一组的赵碧花他们三家开的农家乐，是政府补给他们的款项，所以房间装饰得挺漂亮。我想这些房子装饰完后，可能外边旅游的也会到我们村里来了，那时肯定比现在热闹多了，可能那时村民的生意也会好很多。

2015年8月27日　星期四　晴

今天村民们起得比较早，因为今年政府补助的资助款已经到我们账里了，村民们期待了好久。鹿马登信用社银行门口上贴着布告，说哪个村的要在几号窗口去取钱，我们村可能是最后几个组。听说别村村民已经领了，我们村则是27号28号领。终于，期待已久的日子到了，大部分村民都领钱去了。而有些家里忙的就没去，他们有几家在打谷子，有些家去掰苞谷了。今天取钱回来的人在相互议论说，有些人家取到四五百，有些人家取到八九百，有些人家则一分钱也没有取到。大家取到钱的数目也不一样。取到多一点的就很开心，他们回家时都还买点肉类什么的。现在政府每年都给我们钱，我们都很开心。

2015年8月28日　星期五　晴

今天我们娃底二组的许小强结婚，他们家不信教，所以没有在教堂举办，而是在他们家举办。新娘子是上帕村的人，他们家早早地就准备着所需的东西。来帮忙的人有些在布置外面的装饰，有些去做饭，有些在扫地，所以他家一大早就很热闹。今天来他们家里的人特多，因为他父亲是老师，他大姑妈是教育局的。他们家的亲戚有布拉底的、可神底的。从上午10点多就开始来了，一直到下午5点多，客人们才少了点。今天村里算是很热闹了。

2015年8月29日　星期六　阴

为了让自己的儿女好好读书，让自己的儿女拥有知识，明后天就要收假了。有些家长在为自己的儿女预备他们的衣服和被子，有些还特意领自己的儿女去街上买新衣服、新被子。有些在家里洗给他们。今天赶集的人还是很多，有几家去做水果生意的。晚上，在教堂里聚会完后还排练了一首合唱歌曲，因为明天县里有一个教堂落成典礼，我们教会也被邀请去献唱了。大家都差不多练熟以后，才回家休息。

2015年8月31日　星期一　小雨

今天为了让儿女回学校读书，村里的家长们早上快点起床，做饭吃，吃完后就准备行李，然后就出发了。今天全村的人都去送自己的儿女。今天村里的初中、小学和幼儿园都在收假。到了学校后，先去老师那里报到，然后再去宿舍里给他们铺床，还有给他们买纸和笔、洗脸用具等。今天，校长还在操场里开了家长会。会上，校长强调一至三年级的小学生开完会后要给他们一些零用钱。等事情全部办妥了后，家长们才回了家。

2015年9月1日—30日

2015年9月1日　星期二　雨转阴

今年的雨季可真长呀，哎，收获季节里雨水多，农民们睡觉都不安稳了。大家都希望能雨过天晴，不然谷子可没办法收了。今天有几家即使下雨也去收谷子去了。他们准备着塑料布到了地里，稻谷割好后在打谷场里盖好塑料布打，不然到不了几分钟就会全部湿透。即使这样，谷子还是会湿透的，但也不至于积那么多的水。今天去打谷场里的村民全身都湿透了，他们把谷子拉回到家里然后把口袋打开，全部倒出来摆好后才去休息。谷子收回家，身体虽然很累，但是心里还是说不出来地高兴。

2015年9月2日　星期三　阴

今早上听到，前几天在亚角落摩托车祸中受伤的人，在昆明医院医治无效去世了，所以他家人只能把他的遗体运回来。村里人听到这个消息后都纷纷去他家帮忙了。剩下的村民这几天大都在忙着打谷子和掰苞谷。晚上教堂聚会结束后，教会里通知说，请我们去办丧事的那一家帮忙守灵，结束后大家才各回各家。

2015年9月3日　星期四　阴转晴

今天阿兰甲组的一村民家办丧事，白发人送黑发人，他家的小儿子走了，他们一家老小都很伤心。但不管怎么伤心，后事还是要办的。我们娃底教会里的高音喇叭里通知说，今天小组办丧事，需要全村的人去帮忙。到了中午，他家里里外外都坐满了人，坐着的都是伤心的老人和妇女，年轻的和有力气的都做活去了，有些在做棺材，有些去坟地背沙子、背水泥等等。今天来的人也很多，我们娃底3个组和阿兰甲组的人，另外也有别村村民。他们下午不吃饭就回家的比较多,可能是因为车祸的原因。晚上我们教会的人去他家里唱赞美诗,帮忙祷告,等到把这些都做完我们才回家。

2015 年 9 月 4 日　星期五　晴

今天早上的天气很好。村民们有些准备去打谷子,有些继续掰苞谷。毕竟是丰收的季节,大家都很紧张。有些家的玉米地要是离公路远就得请马来拉,现在每匹马的工钱是 100 元,赶马的每天就有 200 元左右的收获。现在养马的生活也不错,这几天白天天天有活可以做。因为他们白天干了一天的活,所以晚上睡得也比较早。

2015 年 9 月 5 日　星期六　晴

今天早上我们都还在睡觉的时候,模模糊糊听到外面妈妈的叫喊声,我应了一声,急急忙忙起了床,才知道原来是布拉底村,我爸爸的妹妹昨晚去世了。今天是叫我和弟弟妹妹去那里的。我们听到这个消息后就赶紧把家务活做了,然后我和妻子还有弟弟妹妹就和我妈妈一块过去。我们到那里的时候已经有很多人在那里了,有些人在杀猪杀牛,有些人在遗体旁边守着,我发现今天来的人挺多。过世的姑妈今年已经 79 岁了,她家里还有几个儿子,所以来的亲戚才会特别多。下午 3 点左右我们就回来了。

2015 年 9 月 6 日　星期日　雨

今天一天都下雨,村民们收的那些谷子也没法晒,而且最近也没什么可做的,所以只能在家休息。信教的村民在参加一日三餐地聚会,晚上也没什么事可做,所以早早地就睡下了。

2015 年 9 月 7 日　星期一　晴

一年一度的感恩节马上就来了，今年的感恩节在我们村的汪然教会举行，时间定在 10 月 2 号开始。因为是过节，所以少不了要唱歌跳舞、排练节目。这两天白天要干活，晚上还要在教堂里排练节目。我们村的 6 个教会每一个都在排练节目。我们教会这两天先排练乐队，过两天才开始排练合唱和舞蹈。乐队一直排练到晚上 10 点多才回家休息。

2015 年 9 月 8 日　星期二　晴

这两天村里人可以说是忙得一天时间都空不出来了。为什么这样说呢？因为我们教会的食堂准备明天浇灌，所以今天需要的人很多，但是昨晚约的那几家人都说很忙，我们只能从别的村子里喊了十几个小工，今天我们领着他们去上石头。有一组去打碎石，有几个去扎钢筋。今天因为人多，所以我们从 6 点多就开始在准备了，只要明天仔细地检查一下便可以直接使用了。教会里的负责人在高音喇叭里通知了这件事，叫村民们明天过来。今天就这些了。

2015 年 9 月 9 日　星期三　晴

今天为了要浇灌我们教会的食堂，村民们早早地起床吃了饭，吃完后赶紧去食堂。但是要浇灌之前，电路突然出了问题，而且今天来的人也挺少。种种原因下，我们晚上 8 点多才完工，有些妇女提早回去了，她们连饭都没吃上。今天村子里还来了县里的领导，村委会通知村里的贫困户叫他们在家里等着。后来听说领导给村里的贫困户每户 200 元，领到钱的村民很开心，政府人员每时每刻都在挂念着他们的生活，他们也很感激。

2015 年 9 月 10 日　星期四　晴

因为今天我们教会要做一个祷告会，而这次祷告会是由于大家都得到了丰收。我们集体要吃一顿饭，因为食堂还没有修好，只好准备在一楼做饭吃。目前食堂还在装修，要事先打扫一下。清理这个地方，又需要人手了，所以教会的执事们约了几个人在这里打扫卫生。来打扫的有七八个人，等到他们全部清理完大家才休息。

2015年9月11日　星期五　晴

今天就跟昨天说的那样，要做一个祷告会。村里的基督徒们已经准备好了，且生活费也交到了事务长那里。今天早上喇叭里一通知信徒们，他们就按每人8两大米把米交到食堂，这次的生活费也和以前一样，每人5块。大米8两，只吃一顿。今年做饭轮到娃底一组，所以今天也是他们来做，别的两个组就在教堂里聚会。而一组除了老人和小家子外就全部在食堂里了。男人们做饭，妇女们就洗菜、切菜。这样村民们在聚完会后，回家做家务活，等到可以吃饭的时候在高音喇叭里通知，然后他们再回来吃饭。做饭的那个组就只能把食堂都打扫完才能回家了。

2015年9月12日　星期六　晴

又到了街子天，做生意的那些妇女又有得忙了。她们凌晨4点多就出发了，希望她们以后的生意也兴隆。老师的教师节也过了，今天鹿马登完小的学生们收假了。有些家长没亲自送他们回学校。我今天还看到我们村子里一个一年级的学生不愿意留在学校里，哭着喊着要跟父母亲回家。但是父母也没办法了，为了孩子的将来，只能把孩子留在学校里，就算他们舍不得自己的孩子，他们也只能先回家。父母就是这样为了我们的前途，为了我们的将来，他们是这样默默地爱着我们。我们也要感谢我们的父母把我们带到这个世界上，哺育我们，为我们的将来着想。

2015年9月13日　星期日　晴

今天各个组开会。我们组是在早上聚会结束后在回家的路旁开的。

先是登记了今年要种草果的面积，但是今年必须用身份证来登记。听说以前给了那么多的草果苗，直到现在还一直在给，可是种出来的却不多。所以现在用身份证登记后，给了多少、种出来多少这些都要统计一下。登记完后，组长和副组长讲话说，前几天州里来的领导到我们村里检查卫生的时候发现有几家打扫得不够干净，所以我们组被批评了，今后希望家家户户都能搞好卫生，之后开完会大家才回家。

2015年9月14日　星期一　晴

昨天开会时提到，我们娃底二组的卫生做得不够好，所以今天早上7点左右，组长就用高音喇叭通知今早要大扫除，让所有村民到球场集中。因为我们每一次都是从球场开始扫，到江东桥头结束，所以今天也不例外。今天也是每个角落都要扫，而且要扫得特别仔细。所以扫出来的结果跟以前很不一样。可是时间比以前花得多了，最后还是全部都扫完了，而且也扫干净了，看着也挺舒服。然后大家登记了名字后就回家了。

2015年9月15日　星期二　晴

这两天谷子差不多收完了，但是收回家里还是有得忙的。因为前几天下雨的原因，谷子没有晒干，这两天天晴了村民们就开始晒谷子。有人还在掰苞谷，有些人已经把苞谷掰完了。这两天在教堂里排练舞蹈，一直到10点多才休息。

2015年9月16日　星期三　晴

今天村里可有得忙了。听说州里的领导今天又来我们村了，因为是领导来，所以村里村委会的人员、村里的组长和副组长组织村民打扫卫生。我们从早上7点就开始打扫了。今天也跟上次一样，打扫得很干净，而且今天还规定村道旁边不准停车。我们村的路本来就很窄，两辆车并行的时候会让不开。路边堆放着的沙子和石头这些也在今天一并清理掉了。忙完这些，时间就耽搁了好久，一直到 8 点半左右我们才忙完。今天领导来得也不少，单单车子就有十多辆，人有二三十个，他们在村里的各个角落都观察了一遍，最后在村委会开完会后吃了点饭就回去了。现在共产党员这么关心我们，不仅保证我们的身体健康，还带我们脱贫致富，他们真的是每时每刻都在关心我们。

2015 年 9 月 17 日　　星期四　　晴

我的妈妈，我最爱的妈妈，她今年才 62 岁，可是她患了食道癌，我们做儿女的也很伤心、很难过。她辛辛苦苦把我们抚养成人，现在我们已经有自己的家和儿女了，再过几年就可以抱孙子了。可是我万万没想到我的母亲会得这种无法医治的病。这是我们上个星期六到福贡县县医院住院后，星期二在胃镜检测室里得到的结果。医生告诉我们，她的情况已经是晚期了，而且单单肿瘤部分就有 12 厘米长，现在只能靠输液来缓解一点母亲的疼痛，别的就无法医治了。听到这个消息的时候，几个姐妹都哭了，然后我们商量着要让母亲继续住院，并且我们几个兄弟姐妹会一直陪在母亲身边照顾并安慰她。我们不能做什么，只能这样陪着她度过她所剩无几的日子了。

2015 年 9 月 18 日　　星期五　　小雨

今年的雨季可真多啊，三天两头地下雨。谷子收回家也被雨淋了，但是这也是没法的事情了，毕竟是自然界的规律。另外今天鹿马登完小和鹿马登中学的学生都放假了，有些中学生就把自己还在读小学的弟弟妹妹接回家。有些家长则是因为下雨的原因，还是自己去学校把孩子接了回来。

2015 年 9 月 19 日　　星期六　　小雨

天空还是不停地下着雨。但是今天是要做生意的一天，所以就算雨下得比现在大，村里的妇女还是不会停止干活的。在一个星期里，她们就这一天比较繁忙。赶集是这一天，做生意也是这一天，生意兴隆也是这一天。她们还是老样子，四五点就出发了。我今天看到街上也摆满了农产品。街上都是摆摊的，可能是因为这几天家里没那么忙的原因吧。有些会做生意的一个上午就卖完了，有些一直卖到傍晚才回家，卖不完的就只能无精打采地回家了。

2015年9月20日　星期日　阴

又到了礼拜天，基督徒们早上在自己的教堂里做礼拜。白天要去布拉底村的克起米底新村参加新教堂的落成典礼。那个地方离我们村只有3公里左右，所以村里年轻的人就去他们那边做礼拜了，年纪大的就留在本教堂里做礼拜了。今天到他们那里参加典礼的比较多，有些是来献唱献跳的，有些只是来挂个礼，有些是来看热闹的。但是不管是为了什么来，走的时候他们总是领了一盒盒饭才会回家。

2015年9月21日　星期一　晴

今天村里又来领导了，村民们又得忙了。早上天刚亮，娃底村的高音喇叭就开始喊着今天要大扫除了。今天还是和以前一样，各组扫各组的路线，扫完后组长还讲了几句话，交代说自己家的里里外外都要打扫干净，最后点了一下人数就叫我们回去了。今天来的领导是贫困联系户，他们到贫困户那里了解情况，而且告诉他们以后要怎么发展，要从什么方面发展，他们详细问完之后才回去。我们组有20多家贫困户，今天他们把家里的困难说给党和政府，可能以后他们就会得到党和政府的支持，希望以后他们的生活越来越好。

2015年9月22日　星期二　晴

今天村里还是大扫除，但是村民们有点不愿意，毕竟是连续扫了两天嘛。另外是因为有些人家的苞谷还没有掰完，稻谷那些也还没有收好，过两天要是下雨，那些就会被淋湿，就不能吃了，所以村民们才会不愿意，但是也没办法，毕竟是村委会里干部下的命令。今天早上 7 点开始扫，组长说早早地扫，因为昨天扫过一回，今天就不需要很长时间了，而且扫完早一点回家，就不会影响下午干活了。村民们听了这些话，人差不多到齐后就开始扫了。用了差不多 40 分钟就把村里的路全部扫完了，组长点名了之后村民们就回家了。

2015 年 9 月 23 日　星期三　晴

这两天村里来了下乡干部在村委会里工作，另外村里的合唱团也去党员办公室里练合唱去了，我们在外面就能听到熟悉又美妙的歌，他们把汉文歌曲改编成傈僳语来唱。今天他们在村委会里排练了一天，我们村的另一组则是在六库那里排练，他们组是赤傈然组，也是要在这一年里有所成就了，前一次是去内蒙古那里参加了比赛，这一次去六库也有一个星期了。看到我们村里也有有成就的人，我们心里也很开心，希望他们离梦想更近一步。

2015 年 9 月 24 日　星期四　晴

村委会里的下乡工作者继续在村里工作着。他们探访着村里的贫困户们，认真地了解贫困户的情况。

从我们这儿到王咀村的路一直没有通，所以这几天又在挖路了。要求挖到念坪组那个地方，但是念坪组的村民前一次没有挖到，他们有些失望了。这两天又开工了，他们脸上也露出了笑容。

2015 年 9 月 25 日　星期五　雨

昨晚下的雨到今天早上都未停过，但是村委会里可热闹了。合唱的演员还是在排练，可能他们是要外出演出吧。另外，乡里县里来的工作人员在村委会里填表，他们应该是在把这两天考察到的情况填到表里去吧。因为是下雨天，别的村民都在家里做做家务，或是种种菜什么的。今天就只是这些事了。

2015年9月26日　星期六　晴

这两天大部分村民家的苞谷都收完了，谷子也打完了，但是有些家的菜还没有种完，所以村民们街子天也不去赶集了，而是去地里种菜去了。以前，村委会还有乡政府，下死命令，大家才去种小春，但是这几年，农民们也感觉到了，种小春还是有好处的：那些菜可以喂猪，种子也可以榨油。所以现在即使没人下命令，村民们也都去种了。我想，农民们的思想觉悟渐渐提高了，可能以后还会继续发展的，希望我们民族也能跟得上别的民族。

2015年9月27日　星期日　晴

今天除村里的基督徒们照常在教堂里做礼拜外，有些人去县里买月饼去了。以前村民们不会过中秋节，只有一些小伙子小姑娘才会过，不过这两年大部分的村民都会过了。他们买回月饼、瓜子、花生、核桃，还有各种水果，所以说嘛，我们民族也越来越会过日子了。

2015年9月28日　星期一　晴

今天，村里合唱团的人在村委会的党员办公室里练歌。这次好像在练着一两首新歌。他们现在的人员没有以前那样多了，只有十五六个人了，以前刚建立合唱团的时候则有六七十人。现在这十几人可以说是精选出来的人了。团长还是以前的此团长，他的位置到现在都没变。他们一直练到了下午4点多，然后才回家休息。

2015年9月29日　星期二　晴

今天的天气很热。因为天气热，村民们早上去干活的比较多，到了白天大部分都在家休息，喝茶聊天。合唱团的人今天还是在村委会里练歌，下午4点多才回家休息。

2015年9月30日　星期三　晴

村民们今天也是老早地就去干活了，这两天忙的是去种菜，所以今年有些还是在用着除草剂。今天还有几家在收苞谷，他们几家大概是今年最后才收完了。这两天通往念坪组的公路还是在照常挖着，挖公路的师傅们晚上还是回到旧村委会楼里住。今天就这些了。

2015年10月1日—31日

2015年10月1日　星期四　晴

今天又到国庆节，但是有些村民还是去地里干活。有些村民则在家休息。明天我们村的汪然教会举办感恩节，那些准备去参加感恩节的村民洗衣服的洗衣服，去街上买东西的买东西。还有，今天我们家邻居要为他们的新房子搞祷告会，来参加的人有十五六个。今天也就是这些事了。

2015年10月2日　星期五　晴

这两天的天气都是晴朗的，白天很热，所以干活的人很少，早晚干活的人比较多。有鹿马登完小的学生们今天收假了，家长们还是送他们的子女到学校。要去参加感恩节的村民也背着他们的行李，下午3点多就赶往汪然教会去了。他们相互约着几个人一起，有些没有约到伴的，也在半路上等着伙伴，等到了几个人再一起去。汪然教会到我们村有3公里左右，步行走小路只需要20多分钟，现在公路已经通了，大部分村民就坐车去了。但是也需要20多分钟。今天就这么热闹地过完一天了。

2015年10月3日　星期六　晴

今天是汪然教会里过感恩节的第二天，他们早堂、午堂、晚堂都聚在一起做礼拜。而留在村里没去参加感恩节的妇女就去县里赶集、卖菜。有些则去地里干活，有些去找猪食。晚上还是在教堂里做完礼拜才回家休息。

2015年10月4日　星期日　晴

今天村民们去汪然教堂的比较多，去的人都换好了装，然后相互约着，几个人一组一组的，有车的骑车，没车的步行。到了教堂里，来做礼拜的人开始都担心没有座位，所以就直接进教堂里坐着了。以前就来参加过感恩节的人，在给今天才来的兄弟姐妹们安排座位。12点的时候我们开始做礼拜，教堂里里外外都坐满了人，其中来献唱献跳的人比较多，12点半左右聚会差不多就结束了，结束后客人在教堂里吃了饭菜回去。听说今天教会还杀了一头牛给客人吃。看到这次参加感恩节的人这么多，而且看他们村也挺大方的，我们很开心。

2015年10月5日　星期一　晴

今天12点左右去参加感恩节的村民从汪然教会背着行李回来了，他们分成几个人，一组一组的，一直在聊着这次感恩节的情况。回到家后，因为这段时间没有那么忙，所以大部分人都去休息了。有些人家的核桃已经收回来了，那些算是早熟的，这两天熟的也有，这样也有人去收核桃了。傍晚打篮球的那些人直到晚上才回了家。

2015年10月6日　星期二　晴

自从我母亲从县医院里出院回家后还是老样子，病情没加重，但是也好不了了，我们一家老小都在母亲身边照顾着，白天该干嘛还是去干嘛，晚上的时候我们就会聚在一起。这两天来看望母亲的亲朋好友也有不少，有些人会拿鸡蛋，有些人会拿自己家中舍不得杀的老母鸡，他们都告诉我们说要好好照顾母亲。我们很感谢来看望母亲的亲朋好友，我很无奈，希望我的母亲能好起来，村里的人也是都希望她好好地和大家一起健健康康、快快乐乐地生活下去。

2015年10月7日　星期三　晴转雨

今天早上从村里的喇叭里得知，今年买了太阳能热水器的村民要到村委会里，去领给他们的补贴。村民们听到这个消息后就去村委会里领钱了。今天下午去鹿马登赶集的也比较多，他们一是去赶集，二是去看望在学校的孩子。晚上在教堂里做完礼拜后，大家就各自回去休息了。

2015 年 10 月 8 日　星期四　雨

今天早上起床的时候就开始下雨了，村民们就不得不在家里看电视，鹿马登完小和中学的学生也都放假了，还在读小学的学生家长就不得不冒雨去接他们的孩子回家。最后他们才回家休息去了。

2015 年 10 月 9 日　星期五　大雨

这场秋雨不知什么时候才会结束，而且今年的雨下得特别大。村民们只好躲在家里聊聊天，聊着聊着就聊到我们敬爱的周恩来总理了。他们说今天是周总理去世的纪念日（周恩来逝世于 1976 年 1 月 8 日——编者注），他没有坟墓，为我们国家做的贡献很大，所以今天的雨才会下得这么大。大家听了很感动，还有明天准备去卖菜的，不管雨下得多大，她们还是准备蔬菜去了。农民的生活就是这样，一场大雨就可以在家里休息了。

2015 年 10 月 10 日　星期六　雨

雨还是一直下个不停，但是不管雨下得怎么样，做生意的村民还是跟往常一样做生意去了。留在村里的妇女也不得休息，要去找今天明天的猪食。在鹿马登学校里上学的孩子今天又回学校去了。晚上村民们结束教堂里的聚会才回家休息。

2015 年 10 月 11 日　星期日　小雨

村民们不管下多大的雨，早上还是照常就早起了，然后去教堂做礼拜，做完以后才回家做饭吃。今天我们教会的有些人去别的教堂里过感恩节去了，还有的带着诗歌或者舞蹈去献唱献跳。晚上在娃底三组的喇叭里接到通知，明早9点各个组都要扫地，村民们要按时参加。今天一天又过完了。

2015年10月12日　星期一　阴

今天天也晴了，村民们就要大扫除，因为昨天就通知是9点开始扫，所以村民们并没有起那么早。差不多9点的时候我们就在球场那里集合，然后时间一到组长就一声令下，村民们开始扫的扫、铲的铲、收的收，收到口袋里，然后等村里的垃圾车来了以后又装车。今天到9点的原因是领导们还要拍摄点视频，所以迟了一些。不过经过大家齐心协力，不到1个小时就扫完了，最后组长点了一下人数，副组长再三叮嘱我们自己家周围也要打扫干净，然后我们就回家了。

2015年10月13日　星期二　晴

今天村委会里的工作人员通知说，我们娃底三组需要派5个人去江边清理垃圾，因为那里的垃圾很多，有些村民去福贡赶集的时候，顺手就把垃圾堆在江边的桥头上，现在垃圾已经堆了很多，过路的一到那个地方就会闻到一股很浓的味道。因为有人开始反映这个问题，所以村委会就派人去清理了，还通知说以后不准在那些地方丢垃圾。

2015年10月14日　星期三　晴

这两天村子里已经没有什么可忙的了，所以今天去赶集的人很多，他们顺便还会去学校里看孩子。有些妇女会去自家的菜地里找猪食，因为这两天菜地里有很多草。晚上我们依然是在教堂里聚完会才回去休息。

2015年10月15日　星期四　晴

今天我去村委会的时候看到旁边停了好几辆豪华汽车，还听到村委会二楼的党员办公室里有讲话的声音。后来才知道今天我们村的所有党员都要开会，可能是又要建设什么东西了。总的来说，党员们开会是好事，都是要为人民服务，我们也希望他们能尽快告诉我们好消息。他们开了两个小时左右，然后在村委会里吃了点饭就回去了。

2015年10月16日　星期五　晴

今天我们教会的食堂又浇灌水泥了，因为昨晚早早地就通知过了，所以村民们很早就起床做早饭了。今天村民们除了有病的或者有特殊情况的不参加外都去了教堂。上午10点左右我们就开始浇灌了，还是像上次一样，白天吃了午饭后，到下午6点多才完工。最后妇女们先吃饭然后回去了，男人把最后的事情都做完后才回家。

2015年10月17日　星期六　晴

又到街子天了。会做生意的村民都到街子上做生意去了，而且这几年会做生意的人越来越多了，有些人做牛、马、羊生意，有些人做杀猪生意，还有人做民族服装生意。现在村民们的脑子越来越好了，跟着时代一步一步向前发展，我心里很高兴。

2015年10月18日　星期日　晴

今早村民们早堂做完后，有些就去鹿马登接孩子去了。今早村委会里通知，上一次村民补贴每户100元没拿到的，今早要来村委会登记，需要带银行卡、身份证、户口册等。通知过后就有村民陆陆续续地来了。今天也就这样了。

2015年10月19日　星期一　晴

这两天没什么可忙的了，村民们就只好找别的事情来做。今天，我兄弟、弟妹还有叔叔和阿姨他们四人去爬吉古做活去了。听说那里承包着 4000 元的一堵挡墙。他们跟爬吉古村里的我小妹、妹夫还有小妹的公公 7 个人一起做，到时候每个人能分到多少钱就会分多少钱。他们早、晚饭在自己家里吃，午饭在工地上吃。因为他们是自己包着活做的，所以到下午 6 点多才回家休息。

2015 年 10 月 20 日　　星期二　　晴

这两年有一种叫白芨的草药很值钱，所以我们村上面的汪然、王咀、密丁戈和岭坪几个小组的人家去年还有前年都在找白芨。有几家一年就挣到 1 万元左右，哪怕是自己一个人找，也能挣三四千块钱。我们娃底 3 个组的人前两年都没人去找，今年我们村的去了几个人。听说今天晚上才能到家，他们这次找到多少还不知道。白芨现在的市价听说每市斤就要 100 多元，他们这次去了十几天，可能收入不少。希望他们能多找到一点，因为白芨是长在高山上，他们去找白芨还是挺危险的，而且也很累。农民能赚到一点钱也不容易，希望大家能多赚到一点是一点。

2015 年 10 月 21 日　　星期三　　晴

今天村里的老人们可开心了，因为昨晚各个组的喇叭里通知说今早 8 点半，请村里 60 岁以上的老人都到村委会来，要给他们检查身体。今早 8 点半左右，村委会里就很热闹了。那里的工作人员已经摆好了桌椅还有各式各样的用具。今天的体检项目是为老人测量血压还有血糖，给他们理头发，还要给他们发包子和煮熟的洋芋等，另外还给他们发衣服，还给有些老人送了被子。最后，90 岁以上的还每人给了 100 元。等这些事做完后，那些人还表演节目给老人看。等所有活动结束后，老人们才兴高采烈地回家去了。原来今天是老人节，今天来为老人们过节的都是乡里的工作人员和村里的党员。在这样的共产党员的关怀下，希望老人们都能长命百岁，身体安康。

2015年10月22日　星期四　晴

今天村委会里又是热闹的一天。因为今早，各组的喇叭里通知说每家都要有一个人到村委会里来学习各种技术。学的项目还是挺多的：开拖拉机之前要如何检查；种植核桃方法等。来学习的人还是挺多的，有100多人。只要来学习的人，他们就发给饼干和饮料。大家学了两个多小时才结束。

2015年10月23日　星期五　晴

今天，娃底3个组的高音喇叭里通知，叫村民们不要去赤恒底罗干方向，因为今天王咀路加宽，所以会有石头滚落，让大家注意安全。如果硬是要去的，出了事就要自己承担，他们概不负责。另外，今年要盖房的就要到村委会里去报房户名。听说今年报名的政府会给28000元的补助。要报名的村民需要拿好户口簿还有身份证。可是今年娃底3个组的村民都没有要报名的，来报名的都是上面那几个村子的人。今天就这些了。

2015年10月24日　星期六　晴

今天是街子天，早上就不能好好睡觉了，因为要去卖菜的妇女还有三轮摩托车师傅凌晨三四点就起床去县里了。尤其是一些老人，被他们吵醒后就睡不着了。其他不去县里的村民这两天就只是找找猪食、做做家务。男人们做小工的做小工，要么就去山上找白芨与其他草药。总之，男的在家的很少。到了晚上，大家在教堂里聚会好后才回家休息。

2015年10月25日　星期日　晴

今天，村里的基督徒们跟往常一样做一日三次聚会，不信教的也没去干活，大家就这样轻轻松松地过了一天。

2015年10月26日　星期一　晴

听说，今年的桐油还是7角钱1市斤。因为可以拿去卖，所以有些村民就去捡桐油。以前，我们这里的桐油还是很值钱的，每家都可以赚到一两千块钱。不过这几年来，不知是气候的原因还是其他原因，桐油没有以前饱满了，所以价钱越来越低。这几年，村民们都很少去捡桐油了，有些村民还把自己家的桐油树也砍了。现在去捡桐油的有些是去别人家的桐油林里捡，有些则去自己家的桐油林里捡。捡得多的可能捡到100多斤，捡得少的也能捡到五六十斤。能捡到一点是一点，多捡到一点大家心里还是挺高兴的。

2015年10月27日　星期二　晴

今天村里又发生了一件事：娃底一组的咱白恒儿子被石头伤到了腿，而且伤得很重，听说骨头都碎了，没法在县里医治，所以转到保山大医院里医治去了。事情是发生在今早八九点，也不知道他们两父子是因为什么原因出去的，在公路上，挖机师傅们修路的时候有石头滚落下来伤到人的。所以现在修公路的老板也陪他们去了医院。前两天村里的喇叭里已经通知过了，说修路那边会有落石，让我们不要到那边去。今天就发生了这样的事，也不知道他们两边要怎么解决，但我们都希望孩子能快点好起来。

2015年10月28日　星期三　晴

这几天大部分的村民都要去买洋芋种子了，再过几天就要种了。有些村民则没有去买，因为他们觉得种了也白种，本钱都赚不到，不如买几十斤来吃吃就算了。今天是鹿马登街，也是鹿马登学校里孩子放假的日子，所以家长们去学校接孩子顺带去逛街。等到了晚上，大家在教堂里聚完会后才回家休息。

2015年10月29日　星期四　晴

现在我们教会的食堂建设差不多到尾声了，而且这段时间也不是农忙时间，各家各户也没有那么忙，所以教会的长老们就每天派几名村民到食堂里做工。这样，新食堂就能快点完工了。今天派了十多名帮工，他们在那里给师傅们帮忙，一直到下午5点多才回家休息。今天也就这些事了。

2015年10月30日　星期五　晴

今天我们村委会里组织残疾人学习编扫把。老师是我们村的此路恒，是合唱团的团长，也是残联会的负责人。今天，全县残疾人都参加，但是来的只有五六十人。教的人还有学的人都很认真。最后，他们在村委会里吃完饭后才回家。

2015年10月31日　星期六　阴

又到街子天了，做生意的村民们一早就去街上了。今早，村里的垃圾车又在村里转了一圈，家家户户都把垃圾倒入垃圾车里，然后师傅把垃圾拉到垃圾房里烧了。傍晚，各个组的喇叭里通知，明天10点在村委会里登记村民的所有车辆，请大家务必要登记，不然到时候出了事要自己承担后果。今天就这些了。

2015年11月1日—30日

2015年11月1日　星期日　小雨

今天早上聚完会后，村里的司机们拿着行驶证和驾驶证到村委会登记去了。今天是入冬以来的第一场小雨，所以也带来了一点寒气，村民们去教堂都穿着比较厚的衣服，相互间交流着天气变冷的事。因为天气冷，所以大家都早点休息了。

2015年11月2日　星期一　小雨

雨还是一直下个不停，空气也有点冷，家家户户都烧着火，在火塘旁边烤着火。白天，村民们除了干不得不干的活以外，就没有别的事可干了。晚上，因为冷，大家都早早就休息了。

2015年11月3日　星期二　晴

今天村委会来了几位工作人员，他们很可能是来检查工作的。因为村里的村民代表都被叫到了村委会里，然后那些工作人员在问他们村里的情况。另外，今天电信局的人拉了一条光缆线，听说是电脑线。这几年里，村里有十几家已经有电脑了，以后还会增多。村民们的生活问题改善了，现在又跟着时代，科学技术又在不断进步着，村民们的生活只会越来越好。

2015年11月4日　星期三　晴

自从我们村里办了幼儿园后，村委会里可热闹了。老师只有1个，教室也只有1间，但是他们有两个活动室。孩子们上午11点上课，下午3点就下课了，上面那几个组的孩子也会来我们村的幼儿园里读书，早晚都得接送。但是为了孩子们的前途，父母付出多少都是愿意的。下午 2 点半左右他们就在门口等孩子下课了，特别是下雨天，他们担心自己的孩子淋雨，就会提前一点来接孩子。晚上我们在教堂里聚完会才回家。

2015 年 11 月 5 日　星期四　晴

这两天村里的合唱团又在忙了，听说他们过两天又要去六库录歌了。因为要录歌，所以他们这两天都在村委会二楼的会议室里练唱。合唱团男男女女共有十五六个人，团长还是以前的此路恒。人员比以前减少了好多，但是他们以后会团结一致，希望他们以后发展得越来越好。

2015 年 11 月 6 日　星期五　晴

村里的合唱团是继续在村委会里练唱。他们有时候早上唱一次、中午唱一次，下午会练到 4 点左右，然后才会回家休息。另外明天准备去赶集的妇女已经在准备明天要去卖的菜了，她们一直在自家的菜地里找菜，到晚上才回去休息。这几天越来越冷了，所以村民们早早地睡下了。

2015 年 11 月 7 日　星期六　晴

街子天这一天，村民们经常会被早早地吵醒，凌晨 4 点半左右他们就开始闹了。这两天因为是农闲，所以到街上做生意的人比较多。今天鹿马登小学和初中的孩子也都放假了，有些家长还得去接他们的孩子。我们村的幼儿园也放假了，孩子们几天没来上课。晚上我们在教堂聚完会就回家休息了。

2015 年 11 月 8 日　星期日　晴

到了星期日，村民们全都休息了，信教的不信教的都一样。今天村里的合唱团成员做完下午的敬拜后，就开着自己的车到六库去了，他们中开车的就有四五个，还拿了好多行李。别的村民做完早会才回家。

2015年11月9日　星期一　晴

今天一早，我们村的喇叭里就通知说今天要扫地，所以叫我们村民赶紧去集合。这几年来我们娃底三组村委会的工作人员规定每隔两三个星期必须扫一次地。随着村里的合唱团越办越好，我们村就被评为文明村，经常村里来走动的领导就多了。所以我们各组分了固定的路段打扫。早上我们组的村民集中在球场旁边，人员差不多到齐的时候，组长说开始扫，组员们就动身了。我们顺着球场一路扫下来，一直把我们组负责的路段扫完才休息，最后组长登记了一下名字就叫我们回家了。

2015年11月10日　星期二　晴

不知道是什么原因，三组的村民昨天好像是没有扫地。于是今天一大早就通知他们去扫地。这段日子因为是农闲时间，所以村民们去做小工的比较多，妇女就只是在家里做做家务活，或者是在自家菜地里除除草，有些则是去山上找柴。天气也越来越冷，所以农民的日子也就这样了，农忙的日子忙，农闲的日子就很闲了。这样也就过完一天了。

2015年11月11日　星期三　晴

今天看到外面的人来我们村做窗户还有栏杆，看到他们拉着管子还有窗户来我们村里边，然后到教会的食堂那里，在那里装了一下午，差不多傍晚才回去。装栏杆的是我的邻居，他们也差不多下午5点半左右才回去。现在这两年里村民们盖了房子的，门啊，窗子啊，栏杆啊，这些就都可以请这些人来做，只要有钱什么都好说。呵呵，今天就这些了。

2015年11月12日　星期四　晴

今天早上，我们娃底三组的高音喇叭里通知，今早要给我们发低保大米，所以告诉我们尽量不要出远门，以免来家里分发大米的时候没有人在家。组长早早地就派了3个人去鹿马登拉大米。村民们接到通知后就全都一家一个在家等着了。差不多等到下午3点多，他们才在喇叭里通知说大米到了，叫我们去领米。我们就约着去领米处，等人差不多来齐后，组长通知说每个人要交4块钱，然后每户就可以领到160斤的大米。组长就挨个点名发大米，领到大米的村民都很开心，因为今年他们大都没有种稻谷。村里大部分地区都在挖公路，沟渠都损坏了，所以村民大都种的是玉米，现在大家一次性领到了那么多大米，他们都觉得很值。

2015年11月13日　星期五　晴

今天早上娃底的高音喇叭里又通知说今年要盖房子的村民要来村委会里登记，所以叫大家来报名。后来听登记的人说，今年盖房子的，政府会给4万元补助，还可以贷款6万元的。今年要盖房子的村民很开心能有这样的待遇。现在政府对农民的政策是越来越好了，农民们吃的住的都有补助了。作为一个农民，我很感谢我们的政府，谢谢他们都在关心我们的生活。

2015年11月14日　星期六　晴

又是一个福贡街子天，妇女们昨天就准备了今天要卖的东西，今天天不亮就出发了。现在天气都比较冷，村民们生火做饭的比较多。因为今天又是星期六，所以妇女们也要去找猪食，晚上我们都在教堂聚完会才回家。

2015年11月15日　星期日　晴

今天感觉特别特别的冷，而且不只有我一个人觉得冷，村民们都说很冷，往年这个时候并没有这么冷。早上村民们从教堂回来后，有些人就去学校里给自己的孩子送衣服送被子了。因为气温下降，所以傍晚在路上走的人也不多，都是在自家的火塘边烤烤火就睡下了。

2015年11月16日　星期一　晴

今天中午的时候娃底的高音喇叭里通知，今晚在村委会那边有人放电影，叫我们赶紧吃晚饭。到了下午的时候村民们就已经开始做饭了。因为村里这几年很少看得到电影了，我们村里没有电影院，所以只能在村委会的操场上放，那边也没有座位，我们都是从自己家里拿着板凳去看的。第一部电影说的是傈僳语，所以不管身上怎么冷，村民们都在坚持着看，直到放完两部电影，村民们才陆陆续续回家。好长时间没有看电影了，看完之后大家意犹未尽，相互聊着看电影的感想就回家了。

2015年11月17日　星期二　晴

这两天村民们忙着种土豆，但是有些家还是不愿意种，他们说连买种子的钱都收不回来。晚上在村委会里放电影，今天看电影的人也是比较多，因为天气比较冷，所以人们都穿得厚厚的。今天放的也是我们民族语言的电影，大家把两部都看完之后才回家。

2015年11月18日　星期三　晴

今天是鹿马登的街子天，也是鹿马登的学校放假的日子。村里的有些家长就去赶集了，顺便还能接孩子。今天晚上还是在村委会里放电影，看的人还是跟前两天一样多。今天放的也是两部，村民们仍然等到放完才回家。晚上因为很冷，所以人们早早地就睡了。

2015年11月19日　星期四　晴

今天村里的合唱团又有行动了。他们前几天在录歌，今天说是要对口型，不过先要练习一下。因为这次对口型的人有四十几个，而其中有些人还不是很熟练，所以今天要练得熟练一些，明天对口型的时候就会方便很多。合唱团的人一直练到下午 4 点多才结束。今天也就这些了。

2015 年 11 月 20 日　星期五　晴

这两天村里的合唱团和赤倮然乐队都在忙着。一个组的合唱团在我们村委会里忙着对口型，今天一上午都停电，但是他们用发电机发电继续排练，今天算是练了一天。赤倮然组在城里练，他们说可能又要参加演唱会了。村里有那么多乐队，总会有一个乐队为我们村争光的。

2015 年 11 月 21 日　星期六　晴

今天一早，村里的垃圾车又来拉垃圾了。村民们把自家的垃圾都倒在车上，然后司机就把垃圾拉走了。因为今天是街子天，有些村民就去赶集了，有些就在家里准备明天的猪食。晚上在教堂里聚完会就回家休息去了。

2015 年 11 月 22 日　星期日　晴

今天村里开了两次会。第一次是在村委会开的，来参加的只有各组组长和副组长。第二次是各个组长在各自的组里开的。我们娃底二组在村委会的操场上开会。我们组的组员差不多到齐的时候，组长就先讲话，今天上级给他们讲的他要说给我们听。第一讲到村民要怎么脱贫，不能一直靠那一点贫困补助，也要自己想办法。第二是要登记一下自己现在的住房情况。第三是今年的合作医疗费用每人需要交 85 元，城市人口要交 120 元的医疗保险费。最后说道，我们江西这边的村民可以生三胎了，村民们听到这个消息之后非常开心，这些讲完之后会议就结束了。天也黑了，村民们就回家烤火睡觉去了。

2015 年 11 月 23 日　星期一　晴

今天村里的合唱团又拍摄视频了，合唱团成员都穿着民族服装，然后在村里拍摄，后面又去别的地方。今天有另外一件事，说是王咀组要从批过那里挖上去一条公路，所以叫我们村在那里有地的都去看一下，然后协调一下怎么赔偿。所以村民们在那里有地的都去看了。晚上我们也是早早地就睡了。

2015年11月24日　星期二　晴

今天村里的合唱团还是在拍摄视频，这两天他们只是在对对口型，声音他们在六库已经录好了，今天他们都去了好多个地方，晚上在村委会那边吃完饭他们才回家。今天也就这些事了。

2015年11月25日　星期三　晴

今天村里的合唱团仍然在录视频。各个组的高音喇叭通知在批过那边有地的还是要自己看一下，免得以后有争执。还说今晚上聚会的时候，愿为主奉献十分之一的兄弟姐妹就把玉米和谷子背到教堂，然后会为他们祷告。在那里聚完会大家就回家了。

2015年11月26日　星期四　晴

今天我们在教会的食堂那里做工。到了中午我们该吃午饭的时候我们就回到厨房那里吃午饭去了。到了厨房那里，炊事班的工作人员告诉我们今天没有煮米线，煮的是鸡蛋。听到这个消息大家都乐了，因为我们天天吃米线，有点吃腻了，今天突然说吃鸡蛋，当然会高兴。剥皮的时候有人说以前是说小孩子吃不得蛋黄，可是现在的小孩整个鸡蛋都在吃，是不是因为那个时候老人想吃。有人又说这是不是尊老啊。是的，现在农民的生活条件提高了，老人可以吃到比那个还好吃的，可是我们想以后不管生活条件怎么提高，都不能忘了尊老。

2015年11月27日　星期五　晴

这两天我妈妈的病情又加重了，今天我们吃完饭就去了妈妈家里。妈妈还是躺在床上，我和我妻子过去问她病情怎么样，她说这两天经常连稀饭都吃不下，别的东西也吃不成，只能喝点奶粉。她还说她患病的位置硬硬的。我们看到她瘦瘦的，心里很难过。她的病医生也没法治，可是我们也不能告诉她，怕她知道之后会伤心绝望，我们只能忍着痛安慰她，说没事的，一切都会好的。我们一家人都很伤心，我们只能祈祷，求主来医治，请让我们一家人开开心心地生活下去吧。

2015年11月28日　星期六　晴

这两天天气还是很冷，但是菜农们好不容易等到街子天，所以他们穿着厚厚的冬季衣服，凌晨5点左右就起床去县城了。另外今天村里的垃圾车又在村里转了一圈，把垃圾都拉走了。今天因为是28日，鹿马登完小的学生又放假了。小学生还小的就都是家长去接了，晚上在教堂聚完会才回家。

2015年11月29日　星期日　晴

今天村里有两件事，第一件事是早上的聚会完后，我们组里的喇叭里通知说叫村民们去交医疗保险。今年的医疗保险费可贵了，每人85元，一家有五六个人的就要交五六百元，可是不交也不行，这几年大家也都知道，要是没有医疗保险，看个病是很贵的，一点感冒就要买四五百块的药。因为知道这些，所以村民们就好好地去交了，我们组也是大部分都交了，只有几家没有交，可能是交不起吧，不过过两天应该会补上去的。另外一件事就是晚上聚会以后要在操场上开会，主持人是我们村的森林委员，他说要注意防火，不要乱砍滥伐等，开完会后大家就回去睡觉了。

2015年11月30日　星期一　晴

这两天村里面没有什么可忙的，只是盖新房的那几户人家比较忙而已，有几家是前面就已经盖了，可是一直没有完成，所以这几天还在建设，还有几家没开始建，可能是过几天才开始吧。今天鹿马登学校的学生们又收假了，学生们也都回去上课了。晚上组长在高音喇叭里通知说明天要扫路。今天就这样了。

2015年12月1日—31日

2015年12月1日　星期二　晴

今天早上我们娃底三组的又扫公路了，因为前边两个星期没有扫，所以今天早上8点就开始了。今天另一组跟三组的没有扫，也不知道是什么原因，也可能是过两天再扫。我们组还是和原来一样，从球场那里扫，一直扫到江东桥头，然后登记完名字才能回家。自从村委会下通知每两个星期扫一次路后，村里的环境就变好了，村容村貌大有改善。

2015年12月2日　星期三　晴

今天因为是鹿马登街子天，所以村民们去鹿马登赶集的比较多。今天有好几个从外地打工回来的，我看到他们都变胖了，而且每个人的气色都很好，可能是每个人都赚了一笔钱回来。晚上我们还是在讲堂里聚会完才回家。

2015年12月3日　星期四　阴

今天早上一起床天气就阴阴的，看不到一点太阳，家家户户都烧水做饭。夏天的时候大部分的村民都没有烧火，有的用电磁炉，有的用电饭煲。因为现在是冬季，所以村民们就用火来做饭。傍晚的时候，教会里的礼拜长通知说，晚上要在教会里练歌练舞，因为马上就要到圣诞节了，到时候我们教会的人要献歌献舞。今天我们娃底二组的组长还通知说，明天早上9点左右家里有残疾人的去村委会里领衣服。晚上因为冷，所以村民们都早早地睡下了。

2015年12月4日　星期五　雨

今天由于下雨，天气很冷，所以大部分的村民都在家休息。但是昨天已经通知村里的残疾人要去村委会里领衣服，所以他们准时到了村委会，村委会里的工作人员就给他们发了衣服，他们领到衣服之后就开开心心地回家了。现在政府里的干部们无一不在照顾着老百姓的生活，老百姓的生活水平也一点一点在提高，真的谢谢他们了。

2015 年 12 月 5 日　　星期六　　晴

卖菜的妇女和做各种生意的人都没有错过今天的赶街的机会，可能一个星期当中，就今天一天是他们赚钱的机会。他们凌晨 5 点半就开始行动了。因为现在是冬季，所以早上 7 点左右天才亮，要是在夏天，他们可能 4 点多就出发了。今天他们生意要是好一些的话，会买回来一些肉；要是生意不怎么好的话，就只能买一些生活必需品了。他们一直到下午四五点才会回来。

2015 年 12 月 6 日　　星期日　　晴

今天早上村里的基督徒做完早堂后，我们娃底二组的组长在高音喇叭里通知说马上去村委会旁边开会，而且要带着户口簿和身份证。村民们接到通知后就去开会了，人差不多到齐后，副组长就在手里拿着一张卡片对我们说，今天要发给大家他手上拿的社会保障卡。以后政府发的补助款什么的都会打到这张卡里，以后交养老保险也要打进这张卡里。今天没有拿到卡的，之前就交过养老保险的都要登记清楚。他讲完后，我们就去领取卡了，签完字我们就回家了，没拿到的人继续等着。现在科学发达，做什么都要用电脑了，不知道以后又会有什么变化。

2015 年 12 月 7 日　　星期一　　晴

今天我们在村里做工的时候，看到首长领着一群人来到我们村，对着我们的房子用手机拍照，首长还介绍说都是我们自己设计的房子，都是我们从工地打工回来自己挣钱盖的。首长还说要好好建设家乡，我们回应了之后他们就继续去参观了。真的，家乡的变化已经很大了，以前的木头房都变成砖房了，现在有些人都已经建着两三层的平顶房了。要是村里的房子都变成平顶房的话，那大家肯定很开心。

2015年12月8日　星期二　晴

今天早上今年盖新房的村民在村委会里开会，听说是告诉他们要建新房的要快点盖，不然资金要撤回了，他们这一批房政府会给他们28000元的补助。另外今天合唱团团长家开祷告会，他们家的房子已经盖好了，所以请人们去他家开进新房祷告会。今天也就这些事了。

2015年12月9日　星期三　晴

因为今天是鹿马登街，所以有些村民就去了鹿马登，大多是去那边做生意。从昨天开始学生们就放假了，所以不在学校里。晚上在教堂里聚会完后他们还要练歌，每天都是这样。离圣诞节只有几天了，他们每天都在坚持练歌，而且每天都会练到10点多钟才会休息。

2015年12月10日　星期四　晴

这两天没什么可忙的，村民们也只是在准备着怎么过年，有些去找柴，有些去菜地里施肥。今天鹿马登学校的学生收假了，村里的学生也都回学校去了。晚上照常在村里的教堂练歌。今天也这样了。

2015年12月11日　星期五　晴

这两天村里回来几个去外地打工挣钱的人，但是大部分还没有回来。这几年里，村里外出打工的人比较多，有些打工回来后就买车或是盖房子，把房子建得漂漂亮亮的。有些是没去打工之前就贷款盖房子，盖好了以后就去外地打工还贷款。所以现在村里的房子大都是两层楼了，都是村民自己辛辛苦苦挣钱盖的，希望村民的日子能越过越好。

2015 年 12 月 12 日　星期六　晴

今天凌晨 5 点多的时候，卖菜的妇女就已经去街上了。早上天刚刚亮，村里的垃圾车又来拉垃圾了。听说今天赤恒底村每一组派一个人，组长或是副组长去考察水源，因为现在村民饮水常常出现问题，所以现在我们整个村的饮水都用一根水管来解决。他们这次考察的目的是看看还有没有别的水源、远不远等情况。他们很早就出发了，回到家的时候已经五六点了。晚上大家在教堂里聚完会后就回家休息了。

2015 年 12 月 13 日　星期日　晴

今天中午在教堂里聚完会后，在教堂里的基督徒都要填表。填报的内容很详细，包括姓名、性别、年龄、受洗日期、身份证号码和电话号码等，可能他们想统计村里的基督徒人数。教堂里结束祷告后，村里的执事就通知说，请大家拿着户口簿到他那里登记。这样，村民们就又回到教堂里去登记了，有很多地方都要登记，我们登记完才回家。

2015 年 12 月 14 日　星期一　雨

这场雨一直下个不停，村民们只好家家都在火塘边烤火。但还是有不得不干的活，无论下多大的雨，猪食是必须要的。因为一直在下雨，也没发生别的什么事，所以今天也就这样了。

2015 年 12 月 15 日　星期二　阴

今天村委会里开会的人可多了，路边都停了好多辆车子，早上还有人在准备厨具，可能是人多的原因，他们跟村民借锅煮饭。听说今天开的是党员会议，而且全村的党员都要参加。今天他们在村委会里开了整整一天，下午 5 点左右才结束，在那里吃了晚饭大家才回去。他们开的内容我们暂时还不知道，不过明后天我们组开会的时候应该会告诉我们，我们只要耐心等着就可以了。

2015年12月16日　星期三　晴

正如昨天所说的那样，我们娃底二组今天在八路家门口开了会。那里有路灯，所以大家就集中在那里，组长告诉我们说，第一，昨天村委会开会决定要搞好卫生。第二，村民们的车不能停放在路边，要停在自己家的车库里面，不然今年元旦开始就要对停在公路边的车辆罚款了。第三，村委会里发过的垃圾桶不准放在自己家里，要放在公路旁。组长说完，副组长就交代了几句，他说明天村委会里有种核桃培训，希望村民能积极参与。还有就是建新房的都要盖手印签字。最后开完会后，要建新房的就留在后面签字了，我们就先回家了。

2015年12月17日　星期四　晴

今天早上10点过后，娃底3个组的高音喇叭里通知，请村民们到村委会里学种核桃和修理核桃，村民们听到通知后，有些马上就赶往村委会去了，有些约着伴一起过去，有些因为没有地种核桃就没有去了。今天技术员教的是怎么种、怎么修理、什么时候修理等内容。而且技术员还找了一块核桃林地，给他们示范怎么剪枝条等技术。等这些都教完后大家才回家休息，回家的路上他们还在聊着，说以前种核桃就是随便种着，今天学到了这些，以后就要用科学的方法来种植核桃了。

2015年12月18日　星期五　晴

今天早上各个组的喇叭里通知，今天要在村委会里搞活动，要全村的村民都来参加。因为马上就到傈僳族的阔时节了，我们村的新农村指导员申请了一些活动经费，然后叫全村的村民都来高高兴兴地玩一天。村民们听到这个消息后，上午11点多就到村委会里来了，只有个别的村民因为忙没来参加活动。今天的活动项目有许多：拔河、丢沙包等。奖品有洗衣粉、手纸等。今天来参加活动的人都很开心，因为大家都领到奖品了，也玩到了，所以大家都很开心。

2015 年 12 月 19 日　星期六　雨

今天因为下雨，而且山上还下着雪，所以很冷。但是不管天气怎么冷，村民们还是没有闲着：早上去县里赶集、卖菜的有一些，然后今天又是我邻居家盖新房请客，所以他们家的亲戚朋友一大早就开始忙做各种饭菜。到了中午，来他家做客的客人更多。今天一天村里都挺热闹的。

2015 年 12 月 20 日　星期日　晴

这两天，我妈妈的病一天比一天严重了，村里的亲戚朋友每天都来看望我妈妈。他们有些还自己掏钱给我妈妈，我们兄弟几个很感谢他们这样关心着我们。在我们困难的时候，他们这样帮助我们，向我们伸出了爱的双手，我们一家人真的很感谢他们。

2015 年 12 月 21 日　星期一　晴

因为我妈妈的病越来越严重，所以我们兄弟几个打算准备我妈妈的后事了。今天约了我们的亲戚：叔叔、表哥、表弟、堂哥、堂弟等。有一组人就在村里做棺木，有些则去江边采石头，石片到时候用来做盖板。我们忙啊忙，一直忙到下午 5 点多，可是我们不管怎么努力还是没有完成任务，今天就只能做到这里了。

2015 年 12 月 22 日　星期二　晴

今天继续做昨天没有完成的任务。但是因为今天来我家帮忙的人比昨天多，所以就分出一组去修墓。晚上来我家看望我妈妈的人也比之前多了。我妈妈虽然躺在床上，但是还是有那么多人来看望她，我们一家都很感谢这些来看望的人。

2015 年 12 月 23 日　星期三　晴

今天是最难忘、最伤心的一天，因为是生我养我的妈妈去世的日子。

妈妈病情越来越严重，我们家的亲戚朋友在为妈妈准备着后事：女的几个在家守着妈妈，男的去墓地修坟墓。下午4点半左右，她们来了个电话，电话里叫我快点回家，说妈妈只剩最后一口气了。等我回到家才坐了片刻，妈妈就咽下了最后一口气，她就这样走了，丢下了我们去天堂了。她辛辛苦苦地把我们哺育长大，我们却还没有来得及报答够她。愿妈妈一路走好。

2015年12月24日　　星期四　晴

由于妈妈病逝，很伤心，但在村里的人和亲戚朋友的安慰下，心里好受了一点。今天还是有一些人在家里守着妈妈的遗体，另一些人去修坟墓。今天就这样过了。

2015年12月25日　　星期五　晴

今天在我们村的亚朵教会那里过圣诞节，大部分村民要去那里参加圣诞节去。没有去的那些人就来我家帮忙，今天妈妈要下葬了。因为心情很糟糕，没有情绪继续写下去了，很感激所有来帮忙的人，谢谢。

2015年12月26日　　星期六　晴

今天在亚朵教堂里过圣诞节。今天虽然是街子天，但是街上的人很少，因为还有一些村民要来我家帮忙，把没有修好的坟墓修好。到了下午，大家总算是完事了。谢谢所有来帮忙的人。虽然嘴里不会说什么好话，但是心里还是很感激他们。

2015年12月27天　　星期日　晴

因为村民们还在亚朵教会里过着圣诞节，所以今天在我们教会里做礼拜的人比较少。特别是白天，人更少。村里的有些小伙子在那里过圣诞节，他们就去那里打球去了。因为那里人比较多，所以打球的人也多。

晚上，大家在教堂里聚完会后才回家休息。

2015年12月28日　星期一　阴

今天是阴天，一天下来都没有看到太阳，所以很冷。村民们去参加圣诞节的，今天就要回家了。还有今天下午6点半左右，娃底3个组的各个喇叭里通知说：明天上午10点左右吃完饭后，村民们到村委会集合，来学习如何预防与治疗高血压和糖尿病。所以高血压还有糖尿病的一定要来参加。因为冷，所以村民们也早点就睡了。

2015年12月29日　星期二　晴

今天村里可热闹了，我们娃底二组的村民早上早早地就开始扫路了，然后10点多去村委会里听医生们的讲座。还有就是今天我们教会的食堂、教堂都需要人手，每家都有一个人参加；今天娃底三组的那四博家房子三楼房顶浇灌平顶。到了晚上，娃底3个组的村民各组组织排练节目，因为元旦节期间要在教堂里献唱献跳，所以村民们就这样在忙碌中度过了一天。

2015年12月30日　星日三　晴

马上就要到2016年了，村民们为了过新年，这两天忙得不可开交。今天，有些是去教堂里布置教堂，有些去教会食堂里打扫卫生，另外那些村民去县城里买过年所需的东西，还有一些村民则在自己家里里外外地打扫卫生。晚上，各个组还是在排练节目。这两天由于时间紧迫，所以他们练到晚上10点多才休息。

2015年12月31日　星期四　晴

今天是2015年的最后一天了。今天我们教会的基督徒们做了祷告会。今天我们还没有集体做饭吃，中午祷告完后就在自己家里做饭。

今天晚上12点后，他们就在各个家里唱诗歌还有念经，所以家里的成员必须不睡觉地等待着，要等他们走了后才可以休息。因为我们村有170多户，所以唱诗歌的人一直到凌晨四五点才唱完，之后他们才回家休息。

村民虎赛雄日志
2016年

2016年1月1日—31日

2016年1月1日　星期五　晴

　　新年到了，村民们个个脸上都喜气洋洋的。今天教堂里做祷告会，但是由于昨天晚上睡得晚，村民们早上8点左右才起床，9点左右教堂里的喇叭响了，然后教会里的执事通知："现在大家把米交到食堂来，中午要开始做饭了。"听到这些后，村民们就把米交到厨房去了。中午12点开始做礼拜，今天节目多一点，就是每个小组都得唱一首歌或是跳支舞。娃底三组今年得做饭，明年就轮到我们组。大家下午5点去食堂打饭吃，今天晚上没有活动，所以大家都早点回去休息了。

2016年1月2日　星期六　晴

　　村民们为了参加白天的活动，早上都早一点起床做饭吃。因为早上那顿是在自己家里吃，只有下午才在食堂打饭吃。我们11点过后去教堂，等到12点活动就开始了。今天的活动场所是在教堂旁的操场，来的人很多，操场上都坐满了人。我们还专门安排了服务员，给人们送瓜子、花生、饼干、鸡蛋、茶水等。今天活动的第一项是自愿献唱献跳，等献唱献跳完了，负责人就会给他们发香皂。第二项是丢沙包，打的目标是香皂、肥皂、娃哈哈、花生牛奶等。活动还设置了许多游戏，其中有一项游戏是让小孩子们钓鱼，钓的是瓶子，另外还有盲人敲鼓，套圈等。每一项活动都有奖品，而大人和孩子的奖品也不同：小孩的奖品是笔和纸，大人的奖品大部分是饮料和香皂。今天村民们玩了一天，都玩得挺开心的，希望我们在新的一年里天天都那么开心。

2016年1月3日　星期日　晴

　　今天还是照常做一日三次地聚会，聚会结束后在教堂的操场上继续搞活动。学生们今天都回校了，所以今天在操场玩的都是大人。今天玩的还是打沙包，不管是打中的还是没打中的都玩得很开心。晚上在教堂旁边集体跳圆圈舞，不会跳的就在旁边烤火看着他们跳，有些不会的就跟着会跳的一起学。就这样一直玩到晚上10点才回家休息。

2016年1月4日　星期一　晴

村民们还在继续过着元旦节，这次长老们定好要过一个星期，所以还得过3天，得到星期三才结束。今天12点开始又在搞活动了，今天活动的项目跟昨天的不同，今天玩的是拔河、跑步、套着袋子走路比赛等。每个游戏项目大家都玩了一次后才开始下一个游戏。虽然玩的时候很累，但是当拿到奖品的时候大家都很开心。旁边看着的人也很开心，因为有老人不玩游戏，所以每个人都送了一包洗衣粉，这样每个人都拿到奖品了。晚上还是在操场上放电影，也是教会包场的。等两部电影都看完后大家才回家。

2016年1月5日　星期二　晴

今天离元旦活动结束还有两天，村里的基督徒还是在一起集体活动、集体做饭吃。每天的活动项目都不同，每天的都有新游戏参加。今天玩的游戏是圈圈底下跳着走，4个人一起。第一名给一包洗衣粉，第二名给一块香皂，第三名给一筒手纸，第四名给两包洗发露。总之，每一项的游戏奖品不一样。第二个游戏是斗牛士，一对一比赛。不管是玩游戏的人还是看的人都很开心。还有一个游戏是5个人一组，脚跟另外一个人的脚绑在一起，另一个组也是一样，然后两个组一起出发，哪个组先到达终点就算赢。就这样，每个人都开开心心地度过了一天。

2016年1月6日　星期三　晴

今天是庆祝元旦节的最后一天了，所以比较忙。大家先是玩游戏，然后是比赛跑步。差不多要结尾时才发奖品，每个负责人都给一包洗衣粉，在教会里讲经的人每人发了一个杯子，煮饭的人则每个人都给了一袋洗衣粉。到了晚上大家就在操场上跳圆圈舞，因为是最后一个晚上，所以来的人很多，大家都跳到 10 点多才回家休息。

2016 年 1 月 7 日　星期四　晴

大家在一起过了一周的元旦节，我们的教堂里里外外都显得有点脏了，得打扫干净。所以每家派一个人去打扫教堂和厨房。上午 11 点，要去教堂打扫的人就陆陆续续地往教堂集中了。他们扫了两三个小时才把教堂里里外外都打扫完。因为元旦节过完了，所以之前在盖房子的村民就开始动工了，其他的村民也各忙各的了。今天也就这些了。

2016 年 1 月 8 日　星期五　晴

可能是因为马上就要到春节了，这两天，从外地挣钱打工回来的村民越来越多了。今天早上村委会又通知说，今年报名盖房子的村民这两天要先找好石头和沙子，过两天政府补贴的钱下来后就可以马上盖了。由于这两天天气还是有点冷，所以还是早点就睡了。

2016 年 1 月 9 日　星期六　雨

今天又下起了雨，所以很冷，但是卖菜的妇女还是去县城了，别的村民除了去找猪食外都在家烤火聊天。晚上在教堂里聚会完后，在家里烤了一会儿火，因为今天一天村里都没有电，所以就早点休息了。

2016 年 1 月 10 日　星期日　晴

今天村民们聚完早堂后，先是娃底三组的高音喇叭里通知说，今天我们村有领导要来，所以每家每户都要好好打扫好卫生。另外，每家还要派一个人马上来打扫大路。他们三组上午就扫好了路，而我们二组和一组则是做完午堂才开始扫路。经过大家的一番打扫，村里又变得干干净净的了。等大家打扫完后，领导们也来了。他们在村里转了一圈，感觉很满意，然后就回去了。可能他们看到村里的卫生搞得好，而且村里变化也大，一天比一天好了，所以会觉得很满意。

2016年1月11日　星期一　晴

因为前两天村委会的人就通知过今年要盖房子的要先预备好石头和沙子，所以这两天要盖房子的那几家就预备着沙子和石头。晚上，三组的高音喇叭里通知，让村民们这两天不要去王咀公路下面的那条路上找柴，现在那条路每天都在挖路，万一有村民去那边出了事，他们负不起责任。他们现在在喇叭里已经通知过了，如果到时候有人非要去，出了事就要自己负责。今天就这些事了。

2016年1月12日　星期二　晴

今天是我侄女订婚的日子，她爸爸前天就来我们家通知，说今天无论如何都要到他们家去，而且全家人都要参加。因为被邀请了，所以我们家的人下午5点就去密丁戈我侄女家了。我们家的人分两批去，第一批是我大女儿先去，因为我有两轮摩托车，载不了那么多人。第二批是我小女儿还有我的妻子。到了他们家里，有好多人都到了，有些人在做饭，有些人在聊天，等人差不多都到齐了后，先是吃饭，吃完饭后就开始订婚约了。先是密丁戈教会的执事讲话，为他俩做见证。然后女方代表先讲话，我大姐先说："我女儿今后就是你们家的人了，你们要好好爱她、疼她、教她……"很多女方家都是这样，都希望女儿嫁去后男方家能对她好。之后是男方家讲话，说他们会对她好的，我侄女就是他们家的女儿……接下来是教会执事做总结。最后，订了结婚的日子是下个星期的星期二，也就是1月19号。确定日子之后，执事做了个结束祷告后大家就回家了。

2016 年 1 月 13 日　星期三　晴

今天鹿马登完小一至二年级的学生放假了，因为他们年龄还小，所以家长必须去接他们。而且今天又是鹿马登街子天，他们还顺道可以去赶集呢。村里需要去接孩子的村民吃完早饭后就背着箩筐去鹿马登了。因为孩子下午 4 点才放假，所以家长们就在街上先逛着，直到孩子们考完试放假了，他们才领着孩子回家。

2016 年 1 月 14 日　星期四　晴

今天我们娃底二组的村民领到低保钱了，而且比之前领到的多了一点，所以大家都很开心，这样今年春节买菜钱就有了。今天上午就有人讲说晚上就要发低保了，正好我去了我兄弟家，兄弟告诉我今天下午要发低保了，因为我兄弟是我们二组的副组长，所以我也早点就知道了这个消息。到了下午 5 点多，我们二组的高音喇叭里就通知说下午 5 点半到 6 点的时候要发低保，让大家准备准备。到了下午 6 点钟的时候，又通知大家要赶快集合，迟到了领不到钱就不要怪他们。村民们听到通知声后，就赶快去了。等人员差不多到齐后，副组长就先讲话，给我们通报这次领到了多少钱，以前集体的钱还剩着 2000 多元，支出了多少，具体用在哪些地方等，他都一一详细地跟我们说了。之后，他还通报了之前组里出义务工的时候，有哪些人缺席了，那些人的缺席一次就要扣 30 块钱。这次每家发到 671 元，但是现在只发 650 块钱，其余的 21 元先扣着，用来在春节时给村民们做活动经费。然后他就一家一家地开始发钱，领到钱的村民就高高兴兴地回家了。

2016 年 1 月 15 日　星期五　晴

今天上午 11 点左右，我们村所有党员在村委会里开会。还有，今天鹿马登完小四至六年级的学生放寒假了，他们今天下午 4 点就考完试了，有些家长吃完早饭后就去学校等着孩子了，有些 12 点过后就去，有些则下午 2 点过后才去。今天去接孩子的，要把他们的行李也背回来，所以家长们就在学校里一直等孩子们考试结束才把孩子接回家。

2016 年 1 月 16 日　星期六　阴

今天又到福贡街子天了，昨天就准备着要去街子上卖菜的妇女老早就起床去福贡了。天刚亮一会儿，村里的垃圾车就在村里转了一圈，然后把村里的垃圾拉出去烧了。别的村民盖房子的继续盖着，找猪食的还是每天都在找。傍晚时，在球场打球的还是比较多，因为这两天大部分的学生都回来了。大家晚上在教堂里聚会完后才回家休息。

2016 年 1 月 17 日　星期日　晴

今天是礼拜日，村里的基督徒除一日三次的聚会以外就没有别的事了。村医生则在给村里的婴儿量体重、体温，还给他们一点药，然后家长就带着孩子回家了。现在，政府给孩子们这么多的关心，感觉这个时代的小孩子很幸福，家长的负担也减轻了许多。这些，我们都要感谢我们伟大的中国共产党。

2016 年 1 月 18 日　星期一　晴

因为昨天休息了一天，所以今天村民们又忙着干活了。虽然这两天不是农忙季节，但是还是有那么多忙不完的活。唉，真是没办法。农忙的时候，一天到晚都在忙着，可是怎么都富不起来，幸亏现在政府给农民许多补贴，农民的生活才过得好了。我们也希望下一代的孩子能好好读书，等将来能过上富足的生活。

2016 年 1 月 19 日　星期二　晴

今天是我侄女出嫁的日子，所以得去她家帮忙。早上我们家就早早地起床，吃完早饭后就去密丁戈参加我侄女的婚礼去了。我们到了她家的时候，她家就已经有许多人了，而且在他们村子的路上就有人给茶水。我们这里的习俗就是结婚当天不能喝酒，只能喝白开水和肉汤。本来12点的时候，新郎新娘和来参加婚礼的亲戚朋友需要站在教堂外一起唱诵一首诗歌，但是今天因为新娘临时有事12点不能准时开始，有的人因为有事就先走了，有些人则一直等着。我们一直等到下午2点钟新娘才回来。她是一路跑回来的，所以气喘吁吁的。到了家，她就立马换上傈僳服装，然后赶往教堂门口开始他们的婚礼。这次的婚礼虽然不算很成功，但也还是圆满地完成了。

2016年1月20日　星期三　阴转雨

今天是村民们去阿兰甲参加圣经培训班的日子。因为前两天我们教会的执事就通知过要村里的老老少少都去参加培训，生活费由教会来支出。所以今天下午3点左右，去参加培训的人就陆陆续续地赶往阿兰甲教会了。今天只是报到，这次培训为期10天。因为阿兰甲教会与我们村只有一公里多的距离，所以我们村参加培训的人会回家睡觉，吃饭则在那里吃。而其他村的人因为路远，所以吃住都在那里。今天因为下雨，所以有点冷，但大家还是参加完晚上的聚会才回家休息。

2016年1月21日　星期四　雨

今天从早上到晚上一直都在下雨，所以感觉很冷。山上还下着雪，所以村民们除了做不得不干的活以外就只好在家烤火。因为干不了活，所以有些村民就去阿兰甲教会听道去了。另外，今天各个组的组长和副组长们在填表，听说他们填的表是这几年里交过养老保险的数目。也不知道他们填了后要干什么。因为今天比较冷，所以村民们晚上就早点睡了。

2016年1月22日　星期五　雨

因为今天也下雨，所以村民们就只好在家烤火休息。有些则还是像昨天一样去阿兰甲教会听道去了。今天就这些了,晚上因为冷,所以就早点休息了。

2016年1月23日　星期六　晴

今天总算是雨过天晴了,所以觉得没那么冷了。今天去街上卖菜的妇女凌晨4点就动身了。天刚亮一会儿,村里的垃圾车就在村里的各个角落拉垃圾。村民们早上生着火,然后有些烤火,有些则做饭。因为今天天晴,所以盖房子的村民就继续盖房子,现在才准备盖的村民则又去阿兰甲那里开会去了。因为是各个组的组长通知的,所以报了要盖房子的那些家,每家都派一个人去开会。晚上,大家在教堂里聚完会后才回家休息。

2016年1月24日　星期日　晴

这段时间都在下雨,就今天的天气格外的好。因为今天是礼拜天,是敬拜日,所以今天中午大部分的村民都去阿兰甲教堂。今天的阿兰甲教堂格外的热闹,其他村庄的人也来了很多。教会12点就开始了,今天教堂内都坐满了人,连教堂外面的板凳上都坐满了。今天有好多人在教堂的舞台跳舞敬拜,我们赤恒底的也有好几组人。他们一直跳到下午5点都没有跳完,人实在有点多。而且今年跳舞的有很多男的,甚至比女的跳得还好。看着台上各种各样的傈僳族服装,突然好庆幸自己是傈僳族人,在我们这里,里里外外都富有民族气息,就像其乐融融的一家人。在这里祝愿我们傈僳族越来越强,祝大家开开心心。

2016年1月25日　星期一　晴

今天的太阳火辣辣的,外面都在下雪,就我们怒江还有太阳。这段时间不是农忙季节,所以每家都很闲。村民们大部分都在阿兰甲教堂学圣经,有些在盖房子,也有些村民找了一点猪食就闲着了。再过一个月就是农忙季节了，现在就有一些村民在种黄瓜、南瓜、糯米菜，这三种菜是提早种好后拿来卖的，先熟的就可以卖个好价钱。现在村民们都是种点蔬菜什么的，然后拿去卖。这样就有生活费和零用钱。生活在农村虽然生活很辛苦，但是还是有很多好处的，因为我们可以吃到新鲜的蔬菜，可以呼吸清新的空气，原生态又自然。愿我们的生活越来越好。

2016年1月26日　星期二　晴

这两天在阿兰甲培训的村民还是每天早出晚归坚持着。早晚天气都比较冷，但他们还是没有放弃，况且离结束的日子还有3天。别的村民这几天都是做做家务，或是帮别人盖盖房子。今天是三组的普叶家浇灌房子，大部分的村民都去他家帮忙。今天就这些事了。

2016年1月27日　星期三　阴

今天没有太阳，但也没有下雨，所以不是很冷。今年盖房子的人特别多，尤其有一些有钱人家，他们盖房子的地基是用挖土机来挖的。想当年我们是用锄头来挖的。有钱和没钱的差别还是很大的。今天大家都早出早归，吃完饭后大家都去教堂，但是大部分的人还是去了阿兰甲教堂。那里今天人还是特别多，里面都坐满了人。白天在那里学经，晚上就在那里跳舞。今晚我们村跳舞的有4组，每组都有二三十人，再加上其他村的，就有20多组了。今晚的节目还创新了许多新鲜的演出方式。先是小品，后是舞蹈，这种表演方式真是前所未有，大家都觉得很好看。演出一直到晚上9点多才结束。阿兰甲教会的圣经培训也快要结束了，就只剩最后两天了。再过一个星期就又是春节了，大家闲的时间越来越多了。过春节，多吃肉，然后才有力气干活。希望我们的日子过得越来越好，农民生活越来越棒，国家越来越强大，越来越富有。

2016年1月28日　星期四　阴

这两天在阿兰甲参加圣经培训的人已经到最后阶段了，因为是最后一两天，所以他们有点忙。之前他们早上读两节，吃早饭了之后就休息，可是这两天吃过早饭后，他们继续练舞，晚上10点多才到家。他们就这样每天从早上到晚上又冷又累地坚持着。

2016年1月29日　星期五　晴

今天是阿兰甲圣经培训的最后一天了，所以他们今晚有演出，有些村民吃完晚饭后就去阿兰甲教堂了。晚上我们赶到阿兰甲教堂的时候，耶西牧师已经在讲道了。今晚教堂里基本都坐满了人，妇女大部分都穿着民族服装，男的穿民族服装的只有十多个。等牧师讲完道后，大家就开始献唱献跳了。先跳的是在这里培训的人员，他们分成了4组，一个组一个组地跳完后就轮到其他村的村民了。每个组都跳得很好，在音乐的伴奏下，他们的笑容都很灿烂。就这样，今晚的演出就在大家的欢声笑语中结束了。

2016年1月30日　星期六　晴

今天又是福贡街子，所以去做买卖的妇女老早就去福贡了。跟她们一起的还有司机和杀猪的人。如果司机没有早早起床，她们就去不了街子了。另外，阿兰甲圣经培训今天结束，所以在那里吃住的人吃完早饭后就背着行李回家了。听说参加这次培训的人员有200多个，并且都顺顺利利地完成了学业。最后，大家都依依不舍地回家了。

2016年1月31日　星期日　阴

今天早堂快要结束时，我们教会的执事通知，今天举行新教堂落成典礼的有3处，如果有愿意捐献的就到他那里报名，然后我们教会会安排人去挂名的。等他通知完后，有些村民就回去了，有些村民则等着登记完了后才回家。还有，今天白天的聚会结束后，长老们在教会的食堂里讨论，说今年马上就要耕种田地了，那时教会要搞一个祷告会。他们白天讨论了后，等到晚上的聚会结束后，执事通知说这周的周四要开祷告会，要村民们每人出 8 元的生活费、大米 8 两。然后那天中午 12 点开始集中祷告。等他通知完，我们就回家了。

峡谷回声　福贡县鹿马登乡赤恒底村傈僳族村民日志

2016年2月1日—29日

2016年2月1日　星期一　雨

今年的雨水天可真多呀，隔两三天就下场雨。今早醒来后就听到窗外有雨声，天气很冷，但是也没办法了。妻子只好忍着冷天气去做早饭了。别的村民也基本都是烧着火来做饭。因为是下雨天，天气又冷，所以大部分的村民都在家休息，少部分不得不干活的村民也是尽早干完活后就在家里歇着了。今天就只有这些事了。

2016年2月2日　星期二　雨

今天又是下雨天，而且现在也不是农忙季节，所以村民都在家里烤火休息，有些就去亲戚朋友家喝茶、烤火、聊天。晚上因为比较冷，所以就早点睡了。

2016年2月3日　星期三　雨

这场雨不知道要下到什么时候。其实我们这里还好，只是下雨，其他海拔比我们高的地方都在下雪了，所以更冷。但是也没办法了，我们又不能阻止老天下雨、下雪。村民们还是在家休息、烤火，晚上的聚会也因为天气原因，所以人很少。今天就这些了。

2016年2月4日　星期四　阴

今天我们教会里要做祷告会。每年，我们还没有撒种的时候都会先办一个祷告会，今年也是按照以前的规矩来做的。这次做饭的是三组村民，别的村民在早上9点过后按照每家每人8两的分量把大米交到教会的食堂里去了。然后三组的人吃完早饭后就去教会的食堂做饭菜去了。别的村民12点开始做礼拜，到下午2点钟左右结束聚会。等到下午4

点半过后,村里的高音喇叭里通知说饭熟了,大家就到教会的食堂里打饭回家吃。就这样,今天的祷告会就算结束了。希望今年的播种都能有好的收成。

2016年2月5日　星期五　晴

马上就要到春节了,可是村委会里任何通知都没有,可能今年没有集体活动了。但是即使没有集体活动,村民们还是会自己过的。这两天,有些家在杀猪,有些家在打扫卫生。今天我们组还分了点钱,那是下午5点半才通知的。组长通知我们说,二组的组员们到公路边集中,要分钱了,让大家快点来。组员听到通知后就去开会处集中了。先到的就等了一会儿,等人差不多都到齐后,副组长说今年退回来的医疗保险费现在要退还给大家。每家交了多少钱的医疗保险和交了几个人的,今天就按照当时交的数额退给我们。他说去年交的,每人可以退到21元,今年交的每人可以退到29元,所以两年都交了的就可以分到50元。我们家去年跟今年都交了5个人的,所以退回来250元。这样,明天就可以去买过节物品。大家领到钱后,都高高兴兴地回家了。

2016年2月6日　星期六　晴

今天又是福贡街子天,整个村的人都到福贡街去买过年需要的菜。有些人担心难搭车或是买不到好菜,早早就去县城了。今天的县城可谓是人山人海呀,到处都挤满了人,车子也挺多的,要不是交警在旁边指挥着,可能会堵得水泄不通。农民们的生活越来越好了,每个人都买了满满的一箩筐,大家还在相互聊着,说自己今天又买了几百元钱的东西了。现在,村民们日子好过了,都有钱了,所以也会过节日了。希望我们的民族以后越来越富强。

2016年2月7日　星期日　阴

今天是除夕节,因为是要过年了,村民们中午聚会结束后都回家忙着做饭做菜去了。现在,每家每户都要做好几个菜,而且有些家是几个兄弟姐妹聚在一起过。大部分村民还在吃饭前放鞭炮。到了晚上,放烟花的人也挺多的。江这边放的也有,江那边放的也有。而且放得还不一样,各式各样的都有,很美。就这样,今天一天就在热闹的气氛中过去了。虽然闹、吵,但也没办法,过节嘛,大家开心就好。

2016年2月8日　星期一　晴

今天是大年初一,天刚亮村里就有人放鞭炮了。今年的春节不是全村的人一起过,而是各家过各家的。但是有些组还是会一起过,比如我们娃底一组的村民就是一起过的。他们组的村民自己捐款,听说捐了1万元,然后他们组的所有人就到江边去玩了。我们村其他两组的村民有些去十八公里游山玩水。这两天那里有雪,所以大家都到雪地里玩雪去了。有些村民则去观月台观望石月亮。有些村民则相互约着玩象棋、打麻将、打台球等。小孩子们就在路边放炮。因为是春节,村里一直热闹到了晚上。

2016年2月9日　星期二　小雨

不知道是放鞭炮的原因还是因气候原因,今天早上就开始下雨了。但是村民不管天气如何,已经准备好要进行春节活动的小组早上就开始行动了。今天三组的村民要进行集体活动。早上他们组的喇叭就通知要某些村民准备东西之类的。听说昨天是一组的村民杀牛,今天是三组的村民杀牛。可惜今年我们娃底二组的村民没有集体活动,可能明年我们组的村民也会搞集体活动吧。因为是下着雨,晚上还是在自己家里看看电视就睡了。

2016 年 2 月 10 日　星期三　雨

　　雨还是一直下个不停,但是搞集体活动的村民还是继续搞着活动。听说有些村民还去十八公里玩雪去了。晚上,一组的村民在搞文艺演出,他们也真够努力的,尤其是他们组的组长和副组长,组织这么一次活动也不容易啊。因为下雨的缘故,晚上还是早点休息了。

2016 年 2 月 11 日　星期四　小雨

　　今天也是下雨天,没办法去外面玩,有些村民就相互约着在家里玩扑克,有些去打台球。因为下雨,盖房子的村民还是在休息。大家都在盼望着这场雨能早点停下来。今天就这些事了。

2016 年 2 月 12 日　星期五　雨

　　这两天因为下雨而且又是春节,所以村民都没有去干活。今天有些村民还约着去六库热水塘泡澡,他们有十多个人。今晚,上帕镇腊竹底村的阿摩比人来我家提亲,但是因为我母亲才去世不久,这门亲事就没答应。今天就这些了。

2016 年 2 月 13 日　星期六　晴

　　今天终于雨过天晴了,随着太阳带来的热气,感觉冬天要过去了。今天又是福贡街子,有些村民还是赶集、做生意去了。盖新房的村民又开始动工了。明天是星期日,村民们就只好多准备点猪、牛的草料了。晚上,大家还是在教堂里聚完会后才回去休息。

2016 年 2 月 14 日　星期日　晴

　　今天的太阳火辣辣的,好久都没有晒到这么辣的太阳了,好开心。今天是西方情人节,大部分的人都去过节去了。走在路上,可以看见人们都带着笑容,穿着整洁的服装,男的帅气,女的漂亮。在农村跟平常没什么两样，大家都是像往常一样去教堂做礼拜。可是到了县城就不一样了，人潮拥挤，跟赶集天一样。街上还有许多卖花的，而且今天的花卖得很贵，最低都要10块钱一朵。人们都忙着过节，腊竹底村的人也一样。因为前几天天天下雨，所以他们的晚会一直推迟，今天总算是可以正常举行了。在这怒江沟里，到处都可以听到笑声，真是个不一样的星期日。

2016年2月15日　星期一　晴

今天天气晴朗，村里也有了两件比较开心的事情：第一件事是村里来了几位新农村指导员，给村民们带来了许多衣物和食物，我们家也得到了3件衣服。有了这些新农村指导员，就再也不怕我们村一直落后了。总有一天，我们农村也会赶上城市的，我相信这一天不再遥远。第二件事是一组的人今天去沙子坝拍VCD片。他们都穿着傈僳族服装，跳着古老的傈僳族舞蹈，到处都弥漫着民族的味道，很是欢喜。跳完舞就开始进行游戏环节了。他们在中间立着一根大竹竿，头上绑着中国国旗，谁先拿到国旗就谁赢。但是最后不管是输是赢，都会有奖品。然后进行拔河等游戏。每天的生活都是这样其乐融融。

2016年2月16日　星期二　阴

今天天色灰蒙蒙的，好像要下雨了，但是又迟迟没有下雨。在不知不觉中，半个月就这样过去了，时间真是不等人呀。今天在偶然的一个机会下听到两句非常有意义的话。第一句是：有意义的劳动是一种幸福，也是区别人和动物的一种界限。第二句是：天时地利人和是成事的必然条件，缺一不可。也许这两句话在别人听来笑笑就过了，但是我并不会。它就像是一盆水，灌醒了我沉睡已久的心。以前的我只会想着怎么睡一天，现在的我只会尽我所能地帮父母去分担家务，毕竟我是人不是动物。现在村里有越来越多的家庭走向富裕生活，所以我们也不能原地踏步，咬咬牙总会过去的。在国家的帮助和带动下，我相信我们的生活会越来越好。

2016年2月17日　星期三　阴

最近的天气不是太热就是太冷，整个冬天都没离开过被窝。今天已经是立春了，虽然今天一整天都没有太阳，但是也没有下雨。今早还是像往常一样早上8点就起床了，经过一番洗漱后，就开始做早饭。等一家人都吃好饭后就围在一起唱几首诗歌，然后祷告。

今天我妻子和大女儿要外出打工，到了中午，收拾好行李就出发到县城里去了。今天是赶集天，异常热闹，车子也很多，等我们走到车站才发现里里外外都是人，只能拿着行李，因为放的地方都没有，还好车票已经提前买好了，不用挤着去买车票。现在过完年，大部分的人又要外出打工了，在车站外看着人来人往，心里特酸。人们为了生活到处奔波，留下年迈的父母和孩子留守在家，看着他们心里总会很难过。希望以后我们怒江也能越来越强大，人们可以不用再外出打工，希望一切好的愿望都能实现。

2016年2月18日　星期四　阴

最近，每天都有外出打工的村民，有些已经买好票了，但还没出门，有些想去但是没买到票，所以也还在家里。这样下来，再过几天，村里就只会剩下老人、小孩和极个别的青年了。外出打工的，有些是因为盖好房子了，但是还要还款；有些是因为要盖房子，所以需要攒钱。只有这样，我们民族才能够慢慢强大，大家才能够过上丰衣足食的生活，别的民族才不会跟我们说是我们在拖他们后腿。不然就像之前以及昨天也有人说："傈僳族的人就只会喝酒聊天，到处玩乐，吃的都是国家给的，盖房子用的也是国家给的，拖了他们致富的后腿。"但是不管他们怎么说，我们都会努力地赚钱，让笑话我们民族的人瞧瞧，我们不是不努力，我们只是住在两山之中，生活不易，如果我们也能生活在跟他们一样的地方，我们也是能过上好日子的。

2016年2月19日　星期五　晴

久违的太阳又出来了，我们对它真的是又爱又恨啊。

前几天我们福贡发生了一件事：一名家在福贡的8岁小男孩因为患病，需要截肢。他的病情罕见，需要昂贵的医药费来治疗，所以让原本就不富裕的家庭陷入困境。面对高昂的医药费，小朋友的父母并没有放弃他，家里能卖的卖，能借的借，但是手术的钱还是远远不够。但是我们始终相信上帝给你关上了一扇门就会给你打开一扇窗。那天，一条求助消息刷爆了怒江人的朋友圈："请大家帮帮8岁的小褚。"朋友圈中，先是他母亲的同事请他们的朋友帮忙转发，然后慢慢地就在各自的朋友圈传开了，大家一起呼吁朋友们为这个小男孩捐款。中午12点，孩子的母亲在同事的帮助下开通网络平台，设置第一个募捐金额是10万元。他母亲亲口对我们说，若非迫不得已，她是一定不会开口寻求帮助的，所以，她真的很感激那些帮助她家的人。在一轮又一轮的朋友圈转发后，褚戈的消息成了怒江人的第一热词。终于，在经过9小时的网络爱心募捐之后，募捐到了146729元人民币。好人无处不在，这一天，让我们改变了对社会的看法。在社会中，还是好人多。在此，我们都希望孩子能够健康成长，愿那些帮助他的人也能一生平安。

2016年2月20日　星期六　阴

阴晴不定的天气，好不容易晴了两天，看着又要下雨了。还好今天一天下来只是阴天，并没有下雨。一周就又要过去了，转眼又到了周末。今天是赶集天，该逛街的逛街，做生意的做生意，但是大部分的人还是去找猪食，因为明天是星期日，要休息一天。今天村委会里来了一批下乡人士，给老人们发被子，给村民们发难民服。跟着党走，绝对衣食无忧，祖国就是我们家，祖国繁荣我们才会更好，爱国爱党爱家人，希望我们的祖国越来越强大，越来越繁荣。

2016年2月21日　星期日　大雨

今天的雨下得可大了，村民们出家门就要打伞。因为雨下得大，而且又是星期日，村民都各自在家里看电视、烤火。就只有去教堂聚会的时候去一下，别的时间都在家度过。

2016年2月22日　星期一　大雨

雨还是一直哗啦啦地下个不停，而且打着雷。但是不管雨下得多大，该干的活还是要去干。家里养着猪和牛的，就不得不披着雨具去外面找草料。还有一些觉得下雨天是种树的好时机，所以他们就冒雨去种树。今天也就这些事了。

2016年2月23日　星期二　雨

因为雨一直在下，村民们只是做一些家务活。傍晚，我们娃底二组的高音喇叭里通知，叫二组的村民明早上快点起床做饭吃，吃完后去汪然水沟那里清理水沟。而且强调不要叫小孩来。要是叫小孩子来，出了事，要自己承担后果，组里是不负责的。就这样通知了两遍。因为气候还是很冷，所以还是早一点睡觉了。

2016年2月24日　星期三　雨

今年的雨水真多，下了这么多天还在继续下着。但是不管雨下得多大，二组的村民还是去清理水沟去了。因为昨天组长已经通知过了，所以村民们都早一点起床，然后做饭吃。吃完饭后，雨还是没停，可是喇叭里已经通知要出工了，村民们只好披着雨具去了。我们组的工地在我们村上面，离村大概3公里，大家走到我们的水沟工地那里，水沟里填满着小石头、泥土和沙子。大家看到后都有点担心，怕今天完成不了任务。大家同心协力、埋头苦干。终于，在下午3点左右就完工了。虽然衣服都湿透了，但是大家还是开开心心地回家了。

2016年2月25日　星期四　雨

今天还是下雨天，村民们没去干活，最多就是去地里找一点猪食。通往王咀和亚朵的路是去年才通的，所以下雨天会有滚落的石头或是泥石流，挺危险的。还有，今天在村委会里，阿兰甲的人很多，他们可能是来填表的，听说今年建设新农村项目是在阿兰甲村，我们娃底3个组都没有。没办法，只能等明年有项目的时候再建吧。

2016年2月26日　星期五　晴

今天总算是雨过天晴了，村民们的心情也舒畅了许多。今天娃底一组的肯阿友家在准备婚礼，他的儿子明天结婚，今天就得准备好明天需要用的东西。所以亲戚朋友都去他家帮忙干活，杀猪的杀猪，打扫卫生的打扫卫生。还有娃底三组的高音喇叭里通知说明天他们组也要去清扫水沟。今天就这些事了。

2016年2月27日　星期六　晴

今天是福贡街子，卖菜的妇女天还没亮就去县城了。村里的垃圾车又在村里转着了，家家户户把自家的垃圾准备好倒入垃圾车里，然后叫司机把垃圾拉走。另外，今天娃底一组的阿肯友儿子结婚，因为他们早已同居了，所以就在教堂里举行婚礼，然后在他们家举办宴席。他们家来的客人还是比较多，因为他和他妻子都是干部，所以熟人比较多。村民们晚上还是在教堂里聚完会后才回家休息。

2016年2月28日　星期日　晴

今天孩子们收假的时间到了，家长们早上就开始忙着了。先是做饭给他们吃，然后再准备他们的行李，之后就去鹿马登完小了。今天在鹿马登街上都停满了车子，所以很堵，而且到处都是人。但是不管怎样，家长还是先去老师那里报到，然后开了个简短的家长会，之后家长就去给孩子们买纸笔和洗脸用具，还有他们平时吃的一些零食。最后交代好孩子要好好读书，不准逃课，好好听老师的话等。之后家长就回家了。

2016年2月29日　星期一　晴

村民们这两天都渐渐地忙起来了，菜地里的油菜也可以割了，玉米地也可以收拾了，有些还是继续在地里种玉米，有些准备撒秧子。所以有些村民就在田里犁地了。农忙季节到了，大家都各忙各的，没有闲着的了。农民就是这样，忙的时候总是很忙，闲的时候又很闲。今天也就这样了。

峡谷回声　福贡县鹿马登乡赤恒底村傈僳族村民日志

2016年3月1日—31日

2016年3月1日　星期二　晴

农忙就是农忙。有些村民早上就开始干活了。这段时间，有些村民已经开始在播种玉米了，有些则在准备撒秧。没有种玉米也没有准备撒秧的村民也没闲着，还是跟大家一起忙碌。还有，今天我们二组的普堂家拆房子，他今年要盖新房子了。所以这几天在他家帮忙的还是有好几个。因为大家白天干活累了，所以就都早点休息了。

2016年3月2日　星期三　晴

一年之计在于春，大家都在各自忙碌，连鹿马登街子都没有时间去了。没办法，毕竟农忙嘛。晚上，还是在教堂里聚会，之后就早点回家休息去了。

2016年3月3日　星期四　晴

今天村里出了一件大事，差点就死人了。娃底一组的普来妹子今年要盖新房子，这两天先修挡墙。他约了几个小工昨天挖基础，今天上午也挖。差不多到上午10点的时候，村里传来消息说有人被活埋了。大家听到这个消息后就去出事地点看是什么情况。到了那里，那里已经有好多人围着在一处，地上躺着个人，过去看发现躺着的是此友沙，他的亲戚在抚摸着他，问他伤到了哪里。大家看了一会儿后，看没什么大问题就散了。后面才听说他当时整个人都被埋在土里了，还好身边的人及时把他挖出来，所以才没事。之后，他的亲友就把他送回家了。一方有难，八方支援。村民们就是这样相互照顾、相互关心，不管是谁有事，都会有人来帮忙。

2016年3月4日　星期五　晴

现在在村里也可以买到彩票，而且奖金也比较高，喜欢买彩票的村民吃好晚饭后就去买彩票了。有些是自己算着买，有些是跟着别人买，有些是乱买，有些则是根据自己做的梦来买。所以傍晚的时候村里有些热闹。但是等天黑以后，大家就都休息了，因为是农忙，所以都很累。

2016年3月5日　星期六　晴

又到福贡街子了，做生意的村民就盼望着这一天了，毕竟一个星期才有一个街天，所以他们凌晨5点半左右就去街上了。今天鹿马登中学、小学的学生放假，所以家长们只好放下手里的活去接孩子去了。接回来后又接着去干活。因为学生放假，所以村里又热闹了许多。

2016年3月6日　星期日　晴

今天我们村的一些村民去施底新教堂参加落成典礼。因为我们这里的人也被邀请了，所以有些去不了的就登记下名字，教会统一派人去，有些人是自己去。今晚聚会完后，我们教会的登记员报了我们教会食堂建设费用支出了多少以及收入有多少、用了多少个工等。听说总的支出了43万多元，还欠着4万多元。等这些都清清楚楚地报完后大家才回家休息。

2016年3月7日　星期一　晴

村里有好长一段时间都没有大扫除了，所以球场还有路上都有点脏了。各个组的组长就决定今早上要进行大扫除。早上天刚亮一会儿，我们娃底二组的高音喇叭里就通知说要村民们快点起床。然后要打扫卫生了。大家听到通知后就起床拿着扫把出门扫路去了。今天3个组都扫，村里的垃圾车也把垃圾分好几次拉到垃圾房。在大家的共同努力下，1小时后终于扫完了。感觉村庄在大家的一番打扫下干净了好多。

峡谷回声　　福贡县鹿马登乡赤恒底村傈僳族村民日志

2016 年 3 月 8 日　　星期二　　雨

今天又是个雨水天，村民们没办法下地干活，所以只好种些南瓜、黄瓜、姜之类的。今天村里来了一些工作人员，可能又是来指导工作的。现在政府工作人员每天都在关心着我们的衣食住行，有他们这样的工作人员关心着我们的生活，我们以后的日子就会越来越好。

2016 年 3 月 9 日　　星期三　　雨

雨还是一直下个不停，村民们焦急地等待着，都希望这场雨能够快点停下来，好把地犁好，不然到播种期了，地还没犁好就来不及了。但是下雨天，大家也没办法，所以只能在家休息了。

2016 年 3 月 10 日　　星期四　　雨

因为是下雨天，村民们再急也没用，所以只能在家躲雨了。今天又是学生收假的日子，有些家长还是把孩子平平安安地送到学校，然后买给他们一些零食。因为冷，所以晚上还是早点就休息了。

2016 年 3 月 11 日　　星期五　　小雨

今天的雨下得不是很大，村民们也等不了天晴了，趁着只下小雨的时候就披着雨具去地里割油菜了。另外，有些村民去地里种玉米，有些准备撒种，有些是去种不知从哪里弄来的核桃树。农忙季节就是这样，大家都各忙各的。家里有钱的就请小工，没钱的就请亲戚朋友来帮忙或是自己做，今天也就这些事了。

2016 年 3 月 12 日　　星期六　　雨

马上就要到复活节了，今年的复活节是在阿兰甲举办。定于下个月的 4 月 8 号。因为是节日，所以需要献诗献舞。这两天村里的妇女白天去地里干活，晚上就在教会的食堂里练舞。教会里的乐队也是如此了，白天干活，晚上就在教堂里练歌。他们都是练到晚上10点多才休息。最近农忙，他们白天干活已经很辛苦了，晚上还要练歌练舞，更辛苦。但他们还是心甘情愿地来练习，真是辛苦他们了。

2016年3月13日　星期日　阴

今天村民们在我们教会里讨论事情，所以两位乡长老也来了。中午的礼拜做完后，我们在教会的食堂里开始开会讨论。今天讨论的主题是我们食堂已经建好了，所以要不要搞一个庆典呢？为了讨论这个事情，教会的执事上午的时候点了许多人的名字了。大家讨论了两个小时后，终于有了结果：我们要在两个星期后举行庆典。到了晚上聚会的时候，执事就把大家讨论出来的结果公布给所有村民了，他让大家做好心理准备。今天就这些了。

2016年3月14日　星期一　雨

这场雨是不知道要下到什么时候了。村民们急也没用，所以大家只能盼望快点雨过天晴。因为下雨，所以也只能在家休息了。

2016年3月15日　星期二　小雨

以为今天会天晴，所以村民们都准备好要去犁地的就去犁地，要去种玉米的就去种玉米。但是早饭吃完后就又听到有雷声响了。大家都准备好了，所以只能出发了。还好白天一整天都没下大雨。等到大家吃完晚饭后才开始下大雨，村民们算是运气好了，都没有淋雨。晚上因为冷，所以还是早点睡了。

2016年3月16日　星期三　雨转晴

今早，雨下得还是挺大的，原以为今天又要休息一天了，可是吃完早饭后，雨就渐渐地停了。过了一会儿太阳也出来了。村民们皆大欢喜，都出门该干嘛干嘛去了。晚上聚会结束后，练歌练舞的就留在后面继续练，一直到十点多才回家。

2016年3月17日　星期四　阴转晴

今天的天气跟昨天的差不多，早上下着雨，但是10点过后就晴了。天晴了，村民们就没有时间休息了，大家都去地里该干嘛的就干嘛。农忙季节，很累，但是也没办法了。有些村民就在家里杀鸡吃，这样就有肉吃了，这样才有力气干活了。

2016年3月18日　星期五　晴

家长不管怎么忙，总得抽个时间去鹿马登完小接孩子，毕竟孩子是父母的心肝宝贝呀。有孩子的父母都去学校接孩子去了，等把孩子接回来后再去干活。因为是晴天，村民们都没闲着，特别是前几天割好的油菜这几天可以打了。晚上大家还是继续在教堂里练歌练舞，直到10点多才回家休息。

2016年3月19日　星期六　晴

又到福贡街子天了，做生意的农民可不管是农忙还是农闲，他们照常去街子上做生意了。我们村之前的垃圾房被拆了，所以这几天在建着一个新的，今天的垃圾不知道要倒去哪里了。今天，有好几家都在撒秧了，过去几年这个时候，大部分家的都撒完了，可是今年因为雨水多，所以拖到这两天才撒。

2016年3月20日　星期日　阴

听说我们教会的一位教友已经病了好久了，说是瘫痪了。她家住在阿兰甲，但她是属于我们教会的人。今天她家要搞一个病人祷告会，叫我们教会里的人去她家。中午的聚会完了后，大家约着去她家了。到了她家，她家的人很热情地招呼大家。大家先在她家等了一会儿，之后她的丈夫先讲话，跟大家说了今天祷告会的目的是什么，然后开始唱赞美诗，之后就是大家同心合意为她祷告。等大家都祷告结束后才回家。

2016年3月21日　星期一　雨

今天早上下着蒙蒙细雨，但是大家还是没有休息。今年雨水多，就等不及天气全晴了再去干活。大家都披着雨具就去田里干活了。大部分村民还是在撒种和种玉米。这两天气候还有点冷，所以衣服淋湿的村民回到家后，还是先烤烤火，取取暖。晚上，村里的高音喇叭里通知，明天三组的普叶想要浇灌房子，要大家前去帮忙。今天就这些了。

2016年3月22日　星期二　晴转雨

今天中午在村委会里开会，来参加的人有党员、各个组的组长和副组长、娃底3个组的村民代表。他们12点钟开始开会，开会地点是村委会二楼的党员办公室。今天来开会的总人数有五六十个。听说讲话的人是副乡长。他讲的是汉语。他大约讲了一个小时的话，讲的都是换届选举会要怎么怎么做、要怎么选、选什么样的人、选举时间等。但是因为他讲的不是民族语言，所以有些村民听不懂，但是也没办法了，只能问问听得懂的人了。等会议结束后，大家在村委会里吃了一顿饭才回家。

2016年3月23日　星期三　晴

今天我在地里喷完农药后看到江边有好多人，地里的活都差不多干完了，所以就去江边看了一下。到了那边，看到停了几辆摩托车，旁边还放着发电机，走近一看才发现他们在打石头，后面跟他们聊了一会儿才知道这些石头都是要卖钱的，拖拉机里拉一车100元。他们说有时候一天能打到一车半的石头，有时候只能打到一车。他们拿着的发电机是当他们遇到大的石头的时候用来连接电锤，然后砸开石头的。现在的村民有些去外地打工挣钱，有些就在村子里挣钱了。

2016年3月24日　星期四　晴

今天我们村里出了事故。大概在今天下午1点，我们村的垃圾车在村尾的一段路上翻车了。具体不知道是什么原因，但是从车轮的痕迹上来看可能是因为它走得太靠近路边上了，所以路基垮了，拖拉机也滚下去30多米了。听说司机师傅伤得有点重，已经被送去县里医治了。幸好没有生命危险。因为我们的路只是乡村公路，所以路不怎么好，希望司机们以后多注意一下，可别再出事故了。

2016年3月25日　星期五　晴

这两天天气晴了后，感觉有点热起来了。这段时间村民们还是在农忙状态中，都是早出晚归的。今早，今年盖新房的村民在村委会里开会。傍晚的时候娃底3个组的高音喇叭里通知，明早8点半左右要去昨天拖拉机出事地点把拖拉机拉上来，每家要派一个人去帮忙，请大家务必要来。大家都是一个村的，一人有难，八方来援。我们村就是这样，互帮互助，相互团结。今天也就这些了。

2016年3月26日　星期六　晴

今天村里的村民可忙了，早上天刚亮一会儿，娃底3个组的高音喇叭里就通知让大家到之前的出事地点帮忙把拖拉机拉上来。听到通知后，大家就立刻起床，去出事地点帮忙去了。来的人可多了，在大家同心协力的努力下，10点左右就把拖拉机拉上来了。村民们把拖拉机拉到路边后就回去吃饭了，留下开车师傅慢慢地把车开到教堂旁边停放好，然后他也回家去了。大家吃完早饭后就去教堂那边干活去了，因为明天是我们教会举办新食堂落成典礼，要做祷告会。所以今天要打扫卫生，杀猪杀鸡等。等到下午 5 点左右就差不多做完了。晚上的聚会结束后再做一会儿就完工了。大家都等完工后才回家。

2016 年 3 月 27 日　星期日　晴

今天村里来了许多客人，这些人都是我们教会请来的。我们早上还是照常聚会，聚会完后村里的执事就安排中午等客人们来时要怎么做。他安排了哪些人是接待员、哪些人是送菜的等。安排做饭的人今早一大早就在做饭了。到了中午 12 点，聚会做礼拜正式开始了。今天的主持人是村里的传道员，领诗的是县里的妇女事工，讲道的是县里的李牧师。首先是我们村的人唱一首欢迎歌，然后才是讲道，之后就是献唱献跳了。今天从别的教会来了 5 个组，他们每个组跳的舞都很美。等聚会结束后，大家就在教会的食堂里聚餐。我们先给远方的客人们吃，等他们吃完回去了后我们村的人才吃。晚上聚会的时候我们教会的会计给大家公示这次聚会的支出，他说这次聚会一共用了 15000 多元。中午大家奉献 1 万多，所以这次没有花多少钱。之后他就讲了几句感谢的话，然后大家就各回各家了。

2016 年 3 月 28 日　星期一　阴

村民们还是忙得不可开交。但是不管怎么忙，还是得先去接孩子。因为今天学校放假，家长们把孩子从学校里接回来后才继续去干活。有些是直接就把孩子接到地里去了。晚上在教堂里练歌练舞的妇女还是练到 10 点多才休息。

2016 年 3 月 29 日　星期二　阴转雨

今年的雨水可真多，但是也没办法，村民们只好披着雨具去地里干活了。这两天有些家的玉米已经种完了，只等天晴的时候喷点除草剂就可以了。但是今天中午过后就开始打雷下大雨了。村民们没办法，只能放下手里的活回家躲雨了。可惜雨一直下个不停,所以大家吃完晚饭后就睡了。

2016年3月30日　星期三　晴

这两天,村里各个组的组长、副组长和党员们每隔两三天或是三四天就开一次会。听说是为了评贫困户。今天乡里来的乡长还有其他几位领导都来我们村视察,他们都是为了让我们过上好日子而来的。他们开会一直开到下午3点,然后在村委会里吃了点饭才回去。晚上大家还是在教堂里聚完会后才回家休息。

2016年3月31日　星期四　晴

今天早上8点左右,我们娃底二组的喇叭里通知我们拿着户口簿去副组长那里登记一下,不管是建好房子的还是没建好房子的都要去。听到通知后,二组的村民们就拿着户口簿去副组长那里登记去了。等我到了那里,看到先到的村民已经在填表了,填的内容是,家里的房子是哪一年盖的,盖的时候政府补贴了多少钱,给了几根钢筋。填完后就回来了。白天村民们还是在各自干着活。因为今天孩子们收假,所以有些家长就去送孩子去了。今天就这些了。

2016年4月1日—30日

2016年4月1日　星期五　晴

现在，玉米已经种好了，但是还是要经常去地里看一下，看有没有被老鼠挖吃了，如果有被老鼠挖吃了，就得去下点老鼠药，然后补种玉米。这两天田里干活的人还是挺多的。晚上还是在教堂里练歌练舞，下个星期就是复活节了，他们练到10点多才休息。

2016年4月2日　星期六　阴

因为垃圾车师傅还在医院里治疗着，所以这几个星期垃圾都是村民们自己去清理的。另外，今天我们村的肯啊摆结婚，结婚地点是在村委会里。因为他们家的人太多，有点挤不下。他不信教，所以不是按照信教礼仪了。来的人可真多，他是个开车的，所以朋友比较多，村里热闹了一天。一直都有人进进出出的，直到傍晚才结束。晚上大家聚会结束后还是继续练歌练舞到10点多才休息。

2016年4月3日　星期日　晴

今天我们村里来了许多医生，听说是来给村民们抽血化验的。早上聚会结束后，我们村的村长老讲话说，现在出去打工的人多，而且现在传染病之类的也多，为了家人和亲戚们的健康安全，大家都要抽血化验一下。要是检查到了什么病，国家会出钱给你治疗。等他讲完后，医生们已经准备好一切了。有些村民就去验血去了，有些则先回家做饭。中午聚会完后，没验血的就继续验血。听说检验报告要过几天才能出来。现在，政府给我们的关心，我们无以为报，只能衷心地感谢他们了。

2016年4月4日　星期一　晴

今天上午10点左右，各组的组长和副组长在村委会里开会。傍晚时，娃底3个组的村民就各组开各组的会了。今天开会的内容是我们组被评着低保户的几个人当中，3个人的低保已经被取消了。取消的原因是两个人在民族服饰合作社里，他们担任的职务是法人代表，所以他们算是脱贫了。另外一个是他在几年前在信用社贷款时入股了1000元，所以也算是脱贫了。大家在会议上讨论了好长时间，最后决定让他们几个先去村委会或是乡里问一下，等改好了然后再做决定。会议结束后，大家就回家了。

2016年4月5日　星期二　雨

今天又是一个下雨天，村民们没法去干活，可是不得不干的活有好多。猪食要去找，还有今年大部分的玉米苗都被老鼠吃了，所以哪怕是下雨天也要去补种。今天去补种的大部分是村里的妇女。雨一直下到晚上，村民们就只好早点休息了。

2016年4月6日　星期三　雨转阴

因为早上还在下雨，所以村民们只好晚点起床做饭吃。有些村民还去鹿马登看望孩子去了，给孩子们买点吃的，然后再回来。晚上还是在教堂里练歌练舞，教会的食堂里则在练诗。因为后天就要去阿兰甲参加复活节了，可能今晚是最后一天来练习了，所以大家练到10点多才休息。

2016年4月7日　星期四　大雨

今天下了一整天的大雨，没法去地里干活，村民们除了去找点猪食还有牛草以外，就在家休息了。看看电视，烤烤火。今天就这么过去了。

2016年4月8日　星期五　雨

雨还是一直下个不停，但是不管怎么下，今天要做的很多事情还是要去做。今天鹿马登学校的孩子放假，有些家长就去学校里接孩子。还有，因为今天下午就要去阿兰甲教会参加复活节，大家还要准备好猪草、牛草之类的，所以都很忙。

下午5点大家就去阿兰甲过复活节了，我们娃底3个组的村民准备回自己家睡，饭也是打回来在自己家里吃，其他教会的人就在阿兰甲吃住。这次讲道的是县里的女干事恰友堆。今晚到阿兰甲后，他们村的人唱了一首欢迎歌，别的就是唱赞美诗、讲经。另外，他们教会的人还讲一下开幕词和这次复活节的规章制度。等这些讲完后做了一个结束祷告，然后大家就回去休息了。

2016年4月10日　星期日　阴

今天，雨终于停了，我们参加复活节来回路上也总算是好走了许多。今天做的肉是牛肉，很多人都喜欢吃，但是也有一些人是不吃的，所以就给那些不吃牛肉的人炒猪肉了。今天来参加复活节的人有点多，教堂里都坐不下，所以就坐在操场上了。有些是来看跳舞，有些是来献唱献跳的，所以中午敬拜的时间有点长，一直到下午3点才结束。今天来参加复活节的人都被留下来吃饭，等他们吃过饭后才让他们回家。晚上我们还是正常地献唱献跳，直到所有节目都结束了才回家。

2016年4月11日　星期一　阴转雨

这个天气啊，昨天才晴了一会儿，今天中午就又开始下了。不过我们上午在下雨之前就回到了家。因为今天早上只是唱赞美诗，之后讲经，然后就是这次复活节的事务长公布一下来参加这次复活节的人数，说有720人。说外面的人来了多少、捐献了多少等。听说生活费一共收入了14000多元，捐款收入2万多元，总的收入了35000多元。事务长还公布了具体支出情况，比如买大米用了多少、买肉用了多少等。他说，最后就只剩下500多元了。他讲完后，阿兰甲教会的执事又说了一些感谢的话。最后讲话的是村长老，他讲的也是鼓励的话，最后就是做一个结束的祷告，大家握了一下手，然后吃顿饭后就各自回家了。这次的复活节就这样圆满结束了。

2016年4月12日　星期二　大雨

今天一整天都下着大雨，没法去地里干活。而且，最近下了那么多的雨，山上的乡村公路都不通了。到处都是泥石流，村民们也不敢走远，只能在村子里找点猪食了。而且今天一天都停电，电视也看不了，所以今天就过了很无聊的一天。

2016年4月13日　星期三　雨

今天又是个下雨天，没办法了。去田里看了一下，到处都是水，所以只好排一下水沟，让水流出去。由于天天下雨，我们村通往批过的路也堵了，不管是什么车都只能走到村委的老支书家那里了，所以想去看地里的情况就只能走路了。晚上大家在教堂里聚完会后才回家休息。

2016年4月14日　星期四　晴转雨

今天上午喇叭里通知说，前几天交钱买接收机的村民们，请他们今天上午10点左右到村委会去领。听到通知后，交过钱的村民就去领机子去了。到了那里，电视局的人已经把机子摆好了，而且已经在机子上填好名字了，翻到自己名字的就拿着机子到武干那里签个名就可以把机子拿回家了。有些收不到电视节目的，电视局的人就到他们家里帮忙看一下，直到帮他们放出来为止。机子只有60块，价钱很便宜，全部都弄好也才160元。前几天我买的一台就是300元，现在的这个是广播局和民政局有补贴的，所以我们老百姓才买到这么便宜的机子，真的很感谢他们。

2016 年 4 月 15 日　星期五　雨

不知道这场雨什么时候才会停,有些村民已经快要闲不住了。但是也没办法,出去干活的话就会被雨淋湿,也会遇到泥石流等,很危险。所以大家还是继续在家里休息、看电视。今天就这些了。

2016 年 4 月 16 日　星期六　雨

这几天天都在下雨,所以大家都没法出去干活。田里的玉米苗都要被水淹死了,该去施肥了,但是因为一直下雨也就不能施肥了。今天虽然是街子天,去县里的人却很少,毕竟是下雨天,出门不安全。但是不管天气如何,猪食、牛草还是必须要去找的。等这些都找好后,大家就在家休息了。这个星期大家就在雨水天中度过了。

2016 年 4 月 17 日　星期日　雨转晴

今天上午 10 点左右,我们二组的高音喇叭里通知,要村民们马上集中开会,而且都要大人去,不准派小孩子去。村民们听到通知后,就放下手头上的活去开会去了。等了几分钟后,组长就开始讲话了,首先要投票选举村民代表,之后他说了要选有口才、有知识的人,这样的人才能为村民们讲话。讲完后,他就给每个人都发了一张票,然后叫我们填 4 个人的名字,三男一女。村民们拿到票后就开始各填各的了,填完后,副组长登记,普堂核票。最后副组长公布谁得到了几张票,票数最多的 4 个人是组长、副组长、普堂和娜友堆。他们 4 位就是今年的村民代表了。结果出来后,大家就回家了。

2016 年 4 月 18 日　星期一　雨

今天又是个下雨天,没办法了。今天鹿马登的小学生放假了,有些家长还是去接孩子了。村民们别的活又做不了，所以只能待在家里，做一点家务活。

2016年4月19日　星期二　雨

因为天天下雨，很多司机都不敢跑车，路上很多地方都有泥石流，还会有滚落的石头，所以只好在家休息了。

2016年4月20日　星期三　阴转雨

今天上午天终于晴了，村民们盼望已久了，大家都很开心，互相讨论说，估计今天开始天就会晴了，村民们脸上都露出了灿烂的笑容。但是，大家还是高兴得太早了，因为中午又开始打雷下雨了，所以大家又只能留在家里了。

2016年4月21日　星期四　雨

现在村民们都不敢出家门，因为到处都能听到因为泥石流而死人了、房子倒了、公路堵了等消息。所以村民们除了出去找点猪食外就只能在家休息了。今天就这么过了一天。

2016年4月22日　星期五　雨

今天听说六库到福贡、贡山的所有路段全部无法通行了。我们村的阿兰甲小组那里也发生了泥石流，村民的猪圈都被冲走了，还好没有人出人命。村里的工作人员就去那里排险去了。村里也发通知让村民们远离危险，不要轻易外出。雨水无情，但是党的工作人员有情，他们为村民们在村里村外排险，真是感谢他们了。

2016年4月23日　星期六　雨

天天下雨，村民们每天都能听到有泥石流的消息，而且说现在公路到处都堵了，所以今天去赶集的人也很少，基本都待在家里休息。

2016年4月24日　星期日　雨

因为一直下雨，村民们随时都能听到有泥石流发生的消息。听到这些消息，村民们哪怕在家也是提心吊胆的。而且这两天物价也上涨了。因为路堵了，所以大米每袋就涨价10块钱，菜也涨价了，因为外面的菜运不进来，村里的菜也送不到县城。今天除了在教堂聚会外，其余时间就在家里休息了。

2016年4月25日　星期一　阴转雨

今天雨总算是停了一会儿，在雨停的这段时间里，村民们都去自家田里转。这两天有些村民在田里干着活，因为有些田地下雨天干活也不影响。这几天秧苗已经长得很高了，再过几天就可以栽秧了。但是今天下午就又开始下雨了，村民们就只好又在家休息了。

2016年4月26日　星期二　阴

今天终于不下雨了，村民们的脸上也露出了笑容。有些村民就去玉米地里补种玉米苗去了，有些村民则去田里除草去了，有些村民去县城买东西。到县城的路已经通了，但是到鹿马登的国防路还没有通，不过从江西这边到鹿马登的路倒是通了，所以这两天上上下下的小车都是从我们赤恒底桥到鹿马登的。但是我们这边的桥只有小车能过，大车过不了，所以大车司机们就只能在江东的公路上等着通车。今天就这些了。

2016年4月27日　星期三　阴

今天早上，村委会的高音喇叭里通知，说这两天因为下雨，泥石流时有发生。今天学校里放假，校方担心学生在回家路上出事，所以今天家长务必去学校里接孩子。听到通知声后，家长就纷纷去学校里接孩子了。晚上，大家还是在教堂里聚会，等聚会结束后才回去休息。

2016 年 4 月 28 日　　星期四　　雨

这个天气呀，才晴了一两天，今天就又开始下雨了。听说这两天公路还是没有通，今天又下雨了，可能过几天还是通不了公路。今天看见有一家人去栽秧了，因为秧子在雨天也可以栽。可能这两天大家就又要开始忙了。今天就这些了。

2016 年 4 月 29 日　　星期五　　雨

唉，天天下雨，没办法喽。农活也干不成，出去干活还很危险。听说今天江东的国防公路也堵了。村里栽秧的村民还是去田里栽秧，村里喜欢钓鱼的小伙子就去江边钓鱼去了，听说还是能钓到一些鱼的。

2016 年 4 月 30 日　　星期六　　阴

今天天气虽然晴了点，但是很多公路还是没通。我们村里到县城的公路还是通的，今天也有人去县里赶集。这两天县里的物价上涨，包括大米、鱼、菜等很多都涨价，所以除了必须买的东西买一点外，其他东西还是等路通了，物价回跌再买。今年因为雨水多，泥石流也多，给村民们的生活带来了许多烦恼。村里有很多村民家的田埂也垮了，玉米也长得不好。但是自然灾害嘛，大家都没有办法了。玉米之类的就只能等天晴了再补种了。

2016 年 5 月 1 日—30 日

2016 年 5 月 1 日　星期日　阴

今天中午的聚会结束后，娃底 3 个组和阿兰甲的村民来到村委会里选举投票。今天要选的是村里的主任和副主任，还有委员。等全部人员到齐了后，以前的主任就先说了几句话，然后各个组的组长去领票，再发给我们。每人一票，村民们领到票后，会写字的就自己写，不会写的就让旁边的人帮忙写，写完后投到投票箱里，然后村民们就回家了。到了傍晚，高音喇叭里通知说今天的投票不成功，要村民们明天 10 点还是到村委会里去重新投票。不知道是怎么搞的，具体情况估计要明天才知道了。

2016 年 5 月 2 日　星期一　阴

今天娃底 3 个组还有阿兰甲的村民还是在村委会里进行投票选举。因为昨天的投票不成功，所以今天早上 10 点，村民们进行第二次的投票。这几天来主持人都是从乡政府里派来的，乡长也来了。乡长先给我们讲了要怎么选票，然后工作人员就把票发给组长，组长就把票发给每一个组员，看每家有几个选举权的家人就发几票，但是每个人最多只能带两张票。大家领到票后，会写字的就自己写，不会写的就让旁边的人帮忙写。等写好后把票放入投票箱，大部分的村民就回家了，只有核票员和计票员留在村委会里统计票数。最后的结果是：一组的副组长 423 票，二组的副组长 389 票，还有村委会的副主任 177 票。我们这几个组的票数是知晓了，其他组的还不知道。最终的结果要等全部统计好了后才知道。今天就这些了。

2016年5月3日　星期二　雨

今天又开始下雨了，村民们除了做点小活外就只能在家休息了。今天村委会里来了许多工作人员，应该就是在忙着选举的事了。喜欢钓鱼的小伙子还是去江边钓鱼。晚上因为还是下雨，所以大家就都早点休息了。

2016年5月4日　星期三　雨

可能是天气原因吧，今年的这个时候没有以前那么忙。以前的这个时候，村民们可是忙得不可开交的。但是今年因为雨水过多，而且山上的村公路也是新修的，有泥石流，水沟也被冲毁了，所以今年稻谷种得少。只有你仔底那里才可以多种点稻谷，其他地方都改种玉米了。所以，村民们就没有那么忙了。今天有些家长还是去鹿马登赶集，顺便去学校里看望孩子去了。今天就这些了。

2016年5月5日　星期四　阴

今天上午，我们二组的高音喇叭里通知，因泥石流造成灾害的村民到副组长那里登记。今天我们在田里干活的时候就看到下乡工作队的人员和娃底一组、二组的组长一起在地里登记灾害情况。他们按照实际情况一一登记，他们全部都登记完了后才回去。现在，政府很关心我们的生活，他们所做的一切都是为了我们更好地生活，我们很感谢他们。

2016年5月6日　星期五　晴

今天见到村里有人去栽秧，有些是去苞谷地里除草。这两天盖新房的村民可以照常盖了。因为天晴了，大家的心情就好多了，出去干活也没那么危险了，大家各忙各的。今天就这些了。

2016年5月7日　星期六　阴

今天去县城里赶集卖菜的妇女天不亮就出发了,做民族服饰等其它生意的人则是天亮了后才出发的。不去赶集的人就在家里干农活,有些是去找猪食。晚上在教堂里聚会,聚会结束后大家才回家。

2016年5月8日　星期日　晴

今天鹿马登的学生放假了,因为孩子放假,而且又是星期日,所以去接孩子的人比较多。听说今晚要在我们村委会里放电影,村民们听到这个消息后,吃完晚饭就带着小板凳去村委会看电影去了。今晚来看电影的有两三百人,今天放的第一部电影是战争片,第二部也是战争片,讲的都是傈僳语,所以很好看。等两部电影都放完后,大家才回家休息。

2016年5月9日　星期一　晴

听说村里又要来领导了。因为有领导要来,村里又要开始大扫除了。今天早上,我们娃底3个组的都扫完了,村里的各个角落都扫得干干净净的,大家才回家去了。晚上还是在村委会里放电影,今天的人比昨天的还多,今晚还是放傈僳语电影,挺好看的。大家还是看完后才回家休息。

2016年5月10日　星期二　晴

这两天白天很热,有些村民早早地干活,白天就在家里休息。今天,村委会的工作人员发草果苗给村民。有些村民因为没有地种草果就没有去领。今天来领草果苗的很多都是上面那几个村的村民。今晚还是在村委会里放电影,村民们还是看完电影后才回家休息。

2016年5月11日　星期三　晴

今天我们娃底一组的一个老爷爷去世了,听说他是去干活回来的路上死的。也不知道是什么原因。很多村民都在议论。说可能是高血压之类的病造成的，因为听说老人之前就有高血压。因为死人了，所以晚上大部分的村民要去他家帮忙。有些村民一直守夜守到天亮，有些则是晚上12点后就回家了。

2016年5月12日　星期四　晴

今天，我们全村的人都到死人的那家帮忙，因为早上，村里的高音喇叭里通知要我们所有人去他家帮忙。听到通知声后，大部分的村民都去帮忙去了。有些去采石头，有些去做饭，有些挖坟坑，有些村民则是在自己家里吃完饭后才来帮忙。今天来的人可多了，所以挖的挖，运石头的运石头，运沙子的运沙子，做挡墙的做挡墙。各忙各的，很快就把任务完成了，但是今天还不能埋死人。因为还要再等一下他的孙子、孙女，他们还在外地打工，可能明天才到家。怎么说都要让他们见老人最后一面。就这样，村里的人不管哪家有难，大家都齐心协力地去帮忙，大家互帮互助，变成一种我们村的美德。

2016年5月13日　星期五　小雨

今天全村人都去办丧事的那家帮忙，他们家里来了好多人，因为他们家亲戚很多，所以在墓地里抬沙子、搬石头、拌沙灰的都有很多人。大家各忙各的，下葬工作很快就结束了。大部分的村民在送完老人后，在他家吃了顿饭就回家了，修坟墓的是最后才回家的。晚上还是在他们家里唱赞美诗来安慰他们。今天就这些了。

2016年5月14日　星期六　雨

又是个下雨天，村民们没法出去干活，就只能在家干点家务活了。有些必须去找猪食的就披着雨具去地里割草去了。有些村民不管雨怎么下，还是去街上买点生活用品。晚上还是在教堂里聚会，聚会结束后才各回各家。

2016年5月15日　星期日　雨

今天，除了在教堂里聚会外，别的时间都在家里休息。因为今天不仅下雨，而且也是星期日，所以大家就只能在家好好休息了。

2016年5月16日　星期一　雨

这两天还是每天都在下雨，玉米地里的玉米苗要是再不去补种的话可能就赶不上之前的玉米了，有些妇女就穿着雨衣去玉米地里补种玉米苗。村里有些小孩去江边钓鱼。因为下雨，所以别的事就做不了了。今天也就这样了。

2016年5月17日　星期二　雨

今天也是个下雨天，听说江东的国防路，在鹿马登上面1公里处的地方又堵了。今年那里泥石流最多，每次下雨都会堵，那段路一个星期前才通了，可是今天又堵了。今天中午我在家的时候，接到弟弟的电话，说这个月的20号云南大学的老师们要来我们这里看一下他们的基地，今天要打扫一下。放下电话后，我们就去打扫了。因为那里已经好长时间没有打扫过了，我们打扫了两个多小时才清理干净。之后，我们就回家了。

2016年5月18日　星期三　雨

因为是下雨天，妇女们就在玉米地里补种玉米苗，小伙子们还是去江边钓鱼。还有，今天是18号了，又到了鹿马登的学生放假的日子，家长还是去学校接孩子去了。晚上，村里的合唱团员在村委会的党员办公室里开会，可能是又要演出了吧。今天就这些了。

2016年5月19日　星期四　晴

今天总算是天晴了，村民们的心情也总算是好了一点。村里今天很热闹，因为今天村里来了工程师，在村委会里教我们怎么建造房子。听说是要教一个星期。他们把材料拉到村委会里。并且已经摆好了。来学的村民有五六十个，大约教了3个小时就散了，明天再接着学。晚上，村里的合唱团又在练歌了，估计是又要去演出了吧。

2016年5月20日　星期五　晴

村里培训建造房子的村民仍在培训。今天，他们还给参加培训的人发了笔记本和笔，让每个培训的人上来亲自操作。去学的人一个组一个组地做，教的人很认真，学的人也很专心。昨天教的是要怎么弄基础，今天教的是要怎么砌砖墙，还有沙子和水泥的比例等。今天来的人还是有五六十个，女的也有八九个。他们一直学到下午3点左右后才各自回家。

2016年5月21日　星期六　雨

今天下着小雨，但是参加培训的人仍在学习。今天云南大学的老师和北京来的老师到我们村来探访他们的研究基地。他们下午3点半左右就到了我们村里，先到村委会的党员办公室，在那里村里的合唱团准备用美妙的歌声来迎接他们。等他们到了那里，合唱团的人先用热烈的掌声来欢迎他们的到来，然后又用傈僳语多声部的合唱来唱给他们听，唱完后交流了一会儿。然后我们就把老师们领到我们村的民间艺人那里，他们在那里交流了1个小时左右后，又带他们到合唱团的团长家，团长还在做着民族服饰，所以就给他们参观参观。然后就带着他们到教堂里，在那里做完礼拜后，跟教会的长老们交流了一会儿，他们才下去了。我们也跟着他们到爬吉古的"傈僳味道"农家乐吃饭。今天很感激老师们在百忙之中来看望我们，看望我们的民族。

2016年5月22日　星期日　小雨

因为培训建造房屋的时间要持续一个星期，所以今天大家继续学习。

这两天培训的项目是扎钢筋，学员们每天都认真地学，他们每天学3个小时左右，然后登记完名字后才回家。

2016年5月23日　星期一　小雨

今天又到选举时间了，所以村民们吃完早饭后就去村委会了。今天要选举的是村委会里的主任和副主任，还有委员。今天来参加选举的是全村人。等选举的人员差不多都到齐了以后，乡长先讲几句话。他说，谢谢大家为他，为自己的家乡做贡献。然后就是候选人我兄弟社伍讲了几句话，他也说了为人民服务是他的荣幸之类的话。之后还有两位候选人也讲了话，等他们都讲完后，各选区就开始发选票了。娃底一、二、三组为一个选区，汪然、亚朵、阿兰甲为一个选区，王咀、念坪、密丁戈为一个选区。各选区各自发选票，村民们领到票后就开始填，填好后就投进投票箱里，投完后就在一旁等着结果。等着所有人都投完后，唱票员和检票员就按照各投票区去登记选票。到最后，结果出来了，主任是此友忠，副主任是木义华。

2016年5月24日　星期二　晴

今天总算是雨过天晴了，村民们盼望这天已久了，大部分的村民就去苞谷地里除草，有些去施肥。有些参加建造房屋培训，他们那边的培训差不多快到尾声了。今天也就这样了。

2016年5月25日　星期三　雨

唉，昨天才晴了一天，今天就又开始下雨了。但是不管雨怎么下，日子还是得过下去。今天是培训建造房屋的最后一天了，所以今天就不培训了。大家到了那里后，先填表，填自己的身份证名字和身份证号码，然后按个手印，之后他们就把钱交给村委会主任。主任先算了一下总共有几个工，然后每个工给20元。村民们6个工的人也有，一两个工的人也有。总之，他们有几个工，就给几个工的钱。主任叫到谁的名字，谁就去领钱。听说证是要过几天才能领到，村民们领了钱后就回家了。这次的培训也就这样结束了。

2016年5月26日　星期四　晴

今天天终于晴了，村民们还是该干嘛就去干嘛了。这两天雪山上的竹叶菜已经长出来了，听说今年竹叶菜的价钱可以卖到五六块钱一市斤，县城里可以卖到8元一市斤。因为竹叶菜的价格可观，村民去山上摘竹叶菜的有点多。有些是去贡山，有些是去我们这边的山上。农民就是这样，哪里可以挣到一点钱就去哪里，不管有多少危险，不管多么累，总是要去试一试，别人可以，我们也可以。

2016年5月27日　星期五　晴

今天我们娃底三组的肯利奴家浇灌房子，大部分的村民都去他家帮忙。去他家帮忙的人很多，所以下午4点左右大家就陆陆续续回家了。还有，明天要去街子上卖菜的妇女在预备着各种各样的菜。今天就这些了。

2016年5月28日　星期六　晴

又到福贡街子了，做生意的村民盼望这天已经很久了。今天好不容易到了，可不能轻易放过啊，天不亮他们就向福贡街子出发了。另外，今天是学生们放假的日子，所以去鹿马登接孩子的村民也有一些。晚上，大家在教堂里做完礼拜后才回家休息。

2016年5月29日　星期日　晴

三年一届的组长副组长换届时间又到了，今早的聚会结束后，娃底3个组的村民在教堂的操场上集中选举他们的组长和副组长。村里的党支部书记先讲了几句话，然后各个组的组长就给村民们发选票，领到票后，村民们就在票上写上早已想好的名字，然后交给各个组的负责人。等所有村民都把票交完后，负责人就开始统计票数，然后把结果公布给大家。娃底一组的组长是普早社，副组长是普友社，他俩都是刚刚才选上的，以前两位落选了。我们二组的组长是邓里到，副组长是我。三组的组长和副组长还是以前的那两个。大家都知道自己的组长和副组长后才回家。这次，我们组的人信任我，让我做大家的副组长，我会好好做的，不会辜负大家的期望。

2016年5月30日　星期一　晴

唉，新官上任三把火。今天晚上我们在老组长家里移交工作，今晚来参加的人有老组长、副组长、村民委员普堂和娜友堆、党员格三堆，还有新任组长邓里到和我。我们在那里坐了一会儿，交流了一下，然后组长就把以前的出勤义务工数据交给我们。我们一一登记后，副组长又把我们组的剩余经费交给我们。我们组的剩余经费还有7015元，我们签了收据后，在本子里登记了一下。组长口头交代给我们，告诉我们要怎么怎么做好组长和副组长，我们就这样谈了两个小时后就回了家。我们知道从今以后我们的担子就重了，我们会努力为社会为人民做贡献的。

峡谷回声　福贡县鹿马登乡赤恒底村傈僳族村民日志

2016 年 6 月 1 日—30 日

2016 年 6 月 1 日　星期三　晴

今天我们村的组长和副组长在村委会里开会，我们 11 点就到村委会了。等了半个小时后，开会人员差不多都到齐了，就开始开会了。先讲话的是我们村的党支部书记，他说，今年的异地搬迁工程是在汪然组、亚朵组和王咀组。让村民知道有这么一个项目，好让大家有心理准备。之后，要选出低收入的村民和特困户。后来讲话的是村里的下乡工作人员，她说，为了能让孩子们上好的学校，介绍了 3 所学校，那里的生活费还有学费都是免费的。讲话的还有一位是村主任，村主任说让大家登记一下母猪保险和独生子女证等。我们填好贫困户和低保收入家庭，并把它交好后，就在村委会吃了顿饭，然后就回家了。今天是第一次带着组长和副组长的身份去开会，有点不适应。不过，我想以后会慢慢适应的。

2016 年 6 月 2 日　星期四　晴

今天，村委会主任又给了我一个任务，让我去做农村升级示范村村民调查问卷，一共给了我 15 份。白天因为大部分的村民都不在家，所以我等到晚上吃完饭后才去访问村民。这个问卷问题比较多，今天才做了 6 份卷子。做完 6 份，时间已经很晚了。今天就只好先收工了，明天再继续。

2016 年 6 月 3 日　星期五　晴

今天是我大女儿订婚的日子，我们家今天很忙。中午 12 点半左右男方家的人就到我们家了，他们还带着一头猪和大米、瓜子、花生、喜糖。做饭的是男方家的人，我们只用给他们找厨具之类的。差不多到下午6点的时候,他们已经把一切都准备好了,所以我们家就赶紧召集亲戚、邻居和教会里的长老们到我家吃饭。等大家都到齐了以后就先吃饭,吃完饭后就开始讨论结婚的事。先让新郎新娘讲话,看他们是否是自己心甘情愿的。他们讲完后各位长辈就你一句、我一句地教育他们俩,最后做了一个结束祷告后大家就回家了。

2016年6月4日　星期六　晴

昨天和今天都很热,但是也没有办法。今天是娃底三组的富仕迪家浇灌房子,亲戚朋友还是去他家帮忙去了。有些村民则是去赶集去了,晚上大家还是在教堂里聚会结束后才回家。

2016年6月5日　星期日　晴

今天我们娃底二组要交供水费和母猪保险费。我们组去年是在4月份交的供水费,现在距离4月份已经过去两个月了。主要是因为村民们都在等低保,可惜今年到现在都没有发低保。水管委员那边等得不耐烦了,要求村民们今天必须交。早上聚会结束后,我们就在高音喇叭里通知,叫村民们赶紧来缴费。他们听到通知声后就来交了。今年的水费是每家40元。水费是交到组长那里,而我这里是交母猪保险费。他们交完后就回去了。

2016年6月6日　星期一　晴

今天娃底一组的余早邓家浇灌房子,有些村民就去他家帮忙,有些村民就去苞谷地除草。因为天热,早早就去了,晚上去干活的也有。农民就是这样,什么时候想去干活都可以,很自由。

2016年6月7日　星期二　晴

因为天气很热,所以有些村民去江边钓鱼去了。还有,今天村里的党员又开会了。而村里盖新房的农户不管天气怎么热，还是在坚持盖着房子。傍晚，在公路上散步的村民也不少，今天也就这样了。

2016年6月8日　星期三　雨转阴

为了让女儿出嫁，她娘和我这两天可忙了。我们为女儿的嫁妆烦恼，还有宴请客人等事情。幸好今天买到女儿出嫁时的服装了，让女儿试穿了后感觉很满意。晚上邀请了村里的几家人，可能明晚左右才能邀请得完。因为明天还有事要忙，所以今天就早点休息了。

2016年6月9日　星期四　晴

今天傍晚，村里的喇叭里通知要娃底3个组的村民6点半到村委会开会，但是大家等到7点以后才开始开会。讲话的是我们的副乡长，他说，今天的会议内容是怎样脱贫致富，村民们要怎样把贫穷这顶帽子脱了。告诉我们政府的脱贫政策，告诉我们政府要如何扶贫，扶贫哪些方面。他把这些都详详细细地讲给我们，村民们也是认认真真地听着。今天来开会的人有100多个，村民们开完会后要签名按手印了才可以走。村民们听到扶贫的消息后还是很高兴，大家希望在某个事业上国家能给予支持。

2016年6月10日　星期五　小雨转阴

今天是我大女儿结婚的日子，我们家很开心，也很忙。上午10点左右，我们邀请的亲戚朋友在我家集中了以后，做了个结束祷告以后就出发了。有些坐摩托车，有些坐面包车。男方家也派了几辆车来接我们，所以我们就一起出发了。到了男方家，他们唱了一首迎接歌后，我们这边的人也唱了一首。之后，在他们家里歇了一会儿，然后就去教堂举行婚礼了。今天来的人比较多，这样我们做父母的也比较开心。在教堂里举行完婚礼后，我们在教堂的操场上吃了点饭，然后女方这边就按照之前登记好的名字来给他们每人发一块肉。他们男方邀请的人是登记了名字后才给他们发肉，我们女方这边的人领到肉后就回家了。我们也是在男方家休息了一会儿后就回家了。

2016年6月11日　星期六　小雨转阴

唉，一个月过去了，村里的垃圾车还是没有修好，拉垃圾师傅的病也没有全好，所以这段时间村民们还是自己来处理垃圾。另外，今天有些村民还是去鹿马登赶集去了。还有今天村里的党员们去鹿马登扫街去了，晚上大家还是在教堂里聚会，等聚会结束以后才回家休息。

2016年6月12日　星期日　小雨

今天因为是礼拜天，又因为下雨，村民们除了在教堂里做礼拜外，别的时间就在自己家里闲着，看看电视。今天就这样无所事事地过了一天。

2016年6月13日　星期一　小雨

为了美化自己家乡，虽然下着雨，但是村民们还是全体出发了。早上喇叭里通知以后，村民们拿着扫把就去打扫村里的大街小巷了。因为有好长时间没有打扫了，所以今天用了两个小时左右才打扫完。村里的卫生搞好后，感觉村庄又美丽了许多。

2016年6月14日　星期二　阴

为了建设村子、建设家园，村里的组长们就领着乡里来的工作人员在村里转着。看哪里需要修水沟，哪里需要再建一条新的水沟之类的。因为组长们对村的情况都比较熟悉，需要组长们跟村民们协调一下，然后就把数据报给工作人员。工作队也亲自到现场考察，直到把需要建的地方全部登记完，他们才回去。村民们都很高兴，要是可以把家乡打扮得漂漂亮亮的，大家心里还是会很舒服的。

2016年6月15日　星期三　阴

这两天村里暂时农闲了一点。因为没有那么忙，今天有些村民就去鹿马登赶集、看孩子去了。有些是去苞谷地里施肥，其余的就是去找点猪食什么的。晚上还是在教堂里聚会，等聚会结束后才回家休息。

2016年6月16日　星期四　阴转雨

今天中午天气还可以，但是到了下午以后就开始下起大雨来了。这时，三组的高音喇叭里通知，叫大家不要出远门，不要去危险的地方，今天可能会下暴雨。村民们听到通知后，就在家里休息了。

2016年6月17日　星期五　晴

这段时间女的就在家里干活，该干嘛就干嘛。男的不是去外地打工就是在村里做工赚钱，村里打工的就是在盖房子的那里。现在村里的工资，师傅级别的是一天120元以上，小工是100元左右。在村里打工的还是可以的。不仅可以打工，还可以跟家人在一起。今天就这些了。

2016年6月18日　星期六　晴

又到福贡街子了，天不亮村里就有人走动了。最早的还是那些去卖菜的妇女，之后就是做牛羊生意、服装生意的。还有，今天鹿马登学校里的孩子们又放假了，有些家长就去接孩子去了。在家里的妇女就在准备着明天的猪食。农民就是这样过一天算一天了。

2016年6月19日　星期日　晴

由于这两天天气比较热，而家里有娃娃的也很不愿意整天待在家里，到了傍晚时分就看到有很多的娃娃和家长在村委会的操场上。因为村委会的大门关着,所以孩子们就在操场上玩着,而家长们就在旁边玩着手机。那里有免费的 Wi-Fi 可以上网,这样就一举两得了。既可以玩手机,又可以带孩子。呵呵,乡下人就是这样了。

2016年6月20日　星期一　阴

今天村委会的工作人员通知,让我们收今年的庄稼保险费了。听说这个保险政府会补贴百分之九十多,这种保险,村里已经买过好几年了,当村民们的财产受到损坏,比如庄稼被风吹倒或是被泥石流淹没时也没有得到赔偿。有些也拍过照片,可是也没有赔偿。事实就是这样,不过我在喇叭里通知后,村民们还是纷纷来交保险。他们说虽然没有得到过赔偿,但是他们也不敢不听政府的话,所以还是来交保险了。来交的人还是比较多,我们大家都相信政府。

2016年6月21日　星期二　阴

这两天村里到处都是绿油油的,苞谷、稻谷都长高了,村民们再等一两个月就可以丰收了。这两天很多村民还在给庄稼施肥呢。最近这段日子,村里很多家庭都是女的做做家务,男的做点临时工,大家也就这样过日子了。

2016年6月22日　星期三　阴

这两天村里也没发生什么事,一切都过得很正常。今天也是如此,所以有些村民去鹿马登看孩子去了。晚上大家还是在教堂里聚会,等聚会结束后才回家休息。

2016年6月23日　星期四　晴

今天傍晚,我们娃底3个组的喇叭里通知明早7点半要村民们到赤恒底罗干集中扫路,让村民们带好砍刀、锄头、扫把之类的。他们就这样通知了3遍，村民们也都听清楚了。因为明早要早起，所以村民们今晚就早点休息了。

2016年6月24日　星期五　晴

为了美化我们的家园，村民们早早地起床，拿起砍刀和锄头等工具去赤恒底罗干集中去了。这条路是今年第一次打扫，所以扫得有点慢，不过因为是3个组的人一起扫，村民们气氛有点高，8点多就扫完了。还是各组扫各组的路段，直到全部清扫完毕大家才回家休息。

2016年6月25日　星期六　阴

今天去县城赶集的村民有点多，因为村民们早早种下的苞谷已经熟了，还有李子、南瓜等各种瓜果蔬菜等都可以拿去卖了。这两天还是可以卖个好价钱，等过两天大家种的都熟了，价钱就低了，有的甚至卖不出去了。很多菜农都很了解这些情况，所以他们每年都在别人还没有种之前就种好了。他们还了解市场的情况，什么好卖、什么不好卖都清楚。这样，村民们的经济头脑也慢慢地长进了。

2016年6月26日　星期日　晴

今天上午，我们二组的党员、村民委员、组长和副组长在我家里开会。讨论的内容有：第一，我们组里的水管委员不想做了，要是继续做的话，他要求加薪，大家讨论了这个问题；第二，村里的垃圾车坏了，师傅的伤也还没有痊愈，现在扫出来的垃圾要怎么办；第三，现在有3公里的新公路，村民们如果要建新房可不可以直接建到公路边。

因为有三个重大问题，大家就你一言、我一语地开始讨论要怎么解决这些问题。最后一致决定，第一，水管委员由组长来当，如果他不想当，另外找人也可以，不过要组长去找人。第二，如果村民扫出来的垃圾比较多，就找一辆拖拉机来拉。如果垃圾少，用一辆摩托车就行，车费就由集体的资金出。第三，暂时先放下，等项目到了，就在村子上面挖一条新路，好让村民们的房子扩展到那里。今天的会议大家都很满意，大家都希望能为我们村多做点贡献。

2016年6月27日　星期一　晴

因为今年雨下得多，所以去年挖好的通往王咀、汪然、亚朵的路都堵了。去往王咀的路虽然还可以走，但是太难走了，这还是在他们前几天修过一天的情况下。今天我和我老婆去了一趟在王咀的岳父家，听说他们那边在修另外一条路。而且已经完工了，所以那条路已经可以走了。他们这个星期五要弄一个祷告会来庆祝，所以王咀组和念坪组这两天很忙，但是他们都是为了家乡而付出，他们也都觉得他们的付出是值得的，所以他们还是很开心。

2016年6月28日　星期二　晴

今年的夏天还是不错的，没有那么热。因为今年雨水多，另外这几天还是阴天，对村民们来说是很好的。如果是晴天，大家家里都没有空调，在家或者出去干活会很热。而这两天因为是阴天，所以白天出来干活的村民有点多。今天鹿马登学校的学生放假了，村里比较热闹。今天就这些了。

2016年6月29日　星期三　雨转阴

今天早上大部分的村民都早早地起床了，有些打算去鹿马登赶集，有些准备去做小工。可是突然下了一场暴雨，村民们也无法出去工作了，大部分的村民只好在家等雨停。但是，去做生意的村民还是冒雨去了鹿马登了。今早的雨下了两个多小时才停，这时候去做小工就不行了，所以只能在家做做家务。

2016年6月30日　星期四　阴

今天村里全部的党员又在村委会开会了,可能是又有什么好事了吧。另外,今天鹿马登学校的学生收假了,有些家长把孩子送到学校里去,之后才回家。村里今天就没有其他事了。

2016年7月1日—31日

2016年7月1日　星期五　阴

今天村委会的副主任打电话通知我，说给边民补助的每户1000元已经到账了，叫村民们去银行查一下，要是没有到的话就去村委会登记一下。另外，说村里的低保款也到了。就这样，晚上7点多我就用高音喇叭通知大家了。另外组长和我今天去县里取低保款去了，白天我们都有点忙，而且白天那里取钱的人有点多，所以我们晚上才去的。我们俩去的时候已经没人了，来回不到两小时也就搞定了。这个钱我们准备星期日再发给大家。虽然有点累，但是也是为了我们组而付出，心里还是很高兴的。

2016年7月2日　星期六　阴转雨

今天娃底三组的肯利奴家浇灌平顶房，大部分的村民都去他家帮忙去了。没有去帮忙的村民就去福贡赶集，因为这两天政府给每户1000元的边民补助，所以这两天村民们都有钱了，就去街上买点菜、肉和大米之类的。这两天村民的心情都很好。

2016年7月3日　星期日　小雨

今天我们二组的村民领到了2016年第一季度的低保，村民都很高兴，因为我们已经有很长一段时间没有领到钱了。前天村委会里的副组长给我打电话说，低保已经打到账号里了。下午的时候我把这个好消息告诉了组长，之后我们商量了一下，因为我们白天要做小工没有时间去取钱，所以晚上就去把钱取回家了。刚好今天大家都休息，上午10点左右我们就通知大家来领钱。

他们还没来之前，我和组长合计了一下义务工和低保人员名单，等人员全部到齐了以后，先给大家讲了一下这次领了多少钱，以前的活动资金还有多少等。讲完后，我们算了一下钱：领到钱的总数除以享用低保的人数就等于每户可以领到的钱，每户可以领460元；另外村里初中和初中以上的学生每人可以享受280元，我们组里初中以上的有10个人，所以他们领了2800元。其他农户则每家领了460元钱。之后他们就开开心心地回家了。

2016年7月4日　星期一　小雨转阴

今天去县城的人很多，因为村委会里通知边民补助的每户1000元到账了，要村民们去银行看看有没有到，要是没有的话就去村委会里登记。村民们担心自己家的钱没有到账，所以都去县城里查账去了。有些到账了的就取回来了，还买了些东西回来。没有到账的就来我这儿先登记一下，我明天再把名单交到村委会里。村里的村民这两天个个都有钱，所以他们的心情都很好，脸上都露出了笑容。

2016年7月5日　星期二　晴

今天有些学生放假回家了，有些则还没有回来。因为这次是暑假，所以行李也背回家了，有些孩子是父母去接回来的。今天回来的是初一的学生，因为学生回来了，所以傍晚时分球场里很热闹。

2016年7月6日　星期三　晴

今天我们娃底二组的普堂家浇灌房子，有些村民去他家帮忙。今天来帮忙的人没有上次那么累了，因为他们家这次包了一辆车，所以沙子和碎石都是用铲车铲到搅拌机里，这样人力消耗就少了许多。今天来帮忙的人有40多个，因为面积有点大，下午5点多才完工。大家在他家吃了饭后才回家。

2016 年 7 月 7 日　星期四　雨转阴

为了让村里能够出大学生，为了让贫困生也能上大学，村委会的工作人员拿给我一张表，然后告诉我叫村民们捐款。我看了一下内容，说是"一元钱圆梦"。2016 年的计划：捐出来的款子会拨给上一本、二本的大学生。我把这个消息用高音喇叭通知给大家，让大家献出一份爱心，但是不知道是忙的原因还是因为什么，来捐款的人只有三四个人，可能明后两天也会有来捐款的人吧。今天就这些了。

2016 年 7 月 8 日　星期五　阴

因为这两天有领导要来我们村参观，所以今天早上我们 3 个组的人都在进行大扫除。路上的积水路段很不好扫，但是大家还是坚持扫下去，直到把村里的所有路段扫完为止。扫完后，我们先把给大学生捐款的事说给他们听，叫大家来捐款，然后登记了一下名字，之后大家就回去了。回到家里，有些村民就先到我这里来给大学生捐款，捐 20 元的也有，捐 10 元的也有，最低的也是捐了 5 元。今天来捐款的有 10 多户，这样我也好交差了。今天就这样了。

2016 年 7 月 9 日　星期六　阴

今天又是福贡街子，村民们种的很多蔬菜都成熟了，所以菜农们早上 5 点多就起床去县城里了。不去县城的村民在家也就是做做家务什么的，因为这两天也没有什么可以忙的。晚上还是在教堂里聚完会后才回家休息。

2016 年 7 月 10 日　星期日　小雨

我们这个教会每年 7 月份都有一个祷告会，但是今年这个祷告会还没有做。所以今天早上我们教会的执事点了几个教会长老的名字，然后教堂里聚会完了以后，在教堂的食堂里讨论什么时候做祷告会，生活费要交多少，讲经谁讲，领诗谁领。来参加讨论的有十五六人，最后讨论出来的结果是：祷告会在下个星期的星期四，生活费每人 10 元钱，娃底三组做饭，每人 8 两米，事务长是邓前社，他是我们教会的会计。这些讨论好了以后，晚上聚会完了后，公布给大家，让大家心里都准备好，到时候能圆满成功。

2016 年 7 月 11 日　星期一　雨

又是一个下雨天，没法去干活，村民们只好在家休息了，这两天村里做生意的有几个组。因为这两天是农闲时间的原因，他们有些做的是水果生意，有些摆在公路边上，有些是家门口等。村民们在家闲着也可以买到水果吃了，今天就这些了。

2016 年 7 月 12 日　星期二　雨转阴

自从邓里到做了组长、我做了副组长之后，大部分的事情都做得很顺利，只是水管委员的那个事有点麻烦。因为前面拖了他两个月的工资，那是以前的那两个组长和副组长拖的，原因是低保还没有发。后面我们两个上任以后，他就不等低保了。我们俩就把村民们集合起来给他发工资，但是后面他又说不想干了。原因是工资低，要加工资。水已经不来两三天了，没办法，组长跟他说加点工资了后，水管委员今天才上去查水管了。唉，"有钱能使鬼推磨"这句话好像很属实耶。

2016 年 7 月 13 日　星期三　晴

今天终于雨过天晴了，毕竟是夏天嘛，很热，但是村民们没休息，因为是下雨天，休息好大一阵了。今天村里还来了民政局的人，他们来的目的是今年建档立卡的事，今年建档立卡的村民也到村委会里。晚上的时候合唱团的人员又开始在旧村委会的住宅里练着歌了，直到 10 点左右才休息呢。今天就这些了。

2016 年 7 月 14 日　星期四　阴

今天我们教会的基督徒在我们的教堂里做祷告会，村里早上就很热闹。村民们也是在早上的时候就把大米送到教会的食堂里后，才回来做饭吃。今天做饭的还是娃底三组的村民，三组的大部分村民都在厨房里忙着。只是有一些老的或是小的，才去教堂做礼拜。还是12点进教堂，然后唱诗、讲经、祷告这些结束后，三组把饭煮熟后通知给大家，村民们也在听到通知后去食堂，按着交生活费的字据来打饭吃了。三组的村民把食堂里全部清理打扫完后才回家。

2016 年 7 月 15 日　星期五　阴

今天在村委会里，村里的全部党员都在开会。党员们开完会后，他们开会的信息就传开了。听说他们今天开会的目的是说党员们不准进教堂，要进教堂也可以，必须要退党。要是不愿意退党的，就得按手印，从此不进教堂了。听说参加会议的只有一个没有按手印，别的都按了手印。村民们听到这个消息后，相互议论起来。今天就这些了。

2016 年 7 月 16 日　星期六　阴

又到街子天了，做点生意的村里的妇女凌晨5点多就起床去县城了。因为是星期六了，今天又得准备猪食和牛草了。晚上在教堂里聚会结束后，村里的乐队在教堂里排练节目，因为这次的感恩节是在我们村里举办，所以得提前排练。一直练到10点多才回家休息。

2016 年 7 月 17 日　星期日　阴

好像今年的夏天就在这么多的阴天和雨天之中过了吧。虽然夏天当中这种天气很舒服，可是改变了老人们的结论。老人们说，7月份中会下7场雨，9月份中会有9场雨。确实，以前每年都会有一点点，但是今年可不同了。没办法，这是自然规律嘛。

今天村里的基督徒们除了去教堂做礼拜外，别的时间都在家休息。今天就这些了。

2016 年 7 月 18 日　星期一　小雨

今早上，村委会里的副主任通知我，让我通知我们组的村民，今天去鹿马登信用社重新办卡。他告诉了我后，我也用高音喇叭通知给我们二组的村民了。因为是今年重新办卡，银行里的工作人员说一天只办得完五六十户。所以今天只有我们娃底二组才去，明后天别的小组去。今天大部分的村民办了卡，有些还是没有办到，只能明天再继续去办理了。

2016 年 7 月 19 日　星期二　阴

今天村委会里各个小组的组长和副组长，还有村委会的工作人员在那里填表。今天填的目的是没有参加养老保险的人员名单和刚出生的婴儿，还有跨国婚姻的家庭。组长和副组长10点过后就在村委会里集中了，然后村主任就教我们怎样填表。他一切都教好后，然后才发表给我们。大家就填着，不清楚的就问村委会的人。另外有些家的人员没有交保险费的就亲自打电话问户主。这样，我们到下午3点过后才填完，而且头也有点晕晕的，毕竟我们不是干这活的嘛。然后在那里吃了点饭后就回家了。

2016 年 7 月 20 日　星期三　晴

今天因为是有领导要来我们村，所以村委会里的人叫我们扫路。早上7点开始各个组的高音喇叭里就通知扫路了，村民们以前在哪个路段上扫，今天还是在哪个路段上扫。为了快点能够扫完，各个组的村民还是手脚勤快地扫着。直到把这段路扫完，登记了名字后才回了家。下午领导们真的来我们村委会，他们在村委会里歇了一会儿后才走了。今天就这些了。

2016年7月21日　星期四　阴

今天村委会里的副主任拿给我一张表，那个表的题目是福贡县农科局茶叶苗发放农户花名册。我拿到了表后，就通知给了我们组的村民，但是等了一两个小时来报登记的只有一户人家。没有办法，有些家没有地方种，有些是担心茶树不适应我们这个地方，毕竟这个地种这个茶叶的还没有呢。我也只能把这户人家报给村委会了。

2016年7月22日　星期五　大雨

不知怎的，今年天天下雨，这个夏天也没有几个晴天。由于今天也是雨天，没法去干活，只是有些村民去江边捞柴去。这种雨水天，江水会涨。但是有些村民不敢去江边，江边也会很危险的。另外，明天准备去县里卖菜的妇女还是忙的，她们得找好家里自己种好的蔬菜。这样今天就在雨水天中过了一天。

2016年7月23日　星期六　小雨

唉，又是个下雨天，去县里赶集的村民也是冒着雨去的。这两天在我们村上面的那几个组的村民天天去山上找蘑菇，去县城里卖。他们早上天还没亮就起床去山上，然后天亮了就找蘑菇。他们找的是街上好卖一点、价格高一点的蘑菇。他们上午去找，中午去县城卖。因为是雨天，大部分的村民在家休息着呢。今天就这些了。

2016年7月24日　星期日　雨

因为又是个下雨天，而且还是个星期日，所以村里的村民除了去教堂外，别的时间都在家休息看电视呢。

2016 年 7 月 25 日　星期一　小雨

由于天天下雨，江水也很涨，所以有些村民去江边捞柴去了；去高山上找蘑菇的也有。因为这两天不是农忙时间，而且又下雨，所以找点蘑菇先吃吃。还有这两天学生也放假了，傍晚时球场里打球的也比较多，很热闹，他们几个也一直打到天黑，然后才各自回了家。

2016 年 7 月 26 日　星期二　晴

今天终于雨过天晴了，村民们的心情也跟着天气好了很多。天晴了，村民们也可以出去干活了，但毕竟不是农忙季节，去苞谷地里看一下，砍一点草。有些妇女还是去山上找蘑菇，有些去找蘑菇是自己吃的，有些是去街上卖。但这些妇女是我们村上面的那几个组的，她们起得特早。今天就这些了。

2016 年 7 月 27 日　星期三　晴

今天我们村里的农民合唱团成员去鹿马登表演节目。他们昨天去鹿马登彩排，今天正式参加演出。这次活动的题目是鹿马登乡脱贫摘帽活动演出宣传。可能今天来演出的演员很多，今天又是鹿马登街，有些村民去鹿马登赶集又看节目了。今天就这些了。

2016 年 7 月 28 日　星期四　晴

今天上午村委会里通知，有残疾证或是有残疾的村民们到村委会里登记，因为是村委会里通知，村里的有残疾或是有残疾证的人到村委会里登记的人有很多。傍晚在公路上散步的也有，天黑了才回家。村里就是这样了，忙的时候很忙，闲的时候每天都闲。农民就是这样了。

2016 年 7 月 29 日　星期五　晴

明天又是福贡街子了，有些村民准备明天去赶集卖菜，妇女们今天已经找好各种各样的蔬菜了。还有今天余恰翰家出了点事，那是今天的下午5点多钟，余恰翰开着电瓶车回到家门口，准备停下来时，刹车失灵了，结果撞到了她的老奶奶。她奶奶的脚也受伤了，出了点血，后来他们包扎了奶奶的伤口。今天就这些了。

2016年7月30日　星期六　阴转雨

因为这两天不是农忙时间，所以村里的男人有些在打工，现在村里小工也是每天100元了。师傅就是120元以上了。做小工是在今年盖新房的这几家里，而不做小工的那几个也去采石头。他们每天可以采一车至二车，每车也是100元。而且他们说，找石头很自由，不需受别人的气，还可以想干就干，不想干累了也可以休息，有事也不需要请假。所以这两天找石头的有七八个人，他们都是各找各的。今天就这些了。

2016年7月31日　星期日　晴

因为是星期日，又是农闲时间，村里的基督徒们除了去教堂外，别的时间都在家休息。不信教的那些村民也没去干活，也是在家里休息。村里爱打篮球的小伙子去别的地方打球去了。现在他们打球都需要钱，他们打一场球最低都要50元，甚至是100元以上的也有。今天就这些了。

2016年8月1日—31日

2016年8月1日　星期一　晴

今天天气很晴，所以白天很热。但是好不容易才晴了天，大家都该干嘛就干嘛。找石头的继续去找，盖房子的继续盖着，做小工的继续做着。村里的妇女有找猪食的，也有找蘑菇的，今天大家就这样过了一天。

2016年8月2日　星期二　晴

今天的天气很热，村民们个个都说今天差点热死了。原因是前几天天天都下着雨，所以感觉不到夏天热，今天晴了，就很热了。傍晚的时候，村委会里的工作人员拿给我们医疗本，叫我们拿给村民们，叫村民们核对一下身份证，不符的话明早拿回来，这样他们就领着新的医疗合作本回去了。

2016年8月3日　星期三　晴

今天见到我们村的武装干事，他穿着迷彩服准备去鹿马登。我问他干嘛去呀，他说要去街子上执勤。现在人越来越多，车子越来越多，村民们的生活也越来越好，街子上只有交警来指挥的话，人员不够。所以这几年里，我们鹿马登全乡的武装干事们，每到街子天他们都会去执勤。他们也辛苦了，谢谢他们。

2016年8月4日　星期四　晴

今天我们二组的普堂家又浇灌平顶房，大部分的村民还是去他家帮忙。今天来的人有点多，下午5点半左右就完成了。晚上在村委会里放电影，来看的人也有点多，因为是傈僳语，大家都能听懂，所以人就多。大家看完了后才回了家。

2016 年 8 月 5 日　星期五　晴

这两天村民们连续两个晚上都看电影，他们越看越高兴。所以，今晚虽然下着一点点雨，但是村民们还是照常看电影。今晚放的电影还是傈僳语，所以直到把电影放完后大家才各自回了家。

2016 年 8 月 6 日　星期六　阴

我们今天看到找石头的那几个人在赤恒底娃底自然村的公路边上找石头，旁边还烧着一堆火，他们烧着开水，累的时候可以休息喝茶。他们还拿着一口锅，在他们自家地里找新苞谷煮吃。有过路的人、来干活的人也可以在那里休息一下，喝点水，而且可以吃点苞谷。所以找石头的那几个人也挺开心地说，他们每人每天可挣 100 元了。晚上在村委会里继续放电影，看的人还是很多的。今天就这些了。

2016 年 8 月 7 日　星期日　晴

今天是星期日，而且天气也很热，所以村里的有些小伙子去河边洗澡去了。喜欢打球的还是出去外边打了，今天晚上电影也不放了，所以晚上村里就没那么热闹了。今天就这些了。

2016 年 8 月 8 日　星期一　晴

今天我是最头痛和最心烦的一天。因为今天上午我们在村委会里参加了会议，村委会的工作人员说，这次的会议内容是要"动态农村低保"。这次的动态低保与前几次不同，前几次是领到了后大家平分，但这次是被评为低保户的才可以享用。这样一来，我们需要出义务工的时候，有点麻烦。还有只是一些人才能评上，没有被评的人也会不愿意。傍晚我们娃底二组的村民召集在村委会里讨论了这些情况，没有讨论出个结果，定了本周六再讨论一天。这样大家都互相讨论着各自回家了。

2016年8月9日　星期二　晴

今天早上我们娃底3个组都扫路。还是跟以前一样，各组扫各组的路段，直到扫完为止。我们二组还做了一天的义务工，因为是昨晚雨下得过大，水沟小，水都淹到公路了。我和组长商量好后，今天就解决这个事，不然过两天雨下得再大一点的话就麻烦了。我们早饭吃完后，上午11点就开始做工了，大家都团结一致，挖的挖，除渣子的除渣子。因为大家都希望早点干完早点休息，所以，大家都满头大汗地干着，终于到了下午3点左右就干完了，然后登记个名字大家就回家去了。

2016年8月10日　星期三　晴

今天是鹿马登街，做生意的那些人去鹿马登做生意去了，有些只是去赶集买点东西。因为这两天又热又不是农忙时间，所以大部分村里的妇女都在家休息着呢。男的有几个还是继续打工挣钱。今天也是如此了。

2016年8月11日　星期四　晴

可能这两天开始又要忙了，今天见到我们家的邻居，他们一家去收苞谷，可能他们家种着早熟的苞谷吧。我们村其他家的苞谷都还没熟呢。他们早早地出去，中午就拉回来一拖拉机的苞谷了，可能他们家今年有好的收成了。

2016年8月12日　星期五　晴

由于天气热的原因，村民们有许多早晚才出去干活的。有些村民为了明天赶集，今天也有去找各种蔬菜的。她们会忙到晚上，没办法，农民就是这样了。

2016年8月13日　星期六　晴

今天我们娃底二组的村民可忙了，原因是评我们组的低保户。上午吃完饭后在我家讨论要怎么做，怎么才能让村民们不乱。我和组长商量好后，约了我们组里的党员、村民代表，还有一些村民，总共有十八九人。然后我们组长先讲给他们怎么样的人才可以评上，什么样的人不可以评上，这次评好后低保怎么分。另外也讨论了几件事，如饮水问题和环境卫生问题。这些全部讨论完后，晚上就全部公布给了二组的村民。村民们也一致认为很好，这样我们的会议晚上9点多就结束了。

2016年8月14日　星期日　晴

今天我们6个教会里的各教会长老来我们教会讨论今年感恩节的事情。因为是来讨论，早上聚会时我们教会的执事也点了我们教会里几个长老的名字，叫他们也一起参加会议。中午聚会完后，他们几个在我们教会的食堂里讨论着，他们讨论出来的结果晚上聚会的时候公布给了我们。今年过感恩节时生活费每人20元，这个还是跟往常一样没变。感恩节的日期定在9月30日，叫大家早些做好准备，到时来参加。今天就是这些了。

2016年8月15日　星期一　晴

今早上见到我们村里的好多个学生在我们村委会里，后面才听说他们是去昆明读书的，今天村委会里的人把他们送到乡政府里，然后政府的人又把他们免费送到学校里，还说他们吃住也是免费。学校里的各种费用也是政府帮他们交，他们是上职业学校。现在这个年代的学生可高兴了，什么都免费，做家长的也高兴，负担减轻了很多，这都是要感谢领导们了。

2016年8月16日　星期二　阴

今早上村委会里的人通知我和组长，叫我们到村委会那里拿张表。到了村委会里，主任先告诉我们怎么填，然后拿着表回到家里，我俩商量怎么填。今天这张表的内容是，我们组里的饮水问题，谁家没有水池，谁家有水池，现在用的水够不够等这些问题，而且要再画一张村民们用水的图。我俩商量好后，再新增加一处，汪然那个地方也有一处水源。虽然流的水不是很多，但加上现在用的水，可能够用，新增的那个地方也画进去了。这些画好，也填完后又交给村委会里的工作人员了。要是领导给我们所需要的话，我们很感谢他们了。因为我们二组里的村民还没有水池，一组和三组的大部分都有水池了。我们也希望我们自己家里有水池。

2016年8月17日　星期三　晴

唉，小的时候没有好好读书，现在麻烦的事情多的是。昨天上交上去的表不合格，今天得重新填、重新画。我们又画了大半天才画出我们二组用的水池图。明早要交上去。晚上大家都聚会完了后才回家休息去了。

2016年8月18日　星期四　晴

今天我们村里的赤傈然组合去县城排练了。听说这次他们要到丽江演出，可能丽江那里又搞活动了。他们明天才去，今天只是练一下。这几年里我们村里有两个组合了，另外一组是农民合唱团，他们两个组都是有点名气的，希望他们两个组能为我们村多出点彩。

2016年8月19日　星期五　晴

今天我们村里的赤傈然组合上午10点左右去丽江表演去了。他们可能一个星期以后才回来说，别的村民还是该干嘛的就干嘛了。由于白天很热，所以早上干活的比较多。今天就这些了。

2016 年 8 月 20 日　星期六　晴

太阳又是火辣辣的，鸡蛋放在地上都可以熟了。今天又是一个星期的赶集天，街上非常热闹，特别是车子特挤。现在的菜价涨得很离谱，就连蔬菜都是 3 块钱一斤，一把菜就是十几块钱。我们农民怎么吃得消呢？还好现在热，过几天就有空地可以种菜了，那时候菜价也会减少很多很多的。

现在的农民也是长脑子了，懂得生意做精，不然以前可是一年四季都是一样的价格。现在有了医疗证，人人都看得起病了，不然以前奄奄一息都不舍得花钱去看病。现在住院更是省钱，住一个星期才花 100 元的。国家对农民的政策是越来越好，把农民都养得白白胖胖的。

今晚上村委会森林天保员发来文件，登记村民身份证、通信账号。以前每年都会有一点点的补助费，可能现在登记也是为了给村民一点点的补助费吧。祝愿我们的国家越来越繁荣富强，也祝愿我们农民的生活越来越富裕。

晚安，美好的一天。

2016 年 8 月 21 日　星期日　晴

又到星期日了，村里的基督徒们还是像往常一样，早、中、晚聚会完后就没有别的事了。只是有些小伙子去河边洗澡，去河边有点远，我们村子附近没有河。喜欢打球的那几个还是出去打球了。今天就这些了。

2016 年 8 月 22 日　星期一　晴

今天有些村民去鹿马登电网公司办理电网手续，这是因为昨天我们村里的电工通知的那几个人，说是他们的卡里扣不出电费，所以要重新办理，或是在卡里充钱。村民们也知道，不办好这些的话就难办了，现在大家都用电用习惯了，要是不交钱没电了，就很难了。所以通知着的那些村民个个都去办理了。

2016年8月23日　星期二　晴

今天我们村里的村民可高兴了，高兴的原因是今天我们又领到政府给我们的第二季度的低保大米了，今天我们娃底二组的村民每户可以领到190斤。这可是把村民们都乐坏了，有些人是抱着回家的，有些是背着回家的。每个村民都感谢领导们，感谢党员们。在他们的关怀下，老百姓就再也不会饿肚子了。

2016年8月24日　星期三　晴

今天上午我们正吃早饭的时候，突然听到外面有叫喊声。我跑出去外面看了一下，哦，原来是以前在我们村住过的小卢，自从他回去以后就有好多年没有来了。以前他是住在这里调查研究我们傈僳族文化的，但是他在昆明毕业以后回自己家乡去了，现在回来这里探望他的老朋友们。在我家歇了一会儿后，他说他在基地里住上两三天，所以叫我拿给他钥匙。我就去弟弟家把基地房子的钥匙拿给他了。让他在这里住几天。今天就这些了。

2016年8月25日　星期四　晴

每年的这个时候，我们县城里都开国庆节篮球友谊赛，我们县里各乡各村的篮球爱好者都会去参赛。虽然得不着第一名，但是他们还是心甘情愿地付出。也不只是他们付出，各村里没有参赛而喜欢看篮球的那些人，在傍晚去县城里看球赛的也有很多。我们村里的球迷也是，去看球赛的还是比较多的，他们一直到晚上结束比赛后才回了家。

2016 年 8 月 26 日　　星期五　　晴

　　村里的菜农们为了明天赶集，今天找好各样的蔬菜。别的农民也只是做各样的家务活，毕竟是这两天还没那么的忙嘛。今天就这些了。

2016 年 8 月 27 日　　星期六　　晴

　　今天在我们村委会里又开了一个会议，这个会议是对前几天各个组里已经选好的低保户进行审核。每个组都有 3 个人参加，12 点就开始审核，到了下午 3 点左右，他们审核的结果出来了，我们组里的低保户数据需要调整，我就拿回来调整了一下，然后准备明天上交上去。希望这一次一定要合格。

2016 年 8 月 28 日　　星期日　　晴

　　今天各个学校里的学生收假，家长们早饭吃完后就送孩子到学校了，毕竟孩子的前途重要嘛，今天中午聚会的人比较少，晚上在教堂里聚会结束后，在教堂里练歌。离过感恩节的时间只有 1 个月了，所以要抓紧排练了。

2016 年 8 月 29 日　　星期一　　晴

　　今天村委会里可热闹了，因为村委会里的人昨天就通知今天各个组的人来村委会填表，而且每个组至少都要有 4 个人。要填的表很多，我们就按着他们的意思，11 点到了村委会里。等了一会儿后，村委会的人就给各个组发表，然后再教一下怎么填，教完后每个组的人都要自己填表。今天填的内容是今年被评为低保户的那几个人的资料，大家中午都只休息了一会儿后就继续填着。然而大家不管怎么努力还是没有完成，只好填到 5 点左右，就回去了，明天再填一天吧。

2016 年 8 月 30 日　星期二　晴

因为是昨天一个组都没有填完,所以今天各个组的输入员还是来到村委会里填表,但是今天的任务没有昨天的多。今天下午 3 点左右就全部填完了,这时大家才松了一口气。因为大家都好长时间没有写字了,所以一提到写字大家就有点头晕。现在终于完成了,大家可高兴了。然后大家在那里吃了点饭就回家了。

2016 年 8 月 31 日　星期三　晴

今天见到有一家去打谷子了,可能这两天谷子就熟了,这两天开始要忙了,苞谷也熟了。这一个月是丰收节,村民们可忙碌了。因为是忙嘛,今天去鹿马登赶集的也比较少。晚上我们在教堂里继续练歌,直到 10 点左右才回家休息去了。

2016年9月1日—30日

2016年9月1日　星期四　晴

因为这几天是大丰收季节，村民都很忙。稻谷也熟了，有些村民去打谷子，有些村民去收苞谷了。另外今天见到我们村里的好几个人出去打工了，听说他们去的地方是藏族地区，说是察瓦龙。我们也没有去过，只是听说过。那里工资比较高，每天的工资都是200元以上，是去建房子。这次去的人有八九个，我兄弟也跟着他们去了。我祝他们好运，能捞多多的钱回来。

2016年9月2日　星期五　晴

村民们这两天很忙，但是菜农们为了明天去街上赶集，今天找各种蔬菜去了。村民们忙，拖拉机师傅们也很忙，他们除了在拉盖房子的那些家的沙子和碎石外，这两天又去拉村民家的苞谷和谷子，晚上又要排练舞蹈。但也没有办法，村民们累也只是这几天了。

2016年9月3日　星期六　晴

这两天我们村里来了一个做被子的，他和他的妻子已经到我们村有3天左右了，他俩在余少此家里住着。然后他俩在门外挂着牌子，牌子上写着做被子，丝绵多少钱一斤，三件套多少钱等都写着。但是他们的生意不好，村民们没有一个去做被子，可能是他俩的运气不好吧。因为这两天是农忙，各个家里也缺钱，家里都是更急着需要钱呀，哪里来的钱做被子？而且又是个夏天，还不需要盖被子。所以他们才会这样，他俩的生意才不会好呢。

2016年9月4日　星期日　晴

村民们还是像往常一样一日三次地聚会，但是傍晚村民们去县城里看篮球比赛，可能是球迷的原因吧。排练节目的那些还排练着，他们还是练到10点左右才回家休息去了。

2016年9月5日　星期一　晴

这两天村民们真的很忙，因为是丰收季节，不能耽搁时间，有些村民早出晚归，虽然干活有点累，但是村民们还是很高兴的。家里有粮食，填饱肚子的问题解决了，当然开心了。

2016年9月6日　星期二　晴

这几天不管怎么累，还是坚持着干活，丰收季节嘛，就得如此。晚上还是在教堂排练着节目，毕竟离感恩节只剩20多天了，所以得抓紧时间排练。晚上他们还是一直练到10点左右才回家休息。

2016年9月7日　星期三　晴

今天我们村里的各个组长和副组长还是到村委会里填表。还是前几天填的农民低保申请表，可能是前几天村委会没有交代清楚的原因，这次大家都认认真真、仔仔细细地填着，然后再仔细地复查着，最后村委会的人查看了一下，合格了以后重新交还给他们以后就回家了。

2016年9月8日　星期四　阴

今天我们娃底二组的普堂家又浇灌房子，但因为是农忙季节的原因，除了他家的亲戚外，其他来帮忙的人也不多，全部算起来只有十七八个。因为只有这么多，所以做到下午6点左右才完成，然后在他家吃了点饭后就回家了。

2016 年 9 月 9 日　　星期五　　小雨

听说领导要来我们村参观，村委会的人发动村民打扫环境卫生。这两天是农忙季节，村民们也准备着去收割稻谷，所以打扫就比较早，而且打扫得也比较急，大家都想早点打扫完早点去干活呢。大家心里急，所以不到 1 个小时就打扫完了，最后在组长那里登记完名字后就回家去了。

2016 年 9 月 10 日　　星期六　　阴

今天又到福贡街了，有些村民还是去街上做生意。做生意的也各有不同，有些是做民族服饰生意的，有些是做牛马生意的，有些是做蔬菜生意的，有些是做手艺：弓、箭、刀等什么的都有。不去做生意的那些还是在家里忙着、掰苞谷的，打谷子的都有。晚上有些村民还是相互约着去抓蚂蚱呢。今天就这些了。

2016 年 9 月 11 日　　星期日　　晴

今天上午见到天空万里无云，有些村民看到这个境况，心里非常非常高兴。前天和昨天收的谷子被雨水给淋了，这两天是要晒一下，不然会发霉，而且会发芽。今天好不容易出太阳了，有些村民就在球场那里铺满了塑料布，然后在那里晒谷子。一天都在旁边等着，过一个小时左右翻一下，这样直到太阳落山后才收回去了。

2016 年 9 月 12 日　　星期一　　晴

今天的天气还是跟昨天一样，天空万里无云，所以晒谷子的那些人还是继续地晒着，还没有去收的这两天抓紧时间去收。担心这两天会下雨，苞谷没有收完的还是去掰苞谷去了。晚上还是在教堂里排练着歌，直到 10 点后才休息去了。

峡谷回声　福贡县鹿马登乡赤恒底村傈僳族村民日志

2016年9月13日　星期二　晴

今天村委会发给我们一笔组土地征用的补助费。这笔款子是2013年的补助，是从赤恒底罗干到批过的这片土地上有旱地和有林地的人才有补助。但是见到有地的人没有名字的也有，不知是当时没有报上还是什么原因。村委会的人叫我们到村委会核实一下。然后他们拿给我们钱，叫我们俩发给已登记的人，我俩在傍晚的时候发给他们了。有些多报着数字的就多拿着点了。政府里发给我们每亩85元，最多的拿了1000多元，最低的也拿着157元。有些在那一片里没有地的就没有领着了。这样拿着钱的就高高兴兴地回家了。

2016年9月14日　星期三　小雨

前几天学生放假回来时说学校老师要家长14号到鹿马登中学开家长会。今天终于到14号了，家长们也不敢忘记孩子们说的家长会。为了让自己的孩子能够好好地学习，家里的农活也先放在一边，都去鹿马登中学开家长会了。到了学校后，先是全部班级的家长在学生食堂里一起开家长会。在那里开完后，又到自己孩子读的班里开一次，然后签一份学生安全责任书。最后再讲一些学生们需要用的书，最后领着孩子们到街上溜达了一圈后就回来了。

2016年9月15日　星期四　晴

一年一度的中秋节又到了，以前只有年轻的人才去路边上过，不过这几年村民们大部分都会过了。有些去街子上买水果、买饼子，准备晚上过八月十五。到了晚上，村里的大部分村民都在过节日。今天晚上有点热闹，直到12点左右才渐渐地安静了下来，可能村民们都睡着了。

2016年9月16日　星期五　晴

这两天有几家的庄稼收完了，但是又忙着去种小春了。有些是种蚕豆，有些是种白菜、油菜、青菜，各种都有。晚上还是在教堂里排练节目，得赶紧排练了，离感恩节只有十几天了。村民们就这样过了一天。

2016 年 9 月 17 日　星期六　晴

今天去县城里赶集的那些人天不亮就起床去县城里赶集卖菜去了。没去的那些人有的去掰苞谷，有的去种菜，有的去找猪食。今天得准备两天的猪食。晚上还是继续在教堂里排练感恩节的节目。今天就这些了。

2016 年 9 月 18 日　星期日　晴

今天是我们鹿马登乡的常业组教堂落成典礼。因为是一个乡，而且路也不远，所以去的人也比较多。另外，今天中午的聚会完后，教堂里的长老和大部分的信徒在教会的食堂里讨论感恩节的事。这次的感恩节要怎么办，还有什么不足的地方等。讨论好这些后在晚上聚会结束后公布给大家。还点了些人手，明天在教堂里布置一下。这样大家都要做好这次感恩节要怎么过的心理准备了。

2016 年 9 月 19 日　星期一　阴

今天要在我们教堂里布置一下，昨天就约好人了。今天吃完早饭后就去干活了，今天来的人有 20 多个。先做的是装饰舞台，面积有点小。这次要扩大一点面积，舞台前面要摆一些农产品，要留一排摆放农产品的位置。大家都一直努力做到下午 5 点，可惜还是没有做完，明天再接着做吧。

2016 年 9 月 20 日　星期二　小雨

因为昨天的任务还没有完成，所以今天继续在教堂里干着活。今天有两个组要去焊电杆。村头阿兰甲和村尾一组那个地方听不到教会的高音喇叭的声音，亚坪那个地方也听不到。所以教会里有事通知时很麻烦，今天准备焊两根电杆，一根要立在我们二组的普堂家屋顶上，另一根要立在亚坪村上面的那个坡上。我们一直做到下午5点左右，电杆是焊完了，可是还没有立起来，喇叭也还没有安装，可能明后天还要接着干了，然后我们在食堂里吃完饭后就回来了。

2016年9月21日　星期三　雨

因为是早上就开始下雨，村民们也只能把不得不干的活干一下，然后就在家里休息。今天见到前几天来我们村做被子的那对夫妻生意不错，有四五个村民去那里做被子。新被子是买不起，所以把旧被子翻新一下，这样做是一床100元钱，有一家做了两三床。晚上在教堂里聚会结束后，大家就各自回家休息了。

2016年9月22日　星期四　雨

这两天，村民们的谷子收完了，但是有几家的苞谷还没有收完。今天又是下雨天，有些村民还是在家休息，因为下雨天去种菜却也种不成，只好这样度过了一天。

2016年9月23日　星期五　阴

离感恩节只有一个多星期了，教堂里里外外还没有布置。这几天忙着做的是架高音喇叭和舞台等，还有灯光也还没有弄好。需要做这些，所以每天都派人手来帮忙，没有几天就到感恩节了，现在要抓紧时间做了。晚上还是在教堂里排练节目，直到10点后才回家休息。

2017年9月24日　星期六　阴

今天中午，村委会的人通知明早上去扫路，说是领导要来我们村参观。但因为明天是星期日，村民们晚上聚会完了后，大家就一起去扫路了。

到天黑了以后才扫完了。大家走回来时都比较慢，有手机的就照着手机摸回家了。没有办法，这是上级的命令，老百姓嘛就得听他们的命令，这样才是一个合格的公民呀。

2017年9月25日　星期日　阴

今天也只是一日三次的聚会。晚上聚会结束以后，教会的执事公布了一下这次感恩节哪几个人做饭，点了一下名，事务长是谁，接待客人、安排客人睡处的是哪几个人等。这些全部都公布完后，明天的工作也通知了大家，每家出一个人到教堂里干活，要擦玻璃、打扫卫生，所以这两天要开始忙了，离感恩节也只有几天了。今天就这些了。

2016年9月26日　星期一　阴

今天我们村的全部基督徒每家派一个人去教堂打扫卫生。吃完早饭后就到教堂集中去了。今天干的活可多了，需要把教堂里里外外，包括玻璃、座位都要擦干净，另外食堂也都要打扫。虽然有这么多的活，但在大家的共同努力下，到下午4点左右就完成了，然后在那里吃了米线，吃完就各自回家了。

2016年9月27日　星期二　晴

这两天过了收获的季节，可是又要得种小春呢，村民们还是不得闲，继续忙着种小春。主要种的是白菜和油菜，还有豆类。晚上还是继续排练着节目，今天就是这些了。

2016年9月28日　星期三　晴

今天见到赤恒底罗干许多地方上都放着破好的石头，后面听说，这是村民们请挖机来破的石头，挖机师傅每小时给400元。大家都议论着给师傅每小时400元也划算，因为石头一车卖出去是100元，1小时之内他可以破出六七车石头。因为这样，所以村民们在那里有地又有石头的那五六家就请挖机师傅破石头了。现在村民们的脑子也有点好使了，不划算的事他们不干，划算的事情他们才干呢。因为石头不仅能卖钱，而且石头没了，地里的活也就好干了。

2016年9月29日　星期四　晴

明天就是一年一度的感恩节了，今天得准备好教堂里所需要的一切事情。灯光那些要预备好，外面的墙上要挂上字，大门上也要贴上对联，所以今天整整忙了一天。今晚就不练歌了，因为练了那么多天累了，今晚就好好休息一晚。

2016年9月30日　星期五　晴

今天，感恩节终于到了，村里很热闹也挺忙的，特别是安排睡处的那几个人早上吃完饭后就开始忙着了。他们先去看看、问问，每家每户有没有客人睡处，睡得下几个人。都打听好了，到时就好安排了。另外就是做饭做菜的了，妇女们洗菜，几个男的做饭。到下午4点左右，客人们就渐渐地来了。先给他们安排睡处，而后又打饭给他们吃。6点半到教堂外面集中，先唱欢迎歌，握个手。然后在教堂里面做礼拜、献诗、讲经，还说了他们这几天的规章制度。这些完了后大家才回各自的睡处睡了。

2016年10月1日—31日

2016年10月1日　星期六　晴

今天是感恩节的第二天，村里很热闹，除了教堂里唱诗、讲经、献唱诗歌、献舞外，休息时间也在练舞，这是为了避免在舞台上出差错。

整个村的村民都在厨房里忙着做饭做菜，还要招呼客人们呢。晚上在教堂内做完礼拜后，还要在教堂外的操场上跳一会儿集体舞。还有球迷在球场那里很激烈地打着球，他们几个打到11点半才停。村民们就这样忙忙碌碌地过了一天。

2016年10月2日　星期日　晴

今天是感恩节的第三天，又是个星期日，所以是最热闹的一天了。早上聚会要早点结束，要不然赶不上中午的聚会了，所以要早点结束早点吃饭，还要练一下诗歌，练一下舞蹈。到了12点，教堂里已经坐满了，因为里面已经坐满了，就在外面的院坝那里放置了一些座位让客人们坐。讲道的时候外面的人也安静地聆听着。献唱献舞的时候，有些人去窗外站着看了。今天才来参加聚会的也有许多，这些人聚会结束后先给他们打饭吃，然后才让他们回去。今天来打球的人也很多，他们几个一整天都在球场上激烈地拼着。今天村里就这么热闹着了。

2016年10月3日　星期一　晴

今天是感恩节的最后一天了，早上的聚会上，只有唱赞美诗讲道，这些完了后，这次感恩节里负责事务的邓前社公布给大家这次来了多少人、奉献了多少钱、收入多少、支出多少等这些情况。他说这次参加感恩节的人有829人，生活费和奉献的总收入有20000元左右，然后支出也不少，一顿饭就要支出3000多元。

峡谷回声　福贡县鹿马登乡赤恒底村傈僳族村民日志

这些讲完后，村里的传道讲了一些祝福的话，然后大家就握个手告个别，先回到自己的睡处，在那家里吃饭。吃完饭后唱一首赞美诗，为这家人祷告祝福完后，他们就背着自己的行李回家了。

村里的人则每家出一个人在教堂和厨房里打扫卫生。这些完了后，这次的感恩节就算是圆满地结束了。希望下次的节日也能一起参加。

2016 年 10 月 4 日　星期二　晴

今天又在村委会里开会，但因为人没有到齐，拖到 12 点才开始开会。今天来开会的是村里的党员、各个组的组长和副组长。会议的内容是说马上就要选举县人民代表和乡代表了，所以要先准备好各样的规章制度。这些讲完了后，还强调了环境卫生问题和森林防火、超生问题，还有交通问题，民主评议问题等。今天讨论了许多问题，党员们也说了一些情况，王咀那个村里有一段路还没通，想请村委会里来帮他们解决。最后大家在那里吃了点饭后就回家了。

2016 年 10 月 5 日　星期三　晴

今天村民们都休息着，有些只是做些家务活。我们村里娃底一组的斗付恒昨晚死了，他们家里今天要办丧事，所以今天在他们家里帮忙的、守灵的多。听说明天才去埋。今天他们家里来了许多客人，因为他以前在公安局里当过公安局局长，他的几个儿子里当干部的有两个。村里的有些人，特别是他的亲戚们都要通宵守灵。今天就这些了。

2016 年 10 月 6 日　星期四　晴

今天村民们除了做些家务活外，有些去办丧事那家帮忙去了，有些就在家里休息着。村里死了人后，村民都不干活。今天来奔丧的人也不少，大部分都是外来人，而且干部多，大部分村民也都在帮忙着。因为他们家不信教，所以抽烟喝酒的比较多。晚饭的时候，信教的人埋完人就回去了，不信教的人才会留在他们家里吃饭。晚上亲戚朋友还会继续留在他家里，其他的人就回家了。

2016年10月7日　星期五　晴

做被子的那两个人一直到现在都在，可能是生意好吧。不过门牌上之前写着最后4天，现在写着最后两天。这几个字都写了两个星期左右了，呵呵，可能是舍不得走吧。不过见到这两天还真的有人拿被子过来给他俩做。大家都做不起新被子，拿过来的都是旧被子，都是来翻新的。翻新的要100元一床，所以他俩的生意好着呢。但是对于村民们来说也是一件好事，不需要拿到县城里，也不需要把旧的被子扔了，就可以盖一床新的被子了。

2016年10月8日　星期六　雨

这两天村民们可没有那么忙了，所以今天去县城里赶集卖菜的也有许多。今天鹿马登中小学里的孩子也放假了，有些家长去接孩子去了。因为是农闲时间，又是个下雨天，除了不得不干的活要做一下，别的时间就在家里休息了。今天就这样过了一天。

2016年10月9日　星期日　阴

今天村民们除了一日三次的聚会外，有些人去别的教会里参加感恩节去了。我们这里的感恩节过完了，但是有些地方还没有举办，有些地方正过着，所以有些人去正在过着的那里看舞蹈和献诗，中午的聚会完了后才回家。

2016年10月10日　星期一　小雨

今天下着点雨，村民们也没有什么活可干的，大部分的村民都只是干点家务活，别的时间都在休息着。今天见到做被子的那对夫妻，他俩的行李都装上车了，可能就要走了，要到另外一个地方做生意去了吧。他俩这次在这个村里，可能赚了 10000 元，但是没办法，这种活村民们没有做过，只能让外地人拿走了。

2016 年 10 月 11 日　星期二　阴

今天村里来了许多领导，他们先是在村委会里开着会，后面是几个人一组几个人一组地访问着村民们。问村民们有什么困难，家里的收入可以解决家里的生活问题吗，现在吃住问题全部都解决了吗，还需要什么等等，详细地访问着。他们只是抽几户来访问，要不然全村是访问不完的。他们一直到下午 5 点左右才回去。是的，共产党每时每刻都在挂念着我们老百姓的生活，他们关心着我们的生活，让我们吃得饱、喝得足、睡得香，我们也很感谢他们。

2016 年 10 月 12 日　星期三　阴

今天我们娃底二组的约南家拆房子，有些村民去帮他们家的忙了。他们家今年被评为建档立卡户，我们组的建档立卡户有 5 家，他们家是其中之一。被评为建档立卡户后，政府给他们建房补贴 40000 元，好不容易得了这么多的补贴，他们很高兴。他们这几户这几天前前后后地建新房子，希望他们几家能快点建好房子，住进新房子里。

2016 年 10 月 13 日　星期四　雨

又是个下雨天，所以有些村民去地里种菜，现在是种菜的最佳时机，有些村民的白菜已经种好了，有些家的正在种着呢。以前，政府下命令，村民才会去种，但是这几年就算是政府不下命令，村民们也会自己种了，可能是尝到甜头了吧。

2016年10月14日　星期五　雨

今天也是个下雨天,而且一整天地下着,村民们除了把不得不干的活做一下外,别的时间都在家里闲着。但是不管雨怎么下,明天准备去县城里卖菜的妇女还是一天都忙着。没办法,为了生活嘛,就得这样忙。

2016年10月15日　星期六　晴

村里的菜农们凌晨5点就去了县城,跟着他们后面行动的是做牛马生意的、民族服饰生意的和水果生意的,最后一波是吃完饭后才去赶集的。有些村民在家里找些猪、牛食这些。晚上,在教堂里聚完会了后就各自回家休息了。

2016年10月16日　星期日　晴

今天吃完早饭后,村里享受养老补贴的老人到村委会里填表,而且各个组的副组长也要参加。所以上午11点左右,各组都在村委会里填着表,填完后老人们就回家了,我们把表交给村委会就回来了。以后,老人就可以继续享受养老保险补贴了。

2016年10月17日　星期一　晴

今天看见村委会里又有许多人,可能又是在开会,也许是上级领导来审查工作。村民们做房子的还是继续做着,大家还是各干各的。有些村民去找柴了,差不多到冬季了,需要烤火,所以得找些柴火准备过冬了。今天就是这些了。

2016年10月18日　星期二　晴

因为不是农忙季节了,大部分村民都有时间,今天鹿马登的中小学生都放假了,许多家长去接上小学的孩子了。这几天在我们村泥子府的那块田地上,解放军战士天天练枪,他们已经练了两三天了。今天就这些了。

2016 年 10 月 19 日　星期三　晴

今天早早地起床，因为要去亚局洛帮二女儿浇灌房子。跟我们去的是弟妹和我的小妹，还有我的爱人。吃完早饭后，我们几个就乘着我女婿的车子出发了。到了那里，看见有好多人，他们个个都干着活，我们几个也没有闲着，马上跟着他们干活了。今天来帮他们家的有四五十人，除了吃午饭时休息了一会儿外，别的时间都在干活。但不管怎么努力，还是干到了天黑才干完，然后在那里吃了饭后就回来了。

2016 年 10 月 20 日　星期四　晴

冬季马上就来了，村民们也得找柴了，因为冬天的时候很冷，需要烤火。有些人种些菜。今天学生又收假了，在小学就读的孩子还是由家长亲自送他们到学校，这样家长才放心。因为这两天天气渐渐地有点冷了，所以村民们晚上也早点睡了。

2016 年 10 月 21 日　星期五　晴

这两天我的心情很差，因为我二女儿昨晚才做完手术，原因是宫外孕。听到这个信息，我的心里真的好难受，幸亏今天她的病情有了好转，心里才没有那么难过了。今天全家人一整天都在照顾她，今天就在医院里这样度过了。

2016 年 10 月 22 日　星期六　晴

听说白芨是一种草药，是生长在高山上的一种植物，而且还很值钱，所以每年的这个季节里，我们村上面那几个村子里的人几乎都去山上找白芨去了，在家的只有老人和孩子了。听说一家三四个人去的话，每次能挣一万多元，但是有些地形不熟的就挣不到那么多了。去一次要两三个星期，有些是背着粮食去的，吃完才回家。而我们娃底三个组的村民没有去，大家都走不动山路，而且山上也很危险，所以不敢去，只能眼睁睁地看着他们挣钱了。

2016年10月23日　星期日　晴
村里的有些村民为了去别的教会里参加感恩节，吃完早饭就约着去恒阿罗了，听说这个星期在他们那里过感恩节，所以我们教会里的唱诗班也去参加了。另外，村里爱打篮球的那些小伙子也去了，因为那里人多，打球的也多，又热闹。就这样，村民们按着自己喜欢的方式过了一天。

2016年10月24日　星期一　晴
今天村委会里可热闹了，因为全村的建档立卡户开会。开会的内容可能是建房子的事，因为建档立卡户里有些家已经建着新房子了，有些家没钱建不起。听说他们建档立卡户，每户补助4万元，好不容易有这么多的补助，有些家早就建房了。下午开完会后还做饭给他们吃，他们吃完饭后就回家了。

2016年10月25日　星期二　晴
今天娃底二组我叔叔家拆房子，他今年也被立为建档立卡户，所以他家也得盖新房。可是他没钱盖新房，所以一直拖到现在。这两天和我们的新农村指导员沟通了一下后，决定盖新房了。叔叔他自己不会建，所以包给我们村的阿国。我看了一下协议书，房子由阿国盖，全部资金也是他自己先付，后面政府补贴款到了后，由阿国自己去取。政府补贴的有40000元，这40000元就包给建房子的人了。今天来帮忙拆房子的有10多个人。在大家一同努力下，下午4点就把房子拆完了。在他家吃了饭后就回家了。

2016 年 10 月 26 日　　星期三　雨

今天大部分村民去鹿马登开家长会，这是昨天通知的。今天鹿马登完小 9 点在学校里开家长会，家长们上午 8 点半左右就去鹿马登开家长会去了。而在村委会里，建档立卡户还是继续培训着烹饪技术，可能再过一两天才结束吧。今天就这些了。

2016 年 10 月 27 日　　星期四　下雨

建档立卡户今天还在村委会里继续培训着烹饪技术，还是下午才回去。还有村委会里通知我们，叫我们登记一下村民们的小春种植情况。我就在高音喇叭里通知村民，叫他们来登记。通知完后，大家就来登记了。白菜种了 3 亩、2 亩、1 亩的人家都有，还有另外一种作物是洋芋，这个也是种了 3 亩、2 亩、1 亩的人家多。大家登记完后就回家了，今天就这些了。

2016 年 10 月 28 日　　星期五　雨

因为是下雨天，而且今天鹿马登学校里的孩子放假，所以大部分家长去接孩子了。在村委会里培训烹饪技术的村民也照常培训着。明天准备去县城里卖菜的妇女也忙着找菜，有些人家就在家休息了。今天就是这些了。

2016 年 10 月 29 日　　星期六　雨

为了去县城里卖菜，有些村民凌晨 5 点多就去县城里赶集去了。这两天因为是下雨天，又是农闲时间，所以留在村里的妇女就在自己的菜地里整理一下，找点猪食了。晚上在教堂里聚完会了后，就回自家休息去了。

2016年10月30日　星期日　阴

今天早上吃完饭后,在我们村的村医生那里给小孩子打预防针。因为村里有村医生,村民病了在村里也可以打针,只有严重的才去乡里或是县里,有点感冒或是拉肚子的就可以在村里解决了。今天村医生那里集中着很多人,有些小孩还在哭着。医生很热心地在给他们称体重、打预防针,直到全部打完后她才休息。现在国家给小孩子打免费的预防针,给大人们医疗保险,所以病了也住得起院了。很感谢每天都关心着我们生活的领导。

2016年10月31日　星期一　晴

今天有几个组在村里做工程,一个组在今年盖新房的建档立卡户约南家,拉沙子和碎石,可能今天拉了好多车,堆了高高的沙子堆。另外一个组在我们老支书家旁边,他们正在做挡墙呢。大部分都各做各的,村民也各忙各的。还有今天学生也收假回学校去了。

2016年11月1日—30日

2016年11月1日　星期二　晴

今年盖新房的是建档立卡户约南家。昨天拉好沙子，今天请马来驮。他家离公路有150多米远，所以请人来背是不可能的，一天背不起多少，只好包给有马的人了。这两天没有什么可忙的，村民们只是做该做的，别的时间就都在休息了。

2016年11月2日　星期三　晴

今天各个组的组长和副组长在村委会里开会，因为白天我有点忙，所以没去参加。晚上的时候各个组又开会，我们娃底二组也不例外，在民族研究基地房里开了会。今天来参加会议的人有39个，先让村民们签签到表，然后组长才讲话。今天开会的内容有好多：选贫困户，还有叫村民们保持环境卫生、注意交通安全等这些问题。开完会后大家就回去了。

2016年11月3日　星期四　晴

这两天，合唱团的人在此团长家练习傈僳族乐谱，教的是赵科老师。他们好像在那里练习了好多天了，他们想发扬民族文化。在那里学习的有10多个人，他们还是一直练到10点多钟。希望他们能把我们民族文化发扬光大。

2016年11月4日　星期五　晴

这两天，村里大部分男人都去打工挣钱，有些做小工。妇女在做家务活，有些妇女为了明天去县城里赶集卖菜，今天还是找好各种蔬菜，她们一直忙到晚上。今天也是这些事情了。

2016 年 11 月 5 日　星期六　阴

今天村委会里的人去调查这次被评为贫困户的村民，早上就通知他们，叫他们在家里等着，会有调查组到他们家里来。调查组也按着名字一家家地查，到底贫困到什么程度。这样一家挨着一家地查着，一直到查完为止。村民们晚上聚完会后才各自回家了。

2016 年 11 月 6 日　星期日　雨

今天早上一醒来就听到叮叮咚咚下雨的声音。因为下雨，所以有些冷。但是今天不管怎么下雨、怎么冷都得完成一个任务，这个任务就是选乡代表。晚上的聚会结束后，我们要在教堂的操场上完成这个任务。大家都打着伞一个接一个在选票上填名字，交回去，然后就马上回家了。选票结果今天没有公布，到时才会知道。今天就这样在雨水中度过了一天。

2016 年 11 月 7 日　星期一　雨

昨天开始下的雨一直到今天都不停。因为是下雨的原因，村民们也做不得活，而且天气也有点冷。种种的原因，所以村民们只好待在家里，有些人看电视，有些人烤火。就这样度过了一天。

2016 年 11 月 8 日　星期二　雨

雨一直下个不停，村民们家门都不敢出，大部分地方都有泥石流，村里跑车的司机都没去跑车了，不得不干的活就是找猪食那些了，有些还是冒着雨去外面找了。因为雨下得很大，鹿马登中学的学生就不放假了，老师们担心学生们在路上有危险。村民们就这样在雨中过了一天。

2016 年 11 月 9 日　星期三　晴

终于雨过天晴了，天空万里无云。村民们已经躲在家里两三天了，今天好不容易天晴了，所以该干嘛的就干嘛去了。还有因为是天晴的原因，鹿马登中学里的学生也放假了。傍晚的时候，在村医生那里打吊针的也有几个，可能是天气越来越冷的原因，好在村里有医生。今天就是这些事了。

2016年11月10日　星期四　晴

今天村委会里可热闹了，因为早上各个组的喇叭里通知贫困户到村委会来，说要给旧衣服。听到这个消息后，村民们就早点吃饭赶往村委会去了。村委会的操场上站满了人，村委会的工作人员把旧衣服一包一包地倒在球场上，让村民们选。喜欢的就捡上，不喜欢的就丢在一边。有些捡到一袋，有些才捡了几件。捡完后，大家就回去了。

2016年11月11日　星期五　晴

古人说：少壮不努力，老大徒伤悲。趁着现在还有点年轻，我想去参加昆明市一年制教牧培训。车票昨天就买好了，是下午两点半的车，村里其他人没有时间去，所以我就一个人这么来了。

2016年11月12日　星期六　晴

一路平安地到了昆明市的西部客运站，在那里刚一下车，李弟兄就满脸笑容地来接我了。因为我不熟悉路，可以说城市里的路都不会走，不知东南西北。刚到学校，除了李弟兄，别的一个人都不认识，所以有点不自然。但是大家都是基督徒，都很热情地打着招呼，介绍自己，问朋友住处，还是很合得来。只是晚上睡觉两人睡一张床，因为我们前面的那一班还没有走，他们明天才回去，所以今天就只能这样在昆明过了一天。

2016年11月13日　星期日　晴

一到学校，要遵守学校里的纪律。虽然这么早起不来，但也不敢赖床，6点就起床了。早上的第一节是晨祷，然后是早餐。今天早上的聚会里，是第十三期教牧培训班结业典礼和我们第十四期的开学典礼，学校里的、政府里的、宗教局的、统战部的、民宗局的领导都参加了。给新生们鼓励，给结业班发毕业证书。这些完了后，老学生们吃完饭就各奔东西地回去了，而我们今天才开始呢。

2016年11月14日　星期一　晴

城市里的生活有点不习惯，而且学校里的规章制度也挺多的。但是为了学习，得坚持，坚持就会胜利的。今天是第一天正式上课，学的都是汉语，讲的也是汉语。虽然听的时候听得懂，可是想回答问题就答不出来了，说不出流利的普通话来。没办法，老师们开学典礼时就告诉我们学有所得，所以我也不灰心，好好学下去吧。

2016年11月15日　星期二　晴

今天是培训的第二天，早晨6点就起床了，正常地上着每节课。学校里的课程表还不清楚，所以大家都相互问着下一节是什么课、什么时候吃饭这些事。但是我想这些事情过两天会清楚的，只是课堂上有点烦，估计是不会的原因啦。嗯，要多努力一些才是了。

2016年11月16日　星期三　晴

昆明城市真的不小，今天从学校出去办点事都遇到了些小麻烦。前年高老师帮我办的建设银行卡被我妻子给弄丢了，这次好不容易来了昆明，所以想补办一下。今天上午的课上完后，吃完饭我就一个人去办这件事去了，可是费了好长时间才搞定。东南西北分不清楚，坐了3次车才回到了学校。总算是办好了，终于松了一口气。

2016 年 11 月 17 日　　星期四　　晴

今天给我们授课的是有名的音乐家，所以我们3个班一起在教堂里上课。这位老师给我们讲课，我们听得很入迷。原来音乐是这么的深奥，能表达人的情绪，又能感动人心，只是学的时候很难学。不过这么好的一位老师来教我们，学到一点皮毛我们也会用不完的，我们一直上到晚自习完后才休息。

2016 年 11 月 18 日　　星期五　　晴

虽然学校里的生活有点苦，生活也有点朴素，但是这几天跟一个同学比较了解了，所以也没有那么无聊了。今天还是在大堂里继续学习着，崇拜地学，一直学到晚上的自习完了后才休息。

2016 年 11 月 19 日　　星期六　　晴

今天我们教牧班还是正常上着课。因为我们的班主任唐老师说，我们培训的日子不多，所以星期六也不休息。其他的两个班是星期六、星期日不上课。因为今天两个班不上课，厨房里也不做早点，但是我们班里有人请客，所以我们每人都吃着饭了。我们还是在晚灯熄了后就睡觉了。

2016 年 11 月 20 日　　星期日　　晴

我觉得昆明这里的气候，也和我们那里的气候差不多，早晨和晚上还是阴凉凉的。可能今天是星期日的原因，上午和中午的聚会时人有点多，平时是没有这么多人。晚上在我们自己的教室里写讲章，虽然不会，但这是老师布置的作业，不敢不做，直到晚自习上完了后才回宿舍睡觉了。

2016 年 11 月 21 日　　星期一　　晴

城市里的生活有点厌烦了，但是不好意思问老师什么时候放假，只好坚持上着课。学校里的规章制度很多，所以只好天天都在学校里了。一直到晚自习下了后才休息了呢。

2016年11月22日　星期二　晴

今天还是在昆明继续过着学校里的生活，因为是同学之间刚刚认识，所以班里还没有选班委。但是已经过了一个多星期了，所以今天的晚自习课上选了班委，选出来的班委都是有经验的长老。另外班里的班费也没有，所以在自习课上又奉献了班费。今晚奉献了总计3800元，大家都很高兴。奉献了这么多，今后班里需要的东西是不成问题了。

2016年11月23日　星期三　晴

今天写一下村里的一些情况吧！那是今早上妻子打电话来告诉我的，说他们昨天在村委会里，全村的人都来选举，这次选的是正式的乡代表和县代表。乡代表候选人是普早社、丽高、娜堂，县代表候选人是普友堆和此友忠。还听说县代表候选人是不能选村委会的人，所以村民们也只好无奈地选他们了。选完后给了村民们点饼干，然后就各自回家了。

2016年11月24日　星期四　晴

今天还是在学校里过着学校里的生活，虽然不习惯，但还是得继续坚持。一定要坚持，坚持会胜利的。为什么一定要坚持呢，因为有人地生疏、语言不通、文化上的差距等许多问题。但是我想：再坚持几天，一切都会好的。

2016年11月25日　星期五　晴

由于气候变化，我们学校里有几个人感冒了，也包括我。但是有两个比较严重，所以今天请假回家了。别的几个仍然在学校里吃药，然后照常上课，继续学写讲章。这样一直把晚自习上完了才休息。

2016 年 11 月 26 日　星期六　晴

因为是时间的关系，我们班还是照常地上课，只是白天写自己的讲章。教堂里有个青年团契，我们教牧班也参加了，在那里聚完会后就休息。

2016 年 11 月 27 日　星期日　晴

这两天还在昆明，昆明的气候也越来越冷了，今天中午在恩光堂做礼拜时，有一对新人在这里举办婚礼。他们举行的婚礼礼仪跟我们那里的有点不同，他们是在中午的礼拜做完后，由牧师给他们主持，让新郎新娘宣告誓言，交换戒指，给他们俩祝福、唱诗，然后再给他们祷告。礼仪就这样结束了，大家就各回各处了。

2016 年 11 月 28 日　星期一　晴

由于降温，班里有几个人感冒了，他们只好躺在床上休息。别的同学还是照常上着课，还是上完晚自习、打扫清洁完后才休息。

2016 年 11 月 29 日　星期二　小雨

今天下着点小雨，所以有点冷，不过在教室里还是有点暖乎乎的。这一学期还有几天就放假了，心里还是有点高兴的。晚上还是睡觉铃声响了后就睡觉了。

2016 年 11 月 30 日　星期三　阴

天气越来越冷了，但是我们的教室里还是有点暖暖的，我们这两天都是写讲章，有些下课时都写着呢。毕竟是文化不同，但是不会也没有办法了，只能这样度过了。

2016 年 12 月 1 日—31 日

2016 年 12 月 1 日　星期四　小雨

还在昆明继续教牧培训,不过这个学期再过几天就完了。提到回家的事,心里还是有点高兴的,再坚持几天就好了。在城市里的生活没什么可以多写的。今天就这些了。

2016 年 12 月 28 日　星期三　晴

今天村里办丧事,村民们还是去帮他们家忙,直到安葬好了才各自回家。

晚上在教会的食堂里教会的长老在讨论元旦节怎么过,怎样才能过好这个节日。所以今晚的会议里决定哪些人是做饭的、哪些人是炒菜的、哪些做食物、哪些人布置教堂里里外外的美观、哪些人做节目主持人等等。这些全部都决定好了以后,大家才回去了。

2016 年 12 月 29 日　星期四　晴

因为是昨晚村里的长老们已经决定好,今天就开始布置教堂里里外外的美景了。今天有 10 多个人在教堂里干活,有些在研究大门上贴什么对联,有些去修一下音响线,还要拉一下教堂里的幕布等。需要干的有许多的活,今天是干不完了,所以下午 4 点多就休息了。

2016 年 12 月 30 日　星期五　晴

2017 年马上就来临了,为了迎新年,大家都忙着呢。有些家在杀猪,有些在做傈僳粑粑,有些在家打扫卫生,还有晚上各组分别排练着节目。就是这样,村民们为了过节,不管多劳累,他们还是乐意付出。

2016 年 12 月 31 日　星期六　晴

今天是 2016 年的最后一天了，每年的这一天我们的教会都会举办一个祷告会，所以今天也是如此。中午 12 点开始做礼拜，下午 2 点钟结束祷告，然后大家又忙起来了。有些去县城里买菜，有些得找好两三天的猪食，这样才能在元旦节里不担心猪食了。晚上聚会结束后，9 点多又到教堂里集中，练一下歌。晚上 12 点后就要挨家挨户地去给他们唱歌祝福去，直到全村都转完了才回家休息。所以今晚很累，但是每年都这样，不管怎么冷、怎么累、怎么打瞌睡都得坚持着去了。

村民虎赛雄日志
2017年

2017 年 1 月 1 日—31 日

2017 年 1 月 1 日　星期日　晴

今天双喜临门，既是元旦节又是复活节，但是因为昨天晚上睡得晚，所以早上的聚会有点晚了。因为今天是星期日，所以没有活动，只是中午聚会时各个组来献诗献舞，小孩子也有两个组来献唱。有这么几个组来献唱，教堂里还真是热气腾腾。晚上的聚会完后就休息了，因为今天要养足精神，明天要开始参加元旦活动了。

2017 年 1 月 2 日　星期一　晴

今天村里可热闹了，因为今天是元旦活动第一天，可是我们组要做饭，只要他们玩得开心就可以了。上午 10 点左右，我们组的村民就去食堂里集中去了，这次的会议里已决定好三菜一汤，我们得做出来。而来参加活动的村民是 11 点过后才来，教会的负责人是早上 8 点就过来准备着各种玩具了。他们在教堂的操场上开开心心地活动着，我们组的村民也齐心协力地做着，所以下午 4 点就做好了，然后通知大家来吃饭。晚上也是在外面跳了 1 个小时左右的广场舞，结束了后才回家了。今天村民们就这样开开心心地过了一天。

2017 年 1 月 3 日　星期二　晴

今天是元旦活动的第二天，因为有活动嘛，所以很热闹。我们这个教会里有五六百人，另外外来人也有一些，他们听说这里做活动，所以他们来看看热闹。我们二组的村民还是在厨房里做饭，而参加活动的人也在教堂外面的操场上。今天活动的项目有点多，第一项是打弩弓，这是傈僳族的强项。另外，还有跑步、拔河、盲人摸香皂、丢沙包等。到下午 4 点左右大家在食堂里吃饭，然后才回去。今天晚上各组排练节目，因为明晚是结束晚会，今天大家都玩得很开心，新年嘛，大家都开开心心的就好了。

2017年1月4日　星期三　晴

今天是元旦活动的最后一天，所以村里更热闹了一点。我们组嘛，今天也是煮最后一顿饭了。活动的那些还是很快乐地玩着，玩的人可以得到奖品，看的人更是开心。晚上聚会后，在教堂外举办结束文艺晚会，所以，大家准备的舞蹈、小品、诗歌、独唱等等，全部都献艺出来，大家都很开心。最后还跳了集体的广场舞，一直跳到晚上10点过后才结束。这次的活动圆满地结束了，大家都玩得很开心，愿大家以后都这样开开心心地过着生活。

2017年1月5日　星期四　晴

元旦节是过完了，但是经过这么多天的活动，地上都很脏了，所以今天每家出一个人去教堂做里里外外地打扫，全部都打扫完了后才回家。今天有些人还是在休息，活动了这么多天，确实也有点累，所以在家休息着呢。今天感觉村里有点安静，因为冷，晚上就早点睡了。

2017年1月6日　星期五　晴

今天上午10点左右，我们组的组长在高音喇叭里通知，下午6点左右发低保，村民们听到这个信息心里很高兴。所以大白天该干嘛的就干嘛，等家务活全部干完了后，就等着组长的再次通知了。到了下午6点的时候，组长通知了，叫大家集中开会。村民们听到通知后就到开会处集中开会了。等人员差不多到齐，我们就先开会商量交医疗保险问题，然后才发低保。先告诉给他们这次领到了多少钱，支出了多少，然后再平分。我们组里享受低保的有47户，平均每户分着940元，大家因为分到这么多钱很开心，嘴里还谢着共产党的好呢。

2017年1月7日　星期六　晴

又到福贡街子天,有些村民因为有些钱了,所以去县城里赶集了,有些还是去找猪食了。这两天村里的菜农们也有种早熟的苞谷的。下午我们二组就交医疗保险了,因为昨天才发了钱,今天包包里还有钱,所以下午有70多人交了。今年的医疗保险费有点高,一个人50元,家里人多的就得交一千、七八百。没办法,只好交了。今天就这些了。

2017年1月8日　星期日　晴

今天早上我们村的森林委员通知说今天从批过到赤恒底罗干的地想要退耕还林的今天去量,谁愿意退耕还林的就在自己的地里等着。听到这些消息后,村民们就赶快吃饭,然后去地里等着量地了。先是从批过那个地方量回来,这些地方前年量过一次,但是那些核桃树长高的地没量,今年是全部都要量。先是从批过那个地方量起,量完登记完后就回来了,今天只量了一半就到5点多了,只能明天再量了。就这样,村民全部回来了。

2017年1月9日　星期一　晴

今天可是大忙了一天了,因为昨天亲家公通知今天要来我们家说我二女儿的事。我的女儿被他的儿子领去差不多十多个月了。我们要准备好各种需要的东西,还要约好亲朋好友,然后在家等着。到了上午11点多,亲家他们就到了。他们来了10多个,我们这里的亲戚也来了20多个,所以家里很热闹。双方都聊了一下,教育一下两个小孩,然后吃完饭他们就回去了。我们这里还没有清理完,他们带下来两头猪,一头猪是吃了,还有一头要分给亲朋好友、左邻右舍,每家一小块肉,这些分完了后总算是结束了。因为累,所以早点睡了。

2017年1月10日　星期二　晴

这两天量退耕还林的工作人员继续地量着，各组的喇叭里也通知村民们今天要去哪个地方量。今天也是如此，量地的工作人员打电话告诉我，今天去阿尼罗底去量，叫我通知一下。我就把这个消息通知给大家，叫村民们去阿尼罗底那片地里等着。别的村民还是该干嘛的就干嘛，因为不是农忙季节，所以做一些家务活这些了。

2017年1月11日　星期三　晴

我们组的医疗保险费基本上交完了，今天中午我把我们组的医疗保险费交到了村委会的副主任手里。今年我们组里交医疗保险的一共有160人，新增的有7人，每人交150元的保险费，一共是24000元。这些交好后，收了一下收款单，再核对一下身份证号和姓名，还有医疗证号，完了后就回来了。今天这些事情办完后，总算是松了一口气，因为保险费放在家里不安全。还有这两天在医院里住院的也免不着医疗费，种种的原因。不过现在好了，医疗费也免着了，也不用担心丢钱了。

2017年1月12日　星期四　晴

今天我们村里有一个人订婚，而他们这次来我们村是探访亲戚的。他们的老家是在缅甸，这次到这里来已经一个多月了，他们住在余少奴妈妈家，也是他的亲戚。不知是怎么认识的，今天男方的人来余少奴妈妈家订婚，而女方家也邀请隔壁邻居参加他们的订婚典礼。订完婚后，女方家把男方家背来的肉分给隔壁邻居，每家一块，所以我们家也拿到了他们给来的肉，谢谢他们了。

2017年1月13日　星期五　晴

因为是前一次学生们放假时已交代好自己的父母亲，13号要放假。所以今天早上村民们也早点起床，好去接自己的子女。村民们上午10

点左右到学校，学生们还没有考完试，学校的大门也没有开，所以只能在大门外等着。这个季节，天气还是很冷的，但是没有办法，只要孩子能成器，父母是愿意付出的。

考完试了，大门也开了，但是学生们还要在操场上集中开会，还要大扫除，这些完了后村民们才背着孩子们的行李领着他们回家了。

2017年1月14日　星期六　晴

今天是我堂妹结婚的日子，我们要去参加她的婚礼。堂妹嫁到贡山县黑娃底村里，离我们村有130多公里，我们要去他们那里的车费要他们男方出，而且女方家是不挂礼的，这是我们这里的规矩。所以我们二组的隔壁邻居和亲戚早晨6点多就乘车去他们家了。我们一共去了16人，算上师傅一共是18人。上午10点半到了他们那里，他们给我们做饭吃。吃完饭后在那里坐着，闲聊，吃喜糖。到了下午2点左右，大家聚餐。没聚餐之前男方的父亲给大家介绍他的儿子和儿媳，然后吃完饭后就各自回家了。他们这里的婚礼就这么简单，我们也是吃完饭后就回来了。

2017年1月15日　星期日　晴

今天中午的聚会完了后，教会的负责人和长老们去娃底一组的阿格家帮忙祷告去了。因为他的妻子患了食道癌，所以只能领到家里给她祷告了。在医院里再治疗也付不起医疗费，只能把她领回家了。所以，今天他们家邀请教会里的弟兄姐妹来他们家为她祷告。教会里邀请到的弟兄姊妹都来了，来的人有十五六个，大家都唱赞美诗，然后个个都为病人祷告，结束了才各自回家了。是的，一方有难，八方来援，更何况我们都是同村人，所以大家都相互帮着忙。

2017年1月16日　星期一　晴

马上就要到春节了。娃底一组的村民为了过春节，听说今晚开始排练舞蹈了。他们组已经商量过今年的春节怎么过了，而我们组还没有商量。组长这两天有点忙，再过两天我们组再商量一下春节活动搞不搞了，因为是这两天天气还是很冷，所以晚上就早点休息了。

2017年1月17日　星期二　晴

为了迎接春节，他们两个组都在搞着春节活动，所以我们组也不得不搞春节活动了。下午6点左右，我们组也集中在一起讨论了搞不搞春节活动。今晚来参加会议的有30多人，大家先举手表决搞不搞春节活动，结果27个同意过，一半以上通过了。我们就继续讨论着要过几天，结果是过3天。文艺晚会也要演出，要求每家一曲。这些讨论好了后，活动的项目过两天再讨论。还有人提出要一点捐款，结果今晚就收着700元捐款了，很高兴村民们能支持参加活动，希望我们组举办好这次春节活动。

2017年1月18日　星期三　晴

这两天白天见到村民各忙各的，但是晚上就不同了。因为各个组都定好了各组的文艺演出节目，所以几个人一组地排练着。老的跟老的一组，年轻的跟年轻的一组。另外，今晚在球场那里也跳民族舞蹈。那里跳的人多，而且教民族舞蹈的是我们村委会里的武装干事。他们跳到9点半左右才休息，最后还通知明晚继续。这样，村里就热热闹闹地过了一天。

2017年1月19日　星期四　晴

今天上午见到村里的建档立卡户在开会，他们大约开了1个小时的会后就结束了。另外，今天傍晚的时候，我们二组的领导班子在我家里讨论春节活动具体怎么过。经过讨论后，定好下列事情：炊事员是迪阿妹，播音员是普利大，发奖品的是普堂，摄影师是社伍（虎赛武），还有烧开水的、节目主持人都安排好了。另外也说好了杀一头牛。活动项目也说了一些。今天就先讨论了这些，可能以后几天还要讨论。今天就这些了。

2017年1月20日　星期五　晴

今天上午各个组的组长和副组长在村委会里开会。开会的内容是，元宵节里我们村里要举办一个文艺晚会，各个组要准备两个节目。我们村里有9个小组，每个小组要两个节目，一个是唱的，一个是跳的。乡里也出两个节目，村里的合唱团也出两个节目。这次的演出是比赛式的，排练时茶水费由村委会提供，每组1000元。上午开了1小时左右的会议就结束了。晚上我们组里又通知开会了，我把这个任务告诉了村民们，然后一起讨论怎么做。最后得出的结果是让初中以上的学生跳，还有我们组里年轻一点的村民跳，主持人是我们的组长。大家都决定好后，会议就结束了。

2017年1月21日　星期六　晴

春节马上就到了，各个组都准备着春节活动的项目，而组长要解决的是生活安排问题。所以组长和我经过讨论，今年要杀一头牛，而今天又是福贡街子天，所以去福贡买头牛去。还约了普阿妹，我们3个人到了福贡后在牛市场转了大半圈，但是没有遇见合适的。后面打听到我们村里有一家要卖牛，所以转回村里到那家看了一下牛，觉得差不多，讨论一会儿后讲定了3000元，给了3000元后我们就算把这件事搞定了。晚上还是各组分别排练着节目，今天就是这些了。

2017年1月22日　星期日　晴

今天还是一日三次地聚会。晚上聚完会后，在球场里练民族舞蹈。教舞蹈的是村里的武干和女村官，村民们跳的人很多。我们组是在村委会那里练舞，我们组今晚才开始练，所以我们练到10点后才休息呢。

2017年1月23日　星期一　晴

我们娃底二组的禾福邓明天举行婚礼，今天帮他们家的人很多。有些杀猪，有些在厨房里帮厨，有些在教堂里布置等，晚上还在教堂里练明天举办婚礼时献唱的歌。他们是我们村里今年举办婚礼的第一对新人，希望他们的婚礼能圆满。

2017年1月24日　星期二　晴

今天是我们娃底二组的禾福邓结婚。亲朋好友早早地去他们家帮忙，别的客人11点就陆陆续续地去他们家做客。而新娘子也是我们村的人，娘家11点才把新娘送到男方家，在那里歇一会儿，喝杯茶。然后到了12点就去教堂举办婚礼了。在教堂里为给他们祝福讲道的是我们县教会的主席和副主席，我们教会里的唱诗班也给他们唱诗祝福。在教堂里举办完后，就回到男方家，吃喜糖、喝白糖水、喝茶了。然后挂个名领一份肉就各自回家了。晚上还是继续排练节目，今天就这些了。

2017年1月25日　星期三　晴

今天是我二女儿结婚的日子，所以我们家有点忙。

早上早点起床，做好家务活后，就再一次约昨天约好的亲戚。因为10点半左右男方家要来接我们，所以我们得等着他们的到来。接我们的人到来后，我们就乘着他们的车去二女儿家了，新郎新娘已经站在大门里与客人们握手了。我们也握个手，然后就在新郎家里吃喜糖了。男方家的客人是报到完了后提着一块肉就回去了。我们下午3点多钟吃了饭后，他们又把我们送回了家，还给了我们每家一块肉。今天的婚礼就这样结束了。愿女儿天天开心，早生贵子。

2017年1月26日　星期四　晴

再过一两天就是春节了，而娃底一组的活动场地已经布置好了。我们组的还没有,所以今早上通知大家,今天去布置我们二组的活动场地。早饭吃完后,又通知大家:现在要出发了。我们选好的活动场地是亚兰格江边。今天我们的任务是接电线、引水管等,但是今天来的人不多,只有10多个。可不管人怎么少,我们下午4点左右就基本搞好了,然后就回来了。晚上还是继续练歌,10点后才休息,今天也就这些了。

2017年1月27日　星期五　晴

今天是大年三十,除夕了。为了要过好春节,村民们今早上搞了个大扫除,把村里的环境卫生搞好了后,有些去街上买年货去了,有些昨天就已买好了。现在村民们家家都会过春节,今天见到好几家都杀羊杀猪,而且好几家都一起吃团圆饭。晚上放鞭炮的也有许多,睡也睡不着。没办法,过年嘛,大家开心就好。

2017年1月28日　星期六　晴

今天是大年初一了,所以家家户户都放鞭炮,大家都吃香的、喝辣的。现在在共产党的领导下,大家的生活越来越好了。今天还见到有些人出去旅游了,晚上各组还分别排练着元宵节演出的节目,有些村民在打台球,有些在打扑克,等等。村民们就这样热热闹闹地过了一天。

2017年1月29日　星期日　晴

今天是大年初二,村民们又是做礼拜,又是过春节。甚至有些还出去旅游,晚上在灯光球场里跳民族舞蹈。因为是过节,而且又是民族舞蹈,所以跳的人比较多,大家都兴奋地跳着,直至跳到10点多钟才回家休息去了。

2017年1月30日　星期一　晴

今天我们娃底3个组要各组分别去外面搞春节活动。娃底一组的活动场地在娃底的鹅卵石那里，我们二组的活动场地是在江边的亚兰格那里，而三组是在我们组的旁边。大家都兴奋地玩着，兴奋地跳着，煮饭的那些人也是很热心地做着。今天我们组还杀了一头牛，我们做饭吃饭都在亚兰格那里，直到在那里吃了晚饭后才回来。今天的活动中大家都很开心，希望村民天天都过得开心。

2017年1月31日　星期二　晴

今天是我们组过春节活动的第二天，村民们又开心地玩了。我们组的活动地点还是在亚兰格那里，今天我们组还杀了一只猪。今天要早点去准备，等一切都准备好了，然后做事的人在那里吃饭。中午12点后村民们才纷纷赶到活动地点，人差不多到齐了后，就先开始跳民族舞蹈，跳的人员很多。然后打傈僳族的弩弓，射箭比赛，然后又是独唱又是跳的士高。而且今天的饭菜也做得很好，大家都吃得很饱。今天村民们吃也吃饱了，喝也喝好了、玩也玩过瘾了，所以大家都高高兴兴地回家去了。

2017年2月1日—28日

2017年2月1月　星期三　晴

今天是我们组春节活动的最后一天，而其他组已经结束了。上午9点之后，七八个村民去江边亚兰格那里做饭去了。在上午的时间里就把饭菜做好，中午的时间就可以一起玩了。今天的活动时间有点紧，今天需得早点收尾。我们还是唱民族歌，跳民族舞，还有独唱。还有我们组里捐款数量也达到了8000元。这次大家都说玩得很开心，明年也要我们主持举办。虽然举办这个活动有点累，但是听到他们玩得开心，我们累也值得了。而且，今年活动也很顺利，希望村民们像这两天一样，2017年里天天开心。

2017年2月2日　星期四　晴

村里大部分的村民因为春节过完了，所以该干嘛干嘛去了。但是个别的几个还是去十八公里处去玩，那里有雪，是通往缅甸的公路。有些喝酒的还是去江边喝酒，晚上还是各组分别排练节目，另外合唱团的也从今天开始排练着了。今天就是这些了。

2017年2月3日　星期五　晴

因为明天是福贡街子天，所以今天村里的一些村民去准备明天要卖的蔬菜了。还见到有些村民去找柴去了。现在把柴找好了，到了农忙时间就不用愁柴火的事了。现在春节过完了，村民们就渐渐地忙起来了。晚上还要继续排练节目呢，直到晚上10点左右才休息了。

2017年2月4日　星期六　晴

为了元宵节的文艺演出，今天在村委会里搭建着表演的舞台了。搭建者是许多工人，他们一直做到下午5点左右。晚上也得排练着节目呢，因为演出的日子已临近了，所以大家得抓紧时间排练。今天就这些了。

2017年2月5日　星期日　晴

今天村民们除一日三次的聚会外，晚上在球场里，娃底3个组的演员表演给合唱团的团长看，让他指点一下，哪里还做得不够。这样一个组一个组地跳着，每个组都跳完后，合唱团的团长指点。完了后大家才回去了，今天也就这些了。

2017年2月6日　星期一　晴

我的第二次学习生涯今天又开始了，这次是第十四期教牧培训的第二期培训。我们是一年制的教牧培训，一年有4期，今天是第二期，一期要培训20多天。而从怒江这里参加的只有我一个人，所以我孤身一人从家里出发了。车里大部分人都是傈僳族，所以在车里还跟他们聊了聊。这样，一路上都不孤单，一起到了昆明。同车的他们是去广东打工去的，只有我是去参加培训，所以有点尴尬。这样我们就一路上这样过来了。

2017年2月7日　星期二　晴

很高兴上午10点平安地到达了思光堂，也就是我们的学校。到了学校看到了一张张熟悉的脸孔，很高兴又能相聚在一起，一起过着学校里的生活，上课下课，吃饭睡觉都在一起了。只是语言上有点不通，他们这边的傈僳语跟我们这边的一点也不同，其他的是彝族的跟哈尼族的，跟他们交流都是普通话，所以跟他们交流有点吃力，但是我想以后会好的。今天我们就说说笑笑地在学校里度过了第一天。

2017年2月8日　星期三　晴

　　这次学习跟上一次培训的有一点不同。前一次只是培训与写讲章，所以有点轻松地过了，可是这次的培训是又写讲章，又要台上去讲，今天一天都人心惶惶的。

　　因为我没有学过汉语《圣经》，也没有用汉语讲过一次经，所以真的是提心吊胆的。一天当中，上午时间写讲章，下午时间讲道。每一节课里面3个人讲，每人讲15分钟，讲完后，还有老师和同学来进行纠正，所以很烦恼。我们班中有讲过道的，也有些像我一样没有讲过的，没办法，既然来了，就得面对了。

　　今天就是这样在学校里度过了。

2017年2月9日　星期四　晴

　　今天是这次学习生涯的第3天，今天也是胆战心惊地过了一天。今天中午开始我们的同学又讲了9个，每一节课还是3个人讲，讲完还是要纠正他们，我们也认真地听着。今天就这样过了。

2017年2月10日　星期五　晴

　　今天还是在学校里准备，这两天还在继续实习演讲当中。讲过的那些是已经放松了，还没有讲的那些还是在紧张的状态当中。老师布置的作业也很多，每天都要写一篇文章。

　　但不管怎么说，到了学校里，就有学校里的规章制度，我们得遵守。所以晚上的休息时间到了才回宿舍睡觉了。

2017年2月11日　星期六　晴

　　今天可能是我最难忘的一天吧，是我第一次用汉语来讲道，讲的时候很吃力。那是今天中午的第一节课里，我们3位讲道，我前面有两位，我是第3位。还没轮到之前心里就已经很紧张，心跳得也很快，我担心的是我还没有学过汉语《圣经》，再就是没有用汉语讲过道。所以，轮到我时更紧张了，没有办法，只好鼓起勇气。在讲台那里讲了一番，因为是紧张的原因，好像讲话也很不顺口。再有就是感觉讲的声音也有点颤抖，所以我就早点讲了结束句了。回到座位心跳都还很快呢，经历了这些后，我想我要坚持努力才能讲得好，我会继续努力的。

2017年2月12日　星期日　晴

因为今天是星期日，所以没有课，只是上午和中午有礼拜，我们早上就晚起半个钟头。还有星期六、星期日早上食堂不煮早点，所以只能依靠那些班委给我们准备早点了。

我们吃完早点，在教室里练一会儿献诗歌后，就去教堂里做礼拜去了，早上献诗的有教会里的唱诗班和我们十四期教牧班。

中午是主日学的小学生和老年唱诗班，所以做礼拜还是圆圆满满的。只是和我们那里的有点不同，晚上不做礼拜，所以我们还是上晚自习，下课打扫完卫生了就休息了。

2017年2月13日　星期一　晴

说学生要有学生的礼服，所以今天晚上我们每人交给班委200元，报上自己的名字和尺码，登记的也是班委。班主任告诉我们这个星期的星期四去买，这样我们这个星期做礼拜时就可以穿新衣服了。

2017年2月14日　星期二　晴

今天我们还是照常上着课，上午是张牧师讲道，讲道的内容是讲道与讲道法，下午是写讲章。

晚上的自习下了后，在教堂下面的球场跳彝族舞，有一家举办婚礼所以请亲朋好友跳，一直跳到10点半左右才结束了。今天就这些了。

2017年2月15日　星期三　晴

不知不觉就过了10多天了，我们班里实习演讲的也在今天轮完一回了，但是班主任还没有总结完，因为时间不够。晚上在教堂的副教堂里做礼拜，这两天我们教牧班里我给他们弹钢琴，其实我也不怎么会弹，只是没找到给我们班弹琴的，所以只好由我暂时代替了。因为是大教堂里的原因，心里也紧张。最后还是顺利地完成了今晚的聚会。今天就这样了。

2017年2月16日　星期四　晴

今天中午班里的班委去新螺蛳湾那里买班服去了，所以我们在等待着他们回来，我们还是照常地写着讲章。晚上还没上课时，买班服的班委回来了，手里还提着一袋一袋的衣服呢。他们几个担心有穿着不合身的，所以晚自习的时间把衣服发给我们了。然后领到衣服的就试穿一下，要是不合身的就互相换一下，无法换的班委说明天去换。大家领到衣服后很高兴，明后天我们献诗的时候就可以统一穿班服了。

2017年2月17日　星期五　晴

今天在学校里我们没有上着《圣经》课，因为上午的时间是民宗局的杨处长和马老师给我们讲宗教问题和聚会点的问题，中午是宗教局的给我们上课。今天我们听到这些后，感觉政府是挺关心我们的，只要我们自信、自养、自治，我们的教会会发展的，感谢政府对我们的支持。

2017年2月18日　星期六　晴

因为我们是教牧班，时间也有点紧，所以我们班星期六也不休息，照常地上着课，只是晚自习没有上。好不容易来一趟昆明城，所以有些同学就去呈贡玩，有些去小公园里玩，天黑了大家就回学校了。今天就这些了。

2017年2月19日　星期日　晴

今天因为是星期日，所以我们没上课。上午聚会时我们班献诗，今天我们献诗时全部都穿上班服，大家都觉得好看，大家的心情也很好，大家都是穿新装，男的还戴着领带，所以很帅气。下午的聚会完了后，大部分都去逛公园去了，直到吃饭时间才回来。今天也就这样过了。

2017年2月20日　星期一　晴

今天班里的班委开会，然后晚自习的时候班主任说了几件事，第一件事当然是好消息，说星期四要带我们去公园玩，听到这个消息，大家都很高兴；别的事是班里的事情，说活动的时候还要演出几个节目，所以晚上在宿舍里讨论演出的事情。大家心里都很高兴，期待快点到活动的日子。

2017年2月21日　星期二　晴

今天下午我们班上了一节体育课，体育课里我们只是打场球。第一场球是男队，但大部分都是老年人，年轻人一点都不多。但是为了高兴，大家都激烈地打着。后面是女生队，但是她们更糟糕，看的人肚子都笑痛了。明天是去公园玩，所以今晚上各个组都排练节目，直到睡觉铃响了才睡觉了。

2017年2月22日　星期三　晴

今天学校里要出去郊游，学生们都很高兴。我们上午的课上完后，吃完饭穿好校服，还要分组。然后才是排着队走了，到了公园后先做个祷告，然后就一个组一个组地跳舞的跳舞、唱歌的唱歌，有说有笑，有唱有跳，很好玩。这些活动做完后在公园里转了一圈，然后才回学校了。今天大家虽然都有点累，不过大家都还是玩得很开心。

2017年2月23日　星期四　晴

今天我们的班主任又想了个办法，因为是教室里实习讲道，人多所有人轮的话才轮完一次，今天各人在各个宿舍里实习讲道。

我们宿舍里有7个人，所以先4个人讲，每人15分钟。讲的还是汉语，我是看时间的，大家都讲得很严肃、很认真。直到下课时间到了才休息，最后又推选一位报道员，说明天报道，今天就这样过去了。

2017年2月24日　星期五　晴

这两天可能这个学期差不多要结束了吧？虽然老师还没通知，但是大家都心里有数。差不多3个星期了，所以有点想家，都有早点回去的念头。今天还是在学校里正常上着课，直到睡觉铃声响了我们就睡觉了。

2017年2月25日　星期六　晴

今天学校里可热闹了，班主任告诉我们今天外地有一个乐队来这里交流，所以学校里的师生已经准备好迎接他们了。

客人们上午10点左右到学校了，就让他们休息，下午2点钟在六楼大厅里搞交流大会。乐队有两个组，一个组是外地的，一个组是这里的。他们两个组都先表演一两首，然后就交流。我们教牧班就在旁边看着。

晚上自习课班主任宣布，这次的学期就结束了，明天可以回家了，还布置给我们作业，交代一下下期的收假时间。同学们听到这个信息很高兴，今天就这些了。

2017年2月26日　星期日　晴

今天是我们放假的日子，所以同学们都喜笑颜开的。老师说了早上的礼拜做完后才准离开学校，因为上午我们还要献诗。但是有些人还是想早点回去，毕竟离开家已经有30天了。做完礼拜后，有些人饭都没有来得及吃就走了，有些还是吃完饭后才回去了。我吃完饭后就背上自己的行李回来了。先是到西部客运站里等着,因为晚上7点才发车。车票是昨晚跟师傅说好了,给我留一张车票,这样我在车站旁边等着,直到晚上6点半了才进到车站,找好了师傅,然后在车上找好位置,就这样回来了。

2017年2月27日　星期一　晴

今天鹿马登中学和完小的学生都收假,所以各个家长都去送子女到学校,给他们买需要用的学习物品,在学校里给他们找好睡处,再交代好听老师的话,要好好学习,这些完了后才回来。

有些家长是晚一点才回来,因为小学一年级的那些小孩子毕竟还是很小啊!可是为了他们的将来,只能先割爱了。今天就是这些了。

2017年2月28日　星期二　晴

今天村里又死了一个人,死的是娃底一组的余样华。提起他也是挺可怜的,他有两个孩子都不在他身边,老婆很早以前就跟别的男人跑了。这次他喝醉酒,从鹿马登回来时,半路上出了事故,驾驶员送到大医院里治疗了,但治不好,在家一个星期后,今天就这样走了。因为是今天中午才死,所以大家没有去帮忙,晚上在教会的喇叭里通知,叫村民们明早上去帮忙,这样通知了两三遍。晚上的时候有些人去他们家帮忙守灵了,今天就这些了。

2017年3月1日—31日

2017年3月1日　星期三　晴

今天全村人都去办丧事家帮忙,妇女在死人家看守,男的都在修坟墓处,挖基础、砌砖、拌石灰、抬石头等,大家都很热心地帮忙着。有些是早上就开始帮忙着,有些是吃了饭以后才来。今天来的人挺多,在墓地干活的有四五十人。这些人把遗体埋了以后直到下午5点才回来。是的,村里的人都这样,一方有难,八方支援,无论办丧事或喜事,全村人都会帮忙。这就是我们赤恒底村村民!

2017年3月2日　星期四　晴

为了搞好村里的环境卫生,为了家乡美景,今天村委会工作人员通知我们娃底3个组每组派10个人去打扫卫生。今天上午9点就开始打扫,他们打扫江边路边的垃圾,清理干净。他们几个经过整整一天的时间才清理完,然后大家才回家了。经过这样打扫后,江边和路边就看不到垃圾了,家乡又美丽了许多。这些都是村民们自己打扮自己的家乡,所以才这么美丽了。

2017年3月3日　星期五　雨

因为是下雨天,村民们没去干活,只能做些家务活,或是不得不做的活,找一些猪食、牛食外,别的时间都在家里烤火休息。这几天气温还是低,晚上也冷,所以大家都早点睡了。

2017年3月4日　星期六　雨

今天又是个下雨天,村民们虽然不能到地里干活,但也不能放过福贡街子天呀,所以凌晨六七点就去县城卖菜了。虽然有点冷,但是能卖着一点生活费或是一点油钱，心里就暖和了。村民们不求发财，只要卖着点零用钱或是能把种子钱收回来也就差不多了。所以，一直坚持到下午五六点才回家。晚上村民们在教堂里聚会后才休息了。

2017年3月5日　星期日　雨

由于天天都下着雨，气温也降低了。今天是星期日，村民们除在教堂里聚会外，别的时间都在家里休息、吃饭、睡觉、看电视。今天就在雨水中度过了一天。

2017年3月6日　星期一　雨

唉……这场雨什么时候才会停，这两天村民们的心里都着急了。因为撒秧季节到了，这两天得犁好土地才是。因为下雨，不能到地里干活，有些村民就去钓鱼，有些去下鸟，有些在家里看电视。村民们就这样度过了一天。

2017年3月7日　星期二　阴

今天总算见到点阳光了，村民们脸上也露出了一点笑容。

早上的时候，村委会的喇叭里村主任通知，叫村民去完小接自己的孩子，因为老师们担心学生在路上不安全，下了那么多天雨，担心路上滚石头。村民们听到通知后就去学校接孩子，直到把孩子接回家后才去地里干活。今天见到好几家去苞谷地里割油菜去了，担心割迟了会耽误种苞谷，今天就是这些了。

2017年3月8日　星期三　阴

雨过天晴后村民就没有得闲了，大家都在忙该忙的事。在苞谷地里割油菜、捡石头、犁地，在撒秧的土地上也是如此。因为农忙季节要到了，村民们就这样进入忙碌的生活了。

2017年3月9日　星期四　雨

今天又是个下雨天，昨天晴了一天，今天又下雨了，所以村民们只好在家休息了。

另外，今天村里的组长和副组长、乡代表、县代表、党支委和村委会工作人员在村委会开会。今天主持开会的是杨副乡长，开会的内容有很多：环境卫生问题、医保问题、安居房问题、异地搬迁问题，最后结束时叮嘱我们9个字，让我们记住：跟党走、听党话、感恩党。

今天开会的人有三十几个，会议结束后在村委会吃完饭后就各自回家了。有些组回家后又开各小组会议了，我们组因为是组长有点忙，所以明天才开会，今天就是这些了。

2017年3月10日　星期五　雨

因为是下雨天，村民们也不敢出去干活，只好待在家里。今天学生们收假，家长们冒着雨去送自己的子女回学校，然后才放心地回家了。

今晚我们娃底二组也开会了。因为下雨，我们在云南大学民族基地房里开会，现在我们组里已经有了小凳子，开会也很方便。

现在开一次会都要签一下签到表，会写自己名字的自己写，不会写的就请别人帮忙代写，但是必须得按手印。组长把昨天在村委会里听到的讲给大家听，环境问题、退耕还林问题、医保问题、安居房问题，还要吩咐大家听党话、跟从党、感恩党。会议结束了后，大家就回各自家了。

2017年3月11日　星期六　雨

天天下雨，没法干活，村民们也很着急，大家都希望能快点雨过天晴。今天，只见到很少的村民去县城赶集。但是不管怎么下雨，家里的猪食还是不可缺少的，所以村民们冒着雨去自家的菜地里找猪食。晚上在教堂里聚会结束后就早点休息了。

峡谷回声　福贡县鹿马登乡赤恒底村傈僳族村民日志

2017年3月12日　星期日　雨

　　唉，这个雨不知什么时候才会停了。因为是星期日，只能去教堂做礼拜了。另外，村里今天又出了一件事。我们娃底二组肯老师的儿子（老二）胃出血，还没送到州医院就死了。村民们听到这个消息后就去帮他们家忙了。因为他们家里的东西需要整理一下，这样把遗体运回来后才放得成。家里坐不下，外面需要搭塑料棚，帮忙的人很多。晚上也有人一直守着。今天就这样了。

2017年3月13日　星期一　阴

　　村里死了人，虽然雨过天晴了，但是没有人去干自己的活，而是去帮死人家干活。有些去墓地里，有些在家看守遗体、做饭，都帮忙着。今天遗体不安葬，明天才安葬。所以去墓地里修坟墓的也在挖坑、材料那些运到那里后就回来了，明天再继续。这样，村民们一家有难，大家都相互照顾、互相关心，这就是我们民族的好品德。

2017年3月14日　星期二　晴

　　今天全村的人都在帮着办丧事的那家人，来的人也挺多的。男的都去干重活，背沙子、背水泥、背砖，有几个女的也在背着。因为是安葬，所以人很多。今天去安葬的这个人不信耶稣，没有按着我们基督徒的规定来做。安葬完后在他们家吃饭的人员比较少。完事了，大家就各自回去了，只有亲朋好友还留在他们家。另外，我们教会的一位信徒去世了，村民们明天又得去帮他们家忙了。没有办法，只得去帮忙了。

2017年3月15日　星期三　晴

　　今天虽然天晴了，但是不能为自己干活去，因为娃底二组肯老师儿子的后事还没有办完，坟墓还没有修完，今天还需要修一天，所以亲朋好友都帮他们家忙去了。别的人是去千斯底那里帮忙去了，他们这家今天安葬，所以来这边参加葬礼的有许多人。这样村民哪里有困难，就去哪里帮忙。大家都相互关心、相互扶持，希望能这样继续发展下去。

2017年3月16日　星期四　晴

好不容易天晴了，村民们的心情好多了。今天见到好几家去种苞谷，还有一两家在田地里撒秧呢。村民们就这样，忙的时候，晚饭都是天黑了以后才吃得着。大家都不能错过播种季节，这两天就开始忙了。

2017年3月17日　星期五　晴

因为是农忙季节，所以村里早早地家家户户都冒着浓烟，赶紧做饭吃，然后得干活去。今天还见到有几户买草果苗去种的。现在附近没有地方种了，只能到山上去种了。但是山上也有些家还是没地方种，有些家是种着七八亩，或者十多亩，有些家是有地也不适应种草果，所以没办法。今天也是这些了，是累了，村民们早点睡了。

2017年3月18日　星期六　小雨

今天还是下起了春雨，但是村民们还是该干嘛的就干嘛。今天主要忙的是去地里退耕还林。现在村委会通知村民今年不准播种苞谷，别的可以种，而且到现在为止想退耕的还是可以继续退。有些家的田地都退了，有些人比较担心，就没退。因为今年不准种苞谷，村民们都议论纷纷。买好苞谷种子的怎么办？明年没有苞谷怎么养猪呢？怎么养鸡？大家都挺担心的。也有的人说什么都不用担心，政府不会让我们饿着肚子的，他们会给我们的，只要我们听从他们的话，我们需要的党会给我们的。

2017年3月19日　星期日　雨

今天还是下着雨，早上的时候村委会的喇叭里通知今天10点半想退耕的村民到村委会集中，然后天保员到各家的地里给他们量。所以，今天有些人在教堂里做礼拜，有些去量退耕地了。今天就这些了。

2017年3月20日　星期一　雨

因为又是个下雨天，活也干不成，再说村委会里又通知今年苞谷不准种，所以也不是那么忙。但是猪食、牛食是不可缺少的，大家还是冒着雨出去找，这些解决好了后才休息。今天学生又收假了，有些父母还是亲自去送孩子到学校，然后才回了家。今天就这么过了。

2017年3月21日　星期二　阴

也不知道是不是今年退耕还林的农户比较多的原因，这两天见到许多村民都去种草果，或者种橘子、核桃。别的也没看见，去栽树的可能也有。村民们就这样别人做什么，他们就跟着去做，一家发财，大家也跟着发财嘛。今天也是如此了。

2017年3月22日　星期三　晴

虽然村委会通知过不准种苞谷，但是有些村民还是去种苞谷。他们说到时真的不准种，强制执行的话，他们就把苞谷砍了喂猪。也有些家不敢种，他们就种些别的东西了。晚上还是在教堂里聚完会后才回家休息。

2017年3月23日　星期四　晴

白天村民都各忙各的，村里大部分的男人都在做小工，妇女做些农活。这两天晚上，村里的妇女又开始排练节目了，因为复活节再过两个星期就到了，所以要抓紧时间了。她们一直练到晚上10点左右，然后才休息了。

2017年3月24日　星期五　晴

为了明天的赶集，村民们今天得去自己的菜地上找好各类蔬菜，然后背回家中清洗好。有些要一把一把地捆好，把这些全部整理好后才休息。晚上也要早点睡，因为明天得早起，教堂里排练舞蹈的那些人仍然坚持着。今天就是这些了。

2017年3月25日　星期六　雨

今天因为又是福贡街子天，天还没亮，村里就已经有人走动了。今天又是个下雨天，有些人去赶集，有些在家预备着明天的猪牛食。另外，今天早上还是全村人都大扫除，不管怎么下雨，大家还是冒着雨扫完了后才休息。今天就这些了。

2017年3月26日　星期日　晴

今天村里的天保人员又通知大家，今年退耕还林了的农户要在退耕的地上补种核桃的话，到各个组的副组长那里登记，二组的村民就到我这里来登记了。有些报了要种100多株，有些只报了种10多株，没有地方种的那些就没有来报。有些家是自己家买了橘子树种着了，所以这些家也没有来报。晚上妇女还是继续在教堂里练复活节的舞蹈，练到10点半才休息了。

2017年3月27日　星期一　雨

今天又是个下雨天，村民们植树的还是去种树去了。这段时间的这个时候，种树再适合不过了，成活率也比较高。因为昨天是星期日，今天大家都没有猪食，妇女们还是冒着雨去找猪食，找好后才在家休息。晚上在教堂里练诗，今天舞蹈组休息，唱诗班还是练到晚上10点后才休息了。

2017 年 3 月 28 日　星期二　晴

今天下午 6 点左右村委会的喇叭里通知，7 点到村委会开会。这个通知是给我们二组的，其他的两个组在他们的开会地点开会，所以到了 7 点左右，我们组的人就在村委会等着开会了。今天主持会议的人是村委会的武干，这次要在村民当中评选十星户，一个星代表一个意思，遵纪守法是一个星，还有爱国爱党星、环境卫生星、道德星等。这次评审的是村委会的人和村里来的新农村指导员，主审员是村里的党支部书记。这些讲完后，他就让大家讨论一下，有什么不懂的地方要问一下，最后签个名就回家了。

2017 年 3 月 29 日　星期三　雨

今天下雨，有去种苞谷的，但是不敢去种在退耕还林的地里，没有退耕的地方才去种。有些家忙，有些家只是在家休息着。这两天有些钓鱼爱好者还是去江边钓鱼去了。晚上妇女还是在教堂里继续练着复活节的诗歌。今天就是这些了。

2017 年 3 月 30 日　星期四　雨

今天的雨下得很大，村民们只是把不得不干的活干一下，别的时间都在家休息着。另外，大部分的驾驶员也不敢出去跑车，担心路上不安全。村民们就这样过了一天。

2017 年 3 月 31 日　星期五　晴

因为雨水多的原因，村里已经缺水三四天了。有些村民已经反映情况了，组长也催水管员快去修一下。水管员提出要求说我们现在喝的水，路程很远，大部分地方都断，只能引来水管里一半的水了。所以，现在要想办法到另外一处接水。我们几个考虑了一下后，想到了以前在汪然接的那处，经过我们娃底一组和二组讨论决定后，明天每家出一人义务工去汪然接水。晚上在高音喇叭里通知大家,明天必须参加义务工,要是那里的水接回来后,我们大家就会有水喝了。

2017年4月1日—30日

2017年4月1日　星期六　阴

今天我们娃底二组和一组的村民去接水源，地点是在汪然，所以上午10点多大家就去汪然了。

以前我们接的旧水管有些被偷了，有些是汪然村挖公路时挖没了。今天一直做到下午4点左右，还是没有完成。水管不够了，只好过两天再继续，村民们也只好回来了。

2017年4月2日　星期日　大雨

唉，今年不知大自然怎么的，三天两头下雨。今天一整天都下着大雨，所以村民们除了去教堂聚会外，别的时间都在家里休息，晚上也因为冷，早一点睡觉了。

2017年4月3日　星期一　雨

又是个下雨天，现在科学发达，村民个个都有手机。大家都在手机上关注着天气情况，看到这两天手机上显示今天会有暴雨，而且福贡到贡山的路有几处有泥石流。所以，有些人在家里休息着，有些人也只是干不得不干的活后就在家休息着，没有一个人敢出远门。村民们就这样过了一天。

2017年4月4日　星期二　阴转雨

因为是雨才停了一会儿，路也不好走，所以村民们也只能做些家务活，找一些猪、牛食，别的时间只能在家休息。另外，有些钓鱼爱好者还是到江边钓鱼了。晚上教会的舞蹈员还是在教堂里排练节目。今天就这些了。

2017 年 4 月 5 日　星期三　阴

今天村里发生了一件有点过火的事情，那就是娃底的有些村民去堵王咀的路，不让车子过路。因为在王咀通公路时他们的地被挖了，已经两年多了，现在都还没有得到赔偿。被挖了地的那些村民商量好后，就请一辆装载车堵住了通往王咀的两条路。从今天起，通往王咀的路就不通车了，只有他们把事情处理好后才能通车。今天就这些了。

2017 年 4 月 6 日　星期四　晴

明天就要去王咀参加复活节了，所以有些村民今天在家里洗衣服。还有，这两天没有退耕还林的那些人，还是继续种着苞谷；晚上练舞蹈的那些还是继续练着，直到 10 点后才休息去了。因为累，大家晚上就早点休息了。

2017 年 4 月 7 日　星期五　阴

今天村民们为了要去参加王咀村举办的复活节，上午和中午的时间就把家务活做好后，下午三四点就赶往王咀去了。到了王咀，他们教会的人安排参加复活节的人的睡处，然后在哪家睡就在哪家吃饭。今晚的聚会里，先是王咀教会的弟兄姐妹唱欢迎歌，然后唱赞美诗，最后说一下规章制度，然后就回自己的睡处休息了。

2017 年 4 月 8 日　星期六　阴

今天是王咀过复活节的第二天。没有去参加复活节的村民有些在地里干活，有些去街子上赶集。今天中午的聚会要结束时，鹿马登副乡长领着三四个工作人员在教堂里宣传了一些政策，宣传了怎么样才能让村民们致富。今天就这么过了。

2017年4月9日　星期日　小雨

今天是过复活节的第三天,又是个星期日,中午的聚会去王咀教堂的比较多。因为在那里可以看他们跳舞。白天的王咀教堂里,人坐不下了,外面站着的人也挺多的。喜欢打球的那些人还是在球场里打球。今天在王咀村里,从早上热闹到晚上,直到晚上11点后才渐渐地安静了。

2017年4月10日　星期一　晴

今天是过复活节的最后一个上午,所以早上的聚会推迟了半个小时左右,8点半才开始做礼拜。

今天聚会只是集体唱赞美诗、讲经,这次的事务长公布一下来参加复活节的有多少人,每个教会里来了多少。听说这次总共来了640人,还有生活费和捐款一共有40000多元。

最后事务长祝福大家,也谢谢大家,长老也说了几句鼓励的话,然后大家握手告别,在睡处那家吃饭,做一个祝福的祷告,然后大家就各自回家了。这次的复活节就这么圆满地结束了。

2017年4月11日　星期二　晴

今天晚上7点半在娃底一组的组长家里,3个被王咀公路挖了土地的人家,还有地被石头掩埋了的人家,都在他们家里集中讨论。要怎么跟王咀组的人说,可能有些人没去,大部分的村民是去了。讨论的结果可能明后两天才知晓,因为我没去参加他们的讨论会。今天就这些了。

2017年4月12日　星期三　晴

今天要用的水管,政府给了我们娃底二组和一组,所以村里的武干通知我,叫我派一个义务工,还有一组的也派一个,他们几个请辆拖拉机拉去。我就派了普友堆,叫他跟着武干去拉胶管了。今天领到胶管了,明后天就要去接汪然的水了,这样我们的饮水难就又解决了。

2017年4月13日　星期四　晴

今天见到村里来了一个采访组，来采访赤傈然组合，他们一直采访到下午3点左右才回去。

晚上7点左右通知给大家，明天去汪然接水去，每户1个人。上午10点半开始出发，大家早点起床做饭吃，这样通知了两遍。今天就这些了。

2017年4月14日　星期五　晴

由于我们娃底二组和一组的饮水有点供应不足，虽然前几天也干了一天。不过因为没有水管，就一直停到现在。这两天水管已经领到了，今天我们两个组一起去接水。因为是胶管，所以要挖坑把水管埋在地下。在我们两个组的共同努力下，下午2点左右就完工了，大家高高兴兴地回家了。大家都说以后我们不用担心缺水了。

2017年4月15日　星期六　晴

因为是福贡街子天，村里早早的就有人走动了。现在村里做各种生意的人比较多，而不去做生意的人就只是做一些家务活，预备一些猪食等。晚上在教堂里聚完会后，就各自回家休息了。

2017年4月16日　星期日　雨

今天白天的聚会结束后，娃底一组和三组在各组的开会地点开会。我们二组是晚上的聚会结束后在我们组的开会地点开会。今天是村委会的人直接来给我们组开会，今天开会的内容也很多，评贫困户、清洁问题，退耕还林问题等。大家都很认真地听着会，直到会议结束了，大家才散会了。

2017年4月17日　星期一　雨

今天在村委会里，村委会的工作人员和全村的党员在审核昨天提出的贫困户是否属于贫困户。大家看了所提出的人员，村委会的工作人员都惊呆了，有车的人、有工作的人也提上来了，所以名单全都退回到各组里了。我们组在傍晚的时候在我家里又评了一次。这次评审人员是我们组里的党员和村民代表这些人。经过大家一番讨论后选出了11户，这次是否合格只能明天才知晓了。大家评完后就回家了。

2017年4月18日　星期二　晴

今天又到学生放假的日子了，有些家长去接鹿马登完小的学生，有些在家里做着饭等着跟他们一起吃饭。因为学生都回了村，村里比往常更热闹一点，也有在球场里打球的。村里就这么过了一天。

2017年4月19日　星期三　晴

今天早上我们娃底3个组要扫路。天刚亮一会儿，各组的喇叭就通知村民们扫路了。我们组7点半开始扫路，我们组的每个村民都很勤快，大家都很认真地扫，不到1个小时就全都清理干净了。村民们把村里打扮得漂漂亮亮的，这样村民们也开开心心地回了家。

2017年4月20日　星期四　雨

今天又是个下雨天，没法下地干活，村民们只是该干嘛就干嘛。今天见到村里的天保员在村委会里大扫除呢，还有村里的学生又回到学校里，有些家长还是送他们到学校。因为是下雨天，所以晚上还是早点睡了。

2017年4月21日　星期五　雨

今天我们村里来了乌拉圭执政党广泛阵线主席米兰达，他在州委副书记卢文祥等领导的陪同下到了我们赤恒底村。在村委会驻地参观赤恒底村党建示范村建设，观看农户手工织布，参观赤恒底傈僳族多声部合唱团、民族服饰加工、民族特色石头房建设。村里的合唱团也献唱了《没有共产党就没有新中国》，还有一曲是《友谊地久天长》，都是傈僳语四声部合唱的。领导们也讲了许多鼓励的话，他们在村子里参观完后就回去了，我们也很欢迎领导们来参观。今天就这些了。

2017年4月22日　星期六　阴

今天又到福贡街子天了，村里做生意的那些人凌晨5点多就去县里做生意了。因为这两天不是很忙，所以去县城里赶集的也比较多。别的村民还是为明天的猪食而忙着，这些都找好了后，总算是完成任务了。晚上聚完会后大家才回去休息了。

2017年4月23日　星期日　雨

今天又是个下雨天，又是个星期日，所以只能待在家里。除了去教堂外，别的时间都在家里看电视，有些家长今天有时间就去看望学校里的孩子，看他们衣服穿得够不够，看他们的身体状况等。这两天下雨还有点冷，所以村民们就早点睡了。

2017年4月24日　星期一　雨

天天下雨，村民们也不敢出去，因为外面会遇到泥石流、滚石头。我们这里不像是平原地区，这里地势险恶。所以只好待在家里，只是干不得不干的活，只能这样了。

2017年4月25日　星期二　雨

以前这个时期，不管是下雨还是晴天，村民家家都很忙。可是这几年，有些家不种稻谷改种苞谷后，就没有那么忙了。特别是今年大部分地退耕还林了，所以直到现在都还闲着。今天见到村委会里拉进许多金银花，可能明后天要发给村民们了，那时村民又有得忙了。今天卸下金银花的是村里的天保员和村委会的工作人员，他们一直忙到下午的六七点钟。为了村民们，今天他们也够辛苦了，谢谢他们了。

2017年4月26日　星期三　雨

天天下雨，怒江的江水也变黄了，正好钓鱼爱好者家里没事，他们拿着钓鱼竿相互约着几个伴去江边钓鱼了。因为是下雨，他们都穿着雨衣。傍晚各个组的喇叭里通知，明天上午11点在你欧亚的地里培训种金银花，到时候报着种金银花的那些人要去培训，由技术员亲自授课。今天就这些了。

2017年4月27日　星期四　晴转雨

报着种金银花的村民今天在亚坪你欧亚家地里培训种金银花，教的还是县里来的技术员。来参加培训的人还是比较多，培训的人培训完后就发给他们金银花，好叫他们领回去种植，来培训的那些人领回去后就种自家地里了。很感谢政府，又给金银花，还免费培训。

2017年4月28日　星期五　阴

今天村里很热闹，因为我们全村的人都来村委会领金银花，有些家背两三回，有些地少的只需要背一回就够了。有些领回到家之后就去地里种了，村民们这两天开始有点忙了。今天就这些了。

2017年4月29日　星期六　阴

今天早上在村委会里领金银花的有许多人，有些还是去迟了，所以没有领到，空手回去了。领着的就背回去种金银花去了。还有，有些村民还是去县城里赶集去了。晚上在教堂里聚会结束后才各自回家休息。

2017 年 4 月 30 日　星期日　阴

今天村里还是挺热闹的,有些村民在村医生那里给小孩打预防针。另外一件事就是中午在教堂里聚会结束后,村民们在村委会里开会。开会的内容是这次种的金银花不合格。村里的武干要重新教大家怎么种金银花,他还说这个金银花运到这里价钱可贵了,一株都是 10 元左右,让大家爱惜一下,不要浪费。另外是让村民们放心地种,收购时间老板会来收,每公斤的价钱是 60 元,这是保底价。听到这些,村民们的脸上也就露出了笑脸。会议结束后,大家就各自回家了。

2017年5月1日—31日

2017年5月1日　星期一　阴

这几天村民们为种金银花而忙着,有些种得不合格的就返工种,而技术员们也在查看着每一家的地,还指导着他们怎么种。他们说,种得不合格的话,成活率比较低,而且产量也不高,所以现在种的时候要认真种。技术员们到处检查着,种好的、正在种的、还没有种的、还需要种的,他们一一登记着,村民们这两天有点忙呢。

2017年5月2日　星期二　阴

虽然今年农忙没有那么忙,但是有些家还是没有得闲,因为尼子底那个地方的水田一年四季不用浇水,所以种苞谷也种不成,还是得种稻谷。这两天,尼子底那片地里都是种秧子的。别的村民有些还是继续种着金银花,村民们就这样各忙各地过了一天。

2017年5月3日　星期三　晴

今天有些村民还是去栽秧,有些还是去种金银花,大家都各忙各的。今天各组的组长在村委会里开会,不知道开什么会,可能明后天才知道。今天就这些了。

2017年5月4日　星期四　晴

可能天气要有所变化了,今天早上就出太阳了。由于今天是第一天天晴,所以大家都感觉很热,可能过两天就只能早晚去干活,白天要休息了。晚上大家也是早点睡了。

2017年5月5日　星期五　雨

　　昨天还晴得好好的，今天早上就开始下起了大雨。因为是下着大雨，秧子也栽完了，所以今天村民们只得在家休息，没办法干活。村民们就这样在家休息着过了一天。

2017年5月6日　星期六　雨

　　今天也是个下雨天，村民们没法去干活，但是因为明天是星期日，今天不管怎么下雨都得出去找好那些猪食。有些还是去县城里赶集。晚上在教堂里聚会结束后就回家，各自休息了。

2017年5月7日　星期日　雨

　　今天中午的聚会结束后，娃底3个组的村民在村委会里开会。主持会议的是村委会里的副主任。今天开会的约有150人，开会的内容还是不准在退耕还林的地里种苞谷，要预备种金银花。花区里还没种金银花的，要报上后继续补种。不服从种金银花的，可以告到乡政府党委那里。还有不愿意种金银花的，可以把地退给政府，让愿意种金银花的代种。今天就是这些了。

2017年5月8日　星期一　晴

　　今天终于雨过天晴了，村民们好不容易盼着晴天的到来。早饭吃完后就去苞谷地里锄草、施肥，有些还喷除草剂。不管白天怎么热，大家还是坚持做着。今天就这些了。

2017年5月9日　星期二　晴

　　这两天村委会里的工作人员可动真格的啦，以前只是通知村民们在退耕还林地和种金银花片区里不准种苞谷，但是村民们总是不听。所以这两天，村委会里的工作人员、天保员去退耕还林地里拔苞谷，不过还是先在共产党员、组长和副组长的地里开刀。

今天是去王咀拔苞谷，被拔掉苞谷的主人也没说什么，因为先前就通知过了。而且他们几个都是村里的共产党员，所以还没拔掉苞谷的那些人也是议论纷纷的。但是不管怎么议论，大家都得服从上级的命令。总之，上级是不会让我们忍饥挨饿的，只要我们服从就可以了。

2017年5月10日　星期三　阴

今天的天气又有所转变了，今年就是这样，好多天才晴一天。今天有些村民去鹿马登，有些是落户口，有些是赶集，有些是送子女回学校。还有村委会里的工作人员今天去汪然拔苞谷，可能先拔的还是党员、组长和副组长的吧！谁叫他们是领导村民的呢，没办法，谁叫他们不听话呢，呵呵。今天就是这些了。

2017年5月11日　星期四　小雨

又是个下雨天，没办法，村民们只好将该做的事情做一下。而村委会里的工作人员还是继续在金银花地里拔苞谷，今天可能到阿兰甲小组了吧。因为下着雨，晚上就早点睡了。

2017年5月12日　星期五　雨

这两天村民的苞谷地里又需要除草了，但是又下着雨，不好去干活。村民们也很焦急，但急也没有办法，只能先干着别的活。因为是下雨天，钓鱼爱好者还是去江边钓鱼了，明天准备去县城卖菜的妇女，今天还是需要冒着雨找好各种各样的蔬菜，她们还是一直忙到晚上。为了生活，挣一点钱也不容易啊。

2017年5月13日　星期六　晴

现在大部分的苞谷地都退耕还林了，所以村民们都没有什么特忙的，今天大部分的村民都去县城里赶集，买一点生活用品，有些还需要早点回来找猪食。晚上在教堂里聚完会后大家才回家休息了。

2017 年 5 月 14 日　星期日　晴

今天晚上在教堂里聚完会后,我们娃底二组的村民还在球场里开了会。会议主持人是我们的组长,村民差不多到了30个左右,组长就开始讲今天的会议内容了。他讲了要出去打工,要交养老保险,金银花地里不准有苞谷,我们这个村马上就要搞房产证了,等等。村民们也仔细地听着,直到会议结束,然后大家才散了。

2017 年 5 月 15 日　星期一　雨

又是个下雨天,没办法干活,只能找点猪食,做点家务活,钓鱼爱好者还是继续钓鱼。因为是下雨天,所以也没什么好写的,晚上天气有点冷,所以早点睡了。

2017 年 5 月 16 日　星期二　雨

今天傍晚在村委会里调解王咀组通公路的事情呢。因为娃底组里被用掉土地到现在都还没有拿到赔偿的那些人,把公路给堵了。所以今天王咀组的村民来处理这件事情,村委会里人挺多的,调解的结果只有明天才知晓了。

2017 年 5 月 17 日　星期三　小雨

今年有些村民拿着锄头去苞谷地里除草了。傍晚的时候,我们组里要收户口簿、身份证、林权证了。我通知大家后,大家就把身份证、户口簿、林权证都交给我了,我明天要把这些移交给村委会。今天就这些了。

2017 年 5 月 18 日　星期四　晴

上午村委会的喇叭里通知,今天村委会里的工作人员要去种植金银花片区里拔苞谷，在片区里的户主也一起来参与。村委会里的工作人员到罗登、亚坪这两个地方拔苞谷去了。今天晚上在村委会里放电影，村民们看的人也很多，两部影片都是傈僳语的。村民们直到把电影放完后才各自回家了。

2017年5月19日　星期五　晴

今天，村委会里的工作人员和天保员还是继续在种植金银花的地里拔苞谷。晚上在村委会里继续放电影，看的人还挺多。因为是傈僳语，大家都会听，边看边笑。每晚放两部，村民们在两部都放完后才回去。

2017年5月20日　星期六　晴

因为是福贡街子天，今天去县城里赶集做生意的人比较多，做牛马生意的、民族服饰的、水果生意的等，没去的那些人还是在家里做点家务活。村委会的工作人员还是继续去种植金银花的地里拔苞谷。今天就这些了。

2017年5月21日　星期日　晴

今天我们组忙了一天。因为村主任拿给我许多的表，那个表是授权书，因为我们每年都得交养老保险，但是最终有些还是没交到政府那里。今年政府要农业银行代扣，所以要签授权书。村民们到我家，给他们看表核对一下账号和身份证号，对上了按个手印就回家了。可能我们村的其他小组也是如此。要是这个方法成功了，村民们只要把钱打进去卡里就可以了，也方便了许多。

2017年5月22日　星期一　晴

这两天天气总算晴了，村民有些是去苞谷地里除草，有些还是喷除草剂。傍晚在公路上跑步的人也有一些。晚上村民们还是早点睡了。

2017年5月23日　星期二　晴

村委会里通知这个星期六在鹿马登那里培训养猪，明天在村委会里报名，到晚上的时候已经有20多人来报名了，希望我们组里的人有更多的人参加培训，这样我们组的人就会用科学的方法来养猪了。

2017年5月24日　星期三　晴

今天上午，我把我们组里要参加培训的人的身份证交给了村委会主任，因为这次报名要用身份证。这两天，村里的工作人员也暂时没有去拔苞谷了。村民们晚上在教堂里聚完会后才各自回家休息了。

2017年5月25日　星期四　晴

今天我们组里又一次收集户口簿，这次收集的目的是这样说的：信用社里的工作人员要把村民们的情况采集在电脑系统里，这样以后村民们信用贷款会很方便。这次收集的是身份证、户口簿、林权证、土地证、结婚证。村民们听到通知后，纷纷交来了。我也一一地登记着他们交来的本子，好在还给他们时方便些。今天就是这些了。

2017年5月26日　星期五　阴

这两天高山上的雪也有些融化了。因为是雪融化，每年的这时竹叶菜就会长了，所以有些村民就会去高山上找竹叶菜。这两天价格也不错，背回来一背可以卖个五六百元，最低也能卖三四百元。但是身体差的人是不会去了，因为太苦了。今天就这些了。

2017年5月27日　星期六　阴

今天村委会里可热闹了，我们全村的人今天在村委会里集中培训养猪。上午11点村委会里已坐满了许多人，听说举办培训的是县政府和乡政府的人。来这里参加的有200多人，他们来这里不仅学到了养猪知识，还领到误工费 50 元和盒饭，还有猪饲料。他们领到了这些后就高高兴兴地回家了。

2017 年 5 月 28 日　星期日　阴

今天因为是星期日，又是阴天，所以村民们除了在教堂里聚会外，别的时间都在家里休息。还有今天鹿马登中学和小学都放假，村里又热闹了一点。今天就是这些了。

2017 年 5 月 29 日　星期一　阴

今晚在村委会里又讨论王咀的公路。因为王咀组的人还没有付给娃底 3 个组征用地的费用。他们已经征用了 4 年左右，到现在都还没有结清账，所以现在把公路堵了。他们前几天在村委会里讨论好后，同意开通路，可是到现在也还没开通，今天又讨论这个事情。我们明天才晓得讨论结果，只能静静地等候信息了。

2017 年 5 月 30 日　星期二　雨

今天因为是下雨天，村民们只是把该做的事情做一下，然后就在家里休息了。今天村委会里来了一批工人，他们把村委会的厨房拆了，可能要重新盖一间了。今天也就这些了。

2017 年 5 月 31 日　星期三　雨

又是下雨天，没办法去干活，只能送一下学校里读书的子女了。另外今天还见到怒江的江水涨了，因为江水涨了，江水上还漂着柴。村民们见到柴，有些去江边捞柴去了，有些还捞着几背箩。今天也就这些了。

2017年6月1日—30日

2017年6月1日　星期四　小雨

今天因为下着小雨，所以村民们只能在家休息，不过大部分的村民还是去鹿马登完小看自己儿女的演出。今天是六一儿童节，学校举办了文艺演出，家长去学校给自己的子女打打气，直到子女演出全部结束后家长才回来。

2017年6月2日　星期五　小雨

今天村委里的工作人员又交代给我们任务了，叫我们向村民们收取意外伤害保险。我把这个信息通知给村民，叫村民们来投保。不过今天晚上一个都没有来投，只是在微信里咨询了一下一个人要交多少保险费。我就给他们说每人要交10元，5人的话交50元，5人以上的要交双倍。这样如实地说给他们，可是还是没有人来交，只能期待明后天来交了。今天就这些了。

2017年6月3日　星期六　阴

这两天，我们家乡的风景很美，到处都是绿绿的。这几年大部分村民的土地都退耕了，到处都种着树，所以家乡的风景才这么美的。今天村民们还是去县城里赶集，有些人去做生意赚钱，有些人去花钱。去的目的不同。今天就这些了。

2017年6月4日　星期日　阴

今天是星期日，村民们除在教堂聚会外，别的时间都在家里休息。今天在村委会里见到厨房也拆了，还有卫生间也拆了。可能要盖新的了，建筑师也是外地来的。今天也是如此而已。

2017年6月5日　星期一　晴

村里幼儿园的学生天天都照常上着课，家长也为了儿女的将来，不管怎样忙，都来接送孩子。早上送，下午还来接，为了孩子以后有前途，他们也乐意付出一切。

2017年6月6日　星期二　晴

今天上午，村里的党支部书记在喇叭里喊话。他强调说，退耕还林的地里不要再施肥了，他们还会继续拔苞谷，还要种金银花。金银花在地里活不成的也不能再种苞谷了，他们还会再给村民们金银花苗，并呼吁村民们暂时不要忙活了。听到这些，村民们想，村委会的工作人员下定决心要种金银花了。

2017年6月7日　星期三　晴

现在这两天没什么忙的，白天天气很热，有些村民只是早晚去苞谷地里除草。今天又是星期三，是鹿马登街，有些村民去鹿马登赶集，晚上在教堂里聚完会后才各自回家休息。

2017年6月8日　星期四　阴

这两天村委会里的天保员还是在金银花种植片区里割苞谷。这两天苞谷已经长高了，差不多有100厘米以上，就割了两三家的苞谷地，这些苞谷割了后金银花才显露出来了。今天学生又回来了，村里又热闹起来了。

2017年6月9日　星期五　晴

今天见到村委会里的天保员又出去割苞谷去了，他们有十五六个人，往密丁戈方向去了，密丁戈不到1公里左右的地方设了金银花种植片区，那里大部分地方都种着金银花。另外明天准备去县城赶集卖菜的菜农去找了各种蔬菜，所以他们还是一直忙到晚上。今天就这些了。

2017年6月10日　星期六　晴

又到街天了，村里凌晨四五点开始就有人走动了。今年菜农们的菜很多，因为到处都不许种苞谷，所以大部分村民都种蔬菜了。还有今天妇女比较忙，她们得找好今明两天的猪食，晚上在教堂里聚完会后才各自休息了。

2017年6月11日　星期日　晴

今天白天的聚会结束后，村里的武干拿给我们组许多表，他们说需要自己填表，所以我就通知大家，叫村民们自己来填。村民们来了后，有些会写字的就自己填，不会写字的就让我帮他们填了。填表的内容是信用社农户信息，听说这个填好后贷款很方便，所以村民们如实地填上去了。等全部填好后我又把表交给武干了，就说有不合适的地方让他修改一下。今天就这些了。

2017年6月12日　星期一　晴

今天村委会里通知，由于村里的房子越来越多，而电线也在村民的房顶上，这样很危险，所以明天开始改电网线，叫村民们不要阻挡网络工程。他们无论在哪里放线或是立杆都随着他们，不要影响他们施工。这样通知了两三遍。今天也是这些了。

2017年6月13日　星期二　阴

今天早上村委会里有许多人，他们在那里高声喧哗着，走近他们旁边仔细地听，原来是割苞谷事件，村民们闹到村委会里来了。村民们的意思是，要给他们赔偿损失费。因为村委会的人前面没有好好通知，所以有些家是种完苞谷后才退耕，有些是种好苞谷后再种金银花。现在是苞谷全部割了,村民们也误了许多工,所以才出现今天的这个状况。不过后面处理好了。村委会的人愿意补给他们损失费,不过要签名保证以后不再退耕。他们两边都商量好后,村民们才各自回家去了。

2017年6月14日 星期三 晴

今天是鹿马登街子天,有些村民还是去鹿马登街子天赶街。有些去学校里看望自己家的孩子,给他们买点零食,交代他们听老师的话,好好做作业等,然后才回来。傍晚因为在家里热,有些人就在公路上散步。每到这个季节,都是这样子。

2017年6月15日 星期四 晴

因为村民前几天在村委会里闹过一番,这两天割苞谷的那个工作暂时地缓停了。这两天天气比较热,村民们早晚才去干活。但是这两天也没什么可忙的,因为苞谷也长得高高的了。有些种着稻谷的在田里浇点水就行了,村民们这段时间可以很好地休息一下了。

2017年6月16日 星期五 晴

今天村里又死人了,死的是娃底一组的普四花妈妈,她是从缅甸嫁过来的,她嫁到这里已经有16年左右了。她患食道癌已经3个多月了,今天去世了。村民听到这个信息后就去他们家帮忙去。有些守灵,有些去墓地里帮忙,晚上也去他们家。

另外村委会里又通知2014年至2017年的退耕林地里不准有苞谷,有的自己去割。要不然查到了,天保员们要强行去割。这样通知了三遍。晚上村里很安静,村民们早点睡了。

2017年6月17日 星期六 雨

因为早上的雨下得很大,所以原来说好今天我们娃底二组村民家量宅基地的也就量不成了，只好又通知大家今天不要在家等了，星期一天晴了再量。另外是今天死人家要修坟墓，所以不管怎么下雨，村民们还是去帮他们家忙。还有一件事是娃底一组的咱拜恒家进新房，他们家又发了请帖，一部分又去了他家。今天村里很热闹，村民们就这样在热闹中度过了一天。

2017年6月18日　星期日　晴

我的教牧培训第三期的开学时间到了，所以我昨天就乘着车出发，今天上午10点左右到了昆明市恩光教堂。培训过两次，所以一点也不生疏，我直接就到宿舍自己的床上休息去了。今天又见到了一两个熟悉的面孔，很高兴。这样，我的第三次学习生涯今天就开始了。

2017年6月19日　星期一　晴

今天在昆明市恩光教堂里第三期的教牧培训开始了。今天是第一天上课，我们还是实习讲道，先是班委们从头轮，每节课还是3个人，每人15分钟。每个学员都很认真地讲，因为我们老师在台下听着课，所以大家都有点紧张。我们一直到晚自习下了才休息。

2017年6月20日　星期二　晴

这两天学校里的气氛有点高。气氛高的原因是，这个月左右神学班要毕业了，所以学校里的学生要举办一个夏令运动会，我们教牧班也要参加。两个神学班的比赛项目也比较多，拔河、篮球、乒乓球、羽毛球、跳绳、背诵经文、唱歌比赛等。喜欢打篮球的要饭后练一下，班委们也安排一些人参加，课外时间也不休息，一直忙到晚自习下了之后才休息。

2017年6月21日　星期三　阴

这两天还是有点不习惯学校里的生活，特别是早上起床，有点起不来。在家里可以七八点钟才起，这里 6 点钟就起了。今天还是正常上课，今晚在教堂副堂里查经聚会。讲道的是我们教牧班的白小米同学，讲完后老师还要点评。这些完了后才休息。

2017 年 6 月 22 日　　星期四　　晴

为了搞好夏令运动会的节目，班里的班委决定今天上午的课上完后去螺蛳湾买运动鞋、运动服。我和李弟兄也跟着他们去螺蛳湾，这是为了方便抬东西。在螺蛳湾转了大半天我们才买好了全部东西，然后就回学校了。回到学校，学校还是很热闹，大家都在练球。晚自习时间还是照常上，下课后大家才休息了。

2017 年 6 月 23 日　　星期五　　晴

今天我们还是照常上着课，不过下午 4 点就去厨房里收拾柴火去了。因为柴火放在外面不方便，所以这两天每天的下午 4 点都会去收拾。今晚在教堂副教堂里搞祷告聚会，所以需要祷告的把需要代祷的事项写在纸条上，然后拿给主持人，最后祷告完了才回去休息了。

2017 年 6 月 24 日　　星期六　　晴

听说今天妻子去县城里卖南瓜和黄瓜，卖着 100 来块。另外，我们村的菜农也去卖各种蔬菜，现在这几年菜农越来越多，他们也知道什么东西好卖、什么东西不好卖。

我在昆明这里还是正常上着课，只是神学两个班休息，因为我们培训时间短，所以星期六也上着课，晚上是在教堂副教堂里做青年团契，做完结束后才休息了。

2017 年 6 月 25 日　　星期日　　小雨

今天学校里不上课。这里的聚会跟我们那里不一样，这里早上聚会是上午 10 点，中午是 2 点才开始，而这里晚上不聚会，所以我们晚上还是照常地上晚自习。上完晚自习才休息了。

2017 年 6 月 26 日　星期一　晴

为了在夏令营的比赛当中拿奖，我们学校里的学生运动员中午的最后两节课都在球场里，男队、女队都练，只是一个组练的时候另一个组休息。晚饭后也练，所以这两天学校里很热闹。晚上还是照常上完课后才休息。

2017 年 6 月 27 日　星期二　雨

今天一天都下着雨，所以没有在课外时间练球。上午是张牧师给我们讲教会历史，下午是张副校长给我们上腓立比书的解说，晚上的自习课也是听他讲。今天只有听课了，作业也没有做着，只能明天再做了。

2017 年 6 月 28 日　星期三　晴

为了要参加比赛，我们教牧班参加比赛的那些运动员得练一下比赛的项目了。大家练着羽毛球、乒乓球、篮球。没有参加比赛的就在教室里写讲章。晚上学生会开会说明天开始比赛背诵经文、朗诵、唱歌，这些交代好了后才休息。

2017 年 6 月 29 日　星期四　阴

今天学校的夏季运动会开始了。学校里很热闹，学生的脸上都露出了笑容。早上的第一个比赛项目是背诵经文，背诵经文的有 20 个人，然后是朗诵。打分的是学校里的老师，几个班主任不参与评分。中午是唱歌竞赛，唱歌的也有 20 个人，打分的老师也有 5 个。这个结束后就开始打篮球了，每个组都打得很激烈，还有自己班要给自己班加油搞啦啦队。今天在这里热热闹闹地过了一天。

2017 年 6 月 30 日　星期五　小雨

　　运动会仍然进行着，学校里从早上热闹到晚上。上午在球场里打篮球，中午和下午因为下雨就在六楼的活动室里，有打羽毛球、跳绳、打乒乓球等许多种比赛。参赛的大部分是年轻人、体力好一点的那些人，各种项目都比赛得很激烈。晚上还是在教堂的副教堂里做祷告聚会，结束了才去休息了。

2017年7月1日—31日

2017年7月1日　星期六　小雨

今天是运动会的最后一天,学校还是很热闹,一天都在紧张地比赛着,晚上在教堂里发奖品。得奖的都很高兴,奖品也有许多种,有集体奖和个人奖。得了集体奖的集体去台上领奖,得了个人奖的个人去台上领奖,还要讲一些感受。这些全部完了后才休息。

2017年7月2日　星期日　雨

今天是星期日,学校里不上课。只是上午9点聚会一下,中午聚会一次。别的时间有些人就到城里到处闲逛。晚上我们教牧班还是在自习课里写讲章,直到下课铃声响了后才休息。

2017年7月3日　星期一　雨

今天学校里来了许多教会里的长老,听说有些是安宁教会的,有些是昆钢教会的,还有些是撒言旁教会的。他们来慰问我们、鼓励我们,还带给我们两只羊和每人一本笔记本。我们也非常感谢他们,不过我们班的几个男生为了杀那两只羊也够忙的了,一直忙到晚自习下了才休息了。

2017年7月4日　星期二　晴

今天中午开始我们班就上劳动课,我们班主任说放假之前要把食堂旁边的那堆柴清理完。今天天晴,我们就抓紧这点时间去清理了,今天全班男女老少都去。但是我们不管怎么努力,还是没有完成,只好明天继续了。

2017年7月5日　星期三　晴

今天的最后两节课还是上劳动课。今天也是全班总动员，想快点做完。可是我们全班都尽力了，中间只休息了一次，但是还是没有完成，只好先放下，明天又得做了。今晚是查经聚会，在教堂的副教堂里。证道的是我们的同学张世玉，她讲道还可以，普通话也挺标准的。聚会结束后，大家才回宿舍休息了。

2017年7月6日　星期四　晴

这两天同学们的心情很好，因为离放假的时间越来越近了。这次是9号放假，所以还有三四天就可以回家了。晚上还是上完自习课才休息的。

2017年7月7日　星期五　晴

离回家的日子只有两三天了，大家都在议论着回家的事，老师们也给我们布置放假的作业，还有明天晚上是神学班毕业晚会。我们班的女生在排练舞蹈，男生还是在教室里写讲章。晚上还是祷告聚会，结束后才休息了。

2017年7月8日　星期六　晴

今天我们班可忙了，因为神学班的二年级毕业了，所以晚上要聚餐，还要开毕业晚会，我们班上午的时候去8个人帮厨。

午饭吃完后，就全班总动员了，大家分好工，有些洗碗，有些抬桌子，有些洗菜，有些烧菜等。大家都是各干各的，老师交代我们下午5点吃饭。我们5点以前就全部准备好了，人员全部到齐以后大家就吃饭了。

晚上是毕业晚会，有人来献舞献唱，另外还有小品。毕业班的节目多一点，别的组就只有两三个节目。这些结束后才休息了。

2017年7月9日　星期日　雨

今天是神学毕业班很开心的日子，他们如愿以偿了，上午聚会时，政府的工作人员、宗教局、民宗局、统战部的人来参加他们的毕业典礼。还有领导们亲自给他们发毕业证呢。另外，令人高兴的是，我们班的班主任说参加完神学班的毕业典礼后就可以回家了，于是大家参加完典礼后就各自回家了。

2017年7月10日　星期一　阴

唉，这次从昆明回来的路上堵车，很不顺利，还差点失去了生命。今天的日子很值得留意。

我们从昆明一直到古登还是很顺利的。但是，司机突然在古登街子旁边停了下来，然后对大家说，前面的路不通了，大家在这里吃饭休息，等路通了再走。我们听了这个消息以后很惊讶，心里想到底怎么办呢，要是堵上三四天或是四五天，身上的车费就不够了，我就跟几个老乡搭一辆面包车往回赶。

因为路不通，我们要从洛本卓桥往西边的乡村路上走，这里路窄，大车不能过。因为是在乡村，而且前两天又下了雨，所以路很滑，司机很小心地开着车。不过有一段下坡路上他开得有点快，路上又有稀泥巴，车突然滑了下去，车里的人大叫起来，然后车就滑到水沟里了。幸好没有滑到下面，不然这两天江水涨，可能活下来的机会都没有了。

幸好我们车里一个人都没有受伤。车子也只是轮子进了水沟里，我们大家齐心协力地把车子抬到路上，前轮的轮子泄气了。我们只好另搭一辆面包车回来了。

2017年7月11日　星期二　晴

看到村里到处都是绿油油的，苞谷也长得老高了。而且，这两天可以烧苞谷吃了，黄瓜也可以吃了，南瓜也可以吃。有些人还去街上卖呢，好卖的时候可以卖两三百块钱,这样卖出去的话,菜农们零用钱就不缺了。今天就是这些了。

2017 年 7 月 12 日　星期三　晴

今天是鹿马登街,菜农们还是去鹿马登赶集卖菜。有些只是去卖点野菜,这两天雪山上采下来的竹叶菜还是每斤三四元,有些人还是喜欢吃的。这两天村里还不忙,所以有些人只是做些家务活等等。今天就这些了。

2017 年 7 月 13 日　星期四　晴

今天我们娃底二组可热闹了。第一是今天村里的农户调查从我们娃底二组开始。9点过后村委会的工作人员就来到农户家,挨家挨户地详细调查。村民们也如实地配合着他们的调查,如实地回答着他们提的问题。傍晚时,我们组分低保,这次每户分到了452元,这样村民们这两天的困难又解决了。大家拿到钱,心里很高兴,他们真心感谢共产党的好。

2017 年 7 月 14 日　星期五　晴

今天中午突然袭来一个信息把我们都忙坏了。我们安静地干着上午的活,因为天很热,中午我们休息了一会儿。突然手机铃音响了,接听后说是我叔叔病倒了,让我去看一下,我答应后马上就去了。

到了叔叔家,他们有几个人在那里忙着。我问了一下,原来叔叔去江东帮忙浇灌房子,现在突然死了,叫我们去领回遗体。我们开着摩托到了那里,好多人围在叔叔遗体旁,救护车也在旁边,医护人员还在抢救着,但是不管怎么努力,已经没气了。那里的人告诉我们,叔叔做完活刚要休息的时候,就往后靠下去,抽了一会儿就没什么反应了。我们只好先拉回来,然后在他家里安放着,后面就是通知左邻右舍、亲戚朋友,忙这忙那的了。今天就这么悲伤着度过了。

2017年7月15日　星期六　晴

今天是安葬叔叔的日子，全村的人可忙了。因为是夏天，这两天天气比较热，明天又是星期日不能干活，他的女儿也在外面打工，所以也等不了，只好今天下葬。所以早早地，有些人去墓地挖坑，有些人去江边找盖坟墓用的石块，有些人去县城买需要用的物品，有些人做饭。在全村人的帮忙下，下午4点遗体就安放好了。今天谢谢大家的帮忙了。

2017年7月16日　星期日　晴

今天我们组下午5点时在村委会里开了会，村委会里的党支部书记讲话。经过这次的调查民情，了解到没有什么贫困户；今年政府给予的安危房，我们组里需要建的是普友恒、恰阿夺、余明钢这3家；被评为贫困户的是秀古邓。最后大家表决举手通过。通过后，这个会议就结束了，大家也就回家了。

2017年7月17日　星期一　晴

今天我们家族的人还是去修没有修完的坟墓。我们吃完早饭后，就一起去墓地里。我们整个家族的都去了，其他的来帮忙的人少。到下午4点左右全都完工了，然后就全部回来了。

晚上，我们家族的人又聚在一起，然后把这次的收入剩余部分移交给叔叔的女儿胡春花。她昨天才回到家，这次是她的大伯，也就是我的二叔负责这次的事。今天什么都结束了，所以账转交给她。这次的收入是18360元，支出13400元，剩余4000多元。但是她说她还年轻不懂事，叫她的大伯继续保管着。之后大家再劝劝她，安慰她，鼓励她。这些结束后才各自回家了。

2017年7月18日　星期二　晴

这两天天气比较热,有些村民去干活也是早晚才去,白天在家休息。而有些明天去鹿马登赶集的菜农,今天还是找好各种蔬菜。村民们今天就这样过了一天。

2017年7月19日　星期三　晴

今天是鹿马登街,村里的菜农们凌晨5点多就去鹿马登了,而做服饰生意的那些人是天亮后才出发。赶集的是吃完饭后才出发,不过现在赶鹿马登街的人少,因为现在是学生放假时期。晚上,村民在教堂里聚会后就各自回家了。

2017年7月20日　星期四　晴

今天我们娃底教堂装修,我们教会里的执事、长老们前几天从昆明买回来投影,所以需要安装。今天就约了好多人,安装这个。一个组在教会食堂里安装,这里是主日学教室。教室里也有一个组在安装,每个组有5个人,给我们做饭的也有两个人。在大家的共同努力下,下午5点左右就结束了,然后在那里吃了饭后就各自回家休息去了。

2017年7月21日　星期五　晴

今天有些村民还是为了明天的赶集卖菜而忙着找各种蔬菜,别的村民因为这两天不是农忙季节,白天很热,所以早晚做点家务活。这两天就这样过日子了。

2017年7月22日　星期六　晴

每到星期六,村里凌晨5点多就有人走动了,那时候就行动的是那些司机和菜农。别的那些做民族服饰和牛羊生意的是天亮以后才出发的。这两天因为不是农忙季节,所以赶集的也比较多。有些妇女还是去找猪食。晚上在教堂里聚会结束后才回家休息了。

2017年7月23日　星期日　晴

这两天的气候比较适宜，稻谷和苞谷马上就要成熟了，而这两天的天气是夜里下雨、白天晴，这样夜间的那场雨就滋补着马上要成熟的稻谷和苞谷了。这样，村民们的收入也就提高了。今天因为是星期日，村民们除了去教堂聚会外，别的时间都在家里歇着了。

2017年7月24日　星期一　雨

因为是下雨天，村民们也没有办法干活，只是去干一下不得不干的活，别的时间都在家里休息。这样农民们就是忙的时候特忙，闲的时候就有时间休息。今天就是这样过了。

2017年7月25日　星期二　晴

不知道今年是怎么了，去年这个时候边民补助的每户1000元已经领到了，一本通里的退耕还林补助也领到了，但是今年到这个时候还没领到。有些无经济来源的村民这两天有点苦难了，大部分的村民也盼望着快点能领到钱。

明天又是鹿马登街，有些村民还是要找好各种蔬菜，准备明天赶集。今天就这些了。

2017年7月26日　星期三　晴

村里的菜农们还是去鹿马登赶集卖菜去了。这两天成熟的有李子、黄瓜、南瓜、苞谷、青辣椒、茄子、苦瓜等好多种，不过这两天价格有点低，前几天价格有点贵，而且好卖。这两天大家的东西都熟了，所以价钱就低了。晚上还是在教堂里聚完会了后才休息。

峡谷回声 福贡县鹿马登乡赤恒底村傈僳族村民日志

2017 年 7 月 27 日　星期四　晴

今天，村委会的工作人员到各家各户给房子照相。不知道这次照相的目的是什么。不过现在有什么情况、有什么困难，政府里的工作人员直接就到村民们家里亲自访问。今天房子被照相的村民都希望政府能给好房子，因为我们娃底一组和二组里有好房的、平顶房的不多。我们也希望能和别的组里的村民一样，有一栋属于自己的安全的平顶房。

2017 年 7 月 28 日　星期五　晴

这两天写日记的心情也没有了，因为 2012 年一年的酬金没有领到，后面那几年也不是每个月都能领到，隔着一两个月才领到一个月的，所以一年的酬金才能领到七八个月。这次到今天为止已经 3 个月没有领到酬金了。我也不知道是继续写日记还是不再写了呢？写这个的话就不能去外面打工，但在家里记日记，家里的零用钱也没有了。唉，到底怎么办呢？

2017 年 7 月 29 日　星期六　晴

又到福贡街子了，村里做各种生意的村民可不放过这一天，所以凌晨 5 点多就出发了。别的村民还是做点家务活，找点猪食、牛食等。还有这两天学生放假回家了，所以村里很热闹。今天就这些了。

2017 年 7 月 30 日　星期日　晴

今天上午 10 点过后我们村的医生那里挤满了人，来的人都是领着自己的娃娃，也有些是婴儿。哦，原来今天是村医生给村里的儿童打预防针、检查身体的。现在政府关心小孩子们，每个月都给他们药，现在的小孩子可享福了，家人也关心他们，政府也关心他们。

2017年7月31日　星期一　晴

　　前几年的这个时候,已经有好多家建着房了,但是今年一家都还没动工。现在政府不给一点钱,自己是建不起的。这两年随着时代的发展,物价也涨了。特别是现在已经建好的房子都是两三层,所以要建也要跟上他们的节奏。但这需要许多钱,所以只能等着补贴到后才建得起房子。今天村民们也只是把该做的事情做一下,就这样了。

峡谷回声　福贡县鹿马登乡赤恒底村傈僳族村民日志

2017年8月1日—31日

2017年8月1日　星期二　晴

村民们的信息也很灵通啊，昨晚村委会的工作人员才通知给我们今年第二季度的低保已经打到账号里了，今早有些村民就在互相讲着低保已经到了。是的，但我们组的钱明天才去银行里取，这两天大家也急用钱，大家都盼望着能早点领到钱。另外教会里的妇女事工们明天去贡山县培训妇女事工，所以她们要落实好人员到底有几个，还得找好车子等。这些都安排好了后才放心地休息了。

2017年8月2日　星期三　晴

今天是我们二组的村民高兴的日子，因为我们组领到了低保的钱。今天早上7点过后，组长和我就去县城里取款去了。这两天县城里取款的人很多，我俩要是去得晚了就排不上队。到了县城里我俩还是第一个取款的人，所以没多少时间就取好了，然后就回家了。到下午5点就叫我们组的村民到我家开会，说给他们这次领了多少钱，然后大家就平分。这次每家分到500元。大家领到钱后非常开心，然后就回家了。

2017年8月3日　星期四　雨

这两天村里来了许多新工人，他们是来村委会里建房的。他们建的是村委会的厨房、党员活动室和天保工程队房，所以这两天村里有许多工人。球场那里也摆满了建筑物和工人房，这两天球场里也没法打球。

另外还听说，上面那几个村里正在安装太阳能路灯。听到这个信息村民很高兴，将我们村也建成城市那样多好啊。

2017年8月4日　星期五　阴转晴

今天因为早上下着雨,所以村民也不能早早地出去干活,只能等天晴后再出工了。其实这两天也不是很忙,做的也只是找点猪食这些事。这两天傍晚时路上散步的也比较多。今天就这些了。

2017年8月5日　星期六　阴转晴

今天凌晨就出发赶集的菜农身上可能都淋着雨了,因为那时雨下得很大。那场雨一直下到上午9点多才停了。村民们做什么都不容易啊,一天才卖着几十块或是100多块钱就得这么拼命。希望将来的孩子好好读书,不要学老祖宗们,将来能成为有知识、有文化的人,这样他们就不用这么苦了。

2017年8月6日　星期日　晴

今天中午的聚会结束后,有些村民到村委会里去开会,才知道原来这次政府又要给我们村20户建新房名额,而我们组里有两户:一户是普利大家,另一户是迪阿妹家。乡长亲自告诉他们,这次补助有4万。要是村民同意建新房的话,马上把旧房拆了,然后地基平好后政府先拨一些款,全部建好后再全部一次性打到账上。他们去开会的说好不容易得到补助,要是出去外面打工也要一两年才能挣那么多,所以不会错过这么好的机会。他们都答应建新房了,他们还是很高兴的。

2017年8月7日　星期一　阴

今天见到阿迪生家和阿格东家拆房子,现在的时代和以前不一样了。以前的时候嘛,不管哪一家扒房子,全村的人都会去帮忙。所以以前建草屋时,一家从拆到盖完一两天就能完成,可是现在拆房子只是自己亲戚朋友帮忙,拆房子都需要三四天。没办法,一代一代都在变化着,以后还会变化成什么样都不知道了。

2017年8月8日　星期二　小雨

今年盖新房的村民这两天可忙了，听说他们做好房子基础以后才拨给他们款，还叫他们今年12月之前盖完。所以这两天他们都忙着拆房子。而在村委会里建房屋的那些工人也照常做着。今天就这些了。

2017年8月9日　星期三　雨

今天早上刚醒来就听到大雨的声音，而且下得很大，所以有些村民晚点才起床做饭吃。这两天也不是特别忙，又是个下雨天，今天只能在家休息了。晚上在教堂里聚会完后就休息了。

2017年8月10日　星期四　雨

今天上午9点左右娃底3个组的组长和副组长在村委会里开会，会议的主持人是村委会里的工作人员和乡长。人员到齐以后，乡长就开始讲话。他说给我们娃底组一笔建设款处理污水，然后让大家决定怎么做。大家根据实际情况讨论，最后决定每家要搞一个猪粪池、化粪池，然后再把污水引入前几年已经修好的排污水处。会议结束后各个组又通知村民们，不要阻挡施工队，要配合建设。还要报一下谁家需要建猪粪池，报好后大家才回去。国家帮助我们建设家园、家乡，我们也很感谢政府。

2017年8月11日　星期五　雨

现在准备盖新房的那几户村民都心急如焚，因为这个星期日都下雨，他们担心到时不能按时完成。今天是下雨天，村民们只好在家休息，这两天新闻里看到外面到处都是泥石流。今天就这么过了。

2017年8月12日　星期六　雨

不管雨怎么下着也阻挡不了做生意的菜农，他们还是照常去街上卖各种蔬菜去。然后去的是做各种生意的人，不做生意的那些村民没有去。因为下雨，别的村民除了找点猪食，其余时间都在家休息了。

2017年8月13日　星期日　阴

今天中午的聚会结束后，在教堂的操场上，供电所的工作人员来宣传用电知识。今天是星期日，我们教堂里参加聚会的人多，他们就抓住这一时机来给村民们讲怎么安全用电。他们还给听讲的人厨具、小刀那些东西。他们讲完，村民们也在领了厨具后才回家。村民们在回来的路上议论，能听到安全用电的知识，还领到这个厨具真不错。这样，他们就一路高高兴兴地回家了。

2017年8月14日　星期一　阴

为了搞好我们村的环境，让村民们能在美好的环境里生活，今天环保局技术人员来到我们村勘察地的情况，看怎么才能把污水引入排污地点。他们不熟悉这里的情况，所以我们娃底3个组的组长和副组长带着他们在村子里转了一圈，他们也在他们拿着的图纸上打记号。这样在村子里转完后他们才回去了。要是我们村里把这个工程做完了，村民们就住得更加舒服了。

2017年8月15日　星期二　雨

又是个下雨天，要盖房子的那几户村民可是心急如焚。日子一天天过去了，雨也是每天都下着，上级定的是今年的12月份要完成，所以他们才着急。可是急也没有用啊，这是自然现象。有些村民在家也只能做点家务活了。

2017年8月16日　星期三　晴

终于雨过天晴了，有些村民们也盼望着这一天有一两个星期了。可能从今天开始会晴了，特别是盖新房的那几户脸上终于露出了灿烂的笑容，他们就继续做他们的房子了。有些村民还是去鹿马登赶集。晚上在教堂里聚完会后就休息了。

2017年8月17日　星期四　晴

今天国土局的人来量我们组的各家宅基地，我昨天就通知要每一家的人都在家等着。今天上午8点半左右，国土局的人就到了。因为这两天组长去山上采白芨去了，所以只好由我带着他们去到每家每户里。其实他们早就量过了，今天只是核实一下，签一下名字，再重新考察一下。我们就分着两个组来做，我们村的户数不多，所以经过一番努力，中午1点过后就结束了。然后他们就回去了，我们也回了各自的家。

2017年8月18日　星期五　阴

今天量住宅基地的那些人还是继续在娃底三组量着，三组的村民还是在家等着量自己家的房子。有些村民还是为了明天要赶集而忙着找各种蔬菜。另外今天见到阿杜花家木头房拆了，帮忙的人有二三十人，下午4点左右就拆完了。今天村里的情况就是这些了。

2017年8月19日　星期六　晴

因为又是福贡街子天，村里的菜农们还是老早就出发去摆摊了。因为是星期六的原因，有些还是找猪食。盖房子的那些人还是继续盖着。晚上还是在教堂里聚会，结束后才回家休息。

2017年8月20日　星期日　晴

每年的这个时候，村里的球迷们下午五六点就去县城里看球赛。这两天开始在县城里进行国庆节篮球友谊赛了。今年我们村里的人有没有人参加还不知道，但是球迷们还是照常去看了。第一场还是女队，第二场是男队,每晚打4场,女的两组,男的两组。两个球场分开着打,有些人是看了一场就回来了,有些人还是全部都结束了后才回来。

2017年8月21日　星期一　晴

这两天村民们要忙了,丰收季节到了。今天见到有几家在掰苞谷了,大面积的还是不熟,但是有一两家开始后,别的村民也就跟着他们的节奏了。村民们的脸上还是持着笑容的。

2017年8月22日　星期二　晴

这两天村里盖着房子的那些人家抓紧盖着,村委会里盖房的那些人也是照常盖着。掰苞谷的也有几家,有些是昨天掰苞谷,今天又开始种菜。这些菜种得早一点到时候好卖一点,所以他们就抓住这一点来趁早种了。因为这两天天气热,有些人是早晚才出去干活的。为了明天的活,村民们就早点睡了。

2017年8月23日　星期三　晴

今天早上村委会工作人员通知,叫需要贷款的村民拿着自己的户口簿和身份证到村委会来,等一下银行里的工作人员会来村委会办贷款手续。听到这个信息后,需要贷款的村民就到村委会里去了。特别是今年盖房子的那几户拿着身份证和户口簿到村委会去了,因为盖房需要好多钱,而自己存的钱也不多,一般只有三四万,所以就都需要贷款了。好不容易有这个机会,不能放过。

2017年8月24日　星期四　晴

丰收季节到了,有些组的苞谷可以收了,有些组的还不可以。要去收的还是得早起,不过不像以前那么累了。以前公路不通,需要人力来背,现在到处都通了路,苞谷掰好后就请拖拉机,少一点的话就请摩托车来拉了，拉回到家里才得休息了。

2017年8月25日　星期五　阴

今天我们二组的普友恒家拆旧房子了。因为他们家还是木头房，要改造成砖房。亲戚朋友都去帮他们家的忙，有20多个，下午5点左右就全部拆完了，然后在他们家里吃了饭后就回家了。

2017年8月26日　星期六　阴

今天我们村里有两个活动，一个是我们娃底二组的普阿妹家搞新居落成典礼，那里来的人也很多，一天到晚都很热闹。另外一个是娃底一组的在罗空朵那个地方比赛弩弓。那是他们爱好射弩弓的人自己组织的，他们已经组织过好几次了。现在来参加射弩的人越来越多，他们射一次要赌一点钱。他们还筹一点款来做午饭，然后吃了饭后才回家。他们还约着下个星期再继续比赛，所以赢了一点钱的就开开心心地回家了，输了钱的也填着饱饱的肚子回家了。输了的最多不过百十来块，主要的目的是娱乐嘛。

2017年8月27日　星期日　晴

今天天气很热，又是个星期日，有些家长带着自己的子女去干布河游泳。我们这个村里没有游泳池，也没有河。到了夏天，想游泳的村民就骑着摩托车到干布河或是施底电站河去游泳。而以前这里的村民是去上游游泳，但是现在没有人在江边游泳了，所以现在我们村里会游泳的人比较少，没地方去学游泳。希望以后我们村里在建设的时候能修一个游泳池。

2017年8月28日　星期一　阴

今天鹿马登中学的初二、初三收假了，家长还是亲自送子女到学校，给他们买日用品，给他们安排好住处，再交代他们要听老师的话，好好学习。然后才回了家。这两天下午去县城里看球赛的还是有好多人，还听说今天是我们村里的人打球，所以球迷们跟球员们都在比赛结束了后才回来。

2017 年 8 月 29 日　　星期二　　晴

这两天正是农忙，大家都在掰苞谷。有些家在打谷子，盖房子的那些人家也是每天都忙着。村民们很早就起床，然后做饭吃，之后就到田地里干活去了。这两天村民们有点累，晚上也早点休息了。

2017 年 8 月 30 日　　星期三　　晴

今天村民们起得很早，但是起得早的目的不是去干劳动，而是去送自己的子女到学校。今天是学生开学的日子，家长为了让他们睡下铺，早点吃饭后就到学校里铺床了。今天既是开学的日子，又是鹿马登街子，所以很热闹。今天卖学生用品的生意很好。家长给子女买好各种学生用品，然后再给他们买一些零食，才回来。为了自己子女的前途，家里怎么忙也放下自己手中的活。就这样过了一天。

2017 年 8 月 31 日　　星期四　　晴

因为是丰收季节，村民们也很忙。有些妇女去做小工，去帮别人打谷子，这样一天能挣 70 元钱，还能饱餐一顿。听说，掰苞谷也是如此，也是一天 70 元钱。但是这几年请工人的有点少，可能是退耕的原因吧。因为是累的原因，村民晚上也就早点睡了。

峡谷回声　福贡县鹿马登乡赤恒底村傈僳族村民日志

2017年9月1日—30日

2017年9月1日　星期五　阴才

今天也是开学的日子，我们村里的幼儿园今天开学。小孩子们背着书包，拉着父母的手来到幼儿园教室门前来报到。虽然只是来报到，但是他们还是很高兴，因为以后每天都可以来学校上课了。报完到后，他们就兴高采烈地回家了。

2017年9月2日　星期六　阴

村里做生意的那些人还是老早就起床去县城里摆摊了。另外，今天村里又举行了射弩弓比赛，爱好弩弓的那些人还是到这里来参加比赛，现在来参加的人越来越多了。今天他们还捐钱杀了一只羊，这样来看热闹的也能吃着饭了。因为是娱乐嘛，大家都挺开心的。这次输的要回去好好地练一下，下个星期要赢回面子呢。今天就是这些了。

2017年9月3日　星期日　晴

今天中午的聚会结束后，教会里的长老有40多人在教会的食堂里讨论教会事务。讨论的内容是：我们前几年做祷告会时，在食堂里做好饭后到吃饭时间时，各自打回家在自己家里吃；最近两三次大家在食堂里集中吃饭，但是这样人员就没有以前那么多，还少了一半左右。所以，今天大家都讨论这个事情。大家都提到的是，有病的不能到这里来吃，有些是害羞，也不敢来这里吃饭。经过大家提出的意见，以后还是各自打回家吃。

2017年9月4日　星期一　阴

今天村里来了许多国土局的人，不知道他们来的目的是什么。他们到汪然组、亚朵组还有王咀组转，在我们娃底组里也转了一圈。来的有10多人，男男女女都有。下午的时候还在村委会里，可能是为了建设我们村而忙着。为了我们的村，他们辛苦了，我们也很感谢他们呢。

2017 年 9 月 5 日　星期二　阴

今天国土局的工作人员还是像昨天一样，在村里转着。听说他们是来与我们村的联系户联系。另外，村民们还是打谷子的打谷子、掰苞谷的掰苞谷。傍晚的时候，他们还得来交户口簿和土地证，因为明天要把它们交到村委会。今天就是这些了。

2017 年 9 月 6 日　星期三　晴

村民们这两天真的很忙，打谷子、掰苞谷、盖房子，大家都各忙各的。还有今天娃底余丽支家进新房，做祷告会，祷告会有三四十人，他们家也摆上了许多菜。大家在他们家里吃饱喝足后做了个祷告会就各自回家了。

2017 年 9 月 7 日　星期四　阴

今天我们娃底3个组和亚坪新村、阿兰甲新村，在我们教堂里一起做祷告会。祷告会的目的是：现在什么都熟了，各种各样作物都丰收了，所以做个祷告会来感恩。今天还是我们娃底二组村民做饭，只是年纪老迈的不参加了。今天各自打回家吃去，不在这里吃，所以做的分量有点多。今天就是这些了。

2017 年 9 月 8 日　星期五　晴

今天上午，2017年和2016年盖新房的那些人家在村委会里开会。开会的目的是叫他们不要乱说，领导来访问时要实话实说，他们会后就散了。村民们还是各忙各的，忙的都是掰苞谷、打谷子。大家都忙到晚上，然后吃完晚饭后也就早点睡了，毕竟是累了一天了。

2017年9月9日　星期六　晴
村民们今天赶集的赶集，在村里射弩弓的还是继续比赛着，打谷子的还有掰苞谷的还是继续着，但是今天必须预备好明天的猪食。晚上在教堂里聚完会了后，才各自回家了。

2017年9月10日　星期日　阴
今天也是跟往常一样，一日三次地聚会，别的时间大家都好好地休息，晚上也有去县城里看球赛的。我们这个村里球迷很多，他们直到球赛结束后才回家了。

2017年9月11日　星期一　晴
因为是农忙季节，村民们从早上忙到晚上。另外今天学生收假，读小学的学生还是由家长去送。这两天有些妇女晚上去田地里抓蚂蚱，她们每晚都能抓到一些。有些是抓回来吃，有些舍不得吃的就去街上卖。现在每市斤30元。今天就是这些了。

2017年9月12日　星期二　晴
今天村里来了许多领导来慰问我们村，所以村委会里的工作人员和村里的合唱团的人来接待他们。另外我们村里的和大翻车了，翻车地点在耶独听。说是他给牛让道的时候路基垮了，人和车都翻下去七八十米了。幸好人没有生命危险，只是伤得有点严重，被送往保山大医院了。今天就这些了。

2017年9月13日　星期三　晴
不管怎么忙，村民们的爱心还是出现在出事故的地点。早上的高音喇叭里通知，叫村民们去帮忙，把昨天拖拉机翻车的那个车拉上来。去帮忙的人很多，但是没有足够的工具，例如绳子等。今天才拉上来10多米后就拉不上来了，只好明天再弄了。还有今天去鹿马登中学、小学去开家长会。村民们就这样忙了一天。

2017年9月14日　星期四　晴

一方有难，八方支援，村民们总是团结一致。今天早上，前天出事故的那家亲戚通知大家，叫村民们去帮忙拉一下拖拉机。大家听到通知后，就在百忙中先放下自己手中的活去帮忙拉拖拉机去了。帮忙的有四五十人，经过大家的一番努力，上午10点左右就将车拉到路边了，然后大家才回家去了。村民们就是这样，大家都互相帮忙。

2017年9月15日　星期五　晴

这两天有些家的苞谷掰完了，但是个别几家的还是没有完成。盖新房的那几家还是照常地每天都继续着。有些菜农为了明天到县城卖菜，今天还是得找好各种蔬菜，一直忙到晚上，各样都预备好了才休息。

2017年9月16日　星期六　晴

今天上午开始在村委会里交养老保险。今年不像往年那样交，往年是先交到副组长手里，然后再交到村委会里，然后村委会的人又交到乡里。钱经过这么多道以后，有些交了三四年，或是五六年了，一两年的也有。大家也经常跟上级反映这个事情，今年可能是反映了的原因吧，收集保险的是乡里的工作人员。大家都交了保险后才回家。回家的路上还讨论着今年可不会那样了吧。大家就放心地回了家。

2017年9月17日　星期日　阴

今天上午，我们全村的组长和副组长在村委会里开会，开会的内容是再一次评低保户。在村委会里开完会后，在自己的小组里再开一次。在自己的小组里，村民们相互评。评出的结果出来了后填在表上，这些结束后大家才回家了。

2017年9月18日　星期一　晴

今天鹿马登中小学生都放假，有些家长去接就读小学的子女，毕竟他们还不会自己打车。还有，家长要在老师那里签字，才能把孩子领回来。这两天晚上出去抓蚂蚱的也有几个，可能这两天也能抓到一点点。今天就这些了。

2017年9月19日　星期二　雨

今天早上开始就下着大雨，所以村民们只好待在家里了。但是有些妇女就盼着下雨，今天她们穿着雨衣去菜地里种菜去了，今天种菜成活的概率比较高。今天就这些了。

2017年9月20日　星期三　晴

今天是鹿马登街子，又是学生放假的日子，所以要去鹿马登的比较多。别的村民盖房子的还是继续着，有些妇女还是种菜。晚上在教堂里聚会结束后就回家，然后就早点休息了。

2017年9月21日　星期四　晴

今天上午9点开始在村委会里开会，来参加会议的是各个组的组长、副组长、村民代表，还有党员。主持会议的是村委会的工作人员，会议的内容是评低保户和村里的建设方面。自己的组自己讨论，然后提出提案，提出来后交给村委会的工作人员，然后才各自回家了。

2017 年 9 月 22 日　星期五　晴

　　这两天村里的工程队又添了好几个组，那几个组是前几天测量排污水的工程队，现在他们先挖着排水路线了。另外有几家的苞谷没有掰完的继续掰着，有些妇女明天还要赶集，所以今天忙着。还有，今年的感恩节马上就要到了，有些妇女每天晚上都排练着舞蹈。今天就这些了。

2017 年 9 月 23 日　星期六　晴

　　村里的菜农们天还没亮就去县城里摆摊了，他们其实也很不容易的，从早上忙到晚上，而且天不亮就要出发。有时候好卖一点能赚两三百元，有时候不好卖就 100 元都没有。这样的话，有时连种子钱都收不回来。另外今天上午各个组的喇叭里通知，叫村民们到组长那里领红旗，然后让大家挂上红旗。村民们听到通知后，领了红旗，然后就挂上了。晚上在教堂里排练舞蹈的继续排练着，直到 10 点左右后才回家休息。

2017 年 9 月 24 日　星期日　晴

　　今天晚上是县城里篮球比赛的最后一场，争夺冠亚军赛。所以，好多村民都去县城里看球赛。今天比赛的两个组是东方红队和弟兄连队。今天球迷很多，座位都坐满了，有两三千人。球员们打得很激烈，最后 83∶78，东方红队胜利了。赢的队可高兴了，而且全场的人都欢呼着，球赛结束后，村民们也就回家了。

2017 年 9 月 25 日　星期一　晴

　　村民们还是各忙各的。村里的工程队也照常施工着，建新房的那几家也忙着呢。下午的时候村委会里的天保员又拿给我一份种油菜表，村民们要种油菜的要登记。我就通知给我们组了，村民们听到通知声后纷纷地来登记要种的面积，不过来报的不多，只有 10 多户。今天就这些了。

峡谷回声　福贡县鹿马登乡赤恒底村傈僳族村民日志

2017年9月26日　星期二　晴

　　这两天虽然谷子打完了，但是还得种小春。以前种小春需要村委会里的人动员，这几年村委会里的人不用动员了，大家都尝到了甜头，种菜可以榨油，也可以养猪，还可以卖掉，所以村民们都自己种了。晚上练舞蹈的那些妇女也继续练着，直到10点左右才结束，然后回家休息。

2017年9月27日　星期三　阴

　　听说今年的草果很值钱，每公斤可以卖到20多元，有些时候还比这个高呢。这个价钱不稳定，上上下下的，但是总的来说有草果的人发财了，有些人可能会收入二三十万元。但是我们这个村没有收入那么高的，最多的也就收入10多万元。一点草果地都没有的也有，例如我们家一点草果地都没有，没办法，只能眼睁睁地看着他们收钱了，所以这两天有草果地的可忙了。

2017年9月28日　星期四　小雨

　　今天上午通知村民10点左右到江东桥头领取油茶树苗，但也不全都去，只是去年退耕还林的那些人，可是有些人还不愿意去领，原因是他们认为现在不是种树季节，种也白种，不会成活。有些人还是领得比较多，他们认为油茶适应在我们地方种，有些以前种的现在已经结果了，有些还卖着点钱了。今天只是运输油茶的有点忙，说是上午10点到，但是油茶运输到我们这里时已经下午4点左右了。村民们在公路边等待了好几个小时，没办法，油茶到了后，个人按着登记的亩数把油茶苗领回了家。

2017年9月29日　星期五　阴

　　今天大部分的村民都去种油茶了，这个天气很适合种油茶。因为昨天夜里下了点小雨,今天也是个阴天,油茶也刚领到,所以这个时机不能错过,大家都拿着锄头、背着油茶苗去退耕还林地种去了,一直忙到种完才回来。

2017 年 9 月 30 日　星期六　阴

又到赶集的日子了,菜农们可不能错过这么好的赶集机会。所以凌晨 4 点半就起床出发了。别的村民这两天没那么忙了,只是没有种完油茶的继续种着。晚上聚会结束后排练舞蹈的继续排练着,因为离感恩节只有一个星期了,村民们今天就这样过了一天。

2017年10月1日—31日

2017年10月1日　星期日　晴

今天还是一日三次地聚会，别的时间都在家里好好地闲着，保养一下身体，因为明天又得干活。晚上练合唱和舞蹈，离感恩节只有四五天了，他们得加紧练习，直到10点后才休息了。

2017年10月2日　星期一　晴

虽然村民们大春已经收完了，但还是不得闲，因为又得忙种小春了。有些人种豌豆、蚕豆、油菜、白菜，有些人有草果还是得继续收、继续卖。村里的污水施工队也照常施工着，村里的每一个角落都要挖，现在他们只是先挖埋管子的坑。今天村里的情况就是这些了。

2017年10月3日　星期二　晴

明天就是中秋节了，今天去县城买月饼的人也很多。这几年，村里的人会过中秋节了，可能是由于时代的变化吧，现在在外面打工挣钱的人很多，他们的思想也改变了，可能将来也会跟着时代发展吧。

2017年10月4日　星期三　阴

村民们为了过中秋节，今天去县城里买月饼的人很多，因为现在的村民大部分都会过年过节了，也可以说是跟上时代的节奏了，晚饭的时候都杀鸡煮肉。夜晚的时候吃水果、吃月饼，家家户户都过得很开心，大家都十一二点才睡，这时村里才安静了。

2017年10月5日　星期四　阴

今年不知是怎么的，村里已经死了几个人了，今天又死了一个，这个也是得了绝症，可能是肝癌。晚上去他们家守夜的人有许多，他们是娃底一组的，今天就这个了。

2017年10月6日　星期五　晴

今天村民都去办丧事那家帮忙，虽然有点忙，但下午要去汪然教会参加感恩节，所以去前要准备好各种猪、牛食，还要准备一下要穿的衣服。现在出了这种事，谁也不好去准备那些了，只能到修墓地那里背砖、背沙子。虽然墓地那个地方有点远，但是在大家的共同努力下，砖和沙子都运完了，然后才去参加感恩节。村民们就这样一方有难、八方支援，大家都团结一致、相互帮忙。

2017年10月7日　星期六　晴

今天村里可没有那么热闹，去县城里赶集的妇女也没有去，因为全村的人都去汪然教会过感恩节了。家里只有老的和小的了，留在家里的那些人还得找好猪食。今天晚上在教堂里也没有聚会了，可能是长老们都去参加感恩节的原因吧！

2017年10月8日　星期日　晴

有些村民为了去看感恩节的舞蹈，早上就不去教堂做礼拜，在自己家里做饭吃。家里的活全部做完了后，就去汪然教会了。别的老人或是脚腿不方便的人留在我们本地教堂里做礼拜。因为是星期日，去汪然教会参加做礼拜的人是做完礼拜后在那里吃了饭后才回来的。今天就这些了。

2017年10月9日　星期一　晴

今天是感恩节的最后一天，过感恩节的人早上聚会结束，吃了饭后就各自回了家。听说这次参加感恩节的有400多人，生活费和奉献款有

3万多元，在感恩节里用了后还剩下2000多元。这次感恩节圆满结束，大家都很高兴，都兴高采烈地各回各家了。

2017年10月10日　星期二　阴转晴

今天娃底三组的阿迪生家浇灌房子，大部分的村民都去帮他们家忙，有七八十人。因为人多嘛，下午3点左右就完成浇灌了。村民们在他们家吃了饭后就回家了，今天就这些了。

2017年10月11日　星期三　阴转雨

这两天村民们可没有那么忙了，有些人去鹿马登赶集，有些人去盖新房子的那几户帮忙，有些家的小春还没有种完，他们继续种着。但是中午以后就下起了大雨，大家都收工回家了。

2017年10月12日　星期四　雨

今天一直下着大雨，村民们无法干活，所以村里的施工队都停着工，盖新房的那几户也只是做一做家务活。就这样过了一天。

2017年10月13日　星期五　雨

雨一直没完没了地下着，这可把盖新房的那几户急死了，因为他们的工期马上就到了，所以今天见到有几户穿着雨具盖着。没办法，村委会的人给他们工期叫他们今年年底要盖完，所以他们只能如此了，别的村民只能在家休息了。

2017年10月14日　星期六　阴

又是街子天，村里的妇女还是凌晨四五点就出发了，村里的污水施工队也照常开工了。因为这两天是农闲时间，村民们也找点猪食，或是在菜地里加工一下。就这些事了。

2017年10月15日　星期日　晴

到了星期日，跟往常一样，基督徒们一日三次地聚会，然后在家休息。不信教的人也没去干活，他们也只是在家休息或是约几个朋友去喝酒了。星期日这天村里有点热闹，以前这天在球场里打球的比较多，但是现在球场被施工队占领了，没法打球了，只能在公路边逛逛或是去别的村子里打球了。

2017年10月16日　星期一　晴

听说今晚在县城灯光球场里有文艺演出，所以村民们就早一点做晚饭，吃完晚饭就去县城看演出了。去的人也比较多，因为这两年大部分的村民都有两轮摩托或三轮摩托，还有一些村民有小车，所以现在出去都很方便，看演出的那些人演出结束后才回来。

2017年10月17日　星期二　晴

今天我们娃底二组的阿格东家浇灌房子，大部分的村民都去帮他们家忙，有四五十人。在大家的共同努力下，下午4点左右就浇灌完了，然后大家吃了饭后就各自回家了。村民们就这样相互关心着，无论哪一家需要帮忙，大家都乐意帮助人，这就是我们傈僳族人的美德。

2017年10月18日　星期三　晴

今天我们娃底二组的阿迪妹家浇灌房子，村民们还是帮他们家忙。另外，今天我们组需要填低保户的资料，因为要填好多，所以派了两个识字的作为义务工在我家里填了一下午。因为我们不经常坐办公室，我们4个人好不容易填到下午4点左右才填完了。然后才休息。

2017年10月19日　星期四　晴

唉！这两天浇灌房子的人家比较多，今天娃底三组的哑巴邓阿设家浇灌房子。因为他是个哑巴，至今都还没有老婆，所以村里的人都可怜他，今天来他家帮忙的还挺多的。因为人多，下午 4 点左右就浇灌完了，然后还是在他家吃了饭后就各回各家了。

2017 年 10 月 20 日　　星期五　　晴

唉！当个副组长也不容易啊，不是填表就是收集资料、开会这些，工资每个月 45 元，每天合着一块五毛，要不是给群众服务，谁也不愿意干这事。今天也是如此，叫我和组长另外还派了一位义务工，去量娃底二组的房子，每户有几平方米。听说收集这个是要将每一个房子装修成同一个颜色，我们几个吃完饭后就开始量去了。我们娃底 3 个组各量各的，我们组的是从桥头那家开始量，每家都要量长、宽、高，一个人登记，两个人量。我们组的有 52 户，把这几家量完就下午 3 点左右了，然后把资料交给村委会，我们才回了家。

2017 年 10 月 21 日　　星期六　　雨

今天下了一整天的雨，这可把卖菜的妇女害苦了，身上淋了雨很冷，生意也不好。可能是下雨天的原因，赶集的人少。在家里的那些村民也无法干活，只能做些家务活。这样，今天就这么在雨水中过了一天。

2017 年 10 月 22 日　　星期日　　雨

由于我的这次收假时间到了，所以昨天下午 2 点就乘卧铺车出发，今天上午 9 点到了昆明。昆明这里也下着雨，我就急着回学校了。回到学校，见到了一张张熟悉的脸孔，心里也非常高兴。从今天开始，我又要过学校里的生活了，按着时间吃饭上课睡觉了。

2017 年 10 月 23 日　　星期一　　雨

可能是下雨的原因吧，昆明的气候也有点冷啊，跟我们福贡的气候一样，所以只好穿着厚一点的衣服。今天是第四期的第一天上课，也是最后一期，我们班主任告诉我们这一期有点紧，要做许多的事，叫大家坚持做，要遵守学校纪律、课堂纪律。这些教完后还是写讲章，上课下课吃饭睡觉都是按着时间进行着，直到睡觉铃声响了大家才睡觉了。

2017年10月24日　星期二　雨

今天是学校里学习的第二天，虽然外面一直下着雨，不过在教室里还是挺温暖。今天大家的心里都是乐滋滋的，因为今天班委几个去看大家后天要去的郊游场地了。听说是要去圆通山动物园里玩，还有翠湖公园，所以大家都好期待后天的到来。今天就在这么好的心情当中度过了。

2017年10月25日　星期三　晴

今天终于晴了，随着太阳出来，天气也有点暖了。由于天气晴了，我们班的同学都很高兴，因为明天可以去圆通山玩了。由于明天集体去郊游，今天班委们不能上课了，他们有些去订餐，有些去找车子。只是我们几个在教室里正常地上着课，一直到下课铃声响了为止。

2017年10月26日　星期四　晴

今天是我们十四期教牧班郊游的日子，大家都很高兴。我们早餐在学校里吃了后换好班服，做了个出发祷告后就在学校门口等车子。因为班委们请了一辆公交车，8点来学校门口来接我们，车子到了后我们就乘着公交车去圆通山了。我们班老师和学生一共有50多个人，老师不好管理，就分成5个小组，每个组有10个人，每个组有一个组长，这样各组就可以自己管理了，在动物园里也要各组玩各组的最后才集中在一个地方。一个上午在动物园玩，吃过午饭在翠湖里玩，最后在讲武堂里转了一圈后就回学校了。今天很开心，看到了许多动物，这些都是没有见过的，在讲武堂里也听到了许多历史故事。

2017年10月27日　星期五　晴

今天还是有点忙，因为我们马上就要结业了，在教堂外面照合影。师生合影，然后是照证件照，这个是往结业证上贴的。这些结束后才正常上课，下午的最后两节课是练诗，晚上是祷告聚会，这个结束后我们就休息了。

2017年10月28日　星期六　晴

因为我们是教牧班，难得学几天，班主任决定星期六也不休息了。今天我们还是继续上课，只是下午最后的两节课排练节目，离我们结业晚会只有10多天了，我们得加紧练习。这次是我们教牧结业班为主，我们要多出点节目，兄弟姐妹都努力练着呢。晚上的青年团也帮我们，我们班也跟他们唱了两首，最后结束祷告后大家才回宿舍睡觉了。

2017年10月29日　星期日　晴

今天是星期日，我们大家都做礼拜，但是这里做礼拜的次数只有两次，上午9点一次，中午一次。晚上就没有聚会了，所以晚上的时间我们上晚自习，妇女还是排练节目、舞蹈，直到下课为止。今天就这样了。

2017年10月30日　星期一　晴

今天我去昆明市区里买手风琴去了，因为昨晚我们教会的长老托我去买手风琴，我就答应他们去买了。可是我不懂琴，城市里也不好转，所以请李老师带路帮我买琴了。我们乘坐地铁去潘家湾，教会的长老说钱是今天早上才打过来，我们到了那里后在几家店里找了找，李老师试了一下琴，最后找了两台，一共7800元，然后就回来了。今后我们教会赞美诗歌就可以用手风琴伴奏了。

2017年10月31日　星期二　晴

今天开始我们全校的师生集中在报告厅里上大课，给我们讲课的是有名的牧师梁老师。我们上午8点开始就上课，上大课是两个小时一节课，但是老师讲得很好，所以一节课的时间一眨眼就过去了。听课的人也很多，报告厅都坐满了。这样大家都提起精神听着课，直到下课为止。晚上睡觉铃声响了大家就睡觉了。

2017 年 11 月 1 日—30 日

2017 年 11 月 1 日　星期三　晴

今天还是在学校里上大课，不过上大课有点累，两个小时一节课嘛，还好大家都坚持上课。晚上得排练节目，所以这两天在学校里紧张地过着，这是我们离结业日期马上就到的原因。今天就这样了。

2017 年 11 月 2 日　星期四　阴

今天是上大课的最后一天，所以和往常一样在报告厅上，从早上开始上到下午 6 点。这次的内容是老师分享了一个作为传道人要怎么做、怎样以身作则等。今后大家也去实践吧。

2017 年 11 月 3 日　星期五　晴

这两天学校里可忙了，上午的课还是照常写讲章。下午开始就要上体育课，又要排练节目，所以有点累，不过再坚持几天我们就结业了。大家都坚持上好每一节课，直到睡觉时间到了为止。

2017 年 11 月 4 日　星期六　晴

我们班还是在紧张状态中，离结业晚会也只有一个星期了，所以上午的时间各组各地排练着舞蹈、诗歌、话剧。中午的时候，在报告厅十四期的教牧班与全校的老师开交流会，同学们都讲了各个的心声。这个结束后又在教堂里彩排节目，虽然这两天有点辛苦，但是大家都很高兴，可能是马上就能领到结业证的原因吧。

2017 年 11 月 5 日　星期日　晴

今天是星期日，所以在昆明恩光堂这里做礼拜了，但是这里一日中只有两次聚会。聚会结束后，大家就各自约着伴去玩了，因为过两天要各奔东西了，所以这两天要把握好时机。到了晚自习的时候才回到学校，然后上完自习后就睡觉了。

2017年11月6日　星期一　晴

今天学校里可热闹了，而且师生都特忙。因为今天第十五期的教牧班来报到，学校里又开秋季运动会。今天男篮和女篮要打球，早饭吃完后在球场上举行开幕式，然后就开始打了。先是教牧班和神学班二年级的同学打。不过这场我没参加，因为我去接人了。我们那里来了一个同学，他参加的是十五期。今天云南神学院的也打了两场，由于时间的原因，今天的运动会没有结束就天黑了，只能推迟到10号再继续了。晚上睡觉时间到就睡觉了。

2017年11月7日　星期二　晴

今天是昆明市中心教堂搞培灵会的第一天，学校里很热闹，人也很多，来参加的有四五百人，有神学院一、二年级、教牧班两个班和老年团及恩光堂的弟兄姐妹。所以从早上开始上到晚上9点，教我们的都是牧师，听众都听得津津有味。时间不知不觉地这样过了一天。

2017年11月8日　星期三　晴

今天是培灵会的第二天，学校里还是很热闹。讲课的还是大牧师们，上午讲一个，下午讲一个，早晚各一个，个个都讲得头头是道，听的人都全神贯注。虽然每节课上两个小时，但是不知不觉就过去了。晚上还是铃声响了就睡觉了。

2017年11月9日　星期四　晴

今天是培灵会的最后一天，吃饭时因为人多有一点挤，所以给老人们另外安排。直到晚上的课上完后，小组讲了些，以后还要继续努力的话，然后就结束了。这次三天的培灵会就这样圆满结束了。

2017年11月10日　星期五　晴

今天又继续开运动会。首先开始的还是篮球赛，然后才是个人项目，跳绳、乒乓球、羽毛球、俯卧撑、仰卧起坐等。学校里可热闹了。晚上又是闭幕式、发奖金，这些结束后才休息去了。我们很感谢学校里的每一位老师，因为我们的一年学业要完成了，现在各回各家的时候到了，所以这次的运动会是给我们开的，我们只能说声：谢谢老师们，您们辛苦了！

2017年11月11日　星期六　晴

今天我们班可是最忙的一天了，因为今天是我们班最后的结业聚餐，晚上还得参加结业晚会，所以我们早上早点吃完后就开始忙了。班委已经把人员分配好了，哪一组要杀羊、杀鸡，今天要做的菜比较多，要做11个菜，所以大家都各组分别忙着，先忙完的那个组要帮其他几个组。这样在大家共同的努力下，下午5点可以吃饭了。今天因为人多嘛，所以在球场摆桌子吃，来吃的有三四百人，吃完饭就得赶紧收拾，然后还要化妆，7点开始要参加结业晚会了。今天晚会我们的节目很多，来看我们演出的人也很多，一直到9点多才结束。今天我们就这样过了一天。

2017年11月12日　星期日　晴

今天是我们十四期教牧班结业典礼和十五期教牧班的开学典礼。上午民宗委和统战部的人也来参加我们的典礼，他们鼓励我们，还亲手发给我们结业证书，然后跟我们合影。我们也很感谢他们在百忙之中抽空来参加我们的典礼。结业典礼结束后，我们班的人就各奔东西地回家了。

2017 年 11 月 13 日　星期一　晴

虽然在车上过了一夜，但可能有想念家乡的原因吧，不知不觉地就回到了家。虽然外面大城市的生活好，但是回到家里，还是觉得自己家温暖。金窝银窝不如自家的狗窝，这句话不假啊！我也总算拿到结业证书了，心里很高兴。

2017 年 11 月 14 日　星期二　晴

今天我们组的村民很高兴。农村低保前一个星期就到了，因为我不在村里就拖到现在。今天我和组长到福贡县城里取了钱，下午 6 点叫村民们到我家开会，然后就分给他们钱。这次学生享受农村低保的有 10 个人，初中以上的每人可以享受 280 元，其他的是每户 440 元。大家都拿到钱了，心里很高兴，他们的口里还感谢中国共产党的好呢。

2017 年 11 月 15 日　星期三　晴

昨天晚上领到了钱，有些村民今天就去鹿马登赶集了。另外，今天我们教会里有一个祷告会，所以村民们早一点吃完饭，然后就去参加祷告会了，结束后才回家休息。

2017 年 11 月 16 日　星期四　晴

今天我们娃底二组的格四恒结婚，有些村民去参加他们的婚礼。因为他以前结过一次婚，所以这次不是在教堂里举行婚礼，而是在他们自己家举行。来参加婚礼的女方多，男方邀请的少，可能是结过一次婚的原因吧。今天就这样了。

2017 年 11 月 17 日　星期五　阴

这两天天气越来越冷了，村民们做饭做菜都用火来做，这样可以烤火。村里的污水施工队也每天都按时地上着班。别的村民这两天没什么可忙的，所以该干嘛的干嘛。只是明天准备去福贡县城赶集的，今天要找好各种蔬菜了。今天就这些了。

2017年11月18日　星期六　晴

今天是福贡县街子天的原因，凌晨5点左右就有人走动了。但是这几个月里，去福贡县城一趟不容易，因为现在国防路要加宽，修二级路，随时都堵车，没有重要事情就不去赶集了。今天还听说因为堵路，有好些人还是走路回家的。不过不要担心，修好路后去福贡县城就好走了。

2017年11月19日　星期日　晴

今天村里的基督徒们中午去布拉底村亚嘎兰教会的多，因为他们的教堂今天举行落成典礼，而且我们离他们很近。所以有些人吃完早饭后就出发了，别的村民还是一日三次地在我们村教堂聚会。结束后大家才回去休息了。

2017年11月20日　星期一　晴

因为这两年的草果价格涨得高，有些村民也尝到了甜头，于是有去草果地里修理草果的，也有人是去补种的。另外，今天又是学生收假的日子，有些家长还是送他们回学校。今天就这些了。

2017年11月21日　星期二　晴

这两天是农闲时间，大部分的村民也只是做家务活。今天见到村里的妇女去做小工的有四五个人，她们是去江东修二级路那里，听说每天给130元的工资，还管一顿饭。上班时间是上午8点半开始，下午5点半收工，可能以后几天也会有人去做工。今天就这些了。

2017年11月22日　星期三　晴

今天村里来了几个调查组，我们组的组长带着他们在村里转了一圈，然后就回去了，村里的施工队也照常施工着。因为这两天天气比较冷，晚上村民们也早点睡觉了。

2017年11月23日　星期四　雨

今天早上开始下着雨，村民们没办法干活。因为现在天气比较冷，又下着雨，所以大家都担心感冒，就只好做家务活，在家休息了。

2017年11月24日　星期五　晴

今天上午我们村里各个组的喇叭里通知，叫到名字的妇女拿着自己的身份证去鹿马登乡医院检查妇科，凭身份证就可以免费进行检查。希望村里的妇女个个都去检查，所以这些妇女放下手中的活去鹿马登医院检查妇科。但是有些人还是没有去，可能是忙不过来，或者是没有病的原因吧。

2017年11月25日　星期六　晴

因为是福贡县街子天，有些村民还是去福贡县城赶集，有些人在家做家务活，找一点猪食。晚上在教堂里聚会结束后，回自己家烤一下火暖暖身子。因为这两天天气比较冷，所以就早一点睡觉了。

2017年11月26日　星期日　晴

今天村委会里的党支部书记在我们娃底教堂里晚上的聚会结束后来宣传政策，第一是大家必须一户一宅，不能有几处宅基地，还有要退耕还林，另外保持卫生，环境卫生要搞好。最后一项是建档立卡户要搬迁的话，可以搬迁到上江或者是片马，愿意的话政府还可以给补贴。这些宣传完后大家才回去了。

峡谷回声　福贡县鹿马登乡赤恒底村傈僳族村民日志

2017 年 11 月 27 日　星期一　晴

党的政策就是好，党对农民的关心总是无微不至，今天又见到送钱给盖新房的那几户了，他们收到钱后十分高兴，真的是雪中送炭呀。他们口里还特别感谢党的好。是的，党对农民的关心真是无微不至啊。

2017 年 11 月 28 日　星期二　晴

今天又是学生放假的日子，村民还是得去接自己的孩子，接回来后才该干嘛的干嘛去了。还有今天村里浇灌房子的有 3 家，所以只有亲戚朋友、隔壁邻居才去帮忙了。今天就这些了。

2017 年 11 月 29 日　星期三　晴

今天又是鹿马登赶集的日子，但是今天去赶集的人少，因为学生都放假了，只是做生意的那些人才赶紧去。晚上在教堂里聚会结束后就回家休息了。

2017 年 11 月 30 日　星期四　晴

今天是我们娃底二组的阿格东家浇灌房子，有些村民还是去帮他们家忙。中午，家长还是得去送自己家的儿女到学校去，然后才回来了。今天就这些了。

2017年12月1日—31日

2017年12月1日　星期五　晴

为了明天的赶集，有些村民还是忙着，因为这两天没有什么可忙的，所以有些村民去帮忙盖房子的那几家，有些只是做点家务活。今天就这些了。

2017年12月2日　星期六　晴

因为是星期六，得找猪食，所以有些村民去找猪食，有些去街子上赶集。这两天村里又增加了一个工程队，是去装修村里的卫生所，所以这两天村里很热闹。今天就这些了。

2017年12月3日　星期日　晴

今天晚上的教堂聚会结束后，我们娃底一、二、三组在自己的小组里开个会议。今天开会的内容是环境卫生、异地搬迁问题，还有建档立卡户要搬迁到集中房。另外是我们这边要搞一个福贡城北区，所以让大家在已经规划好的地方不要再继续种植、建筑房子等，要不然他们就不赔偿，希望大家不要再去规划好的地方补种什么。会议结束后大家就回去了。

2017年12月4日　星期一　晴

我的堂哥从昨天开始就病危了，我们家族和几个朋友们去挖坟墓了。有些人去找石头，有些人在挖坟地，把基础挖好，石头找好一些就回来了。晚上7点左右堂哥就断气了，所以晚上，村里的大部分父老乡亲都聚集在这里，村民们就这么互相照顾、互相帮忙着。

峡谷回声　福贡县鹿马登乡赤恒底村傈僳族村民日志

2017 年 12 月 5 日　星期二　晴

今天是我堂哥下葬的日子,所以来看望、送葬的人也好多,而且他是个五保户,所以也有政府官员来看望他,还送来棉被和钱等。在大家的共同努力下,到了下午 4 点左右就已经安葬好了,明天再修理一下就完工了。今天就这些了。

2017 年 12 月 6 日　星期三　晴

这两天没什么可忙的,只是做点家务活或者是帮助别人盖房子,有些还是去鹿马登赶集,又去看望在学校里的孩子。晚上在教堂里聚会结束后,大家就回家休息了。

2017 年 12 月 7 日　星期四　晴

今天傍晚的时候,我们组里的天保员普友沙给我们组里的人发涂白剂,可以涂在核桃树上,也可以涂在橘子树上,这样通知给大家。大家就拿着桶来领涂白剂了,他就分给大家,有多一点的,也有少一点的。直到没有人来领的时候,他才收拾东西回家了。今天就这些了。

2017 年 12 月 8 日　星期五　晴

今天娃底三组的熊丽邓结婚,大部分的村民都去参加他的婚礼了,但是有些人还是没有去,因为他没有在教堂里举行婚礼,而且是用不信主的礼仪举办的。今天就这些了。

2017 年 12 月 9 日　星期六　晴

前天我们组的村民都领到了涂树的涂白剂,防虫。今天和昨天村民都去林地里涂涂白剂了。另外,一些村民还去县城里赶集了。晚上在教堂里练歌,明天要去鹿马登乡教务处参加新房落成典礼,所以一直练到 10 点后才休息去了。

2017年12月10日　星期日　晴

今天是我们鹿马登乡教务处新房落成典礼，村里的基督徒大部分都去参加典礼了，留在村里的也是照常做礼拜，礼拜结束后才回家休息了。

2017年12月11日　星期一　晴

今天是我们赤恒底全村人都出动的日子，因为村委会通知要去扫山上的那条水沟。这条水沟是我们全村的人都要用的，种水稻时从这条水沟引水下来，所以我们每年都去清扫。这条水沟是我们全村人很重要的水源，今年有点早了，平常我们是2月份后才去清扫的，但是今年这个时候去清扫可能是有原因吧。村民们都早一点做饭吃，9点开始从家里出发，每个组的村民都到自己的分段里，人到齐后就开始清扫。男的拿刀砍树除草，女的拿锄头清理水沟。大家都很积极，因为路远，大家都想早点清扫完早点回去。在大家的共同努力下，下午2点左右就清扫完了，然后大家就陆陆续续回了家。

2017年12月12日　星期二　晴

这个季节是非常冷的阶段，所以早上的时候家家户户都在生火做饭，这样就可以暖和一点了。这两天妇女天天晚上都练圣诞节的舞蹈，因为离圣诞节只有10多天了，所以她们一直练到10点后才休息。

2017年12月13日　星期三　晴

因为是星期三，是鹿马登街，所以也有一些去鹿马登的。今年可不知怎么了，今天我们娃底二组的普友沙母亲又去世了，晚上有许多人去他们家，一些人一直守到通宵。今天就这些了。

2017年12月14日　星期四　晴

今天因为村里死人了，虽然还没有安葬，但是需要挖坟墓，背沙子、背水泥，所以全村的人都去帮忙，晚上还去帮他们家守夜，村民们就这样相互帮忙。

2017年12月15日　星期五　晴

今天村民们还是去帮忙办丧事的那一家，有些去帮忙修坟墓，有些去帮忙做饭，有些帮忙背沙子等。直到安葬好了，然后才各自回了家。另外一件事是全村的党员、护林员、组长和副组长在村委会里开会，今天讲话的有5位：乡长、副乡长、总支书、村主任、新农村指导员。讲的内容也很多，有党员作风、环境问题、饮用水问题、脱贫异地搬迁问题等。会议结束后大家才回去了。

2017年12月16日　星期六　晴

因为是福贡县的街子天，有些村民还是去福贡县城赶集。这两天可没有什么忙的，村民们也只是做点家务活。村里排污水施工队也照常施工着。因为天冷，村民晚上也是早点睡觉了。

2017年12月17日　星期日　晴

今天我们娃底3个组的村民都在交医疗保险费，因为村委会通知，必须在21号前交完，然后录入电脑，这样新的一年里就可以用了。今晚我们组里的村民大部分都交完了，别的村民可能过两天会交吧。今天就这些了。

2017年12月18日　星期一　晴

这两天晚上，村里的妇女有点忙。因为圣诞节马上就到了，得排练节目，后面又是元旦。元旦也要演出，所以这两天都在排练节目，大家都排练节目到10点后才休息。

2017年12月19日　星期二　晴

因为马上就要过圣诞节了，还有后面的元旦，所以就得做准备工作了。有些家里里外外打扫一下，有些洗一下衣服，晚上还继续排练节目。村民们就这样过了一天。

2017年12月20日　星期三　晴

这两天村里的妇女还是特别忙，她们得打扫环境卫生，马上就要过年过节了，还得洗衣服，晚上还要排练节目。虽然她们有点累，但是她们还是坚持排练到10点多钟，然后才回去了。

2017年12月21日　星期四　晴

今天见到有几家去种土豆。以前大部分的村民都种，但是这几年种得比较少，可能是产量低的原因，有些家更是说本都没有回来，更别说辛苦费了，还说不如去街子上买来吃等，村民们有许多种说法。晚上还是继续排练节目。今天就这些了。

2017年12月22日　星期五　晴

今天是亚朵教会举办圣诞节的日子，村民们白天只是做一点家务活准备一下行李，下午3点以后就出发了。有些是徒步去，有些是搭车子去，有些是晚一点才去。晚上没有去参加圣诞节的村民，还是继续排练元旦的节目。今天就这些了。

2017年12月23日　星期六　晴

今天去福贡县城里赶集的村民比较少，原因是大部分的村民都去参加圣诞节聚会了，留在自己家里的那些村民都得做些家务活，得找猪食、牛食，所以没时间去赶集。因为有些人去参加圣诞节聚会了，所以晚上就停练节目了。可能后天才继续排练节目。今天就这样了。

峡谷回声　福贡县鹿马登乡赤恒底村傈僳族村民日志

2017年12月24日　星期日　晴

因为是星期日的原因，村民们早上的教堂聚会结束后，吃完早饭，大部分的村民都去亚朵教会参加圣诞节聚会了，有些是徒步去的，有些是开车去的，今天在那里献赞美舞的比较多，去的人都可以大饱眼福。最后还可以吃一顿饭再回来，晚上因为有点冷，所以大家都早一点睡觉了。

2017年12月25日　星期一　晴

今天上午去参加圣诞节聚会的人11点就回来了，回到家里大家就该干嘛的干嘛去了，晚上的时候教会里的长老们讨论怎么过元旦节、哪几个人负责什么项目等。这些讨论结束后才回来休息。

2017年12月26日　星期二　晴

为了庆祝元旦，我们娃底3个组、新村的人和阿兰甲一组，演小品的一个组和中老年一个组，每个组都在傍晚时候就开始排练节目。因为白天没有时间排练节目，离元旦也只有几天了，所以各组都抓紧时间排练着节目，直到10点过后才休息了。

2017年12月27日　星期三　晴

这两天大家在预备着过元旦了，所以都只做一点家务活，洗洗衣服，找一点猪食，打扫一下卫生，晚上还是各组分别排练节目。今天就这些了。

2017年12月28日　星期四　晴

今天各个组的组长和副组长、全村党员、护林员都去村委会开会，只是我感冒头痛没有参加。听说开会的内容是集中房和土地征用的事情，所以娃底一组和三组是傍晚时就开始开会了。我们组因为组长有点事，明晚再说。今天就这些了。

2017年12月29日　星期五　晴

为了过元旦，今天全村的每户出一个人去帮教堂里干活，有的打扫卫生，有的布置舞台，有些贴帖子，大家都齐心协力共同努力着，到下午就打扫得差不多了。只是有些任务还没有完成，只能明天继续了。今天就这些了。

2017年12月30日　星期六　晴

毕竟是要到新年了，明天又是星期日，所以大家今天去福贡县城里赶集买菜、买衣服，想在新年里穿一件新衣服，吃一点好吃的。今天赶集的人很多，搭车回家有点难搭，有些人就回来得有点晚了，晚上各组还是继续排练节目。今天就这些了。

2017年12月31日　星期日　晴

今天又是星期日，又是跨年，村民参加中午的教堂聚会结束后，就开始做饭了。毕竟是跨年嘛，大家都做点好吃的。夜晚的时候还是挨家挨户地贴帖子、唱歌报新年到了，因为我们村子有点大，所以直到凌晨5点后才结束，然后才回家睡觉了。

村民虎赛雄日志
2018年

2018 年 1 月 1 日—31 日

2018 年 1 月 1 日　星期一　晴

因为昨晚睡得晚了,所以村民们今早都起得比较晚。今天是 2018 年的第一天,像往年一样,今天先不搞活动,先做祷告会。今天的祷告会差不多下午 1 点才开始,3 点后才结束。一组的村民在厨房里做饭,下午 5 点后大家去厨房里打饭吃。今天就这些了。

2018 年 1 月 2 日　星期二　阴

从今天开始要搞元旦活动了,活动项目的主持人上午 10 点左右就在教堂里集中做道具了。这些道具做好后,等一下人到齐了,活动就可以开始了。今天活动的项目有四五种。有打弩弓的项目,这个项目是男人的活动,村里大部分的男人都会打,打中十环的就奖励一块香皂。后面是蒙着眼睛摸东西、跑步。然后到了吃饭时间就吃饭。晚上的晚会大家都献唱献跳,欢欢乐乐的,很高兴,直到演出结束了,大家才回家了。

2018 年 1 月 3 日　星期三　雨

雨一直下个不停,大家都以为今天的元旦活动会取消,所以吃完饭后就在家休息着。到了 11 点半,教会的喇叭响了,通知叫大家赶快来教堂参与活动,今天的活动仍然继续,活动场地里已经搭好塑料布了,所以不用担心淋雨。听到这个消息后,大家就赶往教堂去了。有些人得了许多的奖品,有些人只是一点点。

活动持续到下午 4 点后才结束了。今天还是集体开饭,大家在厨房里打饭拿回家吃,晚上就没有活动了。因为冷,大家晚上就早一点睡了。

峡谷回声　福贡县鹿马登乡赤恒底村傈僳族村民日志

2018 年 1 月 4 日　星期四　晴

今天雨过天晴了，村民个个都是喜出望外，因为这样就可以参加活动了。今天上午 11 点后就开始活动了，第一还是先打弩弓，今天参与这个项目活动的有八九十人，别的项目是拔河和摸东西等。大家都在一起，玩的玩，看的看，笑的笑，都很开心，希望这一年里大家都天天开开心心的。今天就这些了。

2018 年 1 月 5 日　星期五　晴

今天还是继续元旦活动。村民们为了能参加活动，早上还是早点起床去做饭吃，然后到教堂集中玩游戏。一组的村民还是每天都做着饭，有时抽空去玩一两个游戏，就得回来做饭。晚上开敬拜晚会，来献唱的约有 22 个组。这些组献唱完了，大家才回家休息了！

2018 年 1 月 6 日　星期六　晴

今天是我们教会组织庆祝元旦活动的最后一天，晚上搞结束文艺晚会。今天还请了别的教会的兄弟姊妹，村民们吃完早饭后就去教堂参加活动了。因为晚上有晚会，所以活动下午 3 点就结束了。

活动结束后，3 个组就去打扫卫生了，因为明天领导要来我们村，大家就共同地努力，不到 1 个小时就打扫完了，村里显得更美丽了。

晚上，还是 7 点开始赞美敬拜，到 9 点后才结束，然后大家才回了家。

2018 年 1 月 7 日　星期日　晴

因为这两天参加元旦活动，大家都有些累了，正好今天又是星期日，所以村民们只是去做礼拜，别的时间都在家休息，晚上也是早一点睡了。

2018年1月8日　星期一　晴

唉！这个日记写也不是，不写也不是。写了嘛，酬金也没拿到，2017年的都才拿到4个月的；不写嘛，他们云南大学没通知我们，总之是默默无声的，我也不知道该怎么办了。因为是元旦节过完了，所以大家都各忙各的了，只是这两天农闲时间大家都只是做家务活，就是这样过了一天。

2018年1月9日　星期二　晴

我们这边的新城区可能马上要建设了，今天通知尼子府那片土地要量地了，说叫村民们那里有地的，吃完早饭要去那里，要不然就量不着了。这些是先前就开会讲过了，叫村民们不要阻挡，这是国家征用。即使村民们舍不得、不愿意，也去量地了。

2018年1月10日　星期三　晴

因为昨天一天量不完，所以今天继续量地，今天量的是粮种场这片地区，叫村民们那里有地的还是去一下。另外，今天又是鹿马登街，所以有些村民去赶集又看望孩子去，一举两得嘛。晚上还是聚会结束了后才休息了。

2018年1月11日　星期四　晴

今天还是继续量地，有一些村民还是去地里量地了，别的村民只是该干吗的干吗去了，有些盖房子的继续盖，做小工的还是继续做小工。晚上，因为天冷，大家都早点睡了。

2018年1月12日　星期五　晴

今天我们娃底二组的村民傍晚时候讨论今年的春节活动怎么做，是否还是跟一组的一起过。经过大家一番讨论后，决定还是我们组自己过了，最后商量怎么过好这个春节。今天开始就捐款了，大家听到这个消息后很开心，希望今年能过个好节。

2018年1月13日　星期六　阴

今天是阴天，特别特别的冷，但是有些村民还是去县城里赶集。有些得找猪食，还有村里排污水施工队在村委会上去的那条路上施工着，所以，这两天这条路不通车，步行还可以。晚上还是聚会结束后才休息。

2018年1月14日　星期日　晴

今天布拉底教堂举行教堂新落成典礼，因为我们离他们很近，大部分村民吃完早饭就去那里参加落成典礼了。今天晚上在村委会里开始练民族舞蹈了，这是要准备春节活动时跳。今天就是这些了。

2018年1月15日　星期一　晴

今天是鹿马登学校里的孩子放假的日子，村民们去鹿马登接孩子。别的村民还是各做各的，排污水施工队也照常地做着。因为学生都回来了，所以村里又更热闹了一点。

2018年1月16日　星期二　晴

这两天征用土地的，每天都照常量着，村民们也是量到哪里就跟到哪里。另外今天还在村委会里开会，主持的是村委会，参加会议的是村里的党员、护林员、组长、副组长，还有教牧人员，开会的内容是定村规民约。经过大家一致表决，才定下了村规民约，会议结束后大家才回家了。

2018年1月17日　星期三　晴

今天去量地的还是去量地，有些是去鹿马登赶集，村里的工程队也照常施工着。晚上在教堂里聚会结束后,大家就回各自家休息去了。

2018 年 1 月 18 日　　星期四　　晴

这两天量地那些还照常量着,做小工的那些也是照常做着。因为再过几个星期就到春节了,得找过年的钱。这两天没事做,只能做家务活。晚上在村委会跳民族舞蹈。今天也是如此。

2018 年 1 月 19 日　　星期五　　晴

这两天每天晚上都在村委会里跳民族舞蹈,跳的人有三四十人。还有,我们组的村民也天天捐款,有的都用手机发红包的方式,然后给他们记上。为了过好今年的春节,他们都是乐意奉献的。今天也是如此了。

2018 年 1 月 20 日　　星期六　　晴

今天早晨我们娃底 3 个组的村民都扫路,8 点各组的高音喇叭里通知开始扫路了。然后村民就拿着扫把、袋子、铲子到自己的组里地段开始扫了。在大家共同的努力下,差不多 1 个小时就扫完了。这样村里的环境搞好后,村里到处都是干干净净了。

2018 年 1 月 21 日　　星期日　　晴

现在是农闲时间,今天又是星期日,所以村民除了在教堂里聚会外,别的时间都在家休息。还有学生都放假回了家,村子里很热闹。晚上因为冷,所以大家早点睡了。

2018 年 1 月 22 日　　星期一　　晴

现在我们怒江公路已经在施工当中了,所以老是堵车,有点麻烦,去一趟县城也是灰尘多多的。晚上更是封路,车辆不通。施工队晚上都是一直在施工着,到现在为止才修好一点点,可能再过一两年才结束。

修好以后就畅通无阻了。

2018年1月23日　星期二　晴
今天上午村委会里又通知今天去量征用地，到千思底那片区上，有地的一定要去那里。马上就到春节了，所以排污水施工队们紧张地施工着。今天就是这些了。

2018年1月24日　星期三　晴
这两天我们村里的赤傈然组合受移动公司邀请为他们公司演出，昨天是去利沙底演出，今天是去鹿马登演。听说要给他们一点误工费，所以他们早出晚归。希望他们赤傈然组合每天都演出成功，能走出村里。

2018年1月25日　星期四　晴
这两天可能是马上就要过年的原因吧，村委会里的工作队员每天都出去捡垃圾，今天也是如此，他们去公路两边捡垃圾，别的村民还是该干吗的干吗。今天就是这些了。

2018年1月26日　星期五　晴
今天是娃底一组的阿义恒结婚，他不是基督徒，所以在他家举行婚礼。下午2点后去他家做客的比较多，但是有些人还是没去，可能是不信主的原因吧。听说他们还请了一个乐队，乐队是我们村里的赤傈然组合。婚礼持续到下午6点左右才散了。今天就是这些了。

2018年1月27日　星期六　晴
因为是街子天，有些村民还是去县城赶集，有些只是做点家务活。而且这两天都是干旱天，做什么都有点不适应，晚上在教堂里聚会结束后就休息了。

2018 年 1 月 28 日　星期日　晴

因为是星期日，村民们除了在教堂里聚会，别的时间都在家休息。今天见到排污水施工队也在休息着。晚上因为冷，所以大家都早点睡了。

2018 年 1 月 29 日　星期一　晴

今天见到我们村的赤傈然组合又出发了，听说是去贡山演出。别的村民还是该干嘛的干嘛。今天就这些了。

2018 年 1 月 30 日　星期二　晴

今天听说高老师带着一批研究生到我们这里来了，还说是晚上聚一聚，但是晚上过了也没有联系，可能是忙的原因吧。这两天学生都在村里，村里也有点热闹。今天就这些了。

2018 年 1 月 31 日　星期三　晴

今天见到村子里来了许多工程师样子的人，他们向我们新水池的那个方向走去了。听说这两天我们的新水池马上要完工了，可能是这个原因，他们是来检查水池是否合格的吧。今天也是如此了。

2018年2月1日—28日

2018年2月1日　星期四　晴

离春节只有两个多星期了，今天见到排污水施工队有一个组回去过年了，他们可能过完年再继续施工吧，有几个组还留在村里继续施工着。今天也是这些了。

2018年2月2日　星期五　阴

今天村里又来放电影了，村民们吃完晚饭后就去村委会里看电影了。因为晚上下着蒙蒙的细雨，所以来看的人不多，冷的原因吧。晚上放了两部电影，都是傈僳语，直到电影放完了，大家才各自回去了。

2018年2月3日　星期六　小雨

今天虽然是福贡街子天，但是去赶集的人比较少，因为从早上开始就下着小雨。这两天下着雨就更冷了，所以村民们只干家务活，别的时间在家里的火塘边取暖。晚上村委会里照常放电影，但是看的人比较少。今天就这么度过了一天。

2018年2月4日　星期日　雨

雨不断地下着，见到高山上还下着雪，所以气温很低，村民们都穿着厚厚的衣服去教堂里聚会。晚上村委会里继续放着电影，有些村民不管多么的冷，还是去看电影，直到电影结束才回家去了。

2018年2月5日　星期一　雨

因为这两天下起了雨，村里的妇女心情可好了，她们可以开始种各种蔬菜了，因为土地湿润了，种什么都可以成活，种的种类也多了。因为今年不准种苞谷,所以种的有辣椒、茄子、毛豆、白菜、青菜、萝卜等。有些人还没有去买种子,有些人已经在耕着地了,村民们从现在开始要忙了。

2018年2月6日　星期二　阴

村民们还是种着各种蔬菜,有的背粪、犁地等,还有的村民也只是做点家务活。今天就是这些了。

2018年2月7日　星期三　阴

今天三组的白腊家浇灌房子,因为这两天村民没有什么特忙的。所以今天来帮他们家的人很多,有50多人,在大家的共同努力下,下午5点左右就完工了。然后,大家吃了饭后就回家休息去了。

2018年2月8日　星期四　雨

因为是下雨天,村民们没有办法去地里干活,只能在家里取暖,所以村民们除了干不得不干的活外,别的时间都在家里度过了。

2018年2月9日　星期五　雨

又是连续的雨天,没法干活,只是明天准备去县城赶集的那些人得冒着雨去找各种蔬菜,别的村民今天就在火塘边度过了一天。

2018年2月10日　星期六　雨

因为是星期六,所以不管怎么下雨,村里的妇女还是得冒着雨去找猪食,有些还是去县城赶集。晚上在教堂里聚会结束后大家就回家休息了。

峡谷回声　福贡县鹿马登乡赤恒底村傈僳族村民日志

2018年2月11日　星期日　晴

今天终于雨过天晴了，村里的基督徒早早地起床，梳洗完后就去教堂了。今天是教堂里三年一届的换届选举时间，来主持选举的是乡里派来的3位传道人。今天要选3次，第一次是选执事，第二次是老师，第三次是礼拜长和妇女执事。所以每一次都要点名，点到名的就领票，18岁以上的都发给他们几个人的票。然后进去填名后就投票了，投完后他们就一个计票、一个唱票。这样一个上午就选出来4个人了，选出的结果还是以前的那4个，村民们选好后就回来了。

可是到中午聚会时，那3个传道人又说，教会执事要重新选一次，因为他们的年龄过大了，只能是选62岁以下的，于是中午选出了阿普独。这样，这次的换届选举就圆满结束了，选出了阿普独执事，老师是普堂，礼拜长是普利大，妇女是那丽沙，村民们都很满意选出的结果。

2018年2月12日　星期一　晴

马上就到春节了，所以修二级路的工人也回家过年去了，现在去县城里赶集也不堵路了。这两天村民们也只是忙着家务活，种点小蔬菜这些了。村民们就这么度过了一天。

2018年2月13日　星期二　晴

今天傍晚我们组讨论今年的春节活动，我们组的会议是从下午6点开始的。在大家的共同商量下决定今年的春节还是过3天，大家都赞同以后就回去了。今天就这些了。

2018年2月14日　星期三　晴

离春节只有两天了，我们组讨论决定今天去搞一下春节活动场地。我们组的村民早饭吃完后就去江边亚阿格那里了，有些是拿着锄头，有些是拿着砍刀。到那儿后，有人去接电线，有人去接水，有人修平一下场地。这样大家都各干各的，在大家的共同努力下，下午 5 点左右就结束了，然后大家才各自回家了。

2018 年 2 月 15 日　星期四　阴

村民们有些还没有买好菜的，今天还是去县城买菜去了，因为家家都在过年嘛。还有我们组买好的牛今天要杀了，所以约了几个年轻人在亚坪的普友沙家杀牛。杀完后全部处理好了，大家才回来。

2018 年 2 月 16 日　星期五　晴

今天是春节的第一天，我们组今天去江边的沙滩上去玩。活动场地已经搞好了，所以吃完早饭后就去通知大家穿上民族服饰去。我们组在江边的沙滩上玩了一天，在那里吃饭后大家才回来了。

2018 年 2 月 17 日　星期六　晴

今天是我们春节活动的第二天，所以我们组的炊事员早上开始就去亚兰格的沙滩上做饭做菜去了。早上就要把这些做好了，这样下午就可以参与活动了。我们的活动从中午 12 点就开始了，第一项还是跳民族舞蹈，然后是自由跳舞、拔河，还有"浑水摸鱼"等。今天还是吃牛肉，大家都吃完饭后才回家。

2018 年 2 月 18 日　星期日　晴

今天因为是星期日，所以我们组的春节活动只能暂时停一天，明天才继续。有些村民去教堂做礼拜，有些村民还是出去旅游，有些到雪山去玩雪，有些是在村里玩扑克。大家就这么过了一天。

2018 年 2 月 19 日　星期一　晴

今天是我们组春节活动的最后一天，我们组负责做饭的还是早早地去沙滩做饭去了。今天需要杀许多鸡，因为我们前面讨论的时候说每户要交一只鸡，然后统一煮吃。今天还是跳民族舞蹈、自由献唱、"浑水摸鱼"，最后是公布一下今年的捐款收入。这些结束后，大家吃完饭就回家了。今年的春节活动就这么结束了，希望明年的活动更好。

2018年2月20日　星期二　晴

春节活动结束了，今天见到许多村民都各忙各的去了，建新房子的继续盖着，鞭炮声也没有那么多了，晚上也早点睡了。

2018年2月21日　星期三　晴

今天我们二组的普利大家浇灌房子，去帮忙的人很多，下午4点左右就完工了，然后在他家吃了饭后大家才回去。

2018年2月22日　星期四　晴

春节已经过了，村民们吃也吃了、喝也喝了，现在大家都各忙各的。今年政府还是下命令不准种苞谷，村民们只好种别的了。今天就这些了。

2018年2月23日　星期五　小雨

今天早上开始就下起了雨，天气比较冷，村民有些只是做点家务活，有些还是去种点菜，还有去种草果的。今天就这么度过了。

2018年2月24日　星期六　晴

今天又是个下雨天，所以去街子天上赶集的人很少。村民们也只是做些家务活，准备一些明天的猪食，然后在火塘边取暖。今天也是这些了。

2018年2月25日　星期日　晴

今天我们组晚上的聚会结束后在我家开了会，内容是把今年的春节活动时的捐款数目和支出情况公布给大家,让大家也知道收入了多少和支出了多少。这些都结束后再讲给他们今年定的村规民约十七条,这些念完后大家才回去了。

2018年2月26日　星期一　小雨

这两天,大部分村民都去种橘子了。因为现在不让种苞谷了,只能种这些。现在橘子苗每株都是6块钱以上了,但是不管价钱怎么高,村民们还是买了去种了。因为是下雨天,村民们就这么度过了。

2018年2月27日　星期二　小雨转阴

为了学生明天的开学,今天大部分家长都在家里洗学生服和准备儿女的行李。另外,今天村里的老板们又拉来了一车橘子苗卖给村民们,村民们买好后种到地里去了。今天也就这些了。

2018年2月28日　星期三　晴

今天是学生收假的日子,所以有些家长早上早点起床做饭吃,然后背着孩子的行李去学校了,在街子上还给他们买学习用品,在学校里给他们找床位,还交代他们要听老师的话,然后才回了家。

2018年3月1日—31日

2018年3月1日　星期四　晴

有些村民还是购买了一些橘子苗,然后种到地里去了。现在去外面打工的那些人,陆陆续续地出发到外面去了。村里盖新房的还是继续地盖着,村里的施工队们也又开工了。大家都各忙各的了。

2018年3月2日　星期五　阴

今天是元宵节,但是我们这里还不会做汤圆,有些想吃也是去街上买着吃,今天大家还是该干嘛的干嘛去了。

2018年3月3日　星期六　雨

今天是福贡街子天,但因为是下雨天,去赶集的比较少。在家里的也是做点家务活。晚上在教堂聚会,结束后大家就早点睡了。

2018年3月4日　星期日　雨

又是个下雨天,村民们除在教堂做礼拜外,别的时间都在家里休息。另外,今年要在退耕还林地里种苹果的,到护林员那里登记,听说政府要给苹果苗,来报名的很多。今天就这些了。

2018年3月5日　星期一　晴

这两天修二级路的,每天晚上都修着,所以晚上7点半开始就堵车了,而且江东那边修路的时候,我们江西这里很吵,但也没有办法,修路建设嘛,只是希望早点能把公路修好。这样,我们也能舒舒服服地睡个好觉,而且去县城也方便了。

2018年3月6日　星期二　雨

今天一天都下着雨，但是有些村民还是不休息，因为这个时候种植树木成活率比较高，而且这几天正是植树的季节。这两天晚上开始排练节目了，因为4月6号在阿兰甲举办复活节。今天也是如此了。

2018年3月7日　星期三　阴

今天村里的驾驶员去鹿马登学习交通安全法了，因为昨天就通知村里的驾驶员今天下午3点必须到鹿马登乡政府学习交通安全法，所以开拖拉机的、开摩托的、开小车、开大车的今天统统都去鹿马登学习交通安全法了。举办的单位还是县里的交警大队，学习交通安全法后，还要办一张交通学习卡，然后才回了家。

2018年3月8日　星期四　晴

今天虽然是妇女节，但是我们这里会过妇女节的不多，只有会干活的妇女，所以今天大部分的村民都在干活。晚上在教堂继续排练节目。今天就这些了。

2018年3月9日　星期五　晴

明天三组的熊丽华结婚，今天大部分的村民都去帮他们家忙。有些人杀猪，有些人布置新房，有些人做饭等等。另外，今天每个组派4个人到山上引水去了。我们的那个水是每年三四月份才放水下来的，今天派人上去是去看一下水沟里堵不堵。今天就这些了。

2018年3月10日　星期六　晴

今天三组的熊丽华结婚，他们在教堂里举行婚礼，来参加的人挺多的。听说新娘子是同朵村的人，娘家的来参加的有40多人，来回都是男方的人接送。来了后在男方家里吃饭后，才把他们送回了家。今天就这些了。

2018 年 3 月 11 日　星期日　晴

因为是星期日,所以村民们除了在教堂里做礼拜外,别的时间都在家里休息看电视,晚上也是早早地睡了。

2018 年 3 月 12 日　星期一　阴

今年可是喜事多多啊,村里明天又有人结婚,是娃底一组的余永友。今天亲戚朋友都去帮他们家杀猪、布置新房等,晚上还是练结婚时的祝福歌。今天就是这些了。

2018 年 3 月 13 日　星期二　晴

今天是娃底一组的余永友结婚的日子,亲朋好友早早地就去帮他们家煮饭煮肉。新娘子是我们同一村委会阿兰甲组的人,离我们村只有两三公里。今天来参加婚宴的比较多,教堂都坐满了。因为是基督徒,所以还是在教堂举办。教堂里结束以后才去男方家吃喜糖、吃瓜子、喝肉汤,男方邀请的就挂个名,然后提一袋肉和饭就回家。女方邀请的就不挂名,他们可以免费提一袋肉和饭回家。今天就是这样了。

2018 年 3 月 14 日　星期三　晴

今年政府不让种苞谷,村民们只好种些别的。这两天大部分村民都种些芋头、橘子、生姜,有些村民还种些别的。因为有点累,所以晚上大家都早点睡了。

2018 年 3 月 15 日　星期四　晴

今天大部分村民去田地里干活,有些人犁地,有些人种芋头,有些人收割油菜,大家都各忙各的。晚上,还是在教堂里练舞蹈等,到 10

点后才结束，然后才回家休息。

2018年3月16日　星期五　雨

今天早上开始就下着雨，一直下到晚上，只有种树的才去地里，别的村民和村里的施工队都在休息，没法干活。因为冷，晚上也早点睡了。

2018年3月17日　星期六　雨

今天也是个下雨天，村民们只好做些家务活。因为是下雨天，泥石流比较多，所以下雨天里大家都很少出门。晚上，在教堂里聚会结束后大家就早点睡觉了。

2018年3月18日　星期日　雨

因为是星期日，又是下雨天，村民们只好在家休息了。只是今天学生放假，有些家长还是冒着雨去学校接自己的孩子，接回来后才休息了。

2018年3月19日　星期一　晴

今天晚上7点娃底3个组都在村委会开会，内容是今年种植产业的问题，政府不让种苞谷，村委会副主任拿给每个组几张表，叫村民自己选今年要种什么，种类已经写在表里了。大家都填好表后就回家了。

2018年3月20日　星期二　晴

这两天村民都各忙各的，家家都在忙着种芋头、西瓜、黄瓜、南瓜、苹果、橘子等，有些人还忙到晚上。今晚还是照常排练节目，10点后才休息了。

2018 年 3 月 21 日　　星期三　　晴

今年还要种稻谷的，这两天正在撒秧。稻谷可以种，所以有些村民还是准备种稻谷。

另外，今天学生收假，有些家长去送自己家的儿女，晚上聚会结束后排练。今天就这些了。

2018 年 3 月 22 日　　星期四　　晴

明天我们二组的和三农结婚，今天大部分的村民都去他们家帮忙，有些人去教堂布置，有些人去他们家打扫布置婚房等，有些人杀猪煮饭，等等。总之，一切都准备好后，大家才回家了。晚上也是练习结婚祝福歌。今天就这些了。

2018 年 3 月 23 日　　星期五　　小雨

今天是我们组的和三农结婚的日子，亲朋好友们早早地去帮他们家忙。新娘子是结布德村的人，离我们村有 30 多公里，所以早饭也要预备。他们的婚礼还是在教堂里举行，在教堂里结束了后就去男方家吃喜糖、喝肉汤、喝茶，然后挂个名就各自回家了，今天就是这个事了。

2018 年 3 月 24 日　　星期六　　阴

因为是春耕时期，也是农忙时间，所以大家都各忙各的。今天是福贡街子，有些村民还是去县城里赶集，晚上还是继续练诗歌，直到 10 点后才休息了。

2018 年 3 月 25 日　　星期日　　晴

今天中午的聚会结束后，村委会的副主任、工作组的人来教堂的操场上宣传禁止种苞谷的事。要是不听政府的话，那么就无法再享受惠农政策。但是有些农民还是不会听，所以大家都议论纷纷地结束了这场会议。

2018年3月26日　星期一　晴

今天早上7点半开始，我们娃底3个组的村民都在自己的路段扫路。为了能舒舒服服地过日子，为了打扮自己的家乡，村民们努力着，不到1个小时就全部清理干净了，然后大家才回了家。

2018年3月27日　星期二　雨

今天早上开始就下着雨，一直下到晚上，村民们只好做不得不做的事情了，别的时间都在家里休息了。今天就这么度过了一天。

2018年3月28日　星期三　晴

这两天在村里施工排污水的施工队在公路中间埋水管了，所以这两天村里不通车子。今天学生又放假了，有些家长还是去接自己的儿女。晚上在教堂里聚会，结束后村民们就早点睡了。

2018年3月29日　星期四　晴

今天各组的组长和副组长11点在村委会里开会，内容主要还是禁止种苞谷的事。到了晚上，各组又开了一次会，把上级交代的任务又交代给村民。我们组还是服从上级的命令，也没有多大的意见。这样，开了半个多小时的会就结束了。

2018年3月30日　星期五　晴

今天是娃底一组的邓秋女儿结婚。因为他的女儿是独生子女，所以婚宴在他们家里办，村里的村民参加了他们的婚礼，但是婚礼没有在教堂里举行。今天就是这个事了。

2018 年 3 月 31 日　星期六　晴

又到福贡街子了,这两天因为农忙去赶集的也不多。另外,娃底一组的普来今天出了事故,出事地在赵碧花家旁。拖拉机从公路翻下去差不多有 100 多米,但是人没有生命危险,也没有重伤,所以没有住院,说在家里养伤。今天也就是这些了。

2018年4月1日—30日

2018年4月1日　星期日　晴

今天一日三次的聚会外，村民们到自己的副组长那里登记种植产业的数目，政府要给村民们草果苗和油菜苗，所以大家都来报种植的数目。晚上还是练诗歌，离复活节只有一个星期了。今天也是如此了。

2018年4月2日　星期一　晴

由于这两天在村里的主路上施工，所以交通有点不便，施工队可能再过一两个月才能完成，村民们希望早一点能完成这个工程。今天晚上也没练诗歌和舞蹈了，大家都会得差不多了。

2018年4月3日　星期二　晴

村民们还是各忙各的，但是不管怎么忙也没有以前那么忙了。以前忙是因为这个时候要种苞谷、撒秧、搞田地，现在禁种苞谷了，只能种些别的了。有些家里还是撒秧，可能要种稻谷了。今天就这些了。

2018年4月4日　星期三　晴

因为是鹿马登街，有些村民去赶集卖菜，有些村民去看望自己的孩子。还有离复活节只有两天了，所以洗一下衣服，到时候可以穿。晚上在教堂聚会，结束后就回自己家休息了。

2018年4月5日　星期四　晴

今天中午各个组的组长和副组长在村委会开会，到了晚上各小组又在自己的小组里开会。开会的内容还是禁种苞谷和种油菜的事，还有就是清洁卫生了。会议结束后大家就回去了。

峡谷回声　福贡县鹿马登乡赤恒底村傈僳族村民日志

2018 年 4 月 6 日　星期五　晴

今天是一年一度的复活节，在阿兰甲举行，我们全村的人下午 3 点就纷纷地赶往阿兰甲教会了。我们娃底教会的人到下午 5 点吃饭的时间才去那里打饭回来，然后在自己家里吃饭后，才去做晚上的礼拜。今天参加的人挺多的，教堂都坐满了。上边来讲道的有两个，一个是乡里的妇女执事，一个是县里的传道，今晚讲道的是妇女执事。村里的传道讲了一些祝福和规章制度后，晚上的礼拜就结束了。我们教会的人全都回来了，别村的人就在他们那里住下了，希望这 3 天的复活节过得好好的。

2018 年 4 月 7 日　星期六　小雨

好像每年过复活节的时候都会下雨，今年也不例外。早上开始就下着雨，我们娃底教会里的人只能打伞去做礼拜了，有车的还是开着车，没车的只能徒步，或是搭别人的车。饭还是打回自己家里吃，还是一日三次的聚会。今天是受难日，所以大家都只献诗，不跳舞。今天就是这么个情况了。

2018 年 4 月 8 日　星期日　阴

今天村民们参加复活节的，还是在阿兰甲教会里做礼拜。今天学生也放假了，有些村民还是去接自己的子女了。今天也是如此了。

2018 年 4 月 9 日　星期一　阴

今天是复活节的最后一天，大家在阿兰甲教堂里做完早礼拜后，这次复活节里的事务长说一下这次复活节活动的情况，参加复活节的总人数为 721 人，生活费和捐款 48000 元左右。然后村里的传道讲了些祝福的话，最后吃了饭后，大家就各回家了。这次的复活节就这么圆满地结束了。

2018 年 4 月 10 日　星期二　阴

今天我们娃底二组的普友恒家里浇灌房子，村民们还是去他们家帮忙，今天来帮他们家的人挺多的，所以下午 4 点多就完工了。今天学生又收假了，有些家长还是去送他们的孩子回学校。今天也是如此了。

2018 年 4 月 11 日　星期三　阴

今天我们村里来了一位油菜老板，我们组的组长邓李大带他去油菜种植地区考察，然后晚上叫村民们报名要种的油菜。但是不知怎么的，我们组里一个都没有来报名，可能还没有想通。今天就是这些了。

2018 年 4 月 12 日　星期四　小雨

今天，我们村里的各组长和副组长、村民代表，还有护林委员都在村委会开会。开会的内容是，建设新城市、土地征用、异地搬迁。晚上各组又开会把上级的指示传达给村民们，告诉他们土地征用水田是每亩 82300 元左右，旱地是 76000 元左右，还有青苗损失费等，还劝勉他们不要阻挡建设，要合作等。这些讲完后，会议就结束了。

2018 年 4 月 13 日　星期五　阴

因为村里的排污水施工队这两天在主公路上施工，所以行人走路都有点困难，车子更是不通，村民们只好从布拉底方向行驶了。今天还见到我们村的对面拉水泥的车子翻车了，是路基垮了的原因，人没有重伤。现在修二级路，路不好，希望司机们多加小心。

2018 年 4 月 14 日　星期六　阴

又到福贡街子了，但是现在去街子赶集的人很少，因为在修二级路，交通随时都堵，我们村对面天天都看到堵车。所以没有很重要的事，村民们都很少去县城，今天也只是做点家务活。晚上做完礼拜，大家就都休息了。

2018年4月15日　星期日　雨

今天早上醒来，雨还是叮叮咚咚地下个不停。又是下雨天，又是星期日，好想赖在床上，但是村里的基督徒要坚持起床去做礼拜。这样村民们一日三次聚完会后，今天就这么度过了。

2018年4月16日　星期一　晴

政府要征用土地，建设美丽新城市。但是，村民们觉得赔偿方面不够，被征用土地的那些村民相互约着今天去县政府，要求提高一点赔偿。结果就不知道了，可能明后两天才知道。今天就这件事了。

2018年4月17日　星期二　晴

今天见到有几个村民去雪山上采竹叶菜去了，听说这两天竹叶菜很值钱，每市斤20元。但是这两天雪还没有完全化，所以采不到多少。希望他们能多采一点回来，卖个好价钱。

2018年4月18日　星期三　晴

现在政府是禁种苞谷，有些家的地已经退耕了，所以现在的村民也没有那么忙了。但村民们还是该干嘛的干嘛，还是闲不住。农民的心里就是这样，担心下一年吃什么，唉！

2018年4月19日　星期四　雨

今天傍晚我们娃底二组又开会了，今天开会的目的还是被征用土地的事情。村民们还是觉得赔偿的数额不够，所以明天要去乡政府那里说理去，今天要讨论谁去说。另外，是水源问题。这些讨论结束后大家就散了。

2018 年 4 月 20 日　星期五　阴

今天村里被征用的那些村民还是去鹿马登乡政府那里要求赔偿问题，不过这次去的都是各组挑选出来的，我们全村里共有 9 个小组，所以选了 9 个人，结果怎么样还不知道，可能明后两天才会知道呢。

2018 年 4 月 21 日　星期六　雨

今天一整天下着大雨，村民们也没法干活，只是干不得不干的活，别的时间都在家里休息。今天就这么过了一天。

2018 年 4 月 22 日　星期日　晴

一方有难，八方支援，我们村里娃底一组的杜复恒老公在建他自己的房的过程中从房上掉下来，脚骨折了，现在还在医院里，很可能得过好长时间才能行走，房子也还没建完。教会决定愿意帮他们家忙的，登记名字，然后每天派几个人去帮忙盖房子，所以来登记名字的有许多，希望他们家能快点盖完房子，也祝她老公早日康复。

2018 年 4 月 23 日　星期一　晴

今天早上教会里的高音喇叭里通知，今天去帮杜复恒家盖房子的是三组的村民，请三组的村民快点做饭吃，然后一起去帮忙。所以三组的村民大部分都去帮忙盖房子了，别的两个组还是自己忙自己的活。今天就是这个了。

2018 年 4 月 24 日　星期二　晴

今天还是三组的村民去帮杜复恒家盖房子。还有各个组的组长和副组长在村委会开会，内容是今年、明年、后年政府扶持项目是种植业和养殖业的问题。这些结束后，晚上又各组开会，问村民们想往哪一方面发展。现在国家政策好，国家要扶持农民致富。村民们也报了许多种，希望村民们得到政府的扶持后，生活能富起来。

2018年4月25日　星期三　晴

今天去帮杜复恒家盖房子的是我们娃底一、二组的村民，他们早上早点起床做饭吃，然后去帮忙了。还有我家邻居熊金恰今天定亲，男方家来了许多人。听说男方是县城的，他们到下午6点左右才回去。晚上教会里的高音喇叭里又通知说，阿兰甲里有一位老人去世了，叫村民们去帮忙守夜，有些人就去帮忙守夜了。今天就是这些了。

2018年4月26日　星期四　晴

今天去帮忙盖房子的只能暂时停一下了，因为阿兰甲昨天有一位老人去世了，她是属于我们教会的，今天有许多村民去帮他们家。听说明天才下葬，所以大部分村民可能明天才会去帮忙。今天就是这些了。

2018年4月27日　星期五　阴

因为阿兰甲那里办丧事，所以大部分的村民都要去阿兰甲办丧事那家帮忙。因为是老人家去世，来的人也很多。村民们就这样相互扶持、互相帮助，希望这种团结能继续发挥下去。

2018年4月28日　星期六　阴

这两天有些村民忙着砍竹子搭草果篷，上面盖的那些和草果苗都是政府给的，村民们只要把篷子搭好就可以了。现在大家都知道，种草果有收益，有些人收入10多万呢，所以大家种草果很积极。这样，村民们忙到晚上才休息！

2018年4月29日　星期日　晴

为了建设美丽的城市，工作人员每天都开导着村民，今天也是如此。

村委会里的工作组给我们各组的组长一个任务，就是他们将已经录好音的文件给我们，然后叫我们每天早晚各在高音喇叭里放一次，今晚我们组的就放了一次，明天再继续放了。

2018 年 4 月 30 日　星期一　小雨

早上开始就下着点小雨，但是不管怎么样，村民们可忙着呢，一大早就去砍竹子搭草果篷。今天还有些人去亚坪杜复恒家盖新房，村民们就这样在小雨当中度过了一天。

峡谷回声　福贡县鹿马登乡赤恒底村傈僳族村民日志

2018年5月1日—31日

2018年5月1日　星期二　阴

今天虽然是五一劳动节，但是村民们不过节，只有劳动，还是各忙各的，一直忙到晚上。农民就是这样，忙的时候会很忙，农闲的时候天天休息。

2018年5月2日　星期三　小雨

村民们真的有同情心，早上通知杜复恒家浇灌房子，就先放下自己手中的活儿，去帮他们家浇灌房子了。来他们家帮忙的有许多人。在大家的共同努力下，下午3点左右就完工了，然后大家吃饭后就各自回家了。希望以后哪家有困难，大家还是像现在一样，互相帮助。

2018年5月3日　星期四　小雨

村委会里又通知要重新量地，然后填在土地证里。说早上要在亚坪片区量，下午要在阿尼罗底区域量。但是工作人员说下午有事开会，所以量了一个上午，村民们就回来了。今天就是这些了。

2018年5月4日　星期五　阴

昨天通知今天各组的组长、副组长在村委会开会，但是时间到了也没有来几个。所以村委会里的工作人员只能推迟会议，明天再开了。这样，来的那些人也只能先回去。

2018年5月5日　星期六　中雨

今天在各组的组长、副组长、护林员、党员、教会里的传道、执事等都在村委会一起开会，9点就开始开会了。今天开会的内容，还是禁种苞谷和征用土地的事情，要给村民做好思想工作，会议结束后大家才回去了。

因为下雨，晚上各小组没有开会，只能暂缓一下。今天就这些了。

2018年5月6日　星期日　雨

今天晚上，我们赤恒底全村的各个小组都在开会。开会的内容还是禁种苞谷的事，要是村民们不听党的话，执意要种苞谷的话，就会取消惠农补贴，叫村民们慎重考虑事情的严重性。另一个问题，还是征用土地的事情，再过两天要签约了，大家要配合工作。会议结束了大家才回去。

2018年5月7日　星期一　阴

今天我们全村9个小组的组长去布拉底参加会议，内容是关于建设美丽城市而征用土地的问题。到了晚上的时候，各组又开了自己的小会，还是说村民们征用土地的马上要签约了，大家要积极配合，给大家讲了一些鼓励的话。然后大家才散了。

2018年5月8日　星期二　雨

今天还是一直下着雨，村民们没办法干活，只能躲在家里休息。另外见到村委会里的工作队打着伞，去地里查看有没有种苞谷，要是有种的话他们就会登记，然后劝告村民们。今天就是这些了。

2018年5月9日　星期三　阴

这两天我们村里的村民被征用土地的去布拉底签合同了，因为早一点签约会有奖励，每亩800元，别的村民就只是该干嘛的干嘛。今天就是这些了。

峡谷回声　福贡县鹿马登乡赤恒底村傈僳族村民日志

2018 年 5 月 10 日　星期四　晴

今天我们村下面的亚坪小组那里的肯友堆家进新房，所以有人去他们家帮忙，去挂礼的人也特别多。

另外，今天学生又收假了，家长还是去送他们的子女回学校，然后才放心地回了家。

2018 年 5 月 11 日　星期五　晴

村委会又通知，今天开始量地了，叫村民们去地里等着，今天要从村里量到上面的阿尼罗底，有地的村民要去那里等着量地呢。今天也是如此了。

2018 年 5 月 12 日　星期六　阴

今天还是继续量地，不过今天是去老赵支书家公路下面批过这片区里量，所以在那片区有地的村民去那里等候着量地去了。还有些村民去县里赶集去了，这两天听说竹叶菜的价格有点下降，现在每市斤 10 元左右就买得到了。另外，村民们还是得找好猪食呢。这个星期就是这么度过了。

2018 年 5 月 13 日　星期日　阴

因为是星期日，大家除礼拜的时间外，别的时间都在家里休息，或是去探望一下学校里的小孩子。今天就这些了。

2018 年 5 月 14 日　星期一　阴

今天娃底三组的邓阿设哑巴家浇灌房子，大部分的村民都去帮他家浇灌房子。另外量地的那些人还是继续量着。村民们今天就这么度过了。

2018年5月15日　星期二　晴

今天村委会给村民们苦荞种子和黄豆种子，这是按村民们先前报的数字给的，我们组的苦荞麦种子120多斤、黄豆80斤，然后将这些种子又分给了村民。现在大家都知道，禁种苞谷由这些替代，领到这些种子后，有些就去地里种了。

2018年5月16日　星期三　晴

今天见到有几家还是去栽秧，现在苞谷不准种，稻谷是可以种的，所以有些人还是种稻谷了。别的村民还是该干嘛的干嘛，有些人还去鹿马登赶集看望孩子。今天就这么过了。

2018年5月17日　星期四　晴

今天娃底一、二、三组的村民还是去量地划地界线，今天量的片区是在前几天量的终点。工作人员拿着一张地图，然后在地图上划地界。今天不管怎么努力还是没有量完，明天只能再继续了。

2018年5月18日　星期五　晴

今天娃底3个组的村民还是去赤恒底娃底划土地界线去，昨天就划好的人家今天就没有去了。村里有些妇女为了明天去县城赶集，今天要找好各种蔬菜，一直忙到晚上，一切都准备好了才休息了。

2018年5月19日　星期六　晴

为了做点小生意，菜农们凌晨4点多就去县城摆摊了，别的做生意是等天亮以后才陆续去县城。现在做生意的人很多，有做民族服饰、牛马生意的、零食生意的、民族砍刀手工艺品的等。现在村里做什么的都有，希望大家都能越来越发达。

峡谷回声　福贡县鹿马登乡赤恒底村傈僳族村民日志

2018 年 5 月 20 日　星期日　晴

因为是星期日，除在教堂聚会外，没有什么可忙的。中午还去学校里送孩子，别的时间都在家里休息了。

2018 年 5 月 21 日　星期一　晴

这个村民日志没法再写下去了，因为两三年的酬劳都没给了，我也只能坚持写到今天为止了，希望以前写过的日志补给我酬劳，那我就真的很谢谢了。

2018 年 5 月 22 日　星期二　晴

唉！还是很左右为难的，经过几天的考虑后，决定还是写下去了，他们给不给酬金也要写下去了。给了更好，这样就有点生活费了，不给那也就算了，练练字吧，阿普我会继续努力坚持写下去！

2018 年 5 月 23 日　星期三　晴

今天村委会里通知耶独到娃底的那片草果连片区域里要发遮阴网，大家要在地里等着，村民们听到通知后就到地里等着了。这个遮阴网做好后，过两天还要发草果苗，村民们就很积极地做，希望做这个能成功，然后给村民们带来财源。

2018 年 5 月 24 日　星期四　晴

今天还是继续发遮阴网，村民们还是坚持做着。杆子前面就架好的，今天就可以盖遮阴网了，没有栽好杆子的一边栽杆子，一边盖遮阴网，直到下午五六点了才回家休息了。

2018 年 5 月 25 日　星期五　晴

今天遮阴网还没运到，所以只能暂时缓一下了，只能等遮阴网到了才能继续做。为了明天赶集，村里的妇女还是要找好各种蔬菜来等待明天的福贡街子天。

2018年5月26日　星期六　晴

村里的菜农凌晨四五点就去县城摆摊去了。菜农这么早起床，还得提前一天准备，他们有些时候收入还是很低，最高的也只能卖出四五百元，有时候才几十元，剩下的也只能背回来。白天也舍不得吃一顿饭，只吃一碗米线来充饥，所以做这个生意的是很苦很累的，没办法，只能默默地坚持下去了。

2018年5月27日　星期日　阴

这两天江水涨了，村里不信主的小伙子去江边钓鱼了。听说现在江边钓鱼人能钓很多。政府禁止在江里炸鱼，控制了七八年了，所以现在在江边撒渔网也捞得着鱼，可能以后还会更多。

2018年5月28日　星期一　晴

今天学校里的学生又放假了，家长还是去学校里接孩子，把孩子接回家了后才该干嘛的干嘛去了。学生放假回家了，村里就比较热闹了。

2018年5月29日　星期二　雨

从早上开始就下着雨，一直下到晚上，村民们也没法干活，只是做点家务活，然后在家里度过了一天。

2018年5月30日　星期三　雨

今天也下了一整天的下雨，所以去鹿马登赶集的村民也很少，有些村民也只是找一点猪食、牛食，别的时间就在家里度过了。

2018年5月31日　星期四　小雨

听说今天上午腊早乡那里发生了泥石流，冲走了10多辆车子和三四间房子。听到这些信息后，有些村民去江边捞柴去了，有些村民不敢出门。

今天是学生收假的日子，家长把自己的子女送回学校，然后才安心地回了家。

2018年6月1日—30日

2018年6月1日　星期五　晴

今天是儿童节，为了鼓励自己的儿女，不管怎么忙，村民都先放下手中的活，去学校陪孩子过节去了。

另外，今天村委会又给村民们发遮阴网，村民们领到遮阴网，然后就盖上了，现在就只等再次发草果苗。今天就这些了。

2018年6月2日　星期六　阴

今天大家还是各忙各的，有些去县城赶集，有些去铺盖遮阴网，有些还是得找猪、牛食。晚上在教堂里聚会，结束后大家才回家休息了。这个星期就这么平安地过到了周末。

2018年6月3日　星期日　阴

今天中午各组的组长、副组长在村委会开会，开会的内容还是要搞好卫生、土地征用签约的事和改种产业补贴问题，另外，还有禁种苞谷的事情。今天开会的内容不多，所以会议只持续了半个小时左右就结束了。然后大家就回去把这个事情说给村民们了。今天也就这些了。

2018年6月4日　星期一　小雨

因为昨天开过会，要搞好村里的环境卫生。又因为今天是下雨天，而且村公路上还有施工者、排污水工程，所以，三组的村民们下午5点左右，才清理垃圾，而我们二组和一组的村民打算等明天天气好转了再打扫。今天就这件事了。

峡谷回声　福贡县鹿马登乡赤恒底村傈僳族村民日志

2018年6月5日　星期二　晴

今天早晨7点半，我们娃底二组开始大扫除，因为早上还下着点雨，我们只能用手捡垃圾、用手拔草，不能扫了，地是湿湿的。在大家的共同努力下，不到1个小时，我们组的路段全部清扫干净了，然后大家才回去了。

2018年6月6日　星期三　晴

由于这两天天气很热，村民大部分都是早晚干活，白天在家里乘凉。今天有些人还去鹿马登赶集看望在校的孩子。今天也就这些了。

2018年6月7日　星期四　晴

现在的村民没以前那么忙了。现在苞谷不种了，苞谷地里不用除草了，田地也改种草果了，也不用去施肥了，美丽新城市那里也征用土地了，没法去干活了。所以，村民们只做点家务活，就这样过日子了。

2018年6月8日　星期五　晴

这两天有些家的黄瓜、南瓜熟了，但是大家都还舍不得吃，因为这两天可以卖个好价钱，今天得为明天赶集而预备好各种蔬菜了。今天也就这些了。

2018年6月9日　星期六　晴

今天是福贡街子天，去县城赶集的妇女还是凌晨四五点就去县城摆摊，另外今天各组又登记宅基地，大家都登记好后才回家休息了。

2018年6月10日　星期日　晴

今天教会里的长老们去密丁戈讨论关于我们福贡教会建立40周年的庆典。上面布置给我们全村两首诗歌。晚上聚会结束后公布给大家，我们教会要参加 20 个人，其他 5 个教会也要参加，每个教会要有 10 个人参加，等什么都预备好了后就通知大家开始排练。今天就这些了。

2018 年 6 月 11 日　星期一　雨

今天早上就开始下雨，但是我们每周一都是打扫卫生日，虽然雨下个不停，但是我们还是早上 7 点半就准时打扫清理了，因为下着雨，地上都是湿湿的，每个人只能拿着个口袋捡垃圾。现在我们每次打扫都要照相，因为村委会的工作组要求我们把照片发到小组群里，我们就按照他们的要求把照片发到小组群里，我们把我们的路段打扫结束就回家去了。

2018 年 6 月 12 日　星期二　小雨

有些村里的妇女还是为明天赶集的事而忙碌着，要找好各种蔬菜，等待明天鹿马登街子的到来。

2018 年 6 月 13 日　星期三　雨

今天有些村民还是去鹿马登赶集，又看望孩子去了。别的村民因为是下雨天，只做点家务活。就这么度过了一天。

2018 年 6 月 14 日　星期四　雨

又是个下雨天，没办法干活，只是我们娃底二组给大学生捐款，这是我们每年都要弄的，主题是"一元钱圆梦行动"。我们组里今年捐的数目比往年多，登记到了 400 多元。我希望大家都来支持贫困的学生，继续支持下去。

2018 年 6 月 15 日　星期五　阴

现在大部分村民的黄瓜、南瓜、辣椒、豆角都熟了，妇女们今天找好各种蔬菜为明天赶集而准备，她们一直忙到晚上全部都准备好后才休息了。

2018年6月16日　星期六　雨转阴

村里的有些妇女凌晨5点多就出发了，去县城里卖些小菜，不做生意的那些是吃了饭后才去。现在去县城里赶集，一路上很堵车，是公路正在施工的原因，所以晚上也就早点回家，担心路上堵车。

晚上在教堂里聚会结束后大家就休息了。

2018年6月17日　星期日　晴

今天见到60岁以上的老年人在村委会里照相，听说他们是享受老年人低保的，现在要重新整理资料，所以才照相。

今天没有别的事，除基督徒们在教堂里聚会外，别的时间都在家里休息了。

2018年6月18日　星期一　晴

今天各组的组长和副组长在村委会开会，开会时间是上午11点。今天的开会内容还是种植业结构调整工作会议。会议结束后，傍晚又各组开会，然后报上自己想种什么，报完后才回各家休息了。

2018年6月19日　星期二　晴

今天我们二组的普利大家浇灌房子，大部分村民都去他们家帮忙。各组的组长又在村委会里学习安装太阳能路灯，这次学习后，好让村民自己能安装。今天就是这些了。

2018年6月20日　星期三　晴

今天我们二组的普友沙家浇灌房子，大部分村民都去他们家帮忙。

另外今天我们组又登记小春要种什么，村委会里给的种类是荞麦、土豆、蚕豆、豌豆，村民们就把喜欢种的报上去了。现在国家的领导对人民的关心是越来越亲近了，农民种什么他们都会发种子，农民也很感恩。

2018年6月21日　星期四　晴

由于天气很热，村民们只是早晚才干活。今天报安装太阳能节能灯，听说原价是1000多元，村民们只交298元。但是我们组一个人也没有报，其他组的报上去30盏灯。今天也是如此了。

2018年6月22日　星期五　晴

唉，别的村民不怎么忙，就是为明天赶集做生意的那些人忙，他们还是要找好各种蔬菜，一起准备好了后才休息。

2018年6月23日　星期六　晴

赶集的妇女还是老早就出发了，这两天赶集的人还是比较多，因为大部分村民的土地被征用了，手里有钱，这几天少不了买些生活用品。

2018年6月24日　星期日　晴

今天还是一日三次地聚会，别的时间都在家里休息，有些年轻的还到干布河那里洗澡去。天气很热，傍晚时在村公路上散步的也有许多。今天就这些了。

2018年6月25日　星期一　晴

这两天村里的公路一团糟，排污水施工队到现在都还没有把主水道挖通，拖拉机、车子都不能行驶，只有两轮摩托车能过，大家都希望能快点通公路。今天也就这些了。

峡谷回声　福贡县鹿马登乡赤恒底村傈僳族村民日志

2018年6月26日　星期二　晴

共产党时时都关心着农民的生活，农民所需要的他们都会供应，今天也是如此，今天他们又送来大白菜种子，给村民每户3包。村民们都很高兴，他们的口里也感谢领导，然后就高高兴兴地回了家。

2018年6月27日　星期三　雨

早上开始就下着雨，但是准备去鹿马登赶集卖菜的妇女还是拿着雨具照常出发了，别的村民因为是下雨天，所以只能在家休息了。今天就这些了。

2018年6月28日　星期四　晴

每年的这个时候，村民们每户都在烧青苞谷吃。但是今年每家都没得吃，没办法，只能流口水了。政府让我们改种是叫我们脱贫，给我们富裕的生活，我们只要服从他们的命令，我们的生活就会好起来的。

2018年6月29日　星期五　晴

为了明天的赶集，村里的妇女还是找好各种蔬菜，这两天有南瓜、黄瓜、青辣椒、茄子、青白菜等，这些都找好了后才休息。

2018年6月30日　星期六　阴

卖菜的妇女还是天不亮就出发了，为了能挣几块钱，她们再苦再累也不能放过这几天，好不容易迎来一个街子天，她们坚持去县城了。有些生意好的能卖出二三百块钱，有些只卖出几十块钱，除了车费，吃了一碗米线，然后就不剩了，没办法。就这么过了一天。

2018年7月1日—31日

2018年7月1日　星期日　阴

为了庆祝建党节，我们村里的农民合唱团中午就准备好服装，然后去县城了。听说今晚在县城里开文艺晚会庆祝建党97周年，农民合唱团还是第一组。开场他们唱的歌曲还是《没有共产党就没有新中国》，还是用四声部民族语清唱。自从村里有了赤傈然组合、农民合唱团组合两个组合后，两个组经常被邀请到外面演出，今天合唱团也是晚会结束了后才回来。

2018年7月2日　星期一　阴

今天早上通知各组的建档立卡户，叫他们在自己家里等着，工作人员会来探访建档立卡户。带路的是各组的组长，他们直到傍晚才结束探访，然后才回去了。

2018年7月3日　星期二　阴

今天村委会里又通知，这两天要培训铺地板砖和刮瓷，想参加培训的报到各组的副组长那里。我们组的名额有20个，今天不知怎么的，通知后，马上就有人来报名了，而且已经报满了20个了，可能是大家都想学手艺吧。

2018年7月4日　星期三　晴

今天我们全村又要进行大扫除，各组都是早上开始。有些组7点就开始了，我们组是7点半开始。这两天由于排污水工程还没有结束，公路上只能捡点垃圾，扫得成的地方扫一下，除一些草，只能做这些了。在大家的共同努力下，1个小时左右就全部清理完了，然后大家就回去了。

这样，村里的环境搞好了，家乡又美丽了许多。

2018年7月5日　星期四　晴

美丽新城市建设还在继续中，今天土地征用的第三批补贴又到了，被征用的那些农户今天到布拉底签约，说今天就能一次打钱了。

另外，今天鹿马登中学的学生放假了，家长还是接他们回家，今天村里比较热闹。今天就这些了。

2018年7月6日　星期五　晴

今天村里有两件大事，第一件大事是我们教会里要搞一个祷告聚会，今天做饭的是一组的，这次每人的生活费是5元，不交米。中午12点聚会，下午1点半结束。下午5点打饭吃，祷告会就这么结束了。另外一件大事是培训铺砖和刮瓷，教的是技术人员。今天我们全村的人都参加培训，约有200人，他们教得很认真。结束后还给礼品，有牙膏、牙刷、毛巾、盆子、垃圾桶、日历表，还补助每人20元。这样大家都很高兴，能学到应用技术，又有奖品。大家领完奖品就高高兴兴地回家了。

2018年7月7日　星期六　晴

今天也没有别的事，只是街子天，赶集的像往常一样去街上赶集。另外爱好打弩弓的那些人在娃底一组的普来家那里打弩弓比赛。他们还是一直打到下午5点左右然后才回家。

2018年7月8日　星期日　晴

今天还是除一日三次聚会外，别的时间都在家里休息，但是年轻小伙们因为热的原因到干布河里洗澡去了。今天也就这些了。

2018 年 7 月 9 日　　星期一　　大雨

昨晚就开始下大雨，一直下到早晨也还未停止。这两天许多地方都有泥石流，江水也是涨得厉害，所以村民都不敢出去干活，只能待在家里，只能做些家务活。今天就这么度过了一天。

2018 年 7 月 10 日　　星期二　　雨

今天早上雨还是一直下个不停，在朋友圈里大家又看到腊早有泥石流。村民们不敢出远门，只能待在家做点家务活之类的。今天也是这么过了。

2018 年 7 月 11 日　　星期三　　晴

今天鹿马登小学的学生放假了，家长还是去接自己的子女，现在村里的学生都回了家，村里就很热闹，打球的打球，骑单车的骑单车，等等。今天也就这些了。

2018 年 7 月 12 日　　星期四　　雨

又是个下雨天，没法干活，而且现在没有多少活，所以只是做点家务活，这几天就这么过日子了。

2018 年 7 月 13 日　　星期五　　阴

今天是我们二组的阿杜花家浇灌房子，大部分村民都帮她家的忙，有五六十人。因为人多，下午四五点就完工了。我们村里相互团结、相互帮忙，这是代代传承下来的，希望以后也能传承下去。

2018 年 7 月 14 日　　星期六　　雨

今天又是下雨天，村里的司机不敢出去拉客。因为今年修公路，路不好走，而且雨水天泥石流又多，所以很危险，今天去赶集的人也比较少。今天也就如此了。

2018 年 7 月 15 日　星期日　晴

今天也是跟往常一样，基督徒们除一日三次的聚会外，别的时间散散步或者在家休息。就这么度过了一天。

2018 年 7 月 16 日　星期一　雨

其实菜农们真的很不容易啊，今天自己也深深也体验了，因为老婆出去做饭当小工了，家里也就我和儿子。她种下的黄瓜、南瓜熟了，这两天可以卖了，但是我父子俩不会做生意。幸好昨天来了一个批发南瓜和黄瓜的，她给我们每市斤2元，叫我们凌晨4点起床，摘好黄瓜和南瓜，父子俩就4点起床摘黄瓜和南瓜。今天又是下着雨路又很滑，好不容易才摘下两小箩，一共才是78斤，共收入156元。大半夜的睡不成觉才收这么点，唉！农民真的不容易啊。

2018 年 7 月 17 日　星期二　小雨

又是个下雨天没法干活，外面又不敢出去，这两天到处泥石流，江水河水又涨，所以只能在家做点家务活，就这么过日子了。

2018 年 7 月 18 日　星期三　晴

不知道这个村民日志能坚持到哪一日，不管怎么累，每天坚持写一篇。虽然写得不是很好，但是我已经努力了。可是不知道咋地，也不说不要写了，也没说不给酬金，只能这么等下去了。

2018 年 7 月 19 日　星期四　大雨

早上还是下着倾盆大雨，所以村民都不敢出门，但是我们做工的那个地方下雨也可以做工，所以我们就到鹿马登乡教务处那里了。我们做的是烟囱。已经做了两天了，今天是第三天，可能再过一两个星期才能做得完。我们今天也是做到下午 6 点才休息，然后就回来了。

2018 年 7 月 20 日　　星期五　　晴

以前嘛，在城里的人盖房子才需申请宅基地，村里就不需要，村民们喜欢怎么盖就怎么盖，但是今年就截然不同了。村委会通知村民今年要盖新房的，今天要到村委会来申请，明天要把申请表交到乡政府。有些村民准备今年盖新房子，就写申请表交到村委会了。

2018 年 7 月 21 日　　星期六　　晴

因为正是公路施工期间，现在赶集很堵车，也不好走。在这样的情况下，有些村民也很不乐意赶集。今天也不例外，去县城里赶集的比较少。今天就是这些了。

2018 年 7 月 22 日　　星期日　　晴

今天教会里的长老们去阿兰甲教会里讨论这次在木尼玛举行 30 周年庆典晚会里的节目事情，他们讨论的结果可能星期三才公布给大家。今天就这些了。

2018 年 7 月 23 日　　星期一　　小雨

今天又是搞环境卫生日了，我们娃底 3 个组早上 7 点半就开始各组分别打扫了，因为村里的公路还没有修补好，只能清理水沟、捡垃圾这些了。不过在大家的共同努力下，不到 1 个小时就打扫完了，这样村子就又增添了美丽。

2018 年 7 月 24 日　　星期二　　小雨

今年的雨水真多，今天又是个下雨天，没法干活，只能做些家务活，就这么度过了。

2018 年 7 月 25 日　　星期三　　晴

今天我们娃底 3 个组的村民去村委会里核实一下地图里的界线是否划对，地图是卫星定位照的，前面到地里划过一次，今天是到村委会里确认一下。不知什么原因，大部分都弄错了，今天把错的地方纠正过来了，一天也没有弄完，只能明天再继续了。

2018 年 7 月 26 日　　星期四　　晴

今天我们教会的院坝翻修，所以大部分人都来积极干活，以前修院坝的时候可能没有量好，雨水天的时候大家的鞋都是湿的，今天要把这个处理好，要浇一层混凝土。在大家共同的努力下，下午 5 点左右就完工了，然后大家才吃了饭，之后就回各自家了。

2018 年 7 月 27 日　　星期五　　阴

今天娃底三组的霜正儿子家浇灌房子，有些村民去帮忙。另外一件事是阿兰甲的和黎高母亲病情又严重了，危在旦夕。所以他们在修坟墓，亲朋好友也是去他们家帮忙，这样大家都互相帮忙着。

2018 年 7 月 28 日　　星期六　　大雨

今天早上下着很大的雨，所以准备赶集的那些人有点麻烦了。但是不管下着怎么大的雨，也阻止不了他们去县城的心。只是雨水天，生意不怎么好，他们还是坚持去县城了。今天也是这些了。

2018 年 7 月 29 日　　星期日　　晴

今天我们二组的阿格东家进新房，所以他们家搞祷告聚会，教会里的长老和亲朋好友也来参加祷告会。另外，今天各组都在填表，填的是土地使用权证，这个表一直填到晚上 8 点才结束。今天就这些了。

2018 年 7 月 30 日　星期一　阴

今天早上教会里的喇叭里通知，我们教会里的和黎高他妈妈去世了，愿意去帮他们家忙的就去他们家帮忙。所以村民今天去干活的少，大部分都去他们家帮忙。今天也是这些了。

2018 年 7 月 31 日　星期二　晴

今天大部分的村民都去阿兰甲办丧事那家帮忙了，他们家来的人不少啊。他们有 5 个姊妹、3 个兄弟，所以当官的人也来了许多，外地人也有许多。今天就这些了。

峡谷回声　福贡县鹿马登乡赤恒底村傈僳族村民日志

2018年8月1日—31日

2018年8月1日　星期三　晴

今天虽然是鹿马登街子天，但是因为学生都放假了，所以赶集的村民比较少。毕竟大街是在县城，村民今天也只是该干嘛的干嘛。就这么度过了一天。

2018年8月2日　星期四　晴

今天说给村民发2016年的退耕还林款，所以村民们按约定的时间12点左右就在村委会等着了。到了下午1点就开始讲退耕还林内容，讲解完了就从远一点的王咀组、念坪组开始发，然后一个组一个组地发。但是有几个人想不通，他们没有领退耕还林款就回去了，那些森林组的人也拿他们没有办法。今天也是这些了。

2018年8月3日　星期五　阴

今天村里也没有什么集体活动的事，大家都只是做点家务活。男人们开车的开车，做小工的做小工。就这么过日子了。

2018年8月4日　星期六　晴

今天傍晚聚会结束后，我们娃底三组开了个会。开会的主要内容是饮水问题，以前管我们吃水的那个管理员呢，每年要给他管理费2000元，但是现在他说不做了，我们得选一位新管理员。经过讨论，还是没有人愿意做，只能推迟一下再选了，然后大家就散了。

2018年8月5日　星期日　晴

今天晚上的聚会结束后，教会里的三四个长老来我家讨论30周年庆典的歌曲。上面布置给我们，叫我们唱赞美诗里的《哈利路亚》歌曲。我们讨论的是如何唱、如何伴奏、什么时候开始练这些问题。大家讨论后，决定明天开始领导班子先练，熟了以后全村一起练，伴奏是用手风琴，由我和霜正做。决定后大家才回去了。

2018年8月6日　星期一　晴

这两天我们村的赤倮然组合天天都排练歌，目的是他们在过春节的时候要举办一个音乐会，他们现在就准备一切所需的并天天排练了。

还有我们娃底3个组的垃圾焚烧炉的垃圾堆不下了，今天3个组每组出1个人派去清理了，直到清理结束后才回来。

2018年8月7日　星期二　晴

今天早上村委会通知，上午9点半发草果苗。村民们听到这个信息很高兴，9点半就到了村委会，而发草果苗的也已经到了。草果到了由负责人签收，还有专家人验收，合格以后才发给村民们。村民们领到后马上去种了，因为担心苗会死。今天就这些了。

2018年8月8日　星期三　阴

今天大家都特忙，都忙着种草果。所以今天阿格奴家浇灌房子都没有几个人去帮忙，大家都担心耽误了时间草果苗会枯死，大家就各忙各的了。

2018年8月9日　星期四　晴

今天村民还是忙着种草果，所以大家都忙着，还有今天村委会通知要种红花、油茶的报上来，可是我们组里一个都没有报来。可能我们组的都不想种红花、油茶，只想种些草果。今天就这些了。

2018 年 8 月 10 日　　星期五　　晴

今天傍晚的时候，我们娃底3个组在村委会开了会。主持会议的是驻村工作队。开会的内容是：第一，明天每家每户都要参加土地使用权证确认；第二，要赶快种好草果苗，要不然就枯死了；第三，2016年的退耕还林款没有领的，赶快来领。等这些事讲完了，会议结束，大家就回家了。

2018 年 8 月 11 日　　星期六　　阴

听说今天是今年土地使用权证确认的最后一次登记，所以村委会通知今天四库亮底公路的上面和下面的，大家去确认一下。我们娃底3个组的村民都去地里了，在那里确认了以后大家才回来。这个星期就这么过到周末了。

2018 年 8 月 12 日　　星期日　　阴

今天教会里的长老们来我们教会里讨论什么时候要练歌。这次要我们全村6个教会里的弟兄姊妹参加，每个教会要10个人参加，10月份在县城木尼玛晚会上献唱，现在只有一个多月的时间了。听说别的地方都练好了，我们村得抓紧时间了。他们讨论后，晚上聚会时公布给大家，说是明天开始练了。今天就这些了。

2018 年 8 月 13 日　　星期一　　阴

今天村里很热闹，因为在教堂里练歌，一个组有70多人，他们一直练到下午5点多才去休息。另外是娃底一、二、三组的学员在村委会里填土地使用权证，先是从娃底一组的开始，然后是我们组。我们两个组都填到下午5点多了，三组的只能明天再继续了。今天也是如此了。

2018 年 8 月 14 日　星期二　阴转雨

今天还是跟昨天一样，在我们教堂，5个教会的弟兄姊妹与我们教会的弟兄姊妹一起学习诗歌。我们早上9点开始练，10点半吃饭，然后休息一下，12点又开始练，直到下午4点半，吃了饭后才各自回家。

2018 年 8 月 15 日　星期三　晴

今天在教堂里练歌的还是继续练，另外在村委会里我们娃底二组还是继续填土地使用权证。不知怎么搞的，大部分的亩数都不够，所以有些村民还是不愿意按手印，可能后面他们协调了才会按吧。今天也就是这些了。

2018 年 8 月 16 日　星期四　晴

今天嘛，练歌的还是继续练着。在村委会里填土地使用权证，对照表和地图的是娃底三组，可能他们组的也对到下午5点左右。今天也就是这两件事了。

2018 年 8 月 17 日　星期五　晴

今天还是跟前两天一样，练诗歌的照常练着，对地图填表的是娃底一组的，所以大家都还是各忙各的了。今天也是如此了。

2008 年 8 月 18 日　星期六　晴

因为是星期六，妇女们需要找猪食，所以今天就没有练歌，在村委会里对地图的仍然继续。另外今天说要给村里几个建档立卡户发手机，有名字的就通知他们，叫他们到村委会来领手机，这次分发单位是教育。今天也就如此了。

峡谷回声　　福贡县鹿马登乡赤恒底村傈僳族村民日志

2018 年 8 月 19 日　　星期日　　晴

今天除在教堂里一日三次的聚会，别的时间都在家里休息，另外填土地使用权证的还是继续着，有些不满意的还是实地察看，直到满意为止。今天就这么度过了。

2018 年 8 月 20 日　　星期一　　晴

今天村子里挺安静的，练歌的也没有练，因为亚朵村里的一个人去世了，那里的弟兄来不了，所以暂停一天，明天再继续。今天填土地使用权证的那些人也没有来，村民们今天只是该干嘛的干嘛了。

2018 年 8 月 21 日　　星期二　　晴

今天 6 个教会里的诗班开始练歌了。上午还是 9 点开始，10 点半吃早饭，然后休息，12 点开始，下午 5 点休息，吃完饭后就回家了。这里还有一个组也是每天都排练着，那就是赤傈然组合，他们是为了参演沙滩音乐节而准备的。希望两个组表演的时候都唱出好声音。

2018 年 8 月 22 日　　星期三　　大雨

今天早上下着倾盆大雨，本来我们准备扫路的，但现在下着这么大的雨，只好取消任务了。今天练歌的两个队都继续练着。在村委会里对表的也是照常对着。今天也是如此了。

2018 年 8 月 23 日　　星期四　　晴

今天练诗歌的继续练，还是一直练到下午 5 点后才休息。还有今天听说村里又出事了，是一对夫妻吵架，然后男的可能跳江了，听说在桥中间找到一件衣服和一双鞋子。今天找了一天也没有找到，可能真的是跳江了，于是亲朋好友去他们家帮忙。今天也是如此了。

2018 年 8 月 24 日　星期五　阴

今天早上通知，叫村民们去修理核桃地，验收合格的话每亩有 85 元的补款。村民们听到后有些去修理核桃地了，有些还是无动于衷，可能再过两天才会去修理吧。今天也是如此了。

2018 年 8 月 25 日　星期六　阴

因为星期六是福贡街子天，所以做生意的、赶集的村民都去县城了，有些还是去修理核桃地，今天还得做些找猪食的活。

2018 年 8 月 26 日　星期日　阴

今天中午的聚会结束后，我们二组的阿迪老板家搞进新房祷告聚会，教会里的长老和他的亲朋好友都去他们家参加祷告聚会。今天来参加的有四五十人，做了两个多小时才结束祷告，然后才各自回家了。

2018 年 8 月 27 日　星期一　阴

这两天没什么可忙的，以前这个时候可忙了，打谷子的、收苞谷的。今年苞谷禁种了，就没有什么可收的了。田地也大部分被征用了，也没有几家种着。大家都只做点家务，就这么过日子了。

2018 年 8 月 28 日　星期二　小雨

今天见到三组的阿格博家和阿此博家在挖地基，可能还想盖房子。今天他们两家请着挖土机挖，运输的是拖拉机，全都是机械，所以很快。下午 4 点左右基础就挖好了。现在嘛，有钱什么都可以做，进度也够快的。

2018 年 8 月 29 日　星期三　阴

今天是鹿马登街，有些村民还是去鹿马登赶集，不去赶集的也只是做点家务活。今天听到基地负责人问我们酬金的问题，答应会补发的。

我们听到这个信息非常非常高兴,希望早点能补发给我们。

2018 年 8 月 30 日　星期四　晴

孩子们明天就要开学,今天家长要给自己的儿女洗衣洗被子,有些早就洗好了,有些明天送学校时准备买个新的。大家都各忙各的,明天开始村里又没那么热闹了。

2018 年 8 月 31 日　星期五　晴

今天大部分的学生都收假了,家长早早地准备他们的行李,然后早点吃饭送自己的子女到学校去了。到了那里第一时间还是铺床,大家都想让自己的子女睡下铺。床铺好后去街上买学习用具,再买一点零食,然后再送进学校里,叮嘱他们听老师的话,好好学习,遵守纪律,然后才回家了。

2018 年 9 月 1 日—30 日

2018 年 9 月 1 日　星期六　晴

今天是新学期开学的日子，村里的幼儿园、鹿马登小学的一年级和中学里的初一学生，他们都是新生，所以各个家长都送他们到学校里报到。初一的一切安排好后就回来了，幼儿园的也是报到好了后就领回去了，但是上鹿马登一年级的就不一样了，毕竟年龄还小，有些还不愿留在学校，想跟回来。所以家长有些到晚上才回来。

2018 年 9 月 2 日　星期日　晴

离感恩节只有一个多月了，今天中午的聚会结束后，我们在教会的食堂那里讨论如何过好这次感恩节，比如献诗歌方面、接待客人方面、生活方面，这些讨论出结果后晚上公布给大家，让大家提前做好准备。今天也是这些了。

2018 年 9 月 3 日　星期一　晴

听说前几天我们组报的小春豌豆今天到了，叫我们去村委会领，然后再发给村民。这次我们组总共才报了 12 亩，每亩 20 斤，一共是 240 斤。我把这些领回家后就通知我们组的人，叫他们来领。领到的这些人看到豌豆种子后很高兴，也很满意，然后就回家去了。

2018 年 9 月 4 日　星期二　晴

今年的排污水工程不知什么时候才能结束，主要影响的是小车和大车、拖拉机等这些车辆，现在修完一半左右，不知何时才能完。不管怎么说，修完了，一切都会美好的。

峡谷回声　福贡县鹿马登乡赤恒底村傈僳族村民日志

2018 年 9 月 5 日　星期三　晴

今天见到排污水施工队的老板和技术工在量米数,听说量了以后要拨生活款,他们在村里施工过的地方都量了。今天就是这件事了。

2018 年 9 月 6 日　星期四　晴

今天村委会里又通知,叫我们去领豌豆种子,因为前几天有些人没有领着,今天叫我们领 500 斤豌豆种子,合 25 亩。领到家以后再通知给村民,叫村民来领。这次村民全都领到了豌豆种子,大家都很高兴。

2018 年 9 月 7 日　星期五　雨

今天早上就开始下雨,又没法干活。听说江水涨了很多,还漂着许多柴,所以有些村民去江边打捞柴去了,有些没捞着,有些捞着点。别的村民也只是做点家务活。今天就这么过了。

2018 年 9 月 8 日　星期六　小雨

今天早上就开始下着点雨,村民都晚点才起床做饭吃。虽然下着雨,但是阿格东家可忙了,他们今天进新房,邀请了许多亲朋好友,大部分村民也都去参加他们的新房典礼。今天就是这件事了。

2018 年 9 月 9 日　星期日　小雨

下雨天又是星期日,除聚会外只能在家休息、做饭吃,就这么过日子了,晚上也是早点睡了。

2018 年 9 月 10 日　星期一　阴

现在的农民真是有福啊,今天又通知前几天报上去的荞麦种子到了,叫我们去村委会领,然后晚上又发给了大家,领到荞麦种子后大家都很高兴,今天也是如此了。

2018 年 9 月 11 日　星期二　阴

　　这几天傍晚的时候,见到有几个人去抓蚂蚱。现在去抓蚂蚱的地方很少,到处都没有种着谷子,只有密姑底那个地方才种着一点,所以大家都去那里抓。不过大家都没有往年抓得那么多,没办法,只能抓到多少算多少了。

2018 年 9 月 12 日　星期三　小雨

　　今天是鹿马登中学开家长会的日子,学生的家长为了自己的儿女的前途,不管手头上的活多忙,一切都置之度外,然后到学校开家长会了。家长们不能空手去,买点零食,然后 1 点到学校大堂里集中开会去了。在那里开完了会,交了资料费后才回来。

　　晚上在教堂里照常聚会,结束后大家才休息了。

2018 年 9 月 13 日　星期四　阴

　　今天我们娃底 3 个组的村民在村委会里登记户口,是鹿马登派出所的工作人员来登记。今天是一个家族一个家族的登记,从爷爷到父亲,然后到我们,再就是儿女,而且登的是男孩的名字,女孩的名字没有登记。一个家族要有两个男孩去抽血检查。大家检查完后才回去。

2018 年 9 月 14 日　星期五　晴

　　感恩节只有 20 多天了,但是舞蹈和诗歌还没练,这两天晚上赶快在教堂里练歌。只有 20 多天了,所以每个晚上都得练了,直到练到 10 点以后才结束,然后大家才回去休息。

2018 年 9 月 15 日　星期六　晴

　　今天是街子天,凌晨 5 点多村里就有人走动了,这些都是去街子上卖菜的妇女。另外今天在村委会开会,参加的人是各组的组长、副组长、护林员、党员。开会时间是中午 12 点，先讲话的是党支书，然后是下乡工作组主任。内容是如何遵守纪律问题，环境卫生问题、还有如何带动产业问题、如何带群众走向致富道路等 6 项。会议结束后，大家在那里吃了饭才回家。

2018 年 9 月 16 日　　星期日　　晴

今天我们组的村民可高兴了，村委会告诉我们今年第二季度的低保已经到账了。我和组长早早地去县城里取钱，然后中午叫大家来领钱，这个季度的钱不分给学生，所以这次我们分到 620 元整。大家都领到这个钱了，很高兴，口里还是感谢共产党的好呢。

2018 年 9 月 17 日　　星期一　　晴

今天大部分村民去赤恒底罗干那一带修理核桃地，因为前天开会说修理核桃地，每亩补助 280 元，叫村民们这个星期修完。村民们早早地去修了，晚上还是继续排练舞蹈和诗歌。今天就这些了。

2018 年 9 月 18 日　　星期二　　晴

今天 6 个教会里挑出唱诗歌的村民还是在我们教堂里练习，因为是最后几天了，所以今天来的有 70 多个，今天练的主要是走台、对口型。这样练到下午 5 点后，大家才回去了。

2018 年 9 月 19 日　　星期三　　阴

今天村民们还是很高兴，因为他们领到了钱，今天发的钱是今年种植业产购调整奖金，有些是领到 2000 多元，有些是领到两三百元。总之，领到多少钱都是很感恩，都在感谢着共产党的好。

2018年9月20日　星期四　小雨

今天又是学生收假的日子，家长还是把自己的子女送回到学校，再给他们买零食，给他们点零花钱，然后才回了家，晚上还是继续排练舞蹈。今天就这些了。

2018年9月21日　星期五　晴

电影好长时间不看了，今天村里通知晚上要在村委会放电影。村民们听到通知后很高兴，晚饭也早点吃，然后拿着凳子去村委会看电影了。晚上放的还是傈僳语电影，大家都很喜欢看。今晚放了两部。今天来看的有200多人，大家都把电影看完后才回去。

2018年9月22日　星期六　晴

早上村委会通知，今天的车子一辆都不要停在村公路上，今天要清扫路面，因为现在排污水工程马上要结束了，路面上他们挖出的土堆在那里，人、车不好通行。今天一天要把路面清理干净。这样，今天村里的公路不通，只能绕道而行了，晚上还是在教堂里继续排练诗歌。今天就这些了。

2018年9月23日　星期日　晴

因为是星期日，村里信主的和不信主的都不干活，信主的在教堂里一日三次地聚会，不信主的有些相互约着喝酒，所以今天就这么度过了一天。

2018年9月24日　星期一　晴

现在的傈僳族基本赶得上现代社会了。今天是中秋节，大部分的村民都去县城买饼子了，有些是昨天、前天就买好了。晚上的时候吃个团圆饭，然后再吃个饼子，开开心心的，一起团个圆，就这么过了个中秋节。

2018年9月25日　星期二　晴

今天村里又发蚕豆种子了，先是村委会发给各组的组长，然后组长又发给村民，都是按着前面报的数字发给他们。领到的村民很感谢党的好。今天也是如此了。

2018年9月26日　星期三　晴

这两天离基督教两会建立30周年庆典只有5天了，所以今天我们6个教会的唱诗班在我们教堂里练了一天，我们献唱的赞美诗是《哈利路亚》，还有一曲舞蹈，舞蹈是爱国爱教歌曲，还是练到下午5点后才休息了。

2018年9月27日　星期四　晴

村委会里通知，叫村民们快点修理好核桃林，过两天就要验收了，村民们还没有修好核桃林的，这两天还是继续去地里修理。今天也是这些了。

2018年9月28日　星期五　晴

为了纪念基督教两会建立30周年的庆典，今天全县的唱诗班、演员到县两会彩排。因为是一个县都要彩排，所以路远的那些弟兄姊妹，有些凌晨5点多就出发了。通知说，先到的先彩排，彩排完了就可以回家。我们这里的12点左右从村里出发到县两会，差不多下午2点了。我们在那里闲了一会儿，吃了饭后就报名彩排了。轮到我们组后，我们就开始上场彩排了。今天看到演员们都是来来往往。我们彩排结束后看了一会儿就回来了。

2018年9月29日　星期六　晴

又是福贡街子，有些村民还是去县城做点蔬菜生意，有些还是去赶集买点东西，在家里的也只是做点家务活。这两天没什么可忙的，晚上在教堂里聚会结束后大家就早点休息睡觉了。

2018年9月30日　星期日　晴

今天是我们县基督教两会庆祝纪念县两会建立30周年的日子，所以今天去参加演出的人吃完早饭后就去木尼玛了。晚会是下午6点半开始，今天来的人很多，到处都是人山人海，两会的人把交警、民警都请上了，有安排停车的，有在人行道上站岗的，还有在行云江桥上安排放行人的，一次只准行20人。晚上一直到9点左右，大家才回去。有些在那里睡下，因为已经安排给他们睡处了，有些还是回自己的家了。

2018年10月1日—31日

2018年10月1日　星期一　阴

今天是纪念建国69周年暨县两会建立30周年的日子，全县的大部分基督徒都去县城里看演出，停车处的车位也停满了，人也很多。演出的时间是上午10点半开始到2点，下午是6点半开始，然后9点后大家才回来了。

2018年10月2日　星期二　阴

今天我们娃底一组的村民清理着他们的路段，因为排污水施工队在路上遗留了许多垃圾，所以他们清理了一天，下午4点左右才清理干净了。另外去县城看庆典节目的也有许多人。今天也就这些了。

2018年10月3日　星期三　晴

我们县里两会建立30周年庆典今天结束了，今天早上住在那里的弟兄姊妹早上吃了点早点后大家就各奔东西了。这次活动的圆满成功都是大家共同努力的结果，是在政府的支持下才能这么成功，感谢政府的支持。

2018年10月4日　星期四　晴

今天是我们组分低保的日子，大家都很高兴，前两天村委会告诉我们2018年第三季度的低保已经到账了。我们今天也正好有空，早饭吃完后我和组长就去县城取钱了。这次低保上涨了，A类300元，B类205元，C类140元；以前是A类240元，B类165元，C类120元。我们要取多少钱已经算好了，到了那里后我俩就在取款机里取钱，取好后就回了家。到了下午5点，我们就通知村民来领钱。大家到了后就先说这次取了多少钱，然后按家分，每家可分到 600 元，以前是 400～500 元。这次领到这么多，大家都很高兴，然后就高高兴兴地回了家。

2018 年 10 月 5 日　星期五　晴

今天是我们娃底的二、三组清扫公路，我们准备扫一整天。早饭吃完后，我们 11 点开始扫路，清理水沟，扫路面，公路两边也要除草。为了建设自己的家园，大家都很努力。为了能尽快地完成，大家都同心协力。只是中午的时候大家都饿了，就吃了碗米线，然后又继续做，直到下午 5 点多清理完了，大家登记了个名字就回各家了。

2018 年 10 月 6 日　星期六　晴

因为下个星期就是感恩节，教堂里有的地方需要装修，所以今天有些人在教堂做工。别的村民，有些还是去县城赶集，有些还是做点家务活。今天就这么度过了。

2018 年 10 月 7 日　星期日　阴

离感恩节只有五六天了，今天中午的聚会结束后，教会里的长老、执事和教会里的骨干分子在教会的食堂里讨论如何才能过好这个感恩节，讨论哪几个人接待客人、哪几个人做事务长、煮饭的人是哪几个。这些全部安排好后会议才结束，晚上还是继续练诗歌。今天也就这些了。

2018 年 10 月 8 日　星期一　雨

今天我们教会里大扫除，每户出一个人，教堂的里里外外都要打扫，教堂内和舞台、讲台上都要装饰，所以今天教堂很热闹，大家都各干各的。分派任务的是教会里的长老和执事，大家都尽力而为，直到下午 5 点多才休息了。

2018年10月9日　星期二　雨

因为这两天没有那么忙，各组都在派义务工，修小路、水沟。另外教堂里也继续进行装饰，晚上也练诗歌、练舞蹈，直到10点后才休息。

2018年10月10日　星期三　晴

因为前几天下雨，我们组错过了扫路的时机，今天天刚晴，我们组决定今天下午5点扫路，叫大家提前准备好。到了5点钟我们就开始扫路了，在大家的共同努力下，1个小时左右我们组的路段就全部打扫干净了，然后大家才回来。

2018年10月11日　星期四　晴

离感恩节只有一天了，今天也继续在教堂里装修。另外我们赤恒底江桥也坏了好几处，今天派人修补了。教堂的里里外外也装饰好了，一切都准备好了后，大家才回去休息了。

2018年10月12日　星期五　雨

今天早上就开始下着雨，所以今天大家的心情不怎么好。今天开始要过感恩节。各教会里的弟兄姊妹下午赶过来聚餐。虽然雨一直下个不停，但是全村的基督徒来的可不少，晚上聚会的时候教堂里还是坐满了，愿这次的感恩节顺顺利利的。

2018年10月13日　星期六　雨

今天是感恩节的第二天，一日还是3次的聚会，上午的聚会是8点到10点，中午是12点到2点，晚上是6点半到8点半。这次可能没有外来人，所以献诗的只有我们6个教会的弟兄姊妹。今天就这么过去了。

2018年10月14日　星期日　雨

今天是感恩节的第三天，也是星期日。因为下雨，所以今天来做礼拜的不多，还是一日三次地聚会，白天和晚上的节目有点多。今天就这么度过了。

2018年10月15日　星期一　阴转晴

今天是感恩节的最后一天，也是雨过天晴。大家的心情很好，可以和家人团圆了，早上还要聚一次会，是唱赞美诗、讲经。然后公布一下这次参加感恩节的有多少人，生活费是多少，捐款是多少，一共收入了多少，然后支出了多少、剩下多少等。最后大家唱一首离别歌，握个手，在自己的睡处那里吃个饭后就回家去了。今天就这些了。

2018年10月16日　星期二　晴

今天早上通知我们娃底3个组的组长和副组长，要在村委会开会。主持会议的是电力施工队，他们这两天准备动工了，叫我们去跟村民协调一下，不要干扰他们的施工。我们3个组晚上又各组开了一次会议，说给村民情况以后叫村民自己讨论。大家经过一番讨论，认为可以让他们施工，但是不要影响房子，要不然到时盖房子不好盖，在新的路线上要赔偿一点损失等。这样会议就这么圆满结束了。

2018年10月17日　星期三　晴

村里排污水的施工队可能到结尾的时候了，施工队的老板到处检查，看哪里还有不合格的，然后检查到不合格的地方就修补一下。另外电力施工队的今天也来勘察路了。今天就这些了。

2018年10月18日　星期四　晴

今天鹿马登小学、中学都放假了，就读小学的家长还是去接自己的子女。村里读幼儿园的也是今天放假，学生都回村了。村里打球的、骑单车的都有，很是热闹。今天也是这些了。

2018 年 10 月 19 日　星期五　晴

今天有些村民还是为明天的赶集而忙碌着，找好各种蔬菜。别的村民也只是做点家务活，有些还修理一下草果地。村民们就这么一天一天地度日子。

2018 年 10 月 20 日　星期六　晴

今天是娃底一组的余有堆儿子结婚的日子，大部分的村民都去参加他们的婚礼。他们的婚礼是在自己家里举行，不是在教堂，今天他们家里很热闹，有些还唱祝福歌。这个星期就这么过到了周末。

2018 年 10 月 21 日　星期日　晴

今天中午村委会通知，叫各组的组长或是副组长到村委会来领钱，说种植金银花的赔偿款到了。我们组的是我去领的，然后又发给了村民们。村民们领到钱后也很高兴，他们也很感谢政府的关心。

2018 年 10 月 22 日　星期一　晴

由于天气变化的原因，傍晚的时候在我们村医生那里输液的人很多，大部分都是因为感冒。现在村里也有卫生所，挺方便的。只是卫生所那里早上和白天没人值班，可能是病人少的缘故，下午5点以后他才开始上班。总之卫生所在这里，医生也在这里，对于病人来说是很好的事了。

2018 年 10 月 23 日　星期二　晴

以前这个时候，家家户户都找柴预备过冬时用。但是现在，大部分的村民都不找了，家家都有取暖机了，就不用烧火了。这两天村民们也只是做点家务活了。

2018年10月24日　星期三　晴

今天听到这个消息心里很高兴，是盼望已久的我们写村民日志的酬金月初就能到账了，而且以前欠的那些一次补发。心里实在是太高兴了，今后只能更加努力地持续写下去了。虽然文化水平不高，但是在家里每天也能挣20多元，这样每个月的生活费就不用愁了，加油！

2018年10月25日　星期四　晴

每年到10月份左右，村里的小伙子就会去女方家提亲。今天也见到我们二组的邓戈哥去王咀提亲了，可能再过几天也会有人提亲，因为每一年都会有几对新人结婚，到时候会请村民们吃喜糖，希望今天他们能提亲成功。

2018年10月26日　星期五　晴

今天我们全村里的组长、副组长又到村委会开会了，开会的内容是低保问题和环境问题，还有边民补助问题，领导们仔仔细细地给我们说，傍晚的时候我们又把村民集中过来，又讲给他们会议内容，全都跟他们讲完后，会议才结束了，然后大家也就散了。

2018年10月27日　星期六　晴

今天早上我们娃底二、三组还是打扫卫生，现在村委会的工作队要求我们每一个组都要搞好卫生，每星期至少打扫一次。早上8点我们就开始扫我们组的路段了，有些人扫，有些人清理垃圾，有些人除草，大家都很积极，可能希望早点结束吧。或者是让自己的家乡更美丽，所以才那么积极。在大家的共同努力下，1个小时就全部清理干净了，然后大家才回自家了。

2018年10月28日　星期日　晴

我们生活在这个国家很有福,政府处处都在关心着我们的生活,给我们许多种补贴,今天还给我们讲了健康知识问题。我们晚上的聚会结束后,在教堂的操场上,村医生给我们讲如何控制血糖和血压、生活上要怎么注意饮食等问题,叫村民们保养好自己的身体,长命百岁。全都讲解完后大家才回去了。

2018年10月29日　星期一　晴

今天是我们娃底3个组统一去扫路,去扫我们村的村尾到批过那段。那个路段约有3公里,而我们没有分段,所以今天统一去扫。我们早饭吃完后10点半在村委会旁集中,然后统一出发。我们还请了一辆铲车在前面铲土,村民们跟在后面清理,除草。这样大家都很努力,下午4点左右就完工了,然后大家才回了家。

2018年10月30日　星期二　晴

今天我们村里又发钱了,发的是2016年的第二批退耕还林钱。通知是叫村民上午9点到村委会里来领钱,但是林业局的人到11点以后才到村委会。他们到了以后讲了几句话就发钱了,因为是第二次,也没必要讲那么多。我们有9个小组,每3个小组一个点,我们娃底3个组在一个点,王咀、念坪、密丁戈又是一个点,亚朵、汪然、阿兰甲一个点,喊到名的到领台上领钱,然后就各自回家了。领到钱的村民都很高兴。今天就这个了。

2018年10月31日　星期三　晴

可能排污水施工队马上就要完工了,这两天我们组里的组长叫村民们提意见,哪里还不满意,不满意的马上来提,不然到时验收合格了,说也没有用了。今天也是如此了。

2018年11月1日—30日

2018年11月1日　星期四　晴

这两天由于天气变化的原因，早上家家户户都冒起了浓烟，这是在生火做饭，这样在火塘里也可以取暖了。夏天的时候，大家都很少生火做饭，这两天有些人还找些柴。今天就这些了。

2018年11月2日　星期五　晴

做生意的菜农今天又忙了，明天是福贡街子天，今天得找好各种蔬菜，明天凌晨四五点得出发，他们今天就一直忙到晚上，一切都预备好了后才得休息。因为这两天有点冷，所以村民们晚上就早点睡了。

2018年11月3日　星期六　晴

由于福贡街子天的原因，有些村民还是去县城里赶集买点东西去了，不去赶集的那些村民还是找点猪食做点家务活，在村子外面打工的今天就回来了，因为明天不干活，休息，跟家人团聚。一个星期就这么度过了，在这个星期里大家都平安，希望每个星期都如此。

2018年11月4日　星期日　阴

今天晚上的聚会结束后，我们组开了个小组会议，主持会议的是村委会的武干。我们7点左右开始，会议还没开始之前先签签到表，现在每到会议之前，村委会就要求签签到表，今天来参加会议的人有30多个。会议内容是关于环境卫生和社会治安问题，还有低保问题。大家都认真地听着，会议结束了，大家才回去了。

2018年11月5日　星期一　小雨

今天早上开始就下着雨,所以气温比较低,村民们还是该干嘛的干嘛。由于下雨天的原因,在这个季度后只能种点土豆和菜,别的都不适宜种植,所以也没有什么大忙的。今天又听到云南大学民族研究基地的房子要装修了,今天要预算一下,然后报上去。我就把房子的长和宽、高都报给他们了,他们说这个报上去了,过几天钱拨来就装修。今天也就这些了。

2018年11月6日　星期二　晴

今天上午村委会来来往往的人很多,那是因为今年边民补助的资金按人口来发,村委会的人昨天把这些数字公布给大家,让大家核对,需要纠正的今天到村委会纠正。有些是名字,有些是身份证号码,有的是账号,这些都需要到村委会来改正。我们整个村9个小组的村民有错误的都到那里去改正,所以才有那么多人。大家都担心领不到钱,才那么积极。今天就是这些了。

2018年11月7日　星期三　雨

今天雨还是一直下个不停,村民们也没法去干活,气温也低。大家都把衣服穿得厚厚的,但是养猪、养牛、养羊的村民就不得闲了,不管怎么风吹雨打,他们都得穿着雨具去找猪、牛、羊的食物,喂饱了它们后才得休息。以前是可以放牛、放羊、放猪,而现在是变了,到处都种着草果、菜,所以只好把它们关在猪圈、牛、羊圈里,给它们找食物吃了。今天也就这么过了。

2018年11月8日　星期四　晴

为了改进农网,今天各组的组长和村里的电工,还有电力公司的施工队,在村里勘察路线。因为以前的电不够供,所以这次要改造,希望这次改造能不影响盖房子，也能提供给我们够用的电。

2018 年 11 月 9 日　星期五　晴

我们组的邓国戈明天就要结婚了。结婚嘛，就得提前准备，所以今天大部分村民都去帮他们家忙，有些人帮忙杀猪，有些人帮忙做饭，有些人帮忙打扫卫生，有些人搞一个用竹子来做的大门，晚上还要排练新婚歌。一切都准备好后，就等明天新娘的到来了。

2018 年 11 月 10 日　星期六　晴

今天是我们娃底二组的邓国戈结婚的日子，他们家从凌晨四五点就忙着了，而且亲朋好友也是跟着他们忙了，有些煮饭，有些煮肉。另外，11 点左右女方家就把新娘送过来了，到时要迎娶，所以要提前准备茶、开水、糖水等。等女方家送到后，在男方家歇了一会儿后，婚礼在教堂举行，大家就在教堂集中。今天证道的是斗传道，在教堂祝福结束后还是在男方家做客吃喜糖，然后女方家的客人领了饭后就回家了。男方家是挂个礼，然后领一顿饭也回家了。今天也是这些了。

2018 年 11 月 11 日　星期日　晴

今天因为是星期日，信教的、不信教的村民都休息。信教的一日三次地聚会，不信教的也是喝酒聊天，有些钓鱼去，有些去别的村打篮球，这样大家都各自活动着。晚上因为有点冷，所以大家都早点睡了。

2018 年 11 月 12 日　星期一　晴

今天是我们全村大扫除的日子，早上 7 点半开始各组都在扫自己的路段了，现在村规民约里规定每个星期的星期一要大扫除，所以现在村里的环境卫生很好，到处都挺干净的，看起来也很舒服，这样大家也挺愿意打扫，而且因为每个星期都在打扫，所以也不是很脏，每次打扫都是最多1个小时就打扫完了，然后大家才该干嘛的干嘛去了。

2018年11月13日　星期二　晴

今天傍晚在村委会跳民族舞蹈，这是村委会的工作人员主持的，叫村民也一起来跳，不过今天来跳的人不多，可能是头一天的原因吧，有些还不知道，可能明后两天会有更多的人吧。今天来跳舞的有二三十人，他们一直跳到晚上9点多才休息。

2018年11月14日　星期三　晴

今天见到排污水的工程的老板领着两位技术工在村里转，这可能是在验收吧，两位技术工人也很认真地查着每一口检查井，还做有笔记。现在政府对工程也是很严格的，豆腐渣工程也很少见了，这样才对老百姓很负责任。今天就这个了。

2018年11月15日　星期四　晴

这两天村医生那里来了很多人，因为乡里的卫生队到这里来给建档立卡户和65岁以上的老人签家庭医生合同书，已经签了两天了，但是还没有签完，通知说明天还要签。另外，今天是村里的党员活动日，他们10多个党员手里拿着砍刀向批过出发了，他们去那里修小路、除草。党员就是这样为老百姓着想，为人民服务，他们总是这样默默地奉献着，老百姓也很感谢他们。

2018年11月16日　星期五　晴

今天是今年签约家庭医生的最后一天，村委会直接通知还没有签约的人。签约的对象还是建档立卡户和65岁以上的老年人。今天没有签约的话，以后签约就有点麻烦，只能到乡里去签，所以通知还没有签约的，今天务必到村医生那里签。今天就是这件事了。

2018年11月17日　星期六　晴

气温越来越低了,马上就到冬天了,冬天种菜就不适宜了,所以这两天村民们抓紧时间种点菜,还能赶得上。另外,有些人还是去县城赶集,有些人还是做点家务活。晚上在教堂聚会,结束后大家才回去休息了。

2018年11月18日　星期日　阴

今天是阴天,天气比较冷,但是看到我们村里的党员组织去山上十八公里处野炊。他们包几辆面包车,拿着一些食物,然后就一起去山上了,别的村民除了在教堂聚会外,别的时间都在家里休息烤火了。今天就这些了。

2018年11月19日　星期一　晴

这次我们组里喜事接连不断,明天又有一桩喜事,是我们组里的迪三恒办喜事,今天他的亲朋好友都帮他们家忙,杀猪的,布置新婚房的,还有打扫场地的等等,还要邀请客人。他们一直忙到晚上,把这些全都办好后才休息了呢。

2018年11月20日　星期二　晴

今天是我们组里的迪三恒大喜的日子,他们家早早地就忙里忙外的了,亲朋好友也跟着他们家忙,他们的婚礼在自己家里办,可能新娘以前办过一次,所以只能在自己家里办了,新娘是上帕镇珠明利的人,所以迎亲队也是早早地出发了。而这里的人也是时刻准备着他们的到来,好迎接他们。而来男方家里做客的那些人,有些是喝杯茶挂个礼,然后就回去了,有些是一直陪到女方家的客人回去了才回去。今天村里就这么热热闹闹地过了一天。

2018 年 11 月 21 日　星期三　晴

今天看到有两家要盖房子，都是我们二组的，一家是我的叔叔。他说他要盖厨房，以前的那个只是一层，房门一开，鸡就会进家里，所以要改造成二层。另外一家是此有堆家，他家要盖新房。现在政府也不给补贴了，只能自己负责了。另外，今天有些村民还是去鹿马登赶集看望孩子去了。今天就这些了。

2018 年 11 月 22 日　星期四　晴

现在是经济发达时期，农民的生活也陆续在提高，交通工具也随着时代变化着，家家都有代步车，有三轮、微型小车、电瓶车，但是有一些人没有驾照。政府考虑到这一点，今天村委会通知要考摩托车二轮、三轮驾照的到各组的组长、副组长那里报名登记。这次考试只考摩托车，说理论不考，今天来我这里登记的有 20 多个，希望他们都能够考试过关，早点拿到驾照。

2018 年 11 月 23 日　星期五　晴

为了让村民们健身，村委会驻村队，每天都在村委会的操场上持续地跳着民族舞蹈。虽然跳的人不多，但是他们没有心灰意冷，而是耐心、热心地教着每一个来跳的人。今天终于见到有好多人来跳了，有二三十人，他们一边教一边给茶水和饮料，他们就这样坚持着。希望更多的村民每晚都能来跳民族舞蹈。

2018 年 11 月 24 日　星期六　晴

听说今天鹿马登乡的林业局局长到村委会来调查审核护林员，没有写护林日记的扣 100 元，没有写巡山日记的也要扣 200 元，不识字的就扣了 300 元。另外通知赤恒底罗干到批过核桃林地里还没有除草、修理地的尽快去修理、除草，那里有低效力补贴，所以催村民尽快去修理。

今天就这些了。

2018年11月25日　星期日　晴

今天上午11点，组长和副组长都要去村委会开会，只是我身体有点不舒服就没有去，他们一直开了一个多小时的会议，内容只有组长给我们讲了以后才知晓。另外晚上在村委会的操场上继续跳民族舞蹈，跳的人也越来越多，他们还是一直跳到9点多，然后大家才回去的。

2018年11月26日　星期一　晴

今天是全村大扫除的日子，早上7点半开始各组就在自己组区域里打扫卫生了，现在村里有检查卫生组，他们每个星期都检查。自从每个星期都打扫后，不到1个小时，自己组的卫生区域就做好了，然后大家才回去。

2018年11月27日　星期二　晴

马上就到新年了，新一年的医疗费现在就得交了，那样到新的一年里才能要药。今年的医疗保险费有点贵，每人需要交220元，有些家有六七人的就得交千把元了，所以大家都议论纷纷的，但也没有办法，这是规定。我们组决定在这个星期日交，就把这个信息告诉给大家了。今天就这些了。

2018年11月28日　星期三　晴

这两天有些村民因收草果而忙碌着，今年虽然没有去年的价格好，但是还得收去卖啊，去年每市斤10元以上，今年的价格却很低，每市斤4元都不到。种在路远的地方、种在山上的那些就不划算了，他们需要请背工，请采草果工人。有些种在近一点的就还可以。有草果的人家这两天就忙着，他们虽然有点累，可是钱到手里，他们可高兴了，希望明年的价钱更好。

2018年11月29日　星期四　晴

上午村委会通知，赤恒底罗干到批过退耕还林地里搞提质增效力的今天给复合肥，在名单上的就到江东桥头去领，可能下午2点左右运到。可是村民们左等右等，一直等到下午5点多也没运到。后来上头又通知今天可能晚了，明天上午9点左右再来领，这样村民们就无精打采地回来了。

2018年11月30日　星期五　晴

因为是昨天通知今天发复合肥，所以村民们早点起床做好家务活，然后9点左右就去江东桥头领复合肥了。到了那里，拉复合肥的车也到了，然后一起卸车，分给各组，最后组长或副组长又分给村民。这次分的是每亩40市斤，所以有些人领到两三包，有些人领到几十斤。总之领到的都高高兴兴地回家了。

2018年12月1日—31日

2018年12月1日　星期六　晴

今天村里又出了一件人命关天的事，今天下午差不多3点左右，我们几个在我叔叔家帮忙盖厨房，当时有人喊着说有人摔死了。我们几个听到后就放下手中的活，跑下去看。原来是余少奴的父亲在他家的房子背后摔下去，头朝地，头部出了好多血，已经没气了。所以大家只好抬到房间，通知他的家人处理后事，晚上村民们就去他们家帮忙了。今天就这个事了。

2018年12月2日　星期日　晴

今天我们娃底二组中午的聚会结束后就交医疗保险了，这是我们组前几天就通知过的，今年交的保险费是我们组平均承担的，因为建档立卡户只需交40元，不是建档立卡户的需要交220元。所以我们平均了后，每人需交140元。这样有些人口多的最高的交1600多元，最低的就140元了，这样大家也交得起。今天我们组的医疗保险费就交齐了，就等上交村委会了。

2018年12月3日　星期一　晴

今天早早的，教会里的喇叭就响起了，通知大家去帮忙办丧事家，早上要挖坟的挖坟，找石块、运空心砖、做饭都需要人手，所以请大家来帮忙。大家听到通知后就去帮忙了。村里人很多，背沙子的，背砖的，抬石头的，提水的，修坟墓的等等。在大家的共同协力下，到了下午4点左右，遗体已经安葬好了，明天再修理一下就可以了。反正今天是完成不了，然后大家就回来了。今天就是这样了。

2018 年 12 月 4 日　星期二　晴

今天说水管局的到我们这里来验收今年做的水管，叫娃底 3 个组的组长给他们签字，但是后面具体的验收合格了没有，我们也不知道，可能明后天才知道。今晚开始我们教会练圣诞节歌舞，还是一直练到 10 点左右，然后才休息。

2018 年 12 月 5 日　星期三　晴

今天三组的阿批家浇灌房子，有些村民还是帮他们家忙。另外，今天全村的机动车司机都到鹿马登派出所参加学习，主持人是县里交通交警大队的。一是登记机动车，二是办学习卡，三是参加学习交通安全法。这样，司机们全都开完会才回来。今天来参加学习的很多，因为一个乡全部司机都参加，我们一个乡有 7 个村，所以差不多有五六百人。今天就这些了。

2018 年 12 月 6 日　星期四　晴

今天见到电力公司员工来到村里勘察线路，可能是前几天开会时说的农网改造吧，叫村民们不要阻挡的那个工程。他们在 3 个组的组长带领下，在村里勘察路线，具体情况到时架设电线的时候才知晓。今天就这些了。

2018 年 12 月 7 日　星期五　晴

这两天村里的护林员全都出动去赤恒底罗干到批过的那段片区里，有些家没有除草。那些无劳动力除草的，他们护林员去除，而那些补贴也由护林员去享受。因为是那片区域里有地方不除草的话算不合格，全都修理好了才算合格，所以大部分的都修理好锄完草了，现在剩下的由护林员去除了。可能再过几天就能拿到补贴，每亩 280 元，到时就高兴了。

2018年12月8日　星期六　晴

今天大部分的村民都去画土地确权证了，因为是前一次做得有些不满意，告到县里了，现在领导又让他们重新做一次。这次拍的地图比前一次清晰，今天是开始的，可能这一次要比较认真地做了。

2018年12月9日　星期日　晴

因为是星期日，没什么可忙的，除基督徒们一日三次的聚会外，晚上在教堂练诗歌。因为培训全乡教牧人员的《圣经》培训班，明天要在我们教会开班。日期为一个星期，所以我们练的是欢迎歌。另外一组是妇女在教会的食堂里练舞蹈，那些是为圣诞节预备的。大家都因为时间紧迫的原因，所以练到10点后才休息。

2018年12月10日　星期一　晴

今天是我们教堂举办福贡县鹿马登乡第十三次教牧人员培训的日子，定好是今天上午10点左右来报到，12点开学。可是有些村路程远，来得有点晚了。而在这个村里的村民为来迎接客人住，家里卫生都搞好了，就等客人们来住了。客人们一到，安排睡处的那些人就领客人们到村民的房子里，睡得下几个人就安排几个人。今天参加培训的有300多人，他们一直培训到晚上9点多才休息。

2018年12月11日　星期二　晴

今天是我们教堂教牧人员培训的第二天，所以早上8点教堂里的铃声响了，听见铃声来参加培训的教牧人员就赶紧进教堂了，家有家规，国有国法，教会有教会规章制度，迟到了会挨批评的，所以大家都不敢迟到。早上有两节半课，8点到8点半是祷告聚会，另两节课是正式课，每节45分钟，10点半吃饭，下午是1点开始上4节课，到4点45分下课，5点吃饭。晚上也上两节课，7点到9点。因都是教牧人员，大家都很遵守时间，上课时间大家都很认真听课。老师们也有4个，他们都是来自县两会的牧师，所以都很会讲道，今天大家就不知不觉地过了一天。

2018年12月12日　星期三　阴

这两天村里很热闹，因为培训班继续上着，另外在村委会里画土地使用权证的也继续画着。这两天是王咀组和念坪组画。还有一个组就是这两天刚成立的护边队，他们是由村委会的武干负责的，今天在村委会里训练着，他们负责村里的治安，我们各小组当中抽选20多个人，以后的治安会更稳了。

2018年12月13日　星期四　晴

培训班还是照常进行着，不过今天上午第二节课的时候，宗教局的人来讲话。讲话的是和建忠局长，他讲何事能做、何事不能做，不能触犯法律，也不能超越律法。他整整讲了一节课，他说他所讲的都是为我们好，为教会好，信徒们也听得很认真。他们讲完后就回去了，培训班仍然上到晚上，全部课都上完后才回睡处休息了。

2018年12月14日　星期五　晴

好不容易有个办培训的机会，今天下午第二节课的时候，鹿马登乡的副书记又来到教堂里讲话了。他讲的是共产党是怎么建立起来的，是怎么诞生的，现在我们国家有8000多万共产党员，所以共产党是有威望的。另外他还讲了许多政治问题，他们讲了两节课左右，然后才回去。是的，我们国家能发展到这个地步，都是共产党领导有方，希望我们的国家能发展到世界第一。

2018年12月15日　星期六　晴

今天是培训的最后一天，上午只上了一节课。在另一节课上，先是点一下名，点完了才知道，还是有10多个人逃课了。名字点完后又宣布一下这次参加培训的有多少人、生活费交了多少、奉献了多少，这次收入了多少、支出了多少、剩了多少等等。每个人都遵守规章制度，每个人都乐意地奉献，时间、物质、金钱，培训才能这么圆满地结束，希望以后也如此。

2018年12月16日　星期日　晴

为了过好2019年的元旦，今天中午的聚会结束后，教会的全部长老在教会的食堂集中，讨论今年的元旦怎么过。最后，大家讨论后，决定今年过6天，5天是要一起聚餐，头一天是自己煮吃，1人10元，所以这次是每人50元的生活费。第一天是祷告聚会，第二天开始要搞活动，每年都是集体活动，挺好玩的。最后还选好了活动的负责人。讨论好后，晚上在聚会时间公布给大家，让大家做好准备。今天就这些了。

2018年12月17日　星期一　晴

今天见到村里的护林员和3个组长去赤恒底罗干到批过这一片区域里登记核桃树，看看各家的成活率有多少。他们一家一家地登记，在那里转了一天，直到下午5点后才回家。另外，因为离圣诞节只有几天了，晚上在教堂里抓紧练诗歌和舞蹈，直到10点才休息。

2018年12月18日　星期二　雨

今天早上就下着点雨，但是各组的卫生还是要打扫的，要不然遇到连续下雨天就不好打扫了，村民们打扫了1个小时就打扫完了。雨越下越大了，天气很冷，大部分人在家里，今天就这么在火塘边度过了。

2018年12月19日　星期三　雨

雨还是一直下个不停，再说这个季节也不是农忙季节，所以大家在火塘边烤火过日子，但是有些人还是得找猪食、牛食，有些人还养着羊，这些人可是下雨不下雨都得忙了。晚上聚会结束后还是继续练练诗歌和舞蹈。因为是下雨天，大家也是早点睡了。

2018年12月20日　星期四　晴

今天雨过天晴了，村民们要干嘛的就干嘛去了。但是有些人忙着过圣诞节，忙着洗衣服及准备各种需用物品，有些还到街上去买件新衣服，因为明天就过圣诞节了，之所以今晚没有练舞蹈和诗歌，是要好好地休息一个晚上，所以晚上也是早点休息了。

2018年12月21日　星期五　晴

今天是去密丁戈参加圣诞节的日子，村民们上午的时间是在家里做点家务活，还要准备些所需要的东西，然后到了下午3点左右就出发了，有些不准备在密丁戈睡下的人，他们晚上回、早上去。

2018年12月22日　星期六　晴

今天早上村里很热闹，因为有些人去县城里赶集，有些人去参加密丁戈圣诞节，没有住在那里的，今天又出发去密丁戈继续参加圣诞节活动。另外在村委会里画土地所有权证的，到我们娃底3个组了，一组的上午就画完了，中午开始就画我们组，一直到下午4点多钟也没画完，而且有些人还没有来，只能明天再继续了。

2018年12月23日　星期日　晴

因为圣诞节在密丁戈举行，所以大部分村民去那里参加圣诞节，有些去看热闹，有些去打篮球，有些去看舞蹈，去的人很多，另外没有去参加圣诞节的那些人，我们娃底二组的村民在村委会里画土地所有权证。今天也就这么过了一天。

2018 年 12 月 24 日　星期一　晴

　　为了过好今年的元旦，今天晚上教会里的长老在教会的食堂里讨论，今年过元旦的项目，还有需要发奖品的数目，在去年的活动基础上，今年又增加了 3 项活动，总的活动有十三四项，奖品也算好后明天去买，讨论好后大家就回去休息了。

2018 年 12 月 25 日　星期二　晴

　　为了庆祝元旦，长老们给每个组布置了 4 个节目，我们教会有 7 个组，所以今晚开始每个组都得忙了，得抓紧时间排练，只有四五个晚上了，所以他们中途也不休息，一直练到 10 点后才休息。今晚我们组的有十五六个人，因为今年有一个老年组，所以年纪大的都去参加老年组去了，今晚来的都是年轻的人。今天就这些了。

2018 年 12 月 26 日　星期三　晴

　　因为马上就到元旦了，村民们这两天房前房后、里里外外都得打扫一下，还有那些脏衣服这两天也得洗一下，另外晚上还是各做各的，忙着排练舞蹈，大家都还是跳累了才回去休息。

2018 年 12 月 27 日　星期四　晴

　　这两天在村委会里画土地所有权证的每天都继续画着，只是每个小组只画两天，然后轮到下个组了，晚上还是继续排练元旦舞蹈，7 个组都在自己组里面练着的，这两天虽然有点冷，但是村里却很热闹。今天也是如此了。

2018 年 12 月 28 日　星期五　晴

　　马上到新年了，有些村民杀年猪了，有些还是继续打扫卫生，还有洗衣服洗被子等等，晚上还是各组各地继续排练舞蹈，直到 10 点后才休息。

2018 年 12 月 29 日　星期六　晴

再过两天就到新年了，明天又是星期日，所以今天大部分村民都去街上买年货。另外，三组的已经在他们的路段上打扫卫生，我们组的星期一才准备打扫。这两天村民为过元旦而忙着，晚上也不停地排练节目。村民们就这么度日子了。

2018 年 12 月 30 日　星期日　晴

今天是星期日，除在教堂聚会外，别的时间都在家里休息，另外也看到我们村的两个护林员在村公路两边插旗，可能是节日到了的原因吧。今天就这些了。

2018 年 12 月 31 日　星期一　晴

今天是 2018 年的最后一天，在我们教会的长老们的决定下，今天要做一个祷告聚会，而且这个年尾的祷告聚会是每年都进行的，今年也不例外，我们今天只是做祷告，聚会不聚餐。另外，今天晚上 12 点开始就去家家户户唱诗歌、读经、报喜讯，在门槛上贴新年贺词等，家家户户都贴完了（除了不信主的），然后才回自己家休息了。